MICHEL PSELLOS

CHRONOGRAPHIE
OU
HISTOIRE D'UN SIÈCLE DE BYZANCE
(976-1077)

LIVRES I - VI

COLLECTION BYZANTINE
publiée sous le patronage de l'ASSOCIATION GUILLAUME BUDÉ

MICHEL PSELLOS

CHRONOGRAPHIE
OU
HISTOIRE D'UN SIÈCLE DE BYZANCE
(976-1077)

TOME I

LIVRES I - VI

TEXTE ÉTABLI ET TRADUIT
PAR
ÉMILE RENAULD

Deuxième tirage

PARIS
LES BELLES LETTRES
2006

Conformément aux statuts de l'Association Guillaume Budé, ce volume a été soumis à l'approbation de la commission technique, qui a chargé MM. Mondry Beaudouin et Henry Lebègue d'en faire la révision et d'en surveiller la correction en collaboration avec M. Émile Renauld.

Tous droits de traduction, de reproduction et d'adaptation réservés pour tous les pays.

© 2006. Société d'édition Les Belles Lettres
95 boulevard Raspail, 75006 Paris
www.lesbelleslettres.com

Première édition 1926

ISBN 10 : 2-251-32214-0
ISBN 13 : 978-2-251-32214-8

A Monsieur CHARLES DIEHL

Membre de l'Institut.

Hommage de respectueuse gratitude.
E. R.

PRÉFACE

L'édition nouvelle de la Chronographie *de Psellos, que cette préface a pour objet de présenter aux lecteurs, est le premier volume d'une collection de textes byzantins dont l'Association Guillaume Budé entreprend la publication. A côté de l'œuvre d'historiens tels que Psellos, Procope ou Anne Comnène, cette collection comprendra des ouvrages intéressant l'histoire administrative ou sociale de Byzance, tels que le livre de l'*Administration de l'Empire, *de Constantin Porphyrogénète ou le livre des* Cérémonies, *qu'a écrit le même souverain ; on y trouvera des textes hagiographiques, tels que la* Vie de Porphyre de Gaza, *et des textes juridiques, tels qu'un recueil des* novelles *les plus importantes promulguées par les empereurs grecs du moyen âge ; on y publiera des œuvres importantes de la littérature, les poèmes par exemple de ce Romanos, qui fut le créateur et le représentant le plus éminent de la poésie religieuse byzantine, et des textes aussi où apparaîtront la variété et l'ampleur de la culture intellectuelle à Byzance, comme seront la* Bibliothèque *de Photios, ou la correspondance, en grande partie inédite, de Nicéphore Grégoras. Et surtout, dans une* Chrestomathie *en deux volumes, nous pensons, par un recueil de textes attentivement choisis, faire connaître les manifestations multiples de l'esprit byzantin, et faire ainsi comprendre — un peu mieux qu'on ne l'a fait jusqu'ici — la diversité et la richesse de cette littérature byzantine et les grands courants d'idées qui l'ont traversée. Voilà bien près d'une vingtaine de volumes, dont plusieurs sont en préparation, dont quelques-uns paraîtront prochainement, comme le second volume de*

Psellos, les lettres de Nicéphore Grégoras ou la Vie de
Porphyre de Gaza.

A ce premier choix d'ouvrages, qui a été établi de
façon à faire connaître les directions principales où s'est
orienté l'esprit byzantin, d'autres textes, avec le temps,
s'ajouteront, dont la publication ne serait ni moins inté-
ressante ni moins instructive, et parmi lesquels on peut
citer les Mémoires si remarquables de Jean Cantacuzène,
ou le curieux petit livre qui a pour titre le Strategikon
de Cecaumenos, ou quelques-unes de ces vies de saints du
VIIIe et du IXe siècles, si pleines d'informations sur la
société byzantine. Et ainsi ces écrivains byzantins, que
l'on s'effraie un peu aujourd'hui d'aller chercher dans
les imposants recueils de la Byzantine du Louvre, de
la Patrologie de Migne ou du Corpus de Bonn, devien-
dront, grâce à la traduction française qui les accompagne, plus aisément accessibles; et peut-être comprendra-
t-on enfin que la littérature byzantine n'est point, comme
on l'a cru longtemps, une suite, plus médiocre de siècle en
siècle, de la littérature grecque classique, mais qu'il y
a eu, dans l'existence plus que millénaire de l'empire
byzantin, que ce soit au VIe ou au Xe siècle, au XIIIe
ou au XIVe, des périodes de renaissance intellectuelle
singulièrement brillantes, un mouvement d'idées souvent
original, toujours intéressant. Assurément — et il serait
puéril de sembler l'ignorer — cette littérature byzantine
a eu ses défauts, qui sont graves, ses faiblesses, qui sont
indéniables. Mais elle a eu aussi des qualités, qui sont
éminentes. Et de ce double aspect qu'elle offre, nulle
part sans doute on ne trouvera un exemple plus caractéristique que dans l'œuvre historique de Psellos.

Dans l'introduction qui suit cette préface, M. Renauld
a exposé de façon excellente ce que fut ce Michel Psellos,
un des exemplaires les plus significatifs de ces âmes

PRÉFACE

byzantines, où s'unissent en un si déconcertant mélange les dons les plus hauts de l'esprit et la plus complète médiocrité du caractère, et il a analysé de même très finement, dans l'œuvre de Psellos, les remarquables qualités de l'écrivain et de l'historien. Je ne vois aucune nécessité à redire ce que M. Renauld a très bien dit. Je voudrais simplement ajouter ici quelques remarques sur la place que tient la Chronographie *dans la littérature historique de Byzance, sur les raisons du prodigieux intérêt qu'offre ce livre, sur la valeur enfin qu'on lui doit attribuer en tant que source pour l'histoire de Byzance.*

*L'histoire est une des formes littéraires par lesquelles la pensée byzantine s'est le plus volontiers exprimée, et elle est assurément, avec la poésie religieuse, la manifestation la plus remarquable du génie byzantin. A tous les siècles de sa longue existence, Byzance a compté de grands historiens, dont beaucoup ont été étroitement mêlés aux événements qu'ils racontent, bien placés, par leur condition sociale ou leurs fonctions publiques, pour observer exactement, assez intelligents pour comprendre et doués d'assez de talent pour exposer de façon pittoresque des choses vivantes et vues. C'est le cas d'un Procope au VI*e *siècle, d'une Anne Comnène ou d'un Nicétas Acominate au XII*e*, d'un Jean Cantacuzène au XIV*e*, d'un Phrantzès au XV*e*, d'autres encore. C'est le cas de Psellos au XI*e *siècle. L'histoire de sa vie montre quelles occasions merveilleuses il eut, pendant près d'un demi-siècle, de voir les choses et les gens qui passaient sur la scène de l'histoire; de ces occasions il a, dans sa* Chronographie, *montré quel parti il a su tirer. Il n'a point, comme d'autres historiens, prétendu nous apporter, pour les cent années dont il raconte l'histoire (976-1077), un récit complet des événements : il a pris plaisir plutôt, pour une grande partie du moins de son ouvrage, à noter ses souvenirs, à écrire en quelque manière des « mémoires pour servir à l'histoire de son temps ». Ce souci donne à son livre — comme il le donne pareillement aux* Mémoires de Cantacuzène ou aux Souvenirs de Cecaumenos — un tour original, qui le distingue des autres historiens byzantins. Entre eux, Psellos est peut-être bien celui dont les récits laissent l'impression la plus forte de vie et de réalité, qui fait le plus pleinement revivre à nos yeux les figures et les grands événements de l'histoire. Et comme, par ailleurs, il avait beaucoup de talent, il mérite assurément, par les qualités de l'observation, la précision pittoresque des tableaux, la fine psychologie des portraits, la verve et l'humour du style, la malice et l'esprit, d'être, dans n'importe quelle littérature, placé à côté des plus grands d'entre les historiens. Krumbacher a dit de Psellos que, par l'étendue des connaissances, la profondeur de l'observation, et surtout par l'ingénieuse souplesse à manier la forme, il était le premier homme de son temps. Je crois bien que, par tout ce qu'elle nous apprend, aussi bien que par la façon dont elle nous l'apprend, la Chronographie de Psellos est, en tous les temps de l'histoire byzantine, une des œuvres les plus remarquables que nous ait léguées la littérature grecque du moyen âge.

Lorsque, en 1874, Sathas publia le texte, inédit jusqu'alors, de la Chronographie, ce fut, pour l'histoire de Byzance, une véritable révélation. Assurément nous connaissions, par Skylitzès ou par Zonaras, les grandes lignes de l'histoire du XIe siècle; mais combien, dans leurs chroniques, cette histoire apparaissait sèche et pauvre, comme dépouillée de substance et de vie. A peine entrevoyions-nous la puissante figure de ce Basile II, qui pendant un demi-siècle domina tout l'Orient de sa poigne redoutable. De cette Zoé, sa nièce, qui pendant vingt-cinq ans, avec ses trois maris successifs, gouverna l'empire et amusa Constantinople de l'éclat de ses aventures, à peine soupçonnions-nous la pittoresque et assez scandaleuse existence; et il en allait de même pour la plupart des personnages qui remplirent au XIe siècle la scène de l'histoire. C'étaient des noms, des silhouettes un peu flottantes et vagues; nous ne les voyions point *vivre*. La Chronographie de Psellos a changé tout cela. Pendant près de quarante ans, Psellos a vécu à la cour, dans le voisinage et souvent dans l'intimité des souverains ; il a été mêlé aux événements importants comme aux intrigues du palais, instruit des secrets politiques aussi bien que de la chronique mondaine de la cour byzantine ; et comme il était de nature, semble-t-il, assez curieux et indiscret, on peut croire qu'il n'a rien épargné pour s'en instruire encore davantage. Sur ce qu'il n'a point vu par lui-même — par exemple pour le règne de Basile II — il a su trouver les moyens de se renseigner exactement, et il a mis en œuvre ces informations avec autant de bonheur que ses souvenirs personnels. On l'a parfois comparé à Saint-Simon, et il lui ressemble en effet par la finesse aiguë de l'observation autant que par le talent à tracer des portraits et des tableaux d'histoire, et surtout par le plaisir passionné qu'il trouve au spectacle de la cour où il vécut. Peu de milieux agréaient davantage à Psellos, non pas seulement pour la joie profonde de s'y sentir admiré, pour les satisfactions d'orgueil qu'il y rencontrait, mais surtout parce que nulle part il ne trouvait occasion meilleure d'exercer sur les choses et les hommes la finesse de son observation psychologique, de démêler les causes des événements ou la complexité des caractères. Loin de la capitale il ne pouvait vivre. Ses ennemis remarquaient que, le jour où une déception politique le jeta dans un monastère du mont Olympe, il ne put rester bien longtemps dans « cet Olympe où manquaient les déesses » ; et lui-même a avoué naïvement que les Sirènes de la cour l'attiraient. A ces sirènes inconnues nous devons bien de la reconnaissance. De cette cour byzantine du XIe siècle, où elles l'appelèrent et le retinrent, Psellos nous a laissé une vivante et inoubliable image. M. Renauld a très bien expliqué ce que sont les récits de la Chronographie, d'un mouvement, d'une couleur, d'un pittoresque si intenses, ce que sont ces portraits étonnants de relief et de vie. Je ne crois pas qu'aucun autre historien byzantin nous *apporte, à cet égard, rien qui soit comparable à Psellos. Par la nouveauté des informations qu'elle fournit autant que par l'art merveilleux avec lequel elles sont présentées, la* Chronographie *de Psellos n'est pas très loin d'être un chef-d'œuvre.*

Est-ce à dire qu'elle soit une source historique de tout repos? Ce qui vient d'être dit suffirait déjà à en faire douter. J'ai fait ailleurs [1] *— et Rambaud comme Neumann ont fait pareillement* [2] *— toutes les réserves que commande le personnage moral de Psellos. Il était très vaniteux, et le prodigieux succès de sa carrière avait achevé de le griser. Il avait l'âme médiocre, peu de courage et peu de sens moral; il était capable de toutes les intrigues, de toutes les palinodies, de toutes les trahisons. Il a été le serviteur et le courtisan de tous les régimes et sa facilité a été grande à s'accommoder aux événements, quand il y trouvait son avantage. Tout cela n'est point pour assurer l'impartialité ni l'indépendance de l'historien. Être le protégé et le favori de Constantin IX Monomaque, le camarade de collège de Constantin X Doucas, le précepteur et le ministre de Michel VII met évidemment en quelque embarras, pour raconter l'histoire de ces empereurs, une âme comme celle d'un Psellos. Il faut remarquer toutefois que, pour les deux règnes de Constantin X et de Michel VII, Psellos s'est, sous des prétextes plus ou moins ingénieux* [3], *volontairement borné à tracer une esquisse assez brève. Le morceau important de la* Chronographie *(p. 68-232 de la 2ᵉ édition Sathas, qui en a 269 en tout) est évidemment celui qui va de l'avènement de Michel V (1041) à l'abdication d'Isaac Comnène (1059). Dans tout le récit de*

---

1. *Byzance : grandeur et décadence*, p. 150-151.
2. Rambaud, *Études sur l'histoire byzantine*, p. 111-171; Neumann, *La situation mondiale de l'empire byzantin avant les croisades* (trad. Renauld et Kozlowski), p. 82-92.
3. *Vie de Constantin X*, ch. 1; *Vie de Michel VII*, ch. 1.

cette période, le moi, le « haïssable » moi, tient évidemment grande place, et il serait un peu imprudent d'accepter sans critique toutes les affirmations de Psellos. Mais cependant cet homme, si remarquablement intelligent, a éprouvé un si visible amusement à peindre les choses et les hommes qui passaient sous ses yeux, que le goût de la réalité pittoresque l'a emporté le plus souvent sur ses sympathies ou sur sa prudence à ménager les puissants. Il n'a point, tout en le couvrant d'éloges, hésité à peindre au naturel ce Constantin Monomaque, dépensier, jouisseur, négligent des affaires, heureux de s'être abrité, selon le mot de Psellos, au port tranquille de la royauté; il a conté, parfois avec une liberté de langage prodigieuse, les aventures de Zoé la Porphyrogénète, et celles de bien d'autres gens. Généralement très bien informé, parce que sa curiosité naturelle était à l'affût du moindre événement, avide de tous les commérages, indiscret et bavard à plaisir, Psellos s'est visiblement complu à conter avec infiniment d'esprit les anecdotes piquantes qu'il savait. Par là cet homme de talent fait un tel contraste avec tant de secs et ennuyeux chroniqueurs, qu'involontairement on est tenté de lui avoir quelque indulgence. Il est entendu qu'il ne faut point chez lui prendre tout à la lettre, surtout pour les événements où sa personne est trop directement intéressée. Le plus souvent pourtant, il est suffisamment véridique, et nous lui devons un tableau inestimable de la société de son temps.

*
* *

L'édition nouvelle de la Chronographie *et la traduction qui l'accompagne sont dues à M. E. Renauld. Nul n'était mieux que lui désigné pour cette tâche malaisée. M. Renauld est l'auteur d'un livre excellent sur la* langue et le style de Michel Psellos *(Paris, 1920), d'un lexique de Psellos aussi, qui tous deux attestent une connais-*

sance parfaite d'un auteur souvent difficile, une familiarité, créée par de longues années d'études, avec l'homme et avec l'œuvre. M. Renauld a eu, sur bien des points, à améliorer le texte de l'édition princeps donnée en 1874 par Sathas, aussi bien que de celle publiée en 1899 à Londres par le même savant : une revision attentive de l'unique manuscrit, celui de Paris, faite avec une sage prudence, a été la base de l'établissement du texte. Mais surtout la traduction de la Chronographie *nous est une chose infiniment précieuse. Il faut savoir très bien le grec — et cela devient de plus en plus rare, surtout parmi les historiens — pour comprendre le texte original de Psellos ; et nous n'en avions jusqu'ici, même en latin, aucune traduction. C'est donc un très grand service que nous rend M. Renauld, et dont nous lui devons être très reconnaissants. Sa traduction, exacte, fidèle et élégante, permettra désormais, non seulement aux savants, mais aux lecteurs profanes, curieux de pittoresque histoire, de connaître sans fatigue un des ouvrages historiques les plus remarquables — et j'ose ajouter les plus amusants — que nous ait laissés la littérature byzantine ; elle leur permettra surtout de mieux connaître un homme qui, malgré ses défauts, demeure une des gloires de cette littérature et qui est, par ailleurs, un des meilleurs et des plus intéressants représentants d'une société disparue.*

Charles DIEHL.

INTRODUCTION

I

Psellos. — Sa vie.

Les renseignements les plus sûrs que nous possédions sur la personnalité de Psellos, c'est à lui-même que nous les devons[1].

Enfance et adolescence de Psellos. Né en 1018 à Constantinople, mort en 1078, Michel[2] Psellos est un des plus illustres Byzantins dont l'histoire politique et littéraire ait conservé le souvenir.

Issu d'une famille de bonne bourgeoisie (son père comptait parmi ses ancêtres des patrices et des consuls), mais de condition modeste, il eut, comme saint Basile et saint Grégoire de Nazianze, la bonne fortune d'avoir pour mère[3] une femme de grand savoir et de haute vertu, qui veilla de très près sur son instruction et son

---

1. Je ne fais que résumer ici les notices biographiques qui ont été consacrées à cet écrivain. Les travaux les plus importants sont, par ordre de date, ceux de C.-N. Sathas, dans *Bibl. graeca medii aevi*, Athènes-Paris, 1874, t. IV, Πρόλογος; de A. Rambaud, *Michel Psellos*, dans *Rev. hist.*, III, 1877, p. 241-282 (réédité par Ch. Diehl, dans *Ét. sur l'hist. byz.*, Paris, 1912, p. 111-171); de Ch. Diehl, *Une famille de bourgeoisie à Byzance*, dans *Figures byzantines*, 1re série, Paris, 1906, et de moi-même, dans *Étude de la langue et du style de Michel Psellos*, Paris, 1920, p. 405-433. Pour les autres travaux dont la vie et les œuvres de Psellos ont été l'objet, cf. la *Bibliographie* de ma dite *Étude*.

2. Michel est son prénom monacal, celui par lequel il est d'ordinaire désigné; son prénom de baptême était Constantin.

3. Voyez l'*Éloge funèbre* que, dans sa piété filiale, Psellos lui a consacré, Sathas, *Op. cit.*, V, 3-61.

éducation. Doué d'une vive intelligence — à neuf ans il expliquait et commentait Homère —, il fit, sous la direction des meilleurs maîtres de l'époque, de solides études primaires et secondaires et donna un des étudiants les plus distingués de l'école des lettres de Constantinople. Après une courte interruption de scolarité (sous la contrainte des nécessités de la vie, il avait dû accepter un poste dans l'administration, en Anatolie), il put, la mort de sa sœur aînée ayant allégé les charges de sa famille, rentrer à Byzance, se remettre à ses livres et conduire à terme ses études.

Psellos étudiant. Les lettres et les sciences étaient alors en pleine décadence à Byzance. Sans doute, la « Nouvelle Rome », l'opulente « Ville aux sept collines », attirait toujours dans son sein la jeunesse studieuse de l'Empire, désireuse à la fois de puiser à la source des études, de jouir de la vie et de se ménager une carrière brillante. Mais, depuis l'époque déjà lointaine de l'illustre Photios, depuis même Aréthas de Césarée, qui enseignait sous Basile Ier, nul grand nom n'était plus à citer dans les lettres et dans les sciences. La renaissance littéraire entreprise par la dynastie macédonienne (Léon VI le Sage et Constantin Porphyrogénète) avait été étouffée par le règne militaire de Basile II. Si, sous ce dernier prince encore, grâce à l'initiative d'un petit nombre d'aristocrates, d'évêques et d'érudits, qui les cultivaient, nous dit Psellos[1], par désintéressement pur, les lettres avaient encore jeté un pâle rayon, quelle décadence avait marquée les règnes médiocres de Constantin VIII et de ses successeurs ! Sous Romain III, qui pourtant se croyait grand guerrier et fin littérateur (en fait, il ne possédait qu'une vague teinture des lettres), le savoir se limitait à la lecture mal comprise de quelques

---

1. *Chronographie*, Hist. de Romain III, chap. II.

œuvres de Platon et d'Aristote. On demeurait à la surface, dit encore Psellos[1]; on s'arrêtait au vestibule; on ne pénétrait pas au cœur des choses. Le reste ne comptait pas. Au moment où Constantin IX monta sur le trône, toute haute culture avait disparu; les sources d'où jaillissaient jadis les filets d'or de la poésie, de l'éloquence et de la philosophie, étaient bouchées; dans le désordre de l'administration, le flambeau des lettres s'était éteint[2]. Quant aux sciences, c'étaient des mains étrangères qui en avaient recueilli le précieux dépôt. Et notre auteur conte avec amertume[3] que les Arabes se distinguaient alors par l'étendue de leurs connaissances : ils laissaient si loin derrière eux ces Hellènes orgueilleux de la sagesse de leurs pères, qu'ils en étaient venus à regarder avec mépris la demi culture des Byzantins, ou plutôt leur absence de culture. Voilà pour les études. Mais que dire des maîtres? Comme le gouvernement ne faisait rien pour leur venir en aide, ils étaient bien obligés de vivre de leur enseignement. Rétribués par leurs élèves, ils se montraient parfois d'une exigence éhontée. Aussi Psellos dut-il à plusieurs reprises interrompre ses études pour se procurer par quelque occupation lucrative les ressources indispensables à la continuation de ses travaux[4].

Heureusement pour lui, il y avait alors sur les bancs de l'école toute une pléiade de jeunes gens ambitieux de se faire un nom par leur savoir. C'étaient Constantin Doucas, le futur césar et le futur empereur; Nicétas Byzantios, qui devait plus tard enseigner avec éclat dans l'Université restaurée par Constantin Monomaque, l'éloquence et la grammaire; Jean Mavropous, qui devint un des maîtres de rhétorique les plus réputés

---

1. *Chronogr.*, Hist. de Romain III, chap. XIII.
2. *Id.*, Hist. de Constantin IX, chap. XLIII.
3. Dans un opuscule cité par Sathas, *Op. cit.*, IV, Πρόλ., XVII.
4. Cf. mon *Étude*, etc., *de Psellos*, p. 407 sqq.

de son temps et termina ses jours sur le trône épiscopal d'Euchaïta[1], en Asie Mineure ; Constantin Likhoudis, que son habileté politique et son vaste savoir destinaient aux plus hautes dignités de l'empire (il fut premier ministre, président du sénat et patriarche œcuménique), et surtout Jean Xiphilin de Trébizonde, celui-là même qui se fit, comme écrivain et comme jurisconsulte, une réputation des plus solides dans l'histoire de Constantinople et qui, élevé au patriarcat après la mort de Constantin Likhoudis, complétant l'œuvre de Michel Cérulaire, consomma le schisme des églises grecque et latine. S'abouchant avec eux, Psellos échangea ses connaissances contre les leurs : devenus professeurs les uns des autres, ces étudiants, comme plus tard Ronsard et ses amis au collège de Coqueret, passèrent bientôt maîtres en leurs spécialités respectives ; mais Psellos les domina tous par la profondeur et la variété du savoir, et c'est à juste titre qu'il fut regardé comme le génie le plus éminent de son temps : ὁ πανσοφώτατος καὶ τιμιώτατος Ψελλός, ὁ πανυπέρτατος φιλόσοφος, ὁ ὑπέρτιμος, ὁ πάνσοφος, ὁ πολὺς τὴν γλῶτταν, disait-on communément de lui à Byzance [2].

Psellos homme fait.
Le professeur.
L'homme politique.
Sorti de l'école, il gagna tout d'abord sa vie comme avocat et fut juge à Philadelphie. Entre temps, son condisciple Constantin Likhoudis était devenu ministre de Michel V. Fidèle à son amitié, Likhoudis le fit venir à la cour comme secrétaire impérial. Psellos, dès lors, gravit rapidement les échelons de la grandeur et de la

---

1. D'où lui vint le nom de Jean d'Euchaïta, par lequel il est d'ordinaire désigné.
2. Telles sont du moins les épithètes laudatives que l'on trouve d'ordinaire accolées à son nom dans les en-têtes des manuscrits. Voy. dans Boissonade, *Psellos*, la préface de Hasenmuller au traité *De operatione daemonum*.

fortune. Sous Constantin Monomaque, il était une des personnalités les plus marquantes de l'Empire. Cet empereur lui donna, avec les titres enviés *d'hypertime* (excellence) et de *consul des philosophes*, la place de professeur de philosophie à l'Académie restaurée de Constantinople, où neuf années durant, partageant son temps entre l'administration des affaires et l'éducation de la jeunesse, il contribua puissamment avec Jean Xiphilin à la renaissance littéraire et scientifique du xie siècle. Admirateur fervent de l'antiquité classique, qu'il expliquait avec éloquence et avec goût, adepte passionné des doctrines néoplatoniciennes, qu'il commentait avec flamme (il osa se dresser contre les traditions de l'Église, alors toute soumise à l'influence d'Aristote), son enseignement eut un retentissement que n'avaient point connu les rhéteurs les plus illustres d'autrefois. Même des Arabes et des Occidentaux, écrit-il avec orgueil[1], s'asseyaient à ses pieds pour l'écouter. De toutes parts on accourait au bruit de sa réputation pour s'abreuver aux sources de son savoir. Savoir encyclopédique, certes, mais aussi savoir admirablement organisé. Voyez dans sa *Chronographie* la page[2] où il nous apprend comment de la rhétorique il passa à la philosophie, et comment, d'excellent qu'il était en celle-ci, il devint supérieur en celle-là. Aussi bien, il avait étudié non seulement la poésie et l'éloquence, l'histoire et la géographie, la morale, la philosophie, l'archéologie, la théologie, le droit, mais encore les mathématiques, la géométrie et la météorologie, la physique et la chimie, l'histoire naturelle, l'agriculture, la médecine. Il faut l'entendre vanter l'infinie variété de ses connaissances, sa supériorité comme savant sur la plupart de ses contemporains : il n'est, en effet, aucune branche des sciences de son temps où il ne se

---

1. Cf. dans Sathas, *Bibl. gr. med. aevi*, V, 508, 11 sqq.
2. Hist. de Constantin IX, chap. XXXVI sqq.

soit fait un nom ; il n'en est aucune qu'il n'ait éclairée de ses remarques, popularisée par quelque abrégé, réveillée par quelque changement de méthode[1]. Ce savoir eût suffi à immortaliser un homme. Mais Psellos fut plus et mieux qu'un Pline l'Ancien ou qu'un Pic de la Mirandole. Toutes ces connaissances, que Cicéron jugeait indispensables à la formation de l'orateur, s'alliaient chez lui de la façon la plus heureuse au don naturel de la parole. Comme Ovide s'exprimait naturellement en vers, tout ce qu'il disait ou écrivait se coulait volontiers dans le moule oratoire. La grâce, affirme-t-il, voltigeait sur ses lèvres ; sa langue se couvrait de fleurs même dans les paroles les plus simples; sans qu'il s'y appliquât, des douceurs naturelles en découlaient[2]. Éloquent, il le fut, en effet, et convaincant, et pathétique, tout autant que les illustres Pères de l'Église grecque — voyez ses *Éloges funèbres*[3], en particulier celui de sa mère ; mais il le fut à la manière asiatique (un homme est toujours de son temps et de son pays !), d'une façon abondante, mais profuse; ardente, mais effrénée ; variée, mais subtile ; expressive, mais chargée de couleurs.

Sa notoriété.
Sa fortune politique.

Pour un lecteur français, nourri de mesure et de goût, une telle éloquence ne va pas sans fatigue. Mais quelle ne fut point sa puissance à Byzance ! Ses rivaux les plus redoutables, comme le patriarche Michel Cérulaire, ses détracteurs les plus acerbes, comme le ministre Jean Italos, le moine Jacob et d'autres encore, en ressentirent âprement les effets. La cour, les empereurs, raffolaient de son talent. S'il faut l'en croire, Constantin IX « admirait terriblement son éloquence et était, par les

---

1. Cf. mon *Étude*, etc., *de Psellos*, p. 423 sqq.
2. *Chronogr.*, Hist. de Constantin IX, chap. XLIV sq.
3. Publiés par Sathas, dans *Bibl. graeca medii aevi*, t. IV et t. V.

oreilles, suspendu à sa langue »; Michel le Vieux « l'admirait profondément et goûtait comme il convient le miel qui coulait de ses lèvres »; Constantin X « s'emplissait de lui comme d'un nectar »; Eudocie « le regardait comme un Dieu »[1]. Faisons la part de l'exagération dans ces louanges que Psellos se décerne à lui-même : il n'en reste pas moins qu'il s'imposa tant et si bien par son éloquence et son savoir que, devenu comme l'homme nécessaire de l'empire, il fut de tous les gouvernements qui se succédèrent à Byzance depuis Constantin IX jusqu'à Michel VII.

Secrétaire d'état, πρωτοασηκρῆτις, grand chambellan, βεστάρχης, premier ministre et conseiller intime du prince, παραδυναστεύων τῷ βασιλεῖ, et bientôt faiseur et défaiseur de rois[2], quelle fortune politique pour le fils d'un petit bourgeois de Byzance ! Une fois, cette fortune parut subir une éclipse, quand, sous le versatile Constantin IX, après la mise à l'écart de l'austère Likhoudis, qui avait osé censurer la conduite déréglée de l'empereur, sentant trembler sous lui le terrain incertain de la cour, il se retira, de concert avec son ami Jean Xiphilin, dans le cloître célèbre du mont Olympe. Mais l'éclipse fut de courte durée, et son astre bientôt reparut plus brillant que jamais quand, sous la poussée des événements, l'impératrice Théodora le rappela à la cour[3], et, tant sous l'empereur Michel le Vieux que sous l'usurpateur Isaac Comnène, tant sous son ancien condisciple Constantin Doucas que sous l'impératrice Eudocie, qui pourtant ne l'aimait guère,

---

1. Cf. mon *Étude*, etc., *de Psellos*, p. 432 sq.
2. Comme on va le voir, il contribua pour une large part à l'élévation au trône de Constantin X Doucas et à la chute de Romain IV Diogène.
3. Il n'avait eu du moine que le nom ; l'ascétisme répugnait à sa nature délicate, et les tendances païennes de son esprit lui avaient vite fait regretter, comme il le dit, les Sirènes de la capitale et de la cour.

tant sous Romain Diogène que sous son impérial disciple Michel VII, il exerça les charges les plus importantes de l'État. C'est lui qui, lorsque Isaac Comnène se fut révolté contre Michel le Vieux, fut chargé de la négociation délicate qui devait amener le rebelle à composition ; c'est lui qui, lorsque le même Isaac Comnène, fatigué de l'opposition que lui faisait Michel Cérulaire, résolut de déposer le patriarche, composa l'acte d'accusation qui devait justifier cette mesure ; c'est lui qui assura l'arrivée au pouvoir de Michel Doucas ; c'est lui qui, par ses intrigues, mit en échec Romain Diogène parti en campagne contre les Turcs, et amena la catastrophe où ce valeureux empereur perdit et son trône et la vue ; mais c'est lui enfin qui, suprême ironie du sort ! victime de l'ingratitude du triste Michel VII[1] (celui-ci, pourtant, lui devait son éducation et son trône !) paya de l'obscurité de ses derniers jours et du long discrédit jeté sur sa mémoire, le passage au pouvoir de celui que l'histoire a flétri du nom de Parapinace, l'affameur du peuple.

Sa mort. Entre temps, Psellos avait vu mourir les uns après les autres tous les amis de sa jeunesse. Après une fille tendrement aimée[2], il avait perdu tour à tour son maître Nicétas, ses anciens condisciples et amis Constantin Likhoudis, Constantin Doucas et Jean Xiphilin. Affecté de ces pertes successives, humilié dans son amour-propre (l'empereur Nicéphore Botaniate paraît n'avoir fait aucun cas de sa personne[3]), accablé par sa disgrâce, il mourut dans l'isolement et peut-être dans la gêne, en mars 1078[4].

1. L'empereur lui substitua comme premier ministre l'intrigant Nicéphoritzès.
2. Styliané, morte dans la fleur de l'âge. Cf. son *Éloge funèbre*, composé par son père lui-même, dans Sathas, *Bibl. gr. med. aevi*, t. V, p. 62 sqq.
3. Cf. Miller, dans *Journ. des Sav.*, janv. 1875, p. 19.
4. Cf. G. Schlumberger, *L'Épopée byz.*, III, p. 830 n.

INTRODUCTION XVII

Conclusion. Jugement d'ensemble sur sa personne.

La vie publique de Psellos a été sévèrement jugée par les écrivains modernes[1]. Si, pour l'étendue du savoir, pour la vivacité de l'observation et surtout, comme nous le verrons plus loin, pour l'habileté de la forme, Psellos est le premier homme de son temps, si, pour l'activité littéraire, on peut justement le comparer à Albert le Grand et à François Bacon, « il est reconnu, dit sans ménagement Krumbacher[2], que le servilisme rampant, le manque de scrupule dans le choix des moyens, l'ambition insatiable, la vanité immense sont les traits dominants de son caractère ». « Malgré un patriotisme réel, écrit de son côté A. Rambaud[3], sa carrière politique n'est qu'une longue suite de faiblesses et de palinodies ». C'est que sa vie, il faut le dire à sa décharge, tombe à l'époque la plus triste de l'histoire byzantine. « C'est, comme le constate Krumbacher[4], le temps de la domination funeste des femmes et des grossiers favoris ; c'est l'époque des louches intrigues, des sanglantes révolutions du palais et des luttes féroces pour le trône, qui ébranlent l'empire depuis la mort de Basile II jusqu'à l'avènement du politique Alexis Comnène... Aucune époque ne fut plus dangereuse pour le caractère d'un homme d'État que cette époque de changements perpétuels de régents à l'esprit faible et accessibles aux influences les plus contraires. Psellos ne fut pas à la hauteur des exigences qu'un pareil entourage réclame de la force morale d'un homme : la plus belle parure de l'homme, la sincérité et l'honorabilité, il la perdit

---

1. Voyez en particulier A. Rambaud, *Michel Psellos*, rééd. p. 170 ; C. Neumann, *Die Weltstellung des byz. Reiches*, etc., dans ma Traduction française, p. 91 ; K. Krumbacher, *Gesch. der byz. Litt.*[2], p. 435 sq., et les autres historiens.
2. *Op. laud.*, p. 435.
3. *Op. laud.*, rééd., p. 170.
4. *Op. laud.*, p. 435.

dans l'air dissolvant de la cour ». Le savant Allatius croyait qu'il avait existé plusieurs Psellos : « Que ne peut-on, concluerons-nous avec Rambaud[1], démembrer en effet le personnage, garder Psellos le savant et rejeter Psellos le grand chambellan ! »

II

Son œuvre.

Psellos, avons-nous dit, et c'est là le côté le plus avantageux de sa personnalité, s'était distingué entre tous ses contemporains par la profondeur et la variété de son savoir. D'un tel trésor de connaissances sortit l'œuvre la plus abondante, la plus diverse, et, en même temps, la plus originale de toutes celles qui, depuis Photios, aient illustré le monde byzantin.

Abondance et variété de son œuvre. Il ne saurait être question ici d'énumérer et d'analyser dans le détail toutes les œuvres, éditées ou non, qui figurent sous le nom de Michel Psellos[2].

D'abord, le nombre en est considérable, et la question de l'authenticité de certaines d'entre elles n'a pas encore reçu de solution définitive. C'est au point que les premiers éditeurs, entre autres le savant Allatius, se refusant à croire qu'un seul homme ait pu produire tant de fruits de nature si diverse, en sont venus à admettre l'existence de trois à quatre Psellos différents. La critique moderne a fait justice de ces hypothèses, et c'est tout au plus si l'on fait mention aujourd'hui de deux

---

1. *Op. laud.*, rééd., p. 171.
2. Le lecteur en trouvera dans K. Krumbacher, *Gesch. der byz. Litter.*, 2ᵉ éd., p. 436 sqq., un classement rationnel. Pour les œuvres parues depuis la publication de cet ouvrage, cf. mon *Étude*, etc., *de Psellos, Bibliogr.*, I.

personnages de ce nom, un Psellos senior, qui a vécu au commencement du IXe siècle, professeur de philosophie comme son homonyme, et dont nous n'avons rien conservé, et le Psellos du XIe siècle, celui-là même qui nous occupe présentement.

Ensuite, parmi les œuvres dûment authentiquées, il en est une grande quantité[1] qui intéressent beaucoup plus le philologue ou l'homme de science que le littérateur. Tel est le cas, exception faite du *De operatione daemonum*[2], qui est un pur chef-d'œuvre, de multiples opuscules en prose ou en vers[3], roulant sur les sujets les plus divers, tels que les dissertations scientifiques ou philosophiques, le traité *De omnifaria doctrina*, les éloges, les allégories, les épigrammes, les satires, les scholies et commentaires d'écrivains anciens[4], les lexiques et traités d'étymologie, les mélanges sur la physique et la métaphysique, les mathématiques et l'astronomie, la musique et la géométrie, la politique et la topographie, la grammaire et la rhétorique, la théologie et la morale, la médecine et la démonologie, la tactique, le droit, etc., etc., œuvres curieuses à la fois par les sujets traités et par la manière de les traiter, remplies de cette science raffinée, de cet esprit et de cette préciosité un peu pédantesque qu'affectionnaient les érudits de la Renaissance, mais dont il serait vain de donner ici un aperçu détaillé, sans intérêt pour le lecteur non spécialisé dans ces sortes de questions.

---

1. Plusieurs centaines, et encore, toutes n'ont pas été publiées. Voyez mon *Étude*, etc., *de Psellos*, p. 424, note 2.

2. Édité par Boissonade, *Psellos* (Nuremberg, 1838). L'opuscule a été traduit en français par Pierre Moreau, Paris, 1573 ; j'ai moi-même réédité cette traduction dans *R. E. G.*, XXIII, janvier-mars 1920, pp. 56-95.

3. Le vers n'est ici qu'un moyen mnémotechnique ; voyez ainsi le *Poème grammatical*, le *Poème médical*, la *Synopsis legum*, l'*Ars rhetorica*, etc., rédigés en vers politiques ou en trimètres iambiques.

4. Ainsi son commentaire sur Ménandre, malheureusement perdu.

Les grandes œuvres littéraires. En dehors de ces traités, généralement courts, il reste assez d'œuvres de valeur proprement littéraire pour retenir l'attention d'un lecteur ordinaire, et de celles-ci il nous faut toucher quelques mots.

Viennent en premier lieu des *Éloges funèbres*, au nombre de sept, consacrés à la mémoire des grands patriarches de l'époque (Michel Cérulaire, Constantin Likhoudis et Jean Xiphilin), de sa mère Théodote, de sa fille Styliané, de son maître Nicétas, du métropolite d'Éphèse Nicéphore, et des *Éloges* de personnes vivantes, comme les deux panégyriques de Constantin Monomaque et de Jean d'Euchaïta, avec, pour pendant, l'*Acte d'accusation* du patriarche Michel Cérulaire. Ce sont là des œuvres de longue haleine[1] et de grande beauté littéraire ; écrites d'un style élevé, nourri, sincère, persuasif, elles figurent avantageusement — les critiques les plus difficiles s'accordent à le reconnaître[2] — parmi les spécimens les plus réputés du genre démonstratif. L'oraison funèbre de Jean Xiphilin, en particulier, œuvre de haute culture philosophique et de fine psychologie, et surtout celle de sa mère, qu'anime un pathétique tout vibrant de piété filiale, sont vraiment écrites de main d'ouvrier.

Ensuite ce sont des *Lettres*, au nombre de plusieurs centaines[3], modèles achevés du genre. Suggérées par les événements de la vie publique et privée de l'auteur ou de ses correspondants, ou provoquées par quelque

---

1. Ainsi l'*Éloge funèbre* de Michel Cérulaire a 84 pages, celui de Constantin Likhoudis 33, celui de Xiphilin 41, celui de sa mère 58, etc. L'*Acte d'accusation du patriarche* occupe 82 pages de R. E. G.

2. Voir mon *Étude*, etc., *de Psellos*, p. 424 n. 2.

3. 500 environ. Elles ne sont pas toutes éditées. Les manuscrits de Paris (B. N. n° 1182) et celui de Florence, en particulier, sont loin d'avoir été épuisés par Sathas et les autres éditeurs.

sollicitation extérieure — en cela Psellos se montre supérieur à Synésios et à Photios, dont beaucoup de lettres, purs exercices de rhétorique sur des thèmes proposés, roulent sur des sujets fictifs —, elles sont rédigées en un style qui coule de l'âme, ἀπὸ τῆς ψυχῆς ἔξεισιν, style de toute sincérité, ἁπλῶς καὶ ἀκατασκευῶς, dont la spontanéité, toutefois, ne laisse pas de s'orner de ces grâces du langage et de cet esprit qui font le charme du genre[1]. Leur intérêt documentaire est capital. « Nous leur devons, dit Krumbacher[2], de nombreux renseignements sur l'état de la civilisation à Byzance aux diverses époques, sur son gouvernement et son histoire, et une foule de détails biographiques touchant leur auteur. La correspondance de Psellos, en effet, rayonne sur toutes les parties de l'Empire ; partout cet homme puissant a ses clients, ses amis et ses admirateurs. Tantôt il donne en qualité de ministre des indications précieuses aux capitaines, aux gouverneurs et aux juges, tantôt il s'occupe de clercs besogneux ; ailleurs il place le poids de son nom dans la balance en faveur de provinces maltraitées : personne n'est repoussé, pour chacun il a de bonnes paroles. » Il se prête à tout, s'intéresse à tout, aux choses comme aux personnes, aux mœurs, aux monuments, à la politique, à l'histoire, à la littérature, celle de la Grèce antique surtout, cette Grèce qu'il aime comme une mère à cause des Périclès et des Cimon, à cause des philosophes et des orateurs d'autrefois[3]. Tour à tour éloquent, enjoué, grave, aimable, spirituel, cet homme si décrié nous apparaît sous un jour tout nouveau de bonté, de justice, d'humanité, de sensibilité, de générosité. Bref, cette

1. Cf. mon *Étude*, etc., p. 424 n. 2.
2. *Op. laud.*, p. 438.
3. Voyez sur la question l'étude fort documentée de Bruno Rhodius, *Beiträge zur Lebensgeschichte und zu den Briefen des Psellos*, Progr. de Plauen, 1892. Voyez aussi l'appréciation de Rambaud, *Op. laud.*, rééd., 165 et suiv.

correspondance, qui appelle une comparaison avec celle de Voltaire, est vraiment pleine d'intérêt et de charme, et constitue pour notre auteur un des plus enviables titres de gloire.

Enfin et surtout vient la *Chronographie*, œuvre magistrale, dont l'étude fera l'objet spécial du paragraphe IV de cette Introduction.

III

La langue et le style de Psellos.

A. — Sa langue.

La κοινή. Dans quelle langue écrivait Psellos? Lui-même, il nous en instruit. Dans son *Poème sur la Grammaire*[1], après avoir mentionné les quatre grands dialectes éolien, ionien, dorien et attique, continués par le dialecte commun ou κοινή, il recommande à son lecteur l'emploi du dit dialecte commun, à l'exclusion des quatre autres : [τὴν] κοινὴν καὶ κατημαξευμένην· ταύτην μοι μόνην δίωκε, τῶν δ' ἄλλων καταφρονεῖ[2]. C'est donc dans ce dialecte commun qu'il a composé tous ses ouvrages, tant en vers qu'en prose.

Mais ce terme même de κοινή prête à l'équivoque : il le faut éclaircir.

La koiné vulgaire et la koiné littéraire. Ce que les philologues modernes appellent κοινή sans autre qualificatif, c'est la *langue de la tradition orale*, développement normal, physiologique du grec, qui a commencé à se faire jour à l'époque d'Alexandre, et dont les documents principaux sont les *Histoires* de Polybe, la *Septante*, le *Nouveau Testament* et les *Papyri*

---

1. Édité par Boissonade, dans *Anecdota Graeca*, t. III, Paris, 1831, pp. 200-228.
2. *Op. cit.*, vers 4-6.

(iiie siècle avant—vie siècle après J.-C.). Poursuivant son évolution, cette langue a donné naissance au *grec moderne*, si par ce terme on entend, avec les néo-hellénisants, le grec aujourd'hui parlé par le peuple. Or ce n'est pas dans cette κοινή vulgaire qu'écrit Psellos ; du moins ne lui fait-il que d'exceptionnels emprunts.

Ce que Psellos nomme κοινή, c'est la *langue de la tradition écrite* ou *langue byzantine* proprement dite, langue de savants, qui reposait essentiellement sur l'imitation du vocabulaire et des formes de l'ancien grec, et dont la pratique, à Constantinople même, exigeait une connaissance très sûre des glossaires et de la grammaire, langue conventionnelle, qui, en regard et à l'écart de l'idiome populaire vivant et parlé, avec des variations de qualité proportionnées au degré « d'humanités » de ses représentants, se maintint au cours de toute l'histoire de Byzance et de la Grèce, survécut aux grands bouleversements politiques qu'entraînèrent la première et la deuxième conquête de Constantinople, et subsiste encore aujourd'hui sous le nom *de langue puriste* ou *langue savante*, καθαρεύουσα[1].

La langue byzantine. Ses caractères principaux. Quelles furent les origines et les principales caractéristiques de cette langue byzantine ? Il n'est pas hors de propos d'en toucher ici quelques mots.

On sait quel esprit de réaction contre la langue parlée de leur temps avait inspiré l'effort des *atticistes*, et cela, dès le siècle d'Auguste, avec Denys d'Halicarnasse. Cet effort, brillamment soutenu du ier au ive siècle de notre ère par des lexicographes comme Ælios Dionysios et Pausanias le Sophiste, par des grammairiens comme Phrynichos et Ælios Moeris, par des rhéteurs comme Dion Chrysostome, et surtout par les repré-

---

1. Cf. mon *Étude*, etc., *de Psellos*, p. iii sqq.

sentants de la *seconde sophistique*, les Polémon, les Aristide, les Lucien (IIe siècle), les Élien, les Philostrate (IIIe siècle), et leurs disciples, les Himerios, les Thémistios, les Libanios (IVe siècle), etc., avait été continué par les Pères de l'Église du IVe siècle, saint Basile, saint Grégoire de Nysse, saint Grégoire de Nazianze et saint Jean Chrysostome, qui s'étaient appliqués à reproduire dans une langue châtiée le vocabulaire et la syntaxe des écrivains de la bonne époque. A la suite de ces glorieux modèles, sous l'influence de l'école et du patriarcat, se constitua et se perpétua d'âge en âge cette tradition écrite, dont Psellos est un des plus illustres représentants. Notre auteur est ainsi à Thucydide, à Démosthène et à Platon, ce que les humanistes latins, les Budé, les Erasme et les Muret, furent à Cicéron et à Tite-Live.

Une langue, même écrite, ne demeure jamais absolument figée dans des moules stéréotypés. Certes, la κοινή qui nous occupe n'a rien d'une langue parlée, soumise à un perpétuel changement dans les sons, les formes et les mots. Mais quoiqu'étrangère à l'idiome flottant du peuple, elle n'a pu, dans les longs siècles de son histoire, se propager de génération en génération sans subir un certain nombre d'altérations. Comparée à la langue des atticistes et des Pères, la langue byzantine du XIe siècle est bien, dans ses grandes lignes, restée la même qu'au IVe siècle. Mais, dans le particulier, que de différences ! C'est, dans le vocabulaire, le changement de signification de certains mots, voire l'intrusion de mots nouveaux, termes d'église et de chancellerie, vocables techniques, noms propres, etc.[1], au détriment du pur fonds grec; c'est, dans la morphologie, l'altération de certains types de déclinaisons et de conjugaisons, la chute progressive de l'augment au plus-que-parfait, l'extension de la contamination réciproque des

---

1. Cf. *infra*, *le Style de Psellos*, § 4, *Abondance et variété*.

paradigmes en -ω et en -μι, etc. ; c'est, dans la syntaxe, l'oubli de la valeur primitive de certaines formes d'expression comme le moyen, la disparition partielle du datif et de l'infinitif, la confusion des emplois de εἰς et de ἐν, du futur et du subjonctif, du subjonctif et de l'optatif ; la chute de la particule ἄν et la confusion des conjonctions simples et des conjonctions composées avec ἄν, le trouble introduit dans les négations, etc. ; c'est, dans la tenue pourtant artiste de la langue, l'admission de tournures de la basse grécité, dont la présence même, dans un idiome de *scolastici,* montre avec quelle force elles s'imposaient à tous, aux lettrés comme aux ignorants.

Le purisme de Psellos. Tous ces phénomènes grammaticaux et stylistiques, je les ai étudiés jusque dans le dernier détail dans mon *Étude de la langue et du style de Psellos* : le lecteur désireux de s'instruire de ces questions n'aura qu'à se référer à mon volumineux travail, véritable grammaire comparée de la langue classique et de la langue byzantine. J'appellerai seulement son attention sur mes conclusions, qui sont les suivantes[1] :

La qualité de la langue d'un humaniste est fonction de ses études et de son goût personnel. Chez Psellos, nourri de littérature classique et soucieux de faire étalage d'art et d'érudition, cette langue est, somme toute, correcte. Si sa κεκραμένη se montre trop aisément accueillante à certaines déformations grammaticales, on sent courir, à travers le mélange, le fleuve de la tradition attique. Alors qu'autour de notre auteur tout était confusion et anarchie dans la morphologie et la syntaxe, il a entrepris cet effort prestigieux de conserver à la langue écrite sa pureté et sa précision primitives, par l'application rationnelle des règles léguées

---

1. Cf. p. 324 et p. 551 sqq.

par les meilleurs écrivains. S'il n'a pu se soustraire absolument à l'usage de son temps, pas même quand il byzantinise (il ne vulgarise, pour ainsi dire, jamais), on ne saurait le taxer de barbarie. Lorsqu'il s'écarte de la règle classique, les constructions qu'il adopte ne sont pas en contradiction formelle avec les lois de la langue, et elles ont le plus souvent leur raison d'être dans les besoins de la pensée ou du style. Encore faut-il observer que les concessions faites à l'usage contemporain constituent l'exception. Dans un siècle de désorganisation de la grammaire et de la langue, ce ne fut donc pas pour Psellos un mérite médiocre d'avoir, pour un temps, renoué à Byzance la chaîne de la tradition classique et préparé, pour l'époque de la Renaissance, la tâche des restaurateurs de l'hellénisme.

Mais c'est surtout par son style que Psellos s'impose à notre admiration.

B. — Son style.

Pour juger en connaissance de cause du style d'un écrivain, il importe de posséder des notions aussi précises que possible sur sa formation intellectuelle, son tempérament, ses modèles, ses procédés préférés en matière de style[1].

Psellos, avons-nous dit, était devenu, par l'étendue du savoir, une des personnalités les plus marquantes de son temps. Quelles furent les sources de ce savoir?

1. Sa formation intellectuelle. Psellos, écolier et étudiant, fut nourri avant tout de littérature classique. Dans cette Byzance essentiellement conservatrice qui, sous l'appareil politique romain,

---

1. Ce chapitre est un résumé de mon *Étude*, etc., *de Psellos*, pp. 405-558. Je ne reproduirai donc pas ici ma documentation. Le lecteur désireux de s'instruire à ce sujet est prié de se reporter à mon grand ouvrage.

était demeurée foncièrement grecque d'esprit, de mœurs et de langage, le beau parler d'autrefois avait conservé son prestige dans les cercles érudits du clergé et de la cour. Si, faute de dons naturels, faute aussi de nourriture intellectuelle, le vrai talent de l'éloquence avait disparu de la vie publique, l'école au moins conservait avec un soin jaloux les préceptes de l'art, qu'on se transmettait de génération en génération.

Depuis l'époque romaine jusque dans les derniers jours de l'histoire de Byzance, la tradition de la rhétorique est demeurée la même dans les formes et dans les sujets. Aux thèmes empruntés à la mythologie et à l'histoire s'étaient sans doute ajoutés des motifs contemporains, mais les uns et les autres, englobés dans une union pacifique, se coulaient encore et toujours dans les moules classiques. Et par delà les grammairiens et par delà les rhéteurs, par delà les Pères de l'Église et par delà les atticistes, on en revenait naturellement aux grands modèles d'autrefois. Certes, beaucoup d'étudiants et de maîtres s'arrêtaient en chemin ; à beaucoup suffisait la connaissance des procédés stéréotypés ; comme nombre de modernes, les Byzantins connaissaient l'art de discourir sur des choses venant de seconde main. Mais Psellos, cédant à son goût naturel et poussé par Nicétas, sut bientôt se dégager de cet étroit formalisme de l'école, et, remontant aux sources mêmes, c'est aux grands écrivains de la Grèce[1] qu'il demanda des modèles de composition et de style. Ce furent donc surtout les grands représentants de la littérature classique qui présidèrent à sa formation intellectuelle : c'est par l'étude de la pensée et de l'expression helléniques que prit corps et se développa son génie.

1. Il ne paraît pas avoir connu les Romains et son éducation fut exclusivement grecque.

Culture classique. — Tout jeune, il avait appris à connaître et à aimer les poètes. Homère, le poète par excellence, ὁ ποιητής, Homère, le savant peintre de la vie, Homère, le répertoire de toute science et de tout art, n'avait point de secret pour lui. Sa mémoire en est imprégnée ; il le cite à tout instant dans ses œuvres. De même, il possédait à fond Hésiode et les lyriques, en particulier Orphée et Musée, Archiloque, dont il blâme l'impudence, Alcée, Sappho, Anacréon, et surtout Pindare, dont il recommande la lecture avec celle de Théocrite. Et il s'était familiarisé aussi avec les tragiques et les comiques, en particulier avec Ménandre, sur lequel il avait écrit un commentaire, malheureusement perdu.

Parmi les prosateurs, il s'était d'abord adonné, en bon chrétien, à l'étude des Écritures et des Pères, et la façon dont il juge dans ses écrits le style de saint Basile, de saint Grégoire de Nysse, de saint Jean Chrysostome et surtout de saint Grégoire de Nazianze, dont il devait faire un de ses modèles préférés, prouve qu'il avait pénétré à fond dans le secret de leur génie.

Toutefois, c'est aux prosateurs classiques qu'on le voit demander sa nourriture préférée. D'abord, il s'adresse aux historiens, Hérodote, qui réunit la douceur et la grâce, Xénophon, dont il admire le naturel et l'aisance, et surtout Thucydide, dont le style fier et imposant devait souvent lui servir de modèle dans sa *Chronographie*. Puis, il se tourne vers les orateurs. Quatre grands noms attirent entre tous et retiennent son attention : Démosthène et Lysias, en qui il voit les représentants par excellence de l'atticisme, Isocrate, et le rhéteur Ælios Aristide, dont il s'efforce de s'assimiler les qualités maîtresses. Mais ce sont principalement les philosophes qui, de son aveu même, l'ont engendré et façonné. Viennent en premier lieu les moralistes, comme Théophraste, Plutarque, un de ses modèles encore pour le style, et Lucien, dont il prise et imite volontiers l'élégant badinage ; puis les stoïciens, en particulier Zénon, Chrysippe et Marc Aurèle ; ensuite et surtout les philosophes proprement dits, Aristote, qu'il compare à l'hydre de Lerne, monstre insaisissable contre lequel un Hercule seul serait capable de se mesurer, Pythagore, Hermès Trismégiste et les néo-platoniciens, Plotin, le théosophe Porphyre, Jamblique, Proclos, pour lequel il manifeste une admiration qui tient de l'enthousiasme ; enfin, et au-dessus de tous les autres, Platon, le grand, le divin Platon, dont il se proclame avec une saisissante conviction l'admirateur et le disciple — car, chez lui aussi, « l'admiration fit avancer la philosophie ».

Ainsi poètes, théologiens, historiens, orateurs, moralistes, philosophes, aucun des grands génies de l'antiquité hellénique ne lui fut étranger. Dans l'étude de leurs chefs-d'œuvre, il puisa ces qualités essentielles et générales, justesse, profondeur, vivacité, noblesse, couleur et naturel, qui sont comme le trésor de l'esprit humain ; il se nourrit de tout ce qu'ils recèlent de bon et de beau dans les conceptions et dans les sentiments ; il s'appropria par la mémoire et par la réflexion tout ce qui fait la supériorité de la pensée et du style. Et il gagna à cette forte nourriture intellectuelle de devenir un esprit essentiellement humain, un digne précurseur de la Renaissance.

2. Son tempérament. S'il est vrai qu'un écrivain tient son style non seulement de son éducation et de ses lectures, mais encore du tour particulier de son esprit et de son imagination, de sa sensibilité, de tout ce qui fait qu'il est lui-même, quel fut l'homme dans Psellos ?

Le païen d'imagination. Ses études et son goût personnel avaient porté Psellos vers l'hellénisme. Son affection pour Homère et Platon et sa profonde connaissance de la littérature antique avaient fait de lui un véritable Grec des temps passés. « Alors que les Byzantins, qui s'intitulaient eux-mêmes les Romains, rejetaient avec mépris, dit Rambaud[1], ce nom d'Hellènes, qui était devenu synonyme d'infidèles, Psellos se proclamait hautement le disciple de ces glorieux païens. Son enthousiasme pour Athènes et ses souvenirs, pour ses héros et ses écrivains, ses portiques et ses champs de bataille a quelque chose de saisissant. Aussi voit-on se refléter dans son esprit et dans ses œuvres, comme en un miroir, les caractères les plus significatifs de l'hellénisme. Comme notre Ronsard, Psellos est dans sa manière de s'exprimer, comme dans sa manière de sentir, un païen d'imagination. Ses œuvres sont remplies d'allusions à des passages d'écrivains antiques, à des usages ou à des croyances d'autrefois. Ses ressources de style les plus charmantes et les plus ingénieuses, ses métaphores et ses comparaisons, c'est à l'antiquité classique qu'il les emprunte ; la représentation des objets, des idées et des sentiments est chez lui dominée par la culture antique. Un humanisme de cœur et d'esprit, tel est le premier des éléments de la personnalité de Psellos.

L'artiste. Tout art vit de la forme autant que de l'idée. Il faut qu'à l'expression de sa pensée l'écrivain apporte une âme d'artiste, capable de mettre en action le mécanisme varié des facultés créatrices. Or Psellos, et c'est là une autre caractéristique de son génie, possède éminemment les facultés esthétiques par excellence, l'imagination et le sentiment.

De l'artiste, en effet, il a l'imagination, non pas seulement, suivant la distinction traditionnelle, cette imagination spontanée qui se représente vivement les idées et les images relatives au monde sensible, mais

---

1. *Op. laud.*, rééd., p. 146.

encore et surtout cette imagination réfléchie qui, à l'aide des matériaux fournis par la perception, conservés par la mémoire et séparés par l'abstraction, crée des formes originales, vivantes et vraiment symboliques. Poète au sens large du mot, il sait ajouter sa propre inspiration à la nature, il sait l'animer, l'agrandir et l'idéaliser, et l'exprimer dans une forme qui en manifeste la beauté.

De l'artiste aussi, il a la curiosité, cette curiosité qui porte naturellement l'homme de goût vers les belles formes et les belles couleurs, autant que vers les nobles pensées. Il sait s'intéresser aux choses ; l'inconnu l'attire, les voyages le charment, la musique le passionne. Il goûte profondément la nature. Son âme enthousiaste est capable de vibrer à la contemplation du monde et de ses beautés, de s'émouvoir au mystère de ses lois, d'animer les êtres du monde physique, de goûter, en un mot, tout ce qui fait le ravissement des âmes imaginatives. Ainsi a-t-il vivement senti et exprimé la poésie des ruines d'Athènes, évocatrices de tant de précieux et poétiques souvenirs.

Mais, s'il aime la nature, il prise plus encore la société, le commerce des hommes. Son attendrissement devant la beauté du site du couvent du mont Olympe n'empêche pas sa pensée de se reporter vers les Sirènes de la capitale et de la cour. C'est qu'il a l'humeur changeante, et, l'impression du moment une fois dissipée, il a hâte de courir à des sensations nouvelles. Dans le calme solennel de la nature, il ne peut oublier ces douces visions de Constantinople, qui enchantaient son cœur et ses sens. Et puis, est-ce au couvent, où il ne trouvait qu'ignorance, grossièreté et mesquines passions monacales, qu'il eût rencontré les motifs de ces fines peintures psychologiques dont il a illustré sa *Chronographie ?* On a justement blâmé sa nature molle et capricieuse, sa mobilité d'humeur, sa versatilité, ses faiblesses d'homme et de politicien. Mais ces alternatives mêmes de défaillance et de vertu ne sont-elles pas encore le propre de ces artistes qui, nourris dans la solitude des études, se trouvent un beau jour, sans préparation et sans force d'âme, jetés dans un monde qui n'est pas fait pour eux?

De l'artiste, enfin, il a la sensibilité, une sensibilité exquise, qui rend son âme capable de comprendre tous les sentiments, de vibrer à toutes les émotions, « telle dit-il, une harpe qui frémit à tous les modes, et non pas seulement à un seul[1] ». Comme saint Basile, comme saint Grégoire de Nazianze, il avait subi dans son enfance et dans sa jeunesse une influence douce et profonde, celle de sa mère Théodote. Au long contact de la piété et de la tendresse maternelles, sa nature s'était affinée, idéalisée. Il nous l'assure maintes fois dans ses *Lettres* : il a une sensibilité de femme : « Je ne suis pas un Scythe ; je n'ai pas une pierre à la place du cœur[2] ». Doux aux enfants et aux humbles, compatissant aux malheureux, généreux envers ses élèves, humain envers ses serviteurs, fils, frère et père affectueux, ami fidèle et dévoué, homme du monde aimable, enjoué, spirituel, son âme renferme des trésors de bonté et de sympathie qui ne demandent qu'à s'épancher.

Hélas ! pourquoi faut-il qu'une insupportable vanité soit venue ternir cette délicatesse de l'esprit et du cœur? Pourquoi faut-il que le désir de paraître, de briller, d'éblouir à tout prix apparaisse au fond de toutes ses pensées et de ses actions? La nature, « qui lui avait fait l'âme comme une cire molle capable de comprendre et de retenir les suprêmes beautés des sciences et de pétrir en elles les plus chères des Grâces[3] », l'avait en même temps gonflé d'orgueil et de vantardise. Sensible et

---

1. Psellos, *Lettres*, dans Sathas, *Bibl. gr. med. aevi*, V, 411, 26.
2. *Id., ibid.*, 307, 26. Un des motifs qui lui rendent odieux Michel V, c'est le manque de cœur de ce prince.
3. *Id., ibid.*, 410, 25.

ombrageux, ce Byzantin aux yeux fouilleurs et au nez de vautour était d'une susceptibilité qui, une fois en éveil, ne savait ni se raisonner ni se contraindre. Sa facilité d'élocution le rendait ergoteur et querelleur ; « rompu à l'escrime de l'école, c'était, dirai-je avec Rambaud, une sorte de duelliste philosophique friand de disputes, amoureux du cliquetis des discussions[1] ». Et, pour couronner le tout, quelle infatuation de sa propre personne ! Voyez, dans la *Chronographie*, le passage où il nous parle de lui-même, de ses vertus naturelles, de sa grâce, de son éloquence, de son génie[2]. Si, comme l'assure Miller[3], la présomption était de monnaie courante à Byzance, l'amour-propre porté à ce degré est presque une maladie. Mais, chez un écrivain de talent, l'orgueil n'est-il pas comme la rançon de la personnalité ?

Si l'art est la nature vue à travers un tempérament, nous étonnerons-nous de rencontrer dans son œuvre la vivacité d'imagination, la force de pensée et de sentiment, la verve, l'enthousiasme, l'émotion, la couleur, le relief et le mouvement, tous ces dons exceptionnels « qui créent, selon le mot de M. Croiset[4], une supériorité dans l'art d'exprimer la vie par le langage » ?

3. Ses modèles. Les classiques. A quelle école de style ce tempérament s'est-il développé ? Sur quels modèles prétendit-il se régler ?

Dépasser l'enseignement aride de l'école pour remonter aux sources, tel avait été, avons-nous dit, le principe directeur des études de Psellos. Désireux de parler le beau langage, et de le parler éloquemment, c'est sur

---

1. *Op. cit.*, rééd., p. 147.
2. Hist. de Constantin IX, chap. XLIV sq.
3. Ambassades de Psellos, etc., dans *Bull. Acad. Insc.* etc., août 1867, p. 193.
4. *Hist. de la Littér. grecq.*, V, 671.

les classiques qu'il arrêta avant tout son admiration et son imitation.

La littérature classique, en effet, avait trouvé chez lui une âme impressionnable au plus haut degré. Porté par ses affinités d'artiste vers ce tour finement aristocratique qu'il prisait si fort dans le génie hellénique, il avait bien compris que, pour acquérir quelque réputation dans les lettres, il fallait à la fécondité de la pensée, ajouter le mérite d'un style dont le secret était à tirer des chefs-d'œuvre d'autrefois. C'est donc aux écrivains de premier ordre qu'il demanda des leçons. S'il sut se délecter à la lecture d'un Philostrate ou d'un Lucien, il ne fit pas de ces auteurs sa lecture préférée : « laissant, dit-il, aller les Grâces, il s'attacha aux Muses »[1].

Ses Muses, ce furent, il nous l'apprend, Démosthène, Isocrate, Ælios Aristide, Thucydide, Platon, Plutarque, Lysias et saint Grégoire de Nazianze.

Mais il ne s'en inspira pas en aveugle. On ne pourrait pas dire de lui, comme par exemple d'Arrien, qu'il écrit sous l'influence d'une réminiscence perpétuelle et qu'il imite tous ses modèles indistinctement. Il nous indique lui-même en vue de quel but précis il s'est pénétré de ses modèles et comment, empruntant à chacun d'eux telle qualité déterminée, il a su se composer un style original et bien à lui.

« Ce que je cueillais en eux, nous dit-il, c'est, dans Démosthène, dans quelque affaire que ce soit, l'application raisonnable et vigoureuse de la pensée à chaque objet, la meilleure économie des parties du discours qui se puisse trouver ; dans Isocrate, l'expression naturelle, la grâce accompagnée de prudence comme chez les vieillards, le vocabulaire de l'usage courant ; dans Aristide, le charme largement départi sous l'habileté oratoire, l'exactitude de l'argumentation, la

---

1. *Psellos*, éd. Boissonade, p. 48 sq.

disposition féconde des faits et des pensées ; dans Thucydide, la langue novatrice, la concision de la pensée, la forme inélégante, certes, mais pleine de sens ; la construction archaïsante et la variété infinie des moules de la pensée ; dans Plutarque, toutes les grâces de l'expression, toutes les pensées périodiques et fortement tendues : il me charmait par son art de développer avec simplicité, d'exposer une pensée sous une forme variée et nouvelle. Dans l'art de Lysias, j'avais de quoi m'approvisionner de tout ce qui est nécessaire pour traiter un sujet. Mais surtout, c'est la muse théologique, la lyre, la grâce et la trompette, et la voix de tonnerre qui me suffisait, avant toute autre langue. Et, lorsque je voulais envelopper et condenser une pensée dans quelqu'un de mes écrits, je m'adressais à Thucydide ; pour l'économie du discours et la disposition technique, c'est à l'art de Démosthène que je demandais des exemples ; je n'avais pas besoin d'un autre modèle qu'Isocrate pour développer le sujet avec naturel et pour éviter les expressions trop recherchées d'où résulte la nouveauté insolite des pensées. Quant à Platon, il est pour moi quelque chose de divin ; mais il est difficile à imiter. Ce qui paraît chez lui très accessible à cause de sa clarté est hors de portée et rempli de précipices. Ceux qui comparent son œuvre aux écrits de Lysias et de Thucydide et qui ensuite s'efforcent de le ranger après eux, ceux-là me paraissent l'avoir très imparfaitement fréquenté. Et si notre grand Grégoire ne s'était opposé à lui par la vertu et par l'éloquence, je l'aurais, pour ses écrits, mis hors de comparaison avec tous, philosophes et orateurs[1] ! ».

Ainsi Psellos détermine nettement ses modèles et le caractère de ses emprunts. Il a une vision arrêtée du point particulier où doit porter son effort ; il sait

---

1. *Psellos*, éd. Boissonade, p. 50, 19 sqq.

dans quelles conditions il le tentera, sur quelles qualités il l'arrêtera ; son imitation ne procède pas au hasard : c'est là son trait essentiel.

Platon et Ælios Aristide. Entre tous les écrivains dont il se flatte d'avoir suivi les traces, Platon et Ælios Aristide paraissent avoir exercé sur son style l'action la plus précise et la plus immédiate. L'influence du premier est surtout manifeste dans la syntaxe et dans l'allure générale de la phrase ; celle du second apparaît plutôt dans la construction harmonique des mots. C'est que, et ceci est à noter comme un trait significatif, à côté de l'influence des classiques, Psellos a subi d'une façon tout aussi profonde celle de la rhétorique d'école, représentée par la seconde sophistique. Cette dualité d'action n'a rien qui doive nous surprendre chez un Byzantin. Issue naturellement de la tradition d'art des siècles classiques, l'éloquence d'école était reconnue de tous comme une création nationale. De la Grèce à Rome et de Rome à Byzance, elle avait suivi toutes les vicissitudes de la condition sociale et de la pensée helléniques. Accueillie avec enthousiasme à Byzance, elle y maintint son autorité jusqu'aux derniers jours de l'empire. « Telle qu'elle était, dit M. Croiset, elle donnait toujours satisfaction à un besoin profond de l'hellénisme ; elle lui procurait l'illusion de la beauté littéraire ; elle l'éblouissait par des artifices prodigieux qui ne sont sans doute que de l'art frelaté, mais qui éveillent chez ses admirateurs presque autant que l'art vrai la sensation de la puissance de l'esprit, grâce à la variété des moyens et à la surprise de l'effet[1]. » Cette sophistique n'avait-elle pas déjà, à une époque autrement rapprochée des classiques que celle où vivait Psellos, pénétré jusqu'aux moelles les écrivains à

---

1. *Hist. de la litt. grecq.*, V, 549.

l'imagination la plus riche comme saint Grégoire de Nazianze, la plus mesurée comme saint Basile, la plus austère comme saint Grégoire de Nysse, la plus ingénieuse et la plus libre comme saint Jean Chrysostome et Synésios ? Nous irons plus loin. En ces temps de basse grécité, où le monde politique, social, économique, la race, le milieu, le moment, ne permettaient plus à la littérature d'un autre âge qu'une vie factice, les défauts mêmes du style, pris pour des beautés, exerçaient sur les esprits raffinés de la cour une fascination à laquelle ils étaient désormais incapables de se soustraire. Et l'on comprend que Psellos, victime des goûts de son temps en même temps que des siens propres, n'ait pas voulu demeurer du nombre de ceux qui croient parler assez bien du moment qu'ils se font entendre ; l'on comprend que, désireux de ne mériter aucun de ces humiliants qualificatifs de νοῦς ἄγλωττος et de γλῶττα ἄνους qu'il applique aux mauvais écrivains[1], il ait demandé des exemples de style au modèle le plus réputé dans l'art de la technique.

La prose d'art. Ainsi voit-on dans son œuvre, à côté du courant classique, déterminé par l'influence de Platon, se manifester le courant sophistique, provoqué par celle d'Aristide. Le lecteur averti y découvre, pour ainsi dire, à chaque page l'un ou l'autre des traits de la seconde sophistique, tels qu'ils étaient pratiqués dans l'école. La *Chronographie* même est remplie de descriptions ou ἐκφράσεις d'objets animés ou inanimés (nous verrons plus loin quels admirables effets l'auteur en a su tirer), de portraits ou εἰκόνες, de tableaux ou ὑποτυπώσεις, de parallèles, de dissertations, d'allégories, etc., de tous les clichés à la mode du jour. La diffusion de l'invention, la prolixité, le remplissage, la subtilité et la dialectique, la recherche

---

1. *Lettres*, dans Sathas, *Op. cit.*, V, 480, 16 sq.

et la préciosité dans les idées et dans le style, sont autant de procédés d'école dont Psellos use en sophiste consommé. Virtuosité oratoire, profusion des ressources, goût de l'argumentation subtile et aventureuse, recherche du paradoxe, violence de l'effet pathétique, débauche d'exclamations, d'apostrophes et d'hyperboles, abus de tous les grossissements et de tous les contrastes — voilà pour le fond; langue artificielle, mélange des genres, enrichissement du vocabulaire par la fusion du langage de la prose et du langage poétique, poursuite du style voyant, et, partant, recherche des figures, surtout de la comparaison, de la métaphore et de l'antithèse, de la paronomase, de l'anaphore et de l'asyndète, encore rehaussées de tout l'appareil des γοργίεια σχήματα, parison, homœoteleuton, hyperbate, etc., enfin, pour couronner le tout, agencement méticuleux de la clausule rythmique — voilà pour la forme; tels sont les traits caractéristiques du style des sophistes, et de notre auteur. Les défauts comme les qualités de ce qu'il appelait lui-même du joli mot de σοφιστομανία, l'ingéniosité, l'originalité, le souci artiste de la forme, pour tout dire d'un mot, la prose d'art, voilà ce qui l'occupe au plus haut degré. « L'art de disposer les mots m'enchante », disait-il, et toute son œuvre vient confirmer cet aveu.

4. Les procédés de style. Chez un tel écrivain, on voit quelle importance prennent ce que nous appelons les procédés de style.

De toutes les qualités du style, il en est trois qu'il s'est particulièrement attaché à poursuivre : la variété dans l'abondance, la couleur, l'harmonie.

Abondance et variété. Psellos avait en horreur la sécheresse, la platitude et la monotonie. Il le dit et le redit : « Comme les poètes dithyrambiques n'ont pas un procédé d'arrangement uniforme ; dans le même poème ils n'emploient pas un mode unique, mais ils s'attachent à mélanger les modes dorien, phrygien et lydien, variant les mélodies diatonique, chromatique et enharmonique, et usant des rythmes avec la plus entière liberté ; de même, l'orateur, animé de passions diverses, se garde bien d'user d'un caractère de composition d'un bout à l'autre identique à lui-même[1]. » Aussi le voyons-nous, « à la façon des bons joueurs de cithare qui savent, quand il le faut, changer de note et modifier leurs effets »[2], se répandre en efforts incessants pour passer du grave au doux, du plaisant au sévère.

Chez un écrivain, l'abondance du style ne provient pas seulement de la variété des faits qu'il raconte, des idées qu'il expose, des caractères qu'il met en scène ; elle provient aussi de la personne même de l'auteur, des ressources qu'il tire de ses souvenirs, de son imagination, de sa sensibilité. Ses souvenirs lui fournissent une précieuse moisson d'allusions, de citations, de comparaisons, d'exemples et de proverbes, dont il enrichit son développement ; son imagination éveille dans son esprit tout un peuple de mots, de tours et de mouvements, qui expriment avec précision et avec force les multiples nuances de la pensée et du sentiment ; sa sensibilité, enfin, lui assure la possession d'une brillante palette de couleurs, dont la diversité n'est pas le moindre artifice. Voilà pourquoi, de tous les procédés destinés à donner au style de la richesse, l'emprunt sous toutes ses formes (citations d'auteurs, allusions, proverbes, tirés pour la plupart du domaine de l'antiquité classique) occupe une place importante dans l'œuvre de Psellos.

Un autre moyen d'enrichissement du style provient de l'abondance du vocabulaire. Tiré des sources les

---

1. Walz, *Rhetores Graeci*, V, 600, 28.
2. Migne, *Patrol. Gr.-lat.*, CXXII, 1180 C.

plus variées, le lexique de Psellos est d'une opulence déconcertante. Sur une large trame de mots provenant de l'usage classique et, pour la plupart, possesseurs de leur sens d'autrefois, il jette pour commencer une ample broderie de mots poétiques et techniques; puis, pour étendre encore ce fonds déjà luxuriant, il puise à pleine main dans le vocabulaire postclassique : mots de la période alexandrine et mots de la période gréco-romaine, mots hellénistiques et mots du *Nouveau Testament*, mots des atticistes et mots des Pères, mots d'époque byzantine, mots simples et mots composés (surtout des verbes composés avec une ou plusieurs prépositions), mots ecclésiastiques et mots profanes constituent un fastueux apport, dont la profusion ne laisse pas de faire paraître quelques disparates. Et, comme si tout ce copieux répertoire ne suffisait pas à l'expression de sa pensée, il y ajoute quantité de vocables de son cru[1].

De cette pâte de style de couleur et d'origine ainsi mêlées, il tire d'étonnants effets de mouvement, de pittoresque et d'harmonie.

Mouvement. Sa virtuosité stylistique, en effet, est d'une inépuisable fécondité. Très sensible déjà dans l'ordre des mots[2], elle l'est davantage encore dans le mouvement général de la phrase. Comme ce guerrier d'Homère habile à manier ses armes de l'une et de l'autre main[3], il possède à un rare degré l'art de modifier son armure et de l'approprier aux besoins de la cause. Tous les mouvements oratoires, tous les *gestes* du discours tant vantés des rhéteurs —

---

1. J'ai pu ainsi, dans mon *Lexique choisi de Psellos*, relever plus d'un millier de néologismes, dont la plupart ne figurent dans aucun des grands lexiques grecs connus.
2. Voyez mon *Étude*, etc., *de Psellos*, pp. 455-461, où j'ai étudié la question dans le détail.
3. *Il.* Z, 238.

et de lui-même comme un des procédés les plus sûrs d'agrément et de variété, Psellos les connaît et les utilise à l'occasion. L'interrogation et l'exclamation, l'imprécation et la déprécation, l'obsécration, l'épiphonème, l'apostrophe à des présents et à des absents[1], l'anecdote, la fiction poétique, la prosopopée, l'hyperbole et la litote, l'euphémisme et l'ironie, la prétérition et la concession, toutes les figures de passion prennent tour à tour place dans son style merveilleusement ondoyant et divers, au fil des émotions que l'écrivain reçoit de son sujet et qu'il communique aux autres par la parole. L'art d'exciter les passions, le pathétique sous toutes ses formes, il le possède et le manie avec une dextérité consommée. Même dans ses œuvres narratives, son style acquiert de ce fait une ampleur et un mouvement qui étonnent et séduisent le lecteur, d'autant plus que cette puissance de séduction que le style de Psellos doit à l'abondance et à la variété des tours et des mouvements, se rehausse de tout l'agrément qu'apportent avec elles la couleur et l'harmonie.

Couleur. Celui, en effet, que dans leur admiration les contemporains appelaient πολὺς τὴν γλῶτταν, apparaît non seulement comme le plus abondant, mais encore comme le plus pittoresque des écrivains byzantins.

La couleur naît de la vivacité des pensées et du choix judicieux des mots. Psellos l'a surtout cherchée dans l'emploi des figures de style.

J'ai étudié ailleurs[2] dans le détail l'ingénieux emploi que l'auteur fait de ces figures, figures de mots, d'une part, figures de pensées, de l'autre. J'apporterai seu-

---

1. Par exemple dans la *Chronographie*, Hist. de Michel V, chap. XXII, l'apostrophe de Zoé à l'âme de son père Basile II.
2. Cf. mon *Étude*, etc., pp. 462-487.

lement ici les conclusions de cette étude. Modifications dans l'emploi grammatical des mots, ordonnance particulière des mots dans la phrase, changements dans la signification des mots ont pour objet la recherche de l'expression la plus pittoresque, la plus colorée, la plus significative. Psellos se montre fort habile dans l'art de frapper, comme le peintre, par des images, et, dans la mise en œuvre de ses couleurs, il apporte une remarquable unité de ton. Certes, l'image n'est pas toujours nécessitée par la pensée. Vivant à une époque où tous les genres de style se ramenaient au genre démonstratif, un bel esprit comme notre auteur, désireux de faire valoir à tout prix son talent, était trop nourri de rhétorique sophistique pour résister au goût du jour et refuser aux figures de mots un tribut d'admiration que le lecteur moderne ne peut s'empêcher de trouver excessif. Trop souvent dans son élocution agencée en vue de l'effet, la figure, en particulier la métaphore et la métonymie, n'a d'autre raison d'être qu'un étalage de virtuosité ; trop souvent le rapport de l'image à la pensée est vague, artificiel et tiré de loin. C'est pourquoi ce style paraîtrait bien froid à des juges étrangers aux séductions de la seconde sophistique, si les figures de pensées ne venaient à propos rendre à la phrase le mouvement arrêté par les figures de mots.

C'est dans l'emploi des figures de pensées que l'écrivain se montre vraiment supérieur et original. Comparaisons, antithèses, descriptions de la nature, d'objets, d'animaux, de personnages, d'événements, interviennent tour à tour dans son œuvre pour lui donner du relief et lui assurer « le brillant pittoresque d'une prairie émaillée de fleurs et de grâces »[1]. En particulier le portrait et le tableau, dont l'objet est de donner au style de la force et de la vivacité en même temps

---

1. Dans Sathas, *Op. laud.*, V, 226, 24.

que de la couleur et de l'agrément, se présentent chez lui de la façon la plus suggestive[1]. Psellos se dépense en perpétuels efforts en vue d'un résultat plastique. Occupé du souci de frapper et de plaire, il attache un soin avisé aux σχήματα διανοίας, qui sont à la composition et au style ce que la physionomie est à la ressemblance dans un portrait. Dans son expression imagée des formes et des mouvements de la pensée, son œuvre, comme la statue sous les doigts de l'artiste, prend vie, si je puis ainsi parler, d'une façon représentative. Peindre, c'est là son ambition, et il faut convenir qu'il l'a puissamment réalisée.

Harmonie. Mais il a voulu plus et mieux. Enchantant les yeux de l'esprit, il a eu aussi la prétention de charmer l'oreille de son lecteur. L'harmonie du style est une des qualités que Psellos, à la suite de tous les rhéteurs[2], recommande le plus instamment de poursuivre et qu'il s'est attaché le plus soigneusement à réaliser.

L'harmonie résulte du choix et de l'arrangement des mots. Elle se manifeste sous un double aspect. Il existe, d'une part, pour l'esprit, une *harmonie de lignes* produite par la symétrie et le parallélisme des κῶλα, dont la longueur et l'ordonnance, rigoureusement déterminées par les prescriptions de la rhétorique, donnent au style plus de relief et de piquant ; d'autre part, il est, pour l'oreille, une *harmonie de sons* qu'engendrent dans le choix et la disposition des mots le mélange des voyelles et des consonnes, des longues et des brèves, et, dans la construction de la phrase, l'introduction de certains rythmes. Harmonie sché-

---

1. Je reviendrai sur la question d'une façon plus explicite dans le paragraphe consacré à la *Chronographie*. Cf. *infra*, IV, B.
2. En particulier de Denys d'Halicarnasse. Ici encore je renverrai le lecteur à mon *Étude*, etc., *de Psellos*, pp. 520-549.

matique et harmonie musicale sont, en fait, étroitement unies. A tout instant elles échangent leurs procédés et se complètent l'une l'autre ; tantôt l'une, tantôt l'autre, suivant le caractère général du passage, retient le plus l'attention de l'écrivain, sans d'ailleurs que la préoccupation de la première entraîne l'oubli de la seconde, et inversement.

Ici encore, je n'entrerai pas dans le détail de l'emploi des procédés d'harmonie schématique mis en œuvre par Psellos. Je traiterai de même à grands traits de l'harmonie musicale et de ses deux aspects : combinaison mélodieuse des sons des mots ou *euphonie*, emploi approprié des rythmes ou *eurythmie*.

L'euphonie résulte, d'une part, du choix des mots, qui doivent présenter un heureux mélange de voyelles et de consonnes, de brèves et de longues, destiné à toucher agréablement l'oreille, et, d'autre part, de l'arrangement des mots, où l'écrivain doit éviter toute suite de vocables d'égale dimension, toute accumulation de monosyllabes ou de polysyllabes d'une longueur excessive, toute répétition ou tout assemblage de consonnes dures, et enfin et surtout toute rencontre abrupte de voyelles.

Dans toute cette pratique d'effets musicaux, Psellos se montre fort expert. Et il se glorifie à plusieurs reprises de cette habileté technique[1], comme d'un des plus beaux dons qu'il ait reçus de la nature. Mais la douceur et le moelleux de l'élocution ne sauraient le satisfaire. Il veut que sa phrase chante, et, à cet effet, il prête une attention soutenue à la cadence et au rythme. On sait quelle importance le rythme de la phrase avait aux yeux d'écrivains comme Isocrate et Démosthène ; depuis Gorgias, le principe était admis que la bonne prose, sans aller jusqu'au μέτρον, devait présenter, notamment à la fin des

---

1. Ainsi dans *Chronogr.*, Hist. de Const. IX, chap. XLV.

phrases, des combinaisons harmonieuses de longues et de brèves propres à charmer l'auditeur. A l'époque de Psellos, il est hors de doute que dans le monde des lettrés eux-mêmes, le sentiment du rythme n'était plus connu et compris que de quelques beaux esprits. Nourri de culture classique, notre auteur était un de ces privilégiés. Par delà la littérature sophistique, il avait pénétré dans le secret du génie des anciens, et son goût avait, à leur commerce, acquis tant de finesse et de sûreté qu'il n'eut garde de négliger cet élément d'harmonie, clef de voûte, à ses yeux, de la prose d'art et caractéristique suprême du talent. Une phrase mélodieuse construite sur de beaux rythmes et terminée par une clausule à effet, un ensemble bien cadencé, harmonieux et expressif, tel est l'objet de ses préoccupations les plus attentives. Il connaît, avec le caractère propre à chacun d'eux, les rythmes les plus divers, anapestes, ioniques, tétramètres, hexamètres, etc., et il en fait d'inspiration l'emploi le plus pittoresque, évitant avec soin cette monotonie qui règne dans les écrits des sophistes et leur communique un air de froideur. Il sait qu'il doit exister un rapport précis entre la cadence de la phrase et la nature de l'idée ou du sentiment exprimé, et il n'a garde d'employer les rythmes à contre-sens. Comment oublierait-il cette loi fondamentale de l'à-propos, lui qui dépensa tant d'ingéniosité à commenter d'après Proclos la célèbre théorie exposée dans le *Timée* que les mouvements de l'âme et les harmonies musicales sont régies par les mêmes lois ? S'agit-il d'exprimer l'admiration, la haine, la colère, l'ironie, la douleur, la joie ? Faut-il éveiller la sollicitude, l'intérêt, la pitié ? Suivant l'état de l'âme dont ils deviennent l'expression naturelle, on voit les rythmes varier, pour ainsi dire, d'eux-mêmes et s'approprier au sentiment avec un art achevé. Et sa phrase souple, alerte et cadencée, se développe en une heureuse combinaison de sons et de mouvements qui plaisent à la fois à l'oreille et à l'esprit, non seulement par leur accord entre eux, mais encore par leur rapport avec les idées et les sentiments qu'ils traduisent.

Conclusion. Jugement d'ensemble sur le style de Psellos. C'est ainsi que la δεινότης (aptitudo dicendi), la souplesse artiste de la phrase, qui se moule sur les idées et se met au service de la pensée pour la faire valoir, et l'εὐγλωττία, la douceur du langage tant prônée des atticistes, paraissent bien être les caractéristiques principales de notre auteur. Richesse du vocabulaire, variété des tours et des mouvements, choix judicieux des mots, pittoresque de l'expression, arrangement nombreux et périodique, tous les procédés de style à la fois les plus avantageux et les plus délicats concourent à faire de la prose d'art de Psellos une œuvre pleine de vie, de couleur et d'agrément.

Sans doute, cette œuvre n'est pas sans défauts. De tous, le plus saillant est celui de la prolixité. Psellos est vif, ingénieux et précis ; il a la clarté, la grâce et le pittoresque ; il attire par sa richesse, il retient par sa couleur, il charme par son harmonie. Mais il ne possède pas la mesure, cette μετριότης ἐν λόγῳ, où Cicéron voyait avec raison la caractéristique fondamentale de l'atticisme. Son inégalité, sa subtilité, sa verbosité, fruits d'un byzantinisme mûri au soleil d'Orient[1], enlèvent à son style cette exquise douceur de teintes, cet équilibre et cette sobriété qui font le charme d'un Lysias ou d'un Xénophon. Admirateur passionné des anciens, il n'a pas su, à leur exemple, se préserver de l'affectation, défaut ordinaire de ceux qui, au lieu de

---

1. Et cela en un temps, il est bon de le redire avec D. Hesseling (*Civilisation byzantine*, p. 310), « où l'abîme entre la langue parlée et la langue écrite n'était plus guère favorable à l'éclosion d'œuvres pouvant prétendre à prendre place dans la littérature universelle. »

concentrer leurs efforts sur un idéal absolu, les dispersent à la poursuite de beautés de second ordre, et qui, s'asservissant aux caprices de la mode du jour, sacrifient au prestige de la forme l'austère gravité de la pensée. Ne recommande-t-il pas dans sa *Chronographie*[1] comme un des moyens les plus sûrs de rendre attrayante une thèse philosophique ou scientifique, d'y introduire les tours oratoires et de l'embellir de toutes les grâces de la technique? Ce perpétuel effort de prose d'art donne à son style une allure factice qui, pour être suivie du lecteur, exige une dépense soutenue d'attention. Psellos ne s'adresse qu'aux élégants et aux raffinés. Quelle que soit sa supériorité sur les beaux esprits byzantins, il est demeuré de leur école. Son abondance donc ne va pas sans prolixité, son élégance sans maniérisme, sa couleur sans affectation, son esprit sans préciosité. Lui qui, sur tant de points, rappelle les meilleurs modèles, il est bien aussi de la race des sophistes, prétentieux, emphatiques et subtils. Comme Lucien, il se fait trop voir derrière son œuvre, et la perfection de l'art n'est pas, chez lui non plus, le triomphe de la nature et de la vérité. La somptuosité du vocabulaire, la recherche de l'expression, le luxe des figures, l'étalage de l'ornementation, l'amplification sophistique, la poursuite de toutes ces fausses beautés que Pascal reprochait à Cicéron, donnent à son style un coloris un peu lourd et forcé, d'un caractère à demi-asiatique.

Mais ce sont là « défauts de prince ». Oublions qu'emporté par les flatteuses erreurs de l'imagination, Psellos, jusqu'au bout fidèle au péché de jeunesse qu'il confesse ingénûment[2] se soit « trop souvent laissé prendre au charme de certains yeux qui étaient louches et d'un teint qui n'était pas des plus blancs ». Nul Byzantin ne marqua plus d'aptitude à sentir les beautés litté-

---

2. Hist. de Constantin IX, chap. XLI.
1. *Lettres*, dans Migne, *Patr. gr.-lat.*, CXXII, 1173 B.

raires, nul ne les exprima avec plus d'éloquence et de sincérité. Si ses défauts ont justement attiré sur son œuvre les sévérités de la critique[1], ses qualités si personnelles d'élégance et de pittoresque, sa souplesse et son ingéniosité, sa diction éloquente, harmonieuse et fleurie, fruit d'un long commerce avec les meilleurs écrivains de l'antiquité, le placent au tout premier rang des Byzantins, sinon comme un classique, au moins comme un humaniste, un humaniste singulièrement vivant et original. N'est-ce pas là, après tout, pour un épigone, un titre suffisant à notre attention et à notre estime?

IV

La Chronographie.

A. — Sa valeur historique.

La *Chronographie* — tel est le nom dont l'auteur lui-même désigne son ouvrage[2] — est une longue chronique embrassant tout un siècle de l'histoire de Byzance[3], depuis l'avènement de Basile II Bulgaroctone en 976, jusqu'à celui de Nicéphore Botaniate en 1077.

Dans quelles circonstances fut-elle composée? Quelle en est l'économie? Quelle en est la valeur historique? Après avoir répondu à ces trois questions, j'en apprécierai la valeur littéraire.

---

1. « Un pédant », dit Finlay (cité par Bury, *Rom. emper.*, 53). « Un fastidieux philosophe, bavard et rhéteur » écrit de son côté H. Gelzer (*Abriss d. byz. Kaisersgesch.*, dans Krumbacher, *Op. laud.*, 1008).

2. Histoire de Michel V, chapitre XXIV; voyez aussi Hist. de Constantin IX, chap. LXXIII, et cf. *Lettres*, dans Sathas, *Op. cit.*, V, 352, 25. Ce titre lui a été donné par le copiste d'après cette désignation.

3. Le sous-titre de Βυζαντινῆς ἱστορίας ἑκατονταετηρίς lui a été donné par l'éditeur C.-N. Sathas, 1ʳᵉ éd., Athènes-Paris, 1874.

INTRODUCTION XLIX

Circonstances de sa composition. De l'avis de Miller[1], Psellos a eu la première idée de sa *Chronographie* dans les circonstances suivantes :
« Lorsque Constantin Monomaque monta sur le trône, Michel Psellos lui adressa un panégyrique dans lequel, entre autres choses, il raconte ce qui s'est passé depuis Basile II dit Bulgaroctone jusqu'à l'avènement du susdit empereur[2]. Il y distribue l'éloge ou le blâme suivant les circonstances. Cette pièce à propos de laquelle, suivant Timarion[3], il est devenu dans les enfers la risée des sophistes, avait pour but, selon toute probabilité, de montrer à ses compatriotes combien étaient regrettables les lacunes qui se remarquent dans l'histoire byzantine. C'est pour remplir ce vide que, déjà dans les bonnes grâces de Monomaque, il entreprit son histoire. »

Son économie. Psellos commence sa narration à la date où Léon Diacre avait laissé la sienne, c'est-à-dire à la mort de Jean Tzimiscès.

Au point de vue de la forme et des tendances du récit, l'œuvre paraît constituée de deux parties nettement différentes.

La première fut écrite sans doute entre 1059 et 1063, à l'instigation de quelques personnages illustres, et particulièrement d'un ami auquel Psellos s'adresse sans le nommer[4], et qui semble être Constantin Likhoudis. Elle va du règne de Basile II Bulgaroctone jusqu'à celui d'Isaac Comnène. Composée d'après les principes traditionnels de l'historiographie, cette première partie de la *Chronographie* paraît assez véridique et indépen-

---

1. *Journ. des Sav.*, janvier 1875, p. 17.
2. Voyez le passage dans Sathas, *Bibl. graeca med. aevi*, V, p. 119 et suiv.
3. Τιμαρίων ἢ περὶ τῶν κατ' αὐτὸν παθημάτων. Sur cette œuvre anonyme du milieu du xiie siècle, une des nombreuses imitations byzantines des *Dialogues des morts* de Lucien, cf. Krumbacher, *Op. laud.*, p. 467.
4. Hist. de Constantin IX, chap. XXII et LXXIII.

dante. Elle peut elle-même se subdiviser en deux autres. De l'avènement de Basile II jusqu'au règne de Romain III Argyropole, Psellos se contente de jeter un coup d'œil rapide sur les événements, faute, nous dit-il, de renseignements exacts et surtout parce qu'il était trop jeune pour avoir vu les choses par lui-même. Il brosse donc seulement à grands traits les figures de Basile II, de Constantin VIII, de Romain III, de Michel IV et des principaux personnages de la cour, comme le parakimoumène Basile, l'eunuque Jean, etc. C'est au règne de Michel V qu'il commence véritablement ses mémoires historiques comme témoin oculaire de ce qu'il raconte. Alors sont dépeintes dans le détail et sous les couleurs les plus expressives les vies de l'odieux Michel V, du joyeux Constantin IX Monomaque, des impératrices Zoé et Théodora, de l'incapable Michel VI le Vieux et du valeureux Isaac Comnène.

La partie suivante, qui relate brièvement les événements depuis le règne de Constantin X Doucas jusqu'à Michel VII Parapinace, a été écrite sur le désir exprès et sous les yeux mêmes de ce dernier souverain[1]. Pour cette raison, elle ne rapporte plus les faits sous leur vrai jour; elle devient peu sûre et partiale, grâce à l'attention constante que l'auteur prête à ces empereurs (le premier était, avons-nous dit plus haut, son ami de jeunesse, et le second, son disciple) et au dédain mêlé d'injustice qu'il marque à leurs rivaux, comme Romain IV Diogène. Ici, Saint-Simon fait place fâcheuse à Dangeau. Psellos, d'ailleurs, qui considère la vérité comme le but essentiel de l'histoire[2], confesse implicitement son tort par la promesse faite à son lecteur d'un autre ouvrage, où il racontera les faits d'une manière à la fois plus détaillée et plus conforme à la vérité[3].

1. Hist. de Michel VII, chap. I.
2. Hist. de Constantin IX, chap. XXII sqq.
3. Hist. d'Isaac Comnène, chap. LXV; Hist. de Constantin X, chap. I.

Sa valeur historique. Les considérations qui précèdent nous conduisent à l'appréciation de la valeur historique de la *Chronographie*.

Tout d'abord, et ce point n'est pas sans importance, la narration de Psellos qui fait immédiatement suite, avons-nous dit, à celle de Léon Diacre, remplit la lacune qui existait auparavant dans la suite d'ailleurs presque ininterrompue des historiens byzantins. Ses successeurs en tirèrent le plus utile parti : Nicéphore Bryenne lui emprunta presque littéralement plusieurs chapitres; firent de même Anne Comnène et Jean Skylitzès. Mais ce fut surtout Zonaras qui lui déroba le plus de pages. Ce dernier historien usa si intelligemment de son devancier que, lorsque la *Chronographie* fut éditée pour la première fois en 1874, sa publication n'apporta à la connaissance générale de l'histoire byzantine aucun nouveau fait de grande importance[1]. Elle fut néanmoins très appréciée des historiens modernes[2], qui, par elle, ont connu force détails d'un intérêt majeur sur les hommes et les mœurs de l'époque qui précéda immédiatement les croisades.

Le savant J.-B. Bury juge en ces termes cette œuvre de documentation personnelle et de fine psychologie : « Les mémoires de Psellos, qui fut initié aux secrets des événements politiques, sont de la plus haute valeur. A travers ce style artificiel, ses descriptions des empereurs et des impératrices qu'il connut donnent une impression de réalité et de vie. Il nous présente des tableaux d'hommes et de femmes de l'époque beaucoup plus vivants que ceux que nous pourrions trouver dans un écrivain comme Zonaras. Il a vu Georges Maniacès haut de six pieds, et le regarde comme un pilier ou

---

1. L'historien Le Beau en avait utilisé d'après Pagi (*Annales* de Baronius, t. XVII, p. 329) quelques fragments relatifs à la révolution du palais qui rendit le trône à Michel VII.

2. A. Rambaud, G. Schlumberger, Ch. Diehl, C. Neumann, J.-B. Bury, etc.

une montagne ; il se tenait aux côtés de Constantin Monomaque quand celui-ci assistait au combat naval contre les Russes et quand une flèche le manqua de peu pendant le siège de Tornikios ; il sut par expérience personnelle que la sébaste Sklérèna était une excellente écouteuse...

« Dans la préface quelque peu prétentieuse de sa chronique, Jean Skylitzès, que copie Georges Cédrénos, énumère quelques-uns de ses devanciers dans le champ de l'histoire. Il remarque que Psellos et les autres ne donnent pas de détails exacts, mais qu'ils apportent simplement une liste des empereurs, en constatant lequel réussit le mieux. Pour ce qui regarde Psellos, cette critique est, d'une part, entièrement fausse ; d'autre part, elle exprime en des termes exagérés une part de vérité. Les événements que décrit Psellos, il les décrit avec des détails beaucoup plus intéressants que Cédrénos lui-même, lequel nous narre les faits d'une manière sèche : à ce point de vue, la critique est fausse. Par contre, beaucoup d'événements importants ne sont pas mentionnés par Psellos, comme lui-même nous le dit franchement, si bien que, sur ce point, la critique a une part de vérité. Skylitzès se vante de tout mentionner, même les événements de moindre importance ; Psellos, lui, fait une sélection d'événements et de détails. Il en a conscience, comme nous pouvons le voir dans un passage où il expose le but et la nature de son histoire. Il n'essaye pas d'écrire, nous dit-il, tous les événements par ordre, et chacun en détail, du commencement jusqu'à la fin, ni d'énumérer tous les faits militaires qui sont sans importance, et ces autres faits que les historiens soigneux décrivent[1]. Il vise à une relation succincte, non à une histoire ambitieuse, et c'est pourquoi il omet beaucoup de choses dignes d'être

---

1. Hist. de Const. IX, chap. LXXIII.

rapportées[1], et, au lieu de diviser son histoire chronologiquement, il relate seulement les événements les plus critiques et ce qui a le plus fortement agi sur son souvenir. « Je ne note pas en détail, dit-il en substance, chaque événement, car mon but est de tenir le juste milieu entre les anciens historiens de la vieille Rome d'une part[2], et nos modernes chronologistes d'autre part[3], évitant la prolixité des premiers et la concision des derniers, et de faire en sorte que ma narration ne puisse ni fatiguer le lecteur ni omettre des événements essentiels. » Son intention était donc de composer des mémoires dont le style fût en contraste avec celui qui prévalait alors dans l'histoire byzantine, et qu'il considérait comme aride et ennuyeux »[4].

Quant à la conception qu'il se fait de l'histoire, c'est que, le libre arbitre humain demeurant sauvegardé, la conduite des grands événements appartient à la Providence. « J'ai, écrit-il, l'habitude d'attribuer à la divine Providence le règlement des choses de quelque importance, ou plutôt de rapporter à elle tout ce qui nous arrive, sauf ce qui provient de la corruption de notre nature[5]. » Ainsi, comme membre orthodoxe de l'Église, il croyait à une alliance du destin et de la volonté libre ; il conserve à l'homme la responsabilité de ses actes, mais il met la direction suprême de nos affaires dans la main de Dieu.

Telle est, envisagée du point de vue historique, l'importance de la *Chronographie*. Mais cette œuvre est plus qu'une grande œuvre historique ; elle est aussi une œuvre littéraire de premier plan, ayant sa place mar-

1. Ainsi la guerre avec les Patzinaces, sous Constantin IX.
2. Allusion à Denys d'Halicarnasse.
3. Ainsi Jean Malalas.
4. *Roman emperors*, etc. dans *The English hist. rev.*, IV, 1889, p. 43 sqq.
5. Hist. de Michel IV, chap. XXX et Hist. de Constantin IX, chap. LXXII.

quée parmi les monuments les plus précieux de l'antiquité, sinon les plus achevés, au moins les plus artistes.

B. — Sa valeur littéraire.

Pour déterminer les caractéristiques du style de Psellos, la *Chronographie*, les *Éloges funèbres* et les *Lettres* ont été ma source principale d'information. Le lecteur retrouvera donc aisément dans le grand ouvrage historique de Psellos les traits stylistiques généraux précédemment énumérés. Mais la *Chronographie* a aussi ses qualités propres : elles sont d'importance et doivent être signalées à l'attention d'une manière spéciale.

C'est surtout dans les récits, les portraits et les tableaux scéniques qu'on les voit percer. Sur ce triple point, Psellos qui, en artiste avisé, accorde beaucoup au sentiment et à l'imagination et excelle à tirer d'une attitude ou d'un mouvement toute une peinture de vie pittoresque et psychologique, ne le cède à aucun autre écrivain pour la précision, le relief et l'éclat.

Et d'abord, voyons les récits.

Les récits. Les récits de la *Chronographie* sont des modèles de narration dans le genre historique. Je n'insisterai pas sur ceux des règnes de Romain III, de Michel IV, de Constantin IX ou d'Isaac Comnène : ils sont d'une précision, d'un mouvement, d'un pittoresque qui captivent le lecteur. Celui de l'ambassade de Psellos auprès d'Isaac Comnène est admirable de force, d'éclat, de gravité concise et brillante. L'histoire des amours de Zoé et de Michel IV a tout l'intérêt d'un roman de mœurs réaliste. Quelle saveur aussi, et quelle verve dans les anecdotes relatives à Constantin IX ! Que de nerf et de pathétique dans la relation des malheurs du parakimomène Basile, de l'eunuque Jean, de Romain Diogène ! Mais le plus vigoureux de ces récits est celui de la révolution qui abattit Michel V, le morceau à effet de la *Chronographie*, « que l'auteur, dit Bury[1], présente avec une solennelle préparation comme pour une grande scène de l'histoire, en un langage que l'on pourrait s'attendre à voir employé à propos d'un événement comme la Révolution française. » Psellos se montre d'une habileté magistrale à résumer les faits, à les distribuer en une série de tableaux qui, liés entre eux, ont chacun leur valeur propre et leur signification. Exacte, fidèle et complète, la narration se pare adroitement des agréments du style, variété, couleur, relief, qui lui assurent le mouvement, l'ampleur et le pathétique. Je n'entrerai pas dans le détail de la mise en œuvre : ce serait intempestivement priver le lecteur du plaisir de la découverte. Mais je signalerai au moins pour mémoire le passage où l'auteur, s'effaçant derrière ses personnages, interrompt son récit pour mettre dans la bouche de l'impératrice déchue une vibrante apostrophe au palais des basileis et à l'ombre glorieuse de Basile II[2]. Ces mémoires de Psellos sont essentiellement une œuvre de mouvement, de variété et de vie. Ici[3], l'exposé des faits est brusquement interrompu par un appel au lecteur ; là[4], une suspension inattendue de la phrase pique la curiosité du lecteur et l'amène à une idée autre que celle qu'il avait prévue ; ailleurs[5], c'est une exclamation oratoire qui vient, après une série de phrases d'allure narrative, redonner de l'élan au style ; ailleurs encore[6], c'est une interrogation exprimant avec vivacité une affirmation ou une négation. Arrêter court un récit au moment le plus piquant ou le plus pathétique, passer à un autre développe-

1. *Op. laud.*, 254.
2. Cf. mon. *Étude*, etc., *de Psellos*, p. 538 sqq.
3. Hist. de Constantin IX, chap. XXXVII.
4. *Ibid.*, chap. XXI.
5. Hist. de Michel VII, chap. XIII.
6. Hist. de Romain III, chap. XV.

ment, et puis revenir à sa narration interrompue, sans pour cela compromettre l'unité d'intérêt ou d'action, est un jeu pour notre auteur. Pour résumer les faits, il a l'art des formules brèves et saisissantes : voyez la conclusion de l'histoire du parakimoumène Basile[1], ou celle du mariage d'Eudocie avec Romain Diogène[2] : « L'homme est un animal bien variable, surtout lorsqu'il trouve à ses variations de spécieux prétextes ! » Partout, c'est une affluence heureuse de mots et de tours qui expriment avec force et diversité les nuances des idées et des sentiments. Dans cet accord de qualités, le style échappe à la froideur ; par la souplesse et la variété du mouvement, il atteint à l'éclat, à l'ampleur et au pathétique.

Les portraits. Mais l'histoire, comme nous l'avons vu, intéresse surtout Psellos par sa signification morale. « Ce qui le charmait, écrit justement Neumann[3], ce n'étaient pas les surprises de la vie, ce n'étaient pas les détails compliqués des événements : il en voulait connaître les causes, qui ont leurs racines dans les caractères des hommes. » C'est donc la peinture des personnages et le tableau scénique qui alimentent au premier chef sa curiosité d'artiste, et ce n'est certes point faire injure à un Tacite ou à un Saint-Simon que de rapprocher de leur géniale personnalité celle du byzantin Psellos, comme peintre de portraits et de tableaux.

Parfois le portrait est unique : d'un vigoureux crayon, l'auteur campe en pied son sujet et il n'y revient plus. Tel est le cas des personnages secondaires ou de ceux dont la figure ne fait que passer à un moment donné dans le drame : le parakimomène Basile, l'eunuque

---

1. Hist. de Basile II, chap. XXI.
2. Hist. d'Eudocie, chap. V.
3. Op. laud., dans ma Traduction, p. 89.

Jean, le père de Michel le Calfat, la sébaste, Georges Maniacès, Théodora, Michel le Vieux, Eudocie, Romain Diogène, les frères de Michel VII, Andronic et Constantin, le césar Jean Doucas, etc. Mais quand l'homme a laissé dans l'histoire des traces durables, comme ses dispositions intimes, ses penchants, ses mœurs, ses sentiments et ses idées, ses manières de voir, de penser et d'agir, comme son caractère, en un mot, s'est modifié ou altéré, dégradé ou renforcé au cours de l'âge et des circonstances, Psellos revient plusieurs fois à sa peinture, y ajoute le trait qui la complète, la précise et fixe dans son actualité les particularités de sa nature physique et morale.

Ainsi, après avoir donné une esquisse générale du caractère de Constantin IX, l'auteur remet successivement en lumière les traits essentiels du personnage, suivant les événements qu'ils occasionnent ou dont ils subissent le contre-coup : le débauché infatigable, le bon vivant indifférent aux affaires de l'empire (incursions des barbares, révolte de Maniacès), bientôt aux prises avec la goutte, d'ailleurs stoïquement endurée ; le brave homme jovial et crédule, trop facilement accessible aux petits gens (histoire du bouffon Boïlas) et qui va jusqu'à prendre à son compte la dette d'un concussionnaire ; le bâtisseur extravagant (construction de l'église de Saint-Georges-des Manganes), dont les folles prodigalités épuisent le trésor et laissent l'empire impuissant devant les barbares ; le plaisantin incorrigible, qui, jusqu'aux derniers jours de sa vie, ne pense qu'à se divertir aux dépens de son entourage et qui n'entre qu'à regret dans la mort. Encore Psellos ne manque-t-il pas, dans un chapitre de conclusion, de s'excuser d'avoir, à plusieurs reprises, transformé sa peinture conformément aux faits et gestes du modèle. Le même procédé de composition apparaît dans le portrait de l'impératrice Zoé, dont la beauté, la prodigalité, la bigoterie, la vanité, la cruauté, la versatilité, d'abord esquissées dans un parallèle avec le caractère de Théodora, sont ensuite reprises et développées au cours des événements les plus significatifs de la vie de la princesse. De même encore dans celui de Basile II : deux modifications importantes dans le caractère de ce prince à la suite de sa prise du pouvoir et de la double révolte de Bardas et de Skléros, fournissent d'abord deux ébauches à l'écrivain : l'ensemble est ensuite définitivement campé. Pour les portraits de Constantin VIII, Romain III, Michel IV, Michel V, Isaac Comnène, Constantin X Doucas, Michel VII, les mêmes constatations sont à faire : un portrait brossé à grands traits, qu'une série d'additions et de retouches vient compléter ou renforcer, ou bien une succession d'esquisses qui s'épanouissent en un portrait final, telle est la méthode de composition que notre auteur met le plus volontiers en œuvre, afin de donner à son lecteur une impression plus intense d'actualité.

La plupart de ces figures sont étonnantes de couleur et de relief. Tel le sombre et énigmatique Basile II, dont la sévérité se manifestait dans le costume, dans le geste et jusque dans le langage, et qui n'avait qu'une pensée et qu'un désir, ramener à une royale harmonie les éléments du pouvoir. Non moins poussé est le portrait de l'orphanotrophe Jean, dont les hautes qualités d'administrateur, la probité, l'activité, mais aussi les tristes défauts, la bassesse de cœur, la fourberie sont mis puissamment en valeur. En bonne lumière encore figure Michel IV, qui, en repentir de ses fautes, tombe dans la dévotion, vit en ascète dans son palais au milieu de théologiens et de saints ermites, fondant un asile pour femmes perdues, faisant asseoir à sa table les mendiants et les infirmes, les lavant, les servant de ses mains impériales, allant jusqu'à poser son visage sur leurs ulcères ! Quelle acuité de vision et quelle sûreté de main dénotent d'autres portraits encore, Constantin VIII, Romain III, Michel V, Théodora, que

Psellos oppose trait pour trait à sa sœur Zoé, Michel le Vieux, Eudocie, Romain Diogène ! Nommerai-je encore Sklérèna, Georges Maniacès, le portrait physique de Constantin IX et celui de la belle et perfide Zoé, personnage central de la *Chronographie*? Dans la composition de tous ces portraits où le physique laisse si bien deviner le moral, dans le choix des traits qu'il oppose les uns aux autres avec un art consommé, dans la distribution des couleurs et des ombres, Psellos déploie un vrai talent de peintre. D'une façon à la fois frappante et vraie sans prolixité, précise et sobre sans sécheresse, il anime et met en lumière ses personnages. Que d'intérêt et que de charme offre ainsi la lecture de la *Chronographie* !

Les tableaux scéniques.

Pour un écrivain qui regardait l'étude de l'homme comme la plus digne d'intérêt, l'exposé des événements n'avait de raison d'être qu'autant qu'il servait à la peinture des caractères. C'est donc dans le sens psychologique que se développe chez Psellos la narration historique. Il ne prête, avons-nous dit, qu'une attention médiocre à l'histoire des faits extérieurs, incursions de barbares, batailles, traités, acquisitions ou pertes de territoires, à plus forte raison à l'histoire administrative, pourtant si pleine d'enseignements. Le cours circonstancié et détaillé des événements le laisse indifférent, une fois qu'il croit avoir pénétré dans l'âme des acteurs. La *Chronographie* est, de ce fait, émaillée de tableaux scéniques d'une double valeur pittoresque et morale, où l'auteur produit à nos yeux comme sur des tréteaux de théâtre le jeu compliqué des passions humaines. Sans omettre aucun trait essentiel, sans prêter aux objets des couleurs ou des figures étrangères, il excelle à peindre les faits, à les grouper autour d'un événement central, à leur donner du relief, à mettre le tableau en accord parfait avec les personnages de l'action. C'est ainsi la description, si émouvante en sa précision scientifique, de la maladie et de la mort de Romain III et de son cortège funèbre, de la goutte qui travaillait Constantin IX, de la pleurésie qui mit Isaac Comnène au tombeau ; c'est le tableau de la terreur d'Eudocie à la nouvelle de la marche de Romain Diogène sur Constantinople et celui de l'humiliation de ce même Romain, obligé de se rendre à Andronic ; c'est la peinture des amours du futur Michel IV et de la vieille impératrice Zoé, de Constantin IX et de ses maîtresses, où se mêle la grotesque figure de Boïlas ; c'est le croquis original et puissant des armées de Phocas, de Léon Tornikios, des Patzinaces ; c'est la représentation du défilé dans Constantinople de l'armée impériale victorieuse de Maniacès, auquel assiste le basileus assis dans le vestibule de l'église du Sauveur entre son officielle maîtresse Sklérèna et son épouse, l'impératrice Zoé ; c'est le spectacle de la pompe triomphale d'Isaac Comnène, que les stylites mêmes sont venus contempler ; c'est la scène dramatique de l'abdication de ce même Isaac. On rencontre, pour ainsi dire, à chaque page, de ces tableaux à la fois brillants et précis, où l'écrivain, en des traits vigoureux et choisis, met les événements sous les yeux du lecteur.

Et voilà comment à un incontestable mérite historique s'ajoute, pour la *Chronographie,* un mérite littéraire d'une inestimable valeur. Aussi, quel soulagement pour nous, et quel charme, au sortir de fastidieux annalistes comme Zonaras, Skylitzès et Cédrénos, de rencontrer une œuvre historique partiale, peut-être, et incomplète par endroits, mais combien vivante et pittoresque dans sa forme ! Et quelle admiration et quelle reconnaissance Psellos, ce grand précurseur de la Renaissance, ne mérite-t-il pas pour avoir, en son époque de décadence, ressuscité, avec l'art exquis d'un humaniste, l'antique séduction de la prose grecque !

V

Le texte de la *Chronographie*.

Le texte de la *Chronographie* de Psellos nous est fourni par le manuscrit unique de Paris, B. N. n° 1712. C'est un beau manuscrit en parchemin du xiie siècle[1], d'après lequel Hase a donné son édition de Léon Diacre[2]. Écrit d'une jolie main[3], en minuscule accentuée, très lisible en dépit d'abréviations et de fioritures, il fourmille malheureusement de fautes de tout ordre[4], et « souvent, de l'aveu même de Miller, il est besoin d'une profonde connaissance de la langue et d'une critique habile pour retrouver la véritable leçon sous certains mots singulièrement défigurés[5]. »

---

1. Il contient, outre Psellos, Léon Diacre, Michel Attaleiates et Jean Skylitzès.
2. Au dire de Miller, *Journ. des Sav.*, janvier 1875, p. 15 sq., Hase, désireux d'éditer Psellos après Léon Diacre, avait copié dans son entier le manuscrit de la *Chronographie*, en y ajoutant en marge ses conjectures personnelles. La traduction latine qu'en avait faite au xviie siècle le savant Combefis s'étant perdue — on n'en connaît que quelques très courts fragments publiés dans les *Annales* de Baronius (Pagi), Miller avait entrepris d'en établir une autre, et il en avait confié les feuillets à Hase. Copie de Hase, traduction de Miller, et peut-être aussi traduction de Hase se sont également perdues. Du moins je n'ai pu, malgré de multiples recherches, parvenir à les retrouver.
3. Œuvre d'un copiste à la main élégante et fine ; seuls les deux derniers feuillets sont d'une écriture plus épaisse et plus large. Le récit est écrit à l'encre noire ; les lettres initiales des alinéas et les titres sont le plus souvent à l'encre rouge. Les additions sont marginales et annoncées par un renvoi.
4. Les fautes d'accent, en particulier, sont innombrables. Fait à noter : comme dans beaucoup de manuscrits du xiie siècle, les verbes composés portent d'ordinaire deux accents, dont un sur la syllabe finale de la préposition.
5. *Op. laud.*, p. 24. « Une nouvelle étable d'Augias à nettoyer », dit encore Miller.

Avant la présente édition, la *Chronographie*, longtemps enfouie dans la poussière des bibliothèques, n'a encore été publiée que deux fois, et par le même savant, C.-N. Sathas, une première fois à Athènes-Paris, en 1874, dans Sathas, *Bibliotheca graeca medii aevi*, t. IV, pp. 3-299, une seconde fois à Londres, en 1899, dans *Byzantine Texts*, éd. by J.-B. Bury. La première édition, sans note aucune et avec un apparat critique presque inexistant, est de vulgarisation pure et simple. La seconde se présente avec un apparat plus soigné; mais elle porte, comme la précédente, la marque d'une certaine précipitation, et la critique s'est montrée sévère à son égard[1].

Dans l'établissement du texte, je suis resté aussi près que possible du manuscrit, n'acceptant ou ne hasardant de conjecture qu'en cas de faute manifeste, me gardant de toute correction spécieuse qui eût sans doute donné au texte plus d'élégance ou de clarté, mais que rien paléographiquement ou grammaticalement n'eût justifiée[2].

La division en livres figure dans le manuscrit; j'ai cru devoir y ajouter en sous-titre les noms des empereurs dont ils traitent. Quant à la division en chapitres, elle n'existe pas dans le manuscrit; elle a été introduite par l'éditeur Sathas (2ᵉ éd.). Elle est commode : à ce titre, je l'ai conservée.

Le lecteur me saura certainement gré d'avoir fait précéder mon édition d'un *Sommaire* détaillé des divers livres.

---

[1]. Voyez en particulier les articles critiques de My, *R. crit.*, 19 juin 1900, p. 489-491, et de Kurtz, *Byz. Zeitschr.*, IX (1900), p. 492-515. L'*Index graecitatis* qui l'accompagne est constellé de fautes de renvois et est pratiquement inutilisable.

[2]. Ainsi ai-je conservé le ν dit euphonique partout où dans le corps de la phrase, il figure devant une consonne.

VI

La traduction.

Une prose d'art n'est jamais aisée à traduire. Et Psellos, dont la virtuosité s'embarrasse volontiers dans la complexité, n'est pas toujours, il faut bien le reconnaître, d'une intelligence facile. Comme, d'autre part, il garde d'ordinaire une réserve calculée avec tous les hommes en vue dont il raconte les actions, il ne dit parfois les choses qu'à demi-mot ou les voile de tant de réticences qu'on a de la peine à déchiffrer ses énigmes[1]. Le nombre est grand, chez lui, des phrases entortillées, difficiles, bien faites pour aiguiser la finesse des commentateurs[2]. Miller le dit en termes exprès : « Psellos n'est pas commode à traduire, ni même à comprendre, surtout lorsqu'il subtilise, ce qui lui arrive assez souvent[3]. »

Dans ma lutte avec un écrivain de ce genre, j'aurai donc été par endroits, je le reconnais sans fausse honte, inférieur à la tâche. Travailler à rendre toutes les subtilités de cette prose à facettes eût été entreprise vaine. J'en ai tenté seulement une traduction littérale, serrant le texte d'aussi près que possible, préférant l'exactitude et la précision à la lointaine élégance, la lourdeur même à la paraphrase, avouant mon impuissance lorsque je me suis trouvé en présence de difficultés insurmontables. Imparfaitement éditée jusqu'ici, la *Chronographie* n'a jamais été traduite[4], et, de ce

---

1. Voyez ce qu'en dit Rambaud, *Op. laud.*, rééd., pp. 117 et 134.
2. Cf. mon *Étude*, etc. p. 553 sqq.
3. *Ambassades de Psellos*, etc. *Lect. à l'Acad. des Inscr.*, etc., août 1867, p. 193.
4. A peine quelques courts passages s'en trouvent traduits, très largement d'ailleurs, dans Miller, Rambaud, Bury, Schlumberger et les autres historiens.

double fait, mon labeur s'est trouvé singulièrement dur. Le lecteur qui tombera sur des contresens voudra bien ne pas m'en tenir une rigueur excessive. Les savants qui viendront après moi me redresseront, me corrigeront. N'est-ce pas grâce à de multiples corrections et redressements successifs que, de version en version, nous en sommes venus, depuis la Renaissance, à posséder de bonnes traductions des écrivains anciens?

C'est à la demande de M. Charles Diehl que j'ai entrepris cette tâche. Je ne me serais point rendu à ses désirs si je m'étais senti isolé dans le champ des études. Mais jamais les encouragements d'un Henri Goelzer, d'un Paul Mazon, d'un Hubert Pernot, d'un Aimé Puech, d'un Gustave Schlumberger, d'un Théodore Reinach, ne m'ont fait défaut au cours de mon travail. Je leur en exprime ici toute ma reconnaissance. Mais il est deux savants à qui la justice autant que l'amitié m'obligent à rendre un hommage tout particulier. Que de conseils autorisés, que d'avis précieux n'ai-je pas reçus de MM. Mondry Beaudouin et Henri Lebègue! Ce dernier savant a bien voulu relire de très près le manuscrit et établir le relevé des leçons intéressantes qui avaient échappé à l'œil du premier éditeur et au mien; je dois à l'autre l'intelligence de mainte phrase obscure où, réduit à mes seules lumières, je n'aurais vu que ténèbres. Tous deux ont été pour moi non pas de simples reviseurs, mais de vrais collaborateurs, et ce m'est une douce satisfaction de pouvoir leur témoigner ici ma vive gratitude[1].

Noël 1925.

---

[1] J'exprimerai aussi ma gratitude à mes collègues MM. Paul Gazier et M. Garinot, qui ont bien voulu m'aider dans la correction des épreuves.

SIGLES

Toute leçon qui n'est pas suivie d'une indication d'origine est une leçon du manuscrit.

B = J.-B. Bury, corrections présentées soit dans les notes de la Préface, soit dans l'apparat de la 2ᵉ édition de Sathas.

K = Ed. Kurtz, *Besprechungen*, dans *Byz. Zeitschr.*, IX (1900), 492-515 et XV (1906), 590-591.

Ko = K.-St. Kontos, dans Ἀθηνᾶ, I (1889), 306, 336, 357-358, 428; VII (1895), 335; dans Ἀθήναιον, VII (1878), 362, et dans *B. C. H.*, IV (1880), 524.

M = Em. Miller, dans *Journ. d. Sav.*, janvier 1875, 13-29.

My = Mondry Beaudouin, dans *R. Crit.*, 19 juin 1900, 489-491.

P = J. Pantazidis, dans Ἀθήναιον, III, VII et VIII. Réimpr. à part sous le titre Διορθώσεις εἰς Μιχαὴλ Ψελλοῦ Χρονογραφίαν. Μέρος α', Athènes, 1879; Μέρος β', Athènes, 1883.

R = Em. Renauld, dans *R. E. G.*, XVIII (1905), 224-252 et dans l'apparat de la présente édition.

S = C. Sathas, *The history of Psellos, with critical notes and indices*, London, 1899. Texte et apparat. Voyez aussi la Préface, p. ix sq.

SOMMAIRES

LIVRE PREMIER

Basile II (976-1025).

I. L'Empire passe aux mains des deux frères Basile et Constantin. — II. Parallèle de Basile et de Constantin. Ce dernier abandonne à son frère toute sa part de pouvoir. — III. Basile gouverne avec le ministère de son oncle, le parakimomène Basile, sans toutefois se laisser dominer par lui. — IV. Caractère de Basile. D'abord il s'adonne à la débauche, puis il se reprend et se corrige. — V. Révolte de Skléros. On envoie contre lui Bardas Phocas. — VI. La cour, qui suspecte Bardas, prend ses précautions contre lui. — VII. Portrait de Bardas Phocas. Son grand talent de général. — VIII. Rencontre entre Phocas et Skléros : combat singulier. — IX. Skléros vaincu se réfugie en terre assyrienne : le roi Chosroès le retient prisonnier. — X. Défection de Bardas Phocas. — XI. Chosroès attaqué fait appel à Skléros, qui défait l'ennemi, mais ensuite s'échappe du pays d'Assyrie et bat l'armée royale envoyée à sa poursuite. — XII. Skléros fait cause commune avec Phocas contre le basileus. — XIII. Basile envoie des troupes à leur rencontre : victoire impériale. — XIV. Basile et son frère Constantin étaient du combat. — XV. Récit du combat. Phocas engage la bataille sous de funestes auspices. Description de son armée. — XVI. Mort bizarre de Phocas. Hypothèses sur cette mort ; Psellos ne se prononce pas sur la question. — XVII. Déroute des rebelles. — XVIII. Influence de ces événements sur le caractère de Basile, qui devient soupçonneux, hautain et irascible. — XIX. Exil du parakimomène Basile. — XX. Le basileus révoque la plupart des actes de son ex-ministre et va même jusqu'à transformer radicalement le monastère de Saint-Basile, qu'il avait édifié à grands frais. — XXI. Tristesse de l'exil du parakimomène. Sa mort. — XXII. L'empereur devient de plus en plus sévère et soucieux de ses devoirs. Opposition avec Constantin VIII, insouciant et dissipé. — XXIII. Psellos revient à Skléros, que la mort de Phocas a laissé seul adversaire du basileus. Ce qu'il advient de ses troupes après la bataille. — XXIV. Tactique habile de Skléros, qui coupe l'approvisionnement de la capitale et arrête les ordres royaux. — XXV. Comment il s'attache ses soldats. — XXVI. Il finit par capituler, mais à des conditions très avantageuses. — XXVII. Son entrevue avec l'empereur. — XXVIII. Entrevue, *suite*. Conseils de gouvernement qu'il donne au basileus. — XXIX. Mort de Skléros. Caractère indépendant et autoritaire de Basile II. Son mépris des lettres. — XXX. Ses procédés de gouvernement. Il s'entoure de petites gens. Sa simplicité de style. — XXXI. Sa parcimonie ; il se constitue d'immenses réserves d'argent. — XXXII. Sa façon de faire la guerre. Son endurance en campagne. Habile utilisation des troupes. — XXXIII. Ses principes de tactique, appliqués d'une façon inflexible. — XXXIV. Son caractère dissimulé et vindicatif. Son obstination réfléchie dans ses décisions. — XXXV. Portrait physique du prince : ses yeux, sa figure, son cou, sa poitrine. — XXXVI. Portrait physique, *suite*. Son habileté de cavalier. Ses tics. Sa façon de se tenir, de parler, etc. — XXXVII. Il meurt à l'âge de soixante-douze ans, après un long règne.

LIVRE II

Constantin VIII (1025-1028).

I. Après la mort de Basile II, son frère Constantin reprend le pouvoir. Caractère mou et jouisseur. — II. Son portrait moral. Sa faiblesse. Sa cruauté. — III. Son entourage de gens de basse extraction. — IV. Son mariage avec Hélène, dont il a trois filles, Eudoxie, Zoé et Théodora. — V. Portrait de ces trois princesses. — VI. Portrait détaillé de Constantin. Il abandonne à ses ministres le soin des affaires sérieuses. Son peu de culture, racheté par sa vivacité d'esprit. Sa vitesse à dicter ses lettres. — VII. Prince jouisseur et sensuel, au point que sa santé en est altérée sans remède. — VIII. Sa passion pour les courses de chevaux, pour la chasse. — IX. Aucun souci des affaires de l'empire. A la veille de sa mort, il se décide à faire choix d'un successeur. — X. Il désigne Romain pour lui succéder.

LIVRE III

Romain III (1028-1034).

I. Romain III ouvre son règne. Ses espérances d'une longue vie et d'une progéniture déçues. Psellos, désormais témoin des faits qu'il raconte, va en faire un récit exact. — II. Portrait de Romain.

Son physique. Sa présomption. — III. Décadence de la philosophie à cette époque : discussions à perte de vue sur d'insolubles problèmes théologiques, auxquelles prend part le pseudo-philosophe qu'est Romain. — IV. Ambition de conquêtes, qu'il est incapable de mener à bien. — V. Son désir vainement poursuivi et non réalisé d'une progéniture. — VI. Brusque changement dans le caractère de l'empereur. Il délaisse sa femme. Fureur de Zoé, à court d'amour et d'argent. — VII. Préparatifs grandioses d'une expédition contre les Sarrazins. — VIII. Il est battu à plate couture aux environs d'Antioche. — IX. Déroute de l'armée ; l'empereur ne se sauve qu'à grand'peine. — X. Les Sarrazins s'emparent de la tente impériale et font un immense butin, mais négligent de poursuivre les fuyards, que Romain parvient à rallier autour de sa personne. — XI. Réconforté par l'icône de la Théomêtor sauvée des mains de l'ennemi, le basileus entouré des débris de son armée, rentre à Constantinople.— XII. Changement radical et inopiné dans sa conduite. Ses exactions pour se procurer de l'argent — qui toutefois ne rentre pas dans le trésor public.— XIII. Sa passion pour la philosophie religieuse, à laquelle, d'ailleurs, il n'entend rien. — XIV. Jaloux de la gloire de Salomon et de Justinien, il veut bâtir une église somptueuse à la Théomêtor. Des sommes folles sont jetées dans cette construction. — XV. Psellos blâme vigoureusement Romain de cette prodigalité. — XVI. Prodigalité encore accrue par l'adjonction à l'église d'un couvent immense. Seule la mort du basileus met un terme à cette folie de somptuosité. — XVII. Circonstances de cette mort. Fureur de l'impératrice Zoé contre le prince, qui la néglige. — XVIII. La jeune Michel est introduit au palais ; incontinent Zoé tombe amoureuse de lui. — XIX. Agissements de l'impératrice pour arriver à ses fins. — XX. Suite de l'histoire. — XXI. Aveuglement du basileus, qui ne veut rien voir ni entendre.— XXII. Un mal de Michel, habilement exploité, l'aide à déguiser sa conduite. — XXIII. Comment expliquer l'attitude de l'empereur. — XXIV. Une maladie étrange s'abat sur le basileus. État lamentable. — XXV. Un mort vivant. — XXVI. Récit de sa mort : il se noie — ou est noyé — en prenant un bain.

LIVRE IV

Michel IV (1034-1041).

I. Romain mort, Zoé prend en main les rênes de l'empire. Les courtisans la pressent de s'adjoindre un époux. — II. Zoé donne suite à son amour et couronne Michel. — III. Michel est proclamé empereur pendant que se préparent les funérailles de Romain. — IV. Pompe funèbre de Romain ; aspect lamentable de son cadavre. — V. Il est inhumé dans le monastère qu'il a fondé. — VI. Attitude de Michel à l'égard de l'impératrice. Reconnaissance, puis ingratitude. Jugement porté par Psellos. — VII. Portrait de Michel IV. — VIII. Suite du portrait. — IX. Après un court moment donné aux plaisirs, il prend d'une main vigoureuse les rênes du gouvernement. — X. Éloge de ce prince qui, dès le début, se révèle un grand roi. — XI. Hautes qualités de Michel ; ses frères, malheureusement font tache au tableau. — XII. Seul Jean l'orphanotrophe se montre un homme d'État véritable. Son portrait. Ses qualités. Son dévouement à l'empereur, sa vigilance. — XIII. Ses défauts. Sa duplicité ; son intempérance. — XIV. Un caractère mêlé de tout, capable de tout. Avec cela, un attachement inébranlable à l'empereur, son frère. — XV. Sa faiblesse pour ses autres frères, en dépit de leur mauvaise conduite. — XVI. Psellos revient à l'empereur. Michel séquestre Zoé dans le gynécée. Attitude, en apparence résignée, de l'impératrice. — XVII. Raisons de la conduite de Michel. — XVIII. Ses attaques d'épilepsie. — XIX. Administration avisée des affaires ; politique à l'égard des nations barbares. — XX. Manœuvres de Jean pour assurer à sa famille la continuité du pouvoir. Son entretien avec l'empereur à ce sujet. — XXI. Entretien, suite. — XXII. Jean persuade à son frère d'élever leur neveu Michel à la dignité de césar. — XXIII. La reine se rend à leurs vues. Elle adopte Michel pour fils. Élévation de ce dernier à la dignité de césar. — XXIV. L'empereur se repent de cet acte. Son attitude dédaigneuse à l'égard du césar. — XXV. Par contre, les autres oncles du césar lui prodiguent soumissions et flatteries. — XXVI. Origine obscure du césar ; portrait de son père, le calfat. — XXVII. Suite du portrait du père. — XXVIII. Portrait moral du fils. Sa haine pour sa famille. Sa profonde dissimulation. — XXIX. Le césar et son oncle Jean : défiance réciproque, mais déguisée. XXX. Psellos voit dans tous ces événements l'action de la Providence. — XXXI. L'empereur malade tombe dans la dévotion. Il bâtit aux saints Anargyres une église superbe. — XXXII. Piété profonde ; repentir des fautes passées. — XXXIII. Psellos le lave du reproche de sorcellerie dont l'accusent ses ennemis. — XXXIV. L'empereur repentant s'entoure de théologiens et d'ascètes, qu'il traite avec respect et tendresse. — XXXV. Humilité et ascétisme de l'empereur. — XXXVI. Fondations charitables. Le Ptôchotrophion. L'asile pour femmes perdues. — XXXVII. Il travaille de son mieux au salut de son âme. Critiques injustifiées de ses ennemis. — XXXVIII. Psellos, qui a vu les choses de près, les rapporte en toute vérité. — XXXIX. Les Bul-

gares se révoltent contre la domination romaine. — XL. Par
d'habiles manœuvres, un aventurier, Dolianos, se fait proclamer
roi des Bulgares et commence à ravager le territoire de l'empire.
— XLI. L'état de santé de l'empereur encourage les Bulgares
dans leur folie. — XLII. Douleur du prince, empêché par la
maladie de courir sus aux rebelles. — XLIII. Sursaut d'énergie de
Michel. Dominant son mal, il pousse avec méthode et vigueur les
préparatifs de la guerre. — XLIV. Admirable spectacle de force
d'âme donné par l'empereur. — XLV. L'intervention d'Alousianos
va décider de la victoire sur les Bulgares. — XLVI. Fils du frère
de Samuel, l'ancien roi des Bulgares, amené comme otage dans
l'empire, Alousianos médite de s'enfuir dans son pays et de se
mettre à la tête de la révolte. — XLVII. Il s'échappe et parvient
auprès des siens. — XLVIII. Il se fait reconnaître de ses concitoyens demeurés fidèles à la famille royale et entre en composition
avec Dolianos. Intrigues réciproques. — XLIX. Alousianos,
prévenant Dolianos, lui crève les yeux. Vaincu, il se soumet à
l'empereur, qui le traite avec égards. — L. Rentrée triomphale de
Michel à Constantinople. Psellos assiste à la cérémonie. Lamentable
état physique du prince, surmonté par une incroyable énergie. —
LI. Progrès rapides de la maladie de l'empereur. Inquiétudes de
son entourage. — LII. Michel se retire dans le monastère de
l'église des Saints-Anargyres. — LIII. Sentiments de son entourage
à l'annonce de cette détermination. L'impératrice essaye de le
voir ; il refuse de la recevoir. — LIV. Derniers moments de l'empereur. Sa mort. — LV. Conclusion.

LIVRE V

Michel V (1041-1042). — Théodora (1042).

I. Michel V empereur. En hâte il est rappelé d'exil par ses
oncles, immédiatement avant la mort de Michel IV. — II. L'eunuque Jean (le frère aîné de Michel IV), d'abord occupé aux
funérailles du défunt empereur, rentre au palais pour déjouer les
intrigues possibles. — III. Il est reçu en grande solennité par ses
frères et par son neveu Michel ; attitude habile de ce dernier
à l'égard de son oncle Jean et de l'impératrice Zoé. — IV. Pression
exercée par les oncles de Michel sur l'impératrice, afin de la décider
à proclamer Michel empereur. — V. Michel est proclamé basileus.
Son attitude déférente vis-à-vis de Zoé. — VI. Vis-à-vis aussi de
son oncle Jean, qui n'est pas dupe de son hypocrisie ; d'ailleurs
Michel ne tarde pas à changer de conduite. — VII. Haine des
oncles de l'empereur, en particulier de Constantin, contre leur

frère Jean, qui a le pouvoir en main. Ils travaillent à ruiner son crédit. — VIII. Machinations de Constantin, désireux de capter les bonnes grâces de son neveu, ourdies dès le jour où ce dernier a été nommé césar. — IX. Portrait de Michel V. L'impulsif et l'hypocrite. Sa dureté de cœur. Sa bassesse de caractère. Sa haine pour toute sa famille. — X. Constantin travaille contre son frère Jean, et Jean contre l'empereur ; manœuvres de ce dernier pour s'assurer, en cas de surprise, l'impunité. — XI. Manœuvres de Jean, *suite*. L'empereur le prévient. — XII. Hostilité déclarée entre Jean et Constantin. Injurié par son frère en présence de l'empereur qui ne dit mot, Jean s'éloigne de Constantinople. — XIII. Il est rappelé par Michel, qui, au lieu de le recevoir, se rend au théâtre ; fureur et nouveau départ de Jean ; ordre lui est donné de revenir se justifier. — XIV. L'empereur le fait déporter ; sa mort. — XV. Gouvernement personnel de Michel. Son mépris insolent de la noblesse ; il flatte le bas peuple et s'entoure d'une garde étrangère. — XVI. Il s'appuie sur le peuple, espérant s'en servir dans l'exécution de ses projets contre l'impératrice Zoé. — XVII. Haine de Michel contre Zoé. Sa conduite odieuse à son égard. Il projette de l'expulser du palais. — XVIII. Il prend conseil de son entourage, dont les opinions sont partagées, mais déjà sa décision est prise. Il consulte les astrologues. — XIX. Jugement de Psellos sur les astrologues et l'astrologie. — XX. Les astrologues déconseillent à Michel son entreprise. Il passe outre. — XXI. Zoé, sous prétexte d'empoisonnement est chassée du palais et reléguée dans l'île de Prinkipo. — XXII. L'impératrice exilée adresse au palais de ses ancêtres une apostrophe théâtrale. — XXIII. Michel fait raser les cheveux à Zoé. Il essaye de se justifier devant le sénat et devant le peuple. — XXIV. Psellos se prépare à raconter la révolution qui suivit ces événements. — XXV. Un sourd mécontentement fomente dans le peuple : murmures, rassemblements tumultueux ; la garde impuissante à maintenir l'ordre. — XXVI. Les femmes, plus ardentes encore que les hommes. — XXVII. Description pittoresque de la populace ameutée contre Michel. Psellos témoin des faits qu'il décrit. — XXVIII. Fureur de la foule, que rien ne peut plus contenir. — XXIX. Le peuple s'attaque aux maisons des parents de Michel, qu'il détruit et qu'il pille. — XXX. Anxiété de l'empereur. — XXXI. Le nobilissime (Constantin) vient au secours de son neveu. Ils décident de rappeler Zoé de son exil et d'armer les gens du palais contre le peuple. — XXXII. Retour de Zoé, qui s'apitoye sur le tyran. On la montre au peuple pour le calmer. Cette mesure n'a pas de succès. — XXXIII. Les révoltés, craignant une réconciliation entre Michel et Zoé, se tournent vers Théodora. — XXXIV. Ce qu'est cette princesse. Conduite de sa sœur Zoé à son égard ; sa réclusion dans un monastère. — XXXV. Comment Théodora supportait cette condition effacée.— XXXVI. Le peuple se porte en masse vers Théodora, conduit par un des serviteurs de son père. — XXXVII. Théodora se dérobant, la foule l'arrache du monastère, et la conduit à Sainte-Sophie, où elle est acclamée impératrice. — XXXVIII. Michel, accompagné de son oncle, se réfugie au monastère de Stoudion. Joie délirante de la foule. — XXXIX. Théodora envoie pour le garder un corps de troupes ; Psellos accompagne au monastère le capitaine des gardes. — XL. L'infortune de Michel et de son oncle touche Psellos de compassion. — XLI. Les deux fugitifs, voyant l'émotion de Psellos, essayent de le fléchir. Plaidoyer du nobilissime. — XLII. Explication relative aux paroles de l'oncle de l'empereur. — XLIII. Michel est incapable de se justifier. Lamentable état des fugitifs. — XLIV. Sur l'ordre de Théodora, arrive un officier pour les faire sortir de l'église. — XLV. La populace les en arrache de force. — XLVI. L'entourage de Théodora décide de leur faire crever les yeux. — XLVII. Le peuple se joue de ses victimes. Préparatifs de l'exécution. — XLVIII. Faiblesse de Michel, fermeté du nobilissime. — XLIX et L. Celui-ci subit son supplice avec courage, l'autre avec lâcheté. — LI. Zoé fait venir Théodora au palais et partage le pouvoir avec elle.

LIVRE VI

Zoé et Théodora (1042). — Constantin IX (1042-1055). Théodora (1055-1056).

I. *Zoé et Théodora.* — *Constantin IX.*

I. Les deux sœurs Zoé et Théodora règnent de concert sur un peuple soumis. Psellos remarque comme la souche macédonienne était représentée par de beaux rejetons. — II. Les deux impératrices conservent les ministres du règne précédent ; fidélité de ceux-ci. — III. Tableau des deux impératrices environnées de la cour, occupées à l'exercice du pouvoir. — IV. Leur portrait moral. — V. Suite du portrait moral. Réflexions de Psellos sur la bienfaisance des princes. — VI. Portrait physique. — VII. Folles prodigalités des deux impératrices, en particulier de Zoé. — VIII. Zoé dépense à profusion les fonds militaires et épuise le trésor impérial. — IX. Les barbares cependant s'agitent et leur audace s'accroît. La décadence commence son œuvre. — X. Le besoin d'une main ferme se fait sentir. — XI. On se demande à laquelle des deux impératrices va revenir le pouvoir, quand Zoé en prend sur elle toute la charge. Elle pense à reprendre mari. — XII. Son choix se fixe d'abord sur Constantin Dalassène, que son caractère trop peu accommodant fait écarter. — XIII. Elle pense ensuite à Constantin Artoklinas, que la mort emporte soudain. — XIV. Elle se rabat sur Constantin Monomaque. — XV. Biographie de Constantin, apparenté par un mariage à l'empereur Romain III, mais tenu en suspicion à cause des menées politiques de son père Théodose. — XVI. Il est tenu à l'écart des honneurs par l'empereur Romain, mais l'impératrice Zoé a du plaisir à le voir. — XVII. Michel IV l'envoie en exil à Mitylène. Michel V l'y maintient. — XVIII. Devenue veuve, l'impératrice Zoé le choisit pour époux et le rappelle d'exil. — XIX. Constantin fait au palais une entrée triomphale. — XX. Attitude du patriarche Alexis lors du mariage de Constantin et de Zoé. — XXI. Constantin prend en main les rênes de l'empire. — XXII. Digression. Venant à parler de Constantin, à qui li doit sa fortune politique, Psellos, embarrassé par la vérité, s'entoure de précautions oratoires. Il s'est, dit-il, tout d'abord refusé à écrire l'histoire de ce prince. — XXIII. Il ne voulait pas s'exposer à dire du mal de son bienfaiteur. — XXIV. Sa philosophie ne saurait étouffer en lui la voix de la gratitude. S'il doit faire un éloge, l'éloge est absolu. — XXV. Dans quel esprit il a conçu les éloges de Constantin. — XXVI. Mais l'histoire n'est pas une œuvre laudative, son objet est la vérité. Comme donc il a loué, il saura, à l'occasion, blâmer. — XXVII. Aussi bien, quelle vie de prince demeure exempte de tout reproche, quand elle est sujette à tant de fluctuations et de tempêtes? — XXVIII. Psellos dira la vérité, toute la vérité; il en demande pardon à l'âme de l'empereur. — XXIX. Par une détestable administration, Constantin compromet l'empire. Il ne tient nul compte de la hiérarchie des honneurs et gaspille sans rime ni raison le trésor. — XXX. D'aucuns ont pu approuver ce gaspillage; Psellos le juge sévèrement, d'après ses conséquences. — XXXI. Qualités de Constantin. Sa simplicité. Sa clémence. — XXXII. Son habileté à se concilier ses sujets. — XXXIII. Sa jovialité outrancière. — XXXIV. Au sortir des maux de l'exil, la royauté est pour lui un hâvre où il veut jouir d'un repos absolu et d'un plaisir sans mélange. — XXXV. Sans être grand connaisseur des lettres, il s'entoure de savants et d'érudits. — XXXVI. Psellos, qui est un de ces savants, nous parle longuement de lui-même. Ses études de rhétorique et de philosophie. — XXXVII. Il a ranimé la philosophie prête à rendre le dernier souffle. Comment il est devenu philosophe. — XXXVIII. Son cycle d'études philosophiques : du platonisme il s'élève au néo-platonisme. — XXXIX. Sa méthode. — XL. *Suite.* Sa science universelle. — XLI. Il mène de pair philosophie et éloquence. — XLII. La théologie.

Services rendus aux lettres. — XLIII. *Suite.* Son savoir mis gracieusement à la portée de tous. — XLIV. Les plus rares qualités naturelles font merveilleusement valoir ce savoir encyclopédique. — XLV. Elles lui ouvrent l'accès du palais. Sensation produite par Psellos sur l'empereur. — XLVI. L'empereur émerveillé fait de lui son ami et son confident. Psellos s'excuse de cette longue digression et proteste une fois de plus de sa véracité. — XLVII. L'auteur revient à Constantin. L'empereur a considéré l'empire comme une sinécure et le pouvoir comme un moyen de se donner du bon temps. — XLVIII. Signes précurseurs d'une décadence de l'empire, mais dont nul ne s'aperçoit tout d'abord. — XLIX. Les impératrices d'ailleurs prêchent d'exemple et les fredaines de l'empereur laissent Zoé indifférente. — L. Histoire de Sklérène. Veuf en secondes noces, Constantin encore simple particulier, avait pris pour maîtresse la nièce de sa seconde femme. — LI. Vivacité de leur passoin. Sklérène suit son amant dans l'exil. Services rendus. — LII. Monté sur le trône, Constantin se souvient d'elle et décide l'impératrice à la rappeler d'exil. — LIII. Sklérène revient à Byzance. — LIV. L'empereur l'installe d'abord assez simplement dans un des faubourgs de la ville, puis il lui fait bâtir une maison somptueuse, prétexte à de nombreux rendez-vous. — LV et LVI. Relations d'abord entourées de mystère, ensuite affichées au grand jour. — LVII. Pour son amante, l'empereur vide le trésor. — LVIII. Fort habilement, il persuada à l'impératrice de la faire venir au palais ; un « contrat d'amitié » scelle cette union d'un nouveau genre. — LIX. Avec le titre de sébaste, Sklérène vit au palais sur un pied d'égalité avec l'impératrice. — LX. Son portrait : caractère aimable et intelligence affinée. — LXI. Anecdote piquante du οὐ νέμεσις. Ses prodigalités. — LXII. Elle comble de cadeaux les deux impératrices, qui la voient sans animosité. — LXIII. Les trésors accumulés par Basile II s'épuisent en folles prodigalités. L'empereur occupe au palais un appartement au milieu des impératrices, la sébaste dans l'*adytum.* — LXIV. Occupations des deux impératrices : Zoé et son officine de parfums ; Théodora et ses trésors. — LXV. Piété extraordinaire de Zoé. — LXVI. Sa dévotion à une icône du Sauveur, dont elle tire des prédictions des choses à venir. — LXVII. Sa piété sincère n'avait rien de la magie ; c'était une union intime de l'âme avec Dieu. — LXVIII. Transition. Psellos revient à l'empereur et à la sébaste. — LXIX. Celle-ci est soudain emportée par la mort au moment où l'empereur songeait à lui assurer la couronne. — LXX. Psellos se refuse à décrire la douleur du prince. Sa théorie sur le choix des faits à utiliser dans l'histoire. — LXXI. Il s'excuse d'avoir ainsi longuement et sans arrêt parlé de la sébaste. Il revient à l'empereur. — LXXII. Constantin avait compté mener une existence de tranquillité et de plaisir : son règne est rempli de récits de guerres intestines et de faciles incursions de barbares. — LXXIII. Psellos ne parlera pas de tous ces faits en détail ; ne voulant être ni trop abondant, ni trop concis, il se tiendra dans un juste milieu. — LXXIV. Il va raconter la première de ces guerres intestines. Réflexions préalables sur le fléau de la jalousie, qui ravage jusqu'au cœur des princes. — LXXV. Psellos justifie son long préambule par l'importance du personnage dont il va parler. — LXXVI. Georges Maniacès. Son humble origine. Sa lente fortune militaire. Singulières vicissitudes de son existence. — LXXVII. Son physique étonnant. — LXXVIII. Michel V l'envoie en Italie : ses succès militaires. — LXXIX. Maladresse blâmable de Constantin IX à son égard. — LXXX. Au lieu de le ménager, on lui député les ambassadeurs les plus capables de le pousser à bout. — LXXXI. L'attitude du chef de l'ambassade provoque la colère de Maniacès ; meurtre de l'ambassadeur ; levée de la révolte. — LXXXII. Avec une armée aguerrie, Maniacès passe sur le continent. — LXXXIII. L'empereur met à la tête de ses armées un eunuque du palais. Avance de Maniacès. — LXXXIV. Son aspect terrifiant. Déjà il est maître de la victoire, quand il tombe, frappé à mort. — LXXXV. On n'approche de son cadavre qu'avec crainte ; enfin on lui tranche la tête qu'on apporte au général, et chacun de revendiquer l'honneur de l'avoir mis à mort. — LXXXVI. Joie de l'empereur à cette nouvelle. Il fait fixer au haut du Grand Théâtre la tête du rebelle. — LXXXVII. Description du triomphe mené à Constantinople à l'occasion de la victoire. — LXXXVIII. L'empereur, avec les impératrices, assiste au défilé. — LXXXIX. Rentré dans son palais, il revient à son caractère coutumier. Son manque de vigilance cause malheurs sur malheurs. — XC. Soulèvement des Russes contre l'empire. — XCI. Hostilité de ce peuple à l'égard des Romains. Depuis la mort de Basile II, ils se préparent à la guerre. Enfin l'occasion leur semble propice. — XCII. Ils paraissent avec une flotille nombreuse dans la Propontide, et font des conditions de paix inacceptables. — XCIII. L'empereur équipe en hâte une flotte qui s'avance contre eux. Préparatifs de combat. — XCIV. Les barbares défaits. — XCV. Une tempête achève leur ruine. — XCVI. L'empereur rentre triomphant à Cple. Prédictions diverses faites à son sujet. Sûr de la chance qui le favorise, il conserve envers et contre tout son optimisme. — XCVII. D'où tenait-il cette assurance ? Dissertation sur les manières diverses de se comporter en présence des événements. — XCVIII. Psellos s'excuse de cette digression. Il va parler d'une révolte autrement importante, celle de Léon Tornikios. — XCIX. Léon Tornikios. Son portrait. Les mécontents de Macédoine font de lui leur chef. — C. Démêlés de l'empereur avec sa sœur Euprépia. Pour faire pièce à son frère, celle-ci accueille avec bienveillance Léon, que l'empereur exile en Ibérie. — CI. Ses ennemis accusent Léon d'aspirer à l'empire. Constantin lui fait raser la tête et le rappelle, humilié, à Cple. Euprépia seule l'accueille avec bienveillance. — CII. Les Macédoniens l'enlèvent en secret pendant la nuit et à courses forcées le conduisent à Andrinople. Tornikios lève l'étendard de la révolte. — CIII. Comment il réussit à grouper autour de lui une armée nombreuse. — CIV. Proclamé roi par ses partisans, il constitue son gouvernement et se prépare à marcher sur Cple. — CV. Il vient mettre le siège devant la capitale, que ne défend aucune armée. Inquiétudes de l'empereur. — CVI. État lamentable de ce dernier, ravagé par la goutte. — CVII. Siège de la ville. Description des assiégeants ; impression redoutable. — CVIII. Le rebelle, sur un cheval blanc ; autour de lui, ses troupes habilement rangées, de façon à donner aux assiégés l'idée d'une armée innombrable. — CIX. Du haut d'un balcon du palais, l'empereur assiste à la teichomachie. Les assaillants engagent le peuple de Cple à leur ouvrir les portes de la ville. — CX. Déçus de ce côté, ils se mettent à invectiver l'empereur et à jouer contre lui des bouffonneries improvisées. — CXI. L'empereur, qui de son balcon, assiste à ce spectacle, manque d'être tué par une flèche bien envoyée. Il se retire précipitamment avec son entourage. — CXII. En hâte on équipe une armée, d'ailleurs bien mal composée ; on creuse un fossé autour de la ville. — CXIII. Les assiégeants ont facilement raison de cette armée et de ce retranchement de pacotille. Panique des assiégés. — CXIV. Tornikios n'ose pas profiter de sa victoire et pénétrer sur-le-champ dans la ville, où il espère être appelé par la population. Il arrête le massacre. — CXV. Craintes de l'empereur, qui redoute plus la mansuétude de Tornikios que ses armes. — CXVI. Il se ressaisit toutefois, renvoie sa sœur qui l'énerve de ses pleurs et manifeste à Psellos sa confiance en la victoire. — CXVII. On fait bonne garde aux portes. Au lever du jour, Tornikios reparaît devant la ville et essaye, par l'organe de ses prisonniers, d'entraîner le peuple à la défection. — CXVIII. Une pierre, lancée du haut des murs contre l'usurpateur ne l'atteint pas, mais l'oblige à battre en retraite. — CXIX. Retraite précipitée. L'empereur toutefois, s'abstient de les poursuivre. — CXX. Nombreuses soumissions de guerriers rebelles. Tornikios se retourne vers les places fortes d'Occident, qu'il est incapable de réduire. — CXXI. L'empereur envoie contre lui les armées d'Orient ; sans plus attendre, les troupes rebelles déposent les armes. — CXXII. Jean Vatatzès, ami de Tornikios, se réfugie avec lui dans un temple ; sur promesse de vie sauve, ils se rendent aux soldats impériaux. —

CXXIII. L'empereur, d'abord, leur pardonne leur faute ; mais ensuite, revenant sur sa décision, il leur fait crever les yeux. — CXXIV. Constantin, « le roi Soleil », commence à voir son éclat pâlir. — CXXV. Portrait du prince. Sa force, sa beauté. — CXXVI. *Suite*. — CXXVII. La goutte fond sur le prince et ruine sa force et sa beauté. — CXXVIII. Description du mal et de ses effets. — CXXIX. L'empereur presque impotent ; ce qu'il advient de lui dans les cérémonies officielles, dans son palais. — CXXX. Souffrances atroces. — CXXXI. Souffrances d'ailleurs vaillamment supportées. — CXXXII. Insouciance de l'empereur, qui ne s'entoure d'aucune garde. — CXXXIII. Psellos l'en blâme. — CXXXIV. Réflexion amère de Psellos sur la facilité qu'ont alors les gens de bas étage à parvenir aux plus hauts emplois. — CXXXV. Portrait d'un de ces individus. — CXXXVI. Il complote d'assassiner l'empereur pendant son sommeil. — CXXXVII. Sa tentative avorte ; son châtiment. — CXXXVIII. Goût prononcé de l'empereur pour le plaisir, quelle qu'en soit d'ailleurs la qualité. — CXXXIX. Un coquin (Boïlas), que recommande seulement un défaut de langue, s'insinue à la cour. — CXL. Bientôt l'empereur ne peut plus se passer de lui. Sa familiarité à l'égard du prince. — CXLI. L'empereur dupé, et content. — CXLII. Comédie imaginée par ce bouffon pour se donner de la liberté et soutirer de l'argent au basileus. — CXLIII. Indignation de Psellos et des courtisans, obligés toutefois de faire bonne figure. — CXLIV. L'individu en question s'introduit aussi dans le gynécée et va jusqu'à s'amuser de Zoé et de Théodora pour leur extorquer de l'argent. — CXLV. Il devient amoureux d'une princesse alane maîtresse de l'empereur. Pour s'en assurer la possession, il complote d'assassiner le prince. — CXLVI. Il est trahi par un de ses complices, quelques instants à peine avant l'exécution de son crime. — CXLVII. L'empereur le fait comparaître devant lui ; mais à la vue de ses chaînes, son cœur s'amollit ; il le fait délier et le supplie de se justifier. — CXLVIII. Boïlas avoue son envie de goûter aux honneurs impériaux. — CXLIX. L'empereur lui promet de satisfaire ses désirs : un grand banquet conclut toute cette comédie. — CL. Toutefois, devant l'indignation de sa sœur Euprépia et de Théodora, l'empereur le condamne à un exil pour rire. — CLI. Revenant à l'empereur, Psellos raconte comment il est tombé amoureux de la princesse alane dont il a été question. — CLII. Folie d'amour. Il la comble de cadeaux et vide pour elle le trésor. — CLIII. Il n'ose pas l'épouser, mais il lui donne le titre de sébaste avec des honneurs impériaux. — CLIV. Profusion de cadeaux aux parents de cette jeune fille. — CLV. Psellos revient à Boïlas et à son amour effronté pour la sébaste ; mais la mort du prince met un terme à cette comédie. —

CLVI. Transition pour nous ramener à l'impératrice Zoé. — CLVII. Portrait de l'impératrice dans sa vieillesse. Sa piété, sa versatilité. — CLVIII. Sa prodigalité ; sa sensibilité à la flatterie. Beauté bien conservée, mais sans coquetterie. — CLIX. Désintéressée de la politique et des travaux féminins, elle est toute à la dévotion. — CLX. Ses derniers jours. Sa mort, à l'âge de soixante-douze ans. — CLXI. Psellos revient à Constantin. Digression sur sa manière d'écrire l'histoire. Le panégyriste et l'historien. Poursuite de la vérité. — CLXII. Quelle qu'ait été sa conduite, Constantin mérite qu'on parle de lui avec éloge. — CLXIII. Les plus grands hommes de l'antiquité n'ont pas été à l'abri de la critique. — CLXIV. Qualités d'esprit du prince. Sa maîtrise de soi-même. — CLXV. Son impartialité ; même le vaincu en justice s'en va content. — CLXVI. Sa clémence, même à l'égard de ceux qui ont attenté à ses jours. — CLXVII. Il est d'ailleurs obligé de se prémunir contre cette inclination exagérée à la clémence. — CLXVIII. Et toujours la compassion finit par l'emporter. — CLXIX. Il croit qu'il n'a pas vraiment régné le jour qu'il n'a pas marqué d'un bienfait. — CLXX. Histoire d'un concussionnaire qui en appelle au jugement de l'empereur. — CLXXI. Son attitude pathétique émeut le prince, qui prend la dette à son compte. — CLXXII. Notre homme s'en va, bien content, et l'empereur, de son côté, exulte de joie. — CLXXIII. Son goût prononcé pour les agréables passe-temps, dont il fait une affaire sérieuse par l'application qu'il y met. Conception et exécution des choses les plus opposées se font du même coup. — CLXXIV. Les travaux les plus gigantesques s'achèvent sur l'heure ; ainsi la plantation complète d'un parc. — CLXXV. Psellos blâme cette folie de rivaliser avec le créateur. — CLXXVI. L'historien s'excuse de raconter ces futilités, dont il ne veut pas certes faire matière à éloge. — CLXXVII. L'empereur élève aux plus hautes dignités un personnage inepte, dont il va jusqu'à faire son premier ministre, en remplacement de C. Likhoudis. — CLXXVIII. Portrait de C. Likhoudis. — CLXXIX. L'empereur devient jaloux de lui. — CLXXX. Psellos prévient son ami, qui ne change en rien sa ligne de conduite. — CLXXXI. L'empereur le destitue. — CLXXXII. Caractère impulsif et excessif de l'empereur. — CLXXXIII. Son manque de mesure dans ses regrets de la mort de l'impératrice Zoé. — CLXXXIV. Par contre, vis-à-vis de ses sœurs, indifférence absolue. — CLXXXV. Folie de l'empereur dans la construction de l'église de Saint-Georges-des-Manganes. — CLXXXVI-CLXXXVII. Description de cette somptueuse église et de ses dépendances. — CLXXXVIII. Goût du prince pour le nouveau. — CLXXXIX. En regard de quelques acquisitions territoriales, il a mal soutenu vis-à-vis des barbares la dignité de l'empire. —

CXC. Rusant avec lui, Psellos essaye, sans toujours y réussir, de réparer les gaffes impériales. Inconstance du prince. — CXCI. Psellos conte les raisons de son entrée au couvent. — CXCII. Sa liaison avec Jean Xiphilin et Jean Mavropous ; il les introduit tous les deux au palais. — CXCIII. Les trois amis pensent à entrer au couvent ; les maladresses impériales achèvent de les y décider. — CXCIV. Ils n'attendent que le moment propice pour mettre leur projet à exécution. — CXCV. Jean Xiphilin le premier se retire au couvent de l'Olympe. — CXCVI. Psellos se décide à l'imiter. — CXCVII. Il prétexte une maladie grave, afin d'obtenir son congé de l'empereur. — CXCVII bis. Admiration de l'empereur pour l'esprit, la philosophie et l'éloquence de Psellos. — CXCVIII. L'empereur essaye de le retenir par des prières, puis par des menaces. — CXCIX. Brusquant les choses, Psellos se fait raser les cheveux. L'empereur lui écrit pour le féliciter de sa détermination. — CC. Psellos s'excuse de cette digression sur sa propre personne. — CCI. Privé de ses conseillers, l'empereur s'abandonne aux amusements des sens ; il se divertit à jouer des tours aux courtisans. Au sortir d'un bain, il attrape une pleurésie. — CCII. Sentant venir la mort, il se cherche un successeur. Mais l'impératrice Théodora, prenant les devants, rentre en hâte au palais et se fait rendre les honneurs impériaux. Mort de l'empereur. — CCIII. Jugement sommaire de Psellos sur Constantin IX.

II. *Théodora.*

I. Contrairement à l'attente générale, Théodora ne prend pas d'époux pour partager avec elle les devoirs et les prérogatives du pouvoir. — II. Elle règne avec fermeté et décision. — III. Elle rompt avec les traditions jusque-là en usage chez les empereurs nouvellement couronnés, et personne n'ose la critiquer. — IV. Bonheur et tranquillité de son règne. — V. Vivacité de ses facultés intellectuelles. — VI. Elle choisit pour ministre Léon Paraspondyle, un homme sans éloquence, sans $\tilde{\eta}\theta o \varsigma$ politique. — VII. Rudesse inflexible de ce personnage, ce qui n'est pas la qualité d'un homme d'État. — VIII. Dissertation sur les diverses manières de se comporter dans la vie, en raison des tempéraments et des dispositions d'esprit d'un chacun. Ce qu'on exige de l'homme d'État. — IX. Fin du portrait du ministre. — X. Psellos revient à lui-même pour nous parler de sa science en astronomie, d'où le public infère qu'il connaît l'avenir. — XI. Dissertation sur les vains pronostics de l'horoscopie et de l'astrologie. — XII. Pour Psellos, sa science hellénique n'a pas fait tort à sa foi religieuse. — XIII. Théodora convoque Psellos au palais pour s'aider de ses conseils. — XIV. La jalousie s'en mêlant, Psellos raréfie ses visites : reproches de l'impératrice. — XV. Donc **Théodora** gouverne avec Léon. Fautes de l'impératrice et de son entourage. — XVI. Nominations malheureuses dans l'ordre religieux. Le caractère de la reine s'endurcit ; d'elle-même elle ferme les oreilles à la pitié. — XVII. Sa brouille avec le patriarche Michel Cérulaire, qui ne peut supporter de voir une femme à la tête des affaires. — XVIII. Digression sur les Naziréens, qui prédisent à l'impératrice l'immortalité. — XIX. Voici toutefois pour elle venir la mort. Obstruction intestinale. En hâte son entourage cherche un successeur à l'empire. — XX. Choix arrêté sur un vieillard, Michel Stratiotique, moins propre à gouverner qu'à être gouverné. — XXI. L'impératrice mourante accepte ce choix.

LIVRE VII

MICHEL LE VIEUX (1056-1057). — ISAAC COMNÈNE (1057-1059). — CONSTANTIN X DOUCAS (1059-1067). — EUDOCIE ET SES FILS (1067). — ROMAIN IV DIOGÈNE (1067-1071). — MICHEL VII DOUCAS (1071-1077).

I. *Michel VI le Vieux. — Isaac Comnène.*

I. Michel le Vieux s'appuie sur le pouvoir civil et néglige l'armée. — II. Dans la distribution des honneurs, le nouvel empereur bouleverse complètement les usages établis. — III. Les chefs de l'armée envoient à l'empereur une députation pour lui réclamer leur part d'honneur. Michel accable d'invectives leurs chefs Isaac Comnène et Kekaumenos. — IV. Après une nouvelle tentative infructueuse auprès du prince, les chefs de l'armée fomentent un complot. — V. Isaac Comnène en est le chef. Son physique avantageux. Tous les nobles d'Anatolie accourent se ranger sous ses ordres. — VI. Ils se préparent à entrer en guerre contre Michel. — VII. Isaac prend ses mesures avec prudence. Il lève des impôts réguliers, intercepte les voies d'accès vers la capitale, organise fortement son armée. — VIII. Organisation de l'armée, *suite*. — IX. Il marche sur Constantinople. Pris au dépourvu, l'empereur tient conseil. Il sollicite l'avis de Psellos. — X. Psellos donne au prince le triple conseil de se réconcilier avec le patriarche, d'envoyer une députation conciliante à Isaac, de rassembler toutes les forces militaires disponibles et de placer à leur tête un général compétent. — XI. Le premier conseil est repoussé ; le second suivi à moitié ; le troisième adopté. Une armée est envoyée contre Isaac. Mais elle n'est pas sûre et son général lui-même est suspect. — XII. Le combat s'engage ; l'aile droite de l'armée impériale est d'abord victorieuse. — XIII. Isaac manque d'être tué ; mais il ranime ses troupes, les rallie et les conduit à la victoire. — XIV. Consternation à Cple. Impossibilité de lever une autre armée. — XV. L'empereur se décide à entrer en pourparlers avec le rebelle. Il s'adresse de nouveau à Psellos, qui tout d'abord se dérobe. — XVI. Reproches de l'empereur. — XVII. Psellos se décide à accepter la mission, mais à la condition qu'on lui adjoindra un des hauts dignitaires de l'empire. — XVIII. L'empereur y consent. Psellos s'assure le concours de Jean Alopos. — XIX. Il s'adjoint aussi C. Lichoudis, et la députation se met en route. Les ambassadeurs avertissent Isaac de leur approche et prenent leurs garanties. — XX. Reçus avec force politesses, ils sont introduits dans la tente d'Isaac. — XXI. Isaac les accueille dans un appareil modeste, échange avec eux des paroles banales et les fait conduire dans leur tente. — XXII. Le lendemain ils sont de nouveau introduits devant Isaac. Appareil vraiment impérial : une tente immense, entourée de soldats. — XXIII. A l'intérieur, l'usurpateur assis en grande pompe sur un trône, au milieu d'une foule impressionnante de dignitaires et de guerriers, qui le saluent de leurs acclamations rythmées. Spectacle magnifique et terrifiant à la fois. — XXIV. Description de l'empereur et de son entourage de guerriers. — XXV. D'un ton impérieux Isaac interroge les députés sur l'objet de leur mission. — XXVI. Psellos est chargé par ses collègues de prendre la parole. Il va faire effort pour se rappeler sa harangue. — XXVII. Son exorde est accueilli favorablement, mais sa confirmation est interrompue par les clameurs des assistants. — XXVIII. Sans se troubler, Psellos attend qu'on fasse silence et poursuit son discours. L'ascension au trône doit se faire par degrés successifs pour quelqu'un qui n'est pas fils d'empereur. — XXIX. L'empereur offre à Isaac le titre et les prérogatives de césar. — XXX. Rien ne justifie la révolte : qu'Isaac rentre dans le droit chemin. — XXXI. L'orateur, interrompu par les applaudissements — et les menaces de l'assemblée, ne se laisse point démonter. — XXXII. Isaac congédie l'assemblée, et, prenant à part les ambassadeurs, leur dit qu'il accepte leurs propositions. Mais comme il a peur de ses hommes, il désire négocier en secret avec l'empereur. — XXXIII. Les ambassadeurs retournent à Byzance : l'empereur accepte toutes les conditions d'Isaac. — XXXIV. Les ambassadeurs reviennent auprès d'Isaac qui, satisfait, se prépare à se rendre à Constantinople. — XXXV. Soudain arrive la nouvelle de la destitution de l'empereur. Elle laisse d'abord tout le monde assez sceptique. — XXXVI. La rumeur prend du corps et se précise : la capitale a acclamé Isaac. — XXXVII. Confirmation de la nouvelle ; Michel a revêtu l'habit monacal, Isaac a été proclamé empereur. — XXXVIII. Terreur de Psellos. Longue nuit d'appréhension. Dès l'aube, le nouvel empereur lève le camp et se met en route pour Byzance. — XXXIX. En cours de route, Isaac mande Psellos auprès de lui, le traite avec bienveillance, en use avec lui comme avec un confident très intime. — XL. Isaac est reçu en grande pompe dans la capitale. Psellos se déclare impuissant à décrire ce spectacle de toute beauté. — XLI. L'empereur craint un retour de la fortune ; Psellos lui conseille la modération et lui demande indulgence pour lui-même. — XLII. Isaac lui promet son amitié et le nomme président du sénat. Il prend possession du pouvoir. — XLIII. Mort de Michel le Vieux. — XLIV. A peine entré dans le palais, le nouvel empereur se met aux affaires de l'empire. — XLV. Son premier soin est de licencier son armée. — XLVI. Portrait d'Isaac. Oppositions de son caractère : force et douceur, hauteur et condescendance. — XLVII. Impression de respect et de crainte causée aux sénateurs par sa seule vue. — XLVIII. Brièveté de son élocution, comparée à celle de Lysias. — XLIX. Il laisse à d'autres le culte du discours. Son attitude en justice, quand il est appelé à juger un procès. — L. Sa fermeté à l'égard des peuples voisins. — LI. Ses réformes politiques malheureuses. Il porte une main malhabile sur le corps de l'État. — LII. Histoire du riche trésor amassé par Basile II. Constantin VIII commence à l'épuiser.— LIII. Fautes de Constantin continuées par Romain III. — LIV. Michel IV, condamné à la prudence par sa santé même, interrompt quelque peu la série des fautes. — LV. Mais Constantin Monomaque achève de couler, et Théodora après lui, le navire de l'État. — LVI. Michel le Vieux est incapable de conduire le char de l'État. — LVII. Voici venu le tour d'Isaac Comnène. — LVIII. Ses réformes, que leur inopportunité rend maladroites et inefficaces.—LIX. Au rebours de la folle prodigalité des empereurs précédents, il tente une réforme radicale. — LX. Il casse toutes les donations de ses prédécesseurs et tond les monastères. — LXI. En elles-mêmes ces mesures sont louables, mais leur précipitation même les rend criticables. — LXII. Psellos blâme cette précipitation. — LXIII. Ferme attitude du prince à l'égard des peuples voisins. Effroi des Parthes (Arabes) et des Égyptiens. — LXIV. Sa curiosité : moyens qu'il emploie pour la satisfaire. — LXV. Déposition du patriarche Michel Cérulaire, à qui d'ailleurs il rend hommage après sa mort. — LXVI. Constantin Likhoudis succède comme patriarche à Michel. Son portrait. — LXVII. Expédition contre les Mysiens (les Patzinaces) qui, par le Danube gelé, ont fait une incursion dans l'empire. — LXVIII. Portrait de ce peuple : leur armure, leurs procédés de combat ; leurs mœurs barbares. — LXIX. Leur fourberie ; leur cruauté. — LXX. Leur frayeur à la vue de l'armée impériale ; leur fuite précipitée.

Triomphe d'Isaac, d'ailleurs compromis par une tempête. — LXXI. Orgueil de l'empereur, même à l'égard de son frère. — LXXII. Sa passion pour la chasse. — LXXIII. Au cours d'une chasse, en Asie Mineure, il contracte une pleurésie. — LXXIV. Psellos va voir le malade. Il oppose son propre diagnostic à celui du médecin ordinaire de l'empereur. — LXXV. Isaac, du reste, se soigne très mal et commet imprudence sur imprudence. — LXXVI. Il rentre aux Blachernes ; tout d'abord il se trouve mieux. — LXXVII. Mais bientôt il a une rechute. Nouvelle intervention médicale de Psellos. — LXXVIII. Il trouve le malade à la période aiguë. — LXXIX. Consternation dans l'entourage du prince. Sa femme, sa fille, son frère l'excitent à se faire porter au palais et à prendre la détermination que comporte la situation. — LXXX. L'empereur, défaillant, se rend au palais. Sa mort semble imminente. — LXXXI. Isaac pense à abdiquer et à embrasser la vie religieuse. L'impératrice accuse Psellos d'être l'instigateur de cette résolution. — LXXXII. L'empereur la détrompe. Elle lui adresse d'amers reproches. — LXXXIII. Isaac exprime sa volonté formelle d'abdiquer. Il choisit pour successeur Constantin Doucas. — LXXXIV. Portrait de ce personnage. Psellos le compare à Achille. — LXXXV. Qualités éclatantes, voilées de modestie. — LXXXVI. Son estime et son affection pour Psellos. — LXXXVII. Sa simplicité, sa modestie. Il sait résister à ses partisans. — LXXXVIII. Services rendus à Isaac Comnène, qu'il aurait fort bien pu supplanter. Son loyalisme admirable. — LXXXIX. Comnène le fait appeler au palais et le désigne comme son successeur, en lui recommandant sa femme, sa fille et ses autres parents. — XC. Attitude pleine de modestie du nouvel empereur. — XCI. Psellos se vante des services qu'il a rendus comme ministre à Constantin X. — XCII. Il va raconter en détail le règne de ce prince.

II. *Constantin X Doucas.*

I. Psellos, qui a vécu dans l'intimité du prince, va parler de lui en connaissance de cause. — II. Son équité, sa parfaite compétence dans toutes les questions civiles et militaires. — III. Il apporte prudemment remède aux finances impériales. Sa piété. Ses succès à la guerre. — IV. Le champ de la louange est vaste à son endroit. Sa modération, sa réflexion, sa clémence. — V. Le portrait ébauché, Psellos va entrer dans le détail. — VI. Noblesse de la famille des Doucas. La jeunesse du prince à la campagne. Ses deux mariages successifs ; ses enfants. — VII. L'éloquence de Psellos lui ayant ouvert l'accès de la cour, il use de son influence auprès de l'empereur Constantin Monomaque pour favoriser l'avancement de son ami Constantin Doucas, qui devient une des personnalités marquantes de l'empire. Les maladresses de Michel le Vieux amènent la rébellion d'Isaac Comnène. — VIII. Attitude loyale de Constantin à l'égard d'Isaac, qui, lui, ne tient ses engagements qu'à l'heure de la mort ; il désigne Constantin comme son successeur. — IX. Circonstances de cette désignation. Comnène lui donne le titre d'empereur, mais non les insignes impériaux. — X. Comnène se rétablit. Inquiétudes de Constantin ; Psellos lui conseille de s'emparer du pouvoir par un coup de force. — XI. Psellos, avec l'assentiment du sénat, installe Constantin sur le trône. — XII. Le nouvel empereur prodigue à son bienfaiteur les marques de la plus vive reconnaissance. — XIII. Spectateur impuissant de ces événements, Isaac Comnène se fait raser la tête et se retire au couvent de Stoudion. — XIV. Le nouvel empereur rend grâces à Dieu et fait un discours aux notables assemblés au palais. — XV. Premiers actes du gouvernement ; il démocratise le sénat. — XVI. Sa justice minutieuse. — XVII. Ses fautes, en particulier dans sa politique vis-à-vis des barbares. — XVIII. Psellos essaye en vain de le conseiller sur ce point : il demeure irréductible. — XIX. Sa bonté. — XX. Son intérieur. Le père de famille. Ses enfants. — XXI. Il associe à l'empire son fils Michel. — XXII. Cette décision irrite le sénat, qui complote contre lui. Sa clémence envers les coupables. — XXIII. Les Mysiens et les Triballes défaits et dispersés. — XXIV. Sa dévotion ; sa connaissance parfaite de l'Écriture sainte. — XXV. Son affection et son admiration pour Psellos. — XXVI. Son affection pour son frère Jean. Il l'élève à la dignité de césar et en fait le protecteur de ses enfants, conjointement avec le patriarche Jean Xiphilin. — XXVII. Ses derniers instants. Il laisse à l'impératrice Eudocie la tutelle de ses fils. — XXVIII. Bonheur de son règne. Ses fils, dignes de leur père. — XXIX. Conclusion. Psellos rappelle quelques traits qui achèvent de mettre en valeur le caractère du prince.

III. *Eudocie et ses fils.* — *Romain IV Diogène.*

I. Eudocie règne en maîtresse absolue, assistée de ses deux fils Michel et Constantin. — II. Déférence des jeunes princes, en particulier de Michel, pour leur mère. — III. Elle dresse Michel au métier d'empereur, faisant à cet effet appel aux lumières de Psellos. Docilité du prince ; son affection pour son frère. — IV. Éloge et critique d'Eudocie. Son peu de goût pour le pouvoir. — V. Elle songe à se remarier. Sûre d'être désapprouvée de Psellos, elle hésite à lui faire part de ce projet. Psellos, pressenti indirectement, refuse son concours. — VI. La veille seulement de son mariage

Eudocie se décide à le prévenir officiellement de sa détermination. — VII. Consternation de Psellos. Il demande à l'impératrice si le jeune prince Michel est averti de la chose. — VIII. Eudocie informe son fils de sa décision en présence de Psellos désolé. Le prince se soumet sans mot dire. — IX. Attitude inexplicable du césar Jean Doucas. Romain Diogène est couronné empereur. — X. Portrait de Romain. L'impératrice s'est bien trompée en le prenant comme époux : elle s'est donné un maître. — XI. Comment le nouvel empereur se comporte à l'égard de Psellos. Son esprit de domination l'amène à faire la guerre aux Turcs. — XII. Psellos essaye en vain de le retenir, de lui donner des conseils : sa voix n'est pas entendue. — XIII. Incapacité de l'empereur : il n'a rien pris aux ennemis, ce qui ne l'empêche pas de s'adjuger les honneurs du triomphe. — XIV. Son dédain de l'impératrice ; douleur de celle-ci, qui pense à se venger. Psellos essaye de les remettre d'accord. — XV. Préparatifs d'une seconde expédition contre les Turcs. Psellos en fait partie. — XVI. L'empereur, en effet, veut s'assurer le concours des connaissances de son ministre en matière de stratégie, mais il ne laisse pas de le contredire maladroitement. — XVII. Deuxième campagne de Romain. Elle n'a pas plus de résultats que la précédente, sinon d'accroître l'arrogance du prince. — XVIII. Dispositions malveillantes de Romain à l'égard de l'impératrice et du césar Jean Doucas. Il se prépare à entrer en campagne pour la troisième fois. — XIX. Fautes de l'empereur ; son incapacité à déjouer les ruses de l'ennemi. — XX. Au lieu de grouper ses forces, il les divise. Bataille de Mantziciert. — XXI. Courage de Diogène comme guerrier ; son incapacité comme général. — XXII. Il est battu et fait prisonnier. — XXIII. La nouvelle du désastre parvient à la capitale. L'impératrice prend conseil de son entourage. — XXIV. Psellos donne à Eudocie le conseil de gouverner en collaboration avec son fils, mais ce conseil déplaît aux courtisans, qui n'y trouvent pas leur compte. — XXV. Déférence du jeune Michel pour sa mère. Le césar Jean Doucas, appelé d'urgence à Constantinople, se range à l'avis de Psellos. — XXVI. Belle conduite du sultan à l'égard du basileus prisonnier : il le traite avec honneur et lui rend la liberté. Romain écrit à sa femme pour lui annoncer son retour. — XXVII. Consternation causée au palais par cette nouvelle. Psellos donne le conseil de se débarrasser de Romain. — XXVIII. Le jeune Michel accepte l'avis et s'entoure d'une garde sûre. Les gardes l'emmènent à grand fracas sur une tour du palais pour le proclamer empereur à la vue de toute la ville. — XXIX. L'impératrice épouvantée se réfugie dans un souterrain. Rôle de Psellos dans ces circonstances. Michel le fait appeler. — XXX. Eudocie est reléguée dans un couvent, malgré Michel, assure Psellos. — XXXI. Elle est contrainte de prendre le voile. — XXXII. Diogène, apprenant la révolution du palais, lève une armée et marche sur la capitale. Il parvient à Amasée. — XXXIII. Michel envoie contre lui Constantin, le fils cadet du césar Jean. Diogène, vaincu, réussit à fuir. — XXXIV. Un de ses anciens généraux, l'Arménien Chatatoure, qui lui est demeuré fidèle, lui procure des troupes fraîches et de l'argent, et le conduit en Cilicie. — XXXV. Inquiétudes au palais. Délibérations. On décide de proposer un accommodement à Diogène, qui refuse avec hauteur. — XXXVI. L'empereur Michel confie ses troupes à Andronic, le fils aîné du césar, qui tombe à l'improviste sur l'ennemi en Cilicie par les gorges du Taurus. — XXXVII. Chagrin de Michel à cette nouvelle. Il écrit à Diogène pour l'amener à composition. — XXXVIII. Mais déjà Diogène, qui a confié la majeure partie de ses troupes à Chatatoure, est prêt pour la bataille. — XXXIX. Secours fourni à l'armée impériale par Robert Crépin. Diogène est défait. — XL. Chatatoure, fait prisonnier, est amené à Andronic, qui le reçoit avec honneur. — XLI. Trahi par les siens, Diogène est livré au vainqueur. Sous l'habit monacal, pitoyable, humilié, il est conduit à Andronic, qui l'accueille avec affabilité. — XLII. Mais, à l'insu de l'empereur et malgré toutes les promesses faites, on crève les yeux à Diogène. — XLIII. L'empereur reçoit avec tristesse la nouvelle de cet acte abominable. Mort de Diogène.

IV. *Michel VII Doucas.*

I. Psellos se défend du reproche de partialité à l'égard de l'empereur ; son récit n'égalera jamais les hauts faits de ce prince. — II. Douceur de Michel ; sa bonté, sa mansuétude. Sa haute intelligence ; sa souplesse d'esprit, capable de s'appliquer à tous les objets ; profondeur et variété de ses connaissances. — III. Son sérieux, sa tempérance, sa pudicité. — IV. Son amour pour les livres des sages. Son savoir approfondi qui, dans toutes les matières, fait de lui un spécialiste véritable. — V. Son physique. Sa figure, grave et aimable à la fois. Élégance de sa démarche et de sa parole. — VI. Sa sensibilité. Ses goûts, ses occupations. Esprit réfléchi, mesuré. — VII. Sa simplicité. Son inaltérable impassibilité (Psellos en fait une vertu), même en face des incursions des barbares. — VIII. Sa conduite à l'égard de Psellos ; sa générosité, son admiration pour lui. — IX. Ses vertus domestiques. Son épouse, l'impératrice. — X. Sa façon aimable de se comporter à l'égard de ses frères et de son oncle, le césar Jean. — XI. Psellos, historiographe de l'empereur, n'est pas autorisé à écrire tout le bien qu'il en pense. Humilité du prince. — XII. Portrait du petit

Constantin, fils de Michel VII. Un bébé d'une beauté parfaite. — XIII. Psellos souhaite de le voir profiter à son tour de ses leçons et de pouvoir aussi écrire un jour son histoire. — XIV. Portrait d'Andronic, frère de Michel VII. Sa passion pour l'éloquence ; il aime discuter avec Psellos, qu'il embarrasse quelquefois. Son physique ; ses goûts. — XV. Portrait de Constantin, son frère. Qualités physiques et morales. — XVI. Portrait du césar Jean Doucas. Ses connaissances militaires et juridiques. Son caractère. — XVII. Son goût pour la chasse et les livres ; sa capacité comme général. — XVIII. Lettre de l'empereur au rebelle Phocas (Nicéphore Botaniate). Il lui reproche d'avoir trahi sa confiance et ses bienfaits. Longues récriminations. — XIX. Invectives contre les calomniateurs qui ont semé entre eux la division. Il le conjure de revenir à résipiscence. — XX. Conclusion. Dieu confond toujours les mauvais desseins.

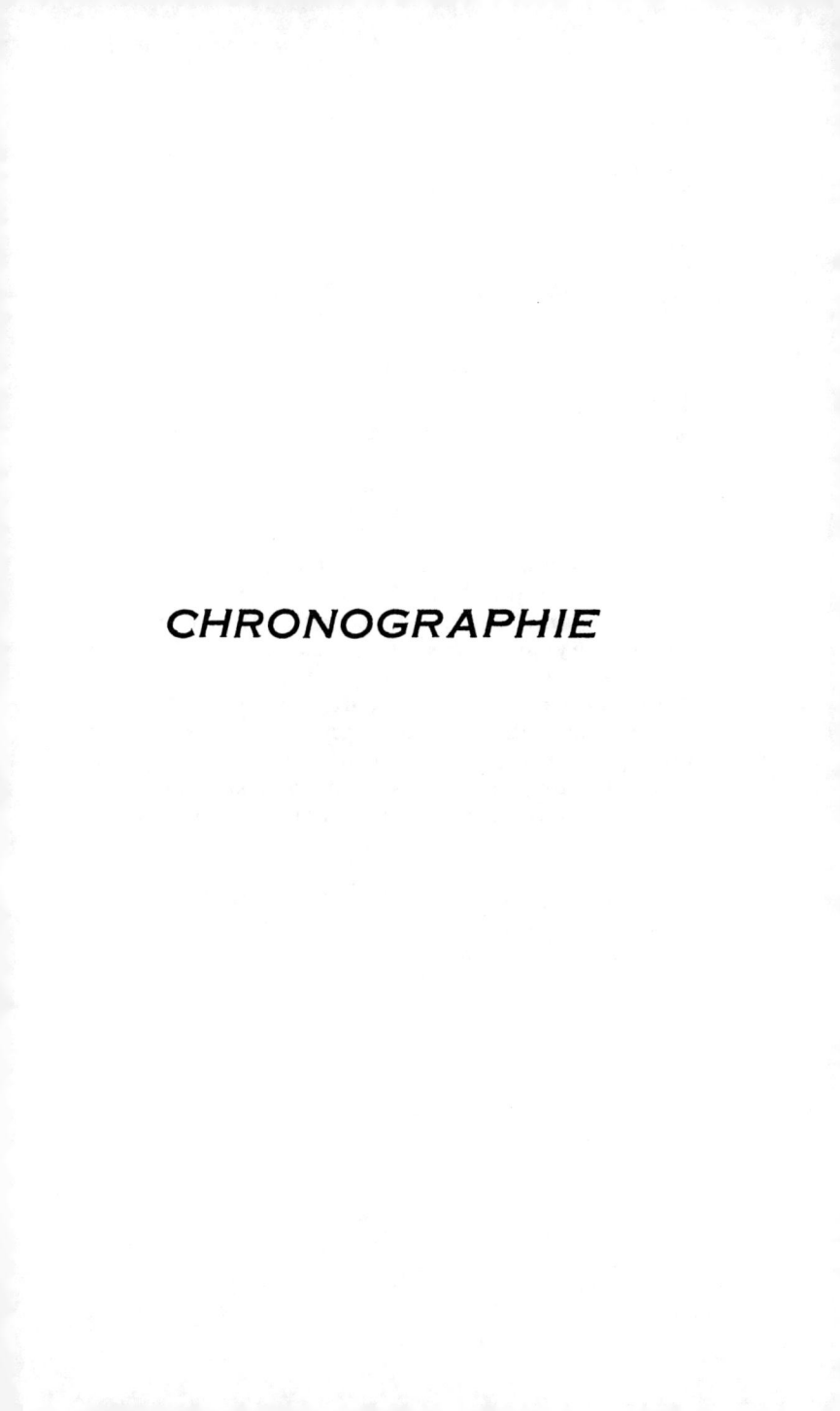

CHRONOGRAPHIE

MICHEL PSELLOS

CHRONOGRAPHIE

(976-1077).

Chronographie composée par le très savant moine l'hypertime Michel, racontant les actes des empereurs, et de Basile et de Constantin porphyrogénètes et, après eux, de Romain fils d'Argyre, et, après celui-ci, de Michel le Paphlagonien ; après lui, de son neveu Michel, qui commença par la dignité de césar ; des deux princesses qui vinrent ensuite, les deux sœurs porphyrogénètes la princesse Zoé et la princesse Théodora, et de celui qui régna avec elles, Constantin Monomaque ; de celle des deux sœurs qui fut ensuite impératrice unique, la princesse Théodora ; ⟨de celui qui vint après celle-ci, Michel le Vieux ;⟩ de celui qui le suivit, Isaac Comnène, et jusqu'à la proclamation de Constantin Doucas.

ΜΙΧΑΗΛ ΨΕΛΛΟΥ
ΧΡΟΝΟΓΡΑΦΙΑ
(976-1077).

Χρονογραφία πονηθεῖσα τῷ πανσόφῳ μοναχῷ
Μιχαὴλ τῷ ὑπερτίμῳ, ἱστοροῦσα τὰς πράξεις τῶν
βασιλέων, τοῦ τε Βασιλείου καὶ Κωνσταντίνου τῶν
πορφυρογεννήτων, τοῦ τε μετ' αὐτοὺς Ῥωμανοῦ
τοῦ Ἀργυροπώλου, τοῦ μετ' ἐκεῖνον Μιχαὴλ τοῦ
Παφλαγόνος, τοῦ ἀπὸ καισάρων ἄρξαντος μετ'
αὐτὸν ἀνεψιοῦ τούτου Μιχαήλ, τῶν ἑξῆς δύο
αὐταδέλφων καὶ πορφυρογεννήτων τῆς τε κυρᾶς
Ζωῆς καὶ τῆς κυρᾶς Θεοδώρας, τοῦ σὺν αὐταῖς
Κωνσταντίνου τοῦ Μονομάχου, τῆς μονοκρατο-
ρίσσης θατέρας τῶν δύο ἀδελφῶν κυρᾶς Θεοδώρας, ⟨τοῦ μετ' ἐκείνην Μιχαὴλ τοῦ Γέροντος,⟩
τοῦ μετ' ἐκεῖνον Ἰσαακίου τοῦ Κομνηνοῦ, καὶ ἕως
τῆς ἀναρρήσεως Κωνσταντίνου τοῦ Δούκα.

8 τοῦ σὺν S : τοὺς σὺν ‖ 11 τοῦ — Γέροντος; add. S.

TOME PREMIER

BASILE II (976-1025).

I. Donc l'empereur Jean Tzimiscès, qui avait été pour l'empire romain la cause de nombreux succès et qui l'avait accru en puissance, termine ainsi sa vie. Et le pouvoir passe effectivement aux mains de Basile et de Constantin, les enfants de Romain[1].

II. Or tous deux avaient déjà dépassé l'âge de la jeunesse et ils étaient différents de caractère. Car l'un, Basile, qui était l'aîné, se montrait toujours éveillé et réfléchi, et l'autre, Constantin, paraissait à tous relâché, indolent dans son être et attaché à la vie de mollesse. Cela étant, ils ne jugèrent pas à propos d'être empereurs tous les deux ; mais Basile, en tant qu'aîné, s'attribua la totalité du pouvoir, ne laissant en partage à son frère que le titre de basileus ; car l'empire, entre leurs mains, n'aurait pas pu être bien conduit, si la direction souveraine n'avait pas été le lot du plus âgé et du plus expert. Et l'on pourrait ici admirer Constantin : quand il était permis que l'héritage paternel, je veux dire l'empire, fût partagé sur le pied d'égalité entre son frère et lui, il avait, lui, cédé à Basile la majeure partie du pouvoir, alors qu'il était dans sa prime jeunesse, en cet âge où l'amour de la domination est le plus fortement allumé dans le cœur, et qu'il voyait son frère non pas même dans le plein de l'âge, mais encore couvert du duvet de l'adolescence et porteur, comme on dit, de sa première

---

1. Romain III (959-963). Dès leur naissance, les deux princes avaient été associés à l'empire par leur père. Ils ne lui succédèrent effectivement qu'après avoir subi la tutelle de Nicéphore Phocas (963-969) et de Jean Tzimiscès (969-976).

ΤΟΜΟΣ ΠΡΩΤΟΣ

ΒΑΣΙΛΕΙΟΣ Β' (976-1025).

I. Ὁ μὲν οὖν βασιλεὺς Ἰωάννης ὁ Τζιμισκῆς, πολλῶν καὶ ἀγαθῶν αἴτιος τῇ Ῥωμαίων ἡγεμονίᾳ γενόμενος καὶ αὐξήσας ταύτην εἰς δύναμιν, οὕτω καταλύει τὸν βίον· περιίσταται δὲ καθαρῶς ἡ βασιλεία εἴς τε Βασίλειον καὶ Κωνσταντῖνον τοὺς τοῦ Ῥωμανοῦ παῖδας.

II. Ἤστην δὲ ἄμφω ἤδη μὲν παρεληλακότε τὴν ἥβην, διαφόρω δὲ τὸ ἦθος· ὁ μὲν γὰρ Βασίλειος, ὁ καὶ τὴν ἡλικίαν πρεσβύτερος, ἐγρηγορὼς ἀεὶ καὶ σύννους ἐδείκνυτο καὶ πεφροντικώς, ὁ δέ γε Κωνσταντῖνος ἀνειμένος τοῖς πᾶσιν ὦπτο, ῥᾳθύμως τε τῆς ζωῆς ἔχων καὶ περὶ τὸν ἁβρὸν βίον ἐσπουδακώς. Αὐτοκράτορε μὲν οὖν ἄμφω οὐκ ἐδοκιμασάτην εἶναι, ἀλλ' ὅτι πρεσβύτερος αὐτῶν ὁ Βασίλειος, τὸ πᾶν τῆς ἐξουσίας περιζωσάμενος, μόνου τοῦ τῆς βασιλείας ὀνόματος τὸν ἀδελφὸν ἐκληρώσατο κοινωνόν· ἐπεὶ οὐδ' ἂν ἄλλως ἡ τῆς βασιλείας αὐτοῖς ἀρχὴ διεκυβερνήθη, εἰ μὴ τῷ πρώτῳ καὶ ἀκριβεστάτῳ ἡ αὐτοκράτωρ ἀπεκληρώθη διοίκησις. Καὶ θαυμάσειεν ἄν τις ἐνταῦθα τὸν Κωνσταντῖνον, ὅτι ἐξὸν κατ' ἰσομοιρίαν τὸν πατρῷον κλῆρον, τὴν ἡγεμονίαν φημί, τῷ ἀδελφῷ διανείμασθαι, ὁ δὲ τοῦ πλείονος αὐτῷ παρακεχωρήκει, καὶ ταῦτα νεώτατος ὤν, ὅτε μάλιστα ὁ τῆς φιλαρχίας ἀνάπτεται ζῆλος, καὶ οὐδὲ τὸν ἀδελφὸν ὁρῶν ὑπὲρ τὴν τελείαν ἡλικίαν γενόμενον, ἀλλ' ἀρτίχνουν ἤδη καὶ πρῶτον,

I 4 βασιλεία S : βασίλισσα.
II 1 παρεληλακότε S : -τες ‖ 5 ἁβρὸν S : αὖρον ‖ 6 αὐτοκράτορε S : -ραι ‖ 12 θαυμάσειεν Μ : -σιεν ‖ 13 ἰσομοιρίαν S :-μυρίαν ‖ 13 τὸν πατρῷον κλῆρον S : τῶν πατρῴων κλήρων

barbe. Que donc, dès le début de mon livre, Constantin soit jugé digne de tels éloges.

III. Quant à Basile, une fois investi de l'autorité suprême, il ne voulait prendre personne comme confident de ses pensées ni comme conseiller dans l'administration des affaires. Et pourtant, il ne pouvait pas se fier à lui-même, n'ayant encore acquis l'expérience ni des affaires militaires ni d'une bonne organisation civile. Aussi jeta-t-il les yeux sur le parakimomène[1] Basile. Or, cet homme se trouvait être la personnalité la plus marquante de l'empire romain et pour l'élévation de la pensée, et pour la prestance corporelle, et pour la beauté, vraiment digne d'un roi. Né du même père que le père de Basile et de Constantin, il était, par sa mère[2], d'une origine différente. Aussi, dès sa première enfance, avait-il été fait eunuque, afin que le fils de la concubine ne pût obtenir la préférence sur les enfants légitimes pour l'accession au pouvoir. Cet homme donc se résignait à sa destinée, et il était attaché à la famille impériale, qui était la sienne ; mais il était surtout dévoué à son neveu Basile, qu'il embrassait d'une façon très familière et caressait comme fait un père nourricier plein d'affection. C'est pourquoi Basile aussi, qui l'avait chargé du fardeau du pouvoir, faisait lui-même son apprentissage en se modelant sur le zèle de son ministre. Et le parakimomène était comme un athlète et un combattant dans la carrière, et l'empereur Basile comme un spectateur, non pas un spectateur qui se propose de couronner le vainqueur, mais qui, sur ses traces, s'exerce à courir et à combattre lui-même. Toutes choses donc étaient dès lors soumises à Basile, et c'était sur lui que les civils attachaient leurs yeux, vers lui que se tournaient les militaires. Et lui-même le premier, sinon tout seul, il s'occupait des finances publiques et de l'amélioration des affaires de l'État. Et l'empereur donnait sur tout l'aide de sa langue et de sa main, tantôt approuvant son ministre, tantôt confirmant par écrit ses décisions.

---

1. Sur ce personnage, cf. Schlumberger, *Un emper. byz.*, rééd. pp. 95 sq., 236, 294 ; *L'épopée byz.*, rééd. I, pp. 301, 304, 350, 512.
2. *Litt.* pour ce qui concernait sa mère.

ὅ φασιν, ὑπηνήτην. Τοιούτων μὲν οὖν ἐγκωμίων ἐκ προοιμίων ἀξιούσθω ὁ Κωνσταντῖνος.

III. Ὁ δέ γε Βασίλειος ἤδη τὴν τῶν Ῥωμαίων ἡγεμονίαν περιζωσάμενος, ἐβούλετο μὲν μηδένα κοινωνὸν ἔχειν τῶν φροντισμάτων, μηδὲ περὶ τῶν κοινῶν διοικήσεων σύμβουλον. Οὐκ εἶχε δὲ θαρρεῖν ἑαυτῷ, | οὐδέπω πεῖραν εἰληφότι οὔτε τῶν στρατιωτικῶν καταλόγων οὔτε τῆς πολιτικῆς εὐνομίας· διὰ ταῦτα πρὸς τὸν παρακοιμώμενον ἀπεῖδε Βασίλειον. Ὁ δὲ ἀνὴρ οὗτος ἀξίωμα μέγιστον τῇ βασιλείᾳ Ῥωμαίων ἐτύγχανε γεγονώς, κατά τε φρονήματος ὄγκον, καὶ σώματος μέγεθος, καὶ μορφὴν τυράννῳ προσήκουσαν· φὺς δὲ ἐκ τοῦ αὐτοῦ πατρὸς τῷ τοῦ Βασιλείου καὶ Κωνσταντίνου πατρὶ, τὰ ἐς μητέρα διήλλαττε· διὰ ταῦτα καὶ ἐκ πρώτης εὐθὺς ἡλικίας ἀποτέτμητο, ἵνα μὴ μᾶλλον ὁ ἐκ τῆς ἡμιγάμου τῶν γνησιωτάτων τὸ πρωτεῖον εἰς τὴν ἀρχὴν ἀπενέγκηται. Ἔστεργεν οὖν οὗτος τὰ ἐκ τῆς τύχης, καὶ τοῦ βασιλείου καὶ οἰκείου γένους ἐξήρτητο· προσέκειτο δὲ μάλιστα τῷ ἀνεψιῷ Βασιλείῳ καὶ ἠγκαλίζετο οἰκειότατα, καὶ ὡς εὔνους ἐτιθηνεῖτο τροφεύς. Διὰ ταῦτα καὶ ὁ Βασίλειος τὸν ὄγκον αὐτῷ τῆς ἀρχῆς ἀναθέμενος, αὐτὸς πρὸς τὴν ἐκείνου ἐπαιδοτριβεῖτο σπουδήν· καὶ ἦν ὁ μὲν παρακοιμώμενος οἷον ἀθλητὴς καὶ ἀγωνιστὴς, ὁ δὲ βασιλεὺς Βασίλειος θεωρός, οὐχ ὅπως ἐκεῖνον στεφανώσειεν, ἀλλ' ὡς αὐτὸς δραμεῖται καὶ ἀγωνίσηται κατ' ἴχνος ἐκείνῳ τὴν ἀγωνίαν τιθέμενος. Πάντα οὖν ἐντεῦθεν ὑπήκοα τῷ Βασιλείῳ ἐτύγχανεν ὄντα, καὶ πρὸς αὐτὸν καὶ τὸ πολιτικὸν ἑώρα, καὶ τὸ στρατιωτικὸν ἀπονενεύκει· καὶ πρῶτος αὐτός, ἢ καὶ μόνος, τῆς τε συνεισφορᾶς τῶν δημοσίων ἐφρόντιζε καὶ τῆς τοῦ κοινοῦ διορθώσεως· ἐδίδου δὲ ἐπὶ πᾶσι τὴν γλῶτταν καὶ τὴν χεῖρα ὁ βασιλεύς, τὰ μὲν συνηγορῶν ἐκείνῳ, τὰ δὲ καὶ ἐν γράμμασι βεβαιῶν.

18 τοιούτων S : -τω.

III 11 διήλλαττε S : διήλαττε ‖ 15 ἐξήρτητο S : -ται ‖ 16 ἐτιθηνεῖτο S : -νείτω ‖ 25 ἢ καὶ PK : ἦκε.

IV. Donc, pour la plupart des gens, pour ceux du moins de nos contemporains qui ont vu l'empereur Basile, ce prince paraît âpre et rude de caractère, irascible et obstiné[1], sobre dans son régime et éloigné de toute délicatesse. Toutefois, comme je l'ai moi-même entendu dire à des historiens de son temps, il n'était pas précisément tel au début, mais d'une conduite dissolue et voluptueuse, il était revenu à l'énergie, quand la pression des événements[2] eut raffermi son caractère, rendu la vigueur à ce qui était débile, tendu ce qui était lâche et modifié toute sa vie. Car lui qui, tout d'abord et sans se cacher, fêtait Bacchus, s'adonnait fréquemment à l'amour et recherchait les festins, et qui se partageait entre les plaisirs royaux et le repos, et tirait de sa jeunesse et de sa puissance tout le profit qui lui paraissait bon, à partir du moment où le fameux Skléros, puis Phocas, puis de nouveau Skléros, troisième adversaire[3], et d'autres encore commencèrent à aspirer à l'empire et se dressèrent contre lui des deux côtés à la fois, quittant à toutes voiles sa vie de plaisirs, de toute son âme il s'attacha aux choses sérieuses[4]. En effet, ayant attaqué ceux de ses proches qui s'étaient emparés du pouvoir, sans retard il entreprit de détruire de fond en comble toute leur famille.

De la rébellion de Skléros.

V. C'est pourquoi leurs neveux rallumèrent contre lui des guerres violentes. Tout d'abord, ce fut Skléros[5], homme à la fois capable à la réflexion et très habile à l'exécution, chargé d'une grosse fortune, moyen puissant pour qui vise au pouvoir, et qui avait pour lui le prestige de la dynastie, le renom d'un général vainqueur dans de grandes guerres, et tout le parti militaire, complice de son projet. Donc cet homme, prenant avec lui un

---

1. *Litt.* ne changeant pas vite d'avis.
2. Τῶν πραγμάτων peut s'entendre aussi : l'exercice du pouvoir.
3. Il y eut, en effet, trois grandes révoltes, deux de Skléros, et, dans l'intervalle, celle de Phocas. Cf. Schlumberger, *L'ép. byz.*, I, chap. VI sqq.
4. *Litt.* à l'effort sérieux.
5. Bardas Skléros, neveu de l'empereur Nicéphore Phocas.

IV. Τοις μὲν οὖν πολλοῖς ὅσοι τῶν καθ' ἡμᾶς τεθέανται τὸν βασιλέα Βασίλειον, στρυφνὸς οὗτος δοκεῖ καὶ τὸ ἦθος ἀπεξεσμένος, δύσοργός τε καὶ οὐ ταχὺ μεταβάλλων, μέτριός τε τὴν δίαιταν καὶ τὸ ἁβρὸν ἐκ παντὸς ἐκτρεπόμενος· ὡς δὲ ἐγὼ τῶν ἀρχαιολογούντων περὶ αὐτὸν ξυγγραφέων ἤκουσα, οὐ πάνυ τι τοιοῦτος τὸ κατ' ἀρχὰς ἦν, ἀλλ' ἐξ ἀνειμένου βίου καὶ τρυφηλοῦ εἰς τὸ σύντονον μετεβάλετο, τῶν πραγμάτων οἷον ἐπιστυψάντων αὐτῷ τὸ ἦθος, καὶ τὸ μὲν διερρυηκὸς τονωσάντων, συντεινάντων δὲ τὸ χαῦνον καὶ τὴν ὅλην αὐτῷ μεταβαλόντων ζωήν. Ἐπεὶ τά γε πρῶτα καὶ ἀπαρακαλύπτως ἐκώμαζε καὶ θαμὰ ἤρα καὶ συσσιτίων ἐφρόντιζε, βασιλικάς τε ῥᾳθυμίας καὶ ἀναπαύλας ἑαυτῷ ἀπεμέτρει, καὶ τῆς τε νεότητος, τῆς τε βασιλείας ὅσον εἰκὸς παραπέλαυεν· ἀφ' οὗ δὲ ὁ Σκληρὸς ἐκεῖνος, καὶ ὁ μετ' ἐκεῖνον Φωκᾶς, καὶ αὖθις ὁ πρῶτος τρίτος ἐγεγόνει, καὶ οἱ λοιποὶ βασιλειᾶν ἤρξαντο, | καὶ ἐξ ἑκατέρων αὐτῷ τῶν μερῶν ἀντανέστησαν, ὅλοις ἱστίοις ἀπενεχθεὶς τῆς τρυφῆς, ὅλῳ πνεύματι ἀντείχετο τῆς σπουδῆς· ἐπιγενόμενος γὰρ τοῖς ἐγγύθεν αὐτῷ τὴν ἡγεμονίαν παρειληφόσιν, ἅπαν εὐθὺς ἄρδην τὸ ἐκείνων γένος ἀπολλύειν ἐπικεχείρηκε.

Περὶ τῆς ἀποστασίας τοῦ Σκληροῦ.

V. Διὰ ταῦτα οἱ ἐκείνων ἀνεψιαδεῖς πολέμους κατ' αὐτοῦ σφοδροὺς ἀνερρίπισαν· καὶ πρῶτός γε ὁ Σκληρός, ἀνὴρ καὶ βουλεύσασθαι ἱκανὸς καὶ καταπράξασθαι περιδέξιος, πλοῦτόν τε περιβεβλημένος, μέγα ἀρκοῦντα τυράννῳ, καὶ δυναστείας ἔχων ἰσχύν, πολέμους τε μεγάλους κατωρθωκώς, καὶ τὸ στρατιωτικὸν ἅπαν συννεῦον ἔχων πρὸς τὸ

IV 5 ξυγγραφέων S : ξυγγρ. ‖ 7 μετεβάλετο P : -βάλλετο ‖ 8-9 διερρυηκὸς τονωσάντων S : διέρρυηκὼς τῶν νωσάντων ‖ 10 μεταβαλόντων P : -βαλλόντων ‖ 11 ἤρα S : ἦρα ‖ 13-14 παραπέλαυεν S : -έλαυνεν. ‖ 16 βασιλειᾶν S : -λείαν ‖ 16 inter μερῶν et ἀντανέστησαν lacuna est sex vel septem litterarum ‖ 19 παρειληφόσιν S : παριληφόσι ‖ 19 ἅπαν K : οὐ πᾶν.

V 1 Περὶ S : Διὰ ‖ 6 μεγάλους S : -άλας ‖ 7 συννεῦον S : συνεύων

grand nombre de gens pour l'aider à usurper le pouvoir, eut le premier l'audace d'engager la lutte contre Basile, et, poussant en avant contre lui toute sa cavalerie et toute son infanterie, plein d'assurance, il marchait vers l'empire comme vers une chose pour la possession de laquelle il n'avait qu'à tendre la main. Donc tout d'abord les conseillers de l'empereur perdirent tout espoir de salut, en se rendant compte que toutes les forces d'infanterie[1] avaient afflué du côté de Skléros. Mais ensuite, s'étant ressaisis, ils changèrent d'opinion sur la tournure des événements[2] et crurent avoir trouvé, comme cela arrive au milieu de difficultés, une porte de salut. Estimant qu'un certain Bardas[3], homme de grande naissance et de grande bravoure, neveu de l'empereur Nicéphore, était digne de combattre contre l'usurpateur Skléros, ils lui amenèrent toutes les forces restantes, les lui mirent aux mains et, après l'avoir institué général de toute l'armée, l'envoyèrent pour se dresser contre Skléros.

VI. Mais comme, vis-à-vis de Bardas aussi, leurs craintes n'étaient pas devenues moins vives qu'à propos de Skléros, car il se trouvait être de famille impériale et il allait concevoir une haute idée de sa propre personne, ils le dépouillent du vêtement civil et de tous les insignes de la royauté[4], et l'inscrivent parmi les membres de l'Église ; après quoi, ils le lient par de terribles serments pour qu'il ne soit jamais convaincu de rébellion ou de transgression de ses serments. Ayant donc pris ces précautions à son endroit, ils l'envoient avec toutes ses forces.

VII. Or ce personnage, comme le raconte l'histoire, tenait sa pensée reportée sur son oncle, l'empereur ; toujours concentré en lui-même et vigilant, capable de tout prévoir et de tout embrasser d'un coup d'œil, loin d'ignorer aucun des procédés de la guerre, il était rompu à tous les combats de remparts, à toutes les guerres

---

1. *Litt.* que toute la force d'hoplites.
2. *Litt.* sur l'ensemble des affaires.
3. Bardas Phocas, neveu, lui aussi, de Nicéphore Phocas.
4. *Litt.* de tout l'appareil que connaît la tyrannie.

ἐκείνου βούλημα. Οὗτος τοιγαροῦν πολλοὺς συναιρομένους ἔχων τῇ τυραννίδι, πρῶτος τὸν κατὰ τοῦ Βασιλείου τεθάρρηκε πόλεμον, καὶ πᾶσαν ἐπ' αὐτῷ ἱππικήν τε καὶ πεζικὴν παρήλαυνε δύναμιν, καὶ ὡς ἐπὶ προκειμένῳ πράγματι τῇ βασιλείᾳ προῄει τεθαρρηκώς. Τὰ πρῶτα μὲν οὖν ἀπεγνώκεισαν οἱ περὶ τὸν βασιλέα τὰς σῳζούσας ἐλπίδας, τὴν ὁπλιτικὴν πᾶσαν ἰσχὺν τῷ Σκληρῷ ἐγνωκότες συρρεύσασαν· ἔπειτα δὲ συλλεξάμενοι ἑαυτοὺς καὶ περὶ τῶν ὅλων γνωσιμαχήσαντες, ὥσπερ ἐν ἀπόροις πόρον εὑρηκέναι ᾠήθησαν, καὶ Βάρδαν τινά, εὐγενέστατον ἄνδρα καὶ γενναιότατον, τοῦ βασιλέως Νικηφόρου ἀδελφιδοῦν, ἀξιόμαχον περὶ τὸν τυραννήσαντα Σκληρὸν κρίναντες, τὰς καταλελειμμένας δυνάμεις φέροντες τούτῳ παρέδωσαν, καὶ τοῦ στρατοπέδου παντὸς ἡγεμόνα πεποιηκότες, ἀντιστησόμενον τῷ Σκληρῷ ἐκπεπόμφασιν.

VI. Ἐπεὶ δὲ καὶ περὶ τούτῳ οὐδὲν ἔλαττον τοῦ Σκληροῦ ἐδεδοίκεσαν, ἅτε βασιλείου τυγχάνοντι γένους, καὶ οὐδὲν σμικροπρεπῶς ἐννοησομένῳ περὶ αὐτοῦ, περιδύουσι μὲν τὸ πολιτικὸν τῆς περιβολῆς σχῆμα καὶ ὅσον οἶδεν ἡ τυραννίς, τῷ δὲ τῆς ἐκκλησίας κλήρῳ ἐγκαταλέγουσιν, εἶτα δὴ καὶ φρικώδεσιν ὅρκοις καταλαμβάνουσιν τοῦ μὴ ἀποστασίας ἁλῶναί ποτε ἢ παραβάσεως τῶν ὠμοσμένων· οὕτω γοῦν αὐτὸν ἐξεγγυησάμενοι μετὰ πασῶν ἐκπεπόμφασι τῶν δυνάμεων.

VII. Ἦν δ' ὁ ἀνὴρ οὗτος, ὡς ὁ λόγος ἔχει, τὴν μὲν γνώμην ἐς τὸν θεῖον ἀναφέρων καὶ βασιλέα, συννενεφὼς ἀεὶ καὶ ἐγρηγορώς, καὶ πάντα προϊδεῖν καὶ συνιδεῖν ἱκανός, πολεμικῶν τε τεχνασμάτων οὐδενὸς ἀδαής, ἀλλὰ πάσαις

---

8 συναιρομένους Κ Κο : συνερρωμένους ‖ 19 καταλελειμμένας S : -λελυμένας.

VI 2 ἐδεδοίκεσαν, ἅτε S : ἐδεδύχεσαν ἄν τε ‖ 5 κλήρῳ S : κληρῶ ‖ 6 φρικώδεσιν S : -κώδες ‖ 7 ὠμοσμένων S : ὁμω-.

VII 2 συννενεφὼς Κ : συνενηφὼς

d'embuscade et à toutes les batailles rangées ; et, pour tout ce qui concerne les actions où entre en jeu la force physique[1], il était plus énergique et plus vigoureux que lui. Quiconque, en effet, avait reçu de lui une blessure, était un homme mort ; même poussé de loin, un cri de lui bouleversait toute l'armée. Ainsi donc cet homme, après avoir sectionné les troupes qui étaient sous ses ordres et les avoir réparties en bataillons, mit en déroute non pas une fois, mais souvent, l'armée qui lui était opposée, et cela, malgré la foule de ses adversaires ; et autant il se trouvait inférieur en nombre à ses ennemis, autant il paraissait, par l'art et la manœuvre, plus puissant et plus fort.

VIII. Toujours est-il que les antagonistes s'enhardirent les uns contre les autres et que les chefs des forces adverses décidèrent d'un commun accord d'engager un combat singulier. Cela posé, ils s'avancèrent dans l'intervalle qui séparait les deux armées, se virent l'un et l'autre et, sans tarder, en vinrent à l'engagement. Le premier, le rebelle Skléros, incapable de retenir son élan, transgressant dès le début les lois du combat singulier, tout ensemble se trouva près de Phocas et le frappa tant qu'il put[2] sur la tête, augmentant la force de son bras de tout le poids de son élan. Ainsi frappé, Phocas, en raison de l'imprévu du coup, perdit un instant la maîtrise de son frein ; mais ensuite il recueillit ses esprits, et, frappant sur la même partie du corps celui qui l'avait atteint, il arrêta son élan guerrier et le disposa à la fuite[3].

IX. Ce fut là un événement qui, plus que tout autre, parut décisif aux deux partis et conforme à l'intérêt de l'État. Et Skléros complètement embarrassé, incapable de résister à Phocas et rougissant d'aller faire sa soumission à l'empereur, prend une résolution qui n'était ni la plus avisée ni la plus sûre. Quittant, en effet, le territoire romain, il s'avance avec toutes ses forces dans le pays des Assyriens[4], et, s'étant fait connaître du roi.

---

1. *Litt.* les actions faites par la main.
2. Ὡς εἶχε peut s'entendre aussi : comme cela se trouvait.
3. Bataille de Pankalia, en 979.
4. Plus loin, Psellos les appelle **Babyloniens**.

μὲν τειχομαχίαις, πάσαις δὲ λοχίσεσι καὶ ταῖς ἐκ παρατάξεως ἀγωνίαις ἐθὰς, τὰς δὲ διὰ χειρὸς πράξεις δραστικώτερος ἐκείνου καὶ γενναιότερος· | ὁ γάρ τοι πληγὴν παρ' ἐκείνου δεξάμενος εὐθέως ἀφήρητο τὴν ψυχήν· κἂν πόρρωθεν ἐπεβόησεν, ὅλην συνετάραττε φάλαγγα. Οὗτος τοιγαροῦν τὰς ὑπ' αὐτὸν διελὼν δυνάμεις καὶ εἰς λόχους ἐγκατατάξας, οὐχ ἅπαξ, ἀλλὰ καὶ πολλάκις τὴν ἀντικειμένην εἰς φυγὴν ἔτρεψε φάλαγγα, καὶ τοῦτο πλήθει τῶν ἀντιτεταγμένων· τοσοῦτον ⟨δὲ⟩ τῶν ἐναντίων ἐλάσσων ἐτύγχανεν ὤν, ὅσῳ τῇ τέχνῃ καὶ τοῖς στρατηγήμασι κρείττων ἐδόκει καὶ γενναιότερος.

VIII. Ἐθάρρησαν γοῦν ποτε πρὸς ἀλλήλους καὶ οἱ τῶν ἀντικειμένων ἡγεμόνες ταγμάτων καὶ μονομαχῆσαι ἐκ συνθήματος εἵλοντο· καὶ μέντοιγε συνελάσαντες εἴς τι μεταίχμιον, εἶδόν τε ἀλλήλους καὶ ἐν συμβολαῖς εὐθὺς ἐγεγόνεισαν. Καὶ πρῶτός γε ὁ τυραννεύων Σκληρὸς, οὐκ ἐπισχὼν ἑαυτὸν τῆς ὁρμῆς, ἀλλ' εὐθὺς νόμους ἀγωνίας παραβεβηκὼς, ὁμοῦ τε ἀγχοῦ τῷ Φωκᾷ ἐγεγόνει καὶ παίει τοῦτον ὡς εἶχε κατὰ κεφαλῆς, δυναμώσας τὴν χεῖρα τῇ φορᾷ τῆς ὁρμῆς· καὶ ὁ πεπληγὼς πρὸς τὸ ἀδόκητον τῆς πληγῆς βραχύ τι τοῦ χαλινοῦ γεγονὼς ἀκρατής, αὖθις συνηθροίκει τοὺς λογισμοὺς, καὶ κατὰ ταὐτοῦ μέλους τὸν πλήξαντα παίσας, τῆς πολεμικῆς ὁρμῆς ἔπαυσε καὶ φυγεῖν παρεσκεύασεν.

IX. Αὕτη τελεωτέρα κρίσις καὶ δημοτελεστέρα ἀμφοῖν ἔδοξε· καὶ ὁ Σκληρὸς τοῖς ὅλοις ἐξαπορηθεὶς, καὶ μήτε πρὸς τὸν Φωκᾶν ἀντιστῆναι ἔτι δυνάμενος, προσδραμεῖν τε τῷ βασιλεῖ αἰσχυνόμενος, βουλὴν βουλεύεται οὔτε συνετωτάτην οὔτε ἀσφαλεστάτην· ἀπάρας γὰρ ἐκ τῶν Ῥωμαϊκῶν ὁρίων εἰς τὴν τῶν Ἀσσυρίων μετὰ πασῶν αὐτοῦ τῶν δυνά-

6 δραστικώτερος S: -κότερος || 8-9 πόρρωθεν P: πόρρω μὲν || 13 δὲ add. S.
VIII 4 συμβολαῖς S: -βουλαῖς || 5 ἐγεγόνεισαν S: -γόνησαν ||
7 παίει S: παίη || 8 χεῖρα S: χεῖραν || 12 παίσας S: πέσας.
IX 6 Ἀσσυρίων S: Ἀσυρίων

Chosroès[1], il le mit en méfiance. Le roi, en effet, redoutant cette multitude de guerriers, et peut-être aussi soupçonnant une attaque soudaine, le fit prisonnier, lui et son armée, et le retint dans une prison sûre.

De la rébellion de Bardas Phocas.

X. Quant à Bardas, il revint auprès de l'empereur des Romains. Il obtint la pompe du triomphe et se trouva compté parmi les familiers du basileus. Voilà donc la première rébellion[2] défaite, et l'empereur Basile parut se tenir à l'écart des affaires. Mais cette inertie non déguisée se trouva être la source de beaucoup de maux. En effet, Phocas, jugé digne tout d'abord des honneurs les plus grands et ensuite des plus petits[3], voyant derechef s'écrouler sous lui ses espérances, en même temps qu'il estimait n'avoir en rien trahi sa foi engagée à certaines conditions et gardée, [Phocas, dis-je,] avec la meilleure partie de son armée, dresse contre Basile la plus grave et la plus redoutable des rébellions. Après s'être attaché les premières familles des puissants d'alors, il se décide à prendre l'attitude d'un ennemi, lève pour son propre compte une armée d'Ibériens (ces gens-là par la taille atteignent au dixième pied et ils ont le sourcil fièrement tendu), et ce n'est plus en imagination[4], mais avec la tiare impériale et la couleur indicatrice[5], qu'il revêt la robe du pouvoir[6].

XI. Puis il arrive ce qui suit. Une guerre étrangère s'abat sur le Babylonien, chez qui, comme l'a fait connaître, je suppose, le récit qui précède, avaient cherché refuge Skléros et ses partisans, lesquels trouvèrent leurs espérances renversées de fond en comble. Et la guerre était lourde et terrible, et elle réclamait des adversaires beaucoup de bras et beaucoup de forces. Comme le

---

1. Le khalife Adhoud Eddaulèh. Cf. Schlumberger, *Ép. byz²*., I, 385.
2. *Litt.* la tyrannie. Cf. de même *infra*.
3. Entendez que, pour lui, la disgrâce suivit de près la faveur.
4. La révolte était devenue une réalité.
5. Les chaussures de pourpre, les *campagia* aux aigles brodés d'or.
6. *Litt.* la robe tyrannique, *i. e.* la robe impériale usurpée.

μεων συνήλασε γῆν, και δῆλον αυτόν καταστήσας Χοσρόῃ
τῷ βασιλεῖ, εἰς ὑποψίαν ἐκίνησεν· οὗτος γὰρ τό τε πλῆθος
φοβηθεὶς τῶν ἀνδρῶν, ἴσως δὲ καὶ ὑποπτεύσας τὴν ἀθρόαν
ἔφοδον, δεσμώτας πεποιηκὼς ἐν ἀσφαλεῖ κατεῖχε φρουρᾷ.

Περὶ τῆς ἀποστασίας Βάρδα τοῦ Φωκᾶ.

X. Ὁ δέ γε Φωκᾶς Βάρδας τῷ βασιλεῖ Ῥωμαίων
ἐπαναζεύγνυσι, καὶ τῆς τε τροπαιοφόρου ἐτετυχήκει πομ
πῆς, τοῖς τε περὶ τὸν βασιλέα συνάριθμος ἐτύγχανεν ὤν.
Οὕτω μὲν οὖν ἡ πρώτη τυραννὶς καταλέλυται, καὶ ὁ
βασιλεὺς Βασίλειος ἀπηλλάχθαι πραγμάτων ἔδοξε· ἡ δὲ
δόξασα αὕτη κατάλυσις ἀρχὴ πολλῶν ὠδίνων οὖσα ἐτύγχα
νεν. Ὁ γάρ τοι Φωκᾶς πρῶτα μὲν μειζόνων ἀξιωθείς,
ἔπειτα ἐλαττόνων, καὶ αὖθις ὑπορρεούσας αὐτῷ τὰς ἐλπίδας
ὁρῶν, ἅμα δὲ καὶ μὴ προδεδωκέναι τὴν πίστιν οἰόμενος, ἐπὶ
ῥητοῖς προσβᾶσαν καὶ φυλαχθεῖσαν, σὺν τῷ κρατίστῳ μέρει
τοῦ στρατοπέδου βαρυτέραν τε καὶ χαλεπωτέραν κατὰ τοῦ
Βασιλείου τυραννίδα ἀνίστησι· καὶ τὰ πρῶτα γένη τῶν τότε
δυναμένων ἀναρτησάμενος, καὶ εἰς ἀντίπαλον μοῖραν ἀπο
κριθεὶς, στράτευμά τε Ἰβηρικὸν ἀπολεξάμενος ἑαυτῷ
(ἄνδρες δὲ οὗτοι τό τε μέγεθος εἰς δέκατον | πόδα ἀνεστη
κότες καὶ τὴν ὀφρὺν σοβαρὰν ἕλκοντες), οὐκ ἔτι ἐν ὑπο
νοίαις, ἀλλὰ μετὰ τῆς βασιλικῆς τιάρας καὶ τοῦ ἐπισήμου
χρώματος τὴν τυραννικὴν στολὴν ἀμφιέννυται.

XI. Εἶτα γίνεταί τι τοιοῦτον· πόλεμός τις ἀλλόφυλος
καταλαμβάνει τὸν Βαβυλώνιον, ᾧ προσπεφευγότες οἱ περὶ
τὸν Σκληρὸν, ὥσπερ δήπου ὁ λόγος ἐγνώρισε, ἀντιστρόφους
εὕροντο τὰς ἐλπίδας, καὶ ὁ πόλεμος βαρὺς καὶ δεινὸς καὶ
πολλῶν δεόμενος τῶν ἀντιστησομένων χειρῶν καὶ δυνάμεων·

7 αὐτὸν S: αὐτὸν ‖ 7 Χοσρόῃ S: Χοσρόῃ.
X 3 ἐτετυχήκει S: -κῃ ‖ 9 ὑπορρεούσας S: ὑπερρ. ‖ 12 χαλεπωτέραν
S: χαλαιπ. ‖ 14 ἀναρτησάμενος S: ἀναρτι.
XI 2 ᾧ S: ὁ

roi ne pouvait se confier à sa seule armée personnelle, il porte ses espérances sur les fugitifs, délivre incontinent Skléros de ses liens, le tire de sa prison, l'arme solidement et le dresse en face de l'armée ennemie. Et eux[1], en gens vigoureux et belliqueux, et qui savaient disposer les hoplites, ils se répartissent en deux groupes, l'un d'un côté, l'autre de l'autre ; puis, se lançant à cheval en masse compacte avec leur cri de guerre, ils tuent les uns sur le lieu même, tournent les autres en fuite, et puis, s'avançant jusqu'au retranchement, massacrent tous les ennemis sans exception. Mais, comme ils étaient en route pour revenir[2], comme sous la poussée commune d'un même sentiment[3], à leur tour, ils se mirent à prendre la fuite. C'est que de nouveau ils craignaient le barbare, dans la pensée qu'il ne se comporterait pas loyalement à leur égard, mais que derechef il les jetterait dans les fers. Fuyant donc tous ensemble de toute leur vitesse, déjà ils s'étaient de beaucoup éloignés du pays des Assyriens, quand leur fuite devint évidente pour le barbare. Celui-ci ordonne à ceux de son armée rassemblée qui les rencontreraient de les poursuivre. Et une foule nombreuse étant tombée sur le dos des fugitifs, reconnut à ses dépens de combien elle est inférieure à une troupe de soldats romains. Car certes les fugitifs, tournant bride soudain, engagèrent le combat, eux, moins nombreux, contre des adversaires plusieurs fois supérieurs en nombre ; ils les laissèrent plus faibles qu'eux, et les mirent en fuite.

XII. Donc Skléros pensait de nouveau à usurper le trône et à s'emparer du pouvoir[4], car Phocas déjà se trouvait retiré [dans ses terres][5], et toute la force de l'empire était disséminée. Mais, à son arrivée aux frontières romaines, il apprit que Phocas avait des velléités de régner. Comme il n'était pas en état de combattre aussi l'empereur[6], insultant de nouveau à la majesté souveraine, il

---

1. Skléros et ses soldats.
2. Auprès du roi Chosroès.
3. *Litt.* comme par un même mot d'ordre de l'âme.
4. *Litt.* de toutes les forces.
5. En Anatolie.
6. Comme il avait fait contre Chosroès.

καὶ ἐπειδὴ οὐκ εἶχεν οὗτος τῷ οἰκείῳ μόνῳ στρατοπέδῳ θαρρεῖν, ἐπὶ τοὺς φυγάδας τίθεται τὰς ἐλπίδας, καὶ λύει μὲν εὐθὺς τῶν δεσμῶν, ἐξάγει δὲ τῆς φρουρᾶς, ὁπλίζει τε καρτερῶς, καὶ κατ' εὐθὺ τῆς ἐναντίας ἵστησι φάλαγγος. Οἳ δὲ, ἅτε γενναῖοι ἄνδρες καὶ μάχιμοι, καὶ τάξεις εἰδότες ὁπλιτικὰς, ἑκατέρωθεν διαστάντες, εἶτα δὴ ἀθρόον ἐξιππασάμενοι καὶ τὸ ἐνυάλιον ἀλαλάξαντες, τοὺς μὲν αὐτοῦ κτείνουσι, τοὺς δὲ τρέψαντες εἰς φυγὴν, εἶτ' ἄχρι τοῦ χάρακος ἐξελάσαντες, ἄρδην ἅπαντας ἀνῃρήκασιν· ἀναζευγνύντες δὲ, ὥσπερ ἐκ ταυτοῦ συνθήματος τῆς ψυχῆς, πρὸς φυγὴν ἐτρέψαντο ἑαυτούς· ἐδεδοίκεσαν γὰρ αὖθις τὸν βάρβαρον, ὡς οὐ δεξιῶς τούτοις προσενεχθησόμενον, ἀλλὰ πάλιν ἐν πέδαις καθείρξοντα. Κοινῇ γοῦν ἀνὰ κράτος φεύγοντες, ἐπειδὴ πλεῖστον τῆς Ἀσσυρίων ἀπεληλύθεισαν γῆς, καὶ ἡ φυγὴ καταφανὴς τῷ βαρβάρῳ ἐγένετο, τοῖς ἐπιτυχοῦσι τότε τοῦ συνηθροισμένου στρατεύματος τὴν ἐπιδίωξιν αὐτῶν ἐγκελεύεται· καὶ πολύ τι πλῆθος κατὰ νώτου τούτοις συνεισπεσόντες, ἔγνωσαν ὅσῳ τῷ μέτρῳ τῆς τῶν Ῥωμαίων ὑστεροῦσι χειρός· οἱ γάρ τοι φυγάδες ἀθρόον τοὺς χαλινοὺς στρέψαντες, καὶ ἐλάττους πρὸς πολλαπλασίους ἀγωνιζόμενοι, βραχυτέρους ἑαυτῶν τοὺς καταλελειμμένους πρὸς τὴν φυγὴν πεποιήκασιν.

XII. Ὁ μὲν οὖν Σκληρὸς τυραννεύσειν τε αὖθις ᾤετο καὶ τὰς ὅλας καθέξειν δυνάμεις, ἀνακεχωρηκότος τε τοῦ Φωκᾶ ἤδη καὶ πάσης τῆς βασιλείου διασκεδασθείσης δυνάμεως· ἐπεὶ δὲ πρὸς τοῖς Ῥωμαϊκοῖς ὁρίοις γενόμενος, τὸν Φωκᾶν ἐμεμαθήκει βασιλειῶντα, ἐπειδὴ οὐχ οἷός τε ἦν καὶ τῷ βασιλεῖ μάχεσθαι, τὸν μὲν καὶ αὖθις ὑβρίσας, τῷ δὲ μετὰ

---

9 κατ' εὐθύ S : κατευθύ || 11 ἀθρόον S : ἀθρῶον || 14 ἀνῃρήκασιν· S : ἀνῃρήκασι· || 17-18 ἐν πέδαις καθείρξοντα S : ἐμπέδαις καθείρξαντο || 19 ἀπεληλύθεισαν S : ἀπωληλύθησαν || 21 αὐτῶν S : -τῶ || 22 νώτου S : νότου || 23 συνεισπεσόντες S : -σόντες || 24 ἀθρόον S : -ώον || 25 ἐλάττους S : -ττουν || 26 καταλελειμμένους S : -λελυμένους.

XII 1 τυρχννεύσειν S : -ννεύσιν || 5 βασιλειῶντα S : -λιῶντα

se présente devant Phocas dans l'appareil d'un vassal, lui reconnaît le droit au premier rang et convient de se tenir à sa disposition. Après quoi, ils divisèrent leurs forces en deux groupes et rendirent leur rébellion beaucoup plus vigoureuse. Et donc, pleins de confiance dans leurs troupes de ligne et dans leurs stations militaires, ils descendirent jusqu'à la Propontide et jusqu'aux places fortes du littoral, et, après avoir établi d'une manière solide et sûre leurs retranchements, on eût dit qu'ils voulaient franchir d'un bond la mer elle-même[1].

XIII. Quant à l'empereur Basile, reconnaissant l'ingratitude des Romains, comme depuis peu une troupe d'élite de Tauroscythes[2], bien dressée au combat, était venue fréquemment le trouver, il les réunit en un corps de troupes, leur adjoint d'autres forces étrangères groupées en compagnies et les envoie contre l'armée qui s'opposait à lui. Ces gens donc tombent à l'improviste sur les ennemis, qui, loin de se tenir en éveil pour le combat, s'étaient attablés à boire ; ils en tuent une quantité importante et dispersent le reste, les uns d'un côté, les autres d'un autre. Et ils formèrent[3] aussi contre Phocas une faction puissante.

XIV. Figurait aussi dans l'armée romaine l'empereur Basile, qui précisément alors commençait à prendre de la barbe et s'initiait à la pratique de la guerre. Et son frère Constantin n'était pas non plus absent de la ligne de bataille ; lui aussi, revêtu d'une cuirasse et brandissant une longue lance, il était de l'armée.

XV. Donc les deux armées se tenaient debout en face l'une de l'autre ; du côté du rivage, l'armée impériale ; du côté des hauteurs, l'armée rebelle ; et un grand intervalle les séparait. Phocas, apprenant que les basileis s'étaient mis en ligne, cessa de différer le combat et fit de cette journée, pour le bien commun, le moment décisif de la guerre. Il s'abandonna au souffle de la fortune. Certes, en se déterminant au combat, il n'agissait pas

---

1. Fin de phrase difficile : μονονού porte sur ὑπεράλλεσθαι « entreprenant de presque sauter » ; καὶ = même, renforce αὐτήν.
2. Sur ces Francs du Nord, cf. Schlumberger, *Un emp. byz.*, rééd. 38.
3. *Litt.* il se forma chez eux. Fin de phrase assez obscure.

τοῦ ἐλάττονος προσεληλυθὼς σχήματος, ἐκεῖνον μὲν τῶν πρωτείων ἠξίωσε, αὐτὸς δὲ μετ' ἐκεῖνον ὡμολόγησε τάττεσθαι· εἶτα δὴ διχῇ διελόμενοι τὰς δυνάμεις, μακρῷ τὴν τυραννίδα εὐσθενεστέραν εἰργάσαντο. Οἳ μὲν οὖν τάξεσι καὶ παρεμβολαῖς ἐπεποίθεσαν, καὶ μέχρι τῆς Προποντίδος καὶ τῶν παραλίων ἐν ταύτῃ χωρίων κατεληλύθεσαν, ἐπ' ἀσφαλοῦς τοὺς χάρακας θέμενοι, καὶ μονονοὺ ὑπεράλλεσθαι καὶ αὐτὴν ἐπιχειροῦντες τὴν | θάλασσαν.

XIII. Ὁ δὲ βασιλεὺς Βασίλειος τῆς τῶν Ῥωμαίων ἀγνωμοσύνης κατεγνωκώς, ἐπειδήπερ οὐ πρὸ πολλοῦ ἀπὸ τῶν ἐν τῷ Ταύρῳ Σκυθῶν λογὰς πρὸς αὐτὸν ἐφοίτησεν ἀξιόμαχος, τούτους δὴ συγκροτήσας, καὶ ξενικὴν ἑτέραν ξυλλοχισάμενος δύναμιν, κατὰ τῆς ἀντικειμένης ἐκπέμπει φάλαγγος· οἳ δὴ καὶ ἐκ τοῦ παρ' ἐλπίδας ἐπιφανέντες αὐτοῖς, οὐ πρὸς μάχην διεγηγερμένοις, ἀλλὰ πρὸς μέθην κατακεκλιμένοις, οὐκ ὀλίγους τε αὐτῶν ἀνῃρήκασι καὶ τοὺς καταλελειμμένους ἄλλους ἀλλαχόσε διέσπειραν· συνίσταται δὲ καὶ πρὸς αὐτὸν τὸν Φωκᾶν στάσις αὐτοῖς καρτερά.

XIV. Συμπαρῆν δὲ τῷ τῶν Ῥωμαίων στρατῷ καὶ ὁ βασιλεὺς Βασίλειος ἄρτι γενειάζων καὶ τὴν πρὸς τοὺς πολέμους ἐμπειρίαν λαμβάνων· ἀλλ' οὐδὲ ὁ ἀδελφὸς αὐτοῦ Κωνσταντῖνος ἀπῆν τῆς παρεμβολῆς· ἀλλὰ καὶ οὗτος θώρακά τε περιβαλλόμενος καὶ δόρυ μακρὸν ἐπισείων, μέρος τῆς φάλαγγος ἦν.

XV. Αἱ μὲν οὖν τάξεις εἱστήκεσαν ἑκατέρωθεν, ἀπὸ μὲν τῶν παραλίων μερῶν ἡ βασιλική, ἀπὸ δὲ τῶν ὑψηλοτέρων ἡ τυραννική, καὶ πολὺ μεταξὺ τὸ μεταίχμιον. Ὁ τοίνυν Φωκᾶς, ὡς καὶ τοὺς βασιλεῖς διατεταγμένους ἐμεμαθήκει εἰς τὴν παράταξιν, οὐκ ἔτι ⟨ἐν⟩ ἀναβολαῖς τοῦ μάχεσθαι ἦν, ἀλλὰ τὴν ἡμέραν ἐκείνην κρίσιν τοῦ πολέμου δημοτελῆ

9 διελόμενοι S : δι' ἑλλόμενοι || 11 παρεμβολαῖς S : παρεμβόλεις.

XIII 8 κατακεκλιμένοις S : κατὰ κεκλειμενοις.

XV 5 ἐν add. S

à l'instigation des devins de son entourage[1]. Ceux-ci, en effet, le détournaient de combattre, ainsi que le signifiaient clairement leurs sacrifices. Mais lui, faisant tout le contraire, lâcha toute bride à son cheval. Pourtant, il lui était apparu aussi, dit-on, des signes de funeste augure. En effet, à peine était-il monté à cheval, que sa monture, aussitôt, s'abattit sous lui ; ayant enfourché un autre coursier, cet autre encore, au bout de quelques pas, eut le même sort. Et son teint changea de couleur, et son esprit se remplit de ténèbres, et le vertige troubla sa tête. Mais, en homme qui ne cédait à rien une fois qu'il s'était engagé dans la bataille, lorsqu'il se fut porté au front de son armée et que déjà il fut en quelque sorte proche des forces impériales, il rassemble de l'infanterie autour de sa personne, je veux dire les meilleurs guerriers de l'Ibérie, hommes dont la barbe venait à peine de pousser et qui étalaient la fleur même de la jeunesse, tous de haute taille et de stature identique, comme mesurée à la règle ; un glaive chargeait leur main droite, et leur ruée était irrésistible. Ayant donc pris ces hommes avec lui, il les lance sous une même consigne, bondit en avant de l'armée et, rendant les rênes à son cheval, il pousse son cri de guerre et fonce droit sur l'empereur, son bras droit tenant haute la poignée de son glaive, comme pour en frapper sur-le-champ le basileus[2].

XVI. Phocas donc, avec une telle audace, s'avançait sur Basile. Pour celui-ci, il s'était porté en avant de ses troupes, et le glaive à la main, il se tenait debout. De l'autre main, il tenait serrée l'icône de la mère du Sauveur, se faisant de cette image le rempart le plus solide contre l'élan incoercible de son ennemi. Celui-ci donc, telle une nuée poussée par des vents violents, s'avançait, agitant la plaine comme les flots ; et lançaient contre lui des javelots les soldats qui étaient aux deux ailes ; un

---

1. Sur ces superstitions byzantines, en particulier sur les dogmes chaldéens, l'astrologie, etc., cf. Psellos lui-même *Chron.*, Hist. de Romain III, chap. V, de Michel V, XVIII sq., de Théodora, X sq., d'Isaac Comnène, XLI, et voyez ses traités spéciaux dans Migne, *Patr. gr.*, CXXII, pp. 1115-1154. Cf. Schlumberger, *Ép. byz.*, rééd. I, 658.

2. Bataille d'Abydos, en 989. La précédente avait eu lieu à Chrysopolis, en 988.

ἔθετο, καὶ τῷ τῆς τύχης ἑαυτὸν ἐπέτρεψε πνεύματι· οὐ μὴν κατὰ σκοπὸν τοῖς περὶ αὐτὸν ἐποιεῖτο μάντεσιν· οἱ μὲν γὰρ ἀπεῖργον τοῦ μάχεσθαι, τῶν θυμάτων αὐτοῖς τοῦτο διασαφούντων, ὁ δὲ ἀντεπεχείρει ὅλην ἀφιεὶς τὴν ἡνίαν τῷ ἵππῳ. Λέγεται μέντοι καὶ σημεῖα φανῆναί οἱ ἀπαίσια· ὡς γὰρ ἱππάσατο, εὐθὺς αὐτῷ διωλισθήκει ὁ ἵππος, καὶ ἐπεὶ μετέβη εἰς ἕτερον, καὶ οὗτος βραχύ τι προεληλυθὼς ταὐτὸ ἐπεπόνθει· ὅ τε χρὼς αὐτῷ ἐτέτραπτο, καὶ ἀχλὺς μὲν τὴν γνώμην, δῖναι δὲ τὴν κεφαλὴν διετάραξαν. Ὡς δὲ πρὸς οὐδὲν ἐνδόσιμος ἦν, ἅπαξ ἑαυτὸν καταστήσας εἰς τὸν ἀγῶνα, ἐπειδὴ ἐνεβεβήκει τῷ μετώπῳ τῆς φάλαγγος, καὶ ἤδη που πλησίον τῆς βασιλείου ἐγεγόνει δυνάμεως, πεζήν τινα περὶ αὐτὸν συλλεξάμενος δύναμιν, Ἰβήρων τοὺς μαχιμωτάτους φημί, ἀρτιφυεῖς πάντας τὸ γένειον καὶ αὐτὸ δὴ τὸ νεοτήσιον ἀποφύοντας ἄνθος, ὑψηλοὺς καὶ ἰσομέτρους ὥσπερ ὑπὸ κανόνα τὸ μέγεθος, ξίφει καθωπλισμένους τὴν δεξιὰν καὶ τὴν ὁρμὴν ἀνυποστάτους τυγχάνοντας, τούτους δὴ μεθ' ἑαυτοῦ ὑφ' ἑνὶ κινήσας συνθήματι, τῆς φάλαγγος προπηδᾷ, καὶ τὸν χαλινὸν ἐνδοὺς σὺν ἀλαλαγμῷ εὐθὺ τοῦ βασιλέως χωρεῖ, τῷ δεξιῷ βραχίονι μετέωρον τὴν τοῦ ξίφους ἐπέχων λαβήν, ὡς αὐτίκα τούτῳ τὸν βασιλέα διαχειρισόμενος.

XVI. Ὁ μὲν οὖν οὕτως καὶ μετὰ τοσούτου θάρσους ἐπὶ τὸν Βασίλειον ᾔει· ὁ δὲ | προβέβλητο μὲν τῆς οἰκείας δυνάμεως, καὶ ξιφηφόρος εἰστήκει, θατέρᾳ δὲ τῶν χειρῶν τὴν εἰκόνα τῆς τοῦ Λόγου μητρὸς διηγκάλιστο, καρτερώτατον πρόβλημα τῆς ἀκαθέκτου ἐκείνου ὁρμῆς ταύτην ποιούμενος. Ὁ μὲν οὖν, οἷα δή τι νέφος ἀνέμοις σφοδροῖς ἐλαυνόμενον, τὸ πεδίον διακυμαίνων διῄει· ἐσηκόντιζον δὲ ἐς αὐτὸν οἱ ἐφ' ἑκατέροις ἑστηκότες τοῖς κέρασι, βραχὺ δέ τι καὶ ὁ

---

7 ἑαυτὸν P : -τῷ || 11 ἀπαίσια S : ἀπέσ. || 13 βραχύ τι : βραχύ super add. τι altera manus || 13 ταὐτὸ S : -τῶ || 14 ἐτέτραπτο S : ἐτέτραπτω || 15 δῖναι S : δεῖναι || 19 αὐτὸν K : αὐτὸν || 20 γένειον S : γένιον || 20 αὐτὸ S : -τῶ || 22 καθωπλισμένους S : καθο. || 27 τούτῳ S : τοῦτο.

XVI 2 ᾔει S : εἴη || 3 ξιφηφόρος S : ξιφο. || 7 διῄει S : διείη

peu en avant, brandissant une longue lance, le basileus Constantin se détachait de l'armée. Mais comme, emporté par son élan, Phocas était à une légère distance de ses troupes, soudain, glissant de sa selle, il tomba contre terre. Sur ce point, les récits se contredisent mutuellement. Les uns content que Phocas, frappé par un de ceux qui lançaient des javelots et atteint d'un coup dans les parties vitales, tomba ; d'autres disent que, la tête subitement remplie de ténèbres sous l'effet d'un trouble et d'un désordre de l'estomac, il perdit le sentiment et tomba de cheval.

Il va de soi que le basileus Constantin revendiquait orgueilleusement pour lui-même l'honneur de la suppression du rebelle. Mais le récit le plus courant et qui prévaut, c'est que le tout fut l'œuvre d'une machination : du poison versé à Phocas et bu par lui brisa soudain en lui l'usage du mouvement, s'empara de la partie pensante du cerveau et produisit le vertige et la chute. Le mot d'ordre serait parti de Basile, et la main exécutrice aurait été l'échanson du rebelle. Pour moi, je laisse la question dans le doute, et c'est à la mère du Sauveur que j'attribue tout l'événement.

XVII. Ce qu'il y a de sûr, c'est qu'il tombe, ce guerrier jusque-là invulnérable et imprenable, spectacle pitoyable et digne de larmes. Aussitôt donc, dès que s'aperçurent de ce fait les deux armées adverses, l'une se rompit immédiatement et, brisée dans la cohésion de ses lances[1], tourna les talons, et on les vit tous en fuite ; quant à ceux qui entouraient l'empereur, aussitôt bondissant sur le rebelle tombé, ils dispersent son corps d'Ibériens, le mettent en pièces à force coups d'épée, et, tranchant la tête de Phocas, l'apportent à Basile.

XVIII. Dès ce moment, l'empereur changea du tout au tout, et cet événement lui causa moins de joie que ne lui avait apporté d'affliction l'affreuse rigueur des choses. Donc il se montra soupçonneux à l'égard de tout le monde, et son sourcil se fit hautain ; il tint son esprit aux aguets, et contre ceux qui étaient en faute, on le vit emporté et plein de ressentiment.

---

1. *Litt.* dans la cohésion de son union des lances.

ΒΑΣΙΛΕΙΟΣ Β'

βασιλεὺς Κωνσταντῖνος δόρυ μακρὸν ἐπισείων προῄει τῆς φάλαγγος. Ὡς δ' οὐ πολύ τι ἀποσπασθεὶς τῶν οἰκείων δυνάμεων, ἀθρόον τῆς ἕδρας ἐξολισθήσας κατὰ γῆς ἔρριπτο, ἐπὶ τούτῳ ἄλλος ἄλλῳ λόγος συμφύρεται· οἳ μὲν γὰρ αὐτὸν ὑπὸ τῶν ἀκοντιζόντων βεβλῆσθαί φασι καὶ κατὰ τῶν καιρίων τὴν πληγὴν ὑποστάντα πεσεῖν, οἳ δὲ σκότους φασὶν ἀθρόως ὑποπλησθέντα τὴν κεφαλὴν ἔκ τινος περὶ τὴν γαστέρα ταραχῆς καὶ κινήσεως, τό τε φρονοῦν ἀπολωλεκέναι καὶ τοῦ ἵππου καταπεσεῖν. Ὁ μέντοιγε βασιλεὺς Κωνσταντῖνος ἑαυτῷ τὴν τοῦ τυράννου ἐμεγαλαύχει ἀναίρεσιν· ὡς δὲ πολὺς κεκράτηκε λόγος, ἐπιβουλῇ τὸ πᾶν ἐγεγόνει, καὶ φάρμακον αὐτῷ κερασθὲν καὶ ποθέν, περὶ τὴν κίνησιν ἀθρόον ἀναρραγὲν, τόν τε φρονοῦντα τοῦ ἐγκεφάλου τόπον κατέλαβε, καὶ τὴν δίνησιν ἐπεποιήκει καὶ τὴν κατάπτωσιν. Ἦν δὲ τὸ μὲν σύνθημα Βασιλείου, ἡ δὲ ἐπίβουλος χεὶρ τοῦ τῷ τυράννῳ οἰνοχοοῦντος· ἐγὼ δὲ ταῦτα μὲν ἐν ἀδήλοις τίθημι, τῇ δὲ μητρὶ τοῦ Λόγου τὸ πᾶν ἀνατίθημι.

XVII. Πίπτει γοῦν ὁ τέως ἄτρωτος καὶ ἀνάλωτος, θέαμα ἐλεεινὸν καὶ δακρύων ἄξιον. Εὐθὺς δ' οὖν ὡς εἶδον αἱ φάλαγγες ἑκατέρωθεν, ἡ μὲν εὐθὺς διαιρεθεῖσα καὶ τὸ τῆς ὁμαιχμίας συνεχὲς διακόψασα, ὀπίσω τε ἐγεγόνει, καὶ φυγάδες ἅπαντες ὤφθησαν· οἱ δὲ περὶ τὸν βασιλέα, εὐθὺς πεσόντι τῷ τυράννῳ ἐπεισπηδήσαντες, τῶν Ἰβήρων διασκεδασθέντων, πολλαῖς κοπίσι διαμελίζουσι, καὶ τὴν κεφαλὴν ἐκτεμόντες τῷ Βασιλείῳ προσάγουσιν.

XVIII. Ἐντεῦθεν ἕτερος ἀνθ' ἑτέρου ὁ βασιλεὺς γίνεται, καὶ οὐ μᾶλλον αὐτὸν τὸ γεγονὸς εὔφρανεν, ἢ ἡ τῶν πραγμάτων δεινότης ἠνίασεν· ὕποπτος οὖν εἰς πάντας ὦπτο καὶ σοβαρὸς τὴν ὀφρύν, τάς τε φρένας ὑποκαθήμενος καὶ τοῖς ἁμαρτάνουσι δύσοργος καὶ βαρύμηνις.

10 ἀποσπασθεὶς S : ἀπέσπασε ‖ 12 συμφύρεται R : -φέρεται ‖ 16-17 ἀπολωλεκέναι R : -λωλέναι.

De la destitution et de l'exil du parakimomène Basile.

XIX. Donc, il ne voulait même plus céder l'administration des affaires au parakimomène Basile ; bien au contraire, dans son irritation contre lui, sous toutes les formes il le poursuivait de sa haine et se détournait de lui avec horreur. Ni la parenté, ni le fait que cet homme avait beaucoup fait et beaucoup souffert pour lui, ni l'éclat de son haut rang, ni aucune autre considération ne le portait à la bienveillance à son égard ; au contraire, il trouvait indigne que, tout empereur qu'il était et parvenu à l'âge de raison, il ne fût jugé bon qu'à administrer en sous-ordre les affaires de l'empire, comme s'il était un personnage quelconque qui n'a pas revêtu l'autorité souveraine, mais qui exerce le pouvoir à côté d'un autre et occupe, dans l'État, le deuxième rang. Agité par une tempête de réflexions à ce sujet, il pèse longtemps [dans son esprit] changements et modifications[1] ; enfin, sa résolution une bonne fois arrêtée[2], il ⟨écarte et⟩ dépose soudain le parakimomène, et cela, sans apporter à son renvoi quelque ménagement, mais d'une manière cruelle, telle que personne n'aurait pu le concevoir ; l'ayant, en effet, embarqué dans un vaisseau, il l'expédia en exil.

XX. Après quoi, cette disgrâce ne marqua point pour Basile le terme de ses maux, mais elle en fut le commencement et le principe. Aussitôt, en effet, l'empereur se reporta par la pensée au début de son règne[3], à partir du jour où le parakimomène avait commencé à administrer les affaires, et se mit à parcourir depuis cette époque tout le champ d'activité prévoyante de son ancien ministre. Les mesures que celui-ci avait prises tant dans son intérêt que dans celui de l'État, il ne jugea pas à propos de les abroger ; mais tout ce qui regardait la

---

1. Entendez : à apporter à cet état de choses.
2. Phrase altérée. Le texte du manuscrit est inexplicable. La construction des mots exige soit la suppression de καὶ devant μεθίστησιν, soit la restitution d'un verbe dans le membre de phrase précédent. Ma conjecture, fort problématique, a pour unique objet de clarifier le sens.
3. *Litt.* se reportant par la pensée sur ce qui avait été pour lui le commencement du pouvoir absolu.

Περὶ τῆς τοῦ παρακοιμωμένου Βασιλείου
μετακινήσεως τῶν κοινῶν καὶ ἐξορίας.

XIX. Οὐκ ἔτι οὖν οὐδὲ παραχωρεῖν τῆς τοῦ κοινοῦ διοικήσεως τῷ παρακοιμωμένῳ Βασιλείῳ ἐβούλετο, ἀλλ' ἤχθητό τε αὐτῷ καὶ παντοδαπὸς ἦν μισῶν καὶ ἀποστρεφόμενος, καὶ οὔτε τὸ γένος, οὔτε τὸ πολλὰ ἐκεῖνον ὑπὲρ τούτου ποιῆσαί τε καὶ παθεῖν, οὔτε ἡ λαμπρότης τοῦ ἀξιώματος, οὔτε ἄλλο τι τῶν ἁπάντων εἷλκεν αὐτὸν εἰς εὐμένειαν, ἀλλὰ δεινὸν ἐποιεῖτο, εἰ βασιλεὺς ὢν καὶ εἰς τὴν φρονοῦσαν | ἡλικίαν ἐληλακώς, παραδιοικεῖν ἀξιοῦται τὰ τῆς βασιλείας πράγματα, ὥσπερ εἴ τις ἕτερος οὐ βασιλείας ἐπειλημμένος, ἀλλὰ παραδυναστεύων ἑτέρῳ καὶ τὰ δευτερεῖα τῆς ἀρχῆς κομιζόμενος. Πολλοῖς δὲ περὶ τούτου κυμαινόμενος λογισμοῖς καὶ πολλὰς λαμβάνων μεταβολὰς καὶ τροπάς, ἅπαξ ποτὲ τοῦ κρατήσαντος λογισμοῦ ⟨γενόμενος, ἀφίστησιν⟩ καὶ μεθίστησιν ἀθρόως τῆς διοικήσεως τὸν παρακοιμώμενον, καὶ ταῦτα, οὐ λειότητά τινα τῇ μεταστάσει προμηθευσάμενος, ἀλλὰ τὸν ἄγριον τρόπον καὶ ὃν ἄν τις οὐχ ὑπειλήφει· εἰς γὰρ ναῦν ἐμβιβάσας, ὑπερόριον ἐποιήσατο.

XX. Ἐντεῦθεν οὐ τέλος τῷ Βασιλείῳ ἡ μετάστασις γίνεται τῶν κακῶν, ἀλλ' ἀρχὴ καὶ ὑπόθεσις· εὐθὺς γὰρ ἀναλύσας ταῖς ἐννοίαις ὁ βασιλεὺς ἐς τὴν πρώτην αὐτῷ τῆς αὐτοκρατορίας ἀρχήν, ἀφ' ἧς διοικεῖν ὁ παρακοιμώμενος ἤρξατο, κατέδραμε τὴν ἐκεῖθεν ἐκείνου προμήθειαν, καὶ τῶν δρωμένων ὁπόσα μὲν αὐτῷ τε καὶ τῷ δημοσίῳ συντελοῦντα ἐτύγχανεν οὐκ ἠξίου παραποιεῖν, τὸ δ' ὅσον εἰς εὐεργετημάτων καὶ ἀξιωμάτων ὄγκον ἔβλεπεν, ἀναλύειν

XIX 7 ποιῆσαί τε S : ποιήσεται || 12-13 δευτερεῖα S : -ρία || 14 λογισμοῖς S : λιγ. || 15-16 γενόμενος, ἀφίστησιν add. R : γίνεται add. K || 19 ὑπειλήφει S : ὑπελ. || 19 ναῦν S : ναῦ.

XX 5 κατέδραμε S : -μεν

masse des faveurs et des dignités, il se mit en devoir de l'abolir, certifiant qu'il approuvait celles-là, mais qu'il ignorait celles-ci ; bref, de toute manière, tout ce qui était susceptible d'apporter au parakimomène malheur et calamité, il en machinait la réalisation. Par exemple, le splendide monastère que celui-ci avait édifié en l'honneur de Basile le Grand et qui portait le même nom que lui, monastère dont la construction et l'aménagement magnifiques avaient exigé une grosse dépense de main-d'œuvre, qui unissait la variété à la beauté, et qui avait reçu au moyen de dotations abondantes la plus grande partie des choses suffisantes à l'existence, il voulait le renverser jusque dans ses fondements ; mais, évitant l'impudence d'un tel acte, tantôt il en retranchait graduellement une partie, tantôt il en jetait bas une autre ; les meubles, les pierres harmonieusement ajustées et tout ce qui pouvait s'y trouver, il traitait tout de la même manière, et il ne se donnait point de relâche qu'il n'eût fait, comme il le disait en plaisantant, d'un lieu de méditation un lieu de souci, à cause du souci qu'ont ceux qui s'y trouvent de se procurer le nécessaire.

XXI. Donc le parakimomène frappé, pour ainsi dire, chaque jour de traits de ce genre, était rempli de découragement, et il ne savait quel remède appliquer à ses souffrances. Car rien absolument ne le consolait. Sa soudaine catastrophe une fois consommée, lui jadis si grand, lui dont la tête s'était remplie des fumées de l'orgueil, il était devenu incapable de commander à son corps ; paralysé des membres, devenu un mort vivant, au bout de peu de temps il rendit l'âme, et il devint ainsi pour la conduite de la vie une vraie colonne commémorative, une abondante matière à récits, ou plutôt un exemple de la facilité avec laquelle sont confondues les choses de ce monde. Donc, ayant filé la part de vie qui lui avait été assignée par le sort, il quitta ce monde.

XXII. Quant à l'empereur Basile, ayant reconnu que l'empire est chose variée et qu'il n'est pas aisé et facile de gérer un pouvoir aussi vaste, d'une part, il s'abstenait de toute mollesse, allant même jusqu'à mépriser les ornements que l'on porte autour du corps : il ne parait ni son cou de colliers ni sa tête de diadèmes ;

ἐπειρᾶτο, ἐκεῖνα μὲν συνειδέναι, ταῦτα δὲ ἀγνοεῖν διϊσχυριζόμενος, καὶ πάντα τρόπον ὁπόσα εἰς κάκωσιν ἐκείνῳ καὶ συμφορὰν ἐμηχανᾶτο ποιεῖν. Ἀμέλει καὶ ἦν ἐκεῖνος ἐδείματο λαμπροτάτην μονὴν Βασιλείῳ τῷ πάνυ ἀναθέμενος, ἐπώνυμον τῆς ἑαυτοῦ κλήσεως, μεγαλοπρεπῶς μὲν κατεσκευασμένην καὶ πολλῇ δαπάνῃ χειρὸς τὸ ποικίλον μετὰ τοῦ καλοῦ ἔχουσαν, ἀφθόνοις δὲ χορηγίαις τὸ πλέον τοῦ αὐτάρκους ἀποκληρωσαμένην, ἐβούλετο μὲν ἐκ θεμελίων καθαιρήσειν, τὸ δὲ τῆς πράξεως ἀναιδὲς εὐλαβούμενος, τὸ μὲν ἐκεῖθεν ὑφῄρει, τὸ δὲ κατέσειεν, τὰ ἔπιπλα, τὰς ἐφηρμοσμένας λίθους, τὸ δ' ἄλλο τι ποιῶν τοιουτότροπον, οὐκ ἀνίει ἄχρις οὗ φροντιστήριον ἰδεῖν, χαριεντισάμενος εἰπών, τὸ μοναστήριον δέδρακε, διὰ φροντίδος τιθεμένων τῶν ἐν αὐτῷ, ὅπως ἂν ἑαυτοῖς τὰ ἀναγκαῖα πορίσαιντο.

XXI. Τοιούτοις οὖν ὁ παρακοιμώμενος καθ' ἑκάστην τοξεύμασιν βαλλόμενος ὡς εἰπεῖν, ἀθυμίας τε ἐνεπίμπλατο, καὶ οὐκ εἶχεν ὅπως ἂν ἑαυτῷ τὰς ἀλγηδόνας ἰάσαιτο· παρηγόρει γὰρ αὐτὸν τῶν ὅλων οὐδέν· ὅθεν ἅπαξ ποτὲ ἀθρόον κατασεισθεὶς ὁ ὑπερμεγέθης ἐκεῖνος καὶ νέφους τὴν κεφαλὴν πληρωθείς, ἀκρατὴς ἑαυτοῦ ἐγεγόνει, καὶ τὰ μέλη παραλυθεὶς καὶ νεκρὸς ἔμψυχος γεγονώς, μετὰ βραχὺ καὶ αὐτὴν ἀπέρρηξε τὴν ψυχήν, καὶ γέγονεν ὡς ἀληθῶς στήλη τῷ βίῳ καὶ διήγημα μέγα, μᾶλλον δὲ παράδειγμα τῆς τῶν ἐν γενέσει εὐμεταβόλου | συγχύσεως. Ὁ μὲν οὖν τὴν ἀποκεκληρωμένην ἐπικλώσας ζωὴν ἀπελήλυθε.

XXII. Ὁ δὲ βασιλεὺς Βασίλειος τὴν τῆς βασιλείας ἐπιγνοὺς ποικιλίαν, καὶ ὡς οὐκ εὐχερὲς πρᾶγμα καὶ ῥᾴδιον τηλικαύτην ἀρχὴν διοικεῖν, γλυκυθυμίας μὲν πάσης ἀπείχετο, ἔτι γε μὴν καὶ τῶν περὶ τὸ σῶμα κόσμων καταπεφρονήκει

9 ἐκεῖνα R : ἐκείνῳ ‖ 10 ἐκείνῳ S : ἐκεῖνο ‖ 11 ἐμηχανᾶτο S: -άτω ‖ 13 κατεσκευασμένην S: κατασ. ‖ 20 ἰδεῖν, χ. R : ἰδεῖν χ. ‖ 20 εἰπὼν R:εἰπεῖν.

XXI 2 ἐνεπίμπλατο S : ἐνεμπίπ. ‖ 11 ἐπικλώσας S : -σα.

XXII 2 ῥάδιον S : -δειον ‖ 4 τῶν — κόσμων S : τὸν — κόσμον ‖ 4 καταπεφρονήκει R : κε.

il n'était pas brillant de clamydes bordées de pourpre ; il s'était dépouillé des bagues superflues et, certes oui, des couleurs variées des vêtements. D'autre part, il était toujours réfléchi et soucieux, à se demander comment il réunirait les éléments du pouvoir en une impériale harmonie. Et il se tenait sur un pied de fierté dédaigneuse à l'égard non pas seulement des autres, mais même de son frère, à qui il n'avait conservé qu'une petite garde du corps, comme s'il lui enviait un appareil plus relevé et plus brillant. C'est que, s'étant restreint, si je puis dire, tout le premier, et volontairement dépouillé de tout l'appareil fastueux du pouvoir souverain, il comprimait son frère aussi, par le moyen d'une autorité qui peu à peu déclinait vers le pire[1]. Et donc, le laissant se complaire au charme des champs et aux jouissances des bains et aux délices de la chasse dont il était grand amateur, il se lançait, lui, dans les difficultés des frontières, désireux de purger l'empire des barbares d'alentour, tous tant qu'ils sont, qui encerclent nos frontières, et celles de l'Orient et celles de l'Occident.

De la seconde rébellion de Skléros après le meurtre de Phocas.

XXIII. Mais c'est plus tard qu'il devait mettre ces projets à exécution. Pour le présent, Skléros le détournait de l'expédition contre les barbares, en le tenant occupé contre lui. Car, Phocas mort, toute la partie de l'armée qui avait été groupée sous les ordres de ce chef avant sa jonction avec Skléros, ayant vu s'évanouir les espérances qu'elle avait fondées sur lui, se dispersa ; ils se séparèrent les uns des autres et rompirent complètement leurs rangs. Mais Skléros et ceux qui avaient fui avec lui et de nouveau s'en étaient revenus [chez eux],

---

1. Expression obscure. Le sens paraît être : en lui laissant de moins en moins de pouvoir et d'autorité.

Sur la politique de Basile II à l'égard de la grande propriété foncière de la noblesse et du clergé, sur sa sévérité, sa parcimonie, sur l'impression qu'il produisait sur ses contemporains, en particulier sur Othon III, cf. Neumann, *Die Weltstellung*, etc., pp. 43, 61, 72, de ma Traduction.

καὶ οὔτε στρεπτοῖς ἐκόσμει τὴν δέρην, οὔτε τιάραις τὴν
κεφαλήν, ἀλλ' οὔτε περιπορφύροις χλαμύσι κατελαμπρύνετο·
ἀπεδύσατο δὲ καὶ τοὺς περιττοὺς δακτυλίους, ναὶ μὴν
καὶ τὰς ποικίλας τῶν ἐσθημάτων βαφάς· σύννους δὲ ἀεὶ
καὶ πεφροντικὼς ἦν, ὅπως ἂν τὰ τῆς ἀρχῆς εἰς ἁρμονίαν
βασιλικὴν συμβιβάσειεν. Ὑπεροπτικῶς δὲ εἶχεν οὐ τῶν
ἄλλων μόνων, ἀλλ' ἤδη καὶ τοῦ ἀδελφοῦ, ᾧ δὴ καὶ βραχεῖάν
τινα δορυφορίαν περιποιησάμενος, τῆς ὑψηλοτέρας καὶ
λαμπροτέρας ὥσπερ ἐφθόνει παρασκευῆς· ἑαυτὸν γὰρ πρῶτον ἀποστενώσας, ὡς εἰπεῖν, καὶ τῆς ὑπερόγκου ἀποστε-
ρήσας κατασκευῆς εὐκόλως, καὶ τὸν ἀδελφὸν ἐχειροῦτο διὰ
τῆς βραχὺ παραλλαττούσης εἰς τὸ χεῖρον ἀρχῆς. Καὶ τοῦτον
μὲν χαίρειν ἀφεὶς ἀγρῶν τε χάρισι καὶ λουτρῶν ἀπολαύσεσι
καὶ κυνηγεσίοις, ὧν ἐκεῖνος ἐφρόντιζεν, ἑαυτὸν ἐπὶ τὰ
δυστυχοῦντα τῶν ὁρίων ἀφῆκεν, ἀνακαθᾶραι τοὺς πέριξ
βαρβάρους αἱρούμενος, ὁπόσοι τάς τε ἑῴους ἡμῖν λήξεις
καὶ τὰς ἑσπερίους περιστοιχίζονται.

Περὶ τῆς τοῦ Σκληροῦ μετὰ τὴν τοῦ Φωκᾶ
σφαγὴν δευτέρας ἀποστασίας.

XXIII. Ἀλλὰ ταῦτα μὲν ἐς ὕστερον ἔμελλε κατεργά-
σασθαι· τὸ γοῦν παρὸν ὁ Σκληρὸς αὐτὸν ἀνεῖργε τῆς κατὰ
τῶν βαρβάρων στρατείας, ἐφ' ἑαυτὸν ἐκεῖνον ἀσχολῶν.
Ἀναιρεθέντος γὰρ τοῦ Φωκᾶ, τὸ μὲν ἄλλο μέρος τῆς παρα-
τάξεως, ὅσον ἐκείνῳ καὶ πρὸ τῆς συμμίξεως ὑπέστρωτο
τοῦ Σκληροῦ, τὰς ἐπ' ἐκείνῳ ἐλπίδας ἀπολωλεκότες διέσ-
τησάν τε ἀπ' ἀλλήλων καὶ τὸν συνασπισμὸν πάντα διαλελύ-
κασιν· ὁ δέ γε Σκληρὸς καὶ ὅσοι σὺν ἐκείνῳ φυγάδες τε
ἐγένοντο καὶ αὖθις ἀνέζευξαν, ἐφ' ἑαυτῶν διαταξάμενοι καὶ

8 ἐσθημάτων S : ἐστη. ‖ 11 ᾧ S : ὃ ‖ 14 εἰπεῖν S : πεῖν ‖ 15 κατασκευῆς
εὐκόλως, καὶ R : -σκευῆς, εὐκ. καὶ ‖ 16 παραλλαττούσης S : παραλα.

XXIII 9 add. in marg. altera crassaque manus μετα τήν τοῦ Φουκᾶ
σφαγην ‖ 9-10 διαλελύκασιν S : -κασι·

après avoir d'eux-mêmes reformé leurs rangs, se trouvèrent être comme un corps de troupes détaché, en force équivalente à celui de Phocas, et, à leur tour, ils tinrent pour l'empereur Basile la place de ce dernier.

XXIV. Cet homme donc[1], bien qu'il parût inférieur à Phocas pour le bras et la force, était du moins, pour ce qui concerne les meilleurs plans stratégiques[2] et l'ordre de bataille, réputé plus habile et plus fertile en ressources. C'est pourquoi, ayant de nouveau enfanté contre le souverain cette rébellion, il ne jugea pas à propos d'en venir aux mains et de se mettre aux prises avec lui ; mais, fortifiant son armée et la renforçant de troupes complémentaires, il paraissait, de ce fait, plus fort que l'empereur. Toutefois, il ne se bornait pas à vaincre l'empereur par des opérations militaires ; il arrêtait aussi tous les navires qui se trouvaient nécessaires pour les convois ; mieux encore, il entravait la liberté des routes, et tout ce que l'on amenait de l'extérieur dans la capitale, il en faisait d'abondantes réserves pour son armée, et toute exécution des ordres qui, partant du palais, étaient soit portés par les courriers publics, soit transmis d'une autre manière, il l'empêchait, épiant tout de tous ses yeux.

XXV. Donc la rébellion qui avait commencé au printemps ne prit pas fin à l'époque de l'automne, et le cercle unique d'une année ne circonscrivit pas la machination ; mais c'est sur beaucoup d'années que se répandit le flot de cette calamité. Car ceux qui s'étaient une bonne fois soumis à l'autorité de Skléros et avaient complété son armée, n'étaient plus partagés entre deux raisonnements, et, vis-à-vis de l'empereur, aucun d'eux ne pouvait cacher sa condition de déserteur, tellement Skléros avait su les unir dans une conviction inébranlable et en les attirant à lui par des faveurs, et en les asservissant par des bienfaits, et en les rapprochant les uns des autres, et en mangeant à la même table qu'eux, et en buvant à la même coupe, et en appelant chacun d'eux par son nom, et en les faisant siens par des paroles flatteuses.

---

1. Skléros.
2. *Litt.* pour l'esprit le plus stratégique.

ώσπερ άπερρωγός μέρος εις ίσοστάσιον τῷ Φωκᾷ τάξιν
άποκληρωθέντες, άντ' εκείνου τῷ βασιλεῖ αὖθις Βασιλείῳ
γεγόνασιν.

XXIV. Οὗτος τοιγαροῦν ὁ άνὴρ, εἰ καὶ τῆς τοῦ Φωκᾶ
χειρός καὶ δυνάμεως ελάττων εδόκει, άλλά τά γε εις στρατηγικωτάτην
βουλήν καὶ παράταξιν δεινότερος εκείνου καὶ
ποικιλώτερος εγνωρίζετο· διὸ ταύτην τὴν άποστασίαν εις
αὖθις ὠδίνας τῷ αὐτοκράτορι, ἐς χεῖρας μὲν ἐλθεῖν ἐκείνῳ
καὶ συμμῖξαι οὐκ ἐδοκίμασε, τὸν δὲ στρατὸν κρατύνων καὶ
προσθήκαις ἐπαύξων, βαρύτερος ἐντεῦθεν ἐδόκει τῷ βασιλεῖ·
οὐ μέχρι δὲ τούτου κατεστρατήγει τὸν αὐτοκράτορα,
ἀλλὰ καὶ τὰς ναῦς ἐπέχων, ὁπόσαι | ἐς τὴν πομπείαν ἐτύγχανον
ἱκαναί, ἔτι γε μὴν καὶ τὰς τῶν ὁδῶν ἀποτειχίζων
ἐλευθερίας, τὰ μὲν ὅσα ἐκεῖθεν εἰς τὰ βασίλεια ἤγετο
δαψιλῶς ἀπεθησαύριζε τῷ στρατῷ, τὴν δὲ ἀπὸ τῶν βασιλείων
ἐκεῖσε διὰ τῶν δημοσίων ἵππων προσταττομένην ἢ
ἄλλως διακυβερνωμένην κατάπραξιν, πᾶσιν ἀνεῖργεν επιτηρῶν
ὄμμασι.

XXV. Οὐ τοίνυν θέρους ἀρξαμένη ἡ τυραννὶς εἰς τὸν
καιρὸν τῆς ὀπώρας κατέληξεν, οὐδὲ κύκλος εἷς ἐνιαύσιος
τὴν ἐπιβουλὴν περιέγραψεν, ἀλλ' ἐπὶ πολλοῖς ἔτεσι τουτὶ
διεκυμαίνετο τὸ κακόν· οἱ γὰρ ἅπαξ ὑποστρώσαντες ἐαυτοὺς
τῷ Σκληρῷ καὶ συμπληρώσαντες ἐκείνῳ τὴν φάλαγγα, οὐκ
ἔτι διπλοῖς ἐμερίσθησαν λογισμοῖς, οὐδὲ πρὸς τὸν βασιλέα
τούτων οὐδεὶς λαθὼν ἀπηυτομόλησεν· οὕτως αὐτοὺς εἰς
ἀμετάθετον γνώμην συνήρμοσεν ὁ Σκληρός, εὐνοίαις τε
ὑπαγόμενος καὶ εὐεργεσίαις δουλούμενος, καὶ συμβιβάζων
ἀλλήλοις, ἀπὸ τῆς αὐτῆς τε τούτοις σιτούμενος καὶ κοινοῦ
μετέχων κρατῆρος, ἐξ ὀνόματός τε καλῶν ἕκαστον καὶ δι'
εὐφήμου γλώττης ποιούμενος.

XXIV 4 διὸ S : διὰ || 4 εἰς P : δὶς || 9 ἐπέχων K : ἀπ. || 9 τὴν R : τὸ
|| 12-13 βασιλείων S : -λείω || 14 ἄλλως S : ἄλλης.

XXV 4 διεκυμαίνετο τὸ κακόν S : διεκυμαίνετὸ κακόν || 7 τούτων S :
τοῦτον || 7 ἀπηυτομόλησεν S : -σε.

XXVI. Donc l'empereur usait contre Skléros de toute espèce de dispositions et de manœuvres ; mais lui, il démolissait facilement tout l'échafaudage, opposant en habile général actions et dispositions aux plans et résolutions de l'adversaire. Quand Basile reconnut qu'il était insaisissable à toute prise, il envoya vers lui une ambassade pour chercher à le persuader de conclure avec lui un traité et de se désister de ses prétentions au pouvoir, tout en conservant le premier rang dans l'empire après le prince. Skléros tout d'abord n'accueillit pas ces ouvertures avec trop de faveur. Mais ensuite, après avoir tourné et retourné en lui-même de nombreux raisonnements, opposé le présent et le passé et leur avoir comparé l'avenir, jetant les yeux sur lui-même et se voyant accablé du fardeau de la vieillesse, il se laissa persuader par les négociateurs. Ayant rassemblé toute son armée pour l'assister dans la réception de l'ambassade, il conclut avec Basile un accord aux conditions suivantes : il déposera la couronne de sa tête et il abandonnera la couleur indicatrice de la souveraineté[1] ; mais aussi, il prendra rang immédiatement après l'empereur ; les généraux et tous ceux qui ont participé avec lui à la rébellion conserveront les commandements et jouiront jusqu'à leur mort des dignités dont il les a jugés dignes ; ils ne seront privés ni de leurs possessions antérieures ni de celles qu'ils ont reçues de sa main, et ils ne seront frustrés d'aucun des autres avantages que le sort leur a valus.

XXVII. Là-dessus, les deux adversaires se rapprochèrent, et l'empereur se rendit de la capitale dans une de ses propriétés les plus magnifiques pour recevoir le personnage et conclure le traité. Basile donc se tenait sous la tente impériale ; quant à Skléros, qui se trouvait à quelque distance, les gardes l'introduisirent et le firent incontinent pénétrer dans l'intimité du basileus, l'amenant non pas à cheval, mais à pied. Et lui, qui était de haute taille et déjà chargé d'années, il s'avançait, conduit par la main de chaque côté. L'empereur, voyant de loin venir le personnage, dit à ceux qui se tenaient

---

1. La pourpre.

XXVI. Ὁ μὲν οὖν βασιλεὺς πάσης ἐπ' αὐτὸν ἥπτετο σκέψεώς τε καὶ πράξεως, ὁ δὲ ῥᾷστα πάντα διέλυε, στρατηγικῶς ταῖς ἐκείνου βουλαῖς τε καὶ γνώμαις ἀντιπράττων καὶ ἀντιμηχανώμενος· καὶ ἐπειδὴ πάσαις ἀνάλωτον τοῦτον εἶδε λαβαῖς ὁ Βασίλειος, πρεσβείαν πρὸς αὐτὸν ἀπεστάλκει σπείσασθαί τε πείθουσαν καὶ ἀπαλλαγῆναι πραγμάτων, τὰ πρῶτα μετά γε τοῦτον τῆς ἀρχῆς ἔχοντα. Ὁ δὲ τὰ μὲν πρῶτα οὐκ εὐμενῶς τοῖς πράγμασιν ἄγαν ὡμίλησεν, ἔπειτα πολλοὺς ἑλίξας καθ' ἑαυτὸν λογισμοὺς καὶ τοῖς προλαβοῦσι τὰ ἐνεστῶτα συγκρίνας, καὶ τὰ μέλλοντα πρὸς ταῦτα εἰκάσας, πρὸς ἑαυτόν τε ἀπιδὼν, τῷ γήρᾳ καταπονούμενον, πείθεται τοῖς πεπρεσβευμένοις, καὶ τὸ στρατόπεδον ἅπαν συλλήπτορας εἰς τὴν παραδοχὴν τῆς πρεσβείας συνειληφὼς σπένδεται Βασιλείῳ ἐπὶ τούτοις, ὥστε τὸ μὲν στέφος τῆς κεφαλῆς ἀποθέσθαι καὶ ἐπισήμου μεθέσθαι χρώματος, εὐθὺς δὲ μετ' ἐκεῖνον ἑστάναι, καὶ τούς τε λοχαγωγοὺς καὶ τοὺς ἄλλους ὅσοι τῆς τυραννίδος αὐτῷ ἐκοινώνησαν τὰς αὐτὰς ἔχειν ἀρχὰς καὶ τῶν αὐτῶν μέχρι παντὸς ἀπολαύειν ἀξιωμάτων, ὧν αὐτὸς τούτους ἠξίωσε, καὶ μήτε κτήσεων ἐστερῆσθαι ὧν τε εἶχον καὶ ὧν παρ' αὐτοῦ προσειλήφασι, μήτε τινῶν ἄλλων τῶν προσκεκληρωμένων αὐτοῖς ἀπεστερῆσθαι.

XXVII. Ἐπὶ τούτοις ἄμφω συνεληλυθέτην, καὶ ὁ βασιλεὺς ἐξεληλύθει τῆς Πόλεως ἔν τινι τῶν λαμπροτάτων χωρίων ὑποδεξόμενός τε τὸν ἄνδρα καὶ τὰς σπονδὰς ποιησόμενος· ὁ μὲν οὖν ὑπὸ βασιλικῇ καθῆστο σκηνῇ, | τὸν δὲ Σκληρὸν πόρρωθεν εἰσῆγον οἱ δορυφοροῦντες ἅμα καὶ εἰς ὁμιλίαν τοῦ βασιλέως προσάγοντες, οὐχ ἱππότην, ἀλλὰ βάδην μετακομίζοντες· ὁ δὲ, ἅτε δὴ εὐμεγέθης, ἤδη δὲ καὶ γεγηρακὼς, προσῄει χειραγωγούμενος ἑκατέρωθεν. Ὁ δὲ βασιλεὺς πόρρωθεν τὸν ἄνδρα ἰδὼν, τοῖς ἀγχοῦ ἐφεστῶσι

XXVI 8 εὐμενῶς τοῖς S : εὐμενώτοις || 9 ἑλίξας S : ἐλλ. || 11 καταπονούμενον S : -μενος || 13 συνειληφὼς S : συνελ. || 16 ἐκεῖνον S : ἐκείνου || 21 προσκεκληρωμένων S : προσκαὶχλ.

XXVII 8 ἑκατέρωθεν add. in marg. altera manus, cum siglo·/.

debout autour de lui cette parole universellement connue et courante : « Le voilà, celui que je craignais ! Conduit par la main, mon suppliant s'approche. » Pour Skléros, soit dans sa hâte, soit d'ailleurs aussi par mépris, il déposa tous les autres insignes du pouvoir, sauf toutefois les sandales de pourpre, dont il ne dépouilla pas ses pieds, mais, comme revêtu d'une des marques caractéristiques de la royauté[1], il s'avançait vers l'empereur. Mais Basile, qui avait vu cela aussi de loin, en conçut de l'irritation et il se boucha les yeux, ne voulant voir le personnage que si de toute façon il se présentait à lui avec l'extérieur d'un simple particulier. Bref, là même, contre la tente impériale, Skléros dénoue et rejette sa chaussure de pourpre, et ainsi il pénétra sous le toit.

XXVIII. Et l'empereur aussitôt qu'il le vit se leva. Et ils s'embrassèrent tous deux mutuellement ; après quoi, ils en vinrent aux paroles, l'un justifiant sa rébellion et exposant les raisons pour lesquelles il avait conçu sa défection et l'avait exécutée ; l'autre accueillant tranquillement la justification et rapportant ce qui s'était passé au mauvais génie de la fortune. Puis ils prirent part à un même cratère ; alors l'empereur, approchant ses propres lèvres de la coupe destinée à Skléros, en but une rasade convenable ; après quoi il lui tendit la coupe, écartant ainsi tout soupçon et témoignant de la valeur sacrée du traité. Ensuite, il interrogea sur les affaires de l'État cet homme si habile à commander et lui demanda comment son pouvoir impérial pourrait être le plus aisément préservé. L'autre alors formula non pas un conseil de général, mais un avis artificieux[2] : c'était tout d'abord d'abroger les charges fastueuses, de ne laisser aucun de ceux qui sont à l'armée[3] regorger de ressources, mais bien de les épuiser par des impôts injustes, afin qu'ils fussent tout à leurs affaires privées ; et puis, de ne pas introduire une femme dans le palais, de ne se tenir à portée de personne et de ne pas admettre beaucoup de gens dans l'intimité de ses résolutions.

---

1. *Litt.* comme ayant appliqué sur lui-même une partie de l'empire.
2. Nous dirions : un avis machiavélique.
3. Il s'agit des grands chefs militaires.

τοῦτο δὴ τὸ δημῶδες καὶ κοινὸν ἀνεφθέγξατο· « Ἰδοὺ ὃν ἐδεδοίκειν, οὗτος χειραγωγούμενος ἱκέτης μου πρόσεισιν ».
Ὁ μὲν οὖν Σκληρός, εἴτε σπουδάσας, εἴτε ἄλλως καταφρονήσας, τὰ μὲν ἄλλα παράσημα τοῦ κράτους ἀπέθετο, οὐ μέντοιγε καὶ τοὺς πόδας τοῦ φοινικοβαφοῦς πεδίλου ἐγύμνωσεν, ἀλλ' ὥσπερ μέρος τῆς τυραννίδος ἑαυτῷ ἐπαφεὶς προσῄει τῷ βασιλεῖ· ὁ δέ γε Βασίλειος, καὶ πόρρωθεν ἰδών, ἐδυσχέρανε καὶ τοὺς ὀφθαλμοὺς ἔβυσε, μὴ ἂν ἄλλως τοῦτον ἐθέλων ἰδεῖν, εἰ μὴ πάντη ἰδιωτεύσοι τῷ σχήματι· αὐτοῦ γοῦν που πρὸς τῇ τοῦ βασιλέως σκηνῇ ἀπελίττεται καὶ τὸ ἐρυθρὸν πέδιλον ὁ Σκληρός, καὶ οὕτως ὑπέδυ τὴν στέγην.

XXVIII. Καὶ ὁ βασιλεὺς εὐθὺς ἐξανέστη ἰδών· καὶ ἐφιλησάτην ἄμφω ἀλλήλω, εἶτα δὴ καὶ διαλόγων πρὸς ἀλλήλους ἡψάσθην, ὁ μὲν τῆς τυραννίδος ἀπολογούμενος, καὶ αἰτίας τιθεὶς δι' ἃς ἐβουλεύσατό τε τὴν ἀποστασίαν καὶ ἔδρασε· ὁ δὲ ὁμαλῶς τὴν ἀπολογίαν δεχόμενος, καὶ ἐς δαιμονίαν τύχην ἀναφέρων τὸ πεπραγμένον. Ὡς δὲ καὶ κοινοῦ μετεῖχον κρατῆρος, ὁ βασιλεὺς τὴν δεδομένην κύλικα τῷ Σκληρῷ τοῖς οἰκείοις προσαγαγὼν χείλεσι καὶ πιὼν ὅσον δὴ μέτριον, αὖθις ἀντιδίδωσι τῷ ἀνδρί, ὑποψίας ἀπάγων καὶ τὸ τῶν σπονδῶν παραδεικνὺς ὅσιον. Εἶτα δὴ καὶ οἷον στρατηγικὸν ἄνδρα ἠρωτήκει περὶ τοῦ κράτους καὶ ὅπως ἂν αὐτῷ ἀστασίαστος ἡ ἀρχὴ τηρηθείη· ὁ δὲ ἄρα οὐ στρατηγικὴν βουλήν, ἀλλὰ πανοῦργον εἰσηγεῖται γνώμην, καθαιρεῖν μὲν τὰς ὑπερόγκους ἀρχάς, καὶ μηδένα τῶν ἐν στρατείαις ἐᾶν πολλῶν εὐπορεῖν, κατατρύχειν τε ἀδίκοις εἰσπράξεσιν, ἵνα τοῖς ἑαυτῶν ἀσχολοῖντο οἴκοις, γυναῖκά τε εἰς τὰ βασίλεια μὴ εἰσαγαγεῖν, καὶ μηδενὶ πρόχειρον εἶναι, μήτε τῶν ἐν ψυχῇ βουλευμάτων πολλοὺς ἔχειν εἰδήμονας.

12 Σκληρὸς : Σκηρὸς add. λ altera manus || 12 ἄλλως S : ἄλλος ||
18 ἐθέλων S : -λω.

XXVIII 2 διαλόγων S : διὰ λόγων || 6 τύχην S : -χειν || 9 αὖθις : αὖθι superadd. σ altera manus || 14 ἐᾶν S : ἐᾶν || 16 ἀσχολοῖντο οἴκοις S : ἀσχολοῖντοκοῖς.

XXIX. Là-dessus prit fin leur entretien. Skléros se retira dans les terres qui lui avaient été assignées et, après avoir vécu encore un peu, il termina sa vie. Quant à l'empereur Basile, toutes ses actions, il se mit à les exécuter avec un profond mépris de ses sujets ; mais surtout il se constitua moins par des faveurs que par la crainte une autorité plus imposante, véritablement. A mesure qu'il ajoutait aux années et que s'augmentait son expérience de toutes choses, il se trouvait n'avoir plus besoin en quelque sorte de plus sages que lui. Lui seul donc décidait des résolutions à prendre, lui seul disposait les corps de troupes. Quant au civil, il le gouvernait non pas d'après les lois écrites, mais d'après les lois non écrites de son propre esprit, d'ailleurs admirablement doué. En conséquence, il ne prêtait même pas attention aux gens savants ; mais ces gens mêmes, je dis bien les savants, il en avait un mépris absolu. Aussi m'advient-il de m'étonner de ce que, l'empereur méprisant à un tel degré la culture des lettres, il y ait eu à cette époque une abondante floraison de philosophes et d'orateurs. Et je ne trouve qu'une solution à mon embarras et à mon étonnement, solution la plus exacte, si je puis dire, et la plus vraie, c'est que les hommes d'alors ne s'adonnaient pas aux lettres[1] pour une autre fin, mais qu'ils les cultivaient en elles-mêmes et pour elles-mêmes. Mais la plupart des hommes ne procèdent pas ainsi relativement à la culture de l'esprit : c'est au profit personnel qu'ils rapportent la raison d'être des lettres, ou plutôt c'est à cause de cela qu'ils les cultivent ; et, s'il arrive que le but envisagé ne se présente pas à eux sur-le-champ, ils s'en détachent sans tarder[2]. Mais, trêve à ces considérations !

XXX. Que mon récit revienne à l'empereur. Lui donc, après avoir nettoyé l'empire des barbares[3], soumit de vive force, si je puis dire, ses sujets aussi, et par tous les moyens. Il jugea bon de ne plus s'en tenir à son procédé primitif ; au contraire, après avoir abattu les chefs des grandes familles et les avoir mis sur le même pied

---

1. Psellos entend par ce mot la culture générale de l'esprit.
2. Τῆς ἀρχῆς, expression adverbiale, = dès l'abord.
3. Une des rares allusions de Psellos aux campagnes de Basile II.

XXIX. Ἐπὶ τούτοις διαλελυμένης αὐτοῖς τῆς κοινολογίας, ὁ μὲν Σκληρὸς ἐπὶ τοὺς ἀποτεταγμένους αὐτῷ ἀγροὺς ἀπιὼν καὶ ὀλίγον διαβιοὺς μετήλλαξε τὴν ζωήν· ὁ δὲ βασιλεὺς Βασίλειος τά τε ἄλλα κατὰ πολλὴν ὑπεροψίαν τῶν ὑπηκόων ἔδρα, καὶ οὐκ εὐνοίαις μᾶλλον ἢ φόβοις τὴν ἀρχὴν ἑαυτῷ σοβαρωτέραν ὡς ἀληθῶς διετίθετο· τοῖς δὲ ἔτεσι προστιθεὶς καὶ πεῖραν ἁπάντων συνειληφώς, ἀπροσδεὴς ὥσπερ τῶν σοφωτέρων ἐτύγχανεν ὤν. Αὐτὸς γοῦν ἦρχε | καὶ τῶν βουλευμάτων, αὐτὸς διετίθη καὶ τὰ στρατόπεδα· τὸ δὲ πολιτικὸν οὐ πρὸς τοὺς γεγραμμένους νόμους, ἀλλὰ πρὸς τοὺς ἀγράφους τῆς αὐτοῦ εὐφυεστάτης ἐκυβέρνα ψυχῆς· ὅθεν οὐδὲ προσεῖχε λογίοις ἀνδράσιν, ἀλλὰ τούτου δὴ τοῦ μέρους, φημὶ δὲ τῶν λογίων, καὶ παντάπασι καταπεφρονήκει. Ὅθεν καὶ θαυμάζειν μοι ἔπεισιν, ὅτι οὕτως τοῦ βασιλέως κατολιγωροῦντος τῆς περὶ τοὺς λόγους σπουδῆς, οὐκ ὀλίγη φορὰ φιλοσόφων καὶ ῥητόρων κατ' ἐκείνους τοὺς χρόνους ἐγένετο· μίαν δὲ λύσιν εὑρίσκω τῆς ἀπορίας μου καὶ τοῦ θαύματος ἀκριβεστάτην, ὡς εἰπεῖν, καὶ ἀληθεστάτην, ὅτι μὴ πρὸς ἄλλο τέλος τοὺς λόγους οἱ τότε ἄνδρες μετεχειρίζοντο, ἀλλ' ἐσπούδαζον περὶ αὐτοὺς ὡς αὐτοτελεῖς· ἀλλ' οἱ πολλοὶ παρὰ τὴν παίδευσιν οὐχ οὕτω βαδίζουσιν, ἀλλὰ τὸ χρηματίζεσθαι εἰς πρώτην αἰτίαν τῶν λόγων ἀναφέρουσι, μᾶλλον δὲ διὰ τοῦτο τὰ περὶ τοὺς λόγους σπουδάζουσι, κἂν μὴ εὐθὺς τὸ τέλος προσῄει, ἀφίστανται τῆς ἀρχῆς. Οὗτοι μὲν οὖν ἐρρώσθων.

XXX. Ὁ δὲ λόγος αὖθις εἰς τὸν βασιλέα ἀναφερέσθω· οὗτος γάρ, ἐπειδὴ καὶ τὸ βάρβαρον ἀνεκάθηρε, καὶ τὸ ὑπήκοον, ἵν' οὕτως εἴπω, παντοδαπῶς ἐχειρώσατο, οὐκ ἔτι μένειν ἐπὶ τῆς προτέρας ἠξίωσε προαιρέσεως, ἀλλὰ τὰ προὔχοντα τῶν γενῶν καθελὼν καὶ εἰς ἴσον τοῖς ἄλλοις

XXIX 6 σοβαρωτέραν S : -ροτέραν || 7 ἔτεσι S : ἔταισι || 9 διετίθη S : δὲ ἐτίθει || 11 αὐτοῦ P : αὑτοῦ || 12 ἀνδράσιν S : -άσι || 15 τῆς S : τῆς τῆς || 16 φορὰ S : φορᾶ.
XXX 4 μένειν PK : μὲν

d'égalité que les autres, il se trouva qu'il joua le jeu de la puissance avec beaucoup de bonheur, et, s'entourant d'un corps choisi de gens qui n'étaient ni brillants par l'esprit, ni remarquables par la naissance, ni trop instruits des choses des lettres, il leur livra le soin des rescrits impériaux et les associa constamment aux secrets d'État. Comme d'ailleurs en ce temps-là n'était pas variée la réponse des basileis[1] aux mémoires et aux requêtes, mais toute simple et sans apprêt (car l'art d'écrire ou de parler avec élégance et avec arrangement, Basile s'en abstenait absolument), les mots donc qui lui arrivaient sur la langue, il les coordonnait tels quels et les dictait à ses secrétaires, et sa parole n'avait rien d'habile ni de superflu.

XXXI. Ainsi donc, ayant mis l'empire à l'abri de la fortune orgueilleuse et jalouse, non seulement il se rendit aisée la route du pouvoir, mais encore il ferma les portes de sortie des sommes d'argent qui lui parvenaient, et il se constitua un trésor impérial d'un chiffre de talents très élevé, tantôt en n'y prenant rien, tantôt en y ajoutant du dehors. Car il remplit le trésor du palais d'une somme allant jusqu'à deux cent mille talents[2]. Et le reste de ses gains, où trouver facilement des mots pour en faire le dénombrement? En effet, tous les trésors amassés chez les Ibères et les Arabes, et tous ceux qui se trouvaient chez les Celtes, et tous ceux que possédait la terre des Scythes et, pour tout dire d'un mot, le monde barbare d'autour de l'empire, tout cela, il le rassembla en un même lieu et le déposa dans les coffres impériaux. Et de ceux-là aussi qui s'étaient insurgés contre lui et qui ensuite avaient été abattus, toute la fortune en argent qu'ils possédaient, il la mit en réserve. Et comme ne lui suffisaient pas les coffres des bâtiments appropriés à cet usage, il creusa sous terre des couloirs en spirale et des galeries à la manière des Égyptiens, et là il conserva une partie considérable de ses trésors. Et il ne jouissait de rien ; bien au contraire : la plupart des pierres précieuses du plus beau blanc, celles que nous appelons

---

1. Basile et Constantin.
2. A sa mort, il y avait en caisse une réserve de plus d'un milliard de notre monnaie. Cf. Diehl, *Hist. de l'emp. byz.*, 120.

καταστήσας, κατά πολλὴν εὐπέτειαν τὸ κράτος διακυβεύων ἐτύγχανε, καί τινα λογάδα περὶ αὐτὸν πεποιηκὼς ἀνδρῶν οὔτε τὴν γνώμην λαμπρῶν, οὔτε μὴν ἐπισήμων τὸ γένος, οὔτε τὰ ἐς λόγους ἐς τὸ ἄγαν πεπαιδευμένων, τούτοις καὶ τὰς βασιλείους ἐπιστολὰς ἐνεχείρισε, καὶ τῶν ἀπορρήτων κοινωνῶν διετέλει. Ἐπεὶ δὲ ποικίλη τότε οὐκ ἦν ἡ τῶν βασιλέων πρὸς τὰς ὑπομνήσεις ἢ δεήσεις ἀπόκρισις, ἀλλ' ἀφελὴς καὶ λιτὴ (τοῦ γὰρ κομψῶς καὶ συντεταγμένως γράφειν ἢ λέγειν ἀπείχετο παντελῶς), τὰ γοῦν ἐπιόντα τῇ γλώττῃ ῥήματα ταῦτα συνείρων τοῖς γράφουσιν ὑπηγόρευε, καὶ δεινὸν οὐδὲν ὁ λόγος εἶχεν, οὐδὲ περίεργον.

XXXI. Ἀπὸ τοίνυν ὑπερηφάνου καὶ βασκάνου τύχης τὴν βασιλείαν καταβιβάσας, οὐ μόνον λείαν ἑαυτῷ τὴν ὁδὸν εὐτρέπισε τῆς ἀρχῆς, ἀλλὰ καὶ τὰς ἐξαγωγὰς τῶν διδομένων ἀποφράξας χρημάτων, πολυτάλαν ἑαυτῷ τὸν ὄλβον τῆς βασιλείας πεποίηκε, τὰ μὲν μὴ διδούς, τὰ δὲ καὶ προστιθεὶς ἔξωθεν· ἐς γὰρ μυριάδας εἴκοσι ταλάντων ἔμπλεω τὰ τῶν ἀνακτόρων ταμεῖα πεποίηκε. Τὸν δὲ λοιπὸν χρηματισμὸν τίς ἂν εὐπορήσοι τῷ λόγῳ συναγαγεῖν; ὅσα γὰρ ἐν Ἴβηρσί τε καὶ Ἄραψι, καὶ ὅσα ἀποτεθησαύριστο εἰς Κελτούς, ὁπόσα τε ἡ Σκυθῶν εἶχε γῆ, καί, ἵνα συντόμως εἴπω, τὸ πέριξ βαρβαρικόν, πάντα ἐς ταὐτὸ συνενηνοχὼς τοῖς βασιλικοῖς ταμείοις ἀπέθετο· ἀλλὰ | καὶ τῶν καταστασιάντων αὐτόν, εἶτα δὴ καθαιρεθέντων, τὴν ἐν χρήμασιν εὐδαιμονίαν ἐκεῖσε φέρων ἀπεθησαύρισε. Καὶ ἐπεὶ δὴ οὐκ ἤρκεσαν αὐτῷ αἱ τῶν κατεσκευασμένων οἴκων ὑποδοχαί, ὑπογείους ὀρύξας ἕλικας κατὰ τὰς τῶν Αἰγυπτίων σύριγγας, ἐν αὐτοῖς οὐκ ὀλίγα τῶν συνειλεγμένων ἐταμιεύσατο. Ἀπέλαυε δὲ οὐδενός, ἀλλ' οἱ πλείους τῶν λίθων τῶν τε λευκοτάτων οὓς μαργαρίτας

---

7 αὐτὸν P K : αὐτὸν || 12 ἢ S : ἡ || 13-14 συντεταγμένως S : -μένος ||
14 τὰ P : ταῦτα || 16 οὐδὲν S : -δὲ.

XXXI 2 λείαν S : λίαν || 10 ἡ S : εἰς || 11 ἐς ταὐτὸ My : ἔς τ' αὐτῶ
|| 12 αὐτὸν P : αὐτῶν

perles, et celles qui brillent de couleurs variées, loin
d'être ajustées sur des diadèmes ou sur des colliers, se
trouvaient là, quelque part, jetées sous terre. Et lui,
couvert d'un vêtement de pourpre, non pas de la pourpre
éclatante à l'excès, mais de la sombre, avec quelques
gemmes comme marque distinctive, il faisait ses sorties
et donnait audience aux dignitaires. Du reste, la majeure
partie de son règne, il la passa à faire campagne, refoulant
les incursions des barbares et gardant nos frontières, et
non seulement il n'emportait rien de ses réserves, mais il
montrait ses richesses encore accrues.

XXXII. D'ailleurs, il ne menait pas ses expéditions
contre les barbares comme ont coutume de le faire la
plupart des empereurs, qui partent en campagne au milieu
du printemps et s'en reviennent à la fin de l'été ; mais
ce qui marquait pour lui l'heure du retour, c'était l'atteinte
du but pour lequel il s'était mis en mouvement. Et il
était endurant à la fois contre le froid rigoureux et contre
l'ardeur de l'été ; et, quand il avait soif, il ne s'approchait pas immédiatement des sources ; mais vraiment,
en face de toutes les nécessités, il était, de sa nature,
solide et résistant comme l'acier. Connaissant ce qui
concerne les armées par le détail — je ne dis pas par le
gros — de l'arrangement, et [connaissant] non pas
seulement l'ajustement des compagnies, les groupements
et les sectionnements opportuns de l'arrangement,
mais encore les attributions du protostate[1] et celles de
l'hémilochite et celles même de celui qui vient derrière,
toutes ces connaissances, il les mettait facilement à profit
dans les guerres. C'est pourquoi, il ne confiait pas à
d'autres la place qui leur revenait ; mais, connaissant le
caractère et la manière de combattre de chacun, et
sachant à quoi il était propre ou par son tempérament ou
par son instruction, c'est là qu'il l'employait et le faisait
servir.

XXXIII. Et il connaissait les divers procédés d'arrangement utiles aux troupes. Les uns, il les apprit dans

---

1. *Litt.* les choses qui sont à supporter au protostate. Sur ces termes
techniques, cf. Psellos, *Lettres*, dans Sathas, *B. G.*, V, 172 ; *Opuscules*,
dans Boissonade, *Psellos*, 121 sqq.

φαμὲν, καὶ τῶν διαφόροις ἀποστιλβόντων τοῖς χρώμασιν, οὐκ ἐν ταινίαις κεκόλληντο ἢ στρεπτοῖς, ἀλλ' αὐτοῦ που κατὰ γῆς ἐρριμμένοι ἐτύγχανον. Ὁ δὲ πορφυρὰν ἐσθῆτα ἠμφιεσμένος, οὐδὲ τὴν κατακόρως ὀξεῖαν, ἀλλὰ τὴν μέλαιναν, μαργαρίσι τισὶ τὸ ἐπίσημον ἔχουσαν, τάς τε προόδους ἐποιεῖτο καὶ τοῖς τέλεσιν ἐχρημάτιζεν· τὸν δὲ πλεῖστον τῆς ἀρχῆς αὐτοῦ χρόνον στρατεύων, καὶ τάς τε τῶν βαρβάρων ἀνείργων ἐπιδρομάς, τά τε ἡμέτερα φρουρῶν ὅρια, οὐ μόνον οὐδὲν ἐξεφόρει τῶν ἀποτεθειμένων, ἀλλὰ καὶ πολλαπλάσια τὰ συνειλεγμένα ἐδείκνυε.

XXXII. Ἐποιεῖτο δὲ τὰς πρὸς τοὺς βαρβάρους στρατείας οὐχ ὥσπερ εἰώθασιν οἱ πλείους τῶν βασιλέων ποιεῖν, μεσοῦντος ἐξιόντες ἔαρος καὶ τελευτῶντος θέρους ἐπαναζευγνύντες, ἀλλ' ὅρος αὐτῷ τῆς ἀναζεύξεως ἦν τὸ τοῦ σκοποῦ τέλος, ἐφ' ᾧ καὶ τὴν κίνησιν ἐποιήσατο. Ἀπεκαρτέρει δὲ καὶ πρὸς ψῦχος ἀκμάζον καὶ πρὸς ἀκμὴν θέρους, καὶ διψῶν οὐκ εὐθὺς ταῖς πηγαῖς προσῄει, ἀλλ' ἦν ὡς ἀληθῶς πρὸς πᾶσαν ἀνάγκην φύσεως στερρός τε καὶ ἀδαμάντινος. Τὰ δὲ τῶν στρατοπέδων εἰς τὸ ἀκριβὲς εἰδώς, οὐ πλήθει φημὶ τάξεως, οὐδὲ λόχους συνηρμοσμένους, οὐδὲ δεσμοὺς τάξεως καὶ λύσεις εὐκαίρους, ἀλλὰ καὶ τὰ ἐς τὸν πρωτοστάτην καὶ τὰ ἐς τὸν ἡμιλοχίτην καὶ ὁπόσα ἐστὶν ἐς τὸν κατόπιν ἀνενεγκεῖν, εὐπετῶς τούτοις ἐν τοῖς πολέμοις ἐχρῆτο· ὅθεν οὐδ' ἐπ' ἄλλοις τὴν τάξιν τούτων ἐτίθετο, ἀλλ' ἑκάστου καὶ τὴν φύσιν καὶ τὴν τεχνικὴν ἀγωνίαν εἰδώς, καὶ πρὸς ὃ ἢ τῷ ἤθει ἢ τῇ παιδείᾳ συνήρμοστο, πρὸς τοῦτο συνῆγε καὶ συνεβίβαζε.

XXXIII. Ἤιδει δὲ καὶ ὁπόσα τῶν σχημάτων τοῖς

---

21 ταινίαις S : τενείαις ‖ 21 κεκόλληντο S : κεκώλλυντο ‖ 22 ἐρριμμένοι S : ἐρρημένοι ‖ 23 ἠμφιεσμένος S : ἐμφιεσμένος ‖ 24 μαργαρίσι R : μαργάρισι ‖ 24 ἔχουσαν S : -σα.

XXXII 3 ἔαρος S : ἀέρος ‖ 6 ἀκμάζον S : -ζων ‖ 11 εὐκαίρους S : εὐκ ἔρους ‖ 12 ἐστὶν R : καὶ ‖ 16 ἢ S : ῇ ‖ 16 παιδείᾳ — συνῆγε SP: παιδία συνήρμοσθαι, πρὸς τούτω συνεῖγε.

XXXIII 1 Ἤιδει S : ᾔδη.

les livres ; les autres, il les composa de lui-même par une intuition naturelle, sous la poussée des événements. Il se faisait fort de conduire la guerre et de disposer les troupes en ligne de bataille, et il savait dresser le schéma du combat ; mais il préférait ne pas s'engager à fond, se mettant en garde contre une retraite précipitée. Par suite, le plus souvent, il tenait ses bataillons immobiles, construisant des machines de guerre et escarmouchant de loin, enseignant aux troupes légères l'art du combat. Mais, une fois engagé dans la guerre, et après avoir établi la liaison entre les rangs des guerriers par les nœuds de la tactique, fait de son armée une sorte de tour compacte, ajusté le gros de l'armée aux pelotons de cavalerie, ceux-ci aux bataillons d'infanterie légère et ceux-ci, un par un, aux bataillons des hoplites, il défendait que qui que ce fût s'élançât en avant et rompît le rang contre toute nécessité. Et si quelqu'un des plus vigoureux, ou surtout des plus bouillants, se faisant violence à lui-même, s'avançait à cheval très loin en avant de l'armée et, se mêlant aux ennemis, occasionnait une déroute [de leur part], à son retour, ce n'est pas des couronnes ou des prix qu'il recevait, mais sur-le-champ Basile le chassait de l'armée, le mettait sur le pied des transgresseurs de la loi et le châtiait. Il regardait, en effet, comme la grande cause qui décide de la victoire, un arrangement bien cohérent, et c'est pour ce fait seul qu'il estimait invincibles les armées romaines. Et quand ses soldats, supportant avec peine son inspection de la bataille, l'invectivaient ouvertement, il recevait d'une humeur égale les expressions de mépris dirigées contre lui, et, souriant d'un air joyeux, il donnait cette réponse pleine de bon sens : « Autrement, nous ne saurions cesser d'être en guerre. »

XXXIV. Son caractère se partageait et s'ajustait à la fois aux nécessités de la guerre et aux convenances de la paix ; ou plutôt, s'il faut dire la vérité, il était plus artificieux dans les guerres et plus royal dans la paix. Ses colères, il les mettait en réserve et les cachait comme sous la cendre dans son cœur ; quelqu'un avait-il à la guerre enfreint ses ordres ? dès son retour dans le palais, il les allumait et les mettait à découvert, et il

λόχοις λυσιτελεῖ, τὰ μὲν ἀπὸ τῶν βιβλίων ἀναλεξάμενος,
τὰ δὲ καὶ αὐτὸς συντελέσας ἐκ φυσικῆς ἐπιστήμης τοῖς
γινομένοις· πολεμεῖν δὲ καὶ κατὰ φάλαγγα ἵστασθαι ἐπήγγελλε μὲν καὶ ἐποιεῖτο τὸ σχῆμα, οὐ πάνυ δὲ τὴν πρᾶξιν
ἐβούλετο, τὴν ὀξεῖαν τροπὴν εὐλαβούμενος· ὅθεν τὰ πολλὰ
λόχους ἐκάθιζε, καὶ μηχανὰς ἐποιεῖτο, καὶ ἠκροβολίζετο
πόρρωθεν, τοῖς ψιλοῖς ἐπιτάττων τὴν τέχνην. Ἐς δὲ πόλεμον καθιστάμενος, καὶ τὰς τάξεις δεσμήσας τοῖς τακτικοῖς
σφίγμασι, καὶ οἷον καταπυργώσας τὸ στράτευμα, καὶ συναρ-
μόσας ταῖς ἴλαις μὲν τὸ στρατόπεδον, ταύτας δὲ τοῖς
λόχοις, καὶ τούτους τοῖς καθ' ἕνα τῶν | ὁπλιτῶν, οὐδενὶ
προπηδᾶν ἐνετέλλετο, οὐδὲ τὸν συνασπισμὸν λύειν παρὰ
πᾶσαν ἀνάγκην· εἰ δέ τις τῶν ἀκμαιοτάτων ἢ ὀξυτάτων
ἄλλως ἑαυτὸν ἀποβιασάμενος πορρωτάτω τῆς φάλαγγος
ἀφιππάσατο, καὶ συμμίξας τοῖς πολεμίοις τροπὴν ἐποιήσατο, ἐπαναζεύξας οὐ στεφάνων οὐδ' ἀριστείων ἐτύγχανεν,
ἀλλ' εὐθὺς τοῦτον τοῦ τε στρατεύματος διῄρει καὶ μετὰ
τῶν παρανομούντων τάξας ἐτιμωρεῖτο. Μεγάλην ⟨γὰρ⟩ ῥο-
πὴν πρὸς τὸ νικᾶν ἡγεῖτο τὴν μὴ ἀπερρωγυῖαν σύνταξιν,
καὶ τούτῳ μόνῳ ἀτρέπτους τὰς τῶν Ῥωμαίων ἐνόμιζε
φάλαγγας. Βαρυνομένων δὲ τῶν στρατιωτῶν τὴν ἐφοδείαν
τῆς μάχης καὶ ἐς προῦπτον ὑβριζόντων αὐτὸν, ὁμαλῶς
οὗτος τὰς ἐπ' αὐτὸν ὀλιγωρίας ἐδέχετο, καὶ μειδιῶν ἐφ'
ἱλαρῷ ἤθει εὐλογίστους ἀπεδίδου τὰς ἀποκρίσεις, ὥς· « Οὐκ
ἂν ἄλλως παυσώμεθα πολεμοῦντες ».

XXXIV. Ἀπεμέριζε δὲ τὸ ἑαυτοῦ ἦθος καὶ κατάλληλον
ἐδίδου καιροῖς τε μαχίμοις καὶ εἰρηνικαῖς καταστάσεσι,
μᾶλλον δὲ, εἰ δεῖ τἀληθὲς ἐρεῖν, πανουργότερος μὲν ἐν
πολέμοις ἦν, ἐν δὲ εἰρήνῃ βασιλικώτερος· καὶ τὰς ὀργὰς
ταμιεύων καὶ ὥσπερ ὑπὸ σποδιᾷ κρύπτων τῇ ἑαυτοῦ ψυχῇ,

2 λόχοις S : λόγχοις ‖ 4 γινομένοις S : τινομ. ‖ 4-5 ἐπήγγελλε P : ἐπήγ-
γειλε ‖ 7 λόχους S : λόγχους ‖ 12 καθ' ἕνα P : καθένα ‖ 14 εἰ δέ S : ἡ
δέ ‖ 19 γὰρ add. P ‖ 20 ἀπερρωγυῖαν S : -γῦαν.

XXXIV 3 τἀληθές P : τ' ἀληθὲς

exerçait alors de cruelles représailles contre le méfait. La ténacité de ses opinions, il la montrait en mainte circonstance ; toutefois, il y avait aussi des cas où il changeait. Pour nombre de ses sujets, il épluchait leurs fautes jusqu'en leurs commencements ; mais, pour la plupart, il passait l'éponge aussi sur la fin de leurs méfaits, soit qu'il cédât à la compassion, soit qu'il s'intéressât à eux de quelque autre manière. Mais, quand il s'était lentement porté vers quelque action, jamais il ne voulait changer sa manière de voir ; c'est pourquoi, ni à l'égard de ceux à qui il avait accordé sa faveur, à moins que quelque nécessité ne l'y contraignît, il ne modifiait son attitude, ni à l'égard de ceux contre qui s'était déchaînée sa colère, il ne changeait vite ses dispositions, mais la détermination de ses opinions lui était une sorte de jugement dernier et divin[1].

De ses particularités [physiques].

XXXV. Donc son caractère était tel. Quant à sa forme physique, elle accusait la noblesse de sa nature. Son œil, en effet, était d'un bleu clair et plein de feu, et son sourcil, qui n'était ni surplombant et sombre, ni tendu en ligne droite comme celui d'une femme, mais bien arqué, exprimait la fierté du personnage. Il n'avait pas les yeux[2] trop enfoncés, signe de fourberie et de violence, ni trop saillants, indice de frivolité, mais ils brillaient d'un éclat viril. Sa figure tout entière, comme partant d'un centre, s'arrondissait en un cercle exact et, par un cou bien agencé et un peu long, s'ajustait au milieu des épaules. Sa poitrine n'était ni jetée en avant et comme en saillie, ni, par contre, ramenée en dedans et comme en retrait ; mais elle tenait une juste mesure entre les deux écarts, et les autres parties de son corps s'harmonisaient avec elle.

XXXVI. Pour la taille, il l'avait un peu inférieure à la moyenne ; mais elle était bien proportionnée aux

---

1. Sur lequel il ne revenait pas.
2. Ἀκτῖνες τῶν ὄψεων, périphrase pour désigner les yeux. Dans cette phrase, les comparatifs ont le sens de : *plus qu'il ne convient.*

εἴ τινες ἐν τοῖς πολέμοις παρηνομήκασιν, ἀνῆπτε ταύτας καὶ ἀπεκάλυπτεν ἐπαναζεύξας εἰς τὰ βασίλεια, καὶ δεινῶς τηνικαῦτα ἐμνησικάκει τοῖς κακουργήμασι. Τὸ δὲ στερρὸν τῆς γνώμης ἐπὶ πολλοῖς μὲν ἐδείκνυεν, ἔστι δὲ ὅτε ⟨καὶ⟩ μετήλλαττεν· καὶ πολλοῖς καὶ τὰς ἀρχὰς τῶν ἁμαρτανομένων ἐπεξετάζων, τοῖς πλείοσιν ᾔφίει καὶ τὰ τέλη τῶν πράξεων, ἢ συμπαθείᾳ διδοὺς, ἢ ἄλλως ἐκείνοις προσκείμενος. Βραδέως δὲ πρός τινα πρᾶξιν κεκινημένος, τὸ δόξαν οὐδαμοῦ ἐβούλετο ἀλλοιοῦν· ὅθεν οὔθ' οἷς εὐμενὴς ἦν, τούτοις, εἰ μή πού τις ἀνάγκη ἐπῆν, τὸ ἦθος μετήλλαττεν, οὔτε εἴ τισι πρὸς ὀργὴν ἐξερράγη ταχὺ μετεβάλλετο· ἀλλ' ἦν ἡ τῶν δοξάντων αὐτῷ διαίρεσις κατὰ τὸ μέλλον καὶ θεῖον κριτήριον.

Περὶ τοῦ ἰδίου.

XXXV. Τὸ μὲν οὖν ἦθος αὐτῷ τοιοῦτον, τὸ δὲ εἶδος εὐγένειαν κατηγόρει φύσεως· τό τε γὰρ ὄμμα χαροπὸν καὶ λαμπρόν, καὶ ἡ ὀφρὺς οὐκ ἐπικειμένη καὶ σκυθρωπάζουσα, οὔτε θηλυπρεπῶς κατ' εὐθεῖαν ἐκτεταμένη γραμμήν, ἀλλ' ὑπερκειμένη καὶ τὸ ἀγέρωχον τοῦ ἀνδρὸς ὑπεμφαίνουσα· αἱ δὲ τῶν ὄψεων ἀκτῖνες οὔτε βεβυθισμέναι πρὸς τὸ πανουργότερον καὶ δεινότερον, οὔτε μὴν ἐκκεχυμέναι πρὸς τὸ χαυνότερον, ἀλλ' αἴγλης ἀρρενωποῦ ἀποστίλβουσαι· τὸ δὲ πρόσωπον ξύμπαν ὥσπερ ἀπὸ κέντρου ἐς ἀκριβῆ κύκλον ἀποτετόρνευτο, καὶ δι' εὐπαγοῦς αὐχένος καὶ ἐπιμήκους τὸ μέτριον τοῖς ὤμοις συνήρμοστο. | Τὸ ⟨δὲ⟩ στέρνον οὔτε προβεβλημένον καὶ οἷον ἐκκείμενον, οὔτ' αὖθις ἐγκείμενον καὶ οἷον ἀποστενούμενον, ἀλλ' ἐμμέτρως ἔχον τῶν διαστάσεων· καὶ τὰ λοιπὰ δὲ μέρη πρὸς τοῦτο συνωμολόγησαν.

XXXVI. Τὴν δὲ ἡλικίαν ἐλάττονα μὲν εἶχε τοῦ με-

9 καὶ add. S || 11 τέλη S : τέλει || 17 διαίρεσις R : διαίρεσεις.
XXXV 1 ἰδίου S : ἰ^{δ'} || 3 κατηγόρει S : -όρε || 12 δὲ add. R || 14 τῶν S : τον.

autres parties du corps et nullement inclinée. Or donc, si on le rencontrait à pied, on pouvait certes le mettre en parallèle avec quelques personnes ; mais à cheval, il offrait un spectacle de tout point incomparable. Car il était moulé sur sa selle comme le sont les statues que les maîtres sculpteurs ont façonnées pour une telle posture. Abandonnait-il les rênes à son cheval pour le précipiter en avant? Droit et ferme sur sa selle, on le voyait porté sur le terrain en pente tout comme sur le terrain à pic ; et puis, contenant et arrêtant d'un coup de bride sa monture, il sautait par dessus comme s'il avait des ailes, et il conservait la même pose dans la montée et dans la descente. Dans sa vieillesse, sa barbe s'était dégarnie sous le menton ; mais celle qui poussait de ses joues, le poil en était fourni et avait crû en abondance autour de son visage, si bien que, enroulée de chaque côté, elle s'achevait en cercle et qu'il semblait être partout couvert de barbe[1]. Aussi bien, la roulait-il souvent entre ses doigts, surtout quand il était enflammé de colère, et encore aussi quand il donnait audience ou quand il s'absorbait dans ses réflexions, il usait de ce geste. Donc il faisait souvent cela, ou encore, avec le coude en saillie, il jetait ses doigts sur ses hanches[2]. Et il parlait non pas avec volubilité, non pas en arrondissant ses phrases ou en les développant en périodes, mais en les coupant et en faisant de petites pauses, et plus à la façon d'un paysan qu'à celle d'un homme de bonne éducation. Et son rire était un rire à éclats, avec un bouillonnement de tout son corps.

XXXVII. Ce prince paraît avoir vécu d'une vie très longue, plus longue que celle de tous les autres souverains[2]. En effet, à partir de sa naissance jusqu'à la vingtième année de son âge, conjointement avec son père, avec Nicéphore Phocas et avec le successeur de ce dernier, Jean Tzimiscès, et sous leur autorité, il occupa le

1. Phrase peu claire : ἐδόκει me paraît avoir pour sujet l'empereur et γενειάσκειν avoir simplement le sens de : avoir de la barbe. On peut d'ailleurs interpréter aussi, avec ἡ θρίξ pour sujet : et qu'elle semblait florissante de tous côtés.

2. Sur ce grand prince, qui porta l'Empire à l'apogée de sa gloire, cf. Schlumberger, *L'épopée byz.*, I et II.

τρίου, συνηρμοσμένην δὲ τοῖς ἰδίοις μέρεσι καὶ μηδαμοῦ ἐπινεύουσαν· ἀφίππῳ μὲν οὖν εἴ τις ἐντετυχήκει αὐτῷ, καὶ πρὸς ἐνίους ἂν εἶχε παραβαλεῖν, ἱππαζομένῳ δὲ, τὸ κατὰ πάντων ἐδίδου ἀσύγκριτον· ἐντετύπωτο γὰρ τῇ ἕδρᾳ κατὰ τοὺς τῶν ἀγαλμάτων τύπους ὅσα ἐς τοιοῦτον σχῆμα οἱ ἀκριβεῖς πλάσται συνήρμοσαν, καὶ τόν τε χαλινὸν τῷ ἵππῳ διδοὺς καὶ ἐπιρράσσων, ὄρθιος καὶ ἀκλινὴς ἦν κατά τε πρανῶν ὁμοίως καὶ κατ' ὀρθίων φερόμενος, αὖθίς τε ἀνείργων καὶ ἀνασειράζων τὸν ἵππον ὑψοῦ ἤλλετο οἷον ἐπτερωμένος, καὶ μετὰ τοῦ αὐτοῦ σχήματος πρός τε τὸ ἄναντες καὶ πρὸς τὸ κάταντες ἦν. Γηράσαντι δέ οἱ τὸ μὲν ὑπὸ τὸν ἀνθερεῶνα ἐψίλωτο γένειον, τὸ δ' ὅσον ἀπὸ τῆς γένυος κατακέχυτο, δασεῖά τε ἡ θρὶξ ἐγεγόνει καὶ πολλὴ πέριξ περιεπεφύκει, ὅθεν καὶ ἑκατέρωθεν περιελιχθεῖσα ἐς κύκλον ἀπηκριβώθη καὶ ἐδόκει πάντοθεν γενειάσκειν. Εἰώθει γοῦν πολλάκις ταύτην περιελίττειν, καὶ μάλιστα ὁπότε τῷ θυμῷ διαπυρούμενος ἦν, καὶ ἄλλως δὲ χρηματίζων καὶ ἐς ἐννοίας ἀνακινῶν ἑαυτὸν ἐχρῆτο τῷ σχήματι· τοῦτό τε οὖν ἐποίει θαμὰ, καὶ τῷ τῆς χειρὸς ἐκκειμένῳ ἀγκῶνι τοῖς κενεῶσι τοὺς δακτύλους ἐπέβαλλεν. Ὡμίλει δὲ οὐκ ἐπιτροχάδην, οὐδὲ ἀποτορνεύων τοὺς λόγους, οὐδὲ ἐς περιόδους ἀπομηκύνων, ἀλλὰ περικόπτων καὶ κατὰ βραχὺ ἀναπαύων, καὶ ἀγροικικῶς μᾶλλον ἢ ἐλευθερίως· ὁ δὲ γέλως αὐτῷ καγχασμὸν εἶχε καὶ τῷ παντὶ συνεβράσσετο σώματι.

XXXVII. Οὗτος ὁ βασιλεὺς μακροβιώτατος δοκεῖ ὑπὲρ πάντας τοὺς ἄλλους αὐτοκράτορας γεγενῆσθαι· ἀπὸ μὲν γὰρ γεννήσεως ἄχρις εἰκοστοῦ χρόνου τῆς ἡλικίας αὐτοῦ τῷ τε πατρὶ καὶ τῷ Φωκᾷ Νικηφόρῳ καὶ τῷ μετ' ἐκεῖνον Ἰωάννῃ τῷ Τζιμισκῇ συνεβασίλευσεν ὑποκείμενος, εἶτα δὴ

---

4 παραβαλεῖν S : παραλαβεῖν || 8 ἐπιρράσσων S : ἐπιράσσων || 12 δέ οἱ S : δέοι || 14 κατακέχυτο S : -κέχυτε || 15 περιελιχθεῖσα S : περιελεχ. || 16 ἐδόκει S : ἐδώκει || 20 ἀγκῶνι S : ἀγκῶν || 21 κενεῶσι Κ : κενῶσι || 25 καγχασμὸν Ρ : καὶ γασμὸν.

XXXVII 4 τῷ Φωκᾷ S : τὸ Φ. || 4 ἐκεῖνον S : ἐκεῖνων

trône ; et ensuite, pendant cinquante-deux ans il exerça le pouvoir souverain. Se trouvant donc dans la soixante-douzième année de son âge, il passe de vie à trépas.

δύο πρὸς τοῖς πεντήκοντα ἔτεσι τὴν αὐτοκράτορα ἔσχεν ἀρχήν. Ἑβδομηκοστὸν οὖν καὶ δεύτερον ἔτος τῆς ἡλικίας ἄγων μεταλλάττει τὸν βίον.

7 ἡλικίας S : βασιλείας.

TOME DEUXIÈME

CONSTANTIN VIII (1025-1028).

I. Après la mort de Basile, son frère Constantin revient à la dignité d'empereur, tous les autres lui ayant cédé le pouvoir. En effet, l'empereur Basile aussi au moment de sa mort le mande au palais et remet en ses mains le gouvernail de l'empire. Dans la soixante-dixième année de son âge, il prend sur lui le gouvernement général. Son caractère était très mou et son âme était encline à toute jouissance ; ayant donc trouvé aussi le trésor impérial rempli d'argent, il suit son penchant et s'abandonne aux plaisirs.

II. Ce personnage, les récits qui le dépeignent, le représentent comme il suit[1]. Il était d'une volonté faible et il n'avait pas précisément de goût pour le pouvoir ; bien que fort de corps, il était timide d'âme ; comme il était vieux déjà et qu'il ne pouvait plus faire la guerre, il se hérissait contre toute nouvelle de mauvais augure, et les barbares qui entourent l'empire, quand ils se soulevaient contre nous, c'est par des dignités qu'il les refoulait et par des cadeaux. Quant à ceux de ses sujets qui se révoltaient, il les punissait terriblement ; croyait-il quelqu'un révolutionnaire ou factieux? Sans attendre la tentative, il lui appliquait la punition, asservissant ses sujets non par des faveurs, mais par des supplices de toute sorte[2]. Emporté, il l'était plus que personne, et il se lais-

---

1. Sur ce prince, cf. Schlumberger, *Op. laud.*, III, p. 2 sqq., et les autres historiens.
2. En particulier l'aveuglement. On appelait cela d'un terme d'une amère ironie : la divine clémence de l'empereur.

ΤΟΜΟΣ ΔΕΥΤΕΡΟΣ

ΚΩΝΣΤΑΝΤΙΝΟΣ Η' (1025-1028).

I. Τελευτήσαντος Βασιλείου εἰς τὴν αὐτοκράτορα περιωπὴν ὁ ἀδελφὸς αὐτοῦ Κωνσταντῖνος ἐπάνεισι, πάντων αὐτῷ παρακεχωρηκότων τῆς ἐξουσίας· ἐπεὶ καὶ ὁ βασιλεὺς Βασίλειος τελευτῶν μετακαλεῖται τοῦτον εἰς τὰ βασίλεια, καὶ τῆς ἡγεμονίας | ἐγχειρίζει τοὺς οἴακας. Οὗτος ἑβδομηκοστὸν ἔτος ἔχων τῆς ἡλικίας τὴν τῶν ὅλων ἀναλαμβάνει διοίκησιν· ἤθους δὲ μαλακωτάτου τυχὼν καὶ ψυχῆς πρὸς πᾶσαν ῥεούσης ἀπόλαυσιν, εἶτα καὶ τοὺς βασιλικοὺς θησαυροὺς ἔμπλεως χρημάτων ἐφευρηκώς, καταχρῆται τῇ γνώμῃ, καὶ ταῖς ἡδοναῖς ἐκδίδωσιν ἑαυτόν.

II. Τοῦτον τὸν ἄνδρα ὑπογράφων ὁ λόγος τοιοῦτον ἐκδίδωσι· ῥάθυμος ἦν τὴν γνώμην, καὶ οὐ πάνυ περὶ τὴν ἡγεμονίαν σπουδάζων, ἄλκιμος δὲ ὢν περὶ τὸ σῶμα, δειλὸς ἦν τὴν ψυχήν· γηραιὸς δὲ ἤδη γενόμενος καὶ μηκέτι πολεμεῖν δυνάμενος, πρὸς πᾶσαν δύσφημον ἐξετραχύνετο ἀκοήν· καὶ τὸ μὲν πέριξ βαρβαρικὸν ὑποκινούμενον καθ' ἡμῶν, ἀξιώμασιν ἀνεῖργε καὶ δωρεαῖς, τοὺς δὲ τῶν ὑπηκόων στασιάζοντας δεινῶς ἐτιμωρεῖτο· κἂν ὑπείληφέ τινα τολμητίαν ἢ στασιώδη, πρὸ τῆς πείρας τὴν τιμωρίαν ἐπῆγεν, οὐκ εὐνοίαις τοὺς ὑπὸ χεῖρα δουλούμενος, ἀλλὰ παντοδαπαῖς βασάνων κακώσεσιν· ὀξύρροπος εἰ καί τις ἄλλος ἦν, θυμοῦ

I 5 ἑβδομηκοστὸν S : εὐδο. ‖ 9 ἔμπλεως S : -εω ‖ 9 καταχρῆται Κ : -σαι.

II 5 ἐξετραχύνετο S : ἐξετρεχ. ‖ 7-8 στασιάζοντας S : -ζωντας

sait dominer par son courroux, et à toute rumeur il prêtait une oreille favorable, surtout à l'égard de ceux qu'il soupçonnait d'aspirer à l'empire : pour ce motif, il leur infligeait des châtiments cruels ; dans le moment même, il ne les repoussait pas, il ne les bannissait pas, il ne les emprisonnait pas ; mais tout de suite avec le fer il leur crevait les yeux ; et ce châtiment, il l'appliquait à tous, l'un parût-il coupable d'une faute légère et l'autre d'une grave, l'un fût-il passé à l'acte et l'autre eût-il seulement donné matière à une rumeur. En effet, ce dont il se souciait, ce n'est pas comment il distribuerait des peines proportionnées aux fautes, mais comment il se libérerait de ses soupçons ; or, un tel supplice lui semblait plus léger que les autres, et comme, par ce moyen, il rendait les punis incapables d'agir, c'est celui-là qu'il pratiquait de préférence ; et il se comportait ainsi avec les premiers personnages comme avec les derniers, étendant ce châtiment jusqu'aux membres du clergé, sans épargner même les prélats ; car une fois transporté de fureur, il était difficile de le ramener à la raison et il avait l'oreille dure à tout conseil. Tout enclin qu'il était à la colère, il n'était pourtant pas étranger à la compassion, et même il était profondément troublé en présence des grands malheurs et il trouvait pour les affligés des paroles réconfortantes. Et sa colère, il ne la gardait pas tenace comme son frère Basile, mais il revenait vite à résipiscence et il ressentait de ses actions une grande douleur ; bien mieux, si quelqu'un éteignait le feu de sa colère, non seulement il s'abstenait de le punir, mais même il lui rendait grâces de l'avoir retenu ; mais quand rien ne l'arrêtait, la colère l'emportait à commettre quelque mal[1] ; toutefois, à la première parole entendue, il était saisi de chagrin, il embrassait avec compassion celui qu'il avait puni, il laissait les larmes couler de ses yeux et il se justifiait par des paroles à faire pleurer.

III. Se répandre en générosités, il s'y entendait plus que tous les autres empereurs, à cela près qu'il ne mêlait pas à cette qualité l'égalité de la justice ; loin de là : à ceux qui étaient près de lui, il ouvrait toutes larges les

---

1. *Litt.* la colère se précipitait pour lui à quelque chose de mal.

τε ἥττων, καὶ πρὸς πᾶσαν ἀκοὴν εὐπαράδεκτος, μάλιστα δὲ πάντων οὓς βασιλειῶντας ὑπώπτευε, καὶ διὰ τοῦτο ἐτιμωρεῖτο δεινῶς, οὐ τὸ νῦν ἀνείργων, οὐδὲ περιγράφων αὐτούς, οὐδ' ἀπροίτους ποιούμενος, ἀλλ' εὐθὺς σιδήρῳ τοὺς ὀφθαλμοὺς ὀρυττόμενος· ταύτην δὲ τὴν κόλασιν πᾶσιν ἀπεμέτρει, κἂν ὁ μὲν μείζονα, ὁ δὲ ἐλάττονα ἁμαρτάνειν ἔδοξε, καὶ ὁ μὲν ἔργου ἥπτετο, ὁ δὲ μέχρι φήμης προέβαινεν· οὐ γὰρ ἐφρόντιζεν ὅπως ἂν ἀναλόγους τὰς τιμωρίας ἀποδώσει τοῖς ἁμαρτήμασιν, ἀλλ' ὅπως ἂν ἑαυτὸν ἐλευθερώσειε τῶν ὑποψιῶν· ἐδόκει δὲ αὐτῷ καὶ ἡ τοιαύτη βάσανος κουφοτάτη τῶν ἄλλων· διότι δὲ τοὺς τιμωρουμένους ἀπράκτους ἐποίει, ταύτῃ μᾶλλον ἐχρῆτο· προέβη δὲ οὕτω ποιῶν ἀπὸ τῶν πρώτων καὶ ἄχρι τῶν τελευταίων· ἐξέτεινε δὲ τὸ κακὸν καὶ ἐνίοις τῶν ἐν κλήρῳ κατειλεγμένων, οὐδὲ ἀρχιερωσύνης ἐφείσατο· ἅπαξ γὰρ κατάφορος τῷ θυμῷ γεγονώς,. δυσανάκλητος ἦν καὶ δυσήκοος πρὸς πᾶσαν παραίνεσιν· οὕτω δὲ δύσοργος ὢν, οὐδὲ τοῦ συμπαθοῦς ἤθους ἀπῴκιστο, ἀλλὰ καὶ πρὸς τὰς συμφορὰς ἐδυσωπεῖτο καὶ τοῖς ἐλεεινολογουμένοις ἐξευμενίζετο· τὴν δὲ ὀργὴν οὐκ ἔμμονον εἶχεν, ὥσπερ ὁ ἀδελφὸς Βασίλειος, ἀλλὰ ταχὺ μετεβάλλετο· καὶ ἐφ' οἷς ἐποίει δεινῶς κατεβάλλετο· ἀμέλει κἄν, τις αὐτῷ φλεγμαίνοντα κατέσβεσε τὸν θυμόν, ἀπείχετό τε τοῦ τιμωρεῖν καὶ χάριτας ὡμολόγει τῷ κεκωλυκότι· εἰ δὲ μηδὲν ἐγεγόνει τὸ ἀντικείμενον, ἀπέσκηπτε μὲν αὐτῷ ὁ θυμὸς | ἐπί τι κακόν, ὁ δ' εὐθὺς ἀκούσας ἠνιᾶτο καὶ τὸν τετιμωρημένον συμπαθῶς ἠγκαλίζετο καὶ δάκρυα τῶν ὀμμάτων ἠφίει καὶ ἀπελογεῖτο ἐλεεινοῖς ῥήμασιν.

III. Εὐεργετεῖν δὲ πάντων μᾶλλον βασιλέων ἠπίστατο, πλὴν οὐκ ἐπεμίγνυε τῇ χάριτι ταύτῃ τὴν τῆς δικαιοσύνης. ἰσότητα, ἀλλὰ τοῖς μὲν περὶ ἑαυτὸν πάσας θύρας εὐεργετη-

---

14 οὐ τὸ νῦν P : οὗτον ὂν ‖ **21-22** κουφοτάτη S : -ωτάτη ‖ **24** ἄχρι S : ἄχρη ‖ **25** ἐνίοις S : -ους ‖ **32** κατεβάλλετο S : μετεβ. ‖ **33** φλεγμαίνοντα S : -μέναντα.

III **2** ἐπεμίγνυε K : ἀπε.

portes des faveurs et pour eux il amassait l'or comme si c'était du sable, tandis que pour ceux qui étaient loin de lui, il manifestait cette vertu d'une façon plus modérée. Or, étaient ses familiers, plus que tous autres, ceux à qui il avait dès leur prime enfance retranché les membres génitaux, et dont il usait comme valets de chambre ou serviteurs privés. Ces gens n'étaient de condition ni noble ni libre, mais païenne et barbare ; et, comme ils tenaient de lui leur éducation et que, plus que tous les autres, ils s'étaient modelés sur son caractère, ils étaient jugés dignes de plus de respect et de plus d'honneur. Ils couvrirent d'ailleurs par leur caractère l'ignominie de leur état, car ils étaient généreux, prodigues de leurs richesses, empressés à rendre service et faisaient montre de toutes les autres qualités des personnes de bonne condition.

IV. Cet empereur[1], quand il était jeune encore, et que son frère était devenu maître de l'empire, avait pris pour femme une personne d'une famille noble et des plus honorées, Hélène, fille de ce fameux Alypios qui, en son temps, fut le premier entre tous ; et cette femme était belle de corps et généreuse d'âme : elle donne trois filles au basileus, et puis, elle passe de vie à trépas. Donc elle quitta ce monde après avoir rempli le temps qui lui avait été assigné ; quant à ses filles, elles furent jugées dignes d'obtenir dans le palais même une subsistance et une éducation impériales. Ces princesses, l'empereur Basile aussi les aimait fort ; mais il ne prit d'elles aucun soin un peu noble, et, tout en gardant l'empire pour son frère, c'est à lui qu'il laissait[2] la charge de leur éducation.

V. Donc, de ces trois filles, l'aînée n'avait pas précisément de ressemblance avec sa famille ; elle était, en effet, plus égale de caractère et plus délicate d'esprit, et sa beauté était moyenne, altérée qu'elle avait été au temps de son enfance par une maladie contagieuse. La princesse qui venait après elle et qui tenait le milieu des trois, celle que j'ai vue moi-même quand déjà elle

---

1. Constantin. Basile II ne se maria pas.
2. *Litt.* c'est sur lui qu'il plaçait le soin à leur sujet.

μάτων ἀνέῳγε καὶ ὡς ψάμμον αὐτοῖς τὸν χρυσὸν ἐθησαύριζε, τοῖς δὲ πόρρω ἐλάττονα τὴν ἀρετὴν ταύτην ἐδείκνυεν. Ὠικειοῦντο δὲ αὐτῷ τῶν ἄλλων μάλιστα οὓς ἐκ πρώτης ἡλικίας τῶν παιδογόνων ἀφελὼν μορίων κατευναστῆρας καὶ θαλαμηπόλους ἐκέκτητο· ἦσαν δὲ οὗτοι οὔτε τῆς εὐγενοῦς, οὔτε τῆς ἐλευθέρας τύχης, ἀλλὰ τῆς ἐθνικῆς καὶ βαρβάρου· παιδείας τε τῆς παρ' ἐκείνου τετυχηκότες καὶ ἐς τὸ ἐκείνου ἦθος μεταβαλόντες ὑπὲρ τοὺς ἄλλους αἰδοῦς τε πλείονος καὶ τιμῆς ἠξιοῦντο· καὶ οὗτοι δὲ τῇ γνώμῃ τὸ τῆς τύχης αἶσχος ἐκάλυψαν· ἐλευθέριοί τε γὰρ ἦσαν καὶ ἀφειδεῖς χρημάτων, καὶ εὐεργετῆσαι πρόθυμοι, καὶ τὴν ἄλλην καλοκἀγαθίαν ἐπιδεικνύμενοι.

IV. Οὗτος ὁ βασιλεὺς νέαν ἔτι ἄγων τὴν ἡλικίαν, ὁπότε ὁ ἀδελφὸς αὐτῷ Βασίλειος ἐγκρατὴς ἐγεγόνει τῆς αὐτοκράτορος ἀρχῆς, ἄγεται γυναῖκα ἑαυτῷ τῶν εὐγενῶν τε καὶ σεμνοτάτων, Ἑλένην ὄνομα, θυγατέρα Ἀλυπίου ἐκείνου τοῦ πάνυ, τῷ τότε χρόνῳ πρωτεύοντος. Ἦν δὲ ἡ γυνὴ καὶ τὴν ὥραν καλή, καὶ τὴν ψυχὴν ἀγαθή, καὶ τίκτει τῷ βασιλεῖ θυγατέρας τρεῖς, ἐφ' αἷς μεταλλάττει τὸν βίον· ἡ μὲν οὖν ἐπῆλθε τὸν δεδομένον χρόνον πληρώσασα, αἱ δὲ ἐπὶ τοῖς βασιλείοις αὐτοῖς βασιλικῆς ἠξιοῦντο καὶ ἀνατροφῆς καὶ παιδεύσεως. Ταύτας ἠγάπα μὲν καὶ ὁ βασιλεὺς Βασίλειος καὶ δεινῶς ἔστεργεν, οὐδὲν δέ τι γενναιότερον περὶ τούτων ἐφρόντισεν, ἀλλὰ τῷ ἀδελφῷ τὸ κράτος φυλάττων ἐπ' ἐκείνῳ τὴν περὶ τούτων φροντίδα ἔθετο.

V. Τούτων δὴ τῶν θυγατέρων ἡ μὲν πρεσβυτέρα οὐ πάνυ τι πρὸς τὸ γένος ἀνέφερεν· ὁμαλωτέρα γὰρ τὸ ἦθος ἦν καὶ τὴν γνώμην ἁπαλωτέρα, κάλλους τε μέσως ἔχουσα· διέφθαρτο γὰρ ἐξ ἔτι παιδὸς οὔσης, λοιμικοῦ ταύτην κατασχόντος νοσήματος· ἡ δὲ μετ' ἐκείνην καὶ μέση, ἣν καὶ

11 μεταβαλόντες S : μετάσχλῶντες ǁ 12 οὗτοι : ὅυτος, quod corr. in ὅυτοι altera manus ǁ 13 ἐκάλυψαν : ἐκάλυψεν, quod corr. altera manus in ἐκάλυψαν.

était entrée dans la vieillesse, était absolument royale de caractère, superbe de corps, d'un esprit tout à fait imposant et digne de respect ; je parlerai d'elle avec plus de détails dans la partie de mon histoire qui la concernera particulièrement ; pour l'instant, je passe vite. Celle qui venait après celle-ci[1], et qui était la troisième, était plus grande de taille, et elle avait la parole concise et alerte ; mais pour la beauté, elle était inférieure à sa sœur. Donc l'empereur Basile, qui était aussi leur oncle, mourut sans avoir eu à leur égard aucune pensée un peu digne d'un empereur ; et pour leur père, pas même lui, lorsqu'il eut revêtu la puissance souveraine, ne prit à leur endroit une décision un peu sage, sauf au sujet de la seconde qui était aussi la plus royale, et cela seulement quand il fut parvenu au terme de sa vie, comme notre récit le dira plus loin. Cette princesse, du reste, et la troisième des sœurs acceptaient ce qui avait paru bon à leur oncle et à leur père et elles ne cherchaient rien de plus ; pour l'aînée, Eudocie (tel était son nom), soit qu'elle ne se souciât pas du pouvoir, soit qu'elle préférât les choses du ciel, elle demande à son père de la consacrer à Dieu ; il accepte incontinent et il donne son enfant au Seigneur comme prémices et offrande de ses entrailles ; quant aux deux autres, il tenait son idée cachée ; mais n'en disons rien encore.

VI. Mon récit doit retracer le caractère de l'empereur sans rien ajouter à ce qui fut, ni sans rien abandonner. En effet, lorsqu'il eut suspendu à sa personne toute la charge de l'administration, il n'était certes pas homme à se consumer en soucis. Livrant le soin des affaires aux plus savants des hommes, il garda pour lui tout juste les audiences aux ambassadeurs et ce qui restait de facile dans l'administration : fort impérialement assis sur son trône et laissant aller sa langue à la parole, il frappait d'étonnement toutes les oreilles par l'habileté de son argumentation et la solidité de son raisonnement. En fait d'instruction, en effet, il n'avait pas appris

---

1. L'aînée des sœurs s'appelait Eudocie, la seconde Zoé, la troisième Théodora. Nous ne savons rien de leur mère, qui vécut confinée dans le gynécée. Cf. Schlumberger, *Op. laud.*, I, rééd. 298, sq.

αὐτὸς ἤδη γεγηρακυῖαν ἐθεασάμην, καὶ τὸ ἦθος βασιλικωτάτη, καὶ τὸ εἶδος λαμπροτάτη, καὶ τὴν γνώμην μεγαλοπρεπεστάτη τε καὶ αἰδέσιμος, περὶ ἧς ἐν τοῖς ἰδίοις λόγοις ἐρῶ ἀκριβέστερον, νῦν γὰρ ἐπιτρέχω τὸν περὶ αὐτῶν λόγον· ἡ δὲ μετ' ἐκείνην καὶ τρίτη, εὐμήκης μὲν τὴν ἡλικίαν, καὶ τὴν γλῶτταν σύντομός τε καὶ ἐπιτρόχαλος, τὴν δὲ ὥραν ἐλάττων τῆς | ἀδελφῆς. Ὁ μὲν οὖν βασιλεὺς καὶ θεῖος Βασίλειος οὐδὲν περὶ τούτων φρονήσας βασιλικώτερον ἀπελήλυθεν· ὁ δὲ πατήρ, ἀλλ' οὐδὲ οὗτος ὅτε τὴν αὐτοκράτορα ἡγεμονίαν ἀνείληφε, συνετώτερον περὶ αὐτῶν ἐβουλεύσατο, εἰ μὴ περὶ τῆς μέσης καὶ βασιλικωτέρας πρὸς τῷ τέλει τοῦ ζῆν γεγονώς, περὶ οὗ προϊὼν ὁ λόγος ἐρεῖ. Ἀλλ' αὕτη μὲν καὶ ἡ τρίτη τῶν ἀδελφῶν ἔστεργον τὰ δόξαντα τῷ θείῳ καὶ τῷ πατρί, καὶ οὐδέν τι πλέον περιειργάζοντο· ἡ δὲ πρεσβυτέρα, Εὐδοκία ταύτῃ τὸ ὄνομα, εἴτε ἀπογνοῦσα τὸ κράτος, εἴτε τὰ κρείττω ποθήσασα, ἀξιοῖ τὸν πατέρα καθοσιῶσαι αὐτὴν τῷ Θεῷ· ὁ δὲ αὐτίκα πείθεται, καὶ ὥσπερ ἀπαρχὴν καὶ ἀνάθημα τῶν αὐτοῦ σπλάγχνων τὴν παῖδα τῷ Κρείττονι δίδωσι· περὶ δὲ τῶν ἑτέρων ἀπορρήτως εἶχε τὰς γνώμας· ἀλλὰ μήπω περὶ τούτων.

VI. Ὁ δὲ λόγος χαρακτηριζέτω τὸν αὐτοκράτορα, μηδέν τι τοῦ πεφυκότος ἢ προστιθεὶς ἢ καθυφείς. Ἐπεὶ γὰρ εἰς ἑαυτὸν τὸ πᾶν τῆς διοικήσεως ἀνηρτήσατο, οὐχ οἷός τε δὴ ἦν φροντίσιν ἑαυτὸν καταδαπανᾶν, ἀνδρῶν τοῖς λογιωτέροις ἐγχειρίσας τὰ πράγματα, αὐτὸς τὸ μὲν ὅσον ἐς τὸ χρηματίσαι πρέσβευσιν ἢ ἄλλο τι τῶν ῥάστων διοικήσασθαι, προὐκάθητο μάλα βασιλικῶς, καὶ τὴν γλῶσσαν ἐπὶ τὸ λέγειν ἀφιεὶς πᾶσαν κατέπληττεν ἀκοήν, ἐπιχειρῶν τε καὶ ἐπενθυμούμενος. Γράμματα μὲν γὰρ οὐ πολλὰ μεμαθήκει, ἀλλὰ βραχύ τι καὶ ὅσον ἐς παῖδας ἀνήκει τῆς ἑλληνικῆς μετέσχε

V 6 γεγηρακυῖαν S : -κύαν || 6 βασιλικωτάτη S : -την || 8 αἰδέσιμος S : ἐδέσ. || 17 αὕτη S : αὗται.

VI 2 ἢ... ἢ S : ἤ... ἤ. || 3 δὴ R : δὲ || 9 μεμαθήκει S : -κοι

grand'chose ; il ne possédait qu'un peu de culture grecque, juste autant qu'il convient aux enfants d'en avoir ; mais, comme il avait reçu en partage une intelligence toute de souplesse et de grâce, et comme il avait l'avantage d'un parler délicat et plein d'agrément, les pensées qu'enfantait son esprit, sa langue les produisait brillamment. Effectivement, il dictait aussi lui-même quelques-unes des lettres impériales (car il se faisait de cela un point d'honneur), et la main la plus rapide était vaincue par la vitesse de sa dictée, bien qu'il eût la chance de posséder des secrétaires nombreux, jeunes et rapides de plume, tels qu'une vie d'homme en voit rarement ; aussi se fatiguaient-ils à la vitesse de ses paroles, et ils désignaient par certains signes la masse des pensées et des mots.

VII. Il était d'une bonne grandeur corporelle, jusqu'à atteindre au neuvième pied, et, avec cela, il était très robuste de sa nature ; son estomac était solide, et sa constitution bien appropriée à la réception de la nourriture. Il était très habile dans l'art d'accommoder une sauce, de parer un plat de couleurs et de parfums et de combiner toute préparation propre à exciter l'appétit. Il était dominé et par son ventre et par les plaisirs de l'amour[1] ; aussi lui était-il survenu une douleur aux articulations ; mieux, il avait les pieds en si mauvais état qu'il ne pouvait pas marcher. Aussi pas une personne ne l'a vu, depuis le jour où il revêtit le pouvoir souverain, user avec confiance de ses pieds pour se mouvoir ; c'est à cheval qu'il était porté, solidement assis.

VIII. Mais il était surtout fou de théâtres et de courses de chevaux, et il y mettait tous ses soins, changeant et rechangeant chevaux et attelages, sa pensée reportée toute sur les barrières [de l'hippodrome]. Aussi s'occupait-il avec intérêt de la gymnopédie depuis longtemps tenue à l'écart, et il l'introduisit de nouveau au théâtre, non pas comme un empereur qui assiste au spectacle, mais comme un champion qui lutte contre un rival ; et ce qu'il voulait, ce n'est pas que ses adversaires fussent vaincus parce qu'il était l'empereur, mais qu'ils combattissent avec habileté, afin de les vaincre avec plus

---

1. « Vir nullius frugis ac socordia insigni » dit de lui Du Cange.

παιδείας· φύσεως δὲ περιδεξίου τετυχηκὼς καὶ χαριεστέρας, καὶ γλῶτταν εὐτυχήσας ἁβρὰν περὶ τοὺς λόγους καὶ καλλιρρήμονα, οὓς ἀπὸ ψυχῆς ἐγέννα λογισμοὺς λαμπρᾷ τῇ γλώττῃ ἐμαίευεν· ἀμέλει καὶ ἐνίας τῶν βασιλείων ἐπιστολῶν αὐτὸς ὑπηγόρευεν (ἐφιλοτιμεῖτο γὰρ περὶ τοῦτο), καὶ πᾶσα χεὶρ ὀξεῖα ἡττᾶτο τοῦ τάχους τῶν ὑπηγορευμένων, καίτοι γε τοσούτους καὶ τηλικούτους ὑπογραμματέας ὀξυγράφους εὐτύχησεν, ὁποίους ὀλιγάκις ὁ βίος εἶδεν· ὅθεν πρὸς τὸ τάχος τῶν λεγομένων ἀποναρκοῦντες, σημείοις τισὶ τὸ πλῆθος τῶν τε ἐννοιῶν καὶ τῶν λέξεων ἀπεσήμαινον.

VII. Εὐμεγέθης δὲ ὢν τὸ σῶμα, ὡς εἰς ἔννατον πόδα ἀνεστηκέναι, ἔτι καὶ ῥωμαλεώτερον εἶχε τῆς φύσεως· ἔρρωτό τε αὐτῷ ἡ γαστήρ, καὶ πρὸς τὰς ὑποδοχὰς τῶν τροφῶν ἡ φύσις ἡτοίμαστο· καρυκεῦσαι δὲ δεινότατος ἐγεγόνει, χροιαῖς τε καὶ ὀσμαῖς τὰ παρατεθειμένα καταχρωννὺς καὶ πᾶσαν φύσιν πρὸς ὄρεξιν ἐκκαλούμενος. Ἥττητο δὲ καὶ γαστρὸς καὶ ἀφροδισίων, | ὅθεν αὐτῷ καὶ περὶ τὰ ἄρθρα ἀλγήματα ἐγεγόνει, μᾶλλον δὲ τὼ πόδε κεκάκωτο ἐς τοσοῦτον, ὥστε μὴ βαδίζειν δύνασθαι· ὅθεν οὐδέ τις αὐτὸν εἶδε μετὰ τὴν αὐτοκράτορα ἡγεμονίαν θαρσούντως τοῖς ποσὶ πρὸς τὴν κίνησιν χρώμενον· ἐφ' ἵππου δὲ ὀχηθεὶς ἀσφαλῶς ἡδράστο.

VIII. Μάλιστα δὲ ἐμεμήνει περί τε τὰ θέατρα καὶ ἱπποδρομίας καὶ ἐσπούδαζε περὶ ταῦτα, ἀντιδιδοὺς ἵππους καὶ ἀντιζευγνύς, καὶ περὶ τὰς ἱππαφέσεις φροντίζων· ὅθεν ἀμεληθείσης πάλαι τῆς γυμνοποδίας οὗτος αὖθις ἐφρόντιζε καὶ ἐπανήγαγεν εἰς τὸ θέατρον, οὐχ ὡς βασιλεὺς θεωρῶν, ἀλλ' ὡς τῷ ἀντικειμένῳ μέρει ἀντίτεχνος· ἐβούλετο δὲ μὴ ὡς βασιλέως ἡττᾶσθαι τοὺς ἀντιπίπτοντας, ἀλλὰ δεινῶς ἀπομάχεσθαι, ἵνα νικῴη τούτους λαμπρότερον.

11 χαρ. R: χαρᾶς ‖ 12-13 καλλιρρήμονα S : καλλιρήμονα ‖ 14 ἐμαίευεν S : -εὐεν ‖ 17 ὑπογραμματέας S : -ίας ‖ 20 ἀπεσήμαινον S : ἀπεσί.
VII 8 κεκάκωτο Κο : καὶ κάτω ‖ 10 θαρσούντως S : -σοῦντος.
VIII 6 ἀντίτεχνος S : -τέχνως ‖ 7 τοὺς insuperadd. librarius

d'éclat. Il parlait avec grâce dans les disputes et se pliait aux usages des citoyens. Donc, il était dominé par la passion des théâtres, et tout autant par celle de la chasse ; alors il surmontait la brûlure du soleil et maîtrisait sa soif ; il était surtout très habile à combattre les animaux féroces ; c'est pourquoi il avait appris à viser avec l'arc et à lancer la javeline, à tirer avec dextérité son épée et à décocher la flèche avec succès.

IX. Autant il négligeait les affaires de l'empire, autant il s'adonnait aux dés et jetons, car il était tellement dominé par ce jeu, il en avait la passion à un tel degré qu'il négligeait jusqu'aux ambassadeurs, qui restaient là à attendre quand il était tenu par une partie, et qu'il méprisait les affaires de toute première nécessité ; et il y passait des jours et des nuits consécutifs[1], et, bien que gros mangeur, il s'abstenait de toute nourriture quand il voulait jouer aux dés. C'est bien ainsi que la mort l'a surpris en train de risquer aux dés son empire, et que la vieillesse lui apporta le dépérissement obligatoire de la nature. Aussi, quand il comprit que la mort était proche, soit qu'il fût convaincu par ses conseillers, soit qu'il eût compris de lui-même ce qu'il devait faire, il commença à chercher un héritier à l'empire, auquel il allait donner comme femme la seconde de ses filles[2]. Mais comme, jusqu'à ce moment, il n'avait pas encore arrêté sa pensée d'une façon un peu ferme sur un des membres du sénat, il était alors difficile d'établir un choix sur des calculs.

X. Or, il y avait à cette époque un homme qui occupait un des premiers rangs au sénat et qui avait été élevé à la dignité d'éparque (c'est là une dignité impériale, sauf qu'elle n'a pas la pourpre). Mais il avait pris femme dès sa sortie de l'enfance, et, pour cette raison, il ne paraissait pas précisément convenir à l'empire. Si, en effet, pour ce qui concerne la naissance et la dignité, il était plus propre que les autres à l'empire, il était[3], par le fait de sa

---

1. *Litt.* et il unissait les jours aux nuits.
2. Il avait alors soixante-dix ans. La manière extraordinaire dont, à son lit de mort, il va marier sa fille Zoé, achève de nous donner une assez triste idée de sa valeur morale.
3. *Litt.* il avait le manque de conduite philosophique qui résultait de sa femme.

Ἐστωμύλλετο δὲ καὶ περὶ τὰς ἔριδας, καὶ πρὸς τὰ τῶν πολιτῶν ἔθη ἀνεκέκρατο. Θεάτρων οὖν ἥττητο, καὶ οὐδὲν ἧττον καὶ κυνηγεσίων, ἔνθα δὴ καὶ καύματος κρείττων ἦν, καὶ ψύχους ἐκράτει, καὶ πρὸς δίψος ἀντέτεινεν· μάλιστα δὲ πρὸς θήρας ἀπομάχεσθαι δεινότατος ἦν· διὰ ταῦτα οὖν τοξεύειν τε ἐμεμαθήκει, καὶ ἀφιέναι δόρυ, καὶ ξίφος ἐπιδεξίως σπάσασθαι, καὶ ἐπιτετευγμένως ἀποτοξεῦσαι.

IX. Τῶν δὲ τῆς βασιλείας πραγμάτων τοσοῦτον ἠμέλει, ὅσον περὶ πεττοὺς καὶ κύβους ἐσπούδαζεν· οὕτω γὰρ ἥττητο ταύτης τῆς παιδιᾶς καὶ ἐπὶ τοσοῦτον περὶ ταύτην ἐμεμήνει, ὥστε καὶ πρέσβεων ἐφεστηκότων ἀμελεῖν, εἰ ταύτῃ ξυνείχετο, καὶ τῶν ἄλλως ἀναγκαιοτέρων καταφρονεῖν, ἡμέρας τε ξυνῆπτε νυξί, καὶ πολυβορώτατος ὢν τροφῆς ἀπείχετο παντάπασιν, ὁπότε κυβεύειν ἐβούλετο. Οὕτω γοῦν αὐτὸν τὸ κράτος διαπεττεύοντα ὁ θάνατος κατειλήφει, καὶ τὸν ἀναγκαῖον τῆς φύσεως μαρασμὸν τὸ γῆρας αὐτῷ ἐπήνεγκεν· ὅθεν ἐπειδὴ τελευτᾶν ἐγνώκει, εἴτε τοῖς συμβούλοις πεισθεὶς εἴτε ἀφ' ἑαυτοῦ τὸ δέον ἐγνωκὼς διαπράξασθαι, περὶ τοῦ διαδεξομένου τὸ κράτος διηρευνᾶτο, ᾧ καὶ τὴν μέσην τῶν θυγατέρων κατεγγυήσασθαι ἔμελλε· μήπω δὲ πρὸ τούτου πρός τινα τῶν τῆς συγκλήτου βεβαιότερον ἐπερείσας τὸν νοῦν, δυσδιάκριτον τότε τὴν κατὰ λογισμὸν εἶχεν ἐπιλογήν.

X. Ἦν δέ τις ἀνὴρ κατ' ἐκεῖνο καιροῦ τὰ πρῶτα μὲν τῆς συγκλήτου καὶ ἐς τὸ τοῦ ἐπάρχου ἀξίωμα ἀναχθείς (βασίλειος δὲ αὕτη ἀρχή, εἰ μὴ ὅσον ἀπόρφυρος), γυναῖκα δὲ γήμας ἐξ ἔτι παιδός, καὶ διὰ ταῦτα οὐ πάνυ πρόσφορος τῷ κράτει δοκῶν· τὸ μὲν γὰρ ὅσον ἐς γένος καὶ τὸ ἀξίωμα τῶν ἄλλων ὑπῆρχε καταλληλότερος, τὸ δ' ἐπὶ τῇ γυναικὶ

9 ἐστωμύλλετο S : -μύλετο ‖ 10 ἧττον S : ἥττων ‖ 13 θήρας S : θήρας.

IX 2 πεττοὺς S : πετοὺς ‖ 3 ταύτην S : -της ‖ 4 πρέσβεων S : πρεσβεύων ‖ 8 διαπεττεύοντα S : -πετεύ. ‖ 8-9 τὸν ἀναγκαῖον — μαρασμὸν S : τῶν -καίων — μαρασμῶν ‖ 10 τοῖς S : τὶ ‖ 12 ᾧ S : δ.

X 3 αὕτη S : αὔτη

femme, peu porté à prendre son parti en philosophe et, conséquemment, pour une alliance avec le basileus, il présentait, aux yeux du monde, quelque difficulté. Voilà pour lui. Pour l'empereur Constantin, comme les circonstances ne lui permettaient pas une délibération plus longue, et comme l'approche de la mort lui enlevait la possibilité d'un examen plus exact, écartant tous les autres comme indignes d'une alliance avec la famille impériale, son raisonnement l'emporte à toutes voiles vers cet homme ; mais alors, sachant l'épouse hostile à sa résolution, il feint d'être contre le mari dans la colère la plus violente, et il envoie des gens pour lui infliger, à lui, un châtiment terrible et l'arracher, elle, à la vie mondaine. Et elle, sans deviner les dessous de cette décision et sans pénétrer le masque de la colère, se soumet sur le champ à la nécessité ; on lui tond les cheveux, on la revêt du vêtement noir et on la transporte dans un monastère, et Romain (tel est le nom du personnage) est conduit au palais pour contracter union avec la famille impériale ; tout ensemble il est vu de la plus belle des filles de Constantin et emmené au partage de sa couche et de la royauté. Quant au père, après avoir survécu tout juste autant qu'il fallait pour comprendre que le mariage était conclu, il passe de vie à trépas, laissant l'empire à son gendre Romain.

ἀφιλόσοφόν τι ὁ ἀνὴρ εἶχε, καὶ πρὸς βασιλέως κῆδος ἔχων
τι ἀπὸ τούτου τοῖς πολλοῖς πρόσαντες· | εἶχε μὲν οὕτω τὰ
περὶ τὸν ἄνδρα τοῦτον. Ὁ δὲ βασιλεὺς Κωνσταντῖνος,
ἐπειδὴ μὴ ἐδίδου ὁ καιρὸς αὐτῷ βούλευμα πλεῖον, ἀλλὰ τὸ
ἄγχου τοῦ θανάτου εἶναι ἀφῄρει αὐτὸν τὴν ἀκριβεστέραν
ἐπίσκεψιν, τῶν ἄλλων ἁπάντων κατεγνωκὼς ὡς οὐκ ἀξίων
κήδους βασιλικοῦ, ἐπὶ τοῦτον τὸν ἄνδρα ὅλοις ἱστίοις τοῦ
λογισμοῦ φέρεται· τὴν δὲ γυναῖκα ἀντικειμένην εἰδὼς τῷ
βουλεύματι, σκήπτεται μὲν κατὰ τοῦ ἀνδρὸς ὀργὴν βαρυ-
τάτην καὶ ἀπαραίτητον, καὶ πέμπει τοὺς ἐκεῖνον μὲν δεινῶς
τιμωρήσοντας, ἐκείνην δὲ τῆς κοσμικῆς ζωῆς ἀποσπά-
σοντας· ἡ δὲ οὐκ εἰδυῖα τὸ ἀπόρρητον τοῦ βουλεύματος,
οὐδὲ τὸ προσωπεῖον γνωρίσασα τῆς ὀργῆς, εὐθὺς ἑαυτὴν
πρὸς τὴν ἐπιχείρησιν ἐπιδίδωσι. Καὶ ἡ μὲν τάς τε τρίχας
ἀποτμηθεῖσα καὶ ἐσθῆτα μεταμφιεσαμένη τὴν μέλαιναν, ἐπί
τι καταγώγιον μετατίθεται, ὁ δὲ Ῥωμανὸς (τοῦτο γὰρ ὄνομα
τῷ ἀνδρὶ) ἐπὶ τὰ βασίλεια πρὸς τὸ τοῦ βασιλέως κῆδος ἀνα-
λαμβάνεται· καὶ ἡ καλλίστη τῶν τοῦ Κωνσταντίνου θυγατέρων ὁμοῦ τε ὀπτάνεται τούτῳ καὶ εἰς βασιλικὴν συμβίωσιν ἄγεται· Ὁ δέ γε πατήρ, τοσοῦτον ἐπιζήσας ὅσον
αἰσθέσθαι τῆς συνοικήσεως, μεταλλάττει τὸν βίον, τῷ
κηδεστῇ Ῥωμανῷ τὸ κράτος καταλιπών.

7 ἀφιλόσοφόν S : ἀφφίλοσον ‖ 10 πλεῖον S : πλείονα ‖ 16 ἀπαραίτητον S : -τιτον ‖ 17 τιμωρήσοντας S : -ρίσοντας ‖ 18 εἰδυῖα S : εἰδύα ‖
21 μεταμφιεσαμένη S : -ασαμένη ‖ 27 αἰσθέσθαι S : ἐσθέσθαι ‖ 27 μεταλλάττει S : μεταλάττει.

TOME TROISIÈME

ROMAIN III (1028-1034).

I. Devient donc empereur le gendre de Constantin, Romain [III], qui devait à sa famille le nom d'Argyropole[1]. Or, ce Romain, comme convaincu que son règne marquait le commencement d'une dynastie[2] — car en la personne de son beau-père Constantin avait pris fin la famille impériale issue de Basile le Macédonien —, tournait ses regards vers une lignée future ; pourtant, il devait non seulement limiter l'empire à sa personne, mais encore, après avoir vécu très peu de temps, et d'une vie pleine de maladies, rendre l'âme d'une façon soudaine, comme le récit qui suit le montrera plus clairement. A partir d'ici, notre histoire sera plus exacte que la précédente. En effet, l'empereur Basile est mort quand j'étais encore un petit enfant, et Constantin, quand j'étais initié aux premiers éléments des lettres et sciences : ainsi donc, je ne me suis pas trouvé en leur présence ; je ne les ai pas entendus parler ; si même je les ai vus, je ne le sais pas, parce que mon âge n'était pas encore capable de retenir un souvenir ; mais pour Romain, je l'ai vu ; une fois même, je lui ai parlé ; ce que donc j'ai dit des deux premiers, c'est sur des renseignements venus d'autrui, tandis que le dernier, je le peindrai de moi-même, sans avoir appris d'un autre [ce que j'en dirai].

II. Ce prince donc avait été nourri dans les lettres grecques, et il avait eu part aussi à cette culture qui s'attache aux lettres latines. Il avait la parole délicate

---

1. *Litt.* fils d'Argyre. Sur ce prince, cf. Schlumberger, *L'ép. byz.*, III, 81 sqq.
2. *Litt.* d'une période.

ΤΟΜΟΣ ΤΡΙΤΟΣ

ΡΩΜΑΝΟΣ Γ' (1028-1034).

I. Γίνεται λοιπὸν αὐτοκράτωρ ὁ ἐκείνου γαμβρὸς Ῥωμανὸς τὴν τοῦ Ἀργυροπώλου κλῆσιν ἐκ τοῦ γένους λαχών. Οὗτος τοίνυν ὁ Ῥωμανός, ὥσπερ ἀρχὴν περιόδου τὴν ἡγεμονίαν οἰηθείς, ἐπειδὴ ἐς τὸν πενθερὸν Κωνσταντῖνον τὸ βασίλειον γένος ἀπετελεύτησεν ἐκ Βασιλείου τοῦ Μακεδόνος ἠργμένον, εἰς μέλλουσαν ἀπέβλεπε γενεάν· ὁ δὲ ἔμελλεν ἄρα οὐ μόνον ἑαυτῷ περιγράψειν τὸ κράτος, ἀλλὰ καὶ βραχύν τινα ἐπιβιώσας χρόνον, καὶ τοῦτον νοσερόν, ἀθρόον τὴν ψυχὴν ἀπορρῆξασθαι, περὶ οὗ δὴ προϊὼν ὁ λόγος δηλώσει σαφέστερον. Ἡ δὲ ἐντεῦθεν τῆς ἱστορίας γραφὴ ἀκριβεστέρα τῆς προλαβούσης γενήσεται· ὁ μὲν γὰρ βασιλεὺς Βασίλειος ἐπὶ νηπίῳ μοι τετελεύτηκεν, ὁ δέ γε Κωνσταντῖνος ἄρτι τὰ πρῶτα τελουμένῳ μαθήματα· οὔτε γοῦν παρεγενόμην αὐτοῖς, οὔτε ἠκροασάμην λαλούντων, εἰ δὲ καὶ ἑωράκειν οὐκ οἶδα, οὔπω μοι τῆς ἡλικίας ἐς κατοχὴν μνήμης διωργανωμένης· τὸν δέ γε Ῥωμανὸν καὶ τεθέαμαι, καὶ ἅπαξ ποτὲ προσωμίλησα· ὅθεν περὶ ἐκείνων μὲν ἐξ ἑτέρων τὰς ἀφορμὰς εἰληφὼς εἴρηκα, τοῦτον δὲ αὐτὸς ὑπογράφω, οὐ παρ' ἑτέρῳ μεμαθηκώς.

II. Ἦν μὲν οὖν ὁ ἀνὴρ καὶ λόγοις ἐντεθραμμένος ἑλληνικοῖς καὶ παιδείας μετεσχηκὼς ὅση τοῖς Ἰταλῶν λόγοις

I 5-6 Μαχεδόνος S : Μακέδονος ‖ 8 ἀθρόον S : ἀθρῶον ‖ 9 ἀπορρήξασθαι R : ἀπορρεύ. ‖ 10 δηλώσει S : διλώσ(ει) h. e. per compendium; sic : διλώ ‖ 11 γενήσεται P K : γενήσεως.

II 2 τοῖς Ἰταλῶν S : τῆς Ἰταλῶν

et la voix pleine de majesté ; c'était un héros par la stature, et, par le visage, un vrai roi. Mais il croyait savoir plus de choses qu'il n'en savait. En voulant assimiler son empire à celui des grands Antonins d'autrefois, à Marc, ce philosophe accompli, et à Auguste, il s'attachait à ces deux choses, l'étude des lettres et la science des armes ; mais cette dernière, il en était absolument ignorant, et quant aux lettres, il n'en possédait la connaissance que loin du fond et superficiellement. Mais cette croyance en son savoir et le fait de se tendre au-delà de la mesure de son âme[1] l'ont conduit à se tromper dans les choses les plus graves. Il va sans dire, que si quelques étincelles de sagesse couvaient sous la cendre, il les ravivait, et il cataloguait toute la lignée[2] des philosophes et des orateurs et de tous ceux qui se sont occupés des lettres et sciences, ou plutôt, qui ont cru s'en occuper.

III. Car ils sont peu nombreux, les érudits que nourrit cette époque, et encore, ils s'arrêtaient au vestibule des dogmes d'Aristote et ne débitaient que les symboles platoniciens, sans rien savoir des choses cachées ni même de ce qui a fait l'objet des travaux des hommes adonnés à la dialectique ou à l'épidictique. Aussi, comme il n'y avait pas de critérium sûr, leur jugement sur ces philosophes était entaché d'erreur. Donc, les propositions des questions tirées de nos Livres Saints étaient bien mises en avant ; mais la plupart des problèmes douteux restaient sans solution. Car, ce qui faisait l'objet en quelque sorte de leurs recherches, c'était à la fois la continence et la conception, la virginité et l'accouchement[3], et l'on scrutait les choses surnaturelles. Et l'on pouvait voir la royauté revêtir un extérieur philosophique ; mais tout cela n'était que masque et faux semblant, et non pas épreuve et recherche exacte de la vérité.

IV. Laissant un peu ces discussions, le prince derechef se jetait dans les boucliers, et la conversation l'amenait aux jambières et aux cuirasses, et le projet était d'occu-

---

1. Cf. Soph., *Ant.*, 711 τὸ μὴ τείνειν ἄγαν.
2. Phrase obscure. *Litt.* il les amoncelait (comme on entasse du petit bois pour faire flamber le feu) et il cataloguait toute la lignée, j'entends les philosophes et les orateurs.
3. Le problème ardu de la *parthénogénésis*.

ΡΩΜΑΝΟΣ Γ' 33

ἐξήρτυτο, ἁβρός τε τὴν γλῶτταν καὶ τὸ φθέγμα ὑπόσεμνος, ἥρως τε τὴν ἡλικίαν καὶ τὸ πρόσωπον | ἀτεχνῶς ἔχων βασίλειον. Πολλαπλάσια δὲ ᾤετο εἰδέναι ὧνπερ ἐγίνωσκεν· βουλόμενος δὲ ἐς τοὺς ἀρχαίους Ἀντωνίνους ἐκείνους, τόν τε φιλοσοφώτατον Μάρκον καὶ τὸν Σεβαστὸν, ἀπεικάσαι τὴν ἑαυτοῦ βασιλείαν, δυοῖν τούτων ἀντείχετο, τῆς τε περὶ τοὺς λόγους σπουδῆς καὶ τῆς περὶ τὰ ὅπλα φροντίδος· ἦν δὲ θατέρου μὲν μέρους τέλεον ἀδαής, τῶν δὲ λόγων τοσοῦτον μετεῖχεν, ὅσον πόρρω τοῦ βάθους καὶ ἐπιπόλαιον· ἀλλὰ τὸ οἴεσθαι καὶ τὸ πλεῖον τοῦ τῆς ψυχῆς μέτρου συντείνειν ἑαυτὸν, ἐν τοῖς μεγίστοις τοῦτον ἠπάτησεν. Ἀμέλει καὶ εἴ που σπινθῆρές τινες σοφίας ὑπὸ σποδιᾷ παρεκρύπτοντο, ἀνεχώννυε, καὶ πᾶν γένος κατέλεγε, φιλοσόφους φημὶ καὶ ῥήτορας καὶ τοὺς ὅσοι περὶ τὰ μαθήματα ἐσπουδάκασιν ἢ μᾶλλον σπουδάσαι ᾠήθησαν.

III. Βραχεῖς γὰρ ὁ τηνικαῦτα χρόνος λογίους παρέτρεφε, καὶ τούτους μέχρι τῶν Ἀριστοτελικῶν ἑστηκότας προθύρων, καὶ τὰ Πλατωνικὰ μόνον ἀποστοματίζοντας σύμβολα, μηδὲν δὲ τῶν κεκρυμμένων εἰδότας, μηδ' ὅσα οἱ ἄνδρες περὶ τὴν διαλεκτικὴν ἢ τὴν ἀποδεικτικὴν ἐσπουδάκασιν· ὅθεν τῆς ἀκριβοῦς οὐκ οὔσης κρίσεως, ἡ περὶ ἐκείνους ψῆφος ἐψεύδετο· αἱ μὲν οὖν τῶν ζητημάτων προβολαὶ ἀπὸ τῶν ἡμετέρων λογίων προετείνοντο, τῶν δὲ ἀπορουμένων τὰ πλείω ἄλυτα καθεστήκει· ἐζητεῖτο γάρ πως ὁμοῦ καὶ ἀμιξία καὶ σύλληψις, παρθένος τε καὶ τόκος, καὶ τὰ ὑπὲρ φύσιν διηρευνῶντο· καὶ ἦν ὁρᾶν τὸ βασίλειον σχῆμα μὲν φιλόσοφον περικείμενον, ἦν δὲ προσωπεῖον τὸ πᾶν καὶ προσποίησις, ἀλλ' οὐκ ἀληθείας βάσανος καὶ ἐξέτασις.

IV. Βραχὺ δὲ τῶν λόγων ἀφέμενος, αὖθις καὶ ταῖς ἀσπίσι προσῄει, καὶ ἐς κνημῖδας καὶ θώρακας ἐπένευεν

3 ἐξήρτυτο Κ : -τητο ‖ 3 φθέγμα S : φύεγμα (?) ‖ 8 ἀντείχετο S : ἀντίχετο ‖ 12 τὸ οἴεσθαι S : τὸν οἴ. ‖ 16 ἐσπουδάκασιν S : -δακῶσιν.

per toutes les régions barbares, tant celles de l'Orient que celles de l'Occident, et il voulait les subjuguer non en paroles, mais par les armes. Or donc, ce double penchant[1] de l'empereur, s'il n'avait pas été vanité et faux semblant, mais véritable disposition d'esprit, eût été grandement utile à l'État ; aussi Romain ne fit-il rien de plus que d'entreprendre ; ou plutôt donc, comme il avait amplifié les choses par ses espérances, il les a abattues, pour ainsi dire, par ses actions. Mais mon récit, avant de mettre debout le vestibule de son histoire, en a produit la fin, à cause de mon empressement. Revenons donc d'ores et déjà à la genèse de son empire.

V. Quand il fut jugé digne du diadème, ayant été choisi de préférence aux autres, lui-même, tout âgé qu'il était, il se persuadait faussement qu'il vivrait de longues années dans la pourpre, croyant en cela ses devins, et qu'il laisserait après lui une postérité qui suffirait à de nombreuses successions au trône. Mais il ne paraissait pas avoir assez longue vue pour reconnaître que la fille de Constantin, à laquelle il avait été uni lors de son accès au pouvoir, avait dépassé le temps propre à la grossesse et que déjà elle avait la matrice trop sèche pour la conception (elle se trouvait, en effet, dans la cinquantième année de son âge quand elle se maria avec Romain). Mais ce qu'il voulait, même en dépit de l'impossibilité physique, il s'y attachait plus fortement que tous les raisonnements. Ainsi, sans même prêter attention à la condition *sine quâ non* de la grossesse, il ajoutait foi à tous ceux qui se faisaient fort d'éteindre et ensuite de rallumer la nature, et il s'adonnait à des onctions et à des frictions, et il en prescrivait à sa femme. Et elle, elle allait plus loin encore : initiée à la plupart des pratiques magiques, elle appliquait sur sa personne de petits cailloux, se suspendait des amulettes, se ceignait de bandelettes et étalait autour de son corps toutes les autres futilités. Cependant, comme jamais ne se réalisait leur

---

1. Phrase obscure. L'idée est la suivante : ce double penchant vers les lettres et la guerre, s'il avait été réel, et non feinte et vanité, eût été utile à l'État. Mais il n'en était pas ainsi chez le basileus. Aussi Romain ne fit-il que des tentatives, qui aboutirent à un *fiasco*.

αὐτὸν ὁ διάλογος, καὶ ἡ ἐπιχείρησις ἅπαν ἑλεῖν τὸ βάρβαρον ὅσον τε ἔῳον καὶ ὅσον ἑσπέριον· ἐβούλετο δὲ τοῦτο οὐ λόγοις δουλοῦν, ἀλλ' ὅπλοις τυραννεῖν. Ἡ τοίνυν τοῦ βασιλέως περὶ ἄμφω ῥοπή, εἰ μὴ οἴησις καὶ προσποίησις ἦν, ἀλλ' ἀληθεστάτη κατάληψις, μέγα τι ἐλυσιτέλησε ⟨ἂν⟩ τῷ παντί. ὅθεν οὐδὲν πλέον τῶν ἐγχειρήσεων ἔδρασε, μᾶλλον μὲν οὖν ταῖς ἐλπίσιν ὑψώσας τὰ πράγματα, ταῖς πράξεσιν, ἵν' οὕτως εἴπω, ἀθρόον κατέβαλεν. Ἀλλ' ὁ λόγος, πρὶν ἢ τὰ περὶ ἐκεῖνον στῆσαι προπύλαια, τὸ τοῦ παντὸς τέλος ὑπὸ προθυμίας ἀπεσχεδίασεν· ἐπαναγέσθω οὖν ἐπὶ ταύτην ἤδη τοῦ περὶ ἐκεῖνον κράτους τὴν γένεσιν.

V. Ἐπειδὴ γὰρ ἠξιώθη τοῦ διαδήματος, παρὰ τοὺς ἄλλους κριθείς, αὐτός' τε πολυετὴς ἔσεσθαι ἠπατᾶτο τῇ βασιλείᾳ, τοῖς περὶ τοῦτο πειθόμενος μάντεσι, καὶ γένος καταλείψειν εἰς πολλὰς ἀρκέσον διαδοχάς, καὶ οὐδὲ τοσοῦτον διαλείπειν ἐδόκει ὡς ἡ τοῦ Κωνσταντίνου θυγάτηρ, ᾗ συνῴκησεν εἰς τὸ κράτος ἀναρρηθείς, τὸν τοῦ κύειν ὑπερ|αναβεβήκει χρόνον καὶ τὴν νηδὺν ἤδη ξηρὰν εἶχεν πρὸς τέκνων γονήν (πεντηκοστὸν γὰρ ἔτος εἶχε τῆς ἡλικίας ὁπηνίκα κατηγγυήθη τῷ Ῥωμανῷ). Ἀλλ' ὅπερ ἐβούλετο καὶ πρὸς τὴν φυσικὴν ἀδυναμίαν ἐρρωμενέστερον εἶχε τοῖς λογισμοῖς· δυε: οὐδὲ τῷ αἰτίῳ μόνῳ τοῦ κύειν προσεῖχε τὸν νοῦν, ἀλλὰ τοῖς αὐχοῦσι σβεννύειν τὴν φύσιν καὶ αὖθις ἐπεγείρειν οὐδὲν ἧττον προσέκειτο, ἀλείμμασί τε καὶ τρίμμασιν ἑαυτὸν ἐδίδου καὶ τῇ γυναικὶ προσέταττεν· ἡ δ' ἔτι καὶ πλέον ἐποίει, τελουμένη τὰ πλείω, καὶ ψηφίδας τινὰς προσαρμοζομένη τῷ σώματι, προσαρτῶσά τε ἑαυτὴν προσαρτήμασι καὶ ἅμμασι περιδέουσα καὶ τὴν ἄλλην φλυαρίαν περὶ τὸ σῶμα ἐπιδεικνυμένη. Ὡς δ' οὐδαμοῦ τὸ ἐλπιζόμενον κατεφαίνετο,

IV 4 τοῦτο S : τοῦτον || 5 δουλοῦν S : δηλοῦν || 5 Ἡ add. altera manus || 6 ῥοπή S : ῥοπὴ || 7 ἂν add. R || 12 ἀπεσχεδίασεν S : -σε || 13 ἐκεῖνον S : ἐκεῖν.

V 6 τὸν S : τὴν || 14 ἡ S : ἐι || 18 ἐπιδεικνυμένη S : -νην.

espoir, le basileus renonça à toutes ces pratiques et se mit à prêter moins d'attention à l'impératrice ; en effet, il se trouvait, c'est bien vrai, un peu lourd de désirs et épuisé de constitution, car il dépassait de plus de dix ans l'âge de l'impératrice.

VI. Lui qui avait été d'une grande munificence dans la distribution des dignités d'État et qui s'était montré plus somptueux que la plupart des princes dans les dépenses impériales, dans les faveurs et dans les donations, comme s'il était survenu un fait nouveau et un changement radical, vite l'esprit de telles largesses l'abandonna ; ayant soudain respiré, vite il se remit[1] et il parut différent de lui-même et désajusté des affaires. Car, loin de mesurer sa descente d'une façon régulière, d'un seul coup il tomba du sommet le plus haut. Quant à l'impératrice, elle fut piquée de deux choses beaucoup plus que de tout le reste, et de ce que l'empereur ne l'aimait pas, et ce qu'elle n'avait pas d'argent en quantité suffisante pour en user largement, car le basileus lui avait fermé le trésor et ses richesses, et elle vivait d'une donation fixe en numéraire. Toujours est-il qu'elle était furieuse contre l'empereur et contre tous ses conseillers en cette matière ; et eux, ils le savaient, et ils n'en prenaient que mieux leurs précautions contre elle, en particulier Pulchérie, la sœur de l'empereur, femme, certes, d'un esprit d'une étonnante élévation[2], et qui était de quelque utilité à son frère. Mais celui-ci, comme s'il avait fait avec quelque nature supérieure des contrats touchant le pouvoir, et comme s'il avait reçu de cette nature l'assurance d'une gloire inébranlable, n'avait cure des soupçons qu'on voulait lui faire concevoir.

VII. Ayant tourné son esprit vers la gloire des trophées, il faisait des préparatifs contre les barbares d'Orient et contre ceux d'Occident. Mais pour les barbares d'Occident, rien ne lui paraissait grand, quand bien même il les eût facilement vaincus ; au contraire, s'il se tournait vers ceux de l'Orient, il trouvait qu'il y avait là matière

---

1. Phrase obscure. Le sens ordinaire de διαπνέω, reprendre haleine, qui continue la métaphore πνεῦμα... πνεύσας ne cadre pas avec la fin de la phrase.
2. *Litt.* qui élevait étonnamment sa pensée.

τούτου τε άπεγνώκει ό βασιλεύς, και τη βασιλίδι έλαττον προσείχε τον νουν· ην γαρ ως αληθώς και την γνώμην ύπονωθέστερος και διερρυηκώς την έξιν του σώματος (πλέον γαρ ή δέκα έτεσι την της βασιλίδος ήλικίαν ύπεραναβεβήκει).

VI. Φιλοτιμότατος δε περί τας άρχάς του κράτους γενόμενος, και λαμπρότερος των πλείστων αυτοκρατόρων εν τε ταις βασιλικαις δαπάναις δειχθείς, έν τε ευεργεσίαις και αναθήμασιν, ώσπερ τινός γεγονότος καινού και αθρόας μεταβολής, ταχύ τούτον το πνεύμα των τοιούτων έπέλιπεν επιδόσεων, και αθρόον πνεύσας ταχύ διέπνευσε, και ανόμοιος έαυτω και τοις πράγμασιν ακατάλληλος έδοξεν· ου γαρ έμέτρησε κατά λόγους την ύφεσιν, αλλ' άθρόον έξ ύψηλοτάτης καταβεβήκει περιωπής. Την δε βασιλίδα δύο ταύτα μάλλον των άλλων ύπέκνισε, τό τε μη εράν αυτής τον κρατούντα και το μη έχειν αφθόνως χρήσθαι τοις χρήμασιν· έπέκλεισε γαρ αυτή τα ταμεία και τους θησαυρούς έπεσφράγισε, και προς διαμεμετρημένην έζη χρημάτων έπίδοσιν· μεμήνει γούν αύτω τε και τοις όσοις συμβούλοις έχρητο περί το πράγμα· οι δε τούτο ήπίσταντο και πλέον αυτήν έφυλάττοντο, και μάλλον ή του αυτοκράτορος αδελφή Πουλχερία, γυνή δε φρόνημα αίρουσα και τι λυσιτελούσα τω άδελφω. Άλλ' ούτος ώσπερ πρός τινα κρείττονα φύσιν γραφάς περί της βασιλείας πεποιηκώς, και παρ' έκείνης το έχέγγυον της αμετακινήτου δόξης απειληφώς, αφροντίστως είχε των υπονοουμένων.

VII. Έπι δε την από των τροπαίων εύκλειαν τρέψας τον νουν, κατά τε των προς την έωαν βαρβάρων και των προς την έσπέραν ήτοίμαζεν εαυτόν· άλλα και τους μεν προς την έσπέραν ουδέν έδόκει αύτω μέγα, ει και ραδίως καταγωνίσαιτο· ει δ' έπι τους προς ανίσχοντα τρέψοιτο

VI 6-7 ανόμοιος S : -μιος ‖ 18 ούτος S : ούτε.
VII 1 έπι S : έπει

à se comporter d'une manière imposante et à conduire
fastueusement les affaires de l'empire. Aussi combina-t-il,
bien qu'il n'en existât point[1], un prétexte de guerre contre
les Sarrazins qui habitaient la Célésyrie et dont la capitale est Chalep[2] (ainsi la désignent-ils dans leur langue
nationale). Donc, il se mit à concentrer et à organiser une
armée contre ces Sarrazins, rendant plus nombreux les
rangs de ses combattants, imaginant de nouvelles formations, groupant des forces étrangères et enrôlant des
forces nouvelles, comme s'il voulait au premier assaut se
rendre maître du pays barbare. Car il croyait que s'il
rendait l'armée plus nombreuse que d'habitude, ou plutôt, que s'il multipliait le bataillon romain, personne ne
serait en état de lui résister, à lui qui ferait l'invasion avec
une telle masse de combattants nationaux et alliés. Et,
bien que ceux qui occupaient les premiers rangs à l'armée
le détournassent de son projet d'attaque contre les
barbares et qu'ils eussent grand peur de ces derniers,
il préparait avec magnificence les couronnes dont il
ceindrait sa tête dans la proclamation des triomphes.

VIII. Quand donc lui parurent suffisants ses préparatifs en vue d'une attaque, il sortit de Byzance pour
s'avancer dans le pays des Syriens[3]. Lorsqu'il occupa
Antioche, splendide fut la cérémonie de son entrée
dans la ville ; la procession qu'il étala fut royale, certes,
mais d'un appareil théâtral, indigne de combattants et
incapable de frapper d'épouvante l'esprit des ennemis.
Les barbares qui, pour leur part, avaient envisagé la
chose avec plus de logique, envoient tout d'abord des
ambassadeurs à l'empereur, disant « qu'ils ne désiraient
pas la guerre, qu'ils n'ont donné au prince aucun prétexte
à hostilités, qu'ils s'en tiennent aux traités de paix, qu'ils
ne violent pas les stipulations conclues[4] et qu'ils ne transgressent pas leurs serments ; mais, puisqu'une telle force
est suspendue sur leur tête, si le prince se montre inexorable, dès maintenant ils se préparent, après s'en être

---

1. Entendez : dans la réalité.
2. Alep. Cf. Schlumberger, *Un emp. byz.*, rééd. p. 178 ; *L'ép. byz.*, III, p. 70 sqq.
3. En 1030, contre l'émir Chibl Eddaulèh.
4. *Litt.* précédentes.

ἥλιον, σεμνῶς τε ἕξειν ἐντεῦθεν ἐδόκει καὶ ὑπερόγκως τοῖς τῆς βασιλείας χρήσασθαι πράγμασιν. Διὰ ταῦτα καὶ μὴ οὖσαν πλασάμενος πολέμου πρόφασιν κατὰ τῶν πρὸς τῇ Κοίλῃ Συρίᾳ κατοικησάντων Σαρακηνῶν, ὧν οἷά τις μητρόπολις Χάλεπ (οὕτω ἐγχωρίῳ γλώττῃ καλούμενον), πᾶσαν ἐπ' ἐκείνους συνήθροιζε καὶ συνέταττε στρατιὰν, ἀριθμῷ τε πλείους τὰς τάξεις ποιῶν καὶ ἑτέρας ἐπινοούμενος, ξενικάς τε συγκροτῶν δυνάμεις καὶ νέαν ἐγκαταλέγων πληθὺν, ὡς αὐτοβοεὶ αἱρήσων τὸ βάρβαρον· ᾤετο γὰρ, ὡς εἰ πλείω τοῦ ὡρισμένου τοῦ στρατοπέδου τὸν ἀριθμὸν ποιήσειε, μᾶλλον δὲ εἰ πολλαπλασιάσειε τὸ Ῥωμαϊκὸν σύνταγμα, μηδενὶ ἂν φορητὸς γενέσθαι, τοσούτῳ ἐπιὼν πλήθει ἰδίῳ τε καὶ συμμαχικῷ. Ἀλλὰ καὶ τῶν τὰ πρῶτα τοῦ στρατοῦ λαχόντων ἀποτρεπομένων αὐτῷ τὴν ἐπὶ τοὺς βαρβάρους ἐπέλευσιν καὶ πολλὰ περὶ τούτων καταδειμαινόντων, ὁ δὲ καὶ τοὺς στεφάνους οἷς τὴν κεφαλὴν ταινιώσαιτο ἐπὶ τῇ τῶν τροπαίων ἀναρρήσει πολυτελῶς κατεσκεύαζεν.

VIII. Ἐπεὶ οὖν αὐτῷ αὐτάρκη τὰ πρὸς τὴν ἔξοδον ἔδοξεν, ἄρας ἀπὸ τῆς Βυζαντίδος ἐπὶ τὴν Σύρων ἤλαυνε γῆν· ὡς δὲ τὴν Ἀντιόχου κατέλαβε, λαμπρὰ μὲν αὐτῷ τὰ εἰς τὴν πόλιν ἐγεγόνεισαν εἰσιτήρια, βασίλειον μὲν ἐπιδεικνύμενα τὴν πομπὴν, μᾶλλον δὲ θεατρικὴν τὴν παρασκευὴν, οὐκ ἀξιόμαχα δὲ, οὐδὲ πολεμίων γνώμην ἐκπλῆξαι δυνάμενα. Οἱ δέ γε βάρβαροι, λογικώτερον παρ' ἑαυτοῖς περὶ τοῦ πράγματος διελόμενοι, πρῶτα μὲν πρέσβεις πεπόμφασι πρὸς τὸν αὐτοκράτορα, ὡς οὔτε πολεμεῖν βούλοιντο, οὔτ' ἐκείνῳ ἀφορμὴν πολέμου δεδώκασιν, ἐμμένουσί τε ταῖς περὶ τὴν εἰρήνην συνθήκαις καὶ τὰ φθάσαντα οὐ παραβαίνουσιν ὅρκια, οὐδὲ τὰς σπονδὰς ἀθετοῦσι· τοιαύτης δ' ἀπῃωρημένης αὐτοῖς χειρὸς, εἰ ἀπαραιτήτως ἔχοι, νῦν πρώτως

14 αἱρήσων τὸ S : αἱρήσσων τὸν ‖ 15 τὸν S : τῶν ‖ 16 πολλαπλασιάσειε S : -πλάσειε ‖ 21 ταινιώσαιτο S : ταινιῶσαι τὸ.

VIII 4 ἐγεγόνεισαν S : -νησαν ‖ 10 τε S : σε

remis à la fortune de la guerre ». Telles étaient donc les propositions de l'ambassade. Mais le basileus, comme préparé à cette unique fin et de ranger des troupes et de les mettre en bataille, de dresser des embuscades et de fourrager en territoire ennemi, de creuser des fossés et de détourner des rivières, de prendre des forteresses et de faire tout ce que la tradition raconte des grands Trajans et des Adriens, et, en remontant plus haut, des Augustes et des Césars, et, plus anciennement encore, d'Alexandre, le fils de Philippe, renvoya l'embassade comme pacifique[1], et n'en poussa que plus avant ses préparatifs de guerre, non pas en choisissant les meilleurs [hommes] pour atteindre son but, mais en décidant par la grande masse, en qui il avait toute confiance.

IX. Comme il était sorti d'Antioche et qu'il allait plus avant, une partie de l'armée barbare — tous avec leur équipement particulier[2] sur leurs chevaux à poil[3], et pleins d'audace — dressa de part et d'autre une embuscade à l'armée [impériale]. Tout d'un coup, ils apparurent sur les hauteurs ; poussant leur cri de guerre, par la soudaineté du spectacle, ils causèrent une profonde terreur ; avec les caracoles et les charges de leurs chevaux, ils assourdirent les oreilles de leurs ennemis, leur donnant l'illusion de la multitude par le fait de ne pas combattre en rangs serrés mais de courir séparément et sans ordre ; et ainsi, ils jetèrent parmi les forces romaines une telle épouvante, et ils répandirent une telle panique dans cette armée si nombreuse et si belle, et ils abattirent comme d'une secousse leur courage à un point tel, que chacun prit la fuite dans l'appareil où il avait été surpris, sans aucun souci des autres. Car ceux qui par hasard étaient alors à cheval, faisant faire volte-face à leurs montures, prirent la fuite de toutes leurs forces ; les autres n'eurent pas même le temps d'enfourcher leurs chevaux et les abandonnèrent au premier maître qui se trouva, chacun

---

1. Au rebours de Basile II, qui faisait la guerre pour avoir la paix (cf. Hist. de Basile II, chap. XXXIII), Romain faisait la guerre pour la guerre.
2. J'entends αὐτόσκευοι au sens de αὐτοῖς σκέυεσι : avec leur propre équipement.
3. *Litt.* à poil (nus) sur leurs chevaux. Hypallage.

παρασκευάζονται, τῇ τοῦ πολέμου τύχῃ ἑαυτοὺς ἐπιτρέψαντες. Ἡ μὲν οὖν πρεσβεία ἐπὶ τούτοις ἦν· ὁ δὲ βασιλεὺς, ὥσπερ ἐπὶ τούτῳ μόνῳ παρασκευασάμενος, ἐφ' ᾧ τάξεταί τε καὶ ἀντιπαρατάξεται, καὶ λοχήσει καὶ προνομεύσει, διώρυχάς τε ποιήσει καὶ ποταμοὺς μετοχετεύσει καὶ φρούρια ἐξελεῖται, καὶ ὁπόσα ἀκοῇ ἴσμεν παρὰ τοῖς Τραϊανοῖς ἐκείνοις καὶ Ἀδριανοῖς καὶ ἔτι ἄνω παρὰ τοῖς Σεβαστοῖς γενόμενα Καίσαρσι, καὶ πρὸ ἐκείνων παρὰ Ἀλεξάνδρῳ τῷ τοῦ Φιλίππου, τήν τε πρεσβείαν ὡς εἰρηνικὴν ἀπεπέμψατο, καὶ ἔτι μᾶλλον τὰ πρὸς τὸν πόλεμον ἐξηρτύετο, οὐ τοὺς ἀρίστους πρὸς τὸν σκοπὸν ἐκλεγόμενος, ἀλλὰ καὶ τῷ πολλῷ διαιτῶν πλήθει, καὶ ἐπὶ τούτοις τεθαρρηκώς.

IX. Ὡς δὲ καὶ τὴν Ἀντιόχου ἀφεὶς | προσωτέρω παρῄει, μοῖρά τις τοῦ βαρβαρικοῦ στρατοπέδου, αὐτόσκευοι πάντες καὶ γυμνοὶ ἐφ' ἵππων καὶ τολμητίαι, ἑκατέρωθεν λοχήσαντες τοῦ στρατοῦ, ἀθρόον αὐτοῖς ἀπὸ τῶν μετεώρων ἐπιφανέντες, καὶ τὸ ἐνυάλιον ἀλαλάξαντες, τῷ τε καινῷ τῆς θέας καταδειμάναντες, καὶ τοῖς τῶν ἵππων δρόμοις καὶ καταδρόμοις κατάκροτον αὐτοῖς πεποιηκότες τὴν ἀκοήν, πλήθους τε φαντασίαν πεποιηκότες τῷ μὴ συνασπίζειν, ἀλλὰ διῃρημένως καὶ ἄτακτα θεῖν, οὕτω τὰς Ῥωμαίων δυνάμεις κατέπτηξαν καὶ τοσαύτην πτοίαν τῷ πολλῷ ἐκείνῳ στρατῷ εἰσεποίησαν καὶ οὕτως αὐτοῖς κατέσεισαν τὰ φρονήματα, ὥστε ἐν ᾧ σχήματι κατείληπτο ἕκαστος, οὕτω τὴν φυγὴν διατίθεσθαι καὶ μηδενὸς ἑτέρου φροντίδα τίθεσθαι. Ὅσοι μὲν γὰρ ἱππεύοντες τηνικαῦτα ἔτυχον, τοὺς ἵππους μεταστρεψάμενοι ἀνὰ κράτος ἔθεον, οἱ δ' ἄλλοι μηδ' ἀναβῆναι τοὺς ἵππους ἀναμείναντες, τούτους μὲν τῷ προστυχόντι δεσπότῃ ἠφίεσαν, ἕκαστος δ' ἐκείνων ὡς εἶχε δρόμου ἢ πλάνης τὴν

16 τούτῳ S : τοῦτο ‖ 18 μετοχετεύσει S : -χευτεύσει ‖ 21 πρὸ S : πρὸς ‖ 24 ἐκλεγόμενος S : να.

IX 5-6 καταδειμάναντες S : -μανέντες ‖ 7 πεποιηκότες S : -κότων ‖ 8-9 διῃρημένως K : -νους ‖ 11 κατέσεισαν S : -πεισαν ‖ 12 κατείληπτο S : -είληπτω ‖ 14-15 μεταστρεψάμενοι Ko : μετατρ.

d'eux cherchant son salut comme il pouvait, soit en courant, soit en errant à l'aventure ; et c'était une chose qui surpassait toute attente que le spectacle d'alors. Car des hommes qui avaient conquis toute la terre et qui, dans les préparatifs de la guerre et dans les arrangements des troupes, s'étaient rendus invincibles à toute multitude barbare, ne purent alors supporter même la vue de leurs ennemis ; mais, comme frappés du tonnerre de leur voix, ils furent bouleversés et dans leurs oreilles et dans leurs âmes, et, tels des vaincus, sur toute la ligne ils firent demi-tour pour fuir. Les premiers, les gardes du basileus subirent l'effet du désordre ; laissant là le souverain, ils prirent la fuite sans se retourner. Et s'il ne se fût trouvé quelqu'un pour le mettre sur son cheval, lui tendre la bride et le presser de fuir, peu s'en eût fallu qu'il ne fût pris et qu'il ne tombât aux mains des ennemis, lui qui avait espéré faire trembler tout le continent ; ou plutôt, si Dieu à ce moment même n'eût pas retenu l'élan des barbares et ne leur eût pas inspiré la modération dans le succès, rien n'eût alors empêché de tomber toute la force romaine, et l'empereur tout le premier[1].

X. Donc l'armée romaine courait en désordre ; quant aux ennemis, ils étaient de simples spectateurs de cette victoire inattendue, comme frappés de stupeur à la vue de ceux qui, sans raison aucune, avaient tourné le dos et pris la fuite. Sur quoi, ils ne firent dans cette guerre qu'un petit nombre de prisonniers, ceux qu'ils savaient être d'une condition un peu considérable ; pour les autres, ils les laissèrent aller, et ils se tournèrent vers le butin. Tout d'abord, ils enlèvent la tente de guerre impériale, qui était absolument de la même valeur que le palais actuel. Colliers, bracelets et diadèmes, pierres et perles de la plus grande valeur, tout ce qu'il y a de plus splendide remplissait cette tente ; énumérer la multitude de ces trésors ne serait pas chose facile, pas plus que d'en admirer la beauté et la grandeur, si abondante et si somptueuse était la richesse du contenu de la tente

---

1. Défaite d'Azâs (à deux journées de marche d'Alep), en 1030. Le patrice Constantin Dalassène commandait la cavalerie impériale, qui fut taillée en pièces. Cf. Schlumberger, *Ép. byz.*, III, 79 sqq.

σωτηρίαν έαυτώ έπορίζετο, καί ήν κρείττον προσδοκίας τό
τηνικαΰτα δεικνύμενον· οί γάρ τήν πάσαν παραστησάμενοι
γήν καί ταίς πρός τόν πόλεμον παρασκευαίς τε καί τάξεσιν
άνάλωτοι παντί πλήθει καταστάντες βαρβαρικώ, ούδέ τήν
θέαν τότε τών πολεμίων ύπέστησαν, άλλ' ώσπερ ύπό
βροντής τής έκείνων φωνής καί τήν άκοήν καταπλαγέντες
καί τήν ψυχήν, καθάπερ έφ' δλοις ήττημένοι έτρέψαντο
πρός φυγήν. Πρώτοι δέ οί περί τόν βασιλέα φρουροί τόν
κυδοιμόν έπεπόνθεισαν, καί καταλελοιπότες τόν αύτοκράτορα άμεταστρεπτί τής φυγής είχοντο· καί εί μή τις αύτόν
έπί τόν ίππον άναθέμενος έδεδώκει τόν χαλινόν καί φεύ-
γειν παρεκελεύσατο, μικροΰ δείν έαλώκει καί πολεμίαις
ένεπεπτώκει χερσίν ό πάσαν έλπίσας κατασείσαι τήν ήπει-
ρον· ή μάλλον, εί μή Θεός τηνικαΰτα τήν τών βαρβάρων
έπέσχεν όρμήν καί μετριάζειν έπί τώ εύτυχήματι πέπεικεν,
ούδέν ήν τό κωλΰον πάσαν τότε πεσείν 'Ρωμαϊκήν δύναμιν,
καί πρώτόν γε τόν αύτοκράτορα.

Χ. Οί μέν ούν άτάκτως έθεον, οί δέ πολέμιοι θεαταί
μόνον τής παραλόγου νίκης έγίγνοντο, έξεστηκότες ώσανεί
έπί τοίς σύν ούδενί λόγω τραπείσι καί φεύγουσιν. Είτα δή
τινας όλίγους έν τώ πολέμω ζωγρήσαντες, καί τούτους δσους
ήδεισαν τής περιφανεστέρας τύχης καθεστηκότας, τοίς
άλλοις χαίρειν είπόντες, έπί τήν λείαν έτράπησαν. Καί
πρώτά γε τήν βασιλικήν αίρουσι σκηνήν, πολλώ τών νΰν
άνακτόρων άντίμετρον· όρμοι τε γάρ καί στρεπτοί καί ται-
νίαι, λίθοι τε μαργαρίτιδες καί τών έτι κρειττόνων, καί πάν
εί τι λαμπρότερον, ταύτην έπλήρουν, ών ούτε τό πλήθος
ραδίως | άν τις άπηριθμήσατο, ούτε τό κάλλος καί τό μέγεθος
άπεθαύμασε· τοσαύτη καί τοιαύτη τή τού βασιλέως σκηνή
άπέκειτο πολυτέλεια· πρώτα μέν ούν ταύτην αίρουσιν οί

23 καθάπερ R : καθ' άπερ ‖ 24 φρουροί τόν S : φθορά τών ‖ 29 κατασ-
σείσαι S : -σείσας ‖ 32 κωλΰον R : κωλύων.

Χ 5 ήδεισαν S : ήδησαν ‖ 6 λείαν S : λίαν ‖ 12 τή S : ή

du basileus ! Tout d'abord donc les barbares enlèvent cette tente ; ayant ensuite rassemblé le reste du butin, ils s'en chargèrent et s'en furent rejoindre leurs compagnons. Pour l'empereur, il dépassa la cohorte barbare, emporté au hasard par la course et l'ardeur de son cheval, et il se trouva sur une hauteur d'où il était vu de loin par ceux qui couraient et qui accouraient (car il était dénoncé par la couleur de ses sandales) ; il retint à lui de nombreux fuyards et, entouré par eux, il se tenait arrêté. Quand le bruit de ce qui le concernait se fut répandu, d'autres vinrent aussi, et alors parut devant lui l'icône de la Théomêtor, celle que les empereurs des Romains emportent d'ordinaire avec eux dans les guerres comme guide et gardienne de toute l'armée[1] ; car seule cette icône-là n'était pas tombée aux mains des barbares.

XI. Quand donc l'empereur vit ce doux spectacle (car il était particulièrement plein de chaleur dans sa vénération pour cette icône), il reprit aussitôt courage, et l'embrassant — il n'est pas possible d'exprimer comme il la serrait dans ses bras —; il la mouillait de ses larmes, il lui parlait avec l'accent du cœur, il lui rappelait ses bienfaits et toutes ces nombreuses alliances dont souvent elle avait protégé et sauvé l'empire romain quand il se trouvait en danger. Toujours est-il que dès lors le basileus se remplit d'assurance, et lui, jusque-là fugitif, il gourmandait les fuyards, et, criant avec la force d'un jeune homme, il les arrêtait dans leur course vagabonde et se faisait reconnaître par sa voix et par son extérieur. Quand il eut réuni une foule nombreuse serrée autour de lui, tout d'abord, mettant pied à terre avec eux, il pénètre dans une tente qu'on lui a préparée en hâte ; là même, après avoir campé et ensuite après avoir pris un peu de repos, au point du jour il appelle à lui les généraux et propose une délibération. Que devaient-ils faire ? Comme tous étaient d'accord à lui conseiller de revenir à Byzance

---

1. L'icône miraculeuse de la Vierge Toute Sainte, protectrice des troupes, était portée dans la bataille par le porte-croix impérial et servait à l'armée d'étendard et de signe de ralliement. Cf. Schlumberger, *Op. laud.*, III, p. 85.

βάρβαροι, έπειτα δέ και τά άλλα τῶν λαφύρων συσκευασάμενοι και ἐφ' ἑαυτοὺς ἀναθέμενοι, ἐπὶ τοὺς ἑταίρους ἑαυτῶν ἐπανέζευξαν· και οἶ μὲν οὕτως. Ὁ δὲ βασιλεὺς προῆλθε τοῦ βαρβαρικοῦ λόχου τῷ τοῦ ἵππου συμπλανώμενος δρόμῳ και πνεύματι, και πρός τινι ἐγεγόνει λόφῳ, και ἄποπτος ὧπτο τοῖς θέουσί τε και παραθέουσι (κατηγόρει γὰρ τοῦτον τὸ περὶ τῷ πεδίλῳ χρῶμα), και πρὸς ἑαυτὸν πολλοὺς τῶν φευγόντων ἐπέσχε, και ὑπ' ἐκείνοις κυκλωθεὶς ἵστατο. Εἶτα δὴ τῆς περὶ αὐτὸν φήμης ἤδη διασπαρείσης, ἄλλοι τε προσῄεσαν, και δῆτα και ἡ εἰκὼν αὐτῷ τῆς Θεομήτορος ἐμφανίζεται, ἣν οἱ τῶν Ῥωμαίων βασιλεῖς ὥσπερ τινα στρατηγὸν και τοῦ παντὸς στρατοπέδου φύλακα ἐν τοῖς πολέμοις συνήθως ἐπάγονται· μόνη γὰρ αὕτη οὐχ ἁλωτὸς ταῖς βαρβαρικαῖς ἐγεγόνει χερσίν.

XI. Ὡς δ' οὖν εἶδεν ὁ αὐτοκράτωρ τὸ γλυκὺ τουτὶ θέαμα (και γὰρ ἦν ἄλλως και περὶ τὸ σέβας ταύτης θερμότατος), ἀνεθάρσησέ τε εὐθὺς και ἐναγκαλισάμενος, οὐκ ἔστιν εἰπεῖν ὡς περιεπτύσσετο, ὡς τοῖς δάκρυσιν ἔβρεχεν, ὡς γνησιώτατα καθωμίλει, ὡς τῶν εὐεργεσιῶν ἀνεμίμνησκε και τῶν πολλῶν ἐκείνων συμμαχιῶν, αἷς τὸ Ῥωμαίων πολλάκις κράτος διακινδυνεῦον ἐρρύσατό τε και ἀνεσώσατο. Θάρσους γοῦν ἐντεῦθεν ὑποπλησθείς, ὁ τέως φυγὰς ἐπετίμα τοῖς φεύγουσι, και νεανικώτερον ἐκβοῶν ἐπεῖχέ τε τῆς πλάνης, ἑαυτὸν τε ἐγνώριζε τῇ τε φωνῇ, τῷ ⟨τε⟩ σχήματι, και πολύ τι πλῆθος ἀθρόον συνηθροικώς, πρῶτα μὲν βάδην μετ' ἐκείνων πρός τινα καταλύει σκηνὴν σχεδιασθεῖσαν αὐτῷ· αὐτοῦ τε ἐναυλισάμενος, εἶτα δή τοι και βραχύ τι ἀναπαυσάμενος, ἅμα πρωῒ τοὺς λοχαγοὺς μετακαλεσάμενος βουλὴν προτίθεται, τί πρακτέον εἴη αὐτοῖς· πάντων δὲ ἐπὶ τὸ Βυζάντιον ἀναζεῦξαι συμβουλευσάντων κἀκεῖσε περὶ τῶν

14 τὰ ἄλλα S : τ' ἄλλα || 15 ἑταίρους S : ἑτέρους || 15 ἑαυτῶν S : -τῷ || 17 συμπλανώμενος S : -νόμενος || 23 προσῄεσαν S : -ίεσαν || 23 ἡ in superadd. coaeva, ut videtur, manus || 26 αὕτη S : αὐτη.

XI 7 διακινδυνεῦον M : -εύων || 10 τε add. S

et là d'entreprendre un examen approfondi des événements, se rangeant à leur manière de voir et décidant ce qui serait avantageux pour lui, il retourna à Constantinople.

XII. Dès lors, se repentant profondément de ce qu'il avait fait, et ressentant dans son âme une grande douleur de ce qu'il avait enduré, soudain il changea du tout au tout et se tourna vers un genre de vie plus insolite. Espérant que par une administration soigneuse des affaires publiques, il regagnerait dans des conditions égales tout ce qu'il avait perdu, il devint un percepteur beaucoup plus qu'un empereur, remuant, comme on dit, les événements d'avant Euclide[1], furetant de tous les côtés, réclamant âprement des fils des comptes déjà périmés du temps de leurs pères, ne jugeant pas pour les parties contestantes, mais plaidant pour l'une ou l'autre des deux, tout comme s'il rendait des arrêts à son profit personnel. Toujours est-il que le peuple entier se trouvait divisé en deux groupes ; les uns, les gens convenables, ceux qui se modelaient sur l'honnête simplicité et se tenaient à l'écart des affaires publiques, l'empereur n'en faisait pas plus de cas que d'un cheveu ; les autres, ceux qui étaient prêts à toutes les audaces[2] et qui s'enrichissaient illicitement des pertes des autres, apportaient leur propre perversité comme un aliment de renfort à l'incendie allumé par le basileus ; et tout était plein de trouble et de confusion, et le plus terrible, c'était que, bien que la plupart des citoyens fussent spoliés et mis à nu, le palais ne tirait nul profit de ce convoi de dépouilles, mais c'était vers d'autres directions que coulaient les fleuves d'argent. Qu'il en fut ainsi, mon récit le montrera plus clairement.

XIII. Cet empereur s'appliquait à passer pour dévôt ; et vraiment, il s'intéressait fort aux choses de la religion ; mais la dissimulation chez lui se trouvait plus grande que la vérité, et le paraître était plus fort que l'être. Ainsi se montrait-il excessif dans ses discussions des questions les plus divines, cherchant des causes et des

---

1. Expression proverbiale, pour désigner des événements très lointains.
2. *Litt.* qui osaient tout facilement.

συμβεβηκότων θέσθαι διάσκεψιν, τῇ τε ἐκείνων συνθέμενος ψήφῳ καὶ τὰ συνοίσοντα ἑαυτῷ βουλευσάμενος, ἐπὶ τὴν Κωνσταντινούπολιν ἀνέδραμεν.

XII. Ἐντεῦθεν πλεῖστα ἐφ' οἷς τε ἐπεποιήκει μεταμελόμενος, καὶ ἐφ' οἷς ἐπεπόνθει τὴν ψυχὴν ἀλγυνόμενος καθάπαξ ἠλλοίωτο καὶ πρὸς ἀσυνηθέστερον βίον μετέστραπτο. Ἐλπίσας τε ἀπὸ τῆς περὶ τὸν δημόσιον ἐπιμελείας τὰ ἀπολωλότα αὐτῷ ἐν ἴσῳ ἀνακτήσασθαι μέτρῳ, πράκτωρ μᾶλλον ἢ βασιλεὺς ἐγεγόνει, τὰ πρὸ Εὐκλείδου, ὅ φασιν, ἀνακινῶν καὶ διερευνώμενος, καὶ ἀφανισθέντων τῇ μνήμῃ πατέρων | τοὺς παῖδας λογιστεύων πικρῶς, οὐ δικάζων τοῖς ἀντιδιατιθεμένοις, ἀλλὰ θατέρῳ μέρει συνηγορῶν, καὶ οὐχ ἑτέρῳ μᾶλλον ἢ αὑτῷ τὰς ἀποφάσεις ποιούμενος. Διῄρητο γοῦν τὸ δημοτικὸν σύμπαν· καὶ οἱ μὲν ἐπιεικέστεροι εὐήθειάν τε ἑαυτοῖς καὶ ἀπραγμοσύνην περὶ τὰ κοινὰ προσεπλάττοντο καὶ ἐν καρὸς μοίρᾳ παρὰ τῷ κρατοῦντι ἐλογίζοντο, οἱ δέ γε πάντα ῥᾳδίως τολμῶντες καὶ τὰς ἑτέρων ζημίας οἷον παρακερδαίνοντες, ὕλην πλείονα τὴν ἑαυτῶν κακίαν τῇ τοῦ κρατοῦντος ὑπετίθουν πυρκαϊᾷ· καὶ πάντα ἦν ταραχῆς μεστὰ καὶ συγχύσεως, καὶ τό γε δεινότερον, ὅτι τῶν πλείστων ἀπαμφιεννυμένων καὶ γυμνουμένων, οὐδέν τι τῆς ἐντεῦθεν συνεκφορᾶς ἀπήλαυε τὰ βασίλεια, ἀλλ' ἐφ' ἕτερα οἱ τῶν χρημάτων μετωχετεύοντο ποταμοί. Ὅτι δὲ τοῦτό ἐστιν ὁ λόγος δηλώσει σαφέστερον.

XIII. Διεσπουδάζετο τούτῳ δὴ τῷ βασιλεῖ τὸ δοκεῖν εὐσεβεῖν· καὶ ἦν μὲν ὡς ἀληθῶς περὶ τὰ θεῖα σπουδάζων, ἀλλ' ἥ γε προσποίησις αὐτῷ πλείων τῆς ἀληθείας οὖσα ἐτύγχανεν, καὶ τὸ δοκεῖν τοῦ εἶναι κρεῖττον ἐφαίνετο. Διὰ ταῦτα πρῶτα μὲν περιττότερος περὶ τὰ θειότερα τῶν ζητη-

17 συνθέμενος S : συντιθέ.

XII 1 ἐφ' οἷς P: εὐθύς; || 3-4 μετέστραπτο S : -έστραπτω || 5 ἀνακτήσασθαι S : -κτίσ. || 7 διερευνώμενος S : δι' ἐρευνόμενος || 10 ἢ S : ἧς || 11 οἱ S : εἰ || 17 συγχύσεως S : συγχήσ. || 19 ἀπήλαυε S : ἀπήλαβε.

XIII 1 τῷ S : τὸ

raisons que nul ne trouverait par la science, à moins de se tourner vers l'Intelligence et d'en tirer sans intermédiaire l'explication des choses cachées. Mais ce prince, qui n'était pas précisément versé dans la philosophie des choses d'ici-bas, et qui ne s'entretenait pas de ces questions avec des philosophes, sinon avec des gens qui usurpaient ce nom[1] du vestibule d'Aristote, scrutait dans le détail les questions les plus profondes et qui ne sont compréhensibles qu'à la seule Intelligence, suivant le mot d'un de nos sages.

XIV. Donc, ce fut là la première manière de piété qu'il imagina. Après quoi, jaloux de Salomon, ce roi fameux, pour la construction du temple partout vanté [de Jérusalem], envieux aussi de Justinien pour la grande église qui porte le nom de la Sainte et Ineffable Sagesse, il entreprit de bâtir en regard et comme en remplacement, une église à la Théomêtor. En quoi il commit beaucoup de fautes, et le but de sa piété fut le point de départ de mauvaises actions et la cause de nombreuses et criantes injustices. Car il ajoutait sans cesse aux dépenses de cette église et il amassait chaque jour des contributions plus qu'il n'en fallait pour cette œuvre ; et celui qui fixait une mesure pour l'affaire, était mis au nombre des ennemis, mais celui qui renchérissait et inventait des variétés de formes, était compté d'emblée parmi les meilleurs amis. On avait donc à cet effet creusé toutes les montagnes, et voici que l'industrie des mines était rangée même du côté de la philosophie ; parmi les pierres, les unes étaient fendues, les autres polies, les autres tournées pour des sculptures ; et les travailleurs de ces pierres étaient mis au nombre des Phidias, des Polygnote et des Zeuxis, et de toutes les choses aucune ne paraissait suffisante à l'édifice : tout le trésor royal était ouvert pour la grande œuvre ; tous les courants d'or s'y déversaient ; on en épuisait toutes les sources, et cependant l'église en construction ne s'achevait pas, car on mettait une chose sur une autre, et la seconde était détruite en même temps que la première et le même

---

1. Καταβιάζειν τὸ ὄνομα = forcer le sens du mot. Ces gens se disaient disciples d'Aristote, mais en forçant le sens du mot, sans l'être en réalité.

μάτων ἐγένετο, αἰτίας καὶ λόγους ἀνερευνώμενος οὓς οὐκ
ἄν τις ἐξ ἐπιστήμης εὕροι, εἰ μὴ στραφείη πρὸς νοῦν
κἀκεῖθεν ἀμέσως τὴν ⟨τῶν⟩ κεκρυμμένων δήλωσιν δέξαιτο·
ἀλλ' οὗτος οὐδὲ πάνυ τὰ κάτω φιλοσοφήσας, ἀλλ' οὐδὲ φιλοσόφοις περὶ τούτων διαλεγόμενος, εἰ μὴ ὅσον αὐτοῖς ἐκ τῶν
τοῦ Ἀριστοτέλους προθύρων κατεβιάσθη τὸ ὄνομα, περὶ τῶν
βαθυτέρων καὶ νῷ μόνῳ ληπτῶν, ὥς τις τῶν καθ' ἡμᾶς εἶπε
σοφῶν, διεσκέπτετο.

XIV. Πρῶτος μὲν οὖν αὐτῷ τῆς εὐσεβείας τρόπος
ἐπενοήθη· ἔπειτα δὲ καὶ τῷ Σολομῶντι ἐκείνῳ τῷ πάνυ τῆς
τοῦ πολυθρυλλήτου ναοῦ βασκαίνων οἰκοδομῆς, ζηλοτυπῶν
δὲ καὶ τὸν αὐτοκράτορα Ἰουστινιανὸν ἐπὶ τῷ μεγάλῳ τεμένει
καὶ ἐπωνύμῳ τῆς θείας καὶ ἀρρήτου Σοφίας, ἀντανοικοδομεῖν ὥσπερ καὶ ἀνθιδρύειν ναὸν τῇ Θεομήτορι ἐπεχείρησεν·
ἐφ' ᾧ δὴ τὰ πολλὰ ἐκείνῳ διημαρτήθη, καὶ ὁ τῆς εὐσεβείας
αὐτῷ σκοπὸς ἀφορμὴ τοῦ κακῶς ποιεῖν καὶ τῶν πολλῶν
ἐκείνων ἀδικημάτων ἐγένετο· προσετίθη γὰρ ἀεὶ ταῖς ἐπὶ
τοῦτο δαπάναις, καὶ τῶν ἡμερῶν ἑκάστῃ πλέον τι τῶν
ἔργων συνηρανίζετο· καὶ ὁ μὲν μέτρον ὁρίζων τῷ πράγματι
μετὰ τῶν ἐχθίστων ἐτάττετο, ὁ δὲ ὑπερβολὰς ἀνευρίσκων
καὶ ποικιλίας σχημάτων ἐν τοῖς φιλτάτοις εὐθὺς ἐτίθετο.
Καὶ πᾶν μὲν οὖν ἐντεῦθεν ὄρος διώρυκτο, καὶ ἡ μεταλλικὴ
τέχνη καὶ πρό γε | αὐτῆς φιλοσοφίας ἐτάττετο, καὶ τῶν
λίθων οἱ μὲν ἀπεσχίζοντο, οἱ δὲ ἀπεξέοντο, οἱ δὲ πρὸς
γλυφὰς ἐπορεύοντο, καὶ οἱ τούτων ἐργάται μετὰ τῶν περὶ
Φειδίαν καὶ Πολύγνωτον καὶ Ζεῦξιν συνηριθμοῦντο, καὶ
οὐδὲν ἦν τῶν πάντων ὕπερ αὔταρκες ταῖς οἰκοδομαῖς ἐλο-
γίζετο· πᾶς μὲν βασίλειος πρὸς τὸ ἔργον θησαυρὸς ἀνεῴ-
γνυτο, πᾶν δὲ χρυσοῦν ἐκεῖ εἰσεχεῖτο ῥεῦμα· καὶ πᾶσαι μὲν
ἐξηντλοῦντο πηγαί, ὁ δὲ οἰκοδομούμενος οὐκ ἐξεπληροῦτο

6 ἀνερευνώμενος S : -νόμενος ‖ 8 τῶν add. P : ‖ 8 δέξαιτο S : δέξετο.

XIV 5-6 ἀντανοικοδομεῖν B : ἀνάντιχο. ‖ 8 αὐτῷ S : -τῶν ‖ 9 προσετίθη
S : -θει ‖ 15 πρό K : πρός· ‖ 22 οὐκ add. altera manus

ouvrage souvent, au moment même où il cessait d'exister, surgissait de nouveau, soit plus grand de quelques lignes, soit varié de quelque figure plus raffinée. Et comme pour les fleuves qui se jettent dans la mer, avant leur embouchure la plus grande partie de leurs eaux est détournée dans l'intérieur des terres, ainsi la plupart des sommes amassées étaient captées à l'avance et s'épuisaient[1].

XV. Et l'empereur, pieux, à l'en croire, envers la divinité, se montrait capable de crimes en abusant des perceptions étrangères pour la construction de l'église. Il est beau, certes, d'aimer la magnificence de la maison du Seigneur, comme dit le Psalmiste[2], et le tabernacle de sa gloire, et de préférer maintes fois être méprisé dans celui-ci plutôt que de tenir d'autres[3] son bonheur. Cela donc est beau, et qui dira le contraire parmi ceux qui sont pleins de zèle pour le Seigneur et qui brûlent de sa flamme? Mais alors, qu'il n'y ait rien pour nuire à cette fin sacrée ; que beaucoup d'injustices n'y concourent pas ; que les affaires publiques ne soient pas dans la confusion et que le corps de l'État ne soit pas abattu ! Car celui qui repousse l'offrande de la prostituée et qui rejette avec dégoût le sacrifice du criminel comme d'un chien, ne s'approcherait en aucune façon d'édifices somptueux et variés, qui sont la cause de beaucoup de malheurs. Les égalités des murs, et les entourages de colonnes, et les suspensions de tapis, et la magnificence des offrandes, et toutes les autres splendeurs, en quoi tout ce luxe peut-il bien contribuer au but divin de la piété, quand à cela suffit un esprit qui s'enveloppe de la divinité, une âme vêtue de la pourpre spirituelle, et l'équité des actions, et la modestie de la pensée, ou plutôt la simplicité de la disposition, ce par quoi nous pouvons construire au-dedans de nous-même un autre temple bienvenu du Seigneur et aimé de lui? Mais cet homme savait faire de la philosophie dans les questions

---

1. Entendez : avant d'arriver à destination.
2. *Ps.* XIV, 1 ; LXXXIII, 1.
3. *Litt.* plutôt que d'avoir un bonheur qui vient d'autres [que le Seigneur].

νεώς· άλλο γάρ έπ' άλλω έτίθετο, καί έτερον έφ' έτέρω συγκατεστρέφετο, καί τό αύτό έργον πολλάκις άποθνήσκον αύθις άνίστατο, ή βραχεί τινι ύπερβάλλον μέτρω, ή περιεργοτέρω σχήματι ποικιλλόμενον. Ώσπερ δέ τών είσβαλλόντων είς τήν θάλασσαν ποταμών, πρό τής είς ταύτην συνεισβολής πλείστόν τι τών ήπείρων άνω μετοχετεύεται, ούτω δή καί τών έκείσε συναγομένων χρημάτων προηρπάζετο τά πλείστα καί διεφθείρετο.

XV. Καί περί τό θείον δήθεν εύσεβών ό βασιλεύς άφ' έστίας κακουργών διεδείκνυτο, ταίς τών άλλοτρίων είσπράξεσιν είς τήν οίκοδομήν τού νεώ καταχρώμενος. Καλόν μέν γάρ άγαπάν εύπρέπειαν οίκου Κυρίου, κατά τόν ψαλμωδόν, καί σκήνωμα δόξης αύτού, καί πολλάκις αίρείσθαι έν τούτω παραρριπτείσθαι ή τήν άφ' έτέρων έχειν εύδαιμονίαν· καλόν μέν γάρ καί τούτο, καί τίς άντερεί τών τω Κυρίω έζηλωκότων καί τω έκείνου καταπιμπραμένων πυρί; άλλ' ένθα μηδέν είη τό λυμαινόμενον τόν εύσεβή τούτον σκοπόν, μηδέ πολλαί άδικίαι συντρέχοιεν, μηδέ συγχέοιτο τά κοινά καί τό τής πολιτείας σώμα καταρρηγνύοιτο· ό γάρ πόρνης άγαλμα άπωθούμενος καί τήν τού άνόμου θυσίαν ώς κυνός βδελυσσόμενος ούκ άν προσίοιτο πάντως ούδέ πολυτελείς καί ποικίλας οίκοδομάς, πολλών τούτου ένεκα συμπιπτόντων κακών· ίσότητες δέ τοίχων καί κιόνων περιβολαί καί ύφασμάτων αίώραι καί θυμάτων πολυτέλεια καί τάλλα τών ούτω λαμπρών, τί άν συντελοίη πρός τόν θείον τής εύσεβείας σκοπόν, όπότε πρός τούτο άρκοίη νούς μέν περιβεβλημένος θεότητα, ψυχή δέ τή νοερά βεβαμμένη πορφύρα, καί ή τών πράξεων ίσότης, καί ή εύσχημοσύνη τής γνώμης, ή μάλλον τό τής διαθέσεως άσχημάτιστον, δι' ών έτερός τις ήμίν ένδον οίκοδομείται νεώς εύπρόσδεκτος Κυρίω καί εύαπόδεκτος; Άλλ' έκείνος φιλοσοφείν μέν ήδει έν τοίς ζητήμασιν, καί

23 νεώς S : νέως || 24 άποθνήσκον S :-θνήσκων || 26 ποικιλλόμενον S ποικιλό-.

XV 5 τούτω S : τούτο

d'école ; il savait les syllogismes du *sorite* et de *personne*[1] ; mais, dans les œuvres, il ne savait pas précisément montrer un esprit philosophique. Loin de là : étant admis qu'il faut, si la nécessité s'impose en quelque façon de s'écarter de la loi à propos aussi des ornements extérieurs, prendre soin du palais, orner l'acropole et réparer les ruines, faire que les trésors impériaux soient remplis et penser que cet argent est destiné à l'armée, lui, il n'avait cure de tout cela ; mais, pour que son église lui parût plus belle que les autres, il ruinait le reste. Si donc il faut dire encore ceci, il était fou de cette œuvre, et souvent il voulait la contempler de tous ses yeux ; aussi l'entoura-t-il des formes caractéristiques des cours impériales ; il y établit des trônes, il l'orna de sceptres, il y tendit des étoffes de pourpre, et là, il passait la plus grande partie de l'année, se glorifiant et se réjouissant de la beauté des constructions. Et, voulant orner la Théomêtor aussi d'un nom plus beau que les autres, il ne s'aperçut pas qu'il lui donnait une épithète trop humaine, bien que la Peribleptos[2] soit vraiment par son nom *peribleptos*.

XVI. A ces constructions vint encore s'ajouter une dépendance, et l'église devint une demeure de moines. Et lors commencèrent à leur tour d'autres iniquités et des excès plus grands que les précédents. L'empereur n'était pas même assez versé dans l'arithmétique et la géométrie pour tirer quelque chose de la grandeur ou du nombre, comme les géomètres en ont tiré la variété ; mais comme, dans les bâtiments, il voulait que la grandeur fût immense, de même aussi, dans le nombre des moines, il a amplifié la quantité ; de là les analogies : comme là il y avait dans la grandeur les multitudes, de même alors il y eut dans les multitudes[3] les contributions. Toujours est-il qu'un autre continent était fouillé, et la mer au delà des colonnes d'Hercule était sondée, afin que l'un procurât des fruits de saison délicieux, et l'autre, des poissons d'une grosseur énorme, de vrais cétacés ; et

---

1. Arguments célèbres dans l'école mégarienne ou éristique.
2. Jeu de mots obscur sur περίβλητος, pris d'abord comme nom, puis comme adjectif.
3. Ici encore Psellos joue sur le mot τὰ πλήθη.

συλλογισμούς σωρείτας καί ούτιδας, επί δέ τῶν ἔργων τό φιλόσοφον ἐπιδείκνυσθαι οὐ πάνυ ἠπίστατο. | Ἀλλὰ δέον, εἴ τι καί περί τούς ἐκτός κόσμους παρανομεῖν χρή, τῶν τε βασιλείων ἐπιμελεῖσθαι καί κατακοσμεῖν τήν ἀκρόπολιν καί τά διερρωγότα συνάπτειν, πλήρεις τε τούς βασιλείους ποιεῖν θησαυρούς καί στρατιωτικά ταῦτα ἡγεῖσθαι τά χρήματα, ὁ δέ τούτου μέν ἠμέλει, ὅπως δέ ὁ ναός αὐτῷ καλλίων παρά τούς ἄλλους δεικνύοιτο, τἆλλα κατελυμαίνετο. Εἰ δεῖ οὖν καί τοῦτ' εἰπεῖν, ἐμεμήνει περί τό ἔργον, καί πολλάκις τοῦτο καί πολλοῖς ἐβούλετο ὁρᾶν ὀφθαλμοῖς· ὅθεν καί σχήματα τούτῳ βασιλείων αὐλῶν περιθέμενος, θρόνους τε καθιδρύσας καί σκήπτροις κατακοσμήσας καί φοινικίδας παραπετάσας, ἐκεῖσε τό πολύ τοῦ ἔτους ἐποίει, τῷ κάλλει τῶν οἰκοδομημάτων καλλυνόμενός τε καί φαιδρυνόμενος. Βουλόμενος δέ καί τήν Θεομήτορα καλλίονι τῶν ἄλλων κατακοσμῆσαι ὀνόματι, ἔλαθεν ἀνθρωπικώτερον ταύτην ἐπονομάσας, εἰ καί Περίβλεπτός ἐστι τοὔνομα ὡς ἀληθῶς ἡ περίβλεπτος.

XVI. Ἐπί τούτοις καί προσθήκη τις ἑτέρα προσεγεγόνει, καί ὁ ναός καταγωγή γίνεται μοναστῶν· πάλιν οὖν ἑτέρων ἀδικημάτων ἀρχαί καί μείζους τῶν προτέρων ὑπερβολαί· καί οὐδέ τοσοῦτον ἐξ ἀριθμητικῆς ἢ γεωμετρίας ὤνητο, ἵνα τι ἀφέλοι τοῦ μεγέθους ἢ τοῦ ἀριθμοῦ, ὥσπερ οἱ γεωμετροῦντες τό ποικίλον ἀφείλαντο, ἀλλ' ὥσπερ ἐν ταῖς οἰκοδομαῖς ἄπειρον ἐβούλετο τό μέγεθος ἔχειν, οὕτω δή καί ἐν τοῖς μοναστάς τόν ἀριθμόν παρεξέτεινεν· ἐντεῦθεν οὖν τά ἀνάλογα· ὥσπερ ἐκεῖ τῷ μεγέθει τά πλήθη, οὕτως ἐνταῦθα τοῖς πλήθεσιν αἱ συνεισφοραί. Ἑτέρα γοῦν τις οἰκουμένη διηρευνᾶτο, καί ἡ ἐκτός Ἡρακλείων ἀνεζητεῖτο θάλασσα, ἵν' ἐκείνη μέν ὡραῖα τρωκτά, αὕτη δέ τούς πελωρίους καί κητώδεις κομίζοι ἰχθῦς· καί ἐπεί ἔδοξεν αὐτῷ ψεύδεσθαι ὁ

30 καλλίων S : καλλείων || 31 δεικνύοιτο S : -οιντο || 34 θρόνους S : -οις.

XVI 13 κομίζοι S : -ζει

puis, comme Anaxagore lui avait paru mentir en définissant les mondes infinis, ayant entouré d'une limite la plus grande partie de notre continent, il la consacra à cette église. Et ainsi, accumulant grandeurs sur grandeurs et multitudes sur multitudes, et vainquant les premiers excès par les seconds, et n'apportant à tout cela ni limite ni mesure, il n'eût pas cessé d'entasser prodigalité sur prodigalité et ambition sur ambition, si la mesure de la vie ne fût venue lui apporter sa limite[1].

XVII. Quant au fait rapporté par l'histoire, que sa vie fut raccourcie par une certaine cause, voulant en toucher un mot, en manière de préface je dirai ce que voici. Cet empereur était impropre à beaucoup de choses, et en particulier à la vie en commun avec une femme. Soit qu'il voulût rester chaste dès le début [de son mariage], soit qu'il se fût tourné, comme en court généralement le bruit, vers d'autres amours, il méprisait l'impératrice Zoé, s'abstenait de tout commerce charnel avec elle, et, de toute manière, manifestait pour sa société une profonde aversion. Quant à elle, elle était excitée dans sa haine contre lui par sa naissance impériale, méprisée en elle à un tel degré, et surtout par le désir charnel qui la travaillait, sinon à cause de son âge, du moins à cause de la vie molle et sensuelle qui se menait au palais.

Sur la présentation, faite par son frère, de Michel à l'empereur.

XVIII. Voilà donc la préface de l'histoire, et voici comme l'affaire se déroula. Au service de l'empereur, avant son arrivée au pouvoir, il y avait, entre autres personnes, un certain eunuque de condition obscure et vile, mais extrêmement actif pour tout ce qui touche à l'esprit. L'empereur Basile déjà en usait très familièrement avec lui et lui faisait part de ses secrets, mais sans l'élever aux charges somptueuses, tout en se

---

1. Sur cette église fameuse, dite de la Périblepte « la Vierge qui attire tous les regards », élevée non loin des murs maritimes de la capitale, cf. Schlumberger, *Ép. byz.*, III, p. 94.

Ἀναξαγόρας ἀπείρους ὁριζόμενος κόσμους, τὸ πλεῖστον τῆς καθ' ἡμᾶς ἠπείρου ὑποτεμόμενος καθοσιοῖ τῷ νεῷ· καὶ οὕτω μεγέθη μὲν μεγέθεσι καὶ πλήθη ἐπισυνάπτων πλήθεσι, καὶ τὰς πρώτας ὑπερβολὰς ταῖς δευτέραις νικῶν, καὶ μηδὲν τούτοις ὁρίζων καὶ περιγράφων, οὐκ ἄν ποτε ἔληξεν ἄλλο ἐπ' ἄλλῳ συντιθεὶς καὶ φιλοτιμούμενος, εἰ μὴ τὸ μέτρον αὐτῷ τῆς ζωῆς περιώριστο.

XVII. Ὁ δὴ καὶ λόγος ἐστὶν ὑποτμηθῆναι αὐτῷ ἐξ αἰτίας τινός, ἣν ἐρεῖν βουλόμενος τοσοῦτον προλέγω. Ἀνεπιτηδείως εἶχεν οὗτος ὁ βασιλεὺς τά τε ἄλλα καὶ πρὸς συμβίωσιν γυναικός· εἴτε γὰρ σωφρονεῖν βουλόμενος τὸ κατ' ἀρχάς, εἴτε πρὸς ἑτέρους, ὡς ὁ τῶν πολλῶν λόγος, στραφεὶς ἔρωτας, καταπεφρονήκει μὲν τῆς βασιλίδος Ζωῆς, ἀπείχετό τε τῆς πρὸς αὐτὴν μίξεως καὶ πάντη ἀποστρόφως πρὸς τὴν | κοινωνίαν εἶχεν· τὴν δὲ ἀνηρέθιζε μὲν πρὸς μῖσος καὶ τὸ βασίλειον γένος τοσοῦτον ἐπ' ἐκείνῃ καταφρονούμενον, μάλιστα δὲ ἡ περὶ τὴν μῖξιν ἐπιθυμία, ἣν εἰ καὶ μὴ διὰ τὴν ἡλικίαν εἶχεν, ἀλλὰ διά γε τὴν ἐν βασιλείοις τρυφήν.

Περὶ τῆς τοῦ Μιχαὴλ πρὸς τὸν βασιλέα εἰσαγωγῆς παρὰ τοῦ ἀδελφοῦ αὐτοῦ.

XVIII. Οὗτος μὲν οὖν ὁ τοῦ λόγου πρόλογος, ἡ δὲ ὑπόθεσις τοιαύτη τις ἐπισυμβεβήκει. Ὑπηρέτουν τῷ βασιλεῖ τούτῳ πρὸ τῆς ἀρχῆς ἄλλοι τέ τινες καί τις ἀνὴρ ἐκτομίας, τὴν μὲν τύχην φαῦλος καὶ καταπεπτωκώς, ὅσα δὲ ἐς γνώμην ῥέκτης δεινότατος· τούτῳ δὴ καὶ Βασίλειος ὁ αὐτοκράτωρ οἰκειότατά τε ἐχρῆτο, καὶ ἐκοινώνει τῶν ἀπορρήτων, εἰς

18 ἔληξεν S : ἔλλ.

XVII 5 στραφεὶς S : γραφεὶς || 7 ἀποστρόφως S : -στρόφος || 8 εἶχεν R : εἴχεν || 8 ἀνηρέθιζε S : ἀνερ.

XVIII 1 περὶ — αὐτοῦ in marg. add. altera, ut videtur, manus || 5 τούτῳ S : τοῦτο || 7 ῥέκτης S : ῥάικτης || 7 τούτῳ S : τοῦτο || 7 Βασίλειος S : βασιλεὺς

comportant fort noblement à son égard. Or cet eunuque avait un frère qui, avant le temps de la royauté [de Romain], était encore un adolescent, mais qui, dans la suite, avait commencé à prendre barbe et avait atteint l'âge de la jeunesse. Le reste de son corps était d'une grande beauté, mais son visage surtout avait une fraîcheur et une grâce accomplies, car il avait le coloris d'une fleur, l'œil brillant et les joues vermeilles, véritablement. Son frère l'amena au basileus assis auprès de l'impératrice — ainsi en avait décidé le prince — pour le lui présenter. Quand tous deux furent entrés, l'empereur, une fois qu'il l'eut vu et lui eut posé quelques courtes questions, lui ordonna de se retirer, mais de rester à l'intérieur de la cour impériale ; mais l'impératrice, comme brûlée dans ses yeux d'un feu proportionné à la beauté du jeune homme, fut éprise de lui sur-le-champ et, par un accouplement mystique, elle fut grosse de son amour. Mais jusqu'alors la chose était un secret pour la plupart des gens[1].

XIX. Comme l'impératrice ne pouvait ni se conduire en philosophe ni ménager son désir, elle qui, jadis, souvent se détournait de l'eunuque, souvent maintenant elle s'approchait de lui, et, engageant la conversation sur un autre sujet, comme par une digression elle en venait à lui parler de son frère, l'invitant à s'enhardir et à s'approcher d'elle quand il le voudrait. Le jeune homme donc, sans rien savoir encore du secret de l'impératrice, mettait la chose au compte d'une favorable disposition d'esprit ; il s'approchait comme il y avait été invité, mais avec un maintien modeste et craintif, et la pudeur, éclairant davantage encore son visage, le faisait paraître tout de pourpre et le rendait brillant d'une vive couleur. Et elle, elle lui ôtait sa peur, lui souriant avec une grande douceur, détendant son sourcil sévère, s'arrangeant pour lui faire entendre son amour et le transformer en audacieux. Et comme elle donnait à son amant une base superbe d'opérations amoureuses, celui-ci aussi s'appli-

---

1. Comparez avec le récit de Psellos celui de Zonaras, qui en est un abrégé presque textuel. Voyez aussi Skylitzès. Cf. Schlumberger, *Op. laud.*, III, 150 sqq.

ὑπερηφάνους μὲν οὐκ ἀναβιβάσας ἀρχάς, γνησιώτατα δὲ πρὸς αὐτὸν διακείμενος. Τῷ δὲ ἀδελφός τις ἦν, τὸν μὲν πρὸ τῆς βασιλείας χρόνον ἔτι μειράκιον, τὸ δὲ μετὰ ταῦτα γενειάσας ἤδη καὶ τῆς τελεωτέρας ἡλικίας ἁψάμενος· κατεσκεύαστο δὲ τό τε ἄλλο σῶμα παγκάλως καὶ τὸ πρόσωπον ἐς ἀκριβῆ ὡραιότητα· εὐανθής τε γὰρ ἦν καὶ τὸ ὄμμα λαμπρὸς καὶ ὡς ἀληθῶς μιλτοπάρηος. Τοῦτον ὁ ἀδελφὸς τῷ βασιλεῖ τῇ βασιλίδι συγκαθημένῳ, οὕτω δόξαν ἐκείνῳ, εἰσήνεγκεν ὀφθησόμενον· καὶ ἐπειδὴ ἄμφω εἰσεληλυθέτην, ὁ μὲν βασιλεὺς ἅπαξ ἰδὼν καὶ βραχέα ἄττα ἐρωτήσας, ἐξιέναι μὲν παρεκελεύσατο, ἐντὸς δὲ εἶναι τῶν βασιλείων αὐλῶν· ἡ δὲ βασιλὶς, ὥσπερ τινὶ συμμέτρῳ φωτὶ τῷ ἐκείνου κάλλει τοὺς ὀφθαλμοὺς ἀναφθεῖσα, ἑαλώκει εὐθὺς καὶ ἐξ ἀρρήτου μίξεως τὸν ἐκείνου ἐνεκυμόνησεν ἔρωτα· καὶ ἦν τοῦτο τέως ἀπόρρητον τοῖς πολλοῖς.

XIX. Ὡς δὲ οὔτε φιλοσοφεῖν οὔτε οἰκονομεῖν τὸν πόθον ἠδύνατο, ἡ πολλάκις ἀποστρεφομένη τὸν ἐκτομίαν τότε θαμὰ προσῄει, καὶ ἄλλοθεν ἀρχομένη ὥσπερ ἐν παρεκβάσει τῆς ὑποθέσεως εἰς τὸν περὶ τοῦ ἀδελφοῦ λόγον κατέληγε, θαρρεῖν τε ἐκεῖνον παρεκελεύετο καὶ προσιέναι οἷ ὁπότε καὶ βούλοιτο. Ὁ δὲ οὐδὲν τέως τῶν κεκρυμμένων εἰδώς, γνώμης εὐμένειαν τὸ πρᾶγμα ἐτίθετο· καὶ προσῄει μὲν ὡς κεκέλευτο, ὑφειμένῳ δὲ καὶ πεφοβημένῳ τῷ σχήματι· ἀλλ' ἥ γε αἰδὼς μᾶλλον τοῦτον κατήστραπτε καὶ φοινικίον ὅλον ἐδείκνυ καὶ λαμπρῷ κατηγλάϊζε χρώματι. Ἡ δὲ ἀφῄρει τε τοῦτον τοῦ φοβεῖσθαι, ἁπαλώτερόν τε προσγελῶσα καὶ χαλῶσα τὸ βλοσυρὸν τῆς ὀφρύος καὶ οἷον αἰνιττομένη τὸν ἔρωτα, καὶ πρὸς τὸ θαρρεῖν μετεσκεύαζεν· καὶ ἐπειδὴ λαμπρὰς ἐδίδου τῷ ἐρωμένῳ τὰς τοῦ ἔρωτος ἀφορμάς, ἀντερᾶν δὲ καὶ οὗτος

9 ὑπερηφάνους S : ὑπεριφ. || 9 γνησιώτατα S : -τατε || 14 λαμπρὸς S : -πρῶς || 15 μιλτοπάρηος S : -πάριος || 17-18 ὁ μὲν βασιλεὺς cum siglo ./· add. in marg. altera manus || 22 ἐνεκυμόνησεν S : -μώνησεν.

XIX 9 φοινικίον R : -κίαν || 10 κατηγλαΐζε S : -γλάϊζες || 12 βλοσυρὸν S : βλω. || 14 οὗτος S : οὔτε

quait à lui rendre amour pour amour, d'abord avec quelque timidité[1], ensuite en l'approchant avec plus d'impudence et en exécutant tous les gestes des amants. Ainsi, il se jetait à son cou pour l'embrasser à l'improviste, il touchait son cou et sa main, dressé qu'il était dans cet art par son frère. Et l'impératrice se nouait à lui avec plus d'ardeur encore et s'appesantissait sur la force des baisers. Elle, elle l'aimait vraiment ; mais lui, il ne la désirait pas précisément, car elle avait passé l'âge ; mais, se pénétrant l'esprit de la grandeur de l'empire et possédé par cette idée, il était prêt à tout faire et à tout supporter. Quant à ceux qui étaient dans le palais, ils n'avaient d'abord que des soupçons et ils n'allaient pas au delà des conjectures ; mais plus tard, comme leur amour éclatait avec effronterie, tout le monde le connaissait et il n'était personne qui ne s'aperçût des faits, car déjà leurs baisers avaient abouti à l'union charnelle, et ils furent surpris par plusieurs personnes dormant ensemble sur un même lit. Et le jeune homme avait honte, et il rougissait, et il était rempli de crainte au sujet de cet acte ; mais elle, elle ne se gênait pas et, s'enlaçant à son amant, elle l'embrassait aux yeux de tous, et elle souhaitait de jouir souvent de lui[2].

XX. Quant à le parer comme une statue, le couvrir d'or et le rendre tout resplendissant de l'éclat des bagues et des vêtements tissés d'or, je ne regarde pas cela comme une chose étonnante ; une impératrice qui aime, que ne fournirait-elle pas à son amant? Mais elle, elle allait quelquefois, à l'insu du monde, jusqu'à le faire asseoir alternativement avec elle sur le trône impérial et lui mettre un sceptre en la main ; un jour même elle le jugea digne du diadème, et alors, s'accolant à lui derechef, elle l'appelait son idole, et la grâce de ses yeux, et sa fleur de beauté, et le soulagement de son âme. Donc, à répéter cela souvent, elle ne put échapper aux regards

---

1. *Litt.* d'une façon qui n'était pas précisément hardie.
2. Cette histoire des amours de la quinquagénaire Zoé et du jeune et beau Michel, « qui tient à la fois, dit Rambaud (*Emper. et Impér. d'Orient*, dans *Ét. sur l'hist. byz.*, éd. Ch. Diehl, p. 233), du conte de Boccace et du drame shakespearien », jette une lumière singulièrement crue sur les mystères du Palais Sacré.

ἐπετηδεύετο, τὰ μὲν πρῶτα οὐ πάνυ τεθαρρημένως, μετὰ δὲ
ταῦτα ἀναιδέστερόν τε προσιὼν καὶ τὰ τῶν ἐρώντων διαπρατ-
τόμενος· περιχυθεὶς γὰρ ἄφνω ἐφίλησε, καὶ δέρης ἥψατο
καὶ χειρός, ὑπὸ τοῦ ἀδελφοῦ πρὸς τὴν τέχνην παιδο|τρι-
βούμενος· Ἡ δὲ ἔτι μᾶλλον προσεπεφύκει καὶ πρὸς τὴν
ἰσχὺν τῶν φιλημάτων ἀντήρειδεν· ἡ μὲν καὶ ὡς ἀληθῶς
ἐρῶσα, ὁ δὲ οὐ πάνυ μέν τι ταύτης παρηκμακυίας ἐπιθυμῶν,
τὸν δὲ τῆς βασιλείας ὄγκον εἰς νοῦν βαλλόμενος, καὶ διὰ
ταύτην πᾶν ὁτιοῦν ποιεῖν τολμῶν τε καὶ ἀνεχόμενος. Οἱ
δὲ περὶ τὰ βασίλεια τὰ μὲν πρῶτα τέως ὑπώπτευον καὶ
μέχρι τῶν ὑπονοιῶν ἦσαν· ὕστερον δὲ ἀναιδῶς αὐτοῖς
ἐκρηγνυμένου τοῦ ἔρωτος, πάντες ἐγνώκεισαν καὶ τῶν γινο-
μένων οὐδὲ εἷς ἦν ἀνεπαίσθητος· ἤδη γὰρ καὶ εἰς συνουσίαν
αὐτοῖς κατέληξε τὰ φιλήματα, καὶ πολλοῖς ἑαλώκεισαν ἐπὶ
μιᾶς εὐνῆς συγκαθεύδοντες· καὶ ὁ μὲν ᾐσχύνετό τε καὶ
ἠρυθρία καὶ περιδεὴς ἐπὶ τῷ πράγματι ἦν, ἡ δὲ οὔθ' ὑπεσ-
τέλλετο, καὶ προσφῦσα ἐπὶ τοῖς πάντων κατεφίλησεν ὀφθαλμοῖς, καὶ ὄνασθαι τούτου πολλάκις ηὔξατο.

XX. Τὸ μὲν οὖν περικαλλύνειν τοῦτον ὥσπερ ἄγαλμα
καὶ καταχρυσοῦν, δακτυλίοις τε περιαστράπτειν καὶ χρυσοῦ-
φέσιν ἐσθήμασιν οὐκ ἐν θαυμασίοις ἄγω· βασιλὶς γὰρ ἐρῶσα
τί οὐκ ἂν τῷ ἐρωμένῳ πορίσαιτο; ἡ δὲ λανθάνουσα τοὺς
πολλοὺς ἔστιν ὅτε καὶ ἐπὶ τὸν βασιλικὸν θρόνον ἐκάθιζεν
ἐναλλάξ, σκῆπτρον ἐνεχείριζε, καί ποτε καὶ ταινίας ἠξίωσε,
καὶ ἐπὶ τούτοις αὖθις ἐπιχυθεῖσα ἄγαλμά τέ ἐκάλει καὶ
ὀφθαλμῶν χάριν καὶ κάλλους ἄνθος καὶ ψυχῆς ἰδίαν ἀναψυ-
χήν. Τοῦτο οὖν πολλάκις ποιοῦσα ἕνα τινὰ τῶν πανοπτήρων
οὐκ ἔλαθεν· ἐκτομίας οὗτος ἦν καὶ τὰς πρώτας τῶν βασι-

16 ἀναιδέτσερόν S : ἀνεδ. || 24 ὑπώπτευον S : ὑποπτεύον || 27 οὐδὲ
εἷς P : οὐδέ τις || 29 ᾐσχύνετο S : ἰσχ.

XX 1 inter τὸ et μὲν duae litterae abrasae sunt, fors. τε, vel το. ||
3 βασιλὶς S : βασιλέϊς (puncta duo in ε adscr. altera manus) || 6 ταινίας
S : τενίαις || 9 τοῦτο S : τούτῳ || 10-11 βασιλείων S : βασιλειων

d'un de ces gens qui voient tout ; c'était un eunuque à qui avaient été confiées les premières charges[1] de la cour impériale, personnage respectable à la fois par sa tenue et par sa dignité, et serviteur de la princesse par tradition de famille. Celui-ci donc, à la vue de ce spectacle étrange, faillit rendre l'âme, tant cet appareil lui causa de stupeur ; l'impératrice le rappela à lui car il s'était évanoui et le rassura car il était tout bouleversé, et elle lui ordonna d'être attaché à Michel, comme étant d'ores et déjà et devant être proprement empereur.

XXI. Et ce qui n'échappait à personne absolument, n'était pas parvenu à la connaissance de l'empereur, si épais était le nuage de cécité posé sur ses yeux ! Quand enfin le jaillissement formidable de l'éclair et le retentissement immense du tonnerre fulgura à l'entour de sa pupille et foudroya son oreille, quand il vit de ses propres yeux certaines choses et qu'il en apprit d'autres, encore et toujours il fermait les yeux comme à dessein et il se bouchait les trous des oreilles ; bien mieux, souvent, lorsqu'il dormait avec l'impératrice, quand celle-ci attendait, enveloppée dans une couverture de pourpre, le moment de se coucher dans le lit nuptial, il appelait Michel tout seul et lui ordonnait de toucher à ses pieds et de les frictionner, et il l'instituait son serviteur, et tout exprès, pour qu'il fît son office, il lui abandonnait sa femme. Et quand sa sœur Pulchérie et certains de ses valets de chambre lui découvrirent de façon péremptoire la mort préparée contre lui et l'exhortèrent à se tenir sur ses gardes, lui, alors qu'il lui était permis d'anéantir l'adultère caché et de couper court à tout ce drame en mettant en avant un prétexte quelconque et en exécutant sa pensée, il ne le fit pas, et il n'apporta pas de remède à la chose ; seulement, il manda une fois l'amant — ou l'aimé — et le questionna sur cet amour ; comme celui-ci feignait de ne rien savoir, il exige de lui sa parole et

---

1. Τὰς πρώτας scil. ἀρχάς. Malim τὰ πρῶτα ; cf. pp. 30, chap. X, 1 ; 67, chap. XXII, 7. Psellos nomme rarement les gens dont il parle. Il s'agit du grand ennuque du gynécée impérial, gouverneur tout puissant du domaine des femmes au Palais Sacré. Cf. Schlumberger, *Op. laud.*, III, 152.

λείων ἐμπεπιστευμένος αὐλῶν, αἰδέσιμός τε ἔκ τε τοῦ σχήματος, ἔκ τε τοῦ ἀξιώματος, καὶ θεράπων αὐτῆς πατρῷος· οὗτος τοίνυν ἰδὼν τὸ καινὸν τοῦ θεάματος μικροῦ δεῖν ἐξεπεπνεύκει, οὕτως αὐτὸν καὶ τὸ σχῆμα κατέπληξεν· ἡ δὲ ἀνεκαλέσατό τε ψυχορραγήσαντα καὶ κατέστησε συγκλονούμενον, καὶ τούτου ἐξαρτᾶσθαι ἐκέλευεν, ὡς νῦν τε ὄντος καὶ ἐσομένου καθαρῶς αὐτοκράτορος.

XXI. Καὶ τὸ μηδένα τῶν πάντων λαθὸν εἰς γνῶσιν οὐκ ἐληλύθει τῷ βασιλεῖ· τοσοῦτον αὐτῷ νέφος ὀφθαλμίας ἐπέκειτο· ἐπεὶ δὲ ἡ τῆς ἀστραπῆς ἔκπληξις καὶ τὸ μέγεθος τῆς βροντῆς καὶ τὰς ἐκείνου περιηύγασε κόρας καὶ τὴν ἀκοὴν κατεβρόντησεν, καὶ τὰ μὲν εἶδεν αὐτοῖς ὄμμασι, τὰ δὲ ἠκηκόει, ὁ δὲ καὶ αὖθις ὥσπερ ἑκὼν ἐπέμυέ τε τοὺς ὀφθαλμοὺς καὶ τοὺς ὤτων πόρους ἀπέφραττεν· ἀμέλει καὶ συγκαθεύδων πολλάκις τῇ βασιλίδι ἄχρι τῆς ἐν εὐνῇ κατακλίσεως ὑπὸ φοινικίδι περικαλυπτομένη μόνον τε τοῦτον ἐκάλει|καὶ τῶν ποδῶν ἐπαφᾶσθαι καὶ ἀνατρίβειν τούτῳ προσέταττε, καὶ θαλαμηπόλον ἐποίει, καὶ ἐξεπίτηδες, ἵνα τοῦτο ποιῇ, τὴν γυναῖκα τούτῳ κατεμνηστεύετο. Ἐπεὶ δὲ ἡ ἀδελφὴ Πουλχερία καὶ τῶν περὶ τὸν κοιτωνίσκον τινὲς τὸν κατ' αὐτοῦ συσκευαζόμενον θάνατον ἀπεκάλυψαν καὶ ἐτράνωσαν καὶ φυλάξασθαι προετρέψαντο, ὁ δὲ, ἐξὸν τὸν κεκρυμμένον ἀφανίζειν μοιχὸν καὶ τὸ πᾶν καταλύειν τοῦ δράματος, ἑτέραν μὲν πρόφασιν προβαλλόμενον ἐκπληροῦντα δὲ τὸ ἐνθύμημα, τοῦτο μὲν οὐκ ἐποίησεν, οὐδέ τινα προσήνεγκε τῷ πράγματι μηχανήν, ἀλλὰ τὸν ἐραστὴν ἢ ἐρώμενον προσκαλέσας ποτὲ περὶ τοῦ ἔρωτος ἐπυνθάνετο· καὶ ἐπειδὴ μηδὲν εἰδέναι ἐκεῖνος προσεποιήσατο, πίστεις τε εἰσπράττεται καὶ ὅρκους καθ' ἱερῶν· καὶ ἐπειδὴ τὴν πᾶσαν ἐκεῖνος ἐπιορκίαν

13 θεάματος S : θαύμ.|| 14 κατέπληξεν S : -ξε || 16 ἐκέλευεν S : -ευε.

XXI 7 ἀπέφραττεν S : -ττε || 8-9 κατακλίσεως S : -κλεί. || 9 περικαλυπτομένη R:-τούσῃ || 11 ἐξεπίτηδες S: ἐξέπίτ. || 12 ποιῇ R : ποιεῖ || 14 ἀπεκάλυψαν S : -ψεν || 15 φυλάξασθαι S : -θε || 18 ἐποίησεν S : -σε || 21 πίστεις S : -τις.

des serments sur les reliques ; et quand l'autre eut fait ce parjure, l'empereur continua à regarder les paroles d'autrui comme des calomnies, et il n'avait d'attention que pour lui, et il l'appelait son serviteur très fidèle.

XXII. Il arriva à celui-ci une autre chose encore, si bien que le soupçon s'écarta de l'esprit de l'empereur. Une terrible maladie, en effet, était tombée sur lui dès sa jeunesse, et ce mal était un dérangement périodique du cerveau[1]. Sans que survînt aucun signe prémonitoire, tout-à-coup il s'agitait, il roulait les yeux et s'abattait contre terre ; il heurtait le sol de sa tête et pendant très longtemps il était secoué de mouvements convulsifs ; ensuite il reprenait possession de lui-même et peu à peu revenait à son regard habituel. Or donc, en le voyant livré à cette maladie, l'empereur avait pitié de son malheur ; et sa démence, il la reconnaissait pour vraie, mais ses amours et ses plaisirs, il ne les reconnaissait pas pour tels. Pour la plupart des gens, ce mal paraissait un prétexte et un voile qui cachait la machination ; et cette conjecture serait la vérité même si cet homme, même quand il fut devenu empereur, n'eût subi les atteintes de ce dérangement cérébral. Mais remettons ces détails pour le chapitre qui le concernera particulièrement. Toujours est-il que, outre son caractère, la maladie et la souffrance vraie[2] lui étaient un moyen de voiler son dessein.

XXIII. Donc, persuader à l'empereur que les amants ne s'aimaient pas, n'était pas une grosse affaire, car il était persuadé bien facilement. Toutefois, ainsi que je l'ai appris moi-même de quelqu'un qui fréquentait alors la cour impériale, personnage très au courant de toute la question des amours de l'impératrice, et qui m'a donné des renseignements pour mon histoire, comme l'empereur, d'une part, voulait être en quelque sorte persuadé que l'impératrice n'avait pas de rapports amoureux avec Michel, mais comme, d'autre part, il la savait fort amoureuse et comme de feu dans sa

---

1. Cf. *infra*, chap. XXIV sq.
2. *Litt.* une souffrance qui, contrairement à son amour, n'avait rien de feint.

ἐτέλεσεν, τὰς μὲν τῶν ἄλλων φωνὰς συκοφαντίας ἡγεῖτο,
αὐτῷ δὲ μόνῳ προσεῖχε τὸν νοῦν καὶ πιστότατον ἐκάλει
θεράποντα.

XXII. Τούτῳ δὲ καὶ ἄλλο τι συναντελάβετο, ὥστε
πόρρω γενέσθαι τῆς κατ' αὐτοῦ ὑπονοίας τὸν αὐτοκράτορα·
νόσημα γάρ τι δεινὸν ἀφ' ἥβης τούτῳ περιπεπτώκει εὐθὺς,
τὸ δὲ πάθος περιτροπή τις τοῦ ἐγκεφάλου ἐν περιόδοις
ἐτύγχανεν ὂν, καὶ μηδεμίας αὐτῷ προσγινομένης τῆς σημειώ-
σεως, αὐτίκα τε ἐτετάρακτο καὶ τοὺς ὀφθαλμοὺς ἔστρεφε
καὶ κατὰ γῆς κατερρήγνυτο, προσούδιζέ τε τὴν κεφαλὴν καὶ
ἐπὶ πλεῖστον χρόνον κατακεκλόνητο, εἶτ' εἰς αὖθις ἑαυτοῦ
τε ἐγίγνετο καὶ κατὰ βραχὺ πρὸς τὸ σύνηθες βλέμμα ἀπο-
καθίστατο· ἑωρακὼς γοῦν τοῦτον ὁ αὐτοκράτωρ τούτῳ τῷ
πάθει ἑαλωκότα, ᾤκτειρέ τε τοῦ πτώματος καὶ μανίαν μὲν
κατεγνώκει, ἔρωτας δὲ ἀπεγνώκει καὶ χάριτας. Τοῖς δὲ πολλοῖς πρόσχημα τὸ πάθος ἐδόκει καὶ προκάλυμμα τῆς ἐπι-
βουλῆς· καὶ ἦν ἂν αὐτὴ ἀληθεύουσα ἡ ὑπόνοια, εἰ μὴ καὶ
βασιλεὺς γεγονὼς ταύτην ὑφίστατο τὴν περιτροπήν· ἀλλὰ
τοῦτο μὲν εἰς τὸν περὶ αὐτοῦ λόγον ἀναβεβλήσθω, ἐκείνῳ δὲ
πρὸς τρόπου καὶ τὸ κακὸν ἐγεγόνει καὶ τὸ ἀσχημάτιστον
πάθος προκάλυμμα πρὸς τὴν ὑπόθεσιν ἦν.

XXIII. Τὸ μὲν οὖν τὸν αὐτοκράτορα πεῖσαι τοὺς
ἀντερῶντας μὴ ἐρᾶν οὐ μέγα ἔργον ἦν, ῥᾷστα γὰρ καὶ ἐπέ-
πειστο· ὡς δὲ ἐγώ τινος ἤκουσα τῶν τότε περὶ τὰς βασιλείους ἀναστρεφομένων αὐλὰς, ἀνδρὸς ἅπασαν τῆς βασιλίδος τὴν ἐρωτικὴν εἰδότος ὑπόθεσιν κἀμοὶ τὰς ἀφορμὰς τῆς
ἱστορίας διδόντος, ὡς ὁ βασιλεὺς ἐβούλετο μὲν ὡσανεὶ
πεπεῖσθαι μὴ ἔχειν τὴν βασιλίδα ἐρωτικῶς πρὸς τὸν Μιχαὴλ,
ᾔδει δὲ μάλα ἐρῶσαν ὥσπερ δὴ καὶ σφριγῶσαν περὶ τὸ πάθος,

XXII 4 περιτροπή S : -πήν || 5 μηδεμίας R : μηδὲ μιᾶς || 8 εἶτ' εἰς :
εἴτης, quod corr. altera manus in εἶτ' εἰς || 9 κατὰ S : τὰ || 13 προκά-
λυμμα S : -λυμα || 17 ἀσχημάτιστον S : αὐχημ.

XXIII 2-3 ἐπέπειστο S : ἐπέπιστο

passion, pour qu'elle ne se donnât pas à plusieurs, il ne supportait pas très impatiemment ses relations avec un seul, et, en feignant de ne pas voir, il donnait toute satisfaction à la passion de l'impératrice[1]. L'affaire, d'ailleurs, m'a été rapportée d'une autre façon. L'empereur était assez accommodant quant à la pensée de l'amour ou quant à sa consommation[2]; mais sa sœur Pulchérie était pleine de fureur, et l'étaient avec elle tous ceux qui alors se trouvaient être les confidents de ses secrets. Donc la lutte était engagée contre les amants, et la ligne de bataille n'était pas inaperçue; mais c'est en idée que se remportèrent les trophées. Car ladite sœur mourut quelque temps après, et de ceux qui l'entouraient, l'un mourut aussi subitement, l'autre fut, sur l'ordre même de l'empereur, chassé du palais; quant aux autres, les uns acceptaient la chose, les autres contenaient leur langue, et l'amour ne se consommait pas à la dérobée, mais il s'opérait comme légalement.

De la maladie de l'empereur.

XXIV. Après cela, qu'arrive-t-il? Une maladie, de celles qui sont insolites et douloureuses, frappe aussi l'empereur. Subitement, en effet, tout son corps se vicia et se remplit de corruption intérieure. Ce qui est sûr, au moins, c'est que dès lors il touchait aux aliments avec moins d'appétit, et le sommeil, se posant au bord de ses yeux, s'envolait vite, et tous les maux fondaient ensemble sur lui : âpreté de caractère, esprit chagrin, colère, irritation et cris, toutes choses qui lui étaient inconnues auparavant; tant il y a que lui, qui était d'un abord facile au temps de ses premières années, était alors devenu inabordable autant qu'inaccessible[3]. Car le rire l'avait quitté, ainsi que la grâce de l'âme et la douceur du caractère; et il ne se fiait absolument à personne, pas plus que lui-même n'inspirait confiance à personne,

---

1. Skylitzès qualifie cette passion de démoniaque.
2. *Litt.* quant à la pensée amoureuse ou la possession.
3. Les adjectifs du texte ne sont séparés que par une légère nuance : on n'arrivait pas facilement jusqu'à l'empereur, et, quand on y arrivait, on se trouvait en présence d'un homme inabordable.

| καὶ, ἵνα μὴ πρὸς πολλοὺς διαχέοιτο, οὐ μάλα τὴν πρὸς ἕνα
τῆς γυναικὸς ἐδυσχέραινεν ὁμιλίαν, ἀλλὰ σχηματιζόμενος
παρορᾶν ἀπεπλήρου τὸ πάθος τῇ βασιλίδι· ὃ τοίνυν ἄλλως
μοι εἴρητο· ὁ μὲν βασιλεὺς εὔκολος πρὸς τὴν ἐρωτικὴν ὑπό-
ληψιν ἢ κατάληψιν ἦν, ἐμεμήνει δὲ ἥ τε ἀδελφὴ Πουλχερία
καὶ ὅσοι τηνικαῦτα κοινωνοὶ τῶν ἀπορρήτων ἐκείνῃ ὄντες
ἐτύγχανον. Πρὸς τούτους οὖν ἡ μάχη καθίστατο, καὶ ἡ μὲν
παράταξις οὐκ ἀφανής, ἐν ὑπονοίαις δὲ συμβεβήκει τὰ
τρόπαια· ἥ τε γὰρ ἀδελφὴ οὐ μετὰ πολὺν χρόνον ἐτεθνήκει,
καὶ τῶν περὶ ἐκείνην ὁ μὲν τοῦτο ἐπεπόνθει ἁθρόον, ὁ δὲ τῶν
ἀνακτόρων ὑπεξεληλύθει, οὕτω βουληθέντος τοῦ αὐτοκρά-
τορος· τῶν δ' ἄλλων οἱ μὲν συνῄνουν τῷ πράγματι, οἱ δὲ τὴν
γλῶτταν ἐπεπέδηντο· καὶ ἦν ὁ ἔρως οὐκ ἀφανῶς τελούμενος,
ἀλλ' ὥσπερ ἐπὶ νόμοις γινόμενος.

Περὶ τῆς νόσου τοῦ βασιλέως.

XXIV. Εἶτα τί γίνεται; καταλαμβάνει καὶ τὸν αὐτοκράτορα νόσημα τῶν ἀήθων καὶ χαλεπῶν· ὅλον γὰρ ἀθρόον
τὸ σῶμα καὶ κακόηθες αὐτῷ ἐγεγόνει καὶ ὕπουλον· τροφῆς
τε γοῦν ἐντεῦθεν οὐ μᾶλλον ἐρρωμένως ἥπτετο, ὅ τε ὕπνος
ἄκροις αὐτοῦ τοῖς ὄμμασιν ἐφιζάνων ταχέως ἀφίπτατο, καὶ
πάντα συνεπεπτώκει αὐτῷ τὰ δυσχερῆ, ἤθους τραχύτης,
γνώμη δυσάρεστος, θυμὸς καὶ ὀργὴ καὶ κραυγή, μὴ γνωριζό-
μενα πρότερον· εὐπρόσιτος γοῦν τὸν ἐκ πρώτης ἡλικίας
βίον τυγχάνων, τότε δυσπρόσιτός τε ὁμοῦ καὶ δυσπρόσοδος
ἐγεγόνει· ὅ τε γὰρ γέλως αὐτὸν ἀπέλιπε καὶ ἡ τῆς ψυχῆς
χάρις καὶ τὸ γλυκὺ τοῦ ἤθους, καὶ οὔτε τινὶ τῶν πάντων
ἐπίστευεν, οὔτε αὐτὸς ἐδόκει τοῖς ἄλλοις, ἀλλ' ἑκάτεροι ὑπώ-

---

9 πολλοὺς S : πολλὰς ‖ 9 μάλα S : μάλλα ‖ 14 ἐκείνῃ S : -νων ‖
15 τούτους S : -τοις ‖ 18 ἐκείνην S : ἐκεῖνον.

XXIV 1 περὶ — βασιλέως in marg. adscripsit altera manus ‖ 2 εἶτα
τί γίνεται; K : εἶτά τι γίνεται· ‖ 4 κακόηθες S : κακοήθες ‖ 6 ἀφίπτατο
S : ἐφίπ. ‖ 8 δυσάρεστος S : δυσσάρ.

mais de part et d'autre on soupçonnait et on était soupçonné[1]. Son manque de générosité ne fit alors que s'accroître encore ; effectivement et particulièrement, il faisait d'une manière sordide les distributions d'argent ; toute supplique, il l'écoutait de méchante humeur ; toute parole de pitié le remplissait d'irritation. Malgré cela, bien que sa santé fût en un si misérable état, il ne négligeait pas les usages de la cour et il était loin de ne faire aucun cas des solennités impériales ; bien au contraire, il s'habillait de vêtements splendides tout constellés d'or et il mettait sur lui toutes ses autres parures ; surchargé, pour ainsi dire de toute cette pompe avec son corps frêle, il se retournait difficilement et il se trouvait encore plus mal.

XXV. Pour ma part, je l'ai souvent vu dans cet état au cours des solennités, alors que je n'avais pas encore tout à fait seize ans. Il ne différait pas beaucoup d'un mort, tant son visage était enflé, et son teint n'avait rien de plus beau que celui de ceux qui ont trois jours d'ensevelissement[2]. Il avait la respiration précipitée, et, après avoir marché un peu, de nouveau il s'arrêtait ; et la plupart de ses cheveux du tour de la tête étaient tombés comme ceux d'un cadavre ; quelques-uns seulement, courts et clairsemés, s'éparpillaient en désordre autour de son front, agités, je suppose, par sa respiration. Donc, tous les autres avaient perdu l'espoir ; mais lui, il n'était pas précisément désespéré, et il se livrait à des pratiques médicales et c'est là qu'il cherchait son salut.

De la mort de l'empereur.

XXVI. Si le couple amoureux lui-même et leurs complices[3] n'ont pas commis en son endroit quelque acte illicite, je ne saurais le dire, car je ne sais guère porter d'accusation sur des faits dont je n'ai pas pris

---

1. Après ἐδόκει, s. e. πιστός, dont l'idée est à tirer de ἐπίστευεν.
2. C'est-à-dire morts depuis trois jours. C'était (et c'est encore) l'usage, en Orient, de porter les morts au cimetière le visage découvert.
3. *Litt.* les confidents de la chose.

πτευόν τε καὶ ὑπωπτεύοντο· τὸ δέ γε ἀφιλότιμον τότε
μᾶλλον αὐτῷ ἐπετάθη· ἀνελευθέρους γοῦν ἐποιεῖτο τὰς τῶν
χρημάτων διανεμήσεις, καὶ πρὸς πᾶσαν μὲν ἱκεσίαν ἐχαλέπαινεν, πρὸς πᾶσαν δὲ φωνὴν ἐλεεινὴν ἐτραχύνετο·
πονήρως δὲ ἄγαν τοῦ σώματος ἔχων, ὅμως οὔτε τῶν συνήθων ἠμέλει, οὔτε τὰς βασιλείους πομπὰς ἐν μηδενὶ λόγῳ
ἐτίθετο, ἀλλὰ καὶ στολαῖς κατελαμπρύνετο χρυσοπάστοις
καὶ τὸν ἄλλον κόσμον ἠμφίεστο, ὥσπερ ἀχθοφορῶν ἐν ἀσθε-
νεῖ σώματι, δυσχερῶς τε ἐπανέστρεφεν καὶ πλέον εἶχε
κακῶς.

XXV. Ἐγὼ γοῦν πολλάκις ἐθεασάμην οὕτως ἐν ταῖς
πομπαῖς ἔχοντα, οὐκ ἀκριβῶς ἑκκαιδεκέτης τὴν ἡλικίαν ὢν,
βραχύ τι τῶν νεκρῶν διαφέροντα· ὅλον γὰρ αὐτῷ ἐξῳδήκει
τὸ πρόσωπον, καὶ τὸ χρῶμα οὐδέν τι κάλλιον εἶχε τῶν τριταίων περὶ τὰς ταφάς· ἀπέπνει τε πυκνῶς, καὶ βραχύ τι
προβαίνων αὖθις ἵστατο· τῶν δὲ περὶ τὴν κεφαλὴν | αὐτῷ
τριχῶν αἱ μὲν πλείους ὥσπερ ἀπὸ νεκροῦ σώματος ἐπεπτώ-
κεισαν, βραχεῖαι δέ τινες καὶ ψιλαὶ ἠτάκτουν περὶ τὸ
μέτωπον, τῷ ἐκείνου, οἶμαι, συγκινούμεναι πνεύματι. Τοῖς
μὲν οὖν ἄλλοις ἀπέγνωστο, ὁ δὲ οὐ πάνυ τι δυσέλπιστος ἦν,
ἀλλ' ἰατρικαῖς τέχναις ἑαυτὸν ἐδεδώκει, κἀκεῖ τὴν σωτηρίαν ἑαυτῷ ἐμνηστεύετο.

Περὶ τοῦ θανάτου τοῦ βασιλέως.

XXVI. Εἰ μὲν οὖν ἐδεδράκεισάν τι περὶ αὐτὸν τῶν
ἀτοπωτάτων αὐτή τε ἡ ἐρωτικὴ συζυγία καὶ οἱ τοῦ πράγματος κοινωνοί, ἐγὼ μὲν οὐκ ἂν εἴποιμι· οὐ γὰρ ῥᾳδίως οἶδα

13-14 ὑπώπτευόν S: ὑποπτευόν ‖ 14 ὑπωπτεύοντο S : ὑπόπτ. ‖ 16-
17 ἐχαλέπαινεν R : -λέπενεν ‖ 21 ἠμφίεστο Κ : ἠμφίετο.

XXV 4-5 τριταίων S : -τέων ‖ 7 τριχῶν S : τῶν τριχῶν ‖ 7-8 ἐπεπτώ-
κεισαν S : ἀπεπώκ. ‖ 10 ὁ δὲ S : οὐδὲ ‖ 10 δυσέλπιστος S :-ον ‖ 11 ἐδεδώκει S : -δόκει.

XXVI 1 περὶ — βασιλέως; in marg. adscripsit altera manus ‖ 2 αὐτὸν
S : αὐτῶν

connaissance pleine et entière. Mais d'après l'opinion courante[1], ceci est posé comme un fait sur lequel tout le monde est d'accord, qu'après avoir ensorcelé l'empereur par des drogues, ils lui versèrent ensuite de l'ellébore. Je ne discute pas pour l'instant sur ce point ; mais il appert que ces gens[2] furent la cause de sa mort. Les choses étant ainsi, l'empereur faisait les préparatifs de notre commune Résurrection et, en même temps, il s'apprêtait pour se rendre le lendemain à la fête publique et solennelle. Or donc, il part avant le jour pour se baigner au palais même dans une des piscines disposées autour des appartements impériaux, et on ne le conduisait plus par la main, et il n'était pas proche de la mort. Tout allègrement, c'est sûr, il montait pour s'oindre et se laver et se nettoyer le corps[3] avec des ingrédients purificateurs. Donc, il entre dans le bain, et après avoir tout d'abord bien nettoyé sa tête et ensuite lavé à fond tout son corps, comme il avait la respiration aisée, il s'abandonne à la piscine, qui était approfondie en son milieu. Et d'abord, il nageait avec délice à la surface de l'eau et il évoluait avec légèreté, crachant l'eau et se rafraîchissant avec un plaisir extrême ; après quoi, quelques gens de sa suite entrèrent dans l'eau pour le soutenir et le faire reposer, ainsi qu'il avait été prescrit. Si, après être entrés dans la piscine, ceux-ci ont commis quelque attentat sur le souverain, je ne puis le dire d'une manière exacte[4]. Ce qui est sûr, c'est que ceux qui rapprochent d'autres faits de celui-là, disent que, lorsque l'empereur eut plongé sa tête dans l'eau, selon son habitude, ils lui pressèrent ensemble la nuque et le tinrent [sous l'eau] pendant un long temps ; après quoi, le laissant là, ils sortirent. Quant à lui, l'air allégeant son corps presque

---

1. *Litt.* pour les autres.
2. Le couple amoureux, Zoé et Michel.
3. *Litt.* et user d'ingrédients purificateurs du corps.
4. Cf. Dr E. Jeanselme, *La Maladie et la Mort de Romain III Argyre*, dans *Communic. à Soc. Hist. Méd.*, t. XVII, n°* 9-10, 1923. L'empereur mourut dans la nuit du 11 au 12 avril de l'an 1034, à l'âge de plus de soixante ans. Cf. Schlumberger, *Op. laud*, III, p. 157.

καταγινώσκειν ὧν οὔπω κατάληψιν εἴληφα· τοῖς δὲ ἄλλοις
κοινὸν τοῦτο τέθειται ὁμολόγημα, ὡς τὸν ἄνδρα πρότερον
φαρμάκοις καταγοητεύσαντες, μετὰ ταῦτα καὶ ἐλλέβορον
ἐκεράσαντο· καὶ οὐ περὶ τούτου νῦν διαμφισβητοῦμαι, ἀλλ'
ὅτι ἡ τοῦ θανεῖν αἰτία ἐκεῖνοι γεγόνασιν. Εἶχε ταῦτα, καὶ τὰ
προτέλεια τῆς κοινῆς ἡμῶν ἀναστάσεως ἐτελεῖτο τῷ βασιλεῖ, ὁμοῦ τε ὡς ἐς αὔριον εἰς τὴν πάνδημον πανήγυριν
προελευσόμενος ηὐτρεπίζετο· ἄπεισι γοῦν πρὸ ἡμέρας
βαλανείοις χρησόμενος αὐτόθι που περὶ τὰ βασίλεια, οὔτε
χειραγωγούμενος ἔτι, οὔθ' ὑπόγυος πρὸς τὸν θάνατον ὤν·
διαπρεπῶς γοῦν ἀνῄει ἀλειψόμενος καὶ λουσόμενος καὶ
καθαρσίοις περὶ τὸ σῶμα χρησόμενος. Εἴσεισι γοῦν τὸ λου-
τρόν, καὶ κεφαλὴν πρῶτα διαρρυφθείς, εἶτα δὴ καὶ τὸ σῶμα
κατανληθείς, ἐπειδὴ ἐρρωμένως εἶχε τοῦ πνεύματος, τῇ
κολυμβήθρᾳ ἑαυτὸν ἐπιδίδωσιν, ἥτις μέσον ὀρώρυκται· καὶ
τὰ μὲν πρῶτα ἡδέως τῷ ὕδατι ἐπενήχετο καὶ ἐλαφρῶς
ἐπέπλει, ἀναφυσῶν ὡς ἥδιστα καὶ ἀναψυχόμενος, ἔπειτά
τινες καὶ τῶν περὶ ἐκεῖνον εἰσῇεσαν ὑπερείσοντες ἐκεῖνον
καὶ ἀναπαύσοντες· οὕτω γὰρ ἔδοξεν· ἀλλ' εἴ τι μὲν εἰσελ-
θόντες περὶ τὸν αὐτοκράτορα παρηνόμησαν, οὐκ ἔχω εἰπεῖν
ἀκριβῶς. Φασὶ γοῦν οἱ καὶ τἆλλα πρὸς τοῦτο συνείροντες,
ὅτι ἐπειδὴ τὴν κεφαλὴν εἰς τὸ ὕδωρ καθῆκεν ὁ αὐτοκράτωρ,
τοῦτο γὰρ εἴθιστο ποιεῖν, συμπιέσαντες αὐτοῦ τὸν αὐχένα
ἐπέσχον ἐπὶ χρόνον πολύν, εἶτ' ἀφέντες ἐξεληλύθεσαν· τὸν
δὲ τὸ πνεῦμα κουφίσαν ἄπνουν σχεδὸν ἐπεδείκνυ τοῖς ὕδασιν
ὥσπερ φελλὸν ἀλόγως ἐπισαλεύοντα· ὡς δὲ βραχύ τι ἀνα-
πνεύσας ἔγνω ὅπη κακοῦ ἐτύγχανεν ὤν, τὴν χεῖρα προτείνας
ἐδεῖτο τοῦ συλληψομένου καὶ ἀναστήσοντος. Εἷς γέ τοι

7 ἐλλέβορον S : ἐλέβορον ‖ 9 ἡ αἰτία S : τὴν αἰτίαν : verba τὴν
τοῦ θανεῖν — ἀναστάσεως cum siglo ./· add. in marg. altera manus
‖12 προελευσόμενος K : προσελευσώμενος ‖ 14 ὑπόγυος S : ὑπόγυ
‖17 διαρρυφθείς S : διάρυ. ‖ 21 ἀναφυσῶν S: -υσσῶν ‖ 22 τῶν S : τὸν
‖22 εἰσῄεσαν S : -ίεσαν ‖ 28 πολύν, εἶτ' ἀφέντες S : πολλὺν· εἶτα φέντες
‖31 ἐτύγχανεν S : ἐτύχ.

privé de souffle, le fit paraître sur l'eau, flottant au hasard comme un liège. Quand, après avoir respiré un peu, il comprit dans quelle situation critique il se trouvait, tendant la main, il cherchait quelqu'un qui l'aidât et le remît debout. L'un des assistants, à tout le moins, pris de pitié pour lui à cause aussi de sa condition, lui tendit la main, le prit dans ses bras, le tira du bassin, le transporta comme il se trouvait et le déposa sur un divan en piteux état. Un cri s'étant fait entendre, d'autres personnes se trouvèrent présentes, et l'impératrice en personne, sans gardes du corps, comme sous le coup d'une douleur terrible. Après avoir contemplé ce spectacle, elle se retira, ayant acquis de ses yeux la certitude qu'il allait mourir. Et, lui ayant poussé un gémissement lourd et profond, jetait les yeux çà et là tout autour de lui ; il ne pouvait pas prononcer une parole, mais il indiquait par des signes et des mouvements de tête les désirs de son âme ; et, comme personne ne le comprenait plus, ayant fermé les yeux, il se mit à haleter d'une façon plus pressée ; après quoi, soudain de sa bouche largement ouverte se déverse une matière noirâtre et coagulée ; là-dessus, ayant râlé deux à trois fois, il rend l'âme.

ἐλεήσας τοῦτον καὶ τοῦ σχήματος, τὰς χεῖρας ὑποτείνας καὶ ἐναγκαλισάμενος ἀνιμήσατο, καὶ διαβαστάσας ὡς εἶχεν ἐπὶ τῆς στρωμνῆς ἀθλίως κατέθετο. Καὶ βοῆς ἐπὶ τοῦτο γενομένης, ἄλλοι τέ τινες παρῆσαν καὶ ἡ βασιλὶς αὐτὴ ἀδορυφόρητος, ὡς ἐπὶ πένθει δεινῷ· καὶ ἰδοῦσα αὖθις ἀπῆλθε, τὸ πιστὸν τῆς τελευτῆς εἰληφυῖα διὰ τῆς ὄψεως. Ὁ δὲ βαρύ τι στενάξας καὶ βύθιον, τῇδε κἀκεῖσε περιεβλέπετο, φωνῆσαι μὲν | μὴ δυνάμενος, σχήμασι δὲ καὶ νεύμασι δηλῶν τὸ βούλημα τῆς ψυχῆς· ὡς δὲ συνελαμβάνετο ἔτι οὐδείς, μύσας τοὺς ὀφθαλμοὺς πυκνότερον αὖθις ἐπήσθμαινεν· εἶτα δὴ ἀθρόον ἀναρραγέντος ὑπεκχεῖται διὰ τοῦ στόματος μελάντερόν τι τὴν χρόαν καὶ πεπηγός, ἐφ' ᾧ δὴ δὶς καὶ τρὶς ἀσθμάνας τὴν ζωὴν ἀπολείπει.

33 σχήματος S : σχίμ. || 34 ἀνιμήσατο K : ἀνηρείσατο || 36-37 ἀδορυφόρητος S : ἀδωρυφ. || 42 πυκνότερον K : -ρος || 44 χρόαν S : χρῶαν || 45 ἀσθμάνας S : -μήνας.

TOME QUATRIÈME

MICHEL IV (1034-1041).

I. Ainsi mourut Romain, après cinq ans et demi de règne. Pour l'impératrice Zoé, à la nouvelle que l'empereur avait rendu l'âme (elle n'était pas même présente aux côtés du mourant), aussitôt, en tant qu'héritière du trône de par la volonté d'en haut, elle prend la tête des affaires, ou plutôt, s'inquiétant peu de l'exercice du pouvoir, pour arriver à transmettre à Michel[1] dont nous venons de parler l'appareil de la souveraineté, elle dépense tous ses soins. En effet, ceux qui, au palais, occupaient les premières dignités (la plupart d'entre eux se trouvaient être de vieux serviteurs de sa famille à elle, et les autres étaient des familiers de son mari, dont la liaison avec la famille de celui-ci datait de son père), la détournaient d'accomplir hâtivement quelque action capitale[2], et ils s'accordaient à lui conseiller et de réfléchir pour elle-même à prendre le meilleur parti, et de délibérer, et d'élever à l'empire un des dignitaires[3], un personnage éminent entre tous, qui convînt de se comporter à son égard non comme envers une épouse, mais comme envers une souveraine.

II. Ceux-ci donc la pressaient de toutes les manières, croyant qu'ils allaient rapidement la convaincre et la faire participer à leurs désirs. Mais elle, de tous ses suffrages et de toutes ses pensées, elle se portait vers Michel, jugeant l'homme non d'après sa raison, mais d'après sa passion. Comme, d'autre part, il fallait fixer un jour où celui-ci devait prendre la couronne

---

1. Sur ce prince, cf. Schlumberger, *Op. laud.*, III, 164 sqq.
2. C'est-à-dire de prendre mari hâtivement.
3. *Litt.* un entre tous.

ΤΟΜΟΣ ΤΕΤΑΡΤΟΣ

ΜΙΧΑΗΛ Δ΄ (1034-1041).

I. Οὕτω μὲν δὴ Ῥωμανὸς ἐτεθνήκει ἐς πεντάδα χρόνων καὶ ἥμισυ τὴν βασιλείαν κατεσχηκώς· ἡ δὲ βασιλὶς Ζωή, ἐπειδὴ τοῦτον ἐμεμαθήκει ἐκπεπνευκότα (οὐδὲ γὰρ παρῆν ἀποπνέοντι), εὐθὺς ὥσπερ δὴ κληρονόμος ἄνωθεν τῆς ἀρχῆς τῶν ⌊ὅλων προΐσταται, μᾶλλον δὲ τοῦ προεστάναι βραχὺ φροντίσασα, ὅπως ἂν παραδῷ τὴν προστασίαν τῷ Μιχαήλ, περὶ οὗ φθάσας ὁ λόγος διείληφε, διὰ πάσης φροντίδος γίνεται. Οἱ μὲν γὰρ τῶν ἀνακτόρων τοὺς ἐν τοῖς ἀξιώμασι κλήρους διαλαχόντες, ὧν οἱ πλείους αὐτῇ πατρῷοι θεράποντες ὄντες ἐτύγχανον, οἱ δὲ καὶ τοῦ ἀνδρὸς ὁμιληταὶ καὶ εἰς γένος ἐκείνῳ συναφθέντες ⟨ἀπὸ⟩ τοῦ πατρός, ἀπεῖργον τοῦ προχείρως περὶ τῶν μεγάλων τι διαπράξασθαι, συνεβούλευόν τε ἐνθυμηθῆναι τὰ κάλλιστα περὶ αὐτῆς καὶ βουλεύσασθαι, καὶ ἕνα τῶν πάντων εἰς τὴν βασιλείαν ἀναγαγεῖν τὸν ἐκ πάντων ἐξαίρετον, καὶ συνομολογήσοντα οὐχ ὡς συμβίῳ ἀλλ' ὡς δεσπότιδι ταύτῃ προσενεχθήσεσθαι.

II. Οἱ μὲν οὖν παντοδαπῶς αὐτῇ προσεφέροντο, πεῖσαι τάχα οἰόμενοι καὶ πρὸς τὸ δοκοῦν σφίσι ταύτην μεταλαβεῖν· ἡ δὲ ὅλαις ψήφοις καὶ πάσαις ἐννοίαις ἐπὶ τὸν Μιχαὴλ ἐνενεύκει, οὐ λογισμῷ ἀλλὰ πάθει τὸν ἄνδρα κρίνουσα. Ὡς δὲ καὶ ἡμέραν ἔδει ὁρίσαι καθ' ἣν ἐκεῖνος στεφανηφο-

I 12 ἀπὸ add. S ‖ 13 προχείρως S : -χείρος ‖ 14 αὐτῆς S : αὐτῆς ‖ 16 συνομολογήσοντα S : -ται.

II 3 πάσαις S : σαι

et revêtir les autres insignes du pouvoir, le frère aîné de Michel, l'eunuque Jean, homme très prompt à la pensée et énergique à l'action, ayant abordé en secret l'impératrice, lui dit que « c'en est fait de nous, si l'empire tarde à passer aux mains de Michel[1] », et il l'amène tout entière à son dessein. Sur-le-champ, elle fait venir Michel, le revêt d'un habit tissé d'or, ajuste sur sa tête la couronne impériale, le fait asseoir sur un trône somptueux, s'assied elle-même à côté de lui dans un appareil identique, puis ordonne à ceux qui résidaient alors dans le palais de se prosterner devant eux et de faire l'acclamation[2]. Ainsi firent-ils. Cependant, la chose s'ébruitant fut connue aussi de ceux qui étaient en dehors du palais, et la capitale entière voulut avoir part à cet enthousiasme prescrit par le mot d'ordre[3] ; et la foule affectait l'allégresse[4] par flatterie pour le nouvel empereur et témoignait d'être débarrassée comme d'un fardeau de l'empereur défunt, et c'est facilement et d'un cœur léger, avec plaisir et satisfaction, qu'ils accueillirent Michel.

III. Cette proclamation nocturne effectuée par l'entourage de l'empereur, un ordre double parvient au Préfet de la Ville : dès la pointe du jour, il devra se rendre au palais, et, avec lui, tous les sénateurs, tout ensemble pour se prosterner devant le nouvel empereur et faire au défunt les funérailles accoutumées. Et ceux-ci s'avancèrent selon le cérémonial : entrant un à un, en présence des souverains assis sur des trônes, ils posaient la tête sur le sol ; à l'impératrice, ils ne rendaient que ce seul hommage ; mais à l'empereur, ils baisaient aussi la main droite. La cérémonie terminée, Michel, proclamé basileus autocrator, devait s'occuper des intérêts de l'empire. Pour Romain, le basileus décédé,

---

1. *Litt.* Si l'empire prend une inclinaison vers le retard.
2. L'acclamation dont on saluait tout nouvel empereur.
3. *Litt.* l'enthousiasme du mot d'ordre.
4. Psellos construit curieusement sa phrase. Les participes au gén. ψευδομένων et suiv. se rapportent tous quatre, au même titre, à τῶν πλειόνων. L'auteur dit τοῦτο μὲν... τοῦτο δὲ, parce qu'il veut renforcer son expression en reliant par deux καὶ les deux membres de phrase principaux.

ρήσειν ἔμελλεν καὶ τῶν ἄλλων παρασήμων ἀξιωθήσεσθαι, ὁ πρεσβύτερος τοῦ Μιχαὴλ ἀδελφὸς, Ἰωάννης ὁ ἐκτομίας, ἀνὴρ δεινότατος περὶ τὰς ἐνθυμήσεις καὶ περὶ τὰς πράξεις δραστήριος, δι' ἀπορρήτων αὐτῇ ἐντυχὼν, καὶ ὡς ἀποθανούμεθα φήσας, εἰ ῥοπὴν τὸ κράτος εἰς ὑπέρθεσιν λήψεται, ὅλην εἰς τὴν οἰκείαν μετατίθησι γνώμην· καὶ εὐθὺς μετακαλεσαμένη τὸν Μιχαὴλ καὶ τὴν χρυσοϋφῆ στολὴν ὑπενδύσασα, ἔπειτα δὲ καὶ τὴν βασιλικὴν στεφάνην τῇ κεφαλῇ προσαρμόσασα, ἐπί τε πολυτελοῦς θρόνου καθίσασα καὶ αὐτὴ παρακαθισαμένη πλησίον ἐν ὁμοίῳ τῷ σχήματι, πᾶσιν ἐπιτάττει ὅσοι τὸ βασίλειον τηνικαῦτα ᾤκουν ἄμφω κοινῇ προσκυνεῖν τε καὶ εὐφημεῖν. Οἱ μὲν οὖν οὕτως ἐποίουν· διαδόσιμον δὲ τὸ πρᾶγμα καὶ τοῖς ἐκτὸς καὶ τῶν ἀνακτόρων καθίστατο, καὶ πᾶσα ἡ Πόλις παραλαβεῖν τοῦ συνθήματος τὴν εὐθυμίαν ἐβούλετο, τοῦτο μὲν καὶ ψευδομένων τῶν | πλειόνων τὴν εὐφημίαν καὶ κολακευόντων τὸν βασιλεύσαντα, τοῦτο δὲ καὶ ὥσπερ τι ἄχθος ἀποθεμένων τὸν τελευτήσαντα, καὶ κούφως ἅμα καὶ ἐλαφρῶς σὺν εὐθυμίᾳ καὶ ἡδονῇ ἐκδεξαμένων τὸν Μιχαήλ.

III. Ἐπεὶ οὖν τοῖς περὶ τὸν βασιλέα ἡ ἑσπέριος ἐκείνη ἐσχηματίσθη ἀνάρρησις, διττὸν εὐθὺς πρόσταγμα ἀφικνεῖται τῷ ἐπάρχῳ τῆς Πόλεως, ἀφίξεσθαι ἅμα πρωὶ εἰς τὰ βασίλεια καὶ τοὺς τῆς συγκλήτου βουλῆς, ὁμοῦ τε τῷ νέῳ προσκυνήσοντας βασιλεῖ καὶ τῷ ἀπεληλυθότι τὴν νενομισμένην ποιήσοντας ἐκφοράν· καὶ ἀπήντησαν οὗτοι κατὰ τὸ σύνθημα· καὶ καθ' ἕνα εἰσιόντες προκαθημένοις τοῖς βασιλεῦσιν ἐπὶ γῆς ἐτίθουν τὰς κεφαλάς, τῇ μὲν βασιλίσσῃ τοῦτο καὶ μόνον ἀφοσιοῦντες, τοῦ δέ γε αὐτοκράτορος καὶ τὴν δεξιὰν προσπτυσσόμενοι χεῖρα. Ἐπὶ τούτοις ὁ μὲν Μιχαὴλ βασιλεὺς αὐτοκράτωρ ἀναρρηθεὶς, περὶ τῶν συνοισόντων τῇ

14 προσαρμόσασα S: πρὸσάρμώ. || 15 παρακαθισαμένη S: -θησαμένη || 16 ἐπιτάττει S: ἐπιττάτει.

III 2 ἐσχηματίσθη S: ἐσχιμ. || 6 οὗτοι S: οὕτω

déposé sur un lit somptueux, la pompe était prête, et chacun sortait pour rendre les honneurs au défunt : parmi ceux qui marchaient devant le lit funèbre, figurait le frère du nouvel empereur, l'eunuque Jean, dont notre récit touchera un mot à l'endroit convenable de la présente histoire.

IV. J'ai vu, moi aussi, cette pompe funèbre de l'empereur[1]. Je n'avais pas de barbe encore, et c'est depuis peu que j'avais abordé les œuvres du poète[2]. Regardant attentivement le cadavre, je ne l'ai pas exactement reconnu ni au teint ni à la forme extérieure : c'est aux insignes seulement que j'ai compris que le mort était le basileus. C'était une ruine, en effet, que son visage, qui était non pas comme fondu, mais comme enflé ; et son teint était tout changé : ce n'était pas celui d'un cadavre ; il rappelait plutôt celui des corps gonflés et pâlis par l'absorption de poisons, au point qu'il ne paraissait même pas sous la peau un filet de sang ; son poil, celui de sa tête et celui de sa barbe, était clairsemé de telle sorte que[3] ses membres corrompus ressemblaient à une moisson ravagée par l'incendie, dont on voit de loin la dénudation. Et si quelqu'un l'a pleuré, c'est ce spectacle seul qui a fait couler ses larmes. Car le peuple tout entier, avec la pensée, les uns, qu'ils avaient souffert de sa part de nombreux maux, les autres, qu'ils n'avaient retiré de lui aucun bienfait, sans même dire une parole favorable, ou le regardait passer, ou, le voyant, se joignait au cortège.

V. Il a donc ainsi vécu et il a reçu de telles funérailles. Et de tous les travaux et de toutes les dépenses qu'il s'était imposés pour son monastère, il n'a joui que d'un petit coin de l'église, juste ce qu'il fallait pour y déposer son corps.

---

1. Dans la journée du Vendredi Saint 12 avril 1034. Il fut enterré dans sa chère église de Périblepte (cf. *supra*, Hist. de Romain III, chap. XV), loin de la plupart de ses prédécesseurs, groupés au Panthéon des Saints-Apôtres. Cf. Schlumberger, *Op. laud.*, III, 163.

2. Le poète par excellence, Homère.

3. Ἕως avec l'infinitif est un vulgarisme pour ὡς ; j'ai cru devoir le conserver

ἀρχῇ φροντίσειν ἔμελλεν· τῷ δὲ μετηλλαχότι τὴν ζωὴν Ῥωμανῷ, ἐπὶ πολυτελοῦς κλίνης κατατεθέντι ἡ ἐκφορὰ παρεσκεύαστο, καὶ ἀπῄεσαν ἅπαντες τὰ εἰκότα τὸν ἀποδεδημηκότα βασιλέα τιμήσοντες· μέρος δὲ τῶν τῆς κλίνης προηγουμένων καὶ ὁ τοῦ νέου βασιλέως ἀδελφὸς Ἰωάννης ὁ ἐκτομίας γίνεται, περὶ οὗ ἐν τοῖς καθήκουσι τόποις τῆς παρούσης ἀναγραφῆς ὁ λόγος ἐρεῖ.

IV. Καὶ εἶδον κἀγὼ τὴν ἐξόδιον ταύτην πομπὴν τοῦ βασιλέως, οὔπω μὲν γενειάσκων, ἄρτι δὲ παραγγείλας ἐς τοὺς ποιητικοὺς λόγους, καὶ ἀθρήσας τὸν κείμενον οὔπω ἀκριβῶς ἐγνώκειν οὔτε ἀπὸ τοῦ χρώματος, οὔτε ἀπὸ τοῦ σχήματος, εἰ μὴ ὅσον ἐκ τῶν παρασήμων συνεβαλλόμην ὡς ὁ τεθνηκώς ἐστι βασιλεύς· διέφθαρτο μὲν γὰρ αὐτῷ τὸ πρόσωπον, οὐχ ὡς ἐκτετηκός, ἀλλ' ὡς ἐξῳδηκός, καὶ τὸ χρῶμα πάντη ἠλλοίωτο οὐχ ὡς νεκρῶδες, ἀλλ' ἐῴκει τοῖς ἐκ φαρμακοποσίας ἀνοιδήσασι καὶ ὠχριακόσιν, ὥστε μηδὲ δοκεῖν αἵματος αὐτοῖς ὑπεῖναι γένεσιν· τῶν δὲ τριχῶν αἵ τε τῆς κεφαλῆς καὶ ὅσαι περὶ τὸν πώγωνα ἐψίλωντο τοσοῦτον, ἕως ἐοικέναι τὰ διεφθαρμένα μέλη τοῖς ἐξαφθεῖσι ληΐοις, ὧν πόρρωθεν ἡ ψίλωσις καταφαίνεται, καὶ εἴ τις αὐτὸν ἐδάκρυσεν ἐντεῦθεν αὐτῷ κατέρρει τὸ δάκρυον· τὸ γὰρ ἅπαν πλῆθος, οἱ μὲν ὡς πολλῶν ἐξ αὐτοῦ μετεσχηκότες κακῶν, οἱ δὲ ὡς οὐδενὸς παραπολαύσαντες ἀγαθοῦ, οὐδὲ σὺν εὐφήμῳ γλώττῃ ἢ ἑώρων ἐκεῖνον ἢ ὁρῶντες παρέπεμπον.

V. Ὁ μὲν οὖν οὕτω βιώσας τοιαύτης καὶ τῆς ἐκφορᾶς ἔτυχε, τοσοῦτον ἀπολαύσας τῶν ἐπὶ τῇ μονῇ πόνων τε καὶ δαπανημάτων, ὁπόσον βραχεῖ τινι τοῦ νεὼ μέρει τὸν ἐκείνου κατατεθῆναι νεκρόν.

---

15 τῶν S : τὸν.

IV 3 ἀθρήσας S : ἀθροίσας ‖ 4 ἐγνώκειν S : -κει ‖ 7 ἐκτετηκὸς S : ἐκτετικὸς ‖ 7 ἐξῳδηκὸς S : ἐξοδικὸς ‖ 9 ὠχριακόσιν S : ὠχροι ἀκόσιν ‖ 10 τε S : ται ‖ 11 ἐψίλωντο S : -λοντο ‖ 13 ψίλωσις S : ψήλ. ‖ 15 αὐτοῦ S : -τῶν ‖ 15 μετεσχηκότες S : -κότες.

V 3 ὁπόσον S : -σων.

VI. Pour Michel, jusqu'à ce moment il joue vis-à-vis de l'impératrice la comédie de l'amour[1] et du regard attentionné ; mais ensuite, à peine un court laps de temps s'est-il écoulé, il change du tout au tout, et en retour de la faveur et du bienfait qu'il a reçus de l'impératrice, il donne un payement détestable. C'est là toutefois un acte que je ne veux ni louer ni blâmer ; si, en effet, le fait de haïr sa bienfaitrice et de se comporter en ingrat à son égard n'est pas, à mes yeux, une belle action, celui de craindre de la part de cette femme qu'elle ne lui fasse subir le même traitement qu'à son premier mari, je ne puis pas ne pas l'approuver.

VII. Ce qui me cause surtout cette hésitation dans mes jugements, c'est le caractère de Michel. Si, en effet, l'on excepte ce seul crime commis à l'endroit de Romain ainsi que l'accusation d'adultère et aussi le grief d'avoir exilé des gens sur de simples soupçons, c'est parmi les monarques de choix qu'il sera rangé. A la culture hellénique, certes, il était totalement étranger ; mais il était, quant à ses mœurs, bien mieux réglé que les philosophes qui s'en réclament, et il savait maîtriser les désirs de son corps et les ardeurs de sa jeunesse[2], et, loin que les passions rabaissassent sa raison, c'est bien plutôt lui qui en était le maître. Et ce n'est pas seulement l'œil qu'il avait ardent ; son âme aussi l'était, et il l'avait toujours prête à des réparties spirituelles[3] ; et heureusement façonnée aussi était sa parole, qui, loin de se composer d'une manière uniforme, s'exprimait avec vivacité et vibrait d'une manière splendide.

VIII. Pour ce qui est de la référence aux lois et aux canons, soit qu'il eût à décider, soit qu'il eût à alléguer, il était dans l'embarras, et sa facilité de parole ne lui était pas précisément utile alors. Mais si le point en question devait être décidé par le raisonnement, sur-le-champ il argumentait d'une façon variée, enchaînant les déductions aux déductions, et il l'emportait

---

1. *Litt.* la comédie de la disposition à l'égard de l'impératrice, et de l'œil de la bienveillance.
2. *Litt.* il dominait son corps plein de désirs et de jeunesse florissante.
3. Nous dirions : toujours prête à faire assaut d'esprit.

VI. Ὁ δὲ Μιχαὴλ τέως μὲν πρὸς τὴν βασιλίδα διάθεσίν τινα καὶ | εὐνοίας ὑποκρίνεται ὀφθαλμὸν, εἶτα βραχέος τινὸς διερρυηκότος χρόνου μεταλλάττεται ὅλως, καὶ τῆς πρὸς αὐτὸν εὐνοίας καὶ χάριτος πονηρὰς ἀντιδίδωσιν ἀμοιβάς. Τοῦτο δὲ οὔτε ἐπαινεῖν, οὔτε ψέγειν δεδύνημαι· τὸ μὲν γὰρ μισεῖν τὴν εὐεργέτιδα καὶ ἀγνωμόνως πρὸς ταύτην φέρεσθαι οὐκ ἐν καλοῖς τίθεμαι, τὸ δὲ δεδιέναι περὶ ταύτῃ μὴ τοῖς ἴσοις καὶ τοῦτον περιβαλεῖ κακοῖς οὐκ ἔχω μὴ ἐπαινεῖν.

VII. Ποιεῖ δέ μοι μάλιστα τὴν ἀμφιβολίαν τῶν λογισμῶν ὁ τοῦ Μιχαὴλ τρόπος· εἰ γάρ τις αὐτὸν ἐξέλοι τούτου μόνου τοῦ πρὸς τὸν Ῥωμανὸν ἀδικήματος καὶ τοῦ περὶ τὴν μοιχείαν ἐγκλήματος, καὶ ὧν ἴσως διὰ τὴν τῆς ὑποψίας ἑαλώκει φυγήν, ἐν τοῖς ἐξειλεγμένοις βασιλεῦσιν οὗτος τετάξεται. Παιδείας μὲν γὰρ ἑλληνικῆς ἄμοιρος παντάπασιν ἦν, ἐρρύθμιστο δὲ τὸ ἦθος μᾶλλον ἢ οἱ κατ' ἐκείνην φιλοσοφήσαντες, καὶ κρείττων ἦν καὶ σφριγῶντος σώματος καὶ ἀνθούσης νεότητος, καὶ οὐ τὰ πάθη τὸν ἐκείνου κατῆγε λογισμὸν ἢ ἐκεῖνος τούτων ἐδέσποζεν· εἶχε δὲ οὐ τὸ ὄμμα μόνον γοργὸν, ἀλλὰ καὶ τὴν ψυχὴν, καὶ ἑτοίμην πρὸς εὐφυεῖς ἀντιθέσεις· εὐτρέπιστο δὲ τούτῳ καὶ ἡ γλῶττα οὐχ ὁμαλῶς ξυγκειμένη, ἀλλ' ἐπιτροχάδην ἀγορεύουσα καὶ λαμπρόν τι ἠχοῦσα.

VIII. Ὅσα μὲν οὖν ἐς νόμων ἢ κανόνων ἀναφορὰς ἢ διαιτῶν ἢ ἀποδεικνὺς, ἀπόρως εἶχεν καὶ οὐ πάνυ τι αὐτῷ ἡ εὐγλωττία ἐλυσιτέλει· εἰ δὲ τῆς ἀπὸ τῶν λογισμῶν διοικήσεως ἐδεῖτο τὸ διαιτώμενον, εὐθὺς πολλαχῶς ἐπεχείρει καὶ ἐνθυμήμασιν ἐνθυμήματα περιέπλεκε καὶ ἐκράτει τῆς ἀσκή-

VI 2 βραχέος S : -έως || 3 μεταλλάττεται S : μεταλάττ. || 4 αὐτὸν K : -τὴν || 4 ἀντιδίδωσιν ἀμοιβάς S : -δίδωσι ἀμοιβά cum rasura post 6α || 5 τοῦτο S : οὖτο cum rasura ante οὔ || 8 περιβαλεῖ R : -βάλλει.

VII 1 ποιεῖ S : ποίει || 2 ἐξέλοι S : -λει || 4 μοιχείαν S : -χίαν || 4 ὧν : ὧν || 7-8 φιλοσοφήσαντες : φιλοφή superadd. σο altera manus || 8 κρείττων S : κρεῖττον || 8 σφριγῶντος σώματος K : σφριγῶν τοῦ σώμ. || 10 τούτων S : τοῦτον || 10 ἐδέσποζεν S : -ζε || 12 τούτῳ S : τοῦτο.

VIII 2 ἀποδεικνὺς S : -νοῖς.

par son remarquable talent naturel sur les gens rompus à ce genre de discussion. Mais il ne s'agit pas encore de cela. Ramenons notre récit au commencement, et montrons comment l'empereur a tout de suite donné ses soins à une exacte administration des affaires.

IX. Évidemment, c'est au partir d'un détestable début, comme l'a fait connaître le récit qui précède, qu'il fut porté au trône impérial. Devenu maître du pouvoir, pendant un court laps de temps il considéra le métier d'empereur, si je puis dire, comme un amusement, tantôt en remettant les choses au temps et en escomptant une issue attendue, tantôt en cherchant à complaire à sa femme et en se faisant pour elle comme l'organisateur de plaisirs et d'amusements. Mais quand il eut jeté son regard sur la grandeur du pouvoir et qu'il eut compris la grande diversité des choses à prévoir et quelle masse énorme de difficultés le souci des affaires accumule devant le véritable empereur, alors il changea tout d'un coup, et comme un homme passé de l'adolescence à la maturité, c'est avec plus de virilité, et, en même temps, de noblesse, qu'il prit la direction du gouvernement.

X. Et d'abord, voici un trait du souverain que j'ai à admirer : bien que, de la condition la plus humble il se fût élevé à la plus haute, il n'a pas été égaré dans sa raison, il ne s'est pas trouvé inférieur à sa fortune et il n'a rien changé à l'ordre de choses établi ; mais, comme s'il s'était préparé de longue date au métier de roi et comme s'il s'était approché lentement du pouvoir, tout de suite, dès le jour où il devint empereur, il se fit connaître tel qu'il eût été si son règne eût daté de la veille ou de l'avant-veille. En effet, il n'a introduit aucune nouveauté dans les pratiques ordinaires ; il n'a pas abrogé une loi ; il n'a pas édicté de lois contraires à celles de son prédécesseur ; il n'a destitué aucun membre du sénat, toutes choses qui ont coutume de se faire sous les nouveaux princes. Car, s'il eut quelque ami avant d'accéder au pouvoir ou s'il fut lié à quelqu'un par la reconnaissance, il n'a déçu aucun d'eux une fois devenu empereur, si ce n'est qu'il ne les a pas promus immédiatement aux charges les plus en vue,

σεως ή εκείνου μεγαλοφυία· άλλ' ούπω περί τούτων. Ὁ δὲ λόγος εἰς ἀρχὴν αὖθις ἀποκαθιστάσθω καὶ δεικνύτω ὡς ὁ βασιλεὺς εὐθὺς τῆς ἀκριβοῦς τῶν πραγμάτων ἐφρόντισε διοικήσεως.

IX. Φαίνεται μὲν ἐξ οὗ καλῆς ὑποθέσεως, ὡς ὁ λόγος φθάσας ἐγνώρισεν, εἰς τὴν βασίλειον ἀρχὴν ἀναχθείς· ἐπεὶ δὲ τοῦ κράτους ἐγκρατὴς ἐγεγόνει, βραχὺν μέν τινα χρόνον τὴν βασιλείαν, ἵν' οὕτως εἴπω, διέπαιξε, τὰ μὲν τῷ καιρῷ διδοὺς καὶ τῇ ἀδοκήτῳ ἐκβάσει τοῦ πράγματος, τὰ δὲ τῇ γυναικὶ χαριζόμενος καὶ οἷον θυμηδίας αὐτῇ καὶ ἀναπαύλας προσμηχανώμενος. Ἐπεὶ δὲ πρὸς τὸ μέγεθος τοῦ κράτους διέβλεψε καὶ τὸ πολυειδὲς τῆς προνοίας διέγνω, καὶ ὁπόσον μέρος τῶν περιστάσεων αἱ περὶ τὰ πράγματα φροντίδες τῷ ὡς ἀληθῶς συλλέγουσιν βασιλεῖ, ὅλως ἀθρόος μετήλλακτο, καὶ ὥσπερ ἀνὴρ ἐκ μειρακίου γενόμενος ἀνδρικώτερον ἅμα καὶ γενναιότερον τῆς βασιλείας ἀντείχετο.

X. Καὶ τοῦτο πρῶτον θαυμάζειν ἔχω τοῦ αὐτοκράτορος, ὅτι ἐξ ἐλάττονος τύχης τῆς μεγίστης ταύτης εὐδαιμονίας τυχών, οὔτ' ἐξεπλάγη τὸ φρόνημα, οὔτε ἥττων εὑρέθη τοῦ κράτους, ἀλλ' οὔ τι τῶν καθεστώτων ἠλλοίωσε· ἀλλ' ὥσπερ | πρὸς τοῦτο διαμεμελετημένος πόρρωθεν καὶ οἷον ἠρέμα προσεγγίσας τῷ πράγματι, τοιοῦτος εὐθὺς ἐγνώριστο καθ' ἣν ἐβεβασιλεύκει ἡμέραν, ὁποῖος εἰ χθὲς καὶ πρώην διεῖπε τὴν βασιλείαν· οὔτε γάρ τι τῶν συνήθως πραττομένων ἐκαινοτόμησεν, οὔτε νόμον ἀνεῖλεν, οὐδ' ἀντίθετον τούτῳ εἰσήνεγκεν, ἀλλ' οὔτε τινὰ τῶν τῆς γερουσίας μετήμειψεν, οἷα δὴ φιλεῖ ἐν ταῖς καιναῖς βασιλείαις νεωτερίζεσθαι· εἰ γὰρ καί τινες αὐτῷ συνήθεις πρὸ τοῦ κράτους ἐτύγχανον ὄντες, ἢ χάριτάς τισι καθωμολόγησεν, οὐδένα μὲν τούτων διεψεύσατο βασι-

---

IX 4 διέπαιξε : δέπαιξε quod corr. in διέ altera manus || 7 προσμηχανώμενος S : πρὸς μὴ χανόμ. || 10 ἀθρόος S : -όως.

X 2 εὐδαιμονίας S: εὐδεμ. || 3 τυχὼν S : -ὸν || 3 ἐξεπλάγη S : -γει || 3 ἥττων S : ἥττον ǀǀ 10 τῶν S : τὸν || 10 μετήμειψεν S : μετίμ. || 12 ἐτύγχανον ὄντες, S : ἐτυγχάνοντες

mais, prenant les choses de loin, il les a fait d'abord s'exercer dans les emplois les plus inférieurs et les plus humbles et les a ainsi par degrés préparés aux fonctions les plus élevées. Et que ceci soit bien dit par moi à son endroit : si le groupe de ses frères n'avait pas crû sur une souche mauvaise — et il ne pouvait, de ce fait, ni supprimer de toutes pièces sa famille ni les amener, en raison de l'irrégularité de leur caractère, à faire œuvre utile —, aucun des monarques célèbres ne serait en état de le disputer contre lui.

XI. Mais, de même que je n'ai vu aucun de ceux qui régnèrent de mon temps (et le nombre est grand des empereurs que je compte au cours de ma vie, car la plupart ne restèrent qu'un an sur le trône), de même que, dis-je, aucun de ces princes n'a conduit librement jusqu'au bout le pouvoir, mais ils furent mauvais, les uns à cause de leur caractère, les autres par suite de certaines amitiés, les autres cédant à quelque habitude, ainsi cet empereur aussi fut bon par lui-même, mais à l'égard de ses frères, il fut dur même à l'excès. En effet, la nature qui les engendra semble, après avoir libéralement accordé à Michel les meilleures qualités, avoir produit le reste de sa famille dans un sens diamétralement opposé. Chacun de ses frères, en effet, voulait tenir lieu de tout, ne laisser aucun des autres hommes subsister ni sur mer ni sur le continent, et qu'il n'y eût que lui tout seul au monde, comme s'ils avaient reçu du ciel en partage et la terre et la mer. Et leur frère souvent s'efforça de les contenir non seulement par des avertissements, mais encore par des blâmes amers, les réprimandant avec une extrême rudesse et brandissant la menace[1] avec une grande violence ; mais il n'arrivait à rien de plus ; en effet, Jean, l'aîné des frères, administrait les affaires publiques avec beaucoup de souplesse, apaisant la colère de l'un et recherchant pour les autres liberté d'action[2] ; et il agissait ainsi non pas précisément qu'il les approuvât, mais parce que, malgré tout, il prenait soin de sa famille.

---

1. *Litt.* brandissant la crainte.
2. Cf. *infra*, chap. XV *sub fine*.

λεύσας, πλὴν οὐκ εὐθὺς εἰς ὑπερηφάνους τούτους ἀρχὰς ἀνεβίβασεν, ἀλλ' οἷον προγυμνάζων πόρρωθεν ταῖς ἥττοσι καὶ ταπεινοτέραις, οὕτω κατὰ βραχὺ προῆγε ταῖς μείζοσι. Καὶ ἀποπεφάνθω μοι περὶ τοῦδε τοῦ ἀνδρός, ὡς εἰ μὴ τῶν ἀδελφῶν ἡ μερὶς μοίρᾳ προσεφύη κακῇ, κἀντεῦθεν οὔτε καταλύειν εἶχε τὸ γένος παντάπασιν, οὔτ' ἐπιστρέφειν πρὸς τὸ συμφέρειν διὰ τὴν ἀνωμαλίαν τῶν τρόπων, οὐκ ἄν τις ἐκείνῳ τῶν περιωνύμων βασιλέων ἀντήρισεν.

XI. Ἀλλ' ὥσπερ οὐδένα τῶν ἐπ' ἐμοῦ βεβασιλευκότων ἐθεασάμην (λέγω δὲ πολλοὺς ἐπιμετρῶν τῷ ἐμῷ βίῳ, ὅτι περ οἱ πλείους αὐτῶν ἐνιαύσιοι), ὥσπερ οὖν οὐδεὶς τούτων ἐλευθέρως τὴν βασιλείαν διήνεγκεν, ἀλλ' οἱ μὲν παρὰ τὴν γνώμην κακοί, οἱ δὲ παρὰ τὴν πρός τινας ἑταιρίαν, οἱ δὲ δι' ἄλλο τι τῶν εἰωθότων, οὕτω δὴ κἀκεῖνος παρ' ἑαυτὸν μὲν ἀγαθός, πρὸς δὲ τοὺς ἀδελφοὺς καὶ λίαν πικρός· ἔοικε γὰρ ἡ γεννησαμένη τούτους φύσις, ἐπειδή περ τῷ Μιχαὴλ πεφιλοτίμηται τὰ χρηστότερα, τὸ λοιπὸν γένος ἐξ ἀντιθέτου προενεγκεῖν. Ἐβούλετο γὰρ ἕκαστος ἐκείνων εἶναι ἀντὶ παντός, καὶ μηδένα τῶν ἄλλων ἀνθρώπων μήτε ἐπὶ θαλάττης, μήτε μὴν διάγειν εἰς ἤπειρον, ἀλλὰ μόνος ἐν τῷ παντὶ βιοτεύειν, ὥσπερ ἄνωθεν κατὰ κλῆρον διειληφότες καὶ τὴν γῆν καὶ τὴν θάλασσαν· καὶ πολλάκις μὲν ἐπισχεῖν τούτους ὁ ἀδελφὸς ἐπεχείρησεν, οὐχ οἷον νουθετῶν, ἀλλὰ καὶ πικρῶς ἐπιτιμῶν καὶ δριμύτερον καθαπτόμενος καὶ φόβον ἐπισείων σφοδρότερον, ἤνυε δὲ πλέον οὐδέν, τοῦ πρεσβυτέρου τῶν ἀδελφῶν Ἰωάννου ποικιλώτερον μεταχειριζομένου τὰ πράγματα, καὶ τοῦ μὲν τὸν θυμὸν καταπαύοντος, τοῖς δὲ μνηστευομένου ἐλευθερίαν τῶν πράξεων· ἔπραττε δὲ ταῦτα οὐ πάνυ μὲν ταῖς ἐκείνων γνώμαις ἑπόμενος, τοῦ δὲ γένους ὅμως κηδόμενος.

14 ὑπερηφάνους K : περιφάνους ∥ 15 ἥττοσι S : -ωσι ∥ 16 μείζοσι S : -ωσι ∥ 17 εἰ S : ἡ ∥ 18 προσεφύη S : -ύει ∥ 21 ἀντήρισεν S : ἀντείρησεν.

XI 7 πικρός S : -ὼς ∥ 15 νουθετῶν P : νομοθ. ∥ 17 ἐπισείων S: -σίων ∥ 19 τοῦ : τὸ quod corr. in τοῦ altera manus ∥ 21 ἑπόμενος S : ἐπώμ.

XII. Au sujet de cet homme, mon récit veut entrer dans plus de détails. Or il ne dira ni rien de vain ni rien de faux. C'est qu'en effet, j'ai vu le personnage lui-même quand ma barbe en quelque façon commençait à pousser ; je l'ai entendu parler ; j'ai été témoin de ses actions ; je l'ai apprécié[1] exactement ; je connais les actes qui sont à sa louange ; j'en sais d'autres qui ne sont pas précisément dignes d'estime. En attendant, son caractère était ainsi composé : il avait la pensée prompte ; et l'esprit vif, si jamais quelqu'un l'eût, ce fut lui, et cela se voyait à son œil, qui lançait des regards perçants. Avec soin il mettait la main aux affaires, et, sur ce point, il manifestait une activité extrême ; devenu expérimenté en toutes choses, c'est dans les finances surtout qu'il se montrait d'un esprit tout plein de pénétration et de vivacité. Désireux, d'ailleurs, de n'être pour personne une cause de malheur, mais aussi de n'être méprisé de qui que ce fût, il n'a fait de mal à personne, mais il se composait à l'usage des gens un air sévère, et, par là, les remplissait de crainte ; toutefois, cette sévérité n'allait pas au delà de l'expression de son visage, car les gens, redoutant son seul aspect, s'abstenaient de commettre de mauvaises actions. Aussi était-il vraiment pour l'empereur un rempart et un frère. Ni jour ni nuit, en effet, il ne se relâchait de ses soins ; même quand il était plongé, ce qui arrivait quelquefois, dans les plaisirs, quand il assistait à des festins, à des cérémonies et à des fêtes publiques, il ne négligeait son œuvre nécessaire ; et rien de rien ne lui échappait, et il ne se trouvait personne qui voulût lui échapper, car chacun le craignait et redoutait sa vigilance. Car fort avant dans la nuit, sortant subitement à cheval, il fouillait soigneusement tous les coins de la capitale, passant comme un éclair à la fois par tous les endroits habités. Tant il y a que l'imprévu de cette vigilance, tout le monde s'en méfiait et s'en trouvait contenu et réprimé, et chacun vivait chez soi, les réunions des uns avec les autres se trouvant supprimées.

---

1. Sur ce personnage, cf. Schlumberger, *Op. laud.*, III, 160, 180.

XII. Περὶ δὲ τούτου καὶ πλέον τι ὁ λόγος διελθεῖν βούλεται, ἐρεῖ δὲ οὔτε τι κενὸν, οὔτε διεψευσμένον· καὶ γάρ τι γενειῶν αὐτὸν καὶ τεθέαμαι τὸν ἄνδρα καὶ λέγοντος ἤκουσα καὶ πράττοντι συνεγενόμην καὶ ἐχαρακτήρισα ἀκριβῶς, καὶ τὰ μὲν αὐτῷ τῶν ἐπαινουμένων ἐπίσταμαι, τὰ δὲ οὐ πάνυ οἶδα σπουδαῖα. Τέως δὲ ἐκ τῶν τοιούτων ἠθῶν συνεκεκέραστο· ἔτοιμον εἶχε τὸ φρόνημα, καὶ ἀγχίνους εἰ καί τις | ἄλλος ἐτύγχανεν ὤν, κατηγόρει δὲ ταῦτα τούτῳ καὶ αὐτὸς δὴ γοργὸν βλέπων ὀφθαλμός· ἐπιμελῶς δὲ τῶν πραγμάτων ἁπτόμενος καὶ περὶ τὸ μέρος τοῦτο φιλοπονώτατα διακείμενος, ἐμπειρότατος ἐγεγόνει πάντων, καὶ μάλιστα περὶ τὰς δημοσίους συνεισφορὰς ὀξύτατος ὦπτο καὶ ἀγχινούστατος· βουλόμενος δὲ μήτε τινὶ τῶν πάντων γενέσθαι βαρυσυμφορώτατος, μήτε μὴν καταπεφρονῆσθαι παρ' οὑτινοσοῦν, κακὸν μὲν οὐδενὶ διέπραξεν, δριμεῖαν δὲ τοῖς πολλοῖς τὴν ὄψιν πλαττόμενος, κἀντεῦθεν αὐτοὺς ἐκφοβῶν, μέχρι τῆς θέας ἐλύπει· οἱ γὰρ πλεῖστοι τὸ εἶδος αὐτοῦ πεφρικότες τῶν πονηρῶν ἀπείχοντο πράξεων. Καὶ ἦν ἐντεῦθεν προπύργιον ὡς ἀληθῶς τοῦ βασιλέως καὶ ἀδελφός· οὔτε γὰρ ἡμέρας, οὔτε νυκτὸς τῶν φροντίδων ἀνεῖτο, ἀλλὰ καὶ χαρίτων ἔστιν οὗ πληρούμενος, καὶ συμποσίοις παραγινόμενος, τελεταῖς τε καὶ πανηγύρεσιν, τῆς καθηκούσης οὐκ ἠμέλει σπουδῆς· ἐλάνθανέ τε τοῦτον τῶν πάντων οὐδὲν, ἀλλ' οὐδὲ ὁ λαθεῖν βουλόμενος ἦν, παντὸς ἐπτηχότος καὶ τὴν ἐκείνου πεφοβημένου ἐπιστασίαν· ἀωρὶ γὰρ τῶν νυκτῶν ἀθρόον ἐξιππαζόμενος πᾶν ὁτιοῦν μέρος διηρευνᾶτο τῆς Πόλεως, ἀστραπῆς δίκην πᾶν ὁμοῦ διϊὼν τὸ οἰκούμενον. Τὸ γοῦν ἀόριστον αὐτοῦ τῆς ἐπιστασίας ὑποπτεύοντες ἅπαντες κατείχοντό τε καὶ συνεστέλλοντο, καὶ καθ' ἑαυτὸν ἕκαστος διεβίου, τῶν πρὸς ἀλλήλους συλλόγων ἀνῃρημένων.

XII 2 κενὸν P : καινὸν || 2 καὶ γάρ S : οὐ γάρ || 3 γενειῶν S : γεννῶν || 7 συνεκεκέραστο My : -συνέκερ. || 10 μέρος PK : μέλος || 10 φιλοπονώτατα S : φιλοπων. || 17 θέας S : θείας || 21 οὗ S : οὐ || 22 ἠμέλει S : -λη || 25-26 ἐξιππαζόμενος P : ἐξιπταζ. || 27 ἀόριστον K : ἄριστον.

XIII. Telles sont donc les qualités qu'on pourrait louer en lui. Le contraire, le voici : Son âme était ondoyante et diverse, et il s'ajustait à toute manière de voir de ceux qui entraient en rapport avec lui, et, dans le même moment, il paraissait avoir une pensée multiple. Bien que, de loin, il critiquât chacun de ceux qui l'approchaient, quand ils étaient près de lui, il les accueillait avec bienveillance, comme s'il les voyait alors pour la première fois. Et si quelqu'un lui faisait part de quelque nouvelle dont la révélation était capable en quelque manière de sauver l'empire, pour n'avoir pas à le récompenser, il feignait de la connaître depuis longtemps et il blâmait de sa lenteur le porteur de l'annonce, et celui-ci s'en allait plein de confusion ; mais lui, il prenait ses mesures relativement à l'affaire et, par une répression immédiate, il coupait dans sa racine le mal peut-être naissant. Cela étant, il voulait passer sa vie avec une grande magnificence et s'attacher aux affaires d'une manière vraiment impériale ; mais son caractère naturel lui était une entrave sur ce point, et sa nature, pour ainsi parler, ne se purgeait pas de sa gourmandise invétérée. C'est pourquoi, une fois attablé à boire (car certes il était dominé par ce penchant), sur-le-champ il se répandait en indécences de toute sorte ; mais, pas même en cet état, il ne perdait de vue les soucis du pouvoir et, malgré tout, n'adoucissait son regard de bête fauve et la ride de son front en aucune manière.

XIV. Pour moi, qui me suis souvent trouvé à ses côtés dans des banquets, j'admirais comment un homme comme lui, écrasé par l'ivresse et le rire, supportait l'axe de l'empire romain. Au plus fort de l'ivresse, il épiait attentivement [tous les propos] et gestes de ses compagnons de banquet, et, comme gens pris en flagrant délit, il les appelait plus tard à rendre des comptes et les interrogeait sur ce qu'ils avaient fait et dit au cours de la beuverie. Aussi le craignait-on beaucoup plus quand il était ivre que quand il n'avait pas bu. C'était un mélange étrange que cet homme ! Il avait depuis longtemps revêtu l'habit monacal ; mais la décence que demande un tel costume, pas même en songe il n'en avait cure, et cependant, tous les devoirs imposés à ce vêtement par la loi

XIII. Ἃ μὲν οὖν ἄν τις αὐτοῦ ἐπαινεῖν ἔχοι τοιαῦτα, τὰ δ' ἀντιθέτως ἔχοντα· ποικίλος ἦν τὴν ψυχὴν καὶ πρὸς πᾶσαν ἰδέαν τῶν ὁμιλούντων μεθαρμοζόμενος, καὶ ἐν τῷ αὐτῷ καιρῷ πολυειδὴς τὴν γνώμην φαινόμενος, καὶ ἑκάστου τῶν προσιόντων αὐτῷ πόρρωθεν καθαπτόμενος, ἐπεὶ δὲ πλησιάσειεν, ὡς νῦν πρώτως ἰδὼν εὐνοϊκώτερον προσιέμενος· κἄν τις αὐτῷ τι προσαγγείλαι νεώτερον καὶ οἷον σῴζειν τὴν βασιλείαν δυνάμενον, ἵνα μηδὲν ἀνταμείψοιτο, πάλαι τοῦτο ἐγνωκέναι προσεποιεῖτο, καὶ τῆς βραδυτῆτος τὸν εἰρηκότα ἐμέμφετο· καὶ ὁ μὲν ἀπῄει κατῃσχυμμένος, ὁ δὲ πρὸς τὴν ὑπόθεσιν διανίστατο καὶ τὸ ἐπιφυόμενον ἴσως κακὸν κολάζων ἐξέκοπτεν. Ἐβούλετο μὲν οὖν μεγαλοπρεπέστερον διαζῆν καὶ βασιλικώτερον τῶν πραγμάτων ἀντέχεσθαι, ἀντεῖχε δὲ ὅμως πρὸς τοῦτο τὸ ἔμφυτον ἦθος, καὶ ἡ φύσις, ἵν' οὕτως εἴπω, τὴν πρώτην οὐκ ἀπερρίπτει λιχνείαν· διὰ ταῦτα ἅπαξ εἰς πόσιν κατενεχθεὶς (ἥττητο γὰρ δὴ τοῦτο τὸ μέρος), εὐθὺς εἰς πᾶσαν ἀσχημοσύνην ἐξεκυλίετο· ἐπελανθάνετο μὲν οὐδ' οὕτω τῶν περὶ τὴν βασιλείαν φροντίδων, κεχάλαστο δ' ὅμως τὸ βλοσυρὸν τῷ θηρὶ καὶ τὸ ἐπισκύνιον οὐδαμοῦ.

XIV. Ἐγὼ γοῦν πολλάκις αὐτῷ παρεντυχὼν συμποσιάζοντι ἐθαύμαζον ὅπως | τοιοῦτος ἀνήρ, μέθης ἥττων καὶ γέλωτος, τὸν Ῥωμαϊκὸν ἐπιπεφόρτισται ἄξονα· διήθρει μεθύων ὁπόσα σχηματίζοιτο ἕκαστος τῶν συμπινόντων, καὶ ὥσπερ ἐπ' αὐτοφώρῳ τούτους εἰλημμένους ἔχων εἰς εὐθύνας ὕστερον καθίστη καὶ τῶν πραχθέντων παρὰ τὸν πότον ἢ λεχθέντων ἀνέκρινεν· ὅθεν μᾶλλον αὐτὸν μεθύοντα ἢ νήφοντα ἐδεδοίκεσαν. Καὶ ἦν παμμιγές τι χρῆμα ὁ ἄνθρωπος· μοναδικὸν πάλαι σχῆμα ἐπενδυθείς, τῆς μὲν περὶ τοῦτο εὐσχημοσύνης οὐδ' ἐν ὀνείρασιν ἐπεμέλετο, ὑπεκρίνετο δὲ

XIII 1 ἔχοι K : ἔχει || 7 προσαγγείλαι S : -λοι || 10 ἀπῄει S : ἀπίει || 10 κατῃσχυμμένος My B : -υμένος || 17 ἀσχημοσύνην S : ἀσχυμ. || 19 βλοσυρὸν S : βλω.

XIV 2 ἥττων S : ἥττον || 3 τὸν S : τῶν || 3 ἐπιπεφόρτισται S : ἐπιφόρ. || 6 πότον S : τόπον || 7 μεθύοντα S : -ωντα || 10 ὑπεκρίνετο R : ὑπέκρινε

d'en haut, il les accomplissait en vrai comédien. Ceux qui vivaient d'une vie déréglée, il les négligeait entièrement ; si, par contre, quelqu'un préférait une existence décente et digne, ou vivait comme il convient à un homme libre au sein de la vertu, ou ornait son âme de science profane, pour tous également il se posait en adversaire et par tous les moyens il dépréciait pour chacun l'objet de son étude. A l'égard des autres, c'est ainsi qu'il se conduisait d'une manière absurde ; mais à l'égard de son frère et empereur, c'est une seule et même disposition qu'il manifestait, sans changer, sans varier, conservant à son endroit l'égalité du caractère.

XV. Des cinq frères qu'ils étaient en tout, l'empereur Michel était, pour le caractère, comme l'antithèse des autres. Quant à Jean l'eunuque, celui dont je parle présentement, comparativement à l'empereur, il occupait en vertu la seconde place ; mais comparativement à ses autres frères, il n'offrait point matière à rapprochement et il était lui-même ; si bien que, pour parler plus exactement, il était tout l'opposé de la manière d'être de l'empereur vis-à-vis des trois autres. Comparé à celui-ci, d'un côté Jean lui était inférieur, et de beaucoup ; mais, de l'autre, il avait néanmoins avec lui des ressemblances : à lui aussi la perversité de ses frères était loin d'être agréable ; mais, comme il portait l'affection fraternelle, si jamais personne éprouva ce sentiment, à un degré extrême, il se refusait à les mettre en demeure de rendre compte de leurs actes et, cachant leurs injustices, il réclamait pour eux pleine et entière liberté d'opinion, dans l'idée qu'elles ne seraient point connues de l'empereur.

XVI. Voilà pour les frères de l'empereur. Que cela suffise, et que mon récit revienne au basileus. Celui-ci donc, après avoir conservé quelque temps à l'égard de l'impératrice les dispositions les plus louables, change vite d'attitude. Car il la soupçonne[1] — son foyer même ne lui donnait-il pas motif à méfiance ? — et il lui enlève tout l'appareil de la liberté. Il la prive, en effet, des sorties coutumières et la confine dans le gynécée, ne laissant

---

1. L'empereur avait quelque raison de se méfier d'elle. Selon Sky-

ὅμως εἴ τι καθῆκον τῷ σχήματι νενομοθέτητο ἄνωθεν, καὶ
τῶν ἀκολάστως βιούντων κατωλιγώρει παντάπασιν· εἰ δέ τις
εὐσχήμονα ζωὴν ἕλοιτο, ἢ ἐλευθεριώτερον ἐν ἀρεταῖς ἔζη,
ἢ τῷ ἔξωθεν λόγῳ τὴν ψυχὴν κεκόσμητο, πᾶσιν ὁμοίως
ἀντέκειτο καὶ ἑκάστῳ τι ποιῶν ἠχρείου τὸ σπουδαζόμενον. 15
Πρὸς μὲν τοὺς ἄλλους οὕτως εἶχεν ἀτόπως, πρὸς δέ γε τὸν
βασιλέα καὶ ἀδελφὸν μίαν καὶ τὴν αὐτὴν διάθεσιν ἔσφζεν,
οὐκ ἐξαλλάττων, οὐδὲ μεταβαλλόμενος, ἀλλὰ διασῴζων αὐτῷ
τοῦ ἤθους τὴν ὁμοιότητα.

XV. Πέντε δὲ ὄντων ἀδελφῶν τῶν ξυμπάντων, ὁ μὲν
αὐτοκράτωρ Μιχαὴλ ὥσπερ ἀντίθετος πρὸς τὰς ἐκείνων
γνώμας ἐτύγχανεν ὤν, ὁ δέ γε Ἰωάννης ἐκτομίας, περὶ οὗ
τὸν λόγον πεποίημαι, τὰ δευτερεῖα μὲν εἶχεν τῆς πρὸς τὸν
αὐτοκράτορα ἀρετῆς, πρὸς δὲ τοὺς λοιποὺς ἀξύμβλητος καὶ 5
αὐτὸς ἦν· ὥστε, ἵνα τὸν λόγον ἐπανορθώσωμαι, τὸ ἀντίθετον
τῆς τοῦ αὐτοκράτορος ἕξεως πρὸς τοὺς τρεῖς τῶν ἀδελφῶν
ἐτύγχανεν ὄν· συγκρινόμενος δὲ πρὸς ἐκεῖνον ὁ Ἰωάννης,
τὸ μὲν ἔλαττον εἶχε παρὰ πολύ, ὁμοιότητας δ' οὖν ὅμως
πρὸς ἐκεῖνον ἀπέφαινε· καὶ οὐδ' αὐτῷ μὲν ἤρεσκεν ἡ πονη- 10
ρία τῶν ἀδελφῶν, φιλαδελφότατος δὲ εἴ τις ἄλλος τῶν
πάντων γενόμενος, εἰς εὐθύνας μὲν ἐκείνους καθιστᾶν ἂν
ἐπεπράγεισαν οὐκ ἐβούλετο, περικαλύπτων δὲ τὰς ἀδίκους
αὐτῶν πράξεις, ἐλευθερίαν ἔτι μᾶλλον ταῖς γνώμαις αὐτῶν
ἐμνηστεύετο, ὡς οὐκ ἂν γνωσθησομένων τῷ αὐτοκράτορι. 15

XVI. Τὰ μὲν οὖν περὶ τῶν ἀδελφῶν ἐν τοσούτῳ κείσθω,
ὁ δὲ λόγος εἰς τὸν βασιλέα ἐπαναγέσθω. Οὗτος γοῦν, ἄχρι
τινὸς διάθεσίν τινα χρηστοτάτην τῇ βασιλίδι διαφυλάξας,
ταχὺ μεταβάλλεται· ὑποπτεύει γὰρ ταύτην, οἴκοθεν ἔχων
τῆς ὑποψίας τὰς ἀφορμάς, καὶ μετατίθησιν αὐτῇ τῆς ἐλευ- 5

12 κατωλιγώρει S : -γόρει ‖ 17 ἔσωζεν S : ἔσωζε ‖ 18 ἐξαλλάττων
S : -ἀλάττ. ‖ 19 ὁμοιότητα S : -ώτητα.

XV 3 ὁ S : ἡ ‖ 13 ἐπεπράγεισαν Κο : -άγησαν ‖ 15 αὐτοκράτορι S :
-τωρι

aucun visiteur pénétrer auprès d'elle[1], sauf autorisation de l'officier préposé à sa garde, après enquête préalable sur sa personne, l'endroit d'où il vient et l'objet de sa visite à l'impératrice. L'empereur donc l'entoure d'une telle garde. Pour elle, elle en frémissait d'indignation (n'est-ce pas naturel?), elle qui, en récompense de ses bienfaits[2], recevait un traitement tout plein de malveillance ; toutefois, elle se contenait, ne jugeant pas à propos de faire modifier les décisions prises ; d'ailleurs, eût-elle voulu réagir, opposer de la résistance, elle n'en eût pas eu le moyen, privée qu'elle était de toute garde impériale et dépouillée de toute autorité. Donc, ce qui sied à la nature méprisable de la femme, les écarts de langage et l'agitation des pensées, cela, elle l'évitait ; elle ne rappelait pas à l'empereur son amour et sa foi d'autrefois; elle ne marquait pas d'indignation contre les frères du prince, qui pourtant la menaçaient et l'accablaient d'invectives ; elle ne regardait pas d'un œil de colère celui qui était préposé à sa garde et elle ne le chassait pas de sa présence, mais elle se montrait douce à l'égard de tous, et, comme les orateurs les plus habiles, elle s'ajustait aux personnes et aux circonstances.

XVII. Ainsi se comportait l'impératrice ; mais eux[3], ils n'en modifiaient pas davantage leur manière d'agir et ne se conformaient point aux désirs de la princesse[4] ; au contraire, ils la craignaient fort, comme une louve qui, pour un temps, a déposé sa férocité, et ils assuraient par toute sorte de clôtures et de remparts[5] leur propre sécurité. Les autres donc la surveillaient de tous leurs yeux ; quant au souverain, peu à peu, il cessait même de la voir. De cette conduite, je connais beaucoup de causes : d'abord, il ne pouvait plus avoir commerce avec elle,

---

litzès (p. 506), Zoé aurait essayé d'empoisonner l'orphanotrophe en 1038.

1. Cf. *supra*, ch. VI.
2. *Litt.* des meilleures choses.
3. Les frères du basileus, Nicétas, Constantin et Georges, dont il vient d'être question. Cf. Bury, *Rom. emper.*, 60 ; Schlumberger, *Op. laud.*, III, 183 sq.
4. *Litt.* de la femme.
5. *Litt.* et par toute clôture d'une part, par toute muraille d'autre part.

θερίας τὸ σχῆμα· τῶν τε γὰρ συνήθων προόδων ἀπεῖρξε,
καὶ τὴν γυναικωνῖτιν αὐτῇ περιέφραξεν, οὐδενὶ διδοὺς εἰς
αὐτὴν πάροδον, εἰ μὴ ὁ τὴν φρουρὰν πεπιστευμένος ἐπιτρέψει, δοκιμάσας πρότερον τίς τε εἴη καὶ ὅθεν, καὶ ὅπως
πρὸς τὴν βασιλίδα παρεγένετο. Ὁ μὲν οὖν αὐτοκράτωρ
τοιαύτην αὐτῇ περιίστησι τὴν φρουράν· ἡ δὲ ἐδριμύττετο
μὲν ἐπὶ τούτοις (καὶ πῶς γὰρ | οὐκ εἰκός;), ἀντιδόσεις πολὺ
τὸ δυσμενὲς ἐχούσας τῶν χρηστοτέρων ἀντιλαμβάνουσα,
ἐπεῖχε δ' οὖν ὅμως, καὶ παρακινεῖν οὐκ ἠξίου τὰ δόξαντα,
ἄλλως τε οὐδὲ βουλομένῃ τι ποιεῖν ⟨ᾗ⟩ ἀντιπράττειν
δύναμίς τις προσῆν, πάσης μὲν ἐστερημένη δορυφορίας
βασιλικῆς, πᾶσαν δὲ ἀφῃρημένη ἰσχύν· ὃ δ' οὖν εἰς γυναικὸς
ἀνῆκε φύσιν ὀλίγωρον, τὸ μὴ γλῶτταν ἐπέχειν καὶ ἀλύειν
ταῖς γνώμαις, τοῦτο ἐκείνη διέδρα· καὶ οὔτε τὸν αὐτοκράτορα τῆς πρώτης ἀνεμίμνησκε φιλίας καὶ πίστεως, οὔτε
τοὺς ἀδελφοὺς ἐδυσχέραινεν ἐπικειμένους αὐτῇ καὶ προσονειδίζοντας, οὔτε τὸν φυλάττειν ἐκείνην προστεταγμένον
πικρῶς ποτε εἶδεν ἢ ἀπεπέμψατο, ἀλλὰ πρὸς ἅπαντας
πράως εἶχεν, καὶ ὥσπερ οἱ δεινότατοι τῶν ῥητόρων καὶ τοῖς
προσώποις καὶ τοῖς καιροῖς μεθηρμόζετο.

XVII. Κἀκείνη μὲν οὕτως· οἱ δὲ οὐδέν τι μᾶλλον πρὸς
τὴν γνώμην τῆς γυναικὸς μετηλλάττοντο, ἀλλ' ἐδεδοίκεσαν
αὐτὴν σφόδρα ὥσπερ τινὰ λέαιναν ἐν καιρῷ μεθεικυῖαν τὸ
βλοσυρὸν, καὶ παντὶ μὲν ἕρκει, παντὶ δὲ τείχει κατησφαλίζοντο· οἱ μὲν οὖν ἄλλοι πᾶσιν αὐτὴν ἐτήρουν τοῖς ὄμμασιν,
ὁ δέ γε αὐτοκράτωρ κατὰ βραχὺ καὶ τοῦ ὁρᾶν αὐτὴν ὑπεξίστατο. Τούτου δὲ πολλὰς ἐπίσταμαι τὰς αἰτίας· οὔτε γὰρ
εἶχεν ἔτι ταύτῃ χρᾶσθαι, ἤδη τοῦ ὑπούλου νοσήματος ἔκρα-

XVI 6 ἀπεῖρξε S : -ῆρξε || 7 γυναικωνῖτιν S : -νίτην || 10 αὐτοκράτωρ
S : -άτορ || 15 οὐδὲ S : οὐδὲ οὐδὲ per dittogr. || 15 ᾗ add. S || 16 ἐστερημένη S : -νης || 16 δορυφορίας S : δωρ. || 19 διέδρα S : δίεδρα ||
24 πράως S : πράος.

XVII 2 μετηλλάττοντο : μετηλάττ. || 3 μεθεικυῖαν S : μεθηκυίαν || 4 βλοσυρὸν S : βλυσυρὸν || 4 ἕρκει S : ἕρκει || 4 τείχει S : -χη || 6 αὐτοκράτωρ S :-τορ

la maladie qui le minait venant d'éclater (sa constitution, en effet, s'était gravement altérée[1] et il se trouvait mal de son corps) ; ensuite, de honte il se voilait les yeux et il ne pouvait pas la regarder en face, sachant comme il avait renié son affection pour elle, parjuré sa foi et violé ses engagements ; en troisième lieu, il avait confessé à de saints personnages ses agissements pour atteindre au pouvoir, et il en avait reçu de salutaires prescriptions. Ainsi s'abstenait-il de tout excès et déjà même du commerce légitime ; à cela s'ajoutait que, retenu par une autre crainte encore, il ne fréquentait plus l'impératrice : ce n'est plus à de longs intervalles, en effet, comme autrefois, que lui survenait sa perturbation cérébrale[2] ; mais, soit qu'une cause externe la modifiât, soit qu'une affection interne vint en perturber les crises[3], elle se manifestait avec plus de fréquence[4]. Devant toute autre personne, l'empereur éprouvait moins de honte de ce trouble cérébral ; mais devant l'impératrice, il en rougissait, et beaucoup. Et, comme le mal l'agitait dans des circonstances qui ne pouvaient être prévues[5], il se tenait loin d'elle, pour s'épargner la honte d'en être vu.

XVIII. Pour cette raison, il ne sortait guère et ce n'est pas avec assurance qu'il se trouvait avec des gens. Quand il voulait donner audience ou régler quelque autre affaire ordinaire au pouvoir, ceux à qui était commis le soin de l'observer et de le protéger déployaient devant lui de part et d'autre des étoffes de pourpre aussitôt qu'ils le voyaient ébaucher quelque torsion de l'œil[6], ou branler la tête, ou manifester par quelque autre signe l'irruption du mal ; aussitôt, ils ordonnaient aux personnes présentes de se retirer, ils fermaient les tentures et ainsi ils lui donnaient des soins dans l'appartement même. Et il était vite malade, mais il se remettait plus

1. *Litt.* il était corrompu dans sa constitution.
2. Sur cette maladie, cf. D* E. Jeanselme, *L'épilepsie sur le trône de Byzance, Communic. à la Soc. franç. d'Hist. de la Médecine*, t. XVIII, n°* 7 et 8, 1924.
3. *Litt.* lui fit prendre un autre tour.
4. Cf. *infra*, Hist. de Romain III, chap. XXXI, la description de ce mal.
5. *Litt.* dans des circonstances indéfinies.
6. *Litt.* lorsqu'ils le voyaient un peu tourné quant à l'œil.

γέντος αὐτῷ (τὴν γὰρ ἕξιν διέφθαρτο, καὶ πονήρως εἶχε τοῦ σώματος), ἔπειτα καὶ αἰδοῖ τὴν ὄψιν κεκάλυπτο, καὶ οὐκ ἦν ὅπως ἀντοφθαλμίσει αὐτῇ, εἰδὼς ὅπως τὴν πρὸς αὐτὴν φιλίαν ἠρνήσατο, καὶ ἀπωμόσατο μὲν τὴν πίστιν, τὰς δὲ συνθήκας ἠθέτησε· καὶ τρίτον, θείοις ἀνδράσι προσομιλήσας περὶ ὧν τοῦ κράτους ἐποιήσατο ἕνεκα, καὶ σωτηριώδεις δεξάμενος ἐντολάς, πάσης μὲν ἀκολασίας, ἤδη δὲ καὶ τῆς ἐννόμου αὐτῆς ἀπέσχετο μίξεως· πρὸς τούτοις δὲ καὶ ἄλλο τι δεδιὼς οὐ προσέκειτο τῇ βασιλίδι· οὐ γὰρ ἐκ μακρῶν τῶν διαλειμμάτων, ὥσπερ δὴ πρότερον, ἡ τοῦ ἐγκεφάλου αὐτῷ περιτροπὴ προσεγίνετο, ἀλλ' εἴτε τις ἔξωθεν αὐτὴν ἠλλοίου δύναμις εἴτε πάθος ἔνδοθεν περιέτρεπεν, πυκνότερον μετεβάλλετο· καὶ τοὺς μὲν ἄλλους ἐπὶ τῇ περιτροπῇ ταύτῃ ἧττον ᾐσχύνετο, τὴν δὲ βασιλίδα καὶ μάλα ἠρυθρία· καὶ ἐπειδὴ ἀορίστως αὐτὸν τὸ πάθος ἐτάραττε, πόρρω που ἑαυτὸν ἐποιεῖτο ἐκείνης, ἵνα μὴ ὁρώμενος καταισχύνοιτο.

XVIII. Διὰ ταῦτα οὔτε προόδοις ἐχρᾶτο πολλαῖς, οὔτε θαρρούντως ὡμίλει τισίν· ἀλλ' ἐπειδὰν ἢ χρηματίζειν ἐβούλετο, ἢ ἄλλο τι τῶν συνήθων τῷ κράτει ποιεῖν, φοινικίδας ἑκατέρωθεν παραπεταννύντες οἷς ἐπιτηρεῖν αὐτὸν καὶ φυλάττειν ἐπιτέτραπτο, ὁπηνίκα τοῦτον θεάσαιντο ἢ βραχύ τι παρατραπέντα τὸν ὀφθαλμὸν ἢ τὴν κεφαλὴν κατασείσαντα ἢ ὅσοις ἑτέροις σημείοις τὴν πρόοδον τοῦ πάθους ἐχαρακτήρισαν, | αὐτίκα προϊέναι τοὺς εἰσιόντας ἐγκελευσάμενοι, συνέστελλον τὰ παραπετάσματα, καὶ οὕτω περιεῖπον αὐτὸν θαλαμεύσαντα· ὁ δὲ ἔπασχέ τε ἑτοίμως καὶ ἑτοιμότερον αὖθις ἀποκαθίστατο, καὶ οὐδὲν ὅτι μετὰ ταῦτα τοῦ πάθους ἐπεῖχεν αὐτόν, ἀλλ' ἐλευθέρα τούτῳ ἀπεδίδοτο ἡ διάνοια. Πεζῇ δέ ποτε προϊόντι ἢ ἱππαζομένῳ φυλακή τις προσῆν

12 ἀπωμόσατο S : ἀπωμώ. ‖ 17 δεδιὼς S : δεδειὼς ‖ 20 περιέτρεπεν R : περιέτρεπεν ‖ 22 ᾐσχύνετο S : ἰσχ.

XVIII 3 φοινικίδας S : φοινικας ‖ 10 ἑτοιμότερον S : -ώτερον ‖ 12 ἀπεδίδοτο S : -δήδ. ‖ 13 πεζῇ S : πεζὴ ‖ 13 φυλακή S : -κὴ

vite encore, et, l'accès passé, il ne lui restait rien de son mal et sa raison lui était rendue, maîtresse d'elle-même. Si jamais il allait à pied ou à cheval, un cercle de gardes s'attachait à lui, et, quand il avait son accès[1], on l'entourait et on le soignait sans crainte des regards importuns ; mais souvent aussi on l'a vu tomber de cheval. Une fois, il traversait un ruisseau à cheval quand le mal fondit sur lui : ses gardes étaient alors un peu loin, sans rien appréhender ; soudain, il roula de sa selle ; à l'endroit même la foule le vit qui se débattait, et personne n'entreprenait de le relever, ou plutôt ils s'apitoyaient et déploraient le malheur de l'empereur.

XIX. Ce qui s'en suivit, notre récit le mettra en ligne de compte à l'endroit convenable. Comme nous avons vu l'empereur quand il était malade, voyons-le bien portant. Dans les intervalles de son mal, quand son raisonnement était dans sa force, il se donnait tout entier au soin de l'empire, non seulement en assurant aux villes de l'intérieur de nos frontières un bon gouvernement, mais encore en écartant les attaques contre nous des nations environnantes, cela tantôt par des ambassades, tantôt par des présents, tantôt par des envois annuels de troupes. Grâce à ces mesures, ni celui qui a en partage la domination sur l'Égypte n'agissait contrairement aux traités, ni celui qui tient en main les forces persiques[2], ni certes non plus le roi de Babylone, ni aucune des autres nations plus lointaines ne mettaient à nu leur hostilité ; mais les uns s'étaient absolument réconciliés avec nous, et les autres, redoutant l'activité attentive de l'empereur, dans la crainte de quelque malheur, se tenaient cois. La surveillance et le contrôle des finances publiques, il les avait, en effet, remis à son frère Jean, comme aussi il lui avait livré la plus grande part de l'administration civile ; mais le reste des affaires, il s'en occupait lui-même, d'une part, en donnant aussi une partie de ses soins à l'administration civile, d'autre part, en organisant le nerf de l'empire romain, c'est-à-dire l'armée,

---

1. Περιτραπείς, *litt.* quand le prenait son dérangement cérébral (περιτροπή).

2. Il s'agit du sultan des Turks Seldjoukides. Cf. Schlumberger, *Op. laud.*, III, 278.

κυκλόθεν, καὶ περιτραπέντα ἀσφαλῶς κυκλωσάμενοι ἐθεράπευον· ᾦπτο δὲ καὶ πολλάκις τοῦ ἵππου ῥιφείς· ῥύακα γάρ τινος ὕδατος διαβαίνων τῷ ἵππῳ, ἐπειδὴ τηνικαῦτα τοῦτον τὸ πάθος κατέλαβεν, οἱ δὲ φρουροὶ τέως ἀπῆσαν βραχύ τι θαρρήσαντες, ὁ δὲ ἀθρόως τῆς ἕδρας ἐκκυλισθεὶς αὐτοῦ που κατὰ γῆς ᾦπτο τοῖς πολλοῖς σπαρασσόμενος· ἐπεχείρει δὲ οὐδεὶς ἀνελεῖν, ἀλλὰ κατῳκτίζοντο μᾶλλον καὶ τῆς συμφορᾶς ἠλέουν τὸν αὐτοκράτορα.

XIX. Τὰ μὲν οὖν τούτοις ἑπόμενα ὁ λόγος αὖθις εἰς τοὺς οἰκείους τόπους καταριθμήσει· ἴδωμεν δὲ ὥσπερ νοσοῦντα τὸν βασιλέα, οὕτω δὴ καὶ ὑγιῶς ἔχοντα· ἕν γέ τοι τοῦ πάθους τοῖς διαλείμμασιν, ὁπηνίκα αὐτῷ λογισμὸς ἔρρωτο, παντοδαπὸς ἦν περὶ τὴν τῆς ἀρχῆς πρόνοιαν, οὐ μόνον τὰς ἐντὸς τῶν ἡμετέρων ὁρίων πόλεις εὐνομουμένας ποιῶν, ἀλλὰ καὶ τοῖς πέριξ ἔθνεσι τὰς ἐφ' ἡμᾶς ἀναστέλλων ἐφόδους, τοῦτο μὲν πρεσβείαις, τοῦτο δὲ δώροις, τοῦτο δὲ μαχίμων ἐπετείοις ἀποστολαῖς· καὶ οὔθ' ὁ τῆς Αἰγύπτου τὴν ἐξουσίαν λαχὼν τῶν δεδογμένων ἀντιπαρεκίνει, οὔτε ὁ τὰς Περσικὰς ἔχων δυνάμεις, οὔτε μὴν ὁ Βαβυλώνιος, οὔτ' ἀλλ' ἄλλως τι τῶν βαθυτέρων ἐθνῶν τὴν ἑαυτῶν ἐπεγύμνουν δυσμένειαν· ἀλλ' οἱ μὲν καὶ πάντη πρὸς ἡμᾶς διελύοντο, οἱ δὲ τοῦ βασιλέως τὴν ἐπιμέλειαν δεδιότες φόβῳ τοῦ μὴ παθεῖν εἰς ἑαυτοὺς συνεστέλλοντο. Τὴν μὲν γὰρ τῶν δημοσίων συνεισφορῶν παρατήρησιν καὶ ἀρκίβειαν τῷ ἀδελφῷ παραθέμενος Ἰωάννῃ, καὶ οἷον τὸ πλέον τῆς πολιτικῆς διοικήσεως αὐτῷ ἐγχειρίσας, τἆλλα διεῖπεν αὐτός, τοῦτο μὲν καὶ τοῦ πολιτικοῦ κατὰ μέρος ἐπιμελόμενος, τοῦτο δὲ καὶ τὰ νεῦρα Ῥωμαίων, τὸν στρατόν, συγκροτῶν καὶ ἐπισχύων εἰς δύναμιν. Καὶ τὸ μὲν πάθος αὐτῷ ἀρξάμενον προῄει ἀκμάζον

---

15 ᾦπτο S : ὤπτω ‖ 17 ἀπῆσαν S : -εῖσαν ‖ 19 ᾦπτο S : ὤπτω.

XIX 1 ἑπόμενα S : ἐπώμ. ‖ 6 ὁρίων S : ὡρίων ‖ 9 μάχιμων S : μαχήμων ‖ 9 ἐπετείοις S [: -τίοις ‖ 10 ἀντιπαρεκίνει S : ἀντεπαρ. ‖ 12 ἀλλ' ἄλλως τι S : ἀλλ ἀλλός τις ‖ 13 ἀλλ' οἱ S : ἄλλοι ‖ 13 πάντη S : πάντι ‖ 14 δεδιότες S : δεδει. ‖ 18 διεῖπεν S : δὲ εἶπεν ‖ 21 προῄει Κ : προίει

et en renforçant sa puissance. Et, tandis que sa maladie qui avait commencé son effet allait croissant et progressant vers son apogée, lui, comme si aucun mal ne pesait sur lui, il avait l'œil à tout.

XX. Mais quand son frère Jean vit qu'il s'écroulait peu à peu, craignant pour lui-même et pour sa famille que, l'empereur une fois retranché du nombre des humains, l'empire en désordre ne vînt à l'oublier[1] et que, par suite, il ne fût en butte [lui, Jean] à de nombreuses épreuves, il prend une décision en apparence très prudente, mais en fait pleine de périls, comme l'a montré le résultat de l'affaire ; elle fut cause, en effet, que le vaisseau de leur famille périt avec tous ses hommes et qu'ils subirent, pour ainsi parler, une ruine et un anéantissement totaux. Mais nous verrons cela plus loin. Donc son frère Jean, comme s'il avait perdu tout espoir, se met, à l'insu des autres frères, à presser l'empereur par des paroles plus spécieuses que vraies et un jour, l'ayant pris à l'écart des autres, il entoure ses paroles de circonlocutions, et voici le préambule dont il ouvre son discours, amenant l'empereur à la nécessité de l'interroger : « Que, d'une part, je n'ai pas cessé de t'entourer de soins non pas simplement comme mon frère, mais comme mon maître et mon roi, le ciel le sait, et le sait aussi la terre entière, et toi-même tu ne saurais dire le contraire ; que, d'autre part, j'accorde quelque attention, pour parler en termes mesurés, aux pensées des autres membres de notre famille, à leurs opinions sur le bien public et à leurs intérêts, cela tu le saurais toi-même mieux que tout autre. Aussi ne veillé-je pas sur le présent de ton trône seulement ; mais, en bon intendant, je suppute aussi de quelle manière sera assuré l'avenir, et, si je ne peux pas retenir les langues du peuple, c'est sur toi seul[2] que je m'attache aussi à diriger les regards de tous. Si donc tu as reçu de moi de sûres garanties de mon affection pour toi et de ma bonne gestion des affaires, ne repousse pas ma présente manière de voir ;

---

1. Jean craint, une fois l'empereur mort, d'être mis de côté.
2. Phrase obscure. Jean veut dire que s'il ne peut empêcher les langues de jaser, il s'emploie du moins à ce que le peuple ne détourne pas ses regards de l'empereur pour les porter sur quelque prétendant

καὶ κορυφούμενον, ὁ δὲ, ὡς οὐδενὸς αὐτῷ ἐπικειμένου κακοῦ, τῶν πάντων ἀντείχετο.

XX. Ἐπεὶ δὲ ⟨ὁ⟩ ἀδελφὸς Ἰωάννης ὑπορρέοντα τοῦτον ἑώρα κατὰ βραχὺ, δείσας περὶ αὐτῷ καὶ ὅλῳ τῷ γένει, μὴ ἐξ ἀνθρώπων γεγονότος τοῦ αὐτοκράτορος λήσηται τοῦτον ἡ βασιλεία διαρρυεῖσα, κἀντεῦθεν πολλοῖς ἐμπεσεῖται πειρατηρίοις, βουλὴν βουλεύεται συνετωτάτην μὲν, ὡς ἐδόκει, ἐπισφαλεστάτην δὲ, ὡς ἡ τῶν πραγμάτων ἔκβασις ἔδειξεν. ἐκεῖθεν γὰρ αὔτανδρον αὐτοῖς τὸ σκάφος κατέδυ, καὶ ἐξώλεις, ἵν' οὕτως εἴπω, καὶ προώλεις ἀπώλοντο· ἀλλὰ ταῦτα μὲν ὕστερον. Ὁ δ' οὖν Ἰωάννης, ὡς ἀπεγνωκὼς πάντη, κρυφίως τῶν ἀδελφῶν λόγοις αὐτὸν μέτεισι πρὸς τὸ δοκοῦν πιθανω|τέροις μᾶλλον ἢ ἀληθεστέροις, καὶ μόνον ποτὲ τῶν ἄλλων ἀπολαβὼν καὶ κύκλῳ τὸν λόγον περιβαλὼν, τοιούτων πρὸς αὐτὸν τῶν προοιμίων κατάρχεται, εἰς ἀνάγκην αὐτὸν προάγων τοῦ ἐρωτᾶν· « Ὅτι μὲν οὖν, φησὶν, οὐχ ὡς ἀδελφὸν ἁπλῶς θεραπεύων διατετέλεκά σοι, ἀλλ' ὡς δεσπότην καὶ βασιλέα, οἶδε μὲν οὐρανὸς, οἶδε δὲ καὶ ξύμπασα γῆ, καὶ αὐτὸς δὲ οὐκ ἂν ἄλλως ἔχοις εἰπεῖν· ὅτι δὲ καὶ τοῦ λοιποῦ γένους ἡμῶν βραχύ τι, ἵνα μετρίως εἴπω, προσέχω τοῖς ἐνθυμήμασι καὶ ταῖς περὶ τοῦ κοινοῦ σκέψεσι καὶ λυσιτελείαις, αὐτὸς ἂν πρὸ πάντων εἰδείης· διὰ ταῦτα γοῦν οὐ τὸ ἐνεστώς σοι θεραπεύω τοῦ θρόνου, ἀλλὰ καὶ τὸ μέλλον ἀνεπιβούλευτον ταμιεύομαι, κἂν τὰς τῶν πολλῶν ἐπισχεῖν οὐ δεδύνημαι γλώσσας, καὶ τοὺς τῶν πάντων ὀφθαλμοὺς ἐπὶ σὲ μόνον ἀπευθύνειν προῄρημαι· εἰ μὲν οὖν εὐνοίας τε τῆς πρὸς σὲ καὶ τῆς πρὸς τὰ πράγματα μεταχειρίσεως δεξιὰς ἐγγύας προείληφας παρ' ἐμοῦ, μηδὲ ταυτηνί μου τὴν σκέψιν ἀπώσῃ· εἰ δ' οὖν, ἀλλ' ἐγὼ μὲν σιωπήσομαι,

23 ἀντείχετο S : -ίχετο.

XX 1 ὁ add. S. ‖ 2 ὑπορρέοντα S': ὑπορέ. ‖ 2 αὐτῷ S : αὐτῶ ‖ 6 ἔδειξεν K : ἔδοξεν ‖ 7-8 ἐξώλεις S : ἐξ ὅλης ‖ 8 προώλεις S : προ ὅλης ‖ 9 ἀπεγνωκὼς S : ἀπαγ. quod legi potest ἀπεγ. ‖ 15 διατέλεκά S : διατέλεκά. ‖ 17 ἔχοις K : ἔχῃς ‖ 27 ἀπώσῃ S: ἀπώσω ‖ 27 ἐγὼ S : γαὼ quod legi potest εγὼ.

si non, eh bien ! je me tairai, et le terme où aboutiront nos affaires, je ne le dirai pas maintenant, de peur de te quitter en te causant de la peine. »

XXI. A ces mots, l'empereur troublé dans son esprit, demanda ce que tout cela pouvait bien signifier et où tendait ce propos. « Ton affection pour moi, elle m'est connue ; laisse-la pour le moment. » Alors Jean, saisissant la parole : « Ne crois pas, basileus, dit-il, que les oreilles du peuple n'ont pas appris et que ses yeux mêmes[1] n'ont pas bien vu que tu souffres d'une maladie à la fois évidente et cachée. Que tu ne cours de ce côté aucun danger, je le sais ; mais les langues des hommes, il n'est point de moyen de les empêcher de répandre de faux bruits sur ta mort. Je redoute donc que, s'étant mis dans l'esprit que ta mort est proche, le peuple ne fasse contre toi quelque révolution et que, mettant en avant un homme entre tous, il ne l'élève à ton trône. Pour ce qui me concerne personnellement et pour ce qui concerne d'une manière générale notre famille, je suis en moindre souci ; mais pour toi, je crains qu'un empereur si bon et si équitable n'ait à rendre compte[2] de son insouciance ; d'un côté, il échappera au danger[3], mais, de l'autre, il n'évitera pas le reproche de n'avoir pas su prévoir l'avenir. » A cela, l'empereur répondit avec promptitude : « Et quelle est, je te prie, cette prévision ? Et comment contenir les langues du peuple ? Parle donc aussi des désirs d'une révolution[4]. »

De l'adoption de Michel par l'impératrice et de [son élévation à] la dignité de césar.

XXII. « Très facile est la mesure, dit Jean, et elle est toute prête. Si, en effet, notre frère n'était pas mort, tu lui accorderais la seconde dignité, celle de césar ;

---

au trône. Il semble craindre, en effet, un mouvement populaire qui contraindrait Michel à se retirer et qui le perdrait lui-même.

1. *Litt.* ne crois pas que tu as échappé aux oreilles et aux yeux mêmes.
2. Entendez : devant Dieu et devant les hommes.
3. Avec force circonlocutions, Jean veut dire que l'empereur n'a rien à craindre (en tant qu'empereur) du fait qu'il est malade ; c'est l'avenir, c'est-à-dire la succession au trône qui doit attirer ses regards.
4. *Litt.* les envies relatives à la tyrannie.

ὅπη δὲ τὰ περὶ ἡμᾶς καταντήσῃ οὐκ ἐρῶ τι νῦν, μὴ καὶ λυπήσας ἀπέλθω».

XXI. Ἐπὶ τούτοις ὁ αὐτοκράτωρ τὰς γνώμας διασεισθείς, ἤρετο τί ποτε ταῦτα βούλοιτο, τίς δὲ καὶ τῆς διαλέξεως ὁ σκοπός; « Τὸ δέ σου εὔνουν τὸ πρὸς ἐμὲ ὡς ὡμολογημένον τέως ἀφείσθω». Ὁ δὲ τοῦ λόγου δραξάμενος· « Μὴ οἴου, φησίν, ὦ βασιλεῦ, ὅτι τὰς τῶν πολλῶν ἔλαθες ἀκοάς, ἢ τούς γε ὀφθαλμοὺς αὐτοὺς, ὅτι καὶ προδήλῳ καὶ κρυφίῳ κατέχει νοσήματι· καὶ ὅτι μὲν ἐντεῦθεν οὐδὲν πείσῃ δεινὸν οἶδα σαφῶς, ἀλλ' αἱ τῶν ἀνθρώπων γλῶτται οὐκ ἔστιν ὁπότε σοι οὐ λογοποιοῦσι τὸν θάνατον· δέδοικα οὖν, μὴ ὡς περὶ αὐτίκα τεθνηξομένου διανοησάμενοι ἐπὶ σὲ νεωτερίσωσι, καὶ ἕνα τῶν πάντων προστησάμενοι τοῦτον δὴ εἰς τὴν σὴν ἀναγάγωσι βασιλείαν· καὶ τὰ μὲν περὶ ἐμὲ καὶ τὸ σύμπαν τὰ ⟨τοῦ⟩ γένους ἡμῶν ἐπ' ἐλάττονος φροντίδος εἰμί, περὶ δέ σοι δέδια, μὴ χρηστὸς οὕτω καὶ ἐπιεικὴς αὐτοκράτωρ ἀβουλίας εὐθύνας παράσχῃ· καὶ τὸ μὲν δεινὸν διαδράσει, τὸν δὲ τοῦ μὴ προϊδεῖν τὸ μέλλον οὐκ ἐκφεύξεται ἔλεγχον ». Πρὸς ταῦτα τοίνυν ὁ βασιλεὺς ἑτοιμότερον ἀποκρίνεται· « Καὶ τίς γάρ, φησίν, ἡ τούτου πρόνοια; πῶς δὲ καὶ τὰς τῶν πολλῶν γλώττας ἐπίσχωμεν; εἰπεῖν δὲ καὶ τὰς περὶ τὸ τυραννεῖν προθυμίας ».

Περὶ τῆς τοῦ Μιχαὴλ παρὰ τῆς αὐγούστης υἱοθεσίας, καὶ περὶ τῆς τοῦ καίσαρος ἀξιώσεως.

XXII. «Ῥᾴστη, φησὶν ὁ Ἰωάννης, καὶ ἑτοιμοτάτη· εἰ μὲν γὰρ μὴ ὁ ἀδελφὸς ἡμῶν ἐτεθνήκει, ἐκείνῳ ἂν τὴν δευτέραν ἀρχὴν ἐμνηστεύσω τοῦ καίσαρος· ἐπεὶ δὲ τοῦτον

XXI 3 τὸ δέ S : τοῦ δὲ ἐ || 3 ὡμολογημένον S : ὁμο. || 10 τεθνηξομένου S : -ξαμένου || 12-13 τὸ σύμπαν τὰ K : τὸ σύμπαντα || 13 τοῦ add. K || 13 εἰμί K : ἐιμοι || 17 τοίνυν S : τοίνην.

XXII 1 παρὰ S : περὶ || 5 τοῦτον S : τούτων

mais puisque la mort l'a ravi[1], que Michel, le fils de notre sœur, à qui précisément se trouve confié le commandement de ta garde, reçoive cette dignité, te servant mieux encore que par le passé et bornant sa condition à posséder seulement le titre [de césar][2]; pour tout le reste, tenant auprès de toi le rôle d'un esclave et occupant le dernier rang. » Il convainc donc l'empereur en l'entreprenant ainsi d'une façon spécieuse. Quand ils furent d'accord sur la décision, ils délibérèrent une seconde fois sur la manière de l'appliquer, et c'est encore Jean qui introduit la proposition : « Tu sais, dit-il, empereur, que l'empire appartient par voie d'héritage à l'impératrice, et tout le monde lui est plus favorable[3] en tant que femme et héritière du pouvoir, elle qui, par la prodigalité de ses largesses, a capté les âmes du peuple entier. Faisons-en donc la mère de notre neveu comme ayant noué relation avec lui de la manière la plus honorable, et amenons-la tout ensemble à adopter Michel et à l'élever à la dignité et au titre de césar. Elle ne nous désobéira nullement, parce qu'elle est d'humeur accommodante et qu'elle n'a pas la moindre objection à nous opposer. »

XXIII. L'empereur approuve ces paroles ; ils exposent à l'impératrice leur conversation sur la question, la persuadent très facilement et attachent aussitôt son esprit à la réalisation de la chose. Ils font donc annoncer une cérémonie solennelle ; ils réunissent tous les dignitaires dans l'église des Blachernes, et, l'enceinte sacrée une fois pleine, en même temps que le fils adoptif ils font paraître celle qui était sa mère et sa reine, et ils accomplissent ce qu'ils avaient à cœur. L'impératrice, en effet, du haut de la plate-forme de l'autel du vestibule divin reçoit Michel au rang de fils, et l'empereur, de son côté, l'élève à la dignité de césar, lui rendant honneur et hommage comme au fils de l'impératrice ; les assistants font l'acclamation. Alors on exécute en l'honneur du césar ce qui a coutume de se dire et de se faire à l'occasion de cette dignité ;

---

1. Plus exactement leur beau-frère Étienne, époux de leur sœur Marie, mère du Michel dont il va être question. Cf. Bury, *Op. laud.*, 62.
2. Autrement dit, ne demandant pas d'autre prérogative que le titre.
3. Entendez : qu'à toi.

ὑπεξεῖλεν ὁ θάνατος, ὁ τῆς ἀδελφῆς ἡμῶν παῖς Μιχαὴλ, ὃς δή σοι τῶν σωματοφυλάκων τὰ πρῶτα πεπίστευται, | ἀξιούσθω τοῦ σχήματος, λατρεύων ἔτι μᾶλλον ἢ πρότερον, καὶ μέχρις ὀνόματος τὴν τύχην ἐπιμετρούμενος, τὰ δ' ἄλλα σοι ἐν ἀργυρωνήτου προσιὼν μέρει καὶ τὴν ἐσχάτην τάξιν ταττόμενος». Πείθει τοιγαροῦν οὕτω πιθανῶς ἐπιχειρήσας τὸν ἀδελφὸν, καὶ ἐπειδὴ εἰς ταὐτὸν συνῇσαν τῷ βουλήματι, δευτέραν περὶ τοῦ τρόπου βουλὴν διασκέπτονται· εἰσηγεῖται δὲ καὶ ταύτην ὁ Ἰωάννης, καὶ· « Οἶσθα, φησὶν, ὦ βασιλεῦ, ὅτι κατὰ κλῆρον ἡ βασιλεία τῇ βασιλίδι προῆκται, καὶ τὸ σύμπαν εὐνοϊκώτερον πρὸς αὐτὴν ἔσχηκεν, ἅτε γυναῖκα καὶ κληρονόμον τοῦ κράτους, καὶ τῇ ἀφειδείᾳ τῶν δώρων τὰς τῶν πάντων ὑποποιησαμένην ψυχάς· μητέρα γοῦν αὐτὴν τῷ ἀνεψιῷ ἀναπλάσωμεν, ἐκ χρηστοτέρου τρόπου τὴν πρὸς αὐτὸν σχέσιν λαβοῦσαν, κἀκείνην προάξωμεν ὁμοῦ τε υἱοθετοῦσαν τὸν Μιχαὴλ καὶ εἰς τὸ καίσαρος ἀνάγουσαν ἀξίωμά τε καὶ ὄνομα· ἀπειθήσει δὲ ἡμῖν οὐδαμῶς, εὔκολός τε οὖσα ταῖς γνώμαις καὶ μηδ' ὁτιοῦν ἀντειπεῖν ἔχουσα».

XXIII. Ἐπαινεῖ ταῦτα ὁ αὐτοκράτωρ· καὶ τοὺς περὶ τοῦ σκέμματος λόγους τῇ βασιλίδι προσενεγκόντες ῥᾷστά τε πείθουσι καὶ πρὸς τὸ τοῦ σκοποῦ τέλος εὐθὺς τὸν νοῦν ἀπερείδουσι. Δημοτελῆ γοῦν ἑορτὴν προκηρύξαντες καὶ τοὺς ἐν τέλει ξύμπαντας εἰς τὸν ἐν Βλαχέρναις συνηθροικότες ναὸν, ἐπειδὴ πλήρης ὁ θεῖος σηκὸς, ἅμα τῷ πεπλασμένῳ υἱῷ τὴν μητέρα καὶ βασιλίδα ἐξαγαγόντες πληροῦσι τὸ σπουδάζον· ἡ μὲν γὰρ ἀπὸ τῶν τοῦ θείου προθύρων βήματος εἰς υἱοῦ τάξιν ἀναλαμβάνει, ὁ δὲ αὐτοκράτωρ ὡς υἱὸν βασιλίδος τιμῶν τε καὶ σεβαζόμενος εἰς τὴν τοῦ καίσαρος ἀξίαν ἀναβιβάζει· καὶ ἐπευφήμησαν οἱ συνειλεγμένοι. Εἶτα δὴ καὶ τελεῖται ἐπὶ τῷ καίσαρι ὁπόσα δὴ ἐπὶ τούτῳ τῷ σχήματι λέγεσθαί τε καὶ πράττεσθαι εἴωθεν. Καὶ ὁ σύλλογος

6 ὑπεξεῖλεν P K :-ῆλθεν || 9 ἄλλα S : ἄλα || 11 ταττόμενος S : πραττό.
|| 12 συνῇσαν K : συνῆσαν
XXIII 11 ἐπευφήμησαν S : ἐπεφ.

après quoi, l'assemblée se disperse[1]. Et Jean, qui avait tout fait, et qui avait ramené le pouvoir à sa famille, ne savait comment manifester l'étendue de sa joie.

XXIV. Et pourtant, cet événement était le commencement de grands maux à venir, et ce qui paraissait être la pierre d'assise de la famille devait être la cause de son écroulement, comme mon récit le montrera plus loin. Ceux donc de l'entourage de l'empereur qui avaient ainsi mené l'affaire et qui avaient placé ce jeune césar au seuil de l'empire, dans la pensée qu'il prendrait immédiatement la succession au trône une fois l'empereur consumé par la maladie victorieuse, croyant avoir pourvu d'avance à tous leurs intérêts, ne se préoccupaient plus de la permanence du pouvoir[2]. Mais l'empereur, je ne sais pour quelle raison, soit qu'il se repentît aussitôt de son acte, soit que ses dispositions à l'égard de son neveu eussent pris quelque autre tournure, loin de s'intéresser à lui comme à un césar, loin de le mettre au-dessus du commun, ne lui rendait même pas les honneurs coutumiers, mais conservait par devers lui jusqu'aux insignes de la dignité.

XXV. Pour ma part, j'ai vu le césar, dans les cérémonies impériales, se tenant à l'écart pour que l'on pût rapporter à l'empereur quelque chose d'avantageux sur son compte[3]. Mais il ne prenait même pas part à la table impériale, sinon dans les banquets officiels, où il occupait sa place de césar ; et, s'il se trouvait quelque part une tente dressée pour lui ayant sa garde particulière et protégeant une sorte d'ombre de césar, elle passait inaperçue et avait un faux air de ressemblance avec celle des frères de l'empereur. Ceux-ci, en effet, dans leur crainte au sujet de la vie de leur frère, avaient accroché leurs espoirs à la personne de leur neveu, et ils l'entouraient de prévenances, le cajolaient, lui prodiguaient les égards royaux et faisaient tout ce qui leur préparait pour l'avenir l'organisation et la direction

---

1. Comparez ce récit avec celui de Zonaras, III, 598, 4, qui en est inspiré. Cf. Schlumberger, *Op. laud.*, III, 282 sq.
2. Entendez : dans la famille de l'empereur actuel.
3. C'est-à-dire pour que l'on pût parler de lui à l'empereur en termes ogieux.

διαλύεται. Καὶ ὁ Ἰωάννης ὡς τὸ πᾶν ἠνυκὼς καὶ τὸ κράτος εἰς τὸ γένος περιαγαγών, οὐκ εἶχεν ὅπως τῷ πλήθει χρήσαιτο τῆς χαρᾶς.

XXIV. Ἦν δὲ ἄρα τὸ γεγονὸς ἀρχὴ μεγάλων ἐσομένων κακῶν, καὶ ὁ δόξας θεμέλιος περιτροπὴ ξύμπαντος αὐτοῖς ἐγεγόνει τοῦ γένους, δηλώσει δὲ ὁ λόγος μετὰ ταῦτα. Οἱ μὲν οὖν περὶ τὸν αὐτοκράτορα οὕτω τὸ πρᾶγμα κατασκευάσαντες, καὶ τοῦτον δὴ τὸν νέον καίσαρα ἀγχίθυρον τῇ βασιλείᾳ στήσαντες, ὡς εὐθὺς τὸ κράτος διαδεξόμενον, τοῦ κρατοῦντος τῷ κρατήσαντι πάθει καταναλωθέντος, ὡς τὸ ξύμπαν ἑαυτοῖς προδιοικησάμενοι, οὐκέτι περὶ τῆς διαμονῆς τοῦ κράτους ἐφρόντιζον· ὁ δέ γε αὐτοκράτωρ, οὐκ οἶδ' εἴτε μετάμελος εὐθὺς ἐγεγόνει περὶ τῶν πεπραγμένων, εἴτε ἄλλως πως περὶ τὸν ἀνεψιὸν διετίθετο, οὔτε ὡς καίσαρι προσεῖχεν, οὔτε παρὰ τοὺς πολλοὺς εἶχεν, ἀλλ' οὐδὲ | τὴν νενομισμένην ἀπεδίδου τιμήν, ἀλλὰ μέχρι τῶν παρασήμων ἐτήρει τοῦ ἀξιώματος.

XXV. Ἐγὼ γοῦν αὐτὸν ἐθεασάμην ἐν τοῖς βασιλικοῖς ἀξιώμασι πόρρωθεν μὲν ἑστηκότα, ὅπως ἂν περὶ ἐκείνου χρηστόν τι τῷ βασιλεῖ προσενέγκαιεν· ἀλλ' οὐδὲ τραπέζης οὗτος ἐκοινώνει τῷ αὐτοκράτορι, εἰ μὴ ὅσον ἐν ταῖς κοιναῖς διεστιάσεσι τὸν τοῦ καίσαρος τόπον ἀναπληρῶν· εἰ δέ πού τις καὶ σκηνὴ τούτῳ παραπεπήγει δορυφόρους τε ἔχουσα καὶ εἴδωλόν τι τοῦ καίσαρος ἀποσῴζουσα, λανθάνουσά τε ἦν καὶ παρὰ τὴν ⟨τῶν⟩ τοῦ αὐτοκράτορος ἀδελφῶν τὴν προσποίησιν ἔχουσα. Ἐκεῖνοι γάρ, ἐπειδὴ περὶ τῇ τοῦ ἀδελφοῦ ζωῇ ἔδεισαν καὶ περὶ τὸν ἀδελφιδοῦν τὰς ἐλπίδας ἀνήρτησαν, καὶ περιέποντες ἢ ὑποτρέχοντες θεραπείαν τε ἐκείνῳ βασιλικὴν κατεσκεύαζον καὶ τἆλλα ἐποίουν ὁπόσα

XXIV 2 περιτροπὴ S : -πῆ || 3 τοῦ : το quod corr. in τοῦ altera manus.

XXV 2 ἑστηκότα S : -κότων || 4 ἐκοινώνει S : ἐκειν. || 4 κοιναῖς S : καιναῖς || 5 διεστιάσεσι S : διαστάσ. || 6 παραπεπήγει S : -γη || 8 τῶν add. S || 8 ἀδελφῶν S : ἀδελφὴν

des affaires[1]. C'est pourquoi ils lui avaient aussi choisi[2] sa résidence, qu'ils avaient fixée non pas dans Constantinople, mais dans la banlieue même[3] ; ils avaient imaginé cela sous prétexte, en apparence, de lui rendre un très grand honneur ; en réalité, sa condition était une sorte d'exil déguisé[4] car ce n'est pas à son gré, mais par ordre, que le césar entrait [au palais] ou en sortait, et pas même en songe[5] il ne retirait aucun profit de son oncle.

XXVI. Or, cet homme, afin que j'en touche aussi un mot en quelque chose, était, du côté de la souche paternelle, d'une obscurité parfaite et sans notoriété aucune. Car son père était sorti de je ne sais quelle campagne ultra désertique ou de quelque autre pays perdu ; il n'ensemençait pas la terre, il ne plantait pas, car il ne possédait pas le moindre lopin ; il ne conduisait même pas un troupeau de bœufs ; il n'était ni pâtre d'un troupeau de brebis ni curateur de troupeaux, et, en fait d'autres ressources, il n'en avait ni n'en montrait. Aussi avait-il tourné son génie vers la mer ; mais ce n'était pas pour faire le commerce ou la navigation, ou pour piloter à prix d'argent ceux qui entrent dans le port ou qui en sortent. Comme donc, renonçant à la terre, il s'était tourné vers la mer, il était quelque chose de grand, ce personnage, pour la confection des navires : il ne coupait pas, il ne rabotait pas les bois de construction ; pas même il n'assemblait ou ne clouait les planches ; mais, après que d'autres les avaient assemblées, lui-même, avec de la poix, il frottait soigneusement ce qui était ajusté, et jamais un navire n'aurait pris la mer, si cet homme ne lui eût donné le signal du départ.

XXVII. Je l'ai vu, moi aussi, déjà transformé et devenu un jouet de la fortune. Il n'avait rien de ce qui va à la parade[6], rien de convenablement ajusté, ni le cheval, ni l'habit, ni aucune des choses qui changent un per-

---

1. Tout en cajolant leur neveu, ils s'arrangeaient pour le tenir dans leurs mains et s'en faire un instrument.
2. *Litt.* attribué.
3. *Litt.* quelque part en avant de la capitale.
4. *Litt.* probable, vraisemblable.
5. C'est-à-dire pas du tout, absolument pas.
6. *Litt.* à la scène.

δὴ τὴν τοῦ μέλλοντος ἑαυτοῖς εἶχεν οἰκονομίαν καὶ προδιοίκησιν· ὅθεν καὶ τὰς διατριβὰς τούτῳ οὐκ ἐν τῇ Κωνσταντίνου ἀπένειμαν, ἀλλ' αὐτοῦ που πρὸ τῆς Πόλεως διατάξαντες, τῷ μὲν δοκεῖν ὡς ἐπὶ σχήματι τῆς μεγίστης τιμῆς τοῦτο συννενοήκασι, τῇ δὲ ἀληθείᾳ ὑπερορία τις ἦν τὸ πρᾶγμα ἐπίδοξος· οὐ γὰρ ὁπότε βούλοιτο, ἀλλὰ κατὰ κελεύσματά τε εἰσῄει καὶ αὖθις ἐξῄει, οὐδ' ὅσον ἐν ὀνείρασι τοῦ θείου καταπολαύων.

XXVI. Ὁ δὲ ἀνὴρ οὗτος, ἵνα τι καὶ τούτου λόγον ποιήσωμαι, τὸ μὲν πατρῷον γένος ἀδοξότατος πάντῃ καὶ ἀφανέστατος καθεστήκει· ἦν γάρ οἱ ὁ πατὴρ ἐκ πανερήμου τινὸς ἀγροῦ ἤ τινος ἄλλης ἐσχατιᾶς ὡρμημένος, γῆν μὲν οὔτε σπείρων οὔτε φυτεύων, ἐπεὶ μηδὲ τῆς βραχυτάτης εὐπόρει, ἀλλ' οὐδὲ βουκολίῳ ἑπόμενος ἢ ποιμνίοις ἐπιστατῶν ἢ ἀγελαιοκομῶν, οὐδ' ἄλλον τινὰ βίον ἔχων ἢ ἐπιδεικνύς· ἐπὶ δὲ τὴν θάλατταν τρέψας τὸν νοῦν οὐχ ὥστε ἐμπορεύεσθαι ἢ ναυτίλλεσθαι, ἢ ἐπὶ μισθῷ ἄγειν τοὺς ἀναγομένους ἢ καταπλέοντας, ἀλλ' ἐπειδὴ τῆς γῆς ἀπεγνώκει καὶ πρὸς τὴν θάλασσαν ἐνενεύκει, χρῆμά τι μέγα τῇ ναυπηγίᾳ ὁ ἄνθρωπος ἦν, οὐ δρυοτομῶν οὐδ' ἀποξέων ἐκεῖθεν τὰ ναυπηγήσιμα ξύλα οὐδ' ἁρμόττων ταῦτα καὶ συμπηγνύμενος, ἀλλ' ἐπειδὴ συμπήξαιεν ἕτεροι, αὐτὸς εὖ μάλα τὰ συμπεπηγμένα τῇ πίσσῃ διέχριε, καὶ οὐκ ἂν ἄλλως ἄρτι συμπηγνυμένη ναῦς κατήχθη πρὸς θάλασσαν, εἰ μὴ ἐκεῖνος διὰ τῆς τέχνης ἐχειροτόνησεν αὐτῇ τὸ ἐνδόσιμον.

XXVII. Εἶδον τοῦτον κἀγὼ ἤδη μεταπεπλασμένον καὶ τῆς τύχης γινόμενον παίγνιον, καὶ ἦν αὐτῷ οὐδέν τι τῶν ἐπὶ τῆς σκηνῆς προσαρμόζον ἢ σύγκολλον, οὐχ ὁ ἵππος, οὐχ

15 ἀπένειμαν S : -μεν || 16 σχήματι S : σχίμ. || 17 συννενοήκασι My : συνενο. || 19 εἰσῄει S : εἰσίει || 19 ἐξῄει, οὐδ ὅσον S : ἐξίει οὐδ' ὅσην.

XXVI 5 σπείρων S : -ρον || 11 τῇ ναυπηγίᾳ K τῇ ναυτιλίᾳ S : τὴν αὐπλία.

XXVII 2 τῶν S : τὸν || 3 τῆς S : γῆς || 3 προσαρμόζον S : πρὸς ἁρμόζων || 3 σύγκολλον K : συγκολλῶν

sonnage. Tel qu'un pygmée qui prétendrait être un Hercule[1] et qui voudrait se transformer à l'image du héros, mais que son accoutrement rend plus reconnaissable encore, il s'est revêtu de la peau du lion, mais il est accablé par la massue ; ainsi, tout, pour lui aussi, tournait à la confusion[2].

XXVIII. Voilà quelle était la famille de Michel du côté paternel. Voudrait-on considérer sa généalogie maternelle? Si on laisse de côté son oncle, on n'aura pas précisément de différence à établir avec la souche paternelle. Tels étaient ceux dont il a tiré naissance. Quant à lui, pour tout ce qui peut être un sujet d'orgueil, la supériorité de la condition et du rang, ou, du moins, leurs formes extérieures[3], il était bien loin de ressembler à ses père et mère. Il était, plus que personne, habile à cacher le feu sous la cendre, je veux dire un esprit pervers sous des dehors favorables, et à concevoir des pensées et des résolutions incroyables ; souverainement ingrat envers ses bienfaiteurs, il n'avait pour personne de reconnaissance ni de l'amitié, ni de la sollicitude et des soins qu'on lui témoignait ; mais tout cela, sa dissimulation était capable de le couvrir. En effet, une fois élevé à la dignité de césar, il n'attendit pas longtemps : se représentant en lui-même le rôle de la royauté, et cela sans que personne s'en aperçût, et gravant d'avance, pour ainsi dire, dans son esprit ce qu'il avait résolu de faire plus tard, il courait sus à tous les membres de sa famille et méditait d'exterminer tous ceux qui l'avaient favorisé, tous ceux qui l'avaient aidé à atteindre sa dignité ; il était enragé contre l'impératrice ; de ses oncles, il supprimait les uns, il exilait les autres ; et, tout en machinant ces desseins dans son âme, il se composait davantage encore un extérieur de bienveillance à leur égard. Mais c'est surtout contre l'eunuque Jean qu'il prenait position et qu'il

1. Sur ce portrait du père de Michel, qui a toute l'allure d'un personnage de comédie, cf. mon *Étude*, etc. *de Psellos*, p. 540 sq.
2. *Litt.* au sens contraire.
3. Phrase obscure : ἐν σχήματι me paraît signifier « l'apparence, l'extérieur ». Cette expression peut d'ailleurs aussi s'interpréter par : « ce qu'il en laissait voir », car le personnage est présenté comme foncièrement dissimulé.

ἡ ἐσθής, οὐκ ἄλλο τι τῶν τῆς μεταποιήσεως· ἀλλ' ὥσπερ
ἂν εἴ τις πυγμαῖος ὢν Ἡρακλῆς εἶναι βούλοιτο, κἂν πρὸς
ἐκεῖνον | ἑαυτὸν ἐθελήσειε μετασχηματίσασθαι, ἐλέγχεται
μᾶλλον τῷ σχήματι, περιτρεπόμενος μὲν τῇ λεοντῇ, τῷ δὲ
ῥοπάλῳ καταπονούμενος, οὕτω δὴ κἀκείνῳ πάντα εἰς τοὐναντίον περιίστατο.

XXVIII. Τὸ μὲν εἰς πατέρα γένος αὐτῷ τοιοῦτον· εἰ
δέ τις αὐτὸν καὶ μητρόθεν γενεαλογεῖν βούλοιτο, εἶτα ὑπερ-
βαίη τὸν θεῖον, οὐ πάνυ τι τοῦ πατρικοῦ διαστήσει γένους·
ἀλλὰ τοιοῦτοι μὲν ἀφ' ὧν γεγένητο. Αὐτὸς δὲ ὅσα μὲν
ἐς φρόνημα φέρει, κατάστασίν τε τὴν ἀρίστην καὶ τάξιν, ἢ
τήν γε ἐν σχήματι, πόρρω ποι τῆς πρὸς τοὺς γεννήτορας
ἀπῆν ὁμοιότητος· δεινὸς δὲ εἴπερ τις ἀνθρώπων πῦρ μὲν
ὑπὸ σποδιᾷ κρύψαι, γνώμην φημὶ πονηρὰν ὑπ' εὐνοίας
προσχήματι, ἄτοπά τε ἐνθυμηθῆναί τε καὶ βουλεύσασθαι,
ἀγνωμονέστατός τε πρὸς εὐεργέτας καὶ μηδενὶ χάριν εἰδώς,
μήτε φιλίας, μήτε τῆς περὶ ἐκεῖνον ἐπιμελείας καὶ θερα-
πείας· ἀλλ' ἐδύνατο δὴ ταῦτα πάντα συγκαλύψαι ἡ ἐκείνου
προσποίησις. Ἐπειδὴ γὰρ εἰς τὴν τοῦ καίσαρος τύχην
ἀνεληλύθει, οὐ βραχὺν ἐνέμεινε χρόνον, καὶ τὸ σχῆμα τῆς
βασιλείας ἑαυτῷ καὶ τοῦτο λεληθὼς εἰδωλοποιῶν, καὶ οἷον
προχαράττων ὅπερ ὕστερον ἐγνώκει ποιήσασθαι, παντὸς
μὲν τοῦ γένους κατέτρεχεν, ἀνελεῖν δὲ ξύμπαντας τοὺς
αὐτῷ χαρισαμένους καὶ συναραμένους τοῦ ἀξιώματος ἐβου-
λεύετο· ἐλύττα κατὰ τῆς βασιλίδος, τῶν θείων τοὺς μὲν
ἀνήρει, τοὺς δὲ ὑπερώριζε, καὶ ταῦτα πλάττων ἐν τῇ ψυχῇ
ἔτι μᾶλλον τὸ σχῆμα τῆς πρὸς ἐκείνους εὐνοίας ἐπλάττετο.
Πρὸς γὰρ τὸν ἐκτομίαν Ἰωάννην, ᾧ δὴ καὶ μᾶλλον ὑπε-
κάθητο καὶ ἀπορρήτως ἐπεβουλεύετο, δεινοτέραν μᾶλλον

6 ἐλέγχεται S : ἐλλέγ. ‖ 8 ῥοπάλῳ S : ρωπάλω.

XXVIII 2 γενεαλογεῖν S : γεναλ. ‖ 3 διαστήσει R : -σειε ‖ 4 γεγένητο
My : γέγενοιτο ‖ 11 ἐκεῖνον S : ἐκείνων ‖ 15 τοῦτο S : τὰ τὸ ‖ 15 εἰδωλοποιῶν S : εἰδολ. ‖ 18-19 ἐβουλεύετο R : ἐβούλευτο ‖ 19 κατὰ ex καὶ τα
correctum, abraso accentu ʽ et α termin. ‖ 21 ἐπλάττετο S : ἐπλάτ.

dressait de secrètes embûches, tout en se comportant envers lui comme un inférieur, l'appelant son maître et mettant en lui ses espérances de vie et de salut.

XXIX. Tous les autres étaient dupes de l'artifice du césar, et ce qu'il tenait enfoui dans son âme demeurait son secret. Mais Jean était plus fort à l'observation que le césar à la dissimulation. Ayant tout compris, il ne jugea pas bon de changer aussitôt d'attitude à son égard, réservant son action pour l'occasion favorable ; mais cela n'échappa pas non plus au césar. Donc ils avaient pris position l'un contre l'autre, mais chacun tenait secrètes ses embûches, et ils simulaient des sentiments de bienveillance réciproque, et chacun des deux croyait tromper l'autre, mais aucun des deux n'était absolument ignorant des machinations de son adversaire ; toutefois Jean se laissa prendre à n'avoir pas précisément usé jusqu'au bout d'habileté ; à force, en effet, de remettre à plus tard le changement et la déposition du césar, ce fut lui qui lui paya le capital des malheurs domestiques, comme mon récit le montrera plus loin.

XXX. Pour moi, qui ai l'habitude d'attribuer à la divine Providence le règlement des choses de quelque importance, ou plutôt qui rapporte à elle tout ce qui nous arrive, si toutefois notre état naturel n'est pas corrompu[1], je crois que cela aussi ressortit à la prescience et à l'économie divines que la succession à l'empire ait échu non pas à quelque autre membre de sa famille, mais au césar même, puisque la divinité savait que la famille entière serait exterminée. Mais de celà nous reparlerons après ce qui suit.

XXXI. Pour revenir à l'empereur, déjà c'était l'évidence même que tout son corps était enflé, et son hydropisie était absolument manifeste[2]. Aussi usait-il contre ce mal de tous les moyens propres à l'en préserver, tant prières que purifications, et en particulier de

1. Psellos veut dire, ce me semble, que la Providence régit tous nos actes, à la condition que nous ne nous laissions pas entraîner hors de la droite voie, car alors elle laisse faire les choses, et, si du mal en résulte pour nous, c'est nous qui en sommes responsables. Cf. *Introduction* p. LIII.

2. Cf. *supra*, chap. XVII sqq.

τὴν προσποίησιν κατεσκεύαζεν, ἐκ τοῦ ἐλάττονος προσφερόμενος καὶ δεσπότην ἀνακαλῶν, καὶ ἐπ' ἐκείνῳ τὰς ἐλπίδας τῆς ζωῆς καὶ τῆς σωτηρίας τιθέμενος.

XXIX. Ἀλλὰ τοὺς μὲν ἄλλους ἢ τοῦ καίσαρος τέχνη ἐλάνθανε, καὶ τὸ ἐν ψυχῇ κεκρυμμένον ἀπόρρητον ἦν· ὁ δέ γε Ἰωάννης δεινότερος ἦν τὴν ἀναθεώρησιν ἢ ὁ καῖσαρ τὴν προσποίησιν, καὶ τὸ πᾶν ὑποπτεύσας μεταθέσθαι μὲν εὐθὺς τὸ περὶ ἐκεῖνον σκέμμα οὐκ ἐδοκίμαζεν, εἰς καιροὺς δὲ τὸ ἔργον ἐταμιεύετο· ἐλελήθει δὲ τοῦτο οὐδὲ τὸν καίσαρα. Ὅθεν ἀντεκάθηντο μὲν ἀλλήλοις, ἐν ἀπορρήτοις ἕκαστος τὴν ἐπιβουλὴν ἔχοντες, ἀντεσχηματίζοντο δὲ τὰς εὐνοίας· καὶ ἑκάτερος μὲν λανθάνειν τὸν ἕτερον ᾤοντο, οὐδ' ἕτερος δὲ τῶν ἑτέρου σκεμμάτων ἀμαθέστατος ἦν· πλὴν ἑαλώκει μὴ πάνυ τῇ δεινότητι εἰς τέλος ὁ Ἰωάννης χρησάμενος· τὸν γὰρ καιρὸν ὑπερτιθέμενος τῆς περὶ τὸν καίσαρα μεταβολῆς τε καὶ μεταθέσεως, εἰς αὐτὸν δὴ τὸ κεφάλαιον τῶν οἰκείων ἀπέτισε συμφορῶν, ὡς ὕστερον ὁ λόγος δηλώσει.

XXX. Ἐγὼ δὲ εἰωθὼς | εἰς τὴν τοῦ θείου πρόνοιαν τὰς περὶ τῶν μειζόνων διοικήσεις ἀναγαγεῖν, ἢ μᾶλλον καὶ τἆλλα ἐκείνης ἐξαρτῶν ὁπόσα, μὴ παρατραπείσης ἡμῖν τῆς κατὰ φύσιν ἕξεως, γίνεται, καὶ κρεῖττονος καὶ τοῦτο ἡγοῦμαι προνοίας καὶ διοικήσεως, τὸ μὴ εἰς ἄλλον τινὰ τῶν τοῦ γένους τὴν τῆς βασιλείας διαδοχὴν πεσεῖν, ἀλλ' εἰς αὐτὸν τὸν καίσαρα δι' οὗ ᾔδει τὸ θεῖον τὸ ξύμπαν αὐτοῖς γένος ἀφανισθήσεσθαι· καὶ ταῦτα μὲν μετὰ ταῦτα.

XXXI. Ὁ δέ γε αὐτοκράτωρ καὶ προδήλως ἤδη τὸν τοῦ σώματος ὄγκον ἐξῴκωτο καὶ ὑδεριῶν παντάπασι κατάδηλος ἦν· ὅθεν ἄλλα τε ἀποτρόπαια τοῦ νοσήματος ἐποιήσατο, ἱλασμοῖς χρησάμενος καὶ καθάρσεσι, καὶ δὴ καὶ ναὸν τοῖς

XXIX 2 ἐν ψυχῇ S : ἐμψύχῃ ‖ 7 ἀντεκάθηντο S : ἐντε. ‖ 13 αὐτὸν δὴ S : αὐτὴ δὲ ‖ 14 ἀπέτισε S : ἀπαίτησε.

XXX 2 ἀναγαγεῖν S : -γάγειν.

XXXI 1 προδήλως S : -δῆλος ‖ 2 ὑδεριῶν S : -ρίων

celui-ci : Il bâtit aux Saints Anargyres[2], dans la banlieue de la capitale[1], du côté du soleil levant, une église superbe. Ce n'est pas lui qui en avait jeté tous les fondements ; mais il embrassa de fondations un terrain plus vaste. Car il y avait là une enceinte sacrée qui n'avait aucune magnificence et qui n'était pas remarquable par sa construction. Il en changea la forme pour une plus belle, lui donna des enceintes extérieures, l'entoura de murs, en rehaussa l'éclat par l'adjonction d'édifices et en fit un lieu de pieux exercices, rejetant presque complètement dans l'ombre la main et la puissance des empereurs qui, avant lui, s'étaient occupés de la construction de temples sacrés. Il donna de la symétrie aux profondeurs par rapport aux hauteurs ; il ajouta une beauté infinie à l'harmonie des constructions ; les pierres les plus insignes, il les ajusta aux murs et aux pavés ; il rendit l'église entière étincelante de mosaïques d'or ; il orna le lieu saint de l'art de la peinture, avec, partout où il était possible, des images que l'on dirait vivantes ; et puis, le charme des bains et l'abondance des eaux, et la beauté des prairies, et tout ce qu'il savait capable de réjouir l'œil et d'attirer chaque sens vers son objet propre, il l'unit à cette église et l'y incorpora, si je puis ainsi parler.

XXXII. Or, il faisait cela d'une part pour rendre hommage à la divinité, d'autre part aussi pour se rendre favorables les Serviteurs de Dieu, afin que, si cela se pouvait faire en quelque façon, ils guérissent son ventre enflé. Mais il n'en retirait rien de plus, parce que la mesure de sa vie était comble et que son corps se désagrégeait. C'est pourquoi, renonçant totalement aux espérances de guérison, il préparait son jugement futur et, partant, il avait vraiment la volonté d'affranchir son âme des souillures qui s'y étaient attachées.

XXXIII. Effectivement, certaines personnes qui ne sont pas précisément favorables à sa famille, mais qui jugent d'après leurs dispositions d'esprit, disent qu'avant de prendre le sceptre, des cérémonies mystérieuses le

---

1. SS. Côme et Damien, « les Serviteurs de Dieu », très honorés dans l'Église grecque.
2. Au devant d'une des portes, dans le Kosmidion.

Ἀναργύροις αὐτοῦ που πρὸ τῶν τειχῶν τοῦ Ἄστεως πρὸς ταῖς ἀνατολαῖς τοῦ ἡλίου λαμπρὸν ἐδομήσατο, οὐ πᾶσαν κρηπῖδα καταβαλλόμενος, ἀλλὰ μείζονα θεμελίοις περιβαλλόμενος. Ἦν γάρ τις ἐκεῖσε σηκὸς λαμπρότητα μὲν οὐδεμίαν ἔχων, οὐδ' ἐπίσημος τῇ κατασκευῇ· τοῦτον ἐκεῖνος εἰς κάλλιον μεταθέμενος σχῆμα, καὶ περιβολὰς ἔξωθεν ποιησάμενος, τείχεσί τε περιβαλὼν καὶ οἰκοδομημάτων ἀπολαμπρύνας κατασκευαῖς, ἀσκητήριον θεῖον ἀπέδειξε, πᾶσαν σχεδὸν τὴν τῶν προλαβόντων βασιλέων περὶ τὰς τῶν ἱερῶν ναῶν δομήσεις ἀποκρύψας χεῖρα καὶ δύναμιν· ἀναλογίαν τε γὰρ τοῖς βάθεσι πρὸς τὰ ὕψη συνήρμοσε καὶ κάλλος ἀμήχανον τῇ ἁρμονίᾳ τῶν οἰκοδομημάτων προσέπλασε, λίθων τε τοὺς ἐπισημοτάτους τοίχοις τε προσήρμοσε καὶ ἐδάφεσι, χρυσῇ τε ψηφῖδι τὸν ὅλον νεὼν κατηγλάϊσε καὶ γραφικῇ τέχνῃ, εἰκόσιν ἐμψύχοις εἴποι τις ἂν ὅπῃ παρείκοι τὸ ἱερὸν κατεκόσμησεν· ἔτι τε λουτρῶν χάριτας καὶ ἀφθονίαν ὑδάτων καὶ λειμώνων εὐπρέπειαν, καὶ ὁπόσα ἄλλα τέρπειν οἶδε τὸν ὀφθαλμὸν καὶ πᾶσαν αἴσθησιν πρὸς τὸ οἰκεῖον κινεῖν αἰσθητὸν τούτῳ δὴ τῷ ναῷ συνῆψε καὶ συνεκέρασεν, ἵν' οὕτως εἴπω.

XXXII. Ἐποίει δὲ ταῦτα, τοῦτο μὲν καὶ τιμὴν ἀπονέμων τῷ θείῳ, τοῦτο δὲ καὶ ἐξιλεούμενος τοὺς ἐκείνου θεράποντας, ἵν' εἴ πως ἐξῳδηκὸς αὐτοῦ τὸ σπλάγχνον ἰάσωνται· ἀλλ' εἶχε πλέον οὐδέν, τοῦ μέτρου τῆς ζωῆς αὐτῷ πληρωθέντος καὶ διαλυομένης αὐτῷ τῆς συνθέσεως· ὅθεν ἐπειδὴ ταύτης τῆς ἐλπίδος ἀπεγνώκει παντάπασιν, τὸ μέλλον ἑαυτῷ προδιῴκει κριτήριον, καὶ καθαρῶς ἐντεῦθεν τῶν προσπλασθέντων τῇ ψυχῇ μολυσμάτων ἀπαλλαγήσεσθαι ἐβουλεύετο.

XXXIII. Φασὶ γοῦν τινες τῶν μὴ πάνυ πρὸς τὸ ἐκείνου γένος εὐμενῶς ἐχόντων, ἀλλ' ἐκ διαθέσεως ποιουμένων τὰς κρίσεις, ὅτι, πρὶν ἢ τοῦ σκήπτρου τοῦτον ἐπιλαβέσθαι,

7 θεμελίοις S : -λίους ‖ 18 νεὼν S : νεὸν ‖ 21 λειμώνων S : λιμ.
XXXII 1-2 ἀπονέμων S : -μω ‖ 4 εἴχε P : ἦγε ‖ 7 κριτήριον S : κρητ.

portaient à le rechercher et que des apparitions d'esprits cachés dans l'air lui promettaient le pouvoir, lui demandant en échange le reniement de la divinité; ces personnes donc disent que c'est cette cause qui le troublait, l'agitait comme les flots et le poussait à ces expiations. Si cette histoire est vraie, ceux-là le sauraient qui ont pris part avec lui à ces cérémonies et qui ont organisé ces apparitions; si elle est fausse, que ce soit mon opinion qui l'emporte. Sachant, en effet, que le fait d'inventer des histoires est habituel à l'homme, je ne donne pas vite mon acquiescement aux calomnies de la foule, mais je mets les paroles à l'épreuve, et, partant, je me rends les choses croyables à moi-même.

XXXIV. Or, je sais que cet homme a montré toute piété après son arrivée au pouvoir, et que non seulement il fréquentait assidûment les églises de Dieu, mais qu'il s'adonnait aux philosophes et qu'il leur rendait des honneurs extraordinaires. Or, par philosophes, je désigne non pas ceux qui ont scruté les essences des êtres ni ceux qui ont cherché les principes du monde et ont négligé les principes de leur propre salut, mais ceux qui ont fait mépris du monde et qui ont vécu avec les choses qui sont au-dessus de ce monde[1]. Or donc, qui de ceux qui ont ainsi vécu est passé inaperçu de l'empereur? Quelle terre n'a-t-il pas fouillée, quelle mer, quelles fentes des rocs et quelles cavités secrètes du sol, afin de faire paraître au jour quelqu'un de ceux qui s'y tenaient cachés? Et, après les avoir trouvés et amenés au palais, quel honneur ne leur a-t-il pas rendu, lavant leurs pieds couverts de poussière, et puis les serrant dans ses bras[2], les embrassant avec effusion, s'enveloppant en secret de leurs haillons, les faisant coucher sur le lit impérial, tandis que lui, il s'étendait par terre sur un grabat, avec, pour soutenir sa tête, une grosse pierre? Et il faisait d'autres choses encore dignes d'admiration. Or,

1. Sur cette définition de la philosophie, cf. Hist. de Constantin IX, chap. XXXVII sqq.
2. Parmi les religieux que Michel IV honorait le plus de son amitié, il faut citer le pieux Antoine, fondateur du célèbre couvent de ce nom sur le mont Saint-Auxence, et qui avait déjà précédemment joui de la faveur de Romain III. Cf. Schlumberger, *Op. laud.*, III, 175.

ἀπόρρητοί τινες τελεταὶ πρὸς τοῦτο ἐνῆγον, καὶ ὄψεις τῶν περὶ τὸν ἀέρα πνευμάτων λανθάνουσαι τὸ κράτος αὐτῷ ἐπηγγέλλοντο, | καὶ μισθὸν αὐτὸν ἀπῃτήκασι τοῦ θείου τὴν ἄρνησιν· τοῦτο γοῦν αὐτὸν στροβοῦν τέ φασι καὶ διακυμαίνειν καὶ πρὸς τοὺς τοιούτους κινεῖν ἐξιλασμούς· εἰ μὲν οὖν ἀληθὴς ὁ λόγος, εἴδειεν ἂν οἱ ἐκείνῳ συντετελεκότες καὶ τὰς ὄψεις παρασκευάσαντες, εἰ δὲ ψευδής, ὁ ἐμὸς αὖθις νικᾷ σκοπός. Ἐγὼ γὰρ εἰδὼς ὅτι τὸ λογοποιεῖν τοῖς ἀνθρώποις σύνηθες, οὐ ταχὺ ταῖς διαβολαῖς συμφέρομαι τῶν πολλῶν, ἀλλὰ βασάνοις διδοὺς τὰ λεγόμενα, ἐκεῖθεν ἐμαυτῷ πιστοῦμαι τὰ πράγματα.

XXXIV. Οἶδα δὲ καὶ τὸν ἄνδρα εὐσέβειαν πᾶσαν μετὰ τὴν βασιλείαν ἐπιδειξάμενον, καὶ οὐ θείοις ναοῖς μόνον προσκείμενον, ἀλλὰ καὶ φιλοσόφοις ἀνδράσι προσανακείμενον καὶ ὑπερφυῶς θεραπεύοντα· φιλοσόφους δέ φημι οὐ τοὺς τὰς οὐσίας τῶν ὄντων διερευνησαμένους, οὐδὲ τὰς ἀρχὰς μὲν τοῦ κόσμου ζητήσαντας, τῶν δὲ ἀρχῶν τῆς οἰκείας σωτηρίας καταμελήσαντας, ἀλλὰ τοὺς κόσμου καταφρονήσαντας καὶ μετὰ τῶν ὑπερκοσμίων ζήσαντας. Τίς γοῦν ἐκεῖνον τῶν οὕτω βεβιωκότων διέλαθε; ποίαν δὲ οὐ διερευνήσατο γῆν τε καὶ θάλασσαν, πετρῶν τε ῥωγάδας καὶ γῆς ἀποκρύφους ὀπάς, ἵνα τινὰ τῶν ἐν τούτοις συγκεκαλυμμένων ἐκφήνειεν; εὑρηκὼς δὲ καὶ πρὸς τὰ βασίλεια μετενεγκών, ποίαν τούτοις οὐ προσῆγε τιμήν, ἀπορρύπτων μὲν αὐτῶν τὸ πόδε κεκονιαμένω, ἔπειτα δὲ καὶ περιφὺς καὶ ἡδέως κατασπαζόμενος, ῥάκεσί τε τοῖς ἐκείνων ἐν ἀπορρήτῳ συγκαλυπτόμενος, κἀκείνους μὲν ἐπὶ τῆς βασιλικῆς ἀνακλίνων στιβάδος, ἑαυτὸν δὲ ἐπί τινος χαμαιζήλου καταρρίπτων στρωμνῆς, ἀδρῷ τινι λίθῳ τὴν κεφαλὴν ἀνεχούσης· ὅς γε καὶ ἄλλο τι τῶν θαυμαζομένων ἐποίει· λέγω δὲ οὐκ

XXXIII 4 τῶν S : τὸν || 6 ἐπηγγέλλοντο S : ἐπηγγέλοντο || 7 στροβοῦν τέ Κ : στροφούς τε || 10 παρασκευάσαντες S : -χιάσ.

XXXIV 9 ἐκεῖνον S : ἐκείνων || 11 τινὰ S : τι || 13 ἀπορρύπτων S : ἀπορύ. || 17 χαμαιζήλου S : χαμεζ.

je parle en homme désireux non de composer un éloge, mais de raconter les faits en historien.

XXXV. Car, alors que d'ordinaire les hommes fuient la société de ceux qui ont le corps couvert de plaies, lui, il faisait quelque chose d'étonnamment magnifique en les fréquentant, en posant son visage sur leurs ulcères, et ensuite en les embrassant, en les serrant contre son cœur, les soignant avec des bains, les servant comme fait un esclave pour ses maîtres. Que soient donc closes les bouches des hommes très méchants, et que cet empereur soit soustrait aux calomnies ! Mais cela, je l'ai dit d'une manière quelque peu digressive.

XXXVI. Donc l'empereur, voulant se rendre propice la divinité, mettait en œuvre à cet effet toute action agréable à Dieu, tout concours de personnes sacrées[1]. Effectivement, il constitua dans tout le continent une bonne part des trésors impériaux comme mise de fonds pour la construction de monastères, ici d'hommes, là de femmes ; ensuite, il bâtit un nouvel hospice, qu'il appela Ptôchotrophion, et, conséquemment, il répandit un gros ruisseau d'or pour ceux qui voulaient embrasser la vie ascétique. Ensuite, ajoutant entreprise à entreprise, il imagina ce que voici pour assurer le salut des âmes perdues. Comme il y avait, répandue par la capitale, une foule nombreuse de courtisanes, il n'essaya pas de les détourner de leur métier par des paroles, car cette sorte de personnes est sourde à toute exhortation au salut ; il n'entreprit même pas de les réprimer par des actes, pour ne pas paraître commettre de violence ; mais il édifia dans la reine même des cités[2] un monastère de grandeur immense et de merveilleuse beauté, et, tel qu'un héraut à la voix très puissante, il proclama par un édit à celles qui trafiquaient de leurs charmes, que si quelqu'une d'entre elles voulait laisser là son métier pour vivre dans l'abondance[3], elle pouvait s'y réfugier, prendre

---

1. *Litt.* toute contribution d'âmes sacrées.
2. C'est-à-dire Constantinople, la Ville des Villes, comme on disait avec orgueil.
3. Voyez dans Diehl (*Fig. byz. Une famille de bourg.* etc., p. 303) la touchante histoire de la sœur de Psellos s'efforçant de ramener dans le droit chemin une de ces dévoyées.

ἐγκωμιάσαι βουλόμενος, ἀλλ' ἱστορῆσαι τὰ πεπραγμένα.

XXXV. Ἐπειδὴ γὰρ οἱ πολλοὶ διαφεύγειν εἰώθασι τὰς συνδιατριβὰς τῶν διαλελωβημένων τὰ σώματα, οὗτος μεγαλειότερόν τι ἐποίει πρὸς ἐκείνους φοιτῶν, καὶ τοῖς τῶν σωμάτων ἕλκεσι τὸ ἑαυτοῦ ἐπιτιθεὶς πρόσωπον, εἶτα δὴ καὶ ἀγκαλιζόμενος καὶ περιπτυσσόμενος, λουτροῖς τε θεραπεύων καὶ ὡς δεσπόταις ἐν ἀργυρωνήτου τάξει παρεστηκώς. Ἐμπεφράχθω γοῦν τοῖς παμπονήροις τὰ στόματα καὶ ἐξηρήσθω τῶν διαβολῶν ἐκεῖνος ὁ αὐτοκράτωρ. Καὶ ταῦτα μὲν παρεκβατικώτερον εἴρηται.

XXXVI. Ὁ δ' οὖν αὐτοκράτωρ ἑαυτῷ τὸ θεῖον ἐξιλεούμενος πᾶσαν ἐκίνει πρὸς τοῦτο καὶ πρᾶξιν θεοφιλῆ καὶ ψυχῶν ἱερῶν συντέλειαν· ἀμέλει οὐκ ἐλάχιστον μέρος τῶν βασιλικῶν θησαυρῶν εἰς πᾶσαν ἱδρύσατο ἤπειρον, τὰ μὲν ⟨ἐς⟩ μοναστῶν, τὰ δὲ καὶ μοναζουσῶν καταγώγια· εἶτα δὲ καὶ πρυτανεῖον νέον ἐπῳκοδόμησε Πτωχοτροφεῖον τοῦτο ἐπονομάσας, καὶ χρυσοῦ ῥεῦμα ἐντεῦθεν πολὺ τοῖς ἀσκεῖν προαιρουμένοις ἀφῆκεν. Εἶτα ἄλλο ἐπ' ἄλλῳ | ἐπινοῶν καί τι τοιοῦτον πρὸς σωτηρίαν τῶν ἀπολλυμένων ψυχῶν ἐπενόησεν· ἐπειδὴ γὰρ πολύ τι κατὰ τὴν Πόλιν πλῆθος τῶν ἑταιριζουσῶν ἐπικέχυται γυναικῶν, ἀποτρέπειν μὲν λόγῳ οὐκ ἐδοκίμασε (λασιόκωφον γὰρ δὴ τοῦτο ⟨τὸ⟩ γένος πρὸς σωτηριώδη παραίνεσιν), ἀλλ' οὐδ' ἔργῳ ἐπεχείρησεν ἐπισχεῖν, ἵνα μὴ δόξῃ βίαιόν τι ποιεῖν· ἀσκητήριον δὲ ἐν αὐτῇ ⟨τῇ⟩ βασιλίδι δομήσας τῶν πόλεων, μεγέθει τε μέγιστον καὶ κάλλει λαμπρότατον, οἷα δή τις μεγαλοφωνότατος κῆρυξ ταῖς πωλούσαις τὴν ὥραν τῷ δόγματι ἀνεβόησεν, εἴ τις ἐκείνων ἀποθέσθαι τὴν πρᾶξιν αἱροῖτο ἐπ' ἀφθόνοις τε ζῆν, ἐκεῖσέ τε καταφεύγειν καὶ τὸ θεῖον σχῆμα μεταμφιέν-

XXXV 8 ἐκεῖνος S : ἐκείνοις ‖ 8 ταῦτα : ταῦ ex priore manu; superadd. τα altera manus.

XXXVI 4 ἱδρύσατο R*: ἡδρύ. ‖ 5 ἐς add. S. ‖ 5 τὰ δὲ S : τὰ δὴ ‖ 12 τὸ add. K ‖ 15 τῇ add. S. ‖ 18 ἀφθόνοις S : ἀμφθ. ‖ 19-20 μεταμφιένυσθαι S : μετ' ἄμφυ ἔννυσθαι

l'habit monacal, et bannir toute crainte de se trouver sans ressources, « car toutes choses, pour elles, pousseront sans semaille ni labour[1] ». A la suite de cette proclamation, tout un essaim de femmes de mauvaise vie[2] accourut ; avec leur habit, elles changèrent aussi de caractère, jeune troupe inscrite au service de Dieu sur le rôle[3] des soldats de la vertu.

XXXVII. L'empereur ne s'en tint pas à ces mesures. Tout en travaillant de lui-même à son salut, il se mit aussi aux mains de ceux qui s'étaient consacrés à Dieu et qui avaient vieilli dans l'ascétisme, dans la pensée qu'ils étaient en relation immédiate avec Dieu et qu'ils avaient tout pouvoir : aux uns, il donnait son âme à former ou à réformer ; des autres, il exige promesse qu'ils intercéderont en sa faveur auprès de Dieu pour le pardon de ses péchés. Et c'est là précisément le fait qui a aiguisé contre lui les langues de gens souverainement méchants ; mais ce qui les a surtout excitées, c'est la circonspection de quelques moines sur ce point. Tous, en effet, n'accueillirent pas la demande de l'empereur, mais la plupart virent cela d'un mauvais œil, craignant que le basileus, ayant commis quelque faute scandaleuse et rougissant ensuite de s'en confesser, ne les contraignît à aller à l'encontre de la parole divine[4]. Mais cela s'arrêtait à la conjecture ; ce qui était évident, c'était [chez l'empereur] un ardent désir d'obtenir de là la rémission de ses péchés.

XXXVIII. Beaucoup d'autres, je le sais parfaitement, qui ont retracé sa vie dans leurs chroniques, présenteront peut-être quelque autre récit opposé au nôtre, car l'opinion contraire à la vérité prévalait à son époque. Mais moi, qui ai assisté aux événements mêmes, et qui d'ailleurs ai appris de personnes approchant de près l'empereur[5] tous les faits d'un caractère confidentiel, je suis un juge selon les règles, à moins qu'on n'aille me faire grief de [dire] ce que j'ai vu et entendu. Au reste, s'il est

---

1. Souvenir d'Homère, *Od.* θ, 123.
2. *Litt.* de celles qui habitent sous les toits, c'est-à-dire à l'étage supérieur, réservé aux femmes. Cf. Schlumberger, *Op. laud.*, III, 177.
3. Terme militaire, *i. e.* le registre des hommes aptes au service.
4. En lui donnant, malgré cela, l'absolution.
5. Entre autres de son ami C. Likhoudis, ministre de l'empereur.

νυσθαι, καὶ μὴ ἐπὶ τῷ δεδιέναι τοῦ βίου ἐλλείμματι, ἄσπαρτα γὰρ αὐταῖς καὶ ἀνήροτα τὰ πάντα βλαστήσει. Καὶ πολὺς ἐντεῦθεν ἐσμὸς τῶν ἐπὶ τοῦ τέγους ἐκεῖθεν συνέρρευσεν, ὁμοῦ τε τὸ σχῆμα καὶ τὸν τρόπον μεταβαλοῦσαι καὶ στρατευθεῖσαι Θεῷ νεολαία εἰς κατάλογον ἀρετῶν.

XXXVII. Καὶ οὐδὲ μέχρι τούτων ἔστη, ἑαυτῷ τὴν σωτηρίαν ὁ αὐτοκράτωρ συνεργαζόμενος, ἀλλὰ καὶ τοῖς ἀνακειμένοις Θεῷ καὶ ἐν ἀσκήσει καταγηράσασιν, ὡς Θεοῦ ἀμέσως ὁμιληταῖς καὶ πάντα δυναμένοις, ἑαυτὸν ἐγχειρίζει· καὶ τοῖς μὲν πλάττειν ἐδίδου τὴν ἐκείνου ψυχήν, ἢ μεταπλάττειν, τοὺς δὲ καὶ λόγους ἐχεγγύους εἰσπράττεται τῆς πρὸς τὸ θεῖον ὑπὲρ τούτου ἐντεύξεως καὶ τῶν ἐκείνῳ ἡμαρτημένων ἀφέσεως· ὃ δὴ καὶ τῶν κακοηθεστέρων τὴν γλῶτταν ἐπ' ἐκεῖνον ἠκόνησεν, μάλιστα δὲ τοῦτο πεποίηκεν ἡ τῶν ἐνίων μοναστῶν περὶ τοῦτο εὐλάβεια· οὐ γὰρ πάντες τὸν λόγον ἐδέξαντο, ἀλλ' οἱ πλείους τούτων ἀπεδυσπέτησαν, δεδοικότες μή τι τῶν ἀπηγορευμένων ὁ βασιλεὺς ἐργασάμενος, ἔπειτα τοῦτο ἐρυθριῶν ἐξειπεῖν, παρὰ τὸν θεῖον λόγον καταβιάζηται. Ἀλλὰ τοῦτο μὲν οὖν μέχρι τοῦ ὑπονοεῖν ἔκειτο, τὸ δὲ φαινόμενον προθυμία τις ἦν καὶ ἔφεσις τοῦ ἐντεῦθεν ἄφεσιν τῶν ἡμαρτημένων λαβεῖν.

XXXVIII. Πολλοὶ μὲν οὖν εὖ οἶδ' ὅτι τὸν ἐκείνου βίον εἰς χρονικὰς ἱστορίας ἀνενεγκόντες ἄλλο τι παρὰ τὴν ἡμετέραν ἴσως γραφὴν ἀφηγήσονται· ἡ γὰρ τοῦ ἐναντίου ὑπόνοια τῆς ἀληθείας μᾶλλον ἐν τοῖς κατ' ἐκεῖνον χρόνοις ἐκράτει· ἀλλ' ἐγὼ ἐν αὐτοῖς παρεντυχὼν τοῖς πράγμασι, τὰ δὲ καὶ παρὰ τῶν πεπλησιακότων ἐκείνῳ μεμαθηκὼς ὁπόσα ἀπορρητοτέραν ἔχει τὴν ἱστορίαν, δίκαιός εἰμι δικαστής, εἰ

---

20 ἐλλείμματι S : ἐλλείματι ‖ 21 αὐταῖς καὶ ἀνήροτα S : αὐτοῖς καὶ ἀνήρωτα ‖ 23 μεταβαλοῦσαι S : -βαλλοῦσαι.

XXXVII 9 ἠκόνησεν, quod legi potest ἠκόκ. ‖ 9 τοῦτο : τοῦ τοῦτο per dittogr. ‖ 14 οὖν S : οὐ.

XXXVIII 2 ἄλλο τι S : ἄλλότι ‖ 3 ἀφηγήσονται S : ἀφιγ. ‖ 5 ἐν αὐτοῖς S : ἐ αὐτοῖς

possible que la plupart des choses que je viens de rapporter ouvrent pour les méchants une porte au bavardage, ce que je vais dire, je ne sais si quelqu'un en contesterait la vérité. Tout ce que cet empereur, tant dans les dissensions intestines que dans les guerres contre les nations étrangères, a réglé et traité, il serait long de le raconter en détail ; aussi choisirai-je un fait entre tous, je veux parler de la guerre contre les barbares, et j'en toucherai quelques mots dans un abrégé sommaire.

XXXIX. Le peuple des Bulgares qui, au prix de nombreux dangers et combats, était antérieurement devenu partie de l'empire romain quand Basile[1], ce prince illustre entre tous, eut fait, comme on dit, de leur pays un butin[2] et abattu leur puissance, ce peuple, dis-je, après s'être, comme un être affaibli de tout point, appuyé sur la force romaine et s'être pendant un court moment résigné à une telle défaite, entreprit de revenir à son arrogance d'autrefois ; cependant, il ne faisait pas encore montre de rebellion ; mais, lorsque parut un de ces hommes qui savent incontinent exciter leur audace, ils (les Bulgares)[3] prirent en masse l'attitude d'ennemis.

XL. Celui qui les amena à une telle folie, c'est un homme prodigieux, à ce qu'ils croyaient, un homme de leur race, de famille assez basse pour ne point mériter de mention, mais d'esprit rusé et très habile à tromper ses compatriotes. Dolianos[4] était son nom ; j'ignore si c'est de son père qu'il le tenait, ou si c'est lui-même qui, de gaîté de cœur, se l'était donné. Cet homme donc, ayant compris que sa nation tout entière voulait se révolter contre les[5] Romains, mais que, par manque d'un chef capable de la conduire à l'exécution, elle s'en tenait à des projets, commence par se montrer très digne de

---

1. Basile II, le Bulgaroctone.
2. C'est-à-dire eut ravagé leur pays. Expression proverbiale. Cf. Thc. VIII, 41, et cf. Büttner-Wobst, ad Zonar., III, 600.
3. Remarquer dans cette phrase l'alternance de l'accord grammatical et de l'accord sylleptique du verbe avec le substantif τὸ γένος et l'idée οἱ Βούλγαροι.
4. Étymol. δόλος, le rusé. Sur ce personnage et sa révolte, cf. Schlumberger, *Op. laud.*, III, 287 sqq.
5. *Litt.* faire défection des Romains.

ΜΙΧΑΗΛ Δ' 76

μή μοί τις των λόγων μέμφοιτο ων τε τεθέαμαι και ων
ήκηκόειν· πλήν άλλα τα μεν πλείω ων ειρήκειν θύραν ίσως
ανοίξει γλωσσαλγίας τοις κακοήθεσι, περί δε ων μέλλω έρεῖν
ουκ οἶδα εἴ τις της αληθείας αμφισβητήσειεν. Άλλ' όσα μεν
εκείνος πρός τε τας εμφυλίους | στάσεις και τους εθνικούς
πολέμους ώκονόμησε και διήτησε μακρόν ἂν είη καταλέγειν,
ἓν δε των πάντων εκλεξάμενος, φημί δη τον κατά των βαρβάρων αγώνα, κεφαλαιώδει τούτο επιδραμοῦμαι επιτομή.

XXXIX. Τὸ γαρ δη γένος ⟨των Βουλγάρων⟩ πολλοῖς
πρότερον κινδύνοις και μάχαις μέρος της Ρωμαίων επικρα-
τείας γενόμενον, Βασιλείου εκείνου τοῦ εν αυτοκράτορσι
λάμψαντος λείαν, ὃ δη λέγεται, τα εκείνων ποιησαμένου, και
το μεν κράτος αφελομένου, ώσπερ δε παντάπασιν ησθενηκός
τη των Ρωμαίων ισχύι προσερεῖσαν, βραχύν τινα χρόνον
την τοιαύτην υπομεμενηκός ήτταν, επί την προτέραν αλα-
ζονείαν παλινδρομεῖν επεχείρησαν· και τέως μεν ουκ εν τω
φανερω εξέφαινε την αποστασίαν· επεί δε τις των εξ ετοί-
μου παρακινούντων το εκείνων θράσος προσγέγονεν, αθρόον
εις αντίπαλον εαυτοῖς μοῖραν κατεστήσατο.

XL. Τὸ δε κινῆσαν τούτους προς την τοιαύτην απόνοιαν,
τέρας τι, ώς εκείνοις εδόκει, του γένους αυτών αποφύεται·
ανήρ το μεν γένος ουδ' όσον αξιούσθαι μνήμης, ποικίλος δε
την γνώμην και καταπανουργεύσασθαι τους ομοφύλους
δεινότατος, Δολιάνος το όνομα, ουκ οἶδα είτε πατρόθεν της
τοιαύτης προσηγορίας κληρονομήσας είθ' εαυτώ την κλήσιν
επιφημίσας· ούτος, επειδή το σύμπαν έθνος αποστήναι
Ρωμαίων βεβουλευμένον διέγνωκεν, ερημία δε του άρξαντος
και προς τούτο χειραγωγήσαντος μέχρι των βεβουλευμένων
ισταμένων, πρώτα μεν αξιολογώτατον εαυτόν αποδείκνυσι

11 αμφισβητήσειεν S : -τήσιεν || 12 εθνικούς K : εθνίους || 14 ἓν S: ἐκ ||
1 τὸν S : τῶν.
XXXIX 1 τῶν Βουλγάρων add. S || 4 λέγεται S : λέγετε || 6 προσερεῖ-
σαν R : -ρείσα:.
XL 1 απόνοιαν S : ύπο.

considération, très avisé dans le conseil, très propre à la conduite de la guerre. Lors donc que par ces qualités il eut fait la conquête des esprits des Bulgares et qu'il ne lui manquait plus que la noblesse de naissance pour obtenir le pouvoir suprême (car il est d'usage chez les Bulgares de prendre pour conduire la nation ceux qui sont de famille royale), sachant que c'était là une disposition conforme à la fois à la tradition et à la loi, c'est au fameux Samuel et à son frère Aaron, qui peu auparavant avaient exercé le commandement et la royauté sur toute la nation, qu'il se réfère uniquement ; il n'atteste pas pour lui-même qu'il est un rejeton légitime de l'arbre[1] royal, mais il imagine et prouve qu'il est comme une pousse adventive de la racine ; il convainc aisément ses compatriotes ; et eux, ils l'élèvent sur le pavois et lui livrent la royauté ; après quoi, rendant publique leur décision, ils opèrent eux-mêmes leur séparation[2], et, rejetant le joug de la domination romaine qui pesait sur leurs épaules, ils décrètent qu'ils sont de leur plein gré indépendants, et puis, ils entreprennent incursions et brigandages sur le territoire romain.

XLI. Si donc une telle folie de la part des barbares eût exercé son audace aussitôt après l'élévation de l'empereur au trône, ils eussent sans tarder compris à quel basileus ils se seraient heurtés ; car alors son corps était dans sa fleur et plein de vigueur contre les dangers, et ce n'était pas du tout pour lui une affaire de prendre incontinent les armes et de pénétrer, avec l'élite de ses généraux, dans le pays des ennemis pour leur faire entendre qu'ils ne devaient pas vite faire défection des Romains. Mais, comme cet enfantement de la révolte s'est opéré chez eux alors que déjà l'empereur dépérissait et que son corps se trouvait dans un état désespéré, au moment où le moindre mouvement lui était pénible et où il supportait difficilement de se vêtir, alors les barbares jugèrent bon de se livrer pendant un court moment, comme sur une scène, au jeu de la tyrannie et de jouir de la comparaison[3],

---

1. *Litt.* de la hanche.
2. Entendez : d'avec les Romains. Phrase longue et difficile.
3. Entendez : avec un tyran, *i. e.* de se croire un peuple souverain.

καὶ πρὸς μὲν βουλὴν συνετώτατον, πρὸς δὲ πολεμικὴν πρᾶξιν ἐπιτηδειότατον. Ἐπεὶ δὲ ἐντεῦθεν τὰς ἐκείνων εἰλήφει γνώμας, καὶ μόνον αὐτῷ γένους ἔδει λαμπροῦ πρὸς τὴν τῆς ἡγεμονίας αἵρεσιν (ἐν ἔθει γὰρ Βουλγάροις τοὺς ἐκ βασιλείου γένους εἰς ἐπιστασίαν τοῦ ἔθνους παραλαμβάνειν), ἐπεὶ τοῦτο ᾔδει πάτριόν τε καὶ νόμιμον, εἰς τὸν Σαμουὴλ ἐκεῖνον καὶ τὸν τούτου ἀδελφὸν Ἀαρών, τοὺς πρὸ μικροῦ τοῦ παντὸς γένους ἄρξαντάς τε καὶ βασιλεύσαντας, ἑαυτὸν ἀναφέρει μόνον, οὐχὶ γνησίους γονὰς τῆς βασιλείου ὀσφύος προσμαρτυρήσας ἑαυτῷ, ἀλλ' οἷον παραβλάστημα τῆς ἐκεῖθεν ῥίζης ἢ πλάσας ἢ ἀποδείξας, πείθει τε εὐφυῶς, καὶ ἐπὶ τῆς ἀσπίδος ἄραντες τὴν ἀρχὴν αὐτῷ ἐγχειρίζουσι· κἀντεῦθεν τὰς μελετωμένας γνώμας δημοσιεύσαντες περιγράφουσιν ἑαυτούς, καὶ τὸν ἐπαυχένιον ζυγὸν τῆς Ῥωμαίων ἀρχῆς ἀπορρίψαντες ἐλευθερίαν ἑαυτοῖς αὐθαίρετον ἐπιγράφουσιν, ἐντεῦθεν ἐπιδρομάς τε καὶ ληστείας κατὰ τῶν Ῥωμαϊκῶν χωρίων ποιούμενοι.

XLI. Εἰ μὲν οὖν εὐθὺς εἰς τὴν βασίλειον ἀρχὴν | ἀναβάντι τῷ αὐτοκράτορι ἡ τοιαύτη τοῖς βαρβάροις ἐτολμήθη ἀπόνοια, ἔγνωσαν ἂν οὐκ εἰς μακρὰν οἵῳ προσκεκρούκασιν βασιλεῖ· ἤνθει γὰρ τηνικαῦτα τὸ σῶμα ἐκείνῳ καὶ ῥωμαλέως εἶχε πρὸς τοὺς κινδύνους, καὶ οὐδὲν ἦν ἐκείνῳ πρᾶγμα εὐθύς τε τὰ ὅπλα λαβεῖν καὶ σὺν τοῖς λογάσι τῶν στρατηγῶν ἐπὶ τὴν ἐκείνων ἐληλυθέναι καὶ διδάξαι μὴ ταχέως Ῥωμαίων ἀφίστασθαι· ἐπεὶ δὲ φθίνοντι ἤδη καὶ ἀπεγνωσμένως τοῦ σώματος ἔχοντι ἡ τῆς ἀποστασίας αὕτη ὠδὶς αὐτοῖς ἐξερράγη, ὁπηνίκα καὶ ἡ βραχεῖα τούτῳ ἐδυσχεραίνετο κίνησις, καὶ οὐκ ἦν εὐπετῶς τὴν περιβολὴν ἐνεγκεῖν, ἔδοξάν τοι ὥσπερ ἐπὶ σκηνῆς βραχύν τινα χρόνον σχηματίσασθαι τὰ

14 ἐν ἔθει S : ἐνέθει || 15 ἔθνους S : γένους || 23 περιγράφουσιν S : -σι || 25 αὐθαίρετον S : αὐθέρ. || 26 ληστείας S : ληστίας || 26 Ῥωμαϊκῶν : Ῥωμαΐων super add. x prima, ut videtur, manus.

XLI 2 τοῖς S : ταῖς || 3 προσκεχροὐκασιν R : προχ. || 9 αὕτη S : ἀυ. || 9-10 ἐξερράγη S : -γεῖς || 11 τοι S : τι

jusqu'à ce que le bouillonnement de son âme et son ardeur pour les belles et nobles actions eussent soudain donné à l'empereur une force nouvelle, et, élevant haut son cœur, l'eussent emporté contre les ennemis.

XLII. Car, aussitôt qu'il eut ouï la chose, sur-le-champ, avant même que prit fin le récit de la nouvelle, il décida de porter la guerre contre les Bulgares et de se mettre en personne à la tête de toute l'armée. Mais son corps y mettait obstacle, et la maladie entraînait son esprit du côté contraire[1], et puis, les sénateurs étaient complètement opposés à ses desseins, et les supplications de ses proches ne le laissaient pas seulement sortir de la capitale. Et lui, il était désespéré et il ne faisait que trépigner du désir de guerroyer contre les Bulgares, car il regardait comme une chose terrible, ainsi qu'il avait lui-même accoutumé de le dire, s'il n'ajoutait rien à l'empire romain, à plus forte raison s'il était dépouillé d'une partie de cet empire, et il redoutait d'être responsable et devant les hommes et devant Dieu si, insoucieux de l'événement, il laissait, comme avec son assentiment, les Bulgares opérer librement leur défection des Romains.

De l'expédition de l'empereur contre les Bulgares.

XLIII. Cette pensée tourmentait l'empereur beaucoup plus que ses souffrances physiques, et le mal causé par cet état produisait chez lui des effets opposés, car sa maladie faisait enfler son corps, et le chagrin qu'il éprouvait des événements l'affectait en sens contraire et le minait[2] ; ainsi était-il en proie à deux maux opposés. Eh bien donc, il vainc, devant les barbares, ceux qui le touchaient de plus près : il dresse un trophée et contre la parenté, et contre l'amitié et contre lui-même, car il fortifie la faiblesse de son corps par l'ardeur de son âme, et, se remettant à Dieu, il fait les préparatifs de la guerre :

---

1. C'est-à-dire à rester dans son palais.
2. Voyez dans Galien et dans Psellos lui-même (Boissonade, *A. Gr.*, V, 1141) la description de l'hydropisie dite ἀσκίτης νόσος, maladie dans laquelle le ventre et les cuisses se tuméfient (ὀγκόω), les parties supérieures du corps étant, au contraire, grêles et amaigries (ἐχχενόω).

της τυραννίδος και άπολαΰσαι της ομοιώσεως, έως άν εκείνον ή της ψυχής ζέσις, ό περί τα καλά ζήλος άπροσδοκήτως έπέρρωσαν, και μετάρσιον άραντες έπ' εκείνους άπήνεγκαν.

XLII. Ώς γάρ ήκηκόει τό πράγμα, έβουλήθη μέν ευθύς, πριν ή τόν λόγον της αγγελίας πέρας λαβείν, πόλεμόν τε κατ' εκείνων έξενεγκέσθαι και αυτός της δλης προίστασθαι παρατάξεως· άντείχε δέ τό σώμα, και ή νόσος εις τουναντίον άπήγε τήν γνώμην, οΐ τε της πρώτης βουλής και παντάπασιν άπηναντιούντο τοις εκείνου βουλεύμασιν, αί δέ τών συγγενών παρακλήσεις ουδ' όσον έξιέναι ήξίουν τοΰ Άστεως· Ό δέ άθύμως τε είχε και μόνον πρός τόν κατά τών Βουλγάρων έσφάδαζε πόλεμον· δεινόν γάρ έποιείτο, και ώσπερ εκείνος είώθει λέγειν, εί μηδέν τι προσθείη τη βασιλεία Ρωμαίων, μέρος τι ταύτης άφαιρεθείη, εύθύνεσθαί τε και παρ' άνθρώποις ύπώπτευε και παρά τω Θεώ, εί έπιρραθυμήσας τω γεγονότι έθελοντής ώσπερ παραχωρήσοι Βουλγάροις της άποστασίας Ρωμαίων.

Περί της κατά τών Βουλγάρων εκστρατείας
τοΰ βασιλέως.

XLIII. Τούτο τόν αυτοκράτορα επί μάλιστα τών αλγεινών ήνία τού σώματος, και ήν έξ αντιθέτου τούτων ή κάκωσις· τό μέν γάρ νόσημα όγκου τό σώμα, τό δ' έπί τοις συμβεβηκόσιν άλγεΐν άντέσπα τε και έξεκένου, και δυσίν εκείνος έναντίοις έπεμερίζετο πάθεσιν. Νικά γούν πρό τών βαρβάρων τούς οίκειοτάτους, και τρόπαιον και κατά συγγενείας και κατά φιλίας και καθ' έαυτοΰ ίστησιν· ένισχύει γάρ ⟨τό⟩ τού σώματος άσθενές τη της ψυχής προθυμία, και Θεώ άφείς έαυτόν τά πρός τόν πόλεμον έξαρτύεται· βουλής

13 άπολαΰσαι S : -λαύσαι.

XLII 3 αυτός K : αυτόν || 12 έπιρρχθυμήσας S : έπιρα.

XLIII 1 έκστρατείας S : -τίας || 3 αλγεινών S : άλγηνών || 6 συμβεβηκόσιν P : βεβηχ. || 9 συγγενείας S : συγχε. || 10 τό add. S

il instaure un plan [de campagne], il se propose un but et met tout en œuvre pour l'atteindre ; il n'y court pas tout de suite et sans organisation préalable, mais seulement — point n'est besoin d'énumérer toutes choses une à une — après avoir fait les préparatifs militaires suffisants ; et il ne met pas en mouvement toute son armée, et il ne compte pas sur les multitudes, mais il choisit parmi ses troupes les meilleurs soldats, et parmi ses généraux les plus experts dans l'art de la guerre, et, avec eux, il marche contre les Scythes, s'avançant selon les règles de la tactique et rangeant son armée selon les calculs de la stratégie.

XLIV. Sitôt parvenu aux frontières bulgares, il établit son camp dans un bel endroit ; tout d'abord il commence les délibérations ; ensuite il décide d'engager le combat contre les Bulgares, décision des plus incroyables et sur laquelle ceux-là mêmes qui se trouvaient présents avaient des opinions tout opposées ; car cet homme qui, la nuit, était obligé de se faire soigner et n'avait plus qu'un souffle de vie, dès que le jour paraissait, se levait soudain comme si quelqu'un lui redonnait des forces ; il montait à cheval et se tenait ferme sur sa selle, et du frein il menait élégamment et adroitement sa monture ; après quoi, il allait derrière [les troupes] en faisant serrer les rangs[1], devenu pour ceux qui le voyaient un objet d'admiration.

Alousianos s'échappe et s'enfuit chez les Bulgares.

XLV. Comme la guerre n'était pas encore commencée[2], il arrive une chose des plus étonnantes et presque approchante des actions de l'empereur[3]. En effet, le plus séduisant des fils d'Aaron (celui-ci avait été roi de son peuple), nommé Alousianos, personnage de caractère agréable, d'esprit brillant et de condition distinguée[4], devient pour l'empereur une cause déterminante de la victoire, non

---

1. Membre de phrase obscur.
2. *Litt.* avait du retard.
3. C'est-à-dire presque aussi étonnante que la conduite du basileus.
4. Cf. Zonaras, III, 603, 2. Il avait été amené comme otage à Byzance par Basile II après la défaite des Bulgares.

τε κατάρχει, καὶ σκοπὸν | τίθεται, καὶ πρὸς τοῦτον πάντα
ποιεῖ, οὐκ εὐθὺς ἀσύντακτος δραμών, ἀλλ', ἵνα μὴ καθ' ἑξῆς
λέγω, ἀποχρῶσαν πρότερον τὴν τοῦ στρατοῦ παρασκευὴν
ἐργασάμενος· καὶ οὐδὲ πᾶσαν τὴν στρατιὰν συγκινεῖ οὐδὲ
θαρρεῖ πλήθεσιν, ἀλλὰ τοὺς λογάδας τῶν στρατευμάτων
ἐπιλεξάμενος καὶ τῶν στρατηγῶν τοὺς ἀκριβεστάτους τὴν
στρατηγίαν, σὺν τούτοις ἐπὶ τοὺς Σκύθας χωρεῖ, κατὰ τάξιν
τε προϊὼν καὶ διατάττων κατὰ στρατηγικοὺς λόγους τὴν
φάλαγγα.

XLIV. Ἐπεὶ δὲ πρὸς τοῖς τῶν Βουλγάρων ὁρίοις ἐγένετο, ἐν καλῷ τε στρατοπεδεύεται, καὶ πρῶτον μὲν βουλευμάτων κατάρχει, εἶτα δὲ καὶ πολεμεῖν πρὸς ἐκείνους
διέγνωκε, πρᾶγμα τῶν πάνυ ἀπιστουμένων, καὶ περὶ οὗ καὶ
αὐτοὶ δὴ οἱ προστυχόντες ἀμφιβόλους εἶχον τὰς γνώμας·
νυκτὸς γὰρ νοσοκομούμενος καὶ παρ' ἐνίαις ἀναπνοαῖς ζῶν,
ἐπειδὴ ⟨ἡ⟩ ἡμέρα ἐπέφαινεν ἀνίστατό τε ἀθρόον ὥσπερ τινὸς
ἐπιρρωννύντος, ἀνέβαινέ τε τὸν ἵππον καὶ τῆς ἕδρας εἴχετο
καρτερῶς καὶ τῷ χαλινῷ τοῦτον ἐρρύθμιζε δεξιῶς, εἶτα δὲ
εἵπετο συνδέων τὰ τμήματα, καὶ θαῦμα τοῖς ὁρῶσι γινόμενος.

Περὶ τῆς τοῦ Ἀλουσιάνου πρὸς τοὺς Βουλγάρους
ἀποφυγῆς.

XLV. Ἔτι δὲ τοῦ πολέμου ἀναβολὴν ἔχοντος, γίνεταί
τι τῶν θαυμασιωτάτων καὶ τοῖς ἐκείνου μικροῦ δεῖν παρα-
πλήσιον· ὁ γάρ τοι χαριέστερος τῶν τοῦ Ἀαρὼν υἱέων
(οὗτος δὲ βασιλεὺς ἐγεγόνει τοῦ ἔθνους), Ἀλουσιάνος τὴν
κλῆσιν, τό τε ἦθος ἡδὺς καὶ τὴν γνώμην λαμπρός, καὶ τὴν
τύχην ἐπίσημος, αἰτιώτατος τῆς νίκης τῷ βασιλεῖ γίνεται,

19 τὴν S : τὸν.

XLIV 6 ἐνίαις S : ἐνίους ‖ 7 ἐπειδὴ R : ἐπεὶ δὴ ‖ 7 ἡ add. S. ‖ 9 ἐρρύθμιζε S : ἐρυθ. ‖ 9 εἶτα S : τά.

XLV 1 Ἀλουσιάνου R : ἀλουσιᾶνον ‖ 5 τῶν τοῦ S : τῶν τῶν.

certes qu'il le voulût, mais parce qu'il avait cherché[1] le contraire ; mais, en le mettant en mouvement, Dieu assure par l'effet contraire la victoire à l'empereur.

XLVI. Cet Alousianos n'était pas précisément dans les bonnes grâces de l'empereur ; il n'avait pas accès au conseil, il n'avait part à aucun honneur, mais il lui avait été ordonné de rester chez lui et de ne pénétrer dans Byzance que si l'empereur lui-même l'invitait à y entrer. Il était donc découragé et irrité de cet état de choses ; mais il lui était impossible de rien entreprendre pour le moment. Mais quand il eut appris ce qui se passait dans sa nation et que, par manque de famille royale, ses compatriotes avaient choisi le bâtard et le supposé, il ose un acte plein de témérité juvénile ; il néglige entièrement ses enfants, dépose sa tendresse pour sa femme, ne confie à aucun d'eux sa résolution, mais avec quelques hommes de son entourage qu'il savait capables d'actions extraordinaires et prêts à toutes les audaces, presque du fin fond de l'Orient il ose se mettre en marche vers l'Occident, et pour ne pas être reconnu, pour que personne dans la cité ne s'aperçoive de son départ, il se déguise du tout au tout, non pas en rejetant certaines parties de son vêtement habituel[2] et en gardant les autres sur son corps, mais en s'accoutrant à la manière d'un mercenaire. Ainsi échappa-t-il à tous les regards.

XLVII. Donc, il s'abouche avec l'auteur de la nouvelle[3] à deux et trois reprises dans la Grande Ville, comme il me le dit plus tard, car le personnage m'était familier et il m'accueillait amicalement ; mais pas même ainsi je ne le reconnus, pas plus que ne fit aucun autre de ceux avec qui il avait commerce. Il trompa jusqu'à la vigilance aux cent yeux de l'orphanotrophe, et pas même celui-ci ne put le pincer. Pourtant, sa disparition soudaine éveillait les soupçons des autorités, qui se demandaient si elles pourraient le trouver quelque part et l'arrêter. Or donc, ayant échappé, pour ainsi dire, à tous les regards, il

---

1. *Litt.* s'étant lancé vers le contraire.
2. *Litt.* de son vêtement d'autrefois, de celui qu'il portait habituellement.
3. *Litt.* du père de la parole, celui qui l'avait informé de ce qui se passait dans le pays. Cf. Plat., *Banq.*, 177 D, *Phèdre*, 257 B.

οὐ τοῦτο βουλόμενος, ἀλλὰ πρὸς τοὐναντίον ὁρμήσας· ἀλλ' ὁ κινήσας τοῦτον Θεὸς ἐκ τῶν ἐναντίων περιποιεῖται τὴν νίκην τῷ βασιλεῖ.

XLVI. Οὗτος γὰρ ὁ Ἀλουσιάνος, οὐ πάνυ τι τῷ βασιλεῖ κατὰ γνώμην γενόμενος, οὔτε βουλῆς μετεῖχεν, οὔτε τινὸς ἐκοινώνει λαμπρότητος, ἀλλ' ἦν αὐτῷ προστεταγμένον ἐπ' οἴκου τε μένειν, καὶ μὴ ἄλλως εἰσιέναι εἰς τὸ Βυζάντιον, εἰ μὴ βασιλεὺς αὐτὸς ἐπικελεύσει τὴν εἴσοδον· ἀθύμως οὖν καὶ δυσμενῶς εἶχε τῷ πράγματι, ἀλλ' οὐκ ἦν ὅτι καὶ δράσειε τέως. Ἐπεὶ δὲ τὰ περὶ τοῦ ἔθνους ἐγνώκει, καὶ ὅτι ἐρημίᾳ τοῦ βασιλείου γένους τὸν νόθον καὶ πεπλασμένον ἑαυτοῖς βασιλεύειν εἵλοντο, τολμᾷ τι νεανικώτερον· καὶ κατολιγωρεῖ μὲν παίδων, στοργὴν δὲ ἀποτίθεται γυναικός, καὶ μηδενὶ τούτων θαρρήσας τὸ βούλευμα, ἀλλ' ὀλίγοις τισὶ τῶν περὶ αὐτὸν ὅσους ᾔδει ῥέκτας ἀτόπων ἔργων καὶ τολμητίας, ἐξ ἄκρας σχεδὸν ἑῴας | ἐπὶ τὴν ἑσπέραν χωρῆσαι τολμᾷ, καί, ἵνα μηδὲν γνωσθείη, μηδὲ τοῖς ἐν τῇ πόλει κατάδηλος γένοιτο, μεταμφιέννυσι παντάπασιν ἑαυτόν, οὐ τὰ μὲν ἀφελών, τὰ δ' ἀφεὶς τῷ σώματι τῆς ἀρχαίας περιβολῆς, ἀλλὰ σχηματισάμενος κατὰ τὸν μισθοφόρων τρόπον τοὺς πάντων διέλαθεν ὀφθαλμούς.

XLVII. Τῷ γοῦν τοῦ λόγου πατρί, ὡς ὕστερόν μοι εἰρήκει, δίς που καὶ τρὶς ἐπὶ τῆς μεγαλοπόλεως προσεγένετο· ἦν γάρ μοι ἐθὰς ὁ ἀνήρ, καί με ἠσπάζετο εὐμενῶς, ἀλλ' οὐδ' ὡς ἐγνώκειν, ὥσπερ οὐδ' ἄλλος τις οἷς ἐκεῖνος πεπλησίακε. Διέδρα οὖν καὶ τὴν πολυόμματον τοῦ ὀρφανοτρόφου δύναμιν, καὶ οὐδὲ τούτῳ γέγονεν ἁλωτός· καίτοι γε ἀφανὴς ἀθρόον γενόμενος τὰς τῶν κρατούντων γνώμας διήγειρεν, εἴ πως ἔνεστιν τοῦτον εὑρεῖν τε καὶ κατασχεῖν· καί, ἵν' οὕτως εἴποιμι, πάντας λαθὼν ὀφθαλμοὺς ἐπὶ τῆς τῶν

XLVI 4 ἄλλως S : ἄλλος ‖ 9 κατολιγωρεῖ S : κατωλ. ‖ 11 τῶν S : τὸν ‖ 12 αὐτὸν S : αὐτὸν ‖ 13 τολμᾷ S : -μὰ ‖ 14 κατάδηλος S : κατάδικος ‖ 16 ἀφελὼν S : ἀδελφῶν ‖ 17 ἀλλὰ σχηματισάμενος S : ἀλλ' ἀσχημ.

XLVII 4 ὣς R : ὡς ‖ 5 πολυόμματον S : πολλυ. ‖ 8 τοῦτον S : τοῦτο.

arrive sur la terre des Bulgares. Là, il ne se fait pas reconnaître sur-le-champ par la foule, mais il approche tour à tour quelques personnages ; il parle de son père comme d'un étranger ; il vante sa famille, il cherche à savoir[1] si, au cas où il surgirait dans le pays même quelqu'un des enfants d'Aaron, les révoltés préféreraient le fils légitime au bâtard, ou bien, comme ce dernier est devenu maître du pouvoir, s'ils regarderaient le premier comme un fétu.[2]

XLVIII. Voyant que tous préféraient à l'enfant problématique le fils véritable, il ose en quelque manière se révéler en grand mystère à l'un de ses compatriotes qu'il savait être plutôt un très chaud partisan de sa famille. Celui-ci, fixant attentivement les yeux sur lui, car il l'avait bien connu jadis, se ressouvient de sa figure, tombe à ses genoux, couvre ses pieds de baisers, et ensuite lui demande quelque signe secret pour rester affranchi de tout doute : c'était une tache noire, étalée sur son coude droit, qui avait fait efflorescence sous un poil touffu. Après avoir vu aussi ce signe, il se jette avec plus d'ardeur encore à son cou, couvre de baisers sa poitrine, et tous deux combinent habilement les choses. Donc, s'abouchant chacun avec d'autres personnages, peu à peu ils intensifient la nouvelle[3], et la plupart des hommes reportent leur faveur sur le rejeton légitime. Ainsi la monarchie devient comme une polyarchie, les uns préférant celui-ci et les autres celui-là ; mais ensuite, ils s'empressent les uns vers les autres, réconcilient les deux chefs, et dès lors les deux princes se mettent à vivre de la même vie et à conférer ensemble, à celà près que chacun des deux tenait l'autre en suspicion.

XLIX. Mais Alousianos prévient la machination de Dolianos, et, se saisissant de lui soudain, il lui supprime le nez et les yeux, enlevant le tout ensemble avec un couteau de cuisine ; ainsi la nation scythe se groupe de nouveau autour d'un chef unique. Et Alousianos ne se

---

1. *Litt.* Il tente l'expérience pour savoir si...
2. *Litt.* s'ils en feraient état comme d'un cheveu. Cf. *supra*, p. 40, chap. xii, 13. Expression homérique, *Il.* Θ 378.
3. C'est-à-dire de l'entrée en scène du véritable fils d'Aaron.

Βουλγάρων γίνεται γης, καὶ οὐκ εὐθὺς ἑαυτὸν δῆλον τοῖς πολλοῖς καθιστᾷ, ἀλλ' ἐν μέρει τισὶ προσιὼν, καὶ περὶ τοῦ πατρὸς ὡς περὶ ἀλλοτρίου λόγον ποιούμενος, καὶ τὴν ἐκείνου γενεὰν αἴρων, καὶ λαμβάνων διάπειραν ὡς εἴ γέ τις τῶν ἐκείνου παίδων ἐνταυθοῖ ἐγεγόνει, πότερον ἀνθείλοντο οἱ ἀποστατήσαντες τοῦ νόθου τὸν γνήσιον, ἢ ἐπειδὴ οὗτος τῶν ὅλων προέστη, ἐν καρὸς ἐκεῖνος ἐλογίσθη μοίρᾳ;

XLVIII. Ἐπεὶ δὴ πάντας ἑώρα τοῦ ἀμφιβόλου τὸν ἀποδεδειγμένον προκρίνοντας, τολμᾷ πως ἑνὶ τούτων, ὃν μᾶλλον ἐγνώκει περὶ τὸ γένος θερμότερον, ἑαυτὸν μυστηριωδῶς ἀνειπεῖν· ὁ δὲ τοὺς ὀφθαλμοὺς ἐπερείσας εὐθὺς πρὸς ἐκεῖνον, ἦν γὰρ ἀκριβῶς αὐτὸν ἐπιστάμενος, καὶ τὸ εἶδος ἀναλαβὼν προσπίπτει τοῖς ἐκείνου γόνασι καὶ τοὺς πόδας καταφιλεῖ, ἔπειτά τι καὶ κρύφιον ἀπαιτεῖ γνώρισμα, ἵνα παντάπασιν ἀνενδοίαστος μένῃ· τὸ δὲ ἦν χρῶμά τι μέλαν τοῦ δεξιοῦ κατακεχυμένον ἀγκῶνος τριχὶ δασείᾳ ἐξηνθηκός· ὡς δὲ καὶ τοῦτο εἶδεν, ἔτι μᾶλλον προσφὺς τὸν τράχηλόν τε τούτου καὶ τὸ στῆθος καταφιλεῖ, καὶ δεξιῶς ἄμφω τὸ ἔργον μεταχειρίζονται· ἑκάστοις γοῦν προσιόντες ἐν μέρει τὴν φήμην ἐπηύξησαν, καὶ πρὸς τὸ γνήσιον οἱ πλείους σπέρμα τὰς γνώμας μετέθεσαν. Γέγονεν οὖν ὡσανεὶ πολυαρχία ἡ μοναρχία, τῶν μὲν τοῦτον, τῶν δὲ ἐκεῖνον αἱρουμένων· εἶτα δὴ καὶ πρὸς ἀλλήλους σπεύδονται, καὶ τοὺς ἡγεμόνας ἀλλήλοις καταλλάττουσι, κἀντεῦθεν ὁμοδιαίτω μὲν ἤστην, ἀλλήλοιν δὲ διελεγέσθην, πλὴν ἅτερος τὸν ἄλλον ὑπώπτευεν.

XLIX. Ἀλλὰ φθάνει τὴν τοῦ Δολιάνου ὁ Ἀλουσιάνος ἐπιβουλὴν, καὶ συλλαβὼν ἀθρόον τῆς τε ῥινὸς καὶ τῶν ὀφθαλμῶν ἀφαιρεῖται, μαγειρικῇ σφαγίδι ἄμφω συνεξελὼν, καὶ περιίσταται τὸ Σκυθικὸν εἰς μίαν αὖθις ἀρχήν. Καὶ ὁ

XLVIII 3 μᾶλλον ἐγνώκει S : μᾶλλον ὂν ἐγν. ‖ 9 κατακεχυμένον S : καταχυ. ‖ 17-18 ὁμοδιαίτω μὲν ἤστην P K : ὁμοδιαιτώμενοι ἴστησιν.

XLIX 3 μαγειρικῇ σφαγίδι S : -κῆς σφραγίδι

rend pas tout de suite à l'empereur ; mais, prenant ses forces, il marche contre lui ; il l'attaque, il est vaincu et la fuite assure son salut ; mais alors, comprenant qu'il ne pourrait pas très facilement se mesurer en bataille rangée avec le basileus des Romains, et aussi, se souvenant des êtres qui lui sont bien chers[1], il fait savoir secrètement à l'empereur que s'il obtenait sa faveur et le reste des honneurs, il se livrerait à lui, lui et ce qu'il possédait. L'empereur accepte la proposition et derechef s'entretient avec lui en grand secret, comme il le désirait. Et ainsi, Alousianos pour la seconde fois s'avance comme pour livrer bataille, et soudain, il plante là son armée et se rend à l'empereur. Le souverain alors le juge digne du premier honneur[2] et l'envoie à Byzance ; quant au peuple bulgare, déjà décimé en différentes guerres et sans chef pour le conduire, il lui fait tourner le dos, le défait et le remet sous l'autorité de l'empire dont il avait fait défection. Et brillamment l'empereur revient au palais, poussant devant lui un grand nombre de prisonniers, dont étaient assurément les plus marquants des Bulgares, y compris le bâtard même qui avait été leur chef, avec son nez coupé et ses yeux arrachés.

L. Il fait donc dans la capitale une entrée brillante, tandis que tous les habitants se répandaient à sa rencontre. Or donc, je l'ai vu alors ; comme dans un convoi funèbre, il allait, ballotté sur son cheval ; ses doigts qui tenaient la bride ressemblaient à des doigts de géant ; chacun d'eux, en effet, gardait la grosseur et la grandeur d'un bras (dans un si grave état se trouvaient ses entrailles[3] !), et son visage ne conservait même pas une trace de ressemblance avec ce qu'il était autrefois. Ainsi porté, il conduit au palais un triomphe splendide, après avoir fait défiler les prisonniers au milieu du théâtre[4]

---

1. Sa femme et ses enfants. Cf. *supra*, chap. XLVI.
2. Le patriciat.
3. Tellement la maladie l'avait maltraité. Pour Psellos, l'hydropisie a une origine intestinale.
4. C'est-à-dire l'Hippodrome. Michel Attalliates dit que l'empereur célèbra un double triomphe à pied et à cheval. Cf. Schlumberger, *Op. laud.*, III, 308 sq. Spectacle admirable que celui de ce victorieux basileus mourant, qui voulait expirer debout !

Άλουσιάνος ούκ ευθύς τῷ βασιλεῖ προσχωρεῖ, ἀλλὰ τὰς δυνάμεις λαβὼν κατ' ἐκείνου χωρεῖ, καὶ προσβαλὼν ἡττᾶται, καὶ φυγὼν σῴζεται· εἶτα δὴ γνοὺς ὡς οὐκ ἂν ἐκ τοῦ ῥᾴστου τῷ βασιλεῖ Ῥωμαίων ἀντιπαρατάξαιτο, μνήμην καὶ τῶν φιλτάτων λαβών, δι' ἀπορρήτων γνωρίζει τῷ βασιλεῖ, ὡς εἴ γε καὶ εὐμενείας τύχοι καὶ τῆς ἄλλης λαμπρότητος, ἑαυτόν τε ἐκείνῳ καὶ τὰ αὐτοῦ ἐγχειρίσοι πράγματα. Δέχεται τὸν λόγον ὁ βασιλεύς, καὶ αὖθις ἀπορρητοτέρως αὐτῷ ὡς ἐβούλετο διαλέγεται· καὶ οὕτω | δὴ τὸ δεύτερον ὡς παραταξόμενος προσιών, ἀθρόον τὴν ἰδίαν μεθίησι φάλαγγα καὶ τῷ βασιλεῖ προσχωρεῖ. Καὶ τοῦτον μὲν τῆς πρώτης τιμῆς ἀξιώσας ὁ αὐτοκράτωρ ἀναπέμπει εἰς τὸ Βυζάντιον, τό γέ τοι ἔθνος, διαφόροις πολέμοις διεσπασμένον ἤδη καὶ οὔπω τετυχηκὸς ἄρχοντος, τρέπεταί τε καὶ καταπολεμεῖ καὶ ὑπήκοον αὖθις τῆς ἀφ' ἧς ἀπεστάτησε τίθησι, καὶ λαμπρὸς εἰς τὰ βασίλεια ἀναζεύγνυσιν, αἰχμαλώτους τε ἄγων πολλούς, καὶ δῆτα τοὺς παρ' ἐκείνοις σεμνοτάτους, καὶ αὐτὸν δὴ τὸν νόθον ἐκείνοις ἀρχηγὸν τήν τε ῥῖνα διαλελωβημένον καὶ ἀπεστερημένον τῶν ὀφθαλμῶν.

L. Εἴσεισι γοῦν τὸ Ἄστυ λαμπρός, ἁπάσης προχυθείσης αὐτῷ τῆς Πόλεως· ἐθεασάμην γοῦν τοῦτον ἐγὼ τηνικαῦτα ὥσπερ ἐν ἐκφορᾷ ἐπὶ τοῦ ἵππου σαλεύοντα· οἱ γοῦν τὸν χαλινὸν κατέχοντες τούτῳ δάκτυλοι τοῖς τῶν γιγάντων ἐῴκεισαν, βραχίονος γὰρ ἕκαστος ἀπέσῳζε πάχος καὶ μέγεθος (εἰς τοσοῦτον γὰρ αὐτῷ τὸ σπλάγχνον κεκάκωτο)· τὸ δὲ πρόσωπον οὐδ' ἴχνος τι τῆς ἀρχαίας αὐτῷ ἔσῳζεν ὁμοιότητος. Καὶ οὕτως δὴ ἀποκομισθεὶς εἰς τὰ ἀνάκτορα θρίαμβον κατάγει λαμπρόν, ἐπὶ μέσου θεάτρου τοὺς αἰχμαλώτους δια-

6 προσβαλὼν S : -βαλλὼν || 8 ἀντιπαρατάξαιτο S : -τάξετο || 11 καὶ τὰ αὐτοῦ S : κατὰ τ' αὐτὸν || 13 παραταξόμενος K : -ξάμενος || 15 τοῦτον S : τοῦτο || 21 ἐκείνοις S: -νους || 22 ῥῖνα S : ῥίναν || 23 ἀπεστερημένον S : -μένων.

L 5 ἐῴκεισαν S : ἑώκεσαν || 6 κεκάκωτο S : καὶ κάτωτο || 7 οὐδ' ἴχνος S : οὐχ ἰδνός.

et montré aux Romains que l'ardeur ressuscite des morts et que le zèle pour les belles actions vainc la défaillance du corps.

LI. Mais il n'était pas possible qu'il restât indéfiniment[1] le maître de la nature, le vainqueur et le dominateur de la maladie. Dans sa marche secrète et progressive, peu à peu le mal avançait vers son dénouement[2]. Pour ceux qui entouraient l'empereur[3], jusqu'alors ils essayaient de cacher son état et ils tenaient conseil sur l'administration[4], de peur que quelque révolution ne se fît dans les affaires, mais lorsque la nouvelle de la maladie se fut propagée en tous lieux et que la rumeur se fut emparée de la ville entière, eux-mêmes ne s'en tinrent plus aux résolutions qu'ils avaient prises, mais c'est sur la manière de ne pas laisser l'empire leur échapper qu'ils portaient leurs pensées et leurs délibérations. Eux donc s'occupaient à cela.

De la tonsuration de l'empereur.

LII. Pour l'empereur, avant que son corps passe de vie à trépas, il cherche un changement plus spirituel. Dédaignant la royauté que, d'ailleurs, il devait sous peu quitter, il se met au-dessus de tout commerce profane et il change de vie pour se tourner vers Dieu. Pour ne pas être importuné en opérant ce changement et en donnant son aveu à Dieu, partant du palais, il se rend au monastère qu'il avait bâti lui-même, ou plutôt, il s'y fait transporter par des porteurs. Arrivé à l'intérieur du lieu de méditation, s'agenouillant sur le sol, il demande à Dieu dans une prière de paraître et d'être reçu comme une victime agréable et pure après sa consécration. S'étant donc ainsi concilié la faveur et la bienveillance de la divinité, il se remet aux mains des prêtres et des sacrificateurs[5] de l'heu-

---

1. *Litt.* jusqu'à tout.
2. *Litt.* allait à la rencontre du dénouement du nœud.
3. Ses frères, que nous avons vus à l'œuvre plus haut.
4. J'entends κατάστασις au sens de κ. τῆς βασιλείας, comme plus loin, Hist. de Const. IX, chap. XXI ; de Romain IV, IX.
5. Psellos emploie le terme de καλλιέρημα à cause de ἐξιλεωσάμενος qui précède. *Litt.* du sacrifice fait sous d'heureux auspices de la victime volontaire.

βιβάσας καί δείξας Ῥωμαίοις, ὅτι προθυμία νεκρούς ἀνίστησι, καί ὁ περί τά καλά ζῆλος τήν τοῦ σώματος ἀτονίαν νικᾷ.

LI. Ἀλλ' οὐκ ἦν μέχρι παντὸς ἐγκρατὴς εἶναι τῆς φύσεως, οὐδὲ τοῦ νοσήματος κρείττων καὶ ἰσχυρότερος· ὃ δὴ κρυφίως καὶ κατὰ βραχὺ προσέρπον εἰς αὐτὴν τὴν λύσιν ἀπήντησεν τοῦ δεσμοῦ· ἀλλ' οἱ περὶ τὸν αὐτοκράτορα τέως μὲν κρύπτειν ἐπεχείρουν τὰ κατ' αὐτὸν, καὶ βουλὴν ἐποιοῦντο περὶ καταστάσεως, ἵνα μή τι νεωτερισθείη τοῖς πράγμασιν· ἐπεὶ δὲ πανταχῇ τὸ πάθος ἐξήγγελτο καὶ ἡ φήμη τὴν ξύμπασαν Πόλιν κατέλαβεν, οὐδ' αὐτοῖς ἔτι ἐμεμενήκει τὰ δόξαντα, ἀλλὰ τοῦ πῶς ἂν μὴ ἐκφύγοι τούτους τὰ τῆς βασιλείας πράγματα ἐφρόντιζόν τε καὶ ἐβουλεύοντο. Καὶ οὗτοι μὲν ἐν τούτοις.

Περὶ τῆς τοῦ βασιλέως ἀποκάρσεως.

LII. Ὁ δέ γε αὐτοκράτωρ πρὸ τῆς ἐκ τοῦ σώματος μεταθέσεως ἑτέραν ζητεῖ πνευματικωτέραν μετάθεσιν· καὶ καταφρονεῖ μὲν βασιλείας, ἧς καὶ μετὰ βραχὺ ἀπαλλαγήσεσθαι ἔμελλε, κρείττων δὲ ξυμπάσης γίνεται σχέσεως καὶ πρὸς τὸν Θεὸν μετατίθεται· ἵνα δὲ μὴ ὀχλοῖτο μετατιθέμενος καὶ τὰς ὁμολογίας διδοὺς τῷ Θεῷ, τῶν βασιλείων ἀπάρας ἐφ' ὅπερ αὐτὸς ἱδρύσατο μοναστήριον παραγίνεται, μᾶλλον δὲ τοῖς ἀχθοφοροῦσι μετακομίζεται· καὶ ἐπειδὴ ἐντὸς ἐγεγόνει τοῦ φροντιστηρίου καὶ τοῦ νεὼ ἐρείσας ἐδάφει ἱκετηρίαν τίθεται τῷ Θεῷ, εὐπρόσδεκτον αὐτὸν φανῆναι θῦμα καὶ καθαρὸν δεχθῆναι μετὰ τὴν τελείωσιν. Οὕτω τοίνυν ἐξιλεωσάμενος ἑαυτῷ τὸ θεῖον καὶ ἐξευμενίσας, τοῖς θύταις ἑαυτὸν καὶ σφαγιασταῖς τοῦ ἐθελοθύτου καλλιερήματος δίδωσιν·

LI 2 κρείττων S : κρεῖττον || 9 ἐκφύγοι S : ἐκφυγοῖ.

LII 1 βασιλέως S : -λείου || 5 κρείττων S : -ττω || 14 καλλιερήματος S : καλλιερίματος

reux sacrifice de la volontaire hostie ; ceux-ci debout de côté et d'autre autour de lui, après avoir chanté au Seigneur les premières prières de la victime, le dépouillent de son costume impérial et de sa pourpre, et le revêtent de la toison sacrée du Christ[1] ; ils ôtent le diadème de sa tête et lui mettent le casque du salut[2] ; ensuite, ils arment d'une croix sa poitrine et son dos[3], le ceignent virilement contre les esprits du mal, et le laissent aller. Voilà pour ce qui concerne son désir et sa décision.

LIII. L'empereur donc, dans la pensée qu'il était passé à une vie meilleure, exultait de joie et de satisfaction, et il était comme léger et rapide à se porter vers le chemin spirituel. Mais ceux de sa maison, et surtout son frère aîné, un nuage de découragement les couvrait tous, au point qu'ils étaient impuissants à retenir leurs lamentations de compassion. Pas même l'impératrice n'était maîtresse de son émotion : quand elle eut appris de quelqu'un cette nouvelle, affrontant tous les regards des hommes, elle fait violence à la nature et à pied elle se rend vers l'empereur ; mais celui-ci, soit qu'il eût honte des maux dont il avait été cause pour elle, soit que, en prenant le souvenir de Dieu, il l'eût oubliée, ne lui permet pas d'accéder auprès de lui.

LIV. Et elle s'en retourna au palais. Pour lui, comme l'heure de la prière l'appelait et qu'il devait se présenter[4] pour les hymnes traditionnelles, il se lève doucement de son lit et se prépare à chausser ses pieds ; mais les sandales de cuir ordinaires aux moines ne lui avaient pas été préparées et on lui avait laissé sans les changer les chaussures de son costume antérieur[5] : il s'irrite de ce que les sandales n'étaient pas prêtes, et pieds nus il se rend à

---

1. C'est-à-dire le manteau monacal.
2. Souvenir de saint Paul, *Éph*. 6, 17.
3. Ce fut le pieux moine Kosmas Tzintzoulouki, probablement un de ses confesseurs ordinaires, qui procéda à cette consécration suprême.
4. Dans l'église du monastère des Saints-Anargyres. Cf. Schlumberger, *Op. laud.*, III, 320 sq.
5. De son costume impérial, les rouges campagia aux aigles d'or brodés. Plus bas, suppléez λήξεως à côté de χρείττονος. En se repentant de ses fautes et en embrassant la vie spirituelle, il a mérité, dit Psellos, d'aller au ciel. Il mourut le 10 décembre 1041, après sept ans et huit mois de règne.

οἳ δὲ, περιστάντες αὐτὸν ἑκατέρωθεν καὶ τὰς πρωτουργοὺς εὐχὰς τοῦ θύματος τῷ Κρείττονι ἐξυμνήσαντες, περιδύουσι μὲν αὐτὸν τὴν βασίλειον ἐσθῆτα καὶ περιπόρφυρον, καὶ ἐπενδύουσι τὸ ἱερὸν δέρας Χριστοῦ, | τήν τε καλύπτραν τῆς κεφαλῆς ἀφελόμενοι τὴν τοῦ σωτηρίου περικεφαλαίαν ἐπιτιθέασιν· εἶτα δὴ καὶ τῷ σταυρῷ καθοπλίσαντες στήθη τε καὶ μετάφρενα καὶ ἀνδρικῶς περιζώσαντες κατὰ τῶν πνευμάτων τῆς πονηρίας ἀφιᾶσι. Τό γ' οὖν ὅσον ἐπὶ τῇ ἐκείνου προθυμίᾳ καὶ τῷ βουλήματι.

LIII. Ὁ μὲν οὖν ὡς ἐς κρείττονα ζωὴν μεταθέμενος ἔχαιρέ τε καὶ ἠγαλλιᾶτο, καὶ οἷον κοῦφος καὶ εὔδρομος πρὸς τὴν πορείαν ἐγεγόνει τοῦ πνεύματος· τὸ ⟨δὲ⟩ περὶ αὐτὸν οἰκίδιον, καὶ μάλιστα ὁ πρεσβύτερος ἀδελφός, νέφος πάντας ἀθυμίας κατέσχεν, ὥστε μὴ δύνασθαι κατασχεῖν τοὺς ἐκ συμπαθείας ὀλοφυρμούς. Ἀλλ' οὐδ' ἡ βασιλὶς κρείττων ἐγεγόνει τοῦ πάθους, ἀλλ', ἐπειδή περ τοῦτο παρά του μεμαθήκει, κατατολμᾷ μὲν πάσης ἄρρενος ὄψεως, τὴν δὲ φύσιν παραβιάζεται καὶ πεζῇ πρὸς ἐκεῖνον ἄπεισιν· ὁ δὲ εἶτ' αἰσχυνόμενος οἵων αὐτῇ κακῶν αἴτιος ἐγεγόνει, ἢ λήθην καὶ ταύτης διὰ τὴν πρὸς τὸν Θεὸν μνήμην λαβόμενος, οὐ συγχωρεῖ ταύτῃ τὴν πρὸς αὐτὸν εἴσοδον.

LIV. Καὶ ἡ μὲν αὖθις ἀπῆλθε πρὸς τὰ βασίλεια· ὁ δὲ, ἐπειδὴ καιρὸς εὐχῆς ἐκάλει καὶ πρὸς τοὺς συνήθεις ἦν ἀπαντᾶν ὕμνους, ἠρέμα τῆς κλίνης ὑπεξανίστατο, καὶ μέλλων ἤδη τοὺς πόδας ὑποδεδέσθαι, ἐπειδὴ μὴ παρεσκεύαστο τούτῳ τὰ συνήθη τοῖς μοναχοῖς τῶν ὑποδημάτων σκύτη, ἀλλ' ἀμετάλλακτα ἦν τὰ τῆς προτέρας σκηνῆς, δυσχεραίνει τὸ ἀπαράσκευον, καὶ γυμνοῖς τοῖς ποσὶ βαδίζει πρὸς νεών, ἐπερειδόμενος ἑκατέρωθεν, ἀσθμαίνων ἤδη καὶ τὰς ἐσχάτας

16 κρείττονι S : -ττωνι.

LIII 1 ἐς κρείττονα S : ἐκρείττονος ‖ 3 δὲ add. S ‖ 5 πάντας S : πάνταν ‖ 8 μεμαθήκει S : -κοι ‖ 12 αὑτὸν S : αὐτὸν.

LIV 3-4 μέλλων S : -ον ‖ 4 ὑποδεῖέσθαι S : -δέδες. ‖ 6 ἀλλ' ἀμετάλλακτα S : ἀλλὰ μετάλλακτα

l'église, s'appuyant de part et d'autre ; déjà il avait la respiration très difficile et il rendait ses derniers souffles. C'est donc ainsi qu'il retourna au lit ; il se coucha, garda quelque temps le silence parce que sa voix était arrêtée et que la respiration lui manquait, et il rendit son âme à Dieu. Lui qui, pendant son règne, a exécuté et projeté un très grand nombre d'entreprises, il n'a pas éprouvé beaucoup d'insuccès. Pour ma part, rapprochant tous ces faits les uns des autres et les jugeant parallèlement, je trouve que les succès furent plus nombreux que les insuccès, et il ne me paraît pas que ce prince se soit trompé en cherchant une destinée meilleure ; bien au contraire, il a trouvé un meilleur sort.

LV. Le voilà donc qui meurt sur une grande et belle action, après sept années de règne, le jour même où il a obtenu son changement pour la condition meilleure ; arrivé au terme naturel de sa vie, il n'eut point de funérailles ni de sépulture somptueuses : il est enseveli dans l'église même, du côté gauche de l'entrée, en dehors du saint autel.

ἀναπέμπων ἀναπνοάς. Οὕτω τοιγαροῦν αὖθις ἐπὶ τὴν εὐνὴν ὑποστρέψας καὶ κατακλιθείς, εἶτα δὴ καὶ βραχύ τι κατασιγάσας, ἅτε τῆς φωνῆς ἐπισχεθείσης αὐτῷ καὶ ἐκλελοιπότος τοῦ πνεύματος, ἀφῆκε τὴν ψυχὴν τῷ Θεῷ, πλεῖστα μὲν ἐπὶ τῆς βασιλείας καὶ πράξας καὶ βουλευσάμενος, οὐ πλειόνων δὲ διαμαρτίαν ἐσχηκώς· ἃ δὴ καὶ αὐτὸς ἀντεξετάζων καὶ παράλληλα κρίνων, πλείω τὰ κατωρθωμένα τῶν διημαρτημένων εὑρίσκω· καὶ οὔ μοι δοκεῖ τὸν ἄνδρα ἐκεῖνον καὶ τῆς κρείττονος διημαρτηκέναι, ἀλλ' ἀμείνονος ἐπιτυχεῖν λήξεως.

LV. Τελευτᾷ γοῦν ἐπὶ μεγάλῳ κατορθώματι τὸν βίον, ἑπτὰ ἔτη τὴν βασιλείαν κατεσχηκώς, καὶ ἐν αὐτῇ τῇ ἡμέρᾳ καθ' ἣν τῆς κρείττονος τετύχηκε μεταθέσεως, καὶ τῷ φυσικῷ τῆς ζωῆς τελειωθεὶς πέρατι, ἐκφορᾶς ἢ ταφῆς περιττοτέρας οὐ γενομένης αὐτῷ· τέθαπται δὲ ἐν αὐτῷ τῷ νεῷ εἰσιόντι κατὰ τὴν λαιὰν πλευρὰν ἔξωθεν τοῦ ἱεροῦ βήματος.

14 διαμαρτίαν S : δι' ἁμαρτίαν ‖ 15-16 διημαρτημένων S : δι' ἡμαρτημάτων.

TOME CINQUIÈME

MICHEL V (1041-1042). — THÉODORA (1042).

I. Est empereur après lui son neveu[1], que notre récit précédent a longuement présenté. En effet, dès que les frères de l'empereur reconnurent que sa mort était prochaine et qu'ils comprirent que sa vie était dans une situation désespérée, pour que les affaires ne leur échappassent point et que le trône ne passât point à une autre famille, avant la mort de leur frère ils expédient un ordre soi-disant impérial autorisant à leur neveu l'accès du palais, et, tandis que l'empereur en sortait, comme notre récit l'a conté, pour mourir, l'autre y pénétrait à sa place.

II. Des trois frères de l'empereur, l'un, Jean l'orphanotrophe, celui qui administrait alors tout l'État et qui plus que les autres aimait son frère, ne s'écarte pas tout de suite de lui, même après sa mort ; mais, comme s'il vivait toujours, il resta pendant trois jours aux côtés du défunt. Pour les deux frères restants, ils accompagnent le césar leur neveu au palais, d'une part pour le garder et prendre soin de lui, d'autre part pour obtenir de lui une faveur plus grande ; mais il ne leur était pas possible, sans le secours de leur troisième frère qui avait l'intelligence plus fine et plus profonde[2], de concevoir quelque grande idée au sujet soit de l'empire, soit des affaires publiques : aussi se bornaient-ils à lui tenir compagnie

---

1. L'ironie perpétuelle de l'histoire, dit Bury (*Rom. emper.*, 251), s'imposa vivement à l'esprit du philosophe qu'était Psellos lorsqu'il nous a conté l'élévation au trône de Michel V. Jean avait machiné cette élévation dans l'intention de conserver son propre pouvoir et de maintenir la situation des siens, et cependant la destinée — ou la Providence — fit précisément servir cette circonstance pour amener sa ruine et celle de sa famille.

2. *Litt.* meilleure et supérieure.

ΤΟΜΟΣ ΠΕΜΠΤΟΣ

ΜΙΧΑΗΛ Ε΄ (1041-1042). — ΘΕΟΔΩΡΑ (1042).

I. Βασιλεύει δὲ μετ' αὐτὸν ὁ ἐκείνου ἀνεψιός, περὶ οὗ πλεῖστα ὁ λόγος φθάσας ἐδήλωσε· ἐπειδὴ γὰρ οἱ τοῦ αὐτοκράτορος ἀδελφοὶ μεταθησόμενον | αὐτὸν εὐθὺς ἔγνωσαν κα ἀνέλπιστον αὐτῷ τὴν ζωὴν κατειλήφεσαν, ἵνα μὴ ἀποδράσῃ τούτους τὰ πράγματα, μηδ' ἐφ' ἕτερον γένος ἡ βασιλεία 5 μετατεθείη, πρὶν ἢ τὸν ἀδελφὸν ἀπολιπεῖν τὴν ζωὴν, πρόσταγμά τι δῆθεν βασίλειον τὴν 'εἰς ἀνάκτορα μετάβασιν ἐπιτρέπον ἐκπέμπουσι· καὶ ὁ μὲν αὐτοκράτωρ ἐξῄει τῶν βασιλείων, ὡς ὁ λόγος εἴρηκει, τελεσθησόμενος, ὁ δὲ πρὸς αὐτὰ ἀντεισῄει. 10

II. Τριῶν δὲ ὄντων τῶν τοῦ αὐτοκράτορος ἀδελφῶν, ὁ μὲν ὀρφανοτρόφος Ἰωάννης, ὃς δὴ καὶ τὸ ξύμπαν κράτος τηνικαῦτα διῴκει καὶ μᾶλλον τῶν ἄλλων ἠγαπήκει τὸν ἀδελφὸν, οὐδὲ θανόντος ἐκείνου εὐθὺς ἀπαλλάττεται, ἀλλ' ὥσπερ ζῶντι τριταῖος συνῴκει τῷ τεθνεῶτι, οἱ δὲ περιλειπόμενοι 5 δύο τῷ καίσαρι ἀνεψιῷ εἰς τὰ βασίλεια συναπαίρουσι, τὸ μὲν ὡς φυλάξοντες ἐκεῖνον καὶ θεραπεύσοντες, τὸ δὲ ὡς πλείονα κτησόμενοι τὴν παρ' ἐκείνου εὐμένειαν· ἀλλ' οὐκ ἦν ἄνευ τοῦ μείζονος καὶ κρείττονος τὴν φρόνησιν ἀδελφοῦ γενναῖόν τι ἐκείνους ἢ περὶ τῆς βασιλείας ἐνθυμηθῆναι ἢ 10 περὶ τῆς τοῦ κοινοῦ καταστάσεως, ὅθεν οὐδέν τι ὅτι μὴ συνῆσαν ἐκείνῳ εὔνοιαν παραδεικνύντες συγγενικήν. Ἐπεὶ

I 4 κατειλήφεσαν S : -λήφασαν ∥ 10 ἀντεισῄει S : ἀντησείη.

II 4 θανόντος S : θάνατος ∥ 11 οὐδέν τι R : οὐδὲν ἢ ∥ 12 συνῆσαν S : συνῶσαν

en lui témoignant une affection familiale. Mais quand Jean se fut suffisamment rassasié de larmes[1], ou plutôt quand la crainte l'agita qu'un délai prolongé[2] de la proclamation [de Michel] ne détruisît de fond en comble toutes leurs espérances, il rentra au palais.

III. Ces choses-là, je les ai vues moi-même, et la vérité des faits que j'ai reçue de mes yeux, je la transmets par l'écriture, sans y rien changer. Quand donc ses frères apprirent qu'il avait franchi le seuil et la porte du palais impérial, comme s'ils devaient aller à la rencontre de Dieu, ils s'approchèrent de lui avec de solennels apprêts, et, entourant sa personne, ils couvrirent de baisers qui l'un qui l'autre de ses membres; son neveu même, lui tendant sa main droite, la lui donnait pour qu'il s'y appuyât, comme pour recevoir quelque sanctification de son contact. Quand la flatterie parut suffisante, Jean prend aussitôt l'initiative de la résolution la plus sage : il les engage à ne rien faire sans l'impératrice, mais bien à asseoir sur elle les fondements de leur puissance et de leur vie et à faire tout ce qu'ils verraient capable de la séduire.

IV. Sur-le-champ, d'un commun accord ils se mettent en ligne, et, avec l'appareil[3] de leurs arguments ils font le siège de son âme facile à prendre : lui rappelant l'adoption de Michel, ils mettent le jeune homme sous la protection de sa mère et de sa souveraine et le jettent à ses pieds; en même temps, ils lui débitent tout un chapelet de noms flatteurs appropriés à la circonstance[4]; ils la convainquent que leur neveu n'aura de la royauté que le nom, tandis qu'elle aura, elle, outre le nom, le pouvoir héréditaire; si elle le veut, elle administrera l'État en personne; si non[5], elle lui donnera ses ordres et lui formulera ses prescriptions comme à un esclave; ils lui font les serments les plus solennels, et, lui engageant

---

1. *Litt.* quand il eut assez des lamentations.
2. *Litt.* de plusieurs jours.
3. *Litt.* les machines.
4. Sur ces événements, cf. Schlumberger, *Op. laud.*, III, 322 sqq.; Bury, *Op. laud.*, 251 sqq.
5. Entendez : si, au lieu de mettre elle-même la main à l'administration, elle préfère le charger de ce soin.

δὲ ἀρκούντως εἶχε τῶν θρήνων ὁ Ἰωάννης, μᾶλλον δὲ ἐπειδὴ
κἀκεῖνον ὑπέθραττε μὴ πολυήμερος ἡ ἀναβολὴ γενομένη
τῆς ἀναρρήσεως τὰς πάσας αὐτοῖς συνεξαφανίσῃ ἐλπίδας,
ἐπὶ τὰ βασίλεια μεταβαίνει.

III. Ταῦτα δὲ αὐτὸς ἑωράκειν, καὶ τοῖς ὀφθαλμοῖς τὴν
ἀλήθειαν εἰληφὼς τῶν πραγμάτων ἀμεταποιήτως τῇ γραφῇ
δίδωμι. Ὡς γοῦν ἠκηκόεισαν ὅτι τὴν αὔλειον οὗτος καὶ
βασιλικὴν εἰσελήλυθεν εἴσοδον, ὥσπερ Θεῷ ὑπαντήσειν μέλ-
λοντες παρεσκευασμένως τούτῳ προσῄεσαν, καὶ περιστάντες
ἄλλος ἄλλο τι κατεφίλουν τῶν ἐκείνου μελῶν· ὁ δέ γε ἀδελφιδοῦς καὶ τὴν δεξιὰν ὑποσχὼν ἐπερείσασθαι ταύτῃ ἐδίδου,
ἵνα τινὸς ἁγιάσματος ὥσπερ ἐκ τῆς ἐπαφῆς τύχοι· καὶ
ἐπεὶ ἅλις τὰ τῆς κολακείας ἔδοξε, κατάρχει οὗτος συνετω-
τάτου βουλεύματος εὐθὺς, καὶ μηδὲν τῆς βασιλίδος ἄτερ
ποιεῖν προτρέπεται, ἀλλ' ἐπ' αὐτῇ τιθέναι τοὺς θεμελίους
καὶ τοῦ κράτους καὶ τῆς ζωῆς, καὶ πάντα ποιεῖν οἷς ἂν
ἐκείνην ὁρῶσιν εὐάγωγον.

IV. Καὶ αὐτίκα κοινῇ συμπαραταξάμενοι ταῖς μηχαναῖς τῶν ἐνθυμημάτων τὴν εὐάλωτον ἐκείνης πολιορκοῦσι
ψυχήν, καὶ ἀναμνήσαντες τῆς υἱοθεσίας ὑπὸ τῇ μητρὶ καὶ δεσπότιδι τὸν παῖδα τιθέασι καὶ ἐπιρρίπτουσιν αὐτῇ τοῖς ποσί,
πᾶσαν ὀνομάτων λατρείαν πρὸς τὸν καιρὸν συναριθμήσαντες,
καὶ πείσαντες ὡς ὁ μὲν ἀδελφιδοῦς τοῦ τῆς βασιλείας καὶ
μόνον ὀνόματος τεύξεται, ἡ δὲ πρὸς τούτῳ καὶ τὴν πατρῴαν
| ἕξει κατάσχεσιν· καὶ εἰ μὲν βούλεται αὐτὴ τῶν ὅλων ἀνθ-
έξεται, εἰ δ' οὖν, ἐγκελεύσει τε τούτῳ καὶ ἐπιτάξει καὶ ὡς
ἀργυρωνήτῳ βασιλεῖ χρήσεται, ἀρρήτους τε ταύτῃ ὅρκους
ὀμνύουσι καὶ τὴν καθ' ἱερῶν δόντες πίστιν θηρῶσιν ὅλην

13 τῶν θρήνων K : τὸν θρῆνον ‖ 16 μεταβαίνει S : μεταμένει.

III 3 δίδωμι S : -στι ‖ 3 ἠκηκόεισαν S : -κόησαν ‖ 3 αὔλειον : αὔλιον
‖ 5 παρεσκευασμένως S : παρασκ. ‖ 5 προσῄεσαν K : -ίεσαν ‖ 6 ἄλλο τι
S : ἀλλότι ‖ 9 ἅλις S : ἄλλως ‖ 9 κατάρχει οὗτος S : κατάρ (sic) τούτοις.

IV 8 εἰ μὲν S : ἡ μὲν ‖ 8 αὐτὴ S : αὐτῇ

leur foi sur les reliques, ils s'emparent d'elle tout entière immédiatement. Quelle autre détermination, en effet, pouvait-elle prendre, privée qu'elle était du secours d'autrui et fascinée par leur charlatanisme, ou plutôt trompée et circonvenue par leurs machinations et leurs ruses et convertie à leurs désirs ?

De la proclamation de Michel.

V. Elle leur remet donc le pouvoir, et la capitale qui était en émoi dans l'attente de sa décision, elle l'apaise par ses exhortations. Alors se célèbre pour le césar le mystère[1] de l'intronisation, la procession, l'entrée dans l'église, la bénédiction du patriarche, le couronnement et tout ce qui va avec cette cérémonie, selon la coutume. Et le premier jour l'empereur ne se montra oublieux ni des paroles ni des actes convenables, tant il y a que ces mots tombaient dru de ses lèvres : « l'impératrice » et « ma souveraine » et « comme je suis son esclave » et « la décision qu'elle prendrait ».

VI. Et tout autant il charmait Jean par des paroles du même genre : « Mon maître », disait-il, et il lui donnait un trône pour qu'il s'assît auprès de lui, et, s'il voulait parler, il attendait de lui un signe d'assentiment, disant qu'il était pour lui un instrument aux mains d'un artiste et que la mélodie n'est pas due à la cithare, mais à celui qui touche de la cithare harmonieusement. Aussi chacun s'étonnait-il de la reconnaissance de cet homme, et l'on admirait comme Jean n'avait pas été trompé dans ses espérances. Donc la fourberie de son âme échappait à tous les autres ; mais son oncle savait pertinemment que sa douceur n'allait pas au-delà de la langue et que la dureté de sa pensée couvait sourdement, dissimulée dans son cœur[2], et plus son neveu se livrait à ses manœuvres captieuses, plus Jean le soupçonnait et comprenait la

---

1. Sur le caractère religieux de cette cérémonie du couronnement, qui s'effectuait dans l'église de Sainte-Sophie, voyez Rambaud, *Emper. et imper. d'Orient.*, dans *Ét. byz.*, p. 199 sqq. et Schlumberger, *Op. laud.*, III, 327.

2. *Litt.* était cachée et couvait secrètement dans son cœur. Michel V est dépeint par tous les chroniqueurs comme foncièrement lâche et dissimulé.

εὐθύς· καὶ τί γὰρ ἦν πράττειν ἄλλο, ἐν ἐρημίᾳ τε οὖσαν τοῦ
βοηθήσοντος καὶ τοῖς γοητεύμασιν ἐκείνων καταθελχθεῖσαν,
ἢ μᾶλλον ταῖς μηχαναῖς τούτων καὶ τοῖς κλέμμασι κλαπεῖ-
σαν καὶ συνειληθεῖσαν καὶ πρὸς τὰ ἐκείνων μετατεθεῖσαν
θελήματα;

Περὶ τῆς τοῦ Μιχαὴλ ἀναγορεύσεως.

V. Ἐπιτρέπει γοῦν αὐτοῖς τὸ κράτος, καὶ τέως μετέωρον οὖσαν τὴν Πόλιν ἐπὶ τῷ ἐκείνης βουλήματι κατευνάζει
τῇ προτροπῇ, καὶ τελεῖται ἐπὶ τῷ καίσαρι τὸ τῆς βασιλείας
μυστήριον, ἡ προπομπὴ, ἡ ἐπὶ τὸν νεὼν εἴσοδος, ἡ τοῦ
ἀρχιερέως εὐχὴ, ἡ στεφανηφορία καὶ ὅσα τούτοις ἐπακο-
λουθεῖν εἴωθε. Καὶ τήν γε πρώτην ἡμέραν οὐκ ἐπιλήσμων
ὁ βασιλεὺς οὔτε τῶν οἰκείων λόγων οὔτε τῶν ἔργων ἐγένετο·
πολὺ γοῦν παρ' αὐτῷ τὸ· « ἡ βασιλίς », καὶ « ἡ ἐμὴ δεσπότις »,
καὶ « ὡς ἐώνημαι ταύτῃ », καὶ « ἣν ἂν θεῖτο ψῆφον ».

VI. Οὐδὲν δὲ ἧττον καὶ τὸν Ἰωάννην τοιούτοις κατ-
έθελγε ῥήμασι, « ὁ ἐμὸς, γάρ φησι, δεσπότης », καὶ θρόνον
ἐδίδου ἐγγὺς καθέζεσθαι, καὶ νεῦμα ἐζήτει παρ' ἐκείνου
λαβεῖν εἴ λαλεῖν βούλοιτο, καὶ ὡς ὄργανόν ἐστι τῷ τεχνίτῃ,
καὶ ὡς οὐχὶ τῆς κιθάρας τὸ μέλος ἀλλὰ τοῦ τὴν κιθάραν
μουσικῶς κρούοντος. Ἐτεθήπεσαν γοῦν ἅπαντες τὸ τοῦ
ἀνδρὸς εὔγνωμον, καὶ ὡς οὐ διημαρτήκει τῶν ἐλπίδων ὁ
Ἰωάννης ἐθαύμαζον. Τοὺς μὲν οὖν ἄλλους ἐλάνθανε τὸ
κλέμμα τῆς ἐκείνου ψυχῆς· ὁ δέ γε θεῖος ᾔδει μὲν ἀκριβῶς
ὅτι μέχρι τῆς γλώττης αὐτῷ ἡ λειότης, τὸ δὲ τραχὺ τοῦ
φρονήματος ἔνδον ὑποκρύπτεται καὶ ὑποτύφεται, καὶ ὅσῳ
μᾶλλον ἐκεῖνος ὑπεδίδου ταῖς μηχαναῖς, τοσοῦτον οὗτος
ὑπώπτευε καὶ τῆς γνώμης αὐτῷ τὸ ὕπουλον κατεμάνθανεν,

---

13 βοηθήσοντος S : βουήθήσαντος || 15 συνειληθεῖσαν S : συνηλη.

V 10 ἂν θεῖτο ψῆφον S : ἀνθεῖ τὸ ψ.

VI 5 κιθάραν S : -ρα || 13 ὑπώπτευε S : ὑποπ. || 13 κατεμάνθανεν S : -νε

perfidie de son esprit ; mais il ne savait que faire ni comment le déposer le plus aisément du pouvoir, après avoir une fois manqué ce but un jour où, cependant, les circonstances l'assuraient du succès. L'un donc[1] se tenait tranquille pour le moment, sans toutefois abandonner complètement son projet, destiné à en entreprendre l'exécution si l'autre se mettait à lui faire quelque injustice. Et l'autre revenait peu à peu de la considération exagérée que dans les débuts il lui avait manifestée, tantôt en n'attendant plus son avis dans les actes impériaux, tantôt en faisant et en disant des choses tout autres [que son oncle] aux personnes qu'il savait rebutées de lui.

VII. Quelqu'un qui contribua à attiser cette aversion de l'empereur à l'égard de son oncle, ce fut Constantin, le frère de ce dernier, jaloux depuis longtemps de ce que, seul entre tous ses frères, Jean eût en main l'administration de l'empire et fût comme leur maître plutôt que leur parent. Auparavant[2], il n'était pas en état d'étaler sa haine au grand jour, car leur frère et empereur[3] aimait et chérissait Jean d'une tendresse particulière, à la fois comme le membre le plus âgé de la famille et comme le personnage le plus sage et le plus expert dans la conduite des affaires, alors que, pour le reste de sa famille, gens ennemis de la modération et incapables de lui être utiles en quoi que ce soit dans l'administration de l'empire, il n'avait que haine et mépris[4] ; c'est pourquoi, lorsque l'empereur était irrité contre eux, plaidant en leur faveur, Jean dissipait sa colère et tournait son frère à la bienveillance. Tout jaloux donc que fussent ses frères, et surtout Constantin, de son crédit, il ne leur était du moins pas possible d'oser et d'exécuter quoi que ce soit contre lui.

VIII. Mais après la mort de leur frère et le passage du pouvoir à leur neveu, fort opportunément Constantin trouva contre Jean un motif d'attaque. Il avait, en effet,

---

1. Jean l'orphanotrophe.
2. Τότε μὲν s'oppose à ἐπεὶ δέ, qui ouvre le chap. VIII.
3. Michel IV.
4. Cf. *supra*, Hist. de Michel IV, chap. XV, sqq. Rappelons que cette famille de parvenus se composait de cinq frères : Jean l'orphanotrophe, l'empereur Michel IV, Nicétas, Constantin et Georges. Cf. Schlumberger, *Op. laud.*, III, p. 325.

ἀλλ' οὐκ εἶχεν ὅ τι καὶ δράσειεν ἢ ὅπως ἂν αὐτὸν ἐκ τοῦ ῥᾴστου ἀφέληται τὴν ἀρχήν, ἅπαξ ἀποσφαλεὶς τοῦ τοιούτου σκοποῦ, ὁπότε καὶ μάλιστα ὁ καιρὸς ἐδίδου τὴν χείρωσιν· ὁ μὲν οὖν ἡσύχαζε τέως, οὐ πάντη ἀφεὶς τὸ ἐνθύμημα, ἀλλ' ὡς ἐπιχειρήσων εἴ τι ἐκεῖνος παρανομεῖν ἐπ' αὐτὸν ἄρξεται. Ὁ δὲ ἐξ ὑπερβαλλούσης εἰς ἐκεῖνον τὰ πρῶτα αἰδοῦς κατὰ βραχύ τι παρήλλαττε, νῦν μὲν τὴν τούτου γνώμην οὐκ ἀναμένων ἐν ταῖς βασιλικαῖς πράξεσιν, νῦν δ' ἄλλο τι ποιῶν καὶ λέγων οἷς ἐκεῖνον μὴ ὑπενεγκεῖν ἠπίστατο.

VII. Γέγονε δὲ τούτῳ προσθήκη πρὸς τὴν τοῦ θείου διαβολὴν καὶ ὁ ἀδελφὸς Κωνσταντῖνος, ὃς δὴ πρὸ πολλοῦ ἦν τῷ Ἰωάννῃ βασκαίνων, ὅτι δὴ μόνος παρὰ τοὺς ἀδελφοὺς τῶν πραγμάτων εἶχε διοίκησιν, καὶ οἷον δεσπότης αὐτῶν· ἀλλ' οὐχ ὁμογενὴς ἦν, τότε μὲν | οὐχ οἷός τε ἦν τὸ μῖσος εἰς προὖπτον ἐξενεγκεῖν· ὁ γάρ τοι ἀδελφὸς ἐκείνων καὶ βασιλεὺς τὸν μὲν Ἰωάννην, ὡς καὶ τῶν ἄλλων πρεσβύτατον καὶ συνετώτατον ἄνδρα καὶ διεξητασμένον ἐν τῇ τῶν κοινῶν πραγμάτων ἐπιμελείᾳ, ὑπερηγάπα καὶ ἔστεργε, τὸ δὲ λοιπὸν γένος ὡς μήτε τὰ μέτρια ἠγαπηκότας μήτε τι ἐκείνῳ λυσιτελοῦντας εἰς τὴν τῆς βασιλείας διοίκησιν ἐμίσει καὶ ἀπεστρέφετο· ὅθεν καὶ χαλεπαίνοντος κατ' ἐκείνων τοῦ αὐτοκράτορος οὗτος αὐτοῖς διέλυε τὴν ὀργὴν καὶ τὸν ἀδελφὸν εἰς εὐμένειαν μετερρύθμιζεν· εἰ τοίνυν καὶ ἐβάσκαινον αὐτῷ τῆς δόξης ⟨οἱ⟩ ἀδελφοί, καὶ μάλιστά γε ὁ Κωνσταντῖνος, ἀλλὰ τολμῆσαί τι κατ' ἐκείνου καὶ πρᾶξαι ἀδύνατον αὐτοῖς ἦν.

VIII. Ἐπεὶ δὲ ὁ ἀδελφὸς ἐτεθνήκει, μεταπεπτώκει δὲ εἰς τὸν ἀνεψιὸν ἡ τοῦ κράτους διαδοχή, εὔκαιρον κατὰ τοῦ Ἰωάννου ὁ Κωνσταντῖνος ἔσχηκεν ἀφετήριον· ἦν γὰρ καὶ

---

14 δράσειεν S : -σιεν || 16 χείρωσιν K : χείρησιν || 17 ὡς S : ὣ || 19 αἰδοῦς S : αἰδοὺς || 20 παρήλλαττε S : -ήλαττε || 21 βασιλικαῖς S :-λεικαῖς.

VII 2 διαβολὴν S : διαϐουλὴν || 5 ὁμογενὴς S : ὁμονογενὴς || 15 οἱ add. S || 15 γε S : γ || 16 τολμῆσαί S : -μησαί.

préalablement entouré de soins l'empereur quand ce dernier occupait la dignité de césar ; il lui donnait à puiser dans ses trésors personnels tout ce qu'il voulait, et l'argent de Constantin était pour le césar une sorte de prytanée et de trésor public. Constantin l'achetait donc par ce moyen, et d'avance, de toute évidence[1], il cherchait à capter son esprit ; tous deux se confiaient mutuellement leurs secrets et nourrissaient à l'égard de Jean des sentiments d'inimitié[2], dans la pensée qu'il agissait contrairement à leurs décisions et qu'il visait à donner le pouvoir à un autre parent. Ainsi donc, en même temps qu'il est proclamé empereur, le césar élève Constantin à la dignité de nobilissime ; il lui fait partager sa vie, et par d'insignes témoignages de reconnaissance, il le payait de sa bienveillance d'antan.

IX. Ici, j'interromps un peu la suite de mon récit pour donner quelques détails préalables sur l'esprit et l'âme de l'empereur, afin que vous ne vous étonniez pas, chaque fois qu'il m'arrivera de parler de ses actes, qu'il les ait accomplis sans un mobile déterminé. En effet, cet homme était quelque chose de varié dans sa conduite, et le caractère de son âme était la diversité et la versatilité. Sa parole était tout l'opposé de ses sentiments, et, tout en décidant une chose, son langage déclarait le contraire[4] ; si irrité fût-il contre maintes personnes, il leur parlait avec beaucoup de bienveillance, ajoutant à ses paroles des serments terribles, ce qui l'amenait à les serrer sur sa poitrine et à les entretenir de la manière la plus amicale ; et beaucoup de ceux qu'il se proposait de soumettre le lendemain aux supplices les plus cruels, il les admettait la veille au soir à sa table et partageait avec eux la même coupe. Le titre de parents, que dis-je ? la communauté du sang familial, il les tenait comme une vétille, et ce n'eût été rien pour lui si une vague avait englouti tous ses proches. Il était

---

1. Passage obscur. J'interprète ὡς ἐπὶ προδήλῳ τῇ τύχῃ au sens de ἐκ προδήλου, et je vois dans προκατελάμβανεν un imparfait de conatu. On peut d'ailleurs expliquer aussi : « en vue de la fortune évidente ».
2. Cf. *infra*, chap. X.
3. Michel V était, comme son oncle Michel IV, épileptique.
4. *Litt.* il proférait des paroles autres.

προτεθεραπευκὼς τὸν αὐτοκράτορα ὁπηνίκα τὴν τοῦ καίσαρος εἶχε τιμήν· ἐδίδου γὰρ αὐτῷ τῶν οἰκείων ἀπαντλεῖν θησαυρῶν ὁπόσα καὶ ἐβούλετο, καὶ ἦσαν ἐκείνῳ τὰ τούτου χρήματα ἀντὶ πρυτανείου καὶ ταμιείου· ἐξωνεῖτο γοῦν αὐτὸν ἐντεῦθεν, καὶ ὡς ἐπὶ προδήλῳ τῇ τύχῃ τὴν ἐκείνου γνώμην προκατελάμβανεν, ἐκοινώνουν τε ἀπορρήτων ἄμφω ἀλλήλοις, καὶ διαβεβλημένως ἤστην πρὸς τὸν Ἰωάννην, ὡς ἀντεπιχειροῦντα τοῖς δόξασι καὶ συγγενεῖ ἑτέρῳ τὴν ἀρχὴν μνηστευόμενον. Ὁ τοίνυν καῖσαρ ὁμοῦ τε βασιλεὺς ἀνηγόρευται, καὶ ἐς τὴν τοῦ νωβελλισίμου τιμὴν ἀνάγει τὸν Κωνσταντῖνον, ὁμοδίαιτόν τε ποιεῖ, καὶ λαμπρὰς ἀπεδίδου τῆς προλαβούσης εὐνοίας τὰς ἀμοιβάς.

IX. Μικρὸν δὲ ἐντεῦθεν τὴν τοῦ λόγου ἐκκόψας διήγησιν περὶ τῆς τοῦ βασιλεύσαντος γνώμης τε καὶ ψυχῆς πρότερον ἀφηγήσομαι, ὅπως ἂν μὴ θαυμάζητε, ὁπηνίκα τι περὶ τῶν ἐκείνου πράξεων λέγοιμι, ὅπως αὐτὰς ἐξ οὐδεμιᾶς ἀρχῆς ἐσχεδίαζεν ὡρισμένης. Ὁ γὰρ ἀνὴρ οὗτος χρῆμά τι ποικίλον ἐγεγόνει τῷ βίῳ, καὶ ἦν αὐτῷ χαρακτὴρ τῆς ψυχῆς τὸ πολύμορφον καὶ πολύστροφον· εἶχε δὲ καὶ τὴν γλῶτταν πρὸς τὴν καρδίαν ἀντίθετον, καὶ ἄλλο τι βουλευσάμενος ἑτέρας ἠφίει φωνάς, καὶ δυσόργως ἔχων πολλοῖς εὐνοϊκώτερον προσωμίλει, ἀρρήτους ὅρκους τοῖς λόγοις ἐπιτιθείς, ὡς ἐνστερνίζοιτο τούτους καὶ ἥδιστα διαλέγοιτο· πολλοὺς δὲ ὧν ἐβούλετο κατὰ τὸ περίορθρον ἐσχάταις τιμωρίαις ὑποβαλεῖν, ἑσπέρας κοινωνοὺς ἐποιεῖτο τοῦ δείπνου καὶ τοῦ αὐτοῦ τούτοις ἐκοινώνει κρατῆρος· τά γέ τοι τῆς συγγενείας ὀνόματα, μᾶλλον δὲ ἡ κοινωνία τοῦ γενικοῦ αἵματος, παιδιά τις ἐδόκει τούτῳ, καὶ οὐδὲν αὐτῷ πρᾶγμα εἰ πάντας ἓν κῦμα ἐκάλυψε κατασχόν· ἐβάσκαινε δὲ τούτων οὐ βασιλείας μόνον,

VIII 4 αὐτοκράτορα S : -ωρα ‖ 13 νωβελλισίμου R : νοβ. ‖ 14 λαμπρὰς K : -ὸν.

IX 4 οὐδεμιᾶς R : οὐδὲ μιᾶς ‖ 8 ἄλλο τι S : ἀλλότι ‖ 12-13 ὑποβαλεῖν S : ὑποβαλλεῖν ‖ 14-15 ὀνόματα S : -τος ‖ 15 γενικοῦ S : γενν. ‖ 15 παιδιά S : -δειά ‖ 17 τούτων S : -τω

jaloux d'eux[1] non seulement au sujet de la possession du trône — cela était tout naturel —, mais même pour le feu, pour l'air et pour tout ce qui pouvait leur arriver[2]. Faire participer sa famille au pouvoir, si peu que ce fût, il ne le voulait pour aucun de ses parents, et il voyait, à ce que je crois, d'un mauvais œil toute nature supérieure, tellement il avait contre tous et en toute chose, d'aversion et de défiance. Servile, il l'était plus que quiconque dans l'adversité, et, dans sa conduite et dans son langage, il avait l'âme basse ; mais, sitôt qu'un bref retour de fortune lui souriait, sur-le-champ, jetant bas toute mise en scène et se dépouillant de son masque, il s'emplissait de colère et il accomplissait des actes terribles ou les tenait en réserve pour l'avenir[3]. Car il était incapable de contenir son courroux et, dans la versatilité de son âme, la première chose venue l'incitait à la haine et à la colère. Ainsi donc, l'aversion pour toute sa famille couvait dans son cœur ; mais il n'entreprit pas de supprimer immédiatement ses parents, car il craignait encore son oncle[4], qu'il savait remplir le rôle de père pour toute la famille.

X. Comme le fil de mon récit s'est trouvé interrompu, je reviens à la narration même des événements. Donc Constantin, une fois élevé à la dignité de nobilissime, secoua la crainte qu'il avait de son frère ; il rejette au loin le respect à son égard, discute contre lui avec plus de hardiesse, s'attaque avec plus d'audace à ses décisions. A l'empereur, il reprochait souvent sa sujétion vis-à-vis de lui, et il jetait son esprit dans une agitation profonde, et le prince qui, par ailleurs, se trouvait ébranlé à cette fin, était excité davantage encore et commençait à lui[5] marquer la plupart du temps du mépris. Pour Jean, il regardait comme une chose particulièrement terrible l'éventualité de perdre sa dignité et sa suprématie dans

1. C'est-à-dire de ses parents.
2. Entendez : de profitable.
3. *Litt.* des choses terribles, il faisait les unes et il tenait les autres en réserve.
4. Jean l'orphanotrophe.
5. C'est-à-dire à Jean. Sur tout ceci, voyez Schlumberger, *Op. laud.*, III, pp. 330 sqq. et 429.

τοῦτο γὰρ μέτριον, ἀλλὰ | καὶ πυρὸς καὶ ἀέρος καὶ τύχης ἁπάσης· κοινωνεῖν δὲ αὐτῷ τοῦ κράτους μικρὸν μὲν ἢ μηδένα τῶν ἁπάντων ἐβούλετο, ὃ δ' οἶμαι καὶ κρείττονι φύσει βασκαίνων ἦν· τοσοῦτον ἦν αὐτῷ τὸ κατὰ πάντων ἐν ἅπασιν ἀπόστροφόν τε καὶ ὕποπτον· δουλοπρεπῶς δὲ εἰ καί τις ἄλλος περὶ τὰς τῶν καιρῶν ἐναντιότητας ὤν τε καὶ λέγων, ἀνελευθέρᾳ τε ψυχῇ χρώμενος, ἐπειδὰν βραχεῖα τούτῳ μεταβολὴ πραγμάτων προσμειδιάσειεν, ὁ δὲ εὐθὺς τὰ τῆς σκηνῆς σκεδαννὺς καὶ τὸ ὑποβολιμαῖον εἶδος ἀποδυόμενος θυμοῦ τε εὐθὺς ἐνεπίμπλατο, καὶ τὰ μὲν τῶν δεινῶν ἐποίει, τὰ δὲ εἰς τὸ μέλλον ἐταμιεύετο· ὀργῆς τε γὰρ ἥττων ἦν καὶ ἄνθρωπος εὐμετάβολος, καὶ τὸ τυχὸν πρᾶγμα εἰς μῖσος αὐτὸν καὶ ὀργὴν ἀνερρίπιζεν. Ἐντεῦθεν μῖσος αὐτῷ κατὰ τοῦ γένους παντὸς ὑπετύφετο· διαλύειν δὲ αὐτοὺς εὐθὺς οὐκ ἐπεχείρησεν, ἔτι δεδιὼς τὸν θεῖον, ὃν ᾔδει πατρὸς λόγον πρὸς τὸ συγγενὲς ἐπέχοντα.

X. Ἐπεὶ δέ μοι ἡ προθεωρία τῆς ἀφηγήσεως ἐπιτέτμηται, ἐπ' αὐτὴν εἶμι πάλιν τὴν τῶν γεγονότων διήγησιν. Ὁ τοίνυν Κωνσταντῖνος, ἐπειδὴ καὶ νωβελλίσιμος ἐγεγόνει, καὶ τὸ ἐπικείμενον δέος περὶ τὸν ἀδελφὸν ἀπεσείσατο. ἀπορρίπτει μὲν τὴν πρὸς τοῦτον αἰδῶ, θρασύτερον δὲ διαλέγεται καὶ ἰταμώτερον ἐπεχείρει τοῖς ἐκείνῳ δόξασι, τῷ τε βασιλεῖ πολλάκις τὸ πρὸς ἐκεῖνον ὑποπεπτωκὸς κατωνείδιζε καὶ τὴν γνώμην αὐτῷ διεσάλευεν· ὁ δὲ, καὶ ἄλλως πρὸς τοῦτο διασεσεισμένος, ἔτι γε μᾶλλον ὑπεκινεῖτο, καὶ καταφρονεῖν αὐτοῦ τὰ πολλὰ ἤρχετο. Ὁ δὲ δεινὸν ἄλλως ἡγούμενος, εἰ καταλυθείη αὐτῷ τὸ ἀξίωμα καὶ ἡ πρὸς τὸ γένος ὑπεροχὴ, ἐπεὶ μὴ εἶχεν ἐκ τοῦ ῥᾴστου τὸν βασιλεύσαντα

---

22 δουλοπρεπῶς R : -πῆς || 23 ὤν S : ὧν || 24 ἀνελευθέρᾳ S : -θέρως || 24 ψυχῇ S : ψυχὴ || 25 προσμειδιάσειεν S : προμηδιά. || 26 σκεδαννὺς S : -ννὶς || 28 ἥττων S : ἥττον || 29 τυχὸν S : -ῶν || 31 διαλύειν S : δι'" ἀλλύειν.

X 2 εἶμι R εἶμι || 6 ἰταμώτερον S : -τέραν || 7 ὑποπεπτωκὸς S : ὑπεπ- || 8 διεσάλευεν S : δι' ἐσάλευε

les affaires ; mais, comme il ne pouvait pas très facilement destituer celui qui était empereur, pour arriver à ses fins, il médite un autre moyen, ainsi que moi-même, qui fus alors le témoin de ces événements, je l'ai conjecturé, car la plupart des contemporains n'ont pas eu connaissance de ce fait. Voulant donc, comme je le crois, transporter sur un de ses neveux, qui se nommait Constantin et qui avait la dignité de magistre, le commandement suprême des affaires, avec l'idée non pas d'attaquer lui-même l'empereur mais de fournir audit neveu les moyens d'un complot, mais alors, craignant que ce dernier, s'il était découvert, ne fût l'objet d'une accusation de tyrannie qui entraînerait du coup sa perte à lui et en même temps celle de toute sa famille[1], à l'avance il anticipe sur la fin de l'affaire, afin que pour lui le commencement en marchât à souhait[2], et il rend l'empereur favorable à sa famille et lui persuade d'accorder certaines choses, d'en promettre d'autres, en particulier l'exemption des misères qu'apporte l'existence : jusqu'à ce point l'empereur acquiesce à ses prières et confirme par écrit ses promesses, afin qu'il ait la garantie assurée de sa vie à venir. Mais, comme on rédigeait la lettre, Jean y met secrètement quelque chose, c'est que, si quelqu'un de ses neveux venait à être convaincu d'aspirer à l'empire, il ne serait ni puni ni jugé, mais qu'il tiendrait de son oncle ce privilège qu'on n'examinerait pas sa conduite.

XI. Donc, après avoir écrit cela, guettant l'occasion favorable, un jour qu'il vit que l'empereur n'apportait pas trop d'attention à certains écrits, il lui donne cette lettre [à signer] ; le prince, après l'avoir légèrement parcourue, la certifie en y apposant de sa main sa signature. Et Jean, dans la pensée qu'il avait réussi par là à se donner un secours précieux en vue du but qu'il se proposait, était épanoui et radieux, et, sans doute, il se tint prêt à l'exécution même. Mais cela fut pour lui le début de cruelles souffrances, comme le montrera en son temps mon récit détaillé des faits. Car, avant que l'or-

---

1. *Litt.* craignant que... et voyant avec crainte qu'il ne manquerait pas d'être perdu lui-même et toute sa famille avec lui.
2. *Litt.* selon la raison. Phrase obscure. Je la traduis littéralement.

καθελεῖν, ἕτερόν τι πρὸς τοῦτο βουλεύεται, ὡς αὐτὸς τηνικαῦτα τοῖς πράγμασιν ἐντυχὼν εἴκασα, τοὺς γὰρ πολλοὺς τὸ ἔργον διέλαθεν· ὡς γὰρ οἶμαι, βουλόμενος πρὸς ἕνα τῶν ἐκείνου ἀνεψιαδῶν, Κωνσταντῖνος οὗτος τὸ ὄνομα καὶ μάγιστρος τὸ ἀξίωμα, τὴν τῶν πραγμάτων μεταθήσειν ἀρχήν, οὐχ ὡς αὐτὸς τῷ βασιλεῖ ἐπιθησόμενος, ἀλλ' ὡς ἐκείνῳ δώσων τὰς τῆς ἐπιβουλῆς ἀφορμάς, εἶτα δὴ δεδιὼς μὴ ἁλοὺς ἐκεῖνος τυραννικαῖς αἰτίαις ἔνοχος γένοιτο καὶ οὐκ ἂν φθάσειε αὐτός τε ἀπολλύμενος καὶ τὸ λοιπὸν γένος συναπολλὺς, προϋφαρπάζει τὸ τέλος, ἵνα δὴ αὐτῷ κατὰ λόγον ἡ ἀρχὴ προχωρήσῃ, καὶ ἐξευμενίζεται τὸν κρατοῦντα πρὸς τὴν συγγένειαν, καὶ πείθει τὰ μὲν δοῦναι, τὰ δὲ ὑποσχέσθαι, ἄλλα τε καὶ ἐλευθερίαν ὧν ὁ βίος ἐπιφέρει δεινῶν· ὁ δὲ τέως ἐπινεύει ταῖς ἱκεσίαις καὶ τὰς ὑποσχέσεις ἐν γράμμασιν ἐπαγγέλλεται, | ἵν' ἔχοι ἐχέγγυον τὸ πιστὸν τῆς πρὸς τὸ μᾶλλον ζωῆς. Ἐπεὶ δὲ ἡ γραφὴ εὐθὺς ἐξυφαίνετο, ἐντίθησί τι λεληθότως τῶν ἀπορρήτων αὐτῇ, ὡς, εἰ καί τις τῶν ἐκείνου ἀνεψιαδῶν ἁλῴη τυραννικὸν βουλευόμενος, μήτε τιμωροῖτο μήτε δικάζοιτο, ἀλλ' ἀχθῇ τὸ ἀνεξέταστον παρὰ τοῦ θείου ἐξαίρετον.

XI. Ἐπεὶ οὖν τοῦτο ἐγεγραφήκει, καιρὸν φυλαξάμενος ἐπιτήδειον, ὁπηνίκα ἐκεῖνον εἶδε γράμμασί τισι πάνυ μὴ προσέχοντα, δίδωσι τὴν γραφήν· ὁ δὲ βραχύ τι ταύτην παραναγνούς, τοῖς διὰ τῆς χειρὸς βεβαιοῖ γράμμασι· καὶ ὁ Ἰωάννης, ὡς μέγα τι ἐφόδιον ἐντεῦθεν κατωρθωκὼς πρὸς τὸν οἰκεῖον σκοπόν, διεχεῖτό τε καὶ ἐγάννυτο, καὶ πρὸς αὐτὸ τοὖργον ἴσως ηὐτρέπιστο. Τόδε ἦν ἄρα ὠδίνων ἀρχή, δηλώσει δὲ καθεξῆς περὶ πάντων ὁ λόγος· πρὶν ἢ γὰρ προλαβεῖν

16 ἀνεψιαδῶν S : -άδων || 20 ἁλοὺς S : ἄλλους || 20 ἔνοχος S : ἔνηχος || 21 φθάσειε S : φθάσει || 27 ἐπαγγέλλεται : -έλεται || 29 τι λεληθότως S : τε λελυθότας || 29 καί τις S : κ' ἔτις || 31 τιμωροῖτο S : -ρεῖτο || 31 ἀχθῇ S : ἀχθί.

XI 2 εἶδε K : εἶδε || 3 προσέχοντα S : -τες || 7 τόδε R : τὸ δὲ || 8 καθεξῆς R : καθ' ἑξῆς

phanotrophe prenne l'avance dans ses desseins, l'empereur soupçonne ce qui va se passer, soit qu'il pressentît de lui-même les événements, soit que les gens de son entourage lui fissent connaître leur propre pensée[1], en disant qu'ils ne supporteront plus son abaissement, mais qu'ils feront tout en vue de cette alternative, ou lui maintenir intacte sa dignité, ou périr avec l'État[2].

XII. Ainsi donc, à partir de ce moment, non seulement il ne rendait plus à Jean aucun des honneurs qui lui étaient dûs, mais encore il le contrecarrait sur les actes à exécuter. Des conférences avaient bien lieu encore entre eux à de longs intervalles ; mais, quand ils se réunissaient, la mauvaise volonté se manifestait au grand jour. Une fois qu'ils dînaient ensemble, Constantin, ayant amené la conversation[3] sur un fait particulier, après avoir entendu l'un et l'autre exprimer leur opinion, loua et acclama celle de l'empereur comme excellente et tout à fait digne d'un prince, tandis que celle de son frère, il la repoussait comme trompeuse et perfide ; puis, poussant un peu de l'avant, il arrive aux grands mots ; il évoque son orgueil antérieur et incrimine sa fourberie présente et sa méchanceté. Incapable de supporter avec patience les traits de telles paroles, Jean se leva incontinent, et, au lieu de rentrer dans sa demeure coutumière, il se transporta quelque part loin de la capitale, pensant qu'à la suite de cet acte, l'empereur allait le presser de prières et de supplications et le ramener en grande hâte au palais impérial. Or, dans sa retraite non seulement l'avait suivi sa garde du corps personnelle, mais encore s'en étaient allés avec lui bon nombre de sénateurs qui ne tenaient pas à lui par les liens de l'amitié, mais qui, pour la plupart, convaincus de son retour presque immédiat à sa condition précédente, escomptaient par avance sa faveur et faisaient de leur départ une matière à rallumer son souvenir.

XIII. Pour l'empereur, il lui était sans doute fort

---

1. *Litt.* soupçonne l'avenir, d'une part en pressentant de lui-même, d'autre part ceux de son entourage lui faisant connaître, etc.
2. *Litt.* avec les affaires.
3. Construction remarquable de $\dot{\epsilon}\mu\beta\acute{\alpha}\lambda\lambda\omega$ avec génitif.

τὸν ὀρφανοτρόφον τὸ μελετώμενον, αὐτὸς τὸ μέλλον ὑφορᾶται, τὰ μὲν ἀφ' ἑαυτοῦ προγινώσκων, τὰ δὲ τῶν περὶ αὐτὸν τὴν οἰκείαν γνώμην ἐξαγγελλόντων, ὡς οὐκ ἔτι τὴν ὕφεσιν καρτερήσουσιν, ἀλλὰ πάντα πράξουσιν, ὥστε δυοῖν θάτερον ἢ ἑαυτῷ διαφυλάξασθαι τὸ ἀξίωμα ἢ συναπολεῖσθαι τοῖς πράγμασιν.

XII. Τοιγαροῦν ἐντεῦθεν οὐ μόνον οὐδὲν τῆς προσηκούσης αὐτῷ τιμῆς ἔνεμεν, ἀλλὰ καὶ περὶ τῶν πρακτέων διημφισβήτει· σύνοδοί τε τούτοις ἐκ μακρῶν τῶν διαστημάτων ἐγίγνοντο, ὁπότε δὲ καὶ συνέλθοιεν ἐπίδηλον τὸ ἀκούσιον ἦν. Συνεστιωμένοις δέ ποτε λόγον ὁ Κωνσταντῖνος ἐμβαλὼν πράξεως καὶ τὰς γνώμας ἑκατέρων μεμαθηκώς, τὴν μὲν τοῦ κρατοῦντος ὡς χρηστοτάτην καὶ βασιλικωτάτην ἐπῄνεσέ τε καὶ ἀνευφήμησε, τὴν δὲ τοῦ ἀδελφοῦ ἐπίβουλον ἀνεῖπε καὶ δολεράν, καὶ βραχύ τι προϊὼν ἐς μέγα προὔχώρησε, τῆς τε προτέρας ἀνέμνησεν ὑπεροψίας καὶ τὸ ἐς τὸ παρὸν ὕπουλον αὐτοῦ ἀπήλεγξε καὶ κακόηθες· ὁ δὲ, μὴ καρτερήσας τὰς τοσαύτας τῶν λόγων βολάς, ἀναστὰς εὐθὺς οὐκ εἰς τὴν εἰωθυῖαν ἀπεληλύθει σκηνήν, ἀλλὰ πόρρω ποι τοῦ Ἄστεος ἐξήνεγκεν ἑαυτόν, οἰόμενος ἐντεῦθεν τὸν κρατοῦντα κα[τα]δεηθήσεσθαι τούτου καὶ προσλιπαρήσεσθαι, καὶ μετενεγκεῖν θᾶττον εἰς τὰς βασιλείους αὐλάς. Ἀναχωρήσαντι δὲ οἵ ἥ τε οἰκεία δορυφορία εἵπετο, καὶ πολύ τι πλῆθος συναπεληλύθει τῆς συγκλήτου βουλῆς, οὐ δεσμοῖς εὐνοίας κρατούμενον, ἀλλ' οἱ πλείους, οἰόμενοι ὡς τάχιστα ἐπανήξειν εἰς τὰς προτέρας διατριβάς, προκατελάμβανον τὴν τούτου εὐμένειαν καὶ τὴν ἔφοδον μνήμης ἐποιοῦντο ἐμπύρευμα.

XIII. Τῷ δὲ κρατοῦντι οὐχ οὕτως ἥδιστον ἐδόκει τὸ

9-10 ὑφορᾶται Κο : φωρᾶται || 11 ἐξαγγελλόντων S : -αγγελό. || 12 καρτερήσουσιν S : -σαν || 12 πράξουσιν S : -σαν || 13 διαφυλάξασθαι S : διεφ.

XII 2 ἔνεμεν P : ἕνεκεν || 8 ἀνευφήμησε S : ἀνεφ. || 13 ἀπεληλύθει S : -θη || 16 μετενεγκεῖν S : μεταν.

agréable de voir Jean éloigné des affaires ; mais ce n'en était pas moins pour lui un sujet de peine et de soupçon que cette affluence des gens de la capitale dans sa retraite, car il craignait qu'ils ne fissent quelque révolution contre lui. C'est pourquoi fort perfidement et malignement il lui reproche par lettre son orgueil exagéré, et il le rappelle soi-disant pour lui communiquer les secrets d'État. L'autre tout aussitôt arrive, inférant de là que le prince irait au devant de lui, qu'il le saluerait de paroles convenables et qu'il lui rendrait les honneurs accoutumés[1]. Mais l'empereur, comme c'était jour de théâtre et que le moment de s'y rendre était venu, sans attendre pour voir son oncle, partit plus tôt que de coutume, sans laisser pour Jean aucune indication. Celui-ci, dès qu'il eut connaissance de cette conduite, s'estimant davantage encore bafoué et repoussé, s'en retourna sur-le-champ en grande colère, ne doutant plus des dispositions de l'empereur à son égard, mais parfaitement averti par les faits mêmes de son animosité. Donc le statut de leur amitié était de tout point rompu et l'un tramait des embûches contre l'autre, surtout Jean, qui, comptant comme simple citoyen, méditait en cachette et secrètement son attaque ; quant au prince, mettant à profit son pouvoir souverain, c'est sans déguisement déjà qu'il fait éclater sa haine. Et donc il lui ordonne de monter dans un vaisseau et de venir rendre compte de son mépris de l'empereur et de son refus d'obéissance[2].

XIV. Donc Jean faisait voile vers l'empereur qui, du haut du palais, regardait vers la mer. Comme le navire qui portait son oncle allait aborder au Grand Port[3], il fit du palais aux hommes du navire qui entrait dans la rade, ainsi qu'il les en avait avertis à l'avance, le signe de retourner le vaisseau ; alors une autre trière, qui se tenait derrière toute prête à prendre le large, ayant accosté la première, prend Jean à son bord et l'emporte vers un exil lointain. Ainsi donc, celui qui, grâce à lui, était devenu d'abord césar et ensuite empereur, ne conserva pas même

---

1. *Litt.* qu'il accomplirait les choses accoutumées.
2. *Litt.* de ce qu'il ne veut pas précisément obéir.
3. Au pied du Palais Sacré, en bordure du port.

ἐκεῖνον τῶν πραγμάτων ὑπεξελθεῖν, ὅσον λυπηρὸν | καὶ
ὕποπτον κατεφαίνετο τὸ πολὺ τῆς Πόλεως πλῆθος ἐκεῖσε
συρρέον, δεδιότι μή τι καὶ νεώτερον ἐπ' αὐτῷ δράσειαν · διὰ
ταῦτα ὑπούλως ἄγαν καὶ κακοήθως προσονειδίζει τε τούτῳ
διὰ γραμμάτων τὴν τοσαύτην ὑπεροψίαν καὶ μετακαλεῖται
ὡς κοινωνήσων τῶν ἀπορρήτων τούτῳ · ὁ δ' εὐθὺς ἀφικνεῖται, δόξαν ἐντεῦθεν εἰληφώς, ὡς προϋπαντήσοι αὐτῷ καὶ τά
τε εἰκότα προσφθέγξοιτο καὶ τὰ εἰωθότα διαπράξοιτο. Ὁ
δὲ, ἐπειδὴ περὶ ἡμέραν θεάτρου ὁ καιρὸς ἦν, οὐκ ἀναμείνας
τὸν θεῖον ἰδεῖν, πρωϊαίτερον ἀπεληλύθει, οὐδέν τι σύνθημα
ἐκείνῳ λιπών · ὁ δὲ, ὡς τοῦτο μεμαθήκει, ἔτι μᾶλλον ὑβρίσ-
θαι δόξας καὶ ἠθετῆσθαι, σὺν πολλῷ τῷ θυμῷ εὐθὺς ἐπα-
ναστρέφει, οὐκ ἔτι ἐπενδοιάζων ἐπὶ τῇ τοῦ βασιλεύοντος
γνώμῃ, ἀλλ' ὅτι δυσμενῶς αὐτῷ ἔχει ἀπὸ τῶν πραγμάτων
ἠκριβωκώς. Διαλέλυτο γοῦν αὐτοῖς παντάπασιν ὁ τῆς φιλίας
θεσμὸς καὶ ἅτερος θατέρῳ ἀντεπιβουλεύει, μᾶλλον δὲ ὁ μὲν,
ἅτε ἐν ἰδιώτου τελῶν σχήματι, κρυφίως καὶ λανθανόντως
αὐτὸν μετιέναι διενοεῖτο · ὁ δὲ, τῇ βασιλικῇ ἀποχρώμενος
ἐξουσίᾳ, καθαρῶς ἤδη πρὸς ἀπέχθειαν ἀναρρήγνυται· προσ-
τάττει γοῦν αὐτῷ εἰς ναῦν τε ἐμβῆναι καὶ ἀφικέσθαι
ἀπολογησομένῳ, διότι τε ἐκείνου καταφρονεῖ καὶ οὐ πάνυ
ἐθέλει πείθεσθαι.

XIV. Ὁ μὲν οὖν τὸν πλοῦν πρὸς αὐτὸν ἐποιεῖτο, ὁ δὲ
ἀπὸ μετεώρου τῶν βασιλείων βλέπων εἰς θάλασσαν, ἐπειδὴ
τῷ μεγάλῳ λιμένι ἡ φέρουσα τὸν θεῖον προσορμίσειν ἔμελλε
ναῦς, σύνθημά τι δοὺς ἄνωθεν τοῖς καταπλέουσιν, ὅπερ δὴ
καὶ προείρητο αὐτοῖς, ἐπιστρέφειν τὴν ναῦν, κατόπιν δὲ
ἑτέρα τριήρης πρὸς ἀναγωγὴν ἕτοιμος τὴν προτέραν ἐπικα-
ταλαβοῦσα τοῦτον εἰς ὑπερορίαν ἄγει μακράν. Οὐδὲ τοσοῦτον γοῦν αὐτῷ ὁ δι' ἐκείνου τε καῖσαρ πρῶτον καὶ βασιλεὺς

XIII 4 καὶ νεώτερον S : καινεώ. ‖ 7 τούτῳ S : τοῦτο ‖ 11 πρωϊαίτερον
S : προϊ. ‖ 11 ἀπεληλύθει R : ἀν. ‖ 12 μεμαθήκει R : -κοι ‖ 12-13 ὑβρί-
σθαι! S : -ῖσθαι ‖ 14 ἐπενδοιάζων S : -δυάζων ‖ 18 κρυφίως S : -φύως ‖ 21
ναῦν S : ναῦ ‖ 22 καταφρονεῖ S : -εῖν.

de son respect d'autrefois juste assez pour lui infliger son châtiment avec quelque pudeur : bien au contraire, il le jette dans une terre réservée aux seuls bandits, bien que, dans la suite, lorsque sa colère se fut quelque peu détendue, il ait jugé bon d'apporter quelque adoucissement à sa vengeance[1]. Donc Jean partit non pas seulement pour épuiser cette vengeance, mais encore pour voir malheurs sur malheurs ; car le destin que lui avait donné en partage la Providence[2] (pour parler en termes modérés) ne cessa pas de le payer de tortures sans fin, jusqu'à ce qu'enfin elle lança sur ses yeux la main du bourreau et lui procura une mort violente, terrible et sans délai.

XV. Et comme cet homme terrible, lorsqu'il se fut arrangé une monarchie à la mesure de ses épaules, n'avait dans l'esprit aucune pensée mesurée pour ce qui regarde le gouvernement, mais comme il s'efforçait de tout transformer de but en blanc et de tout changer selon son bon plaisir, il n'accordait à aucun des dignitaires ni un regard ni une pensée de bienveillance, mais il les effrayait tous à la fois par ses paroles et par ses manières tyranniques. Or, ce qu'il voulait, c'était ceci précisément : montrer que les sujets étaient vraiment sujets et déposséder la plupart des dignitaires de leurs privilèges habituels, mais aussi revendiquer pour le peuple la liberté, dans l'intention de se faire garder par la multitude plutôt que par la noblesse. Quant au soin de sa garde du corps, il entreprenait de le transférer à des jeunes Scythes qu'il avait achetés depuis longtemps, tous eunuques, mais pliés à ses sentiments et bons pour le service de ce qu'il voulait. Il était sûr, en effet, de leur fidélité, car il les avait honorés des grades supérieurs ; et il avait les uns pour garder son corps, et les autres pour subvenir à quelque autre de ses volontés.

XVI. Mais alors, ses volontés se trouvaient ainsi

---

1. C'est l'empereur Constantin IX, en effet, qui, s'acharnant à son tour contre lui, donna l'ordre de lui crever les yeux. Cf. Schlumberger, *Les Iles des Princes*, 181.

2. *Litt.* la part de Providence qui lui était échue. C'est sans doute à cause du sens de ce mot que Psellos ajoute la restriction qui suit. Le terme est, comme διαμείβουσα « rémunérer », d'une amère ironie.

γεγονὼς ὕστερον τοῦ προτέρου σεβάσματος διεφύλαξεν, ὥστε μετά τινος μετρίας αἰδοῦς τὴν τιμωρίαν τούτῳ ποιήσασθαι· ἀλλ' εἰς χῶρον ἐλαύνει ὃς δὴ τοῖς ληστεύσασι μόνοις ἀφώρισται, εἰ καὶ μετὰ ταῦτα, βραχύ τι ἀνεθέντος αὐτοῦ τοῦ θυμοῦ, βραχείας τινὸς παραμυθίας ἠξίωσεν. Ὁ μὲν οὖν ἀπῆλθεν οὐ μόνον ταύτην ἀπαντλήσων τὴν δίκην, ἀλλὰ πολλὰς ἐπὶ πολλαῖς συμφοραῖς θεασόμενος· οὐ γὰρ ἔστη ἡ λαχοῦσα τούτῳ τῆς Προνοίας μερίς, οὕτω γὰρ εἰπεῖν μετριώτερον, πολλαῖς καὶ συνεχέσι κακώσεσι διαμείβουσα, ἄχρις ἂν αὐτῷ καὶ δημίου χεῖρα τοῖς ὀφθαλμοῖς ἐπαφῆκε καὶ δεινὸν ἐξ ὑπογυίου καὶ βιαιότατον θάνατον.

XV. Ἐπεὶ δὲ ὁ δεινὸς ἐκεῖνος ἀνὴρ ὡς τοῖς ὤμοις αὐτῷ μοναρχίαν κατεσκευάκει, οὐδὲν τῶν | μετρίων περὶ τὴν πολιτείαν διενοεῖτο, ἀλλ' εὐθὺς ἐπεβάλλετο μεταθήσειν πάντα καὶ μεταστήσειν πρὸς ἅπερ αὐτὸς ἐβούλετο, οὐδενὶ γοῦν τῶν ἐν τέλει εὔνουν ἐδίδου τὸ βλέμμα ἢ τὴν ψυχήν, ἀλλ' ἐξεδειμάτου πάντας τυραννικοῖς ὁμοῦ καὶ λόγοις καὶ νεύμασι· ἐβούλετο δὲ αὐτὸ τοῦτο ὑπήκοον ὡς ἀληθῶς ἐνδείξασθαι τὸ ἀρχόμενον, καὶ τοὺς μὲν πολλοὺς τῶν ἐν τέλει παῦσαι τῶν συνήθων ἐξουσιῶν, ἐλευθερίαν δὲ τῷ δήμῳ μνηστεύεσθαι, ἵνα τοῖς πολλοῖς μᾶλλον ἢ τοῖς ὀλίγοις δορυφοροῖτο· τὴν δὲ τοῦ σώματος φρουρὰν ἐς Σκυθικὰ μεταθήσειν ἐπεχείρει μειράκια, ἅπερ αὐτῷ ἐώνητο πρὸ πολλοῦ, ἀποτετμημένα πάντα καὶ τὴν ἐκείνου γνώμην εἰδότα, καὶ πρὸς τὴν ὑπηρεσίαν ὧν ἐβούλετο εὐπρεπῆ· ἐθάρρει γὰρ ταῖς εὐνοίαις αὐτῶν, ἐπειδὴ καὶ ἀξιώμασι τῶν ὑψηλοτέρων τετίμηκε· καὶ τὰ μὲν περὶ τὸ σῶμα εἶχε, τὰ δ' ἄλλο τι τούτῳ τῶν βουλητῶν διηκόνει.

XVI. Ἀλλὰ τὰ μὲν βουλεύματα οὕτω ἐπιτελῆ καθ-

XIV 10 μετρίας S : -ίους || 15 θεασόμενος K : -σάμενος || 16-17 μετριώτερον S : -ότερον || 19 ἐξ ὑπογυίου S : ὀξυπογυίου || 19 βιαιότατον S : -ώτατον.

XV 7 αὐτὸ S:αὐτῶ || 8 μὲν: με quod corr. in μὲν altera manus || 11 ἐς Σκυθικὰ S : ἐς κυθικὰ || 17 διηκόνει S : διοικ.

mises à exécution, et l'élite du peuple de la capitale, et toute la populace qui grouille sur le marché et les gens de métiers manuels, il se les conciliait, captant par ses faveurs les bonnes dispositions de la foule, pour s'assurer, en cas de besoin, son appui en vue de ce qu'il songeait à faire[1]. Et eux, ils lui étaient attachés et ils lui témoignaient leurs sentiments par des marques extérieures de respect, en ne le laissant pas marcher sur le sol nu, mais en considérant comme une chose terrible, absolument, s'il ne marchait pas sur des étoffes et si son cheval ne jouissait pas de tapis de soie. Toujours est-il que le basileus, encouragé par ces démonstrations, commence à mettre à nu le dessein de son âme. Contre l'impératrice, en effet, contre celle qui, contrairement à toute convenance et raison, était devenue sa mère, il était ivre de fureur, et ce sentiment datait de loin, du jour où il avait obtenu d'elle le pouvoir ; et, parce qu'il l'avait une fois appelée sa souveraine[2], il eût voulu se couper la langue avec les dents et cracher cet organe avec horreur.

De la haine et de l'envie de l'empereur contre l'augusta.

XVII. Et quand, dans les acclamations publiques, il entendait prononcer le nom de l'impératrice avant le sien, il ne pouvait même plus se contenir. Aussi, pour commencer, il la repoussait et s'en écartait, ne lui communiquant aucune de ses pensées, ne lui donnant aucune part des trésors impériaux, mais la méprisant totalement, et, pour dire le mot, faisant d'elle un objet de risée, la tenant prisonnière comme une ennemie et l'astreignant à la réclusion la plus ignominieuse, contrôlant[3] jusqu'à ses femmes, fouillant le gynécée, sans nul égard pour ce qui avait été convenu avec elle. Puis, comme cela ne le satisfaisait pas encore, il lui inflige le suprême malheur[4]

---

1. *Cf. infra*, l. 11 sq. et tout le récit qui suit.
2. Cf. *supra*, chap. V.
3. *Litt.* s'appropriant.
4. Sur ces événements, voyez Schlumberger, *Les Iles*, etc,, p. 179 sqq. ; *Ép. byz.*, III, 355 sqq. ; Diehl. *Fig. Byz.*, Zoé, 260 sqq. Le récit même de Le Beau, XIV, 310 sqq. ne manque pas d'intérêt.

εστήκει, τὸν δ' ἀπόλεκτον δῆμον τῆς Πόλεως καὶ ὅσοι τῆς ἀγοραίου τύρβης ἢ τῶν βαναύσων τεχνῶν ᾠκειοῦτο, ταῖς εὐμενείαις τὰς τῶν πολλῶν προκαταλαμβάνων γνώμας, ἵν' ἔχοι πρὸς τὰ μελετώμενα, εἰ δεήσοι, βοήθειαν· οἱ δὲ ἐξήρτηντό γε ἐκείνου, καί τισι φαινομέναις εὐνοίαις τὰς γνώμας ἐγνώριζον, οὐδὲ προβῆναι ἐῶντες ἐπὶ ψιλοῦ τοῦ ἐδάφους, ἀλλὰ δεινὸν ἄλλως ποιούμενοι, εἰ μὴ δι' ὑφασμάτων προΐοι καὶ ἐπιτρυφῴη αὐτῷ ὁ ἵππος τοῖς σηρικοῖς καταστρώμασι. Τούτοις γοῦν ἐπαρθεὶς ἐκεῖνος τὸ τῆς ψυχῆς ἀνακαλύπτειν ἀπάρχεται βούλευμα. Τῇ γὰρ βασιλίδι καὶ παρὰ τὸν προσήκοντα λόγον ἐκείνου μητρὶ ἐμεμήνει μὲν καὶ πρότερον ἡνίκα ὑπ' ἐκείνης τοῦ κράτους ἔτυχε, καὶ ὅτι δεσπότιν προειρήκει ποτὲ, ἐβούλετο καὶ τὴν γλῶσσαν τεμεῖν τε τοῖς ὀδοῦσι καὶ ἀποπτύσαι τὸ μέλος.

Περὶ τοῦ πρὸς τὴν αὐγούσταν μίσους καὶ φθόνου τοῦ βασιλέως.

XVII. Ἐπεὶ δὲ ἐν ταῖς κοιναῖς εὐφημίαις προλαμβανόμενον τὸ ταύτης ἐνωτίζοιτο ὄνομα οὐδὲ καθεκτὸς ἦν ἔτι· ὅθεν τὰ μὲν πρῶτα παρηγκωνίζετο ταύτην καὶ ἀπεστρέφετο, οὔτε βουλευμάτων αὐτῇ κοινωνῶν οὔτε μήν τι μέρος τῶν βασιλείων διδοὺς θησαυρῶν, ἀλλὰ πάντα κατολιγωρῶν, εἰπεῖν δὲ καὶ καταγελῶν, τειχήρη τε οἷα δὴ πολεμίαν τηρῶν, καὶ φρουρᾷ καταλαμβάνων ἀτιμοτάτῃ, τάς τε θεραπαινίδας αὐτῆς οἰκειούμενος καὶ τὴν γυναικωνῖτιν διερευνώμενος καὶ μηδενὸς τῶν συντεθειμένων πρὸς ταύτην ἐπιστρεφόμενος. Ἐπεὶ δὲ οὔπω τούτων κεκόρεστο, τὴν ὑστάτην | αὐτῇ ἐφ-

XVI 5 ἔχοι S : ἔχει ‖ 6 ἐξήρτηντό S : ἐξήρτο ‖ 6 εὐνοίαις S : ἐννοίαις ‖ 7 ἐῶντες S : ἐῶνταις ‖ 9 ἐπιτρυφώη Κ : -φῶν ‖ 12 ἐμεμήνει S : ἐμεμείνη ‖ 14 δεσπότιν S : -την quod corr. in -τιν librar.

XVII 4 ἐνωτίζοιτο S : ἐνωπί. ‖ 6 τι Κ : τε ‖ 7 κατολιγωρῶν S : -γορῶν ‖ 9 φρουρᾷ S : -ρὰ ‖ 10 γυναικωνῖτιν S : -νίτην ‖ 10 διερευνώμενος S : δι' ἐρευνώ. ‖ 11 μηδενὸς S : μὴ δενῶς

et il veut la chasser du palais, en se couvrant non pas même d'un honnête prétexte, mais de l'invention la plus misérable et la plus mensongère, afin que le fauve ait à lui tout seul tout le palais à habiter. Une fois donc cela réglé dans son esprit, il négligea toute autre affaire impériale, et, pour mener à bonne fin ce coup d'audace, il mettait en œuvre toute pensée et tout moyen.

XVIII. Tout d'abord donc, il fait part de ses intentions aux plus audacieux de ses familiers ; ensuite, poursuivant ses plans petit à petit, il sondait aussi ceux des autres qu'il savait avoir de la justesse d'esprit et d'autres qualités intellectuelles. Les uns l'encourageaient et l'exhortaient à faire ce qu'il avait décidé ; les autres l'en détournaient absolument ; d'autres lui conseillaient de soumettre l'affaire à une étude plus exacte ; d'autres estimaient qu'il fallait faire reposer l'exécution de la chose sur un pronostic astrologique, savoir si les conjectures étaient favorables et si quelque aspect des astres ne s'opposait pas à l'entreprise. Et lui, siégeant devant eux, écoutait gravement ces avis : il n'hésitait pas à faire quoi que ce fût qui pût lui être profitable (car, de toute manière, il se pressait de réaliser son projet) ; toutefois, laissant de côté les conseils des autres, il essaya de connaître l'avenir au moyen de l'astronomie.

XIX. Il y avait alors tout un groupe d'hommes distingués qui s'occupaient de cette science, et moi-même j'ai été en relations avec eux. Se préoccupant peu du sens des positions et des mouvements des astres de la sphère céleste (car ils n'avaient pas appris par avance l'art de démontrer en pareille matière par les lois impérieuses de la géométrie et, certes, ils ne les connaissaient pas auparavant), mais se bornant à établir les centres[1],

---

1. *Litt.* établissant les centres ainsi, simplement. Τὰ κέντρα désigne les 4 points cardinaux du cercle du zodiaque. On considérait les montées des signes du zodiaque au-dessus et leurs descentes au-dessous du plan de l'horizon et le moment où se produisaient ces phénomènes. Les planètes dominantes, οἰκοδεσπόται, sont celles sous lesquelles on naît ; τὰ σχήματα désigne les manières dont elles sont en opposition les unes avec les autres. Chaque signe était divisé en plusieurs fractions distribuées entre les cinq planètes et représentant leur influence ; les limites ou bornes de ces fractions s'appelaient τὰ ὅρια.

ίστησι συμφοράν, και βούλεται άπελάσαι των βασιλείων, οὐδὲ μετ' εὐσεβοῦς σχήματος, ἀλλὰ μετά τινος αἰσχίστου καὶ ψευδοῦς πλάσματος, ἵν' ἔχοι μόνος ὁ θὴρ ἐν τοῖς βασιλείοις αὐλίζεσθαι· τοῦτο γοῦν ἅπαξ ἐν τῇ ψυχῇ θέμενος, πάσης μὲν ἄλλης καταπεφρονήκει βασιλικῆς πράξεως, ὅπως δὲ ἐπιτελὲς ποιήσει τὸ τόλμημα πᾶσαν ἐκίνει καὶ γνώμην καὶ μηχανήν.

XVIII. Πρῶτα μὲν οὖν κοινοῦται τὸ βούλευμα τῶν οἰκειοτέρων τοῖς θρασυτέροις, ἔπειτα δὲ προϊὼν κατ' ὀλίγον καὶ τῶν ἄλλων ἀπεπειρᾶτο ὁπόσους ᾔδει καὶ φρονήματος ἀκριβοῦς καὶ τῆς ἄλλης μετεσχηκότας συνέσεως· ὧν οἱ μὲν ὑπεκίνουν καὶ ποιήσειν τὰ δόξαντα συνεβούλευον, οἱ δὲ παντάπασιν ἀπειρήκεσαν, οἱ δὲ εἰς ἀκριβεστέραν μελέτην θεῖναι τὸ πρακτέον παρῄνουν, τοῖς δὲ ἐδόκει εἰς μαθηματικὴν πρόγνωσιν ἀναθεῖναι τὸ βούλευμα καὶ γνῶναι εἰ εὔθετος πρὸς τὴν κατάπραξιν ὁ καιρός, καὶ μή τι σχῆμα τῶν οὐρανίων ἐμποδίζοι τῷ ἐγχειρήματι· ὁ δὲ τούτων ἁπάντων σεμνὸς ἀκροατὴς προκαθήμενος, πράξειν μὲν οὐδ' ὁτιοῦν ἔμελλε τῶν φερόντων εἰς ὄνησιν (ἐκ παντὸς γὰρ τρόπου πρὸς τὸ βεβουλευμένον ἠπείγετο), ὅμως δ' οὖν τοῖς τῶν ἄλλων λόγοις χαίρειν εἰπὼν τὸ ἐσόμενον διὰ τῶν ἀστρονομούντων ἐμάνθανεν.

XIX. Ὑπῆρχε δὲ τηνικαῦτα μοῖρα οὐκ ἀγενὴς τῆς περὶ ταῦτα μαθήσεως, ἄνδρες οἷς κἀγὼ συνωμίλησα, τῶν μὲν περὶ τὴν σφαῖραν τάξεων καὶ κινήσεων ἔλαττον πεφροντικότες τὸν νοῦν (οὔτε γὰρ γεωμετρικαῖς ἀνάγκαις τὴν περὶ ταῦτα ἀπόδειξιν προειλήφεισαν οὔτε μὴν προέγνωσαν), ἀλλ' ἁπλῶς οὕτως τὰ κέντρα ἱστῶντες, εἶτα δὴ τὰς ἀναφοράς τε καὶ ἀποκλίσεις τοῦ ζωηφόρου κύκλου καταμανθάνοντες

13 συμφορὰν S: -ρᾶν || 18 ἐκίνει S: ἐκίνειν.

XVIII 1 κοινοῦται S: κιν. || 7-8 μαθηματικὴν S: μαθητικὴν || 11 ἀκροατὴς S: ἀκροάτης || 11 πράξειν S: πράξιν.

XIX 6 οὕτως S: οὕτων || 7 ἀποκλίσεις S: -κλείσεις

puis alors examinant les ascensions et les descentes du cercle zodiacal et tout ce qui s'y rattache, je veux dire les planètes dominantes et les lieux des aspects planétaires ainsi que leurs limites, et tout ce qui chez eux est favorable et défavorable, ils prédisaient à ceux qui les avaient questionnés quelqu'une des choses sur lesquelles ils les avaient interrogés. Et certes, quelques-uns d'entre eux tombaient juste dans leurs réponses. Je dis cela parce que moi-même je connais cette science, pour l'avoir depuis longtemps étudiée, et que j'ai été utile à beaucoup de ces savants pour la compréhension des aspects planétaires, sans croire toutefois que les choses humaines soient régies par les mouvements des astres ; mais ce point-là, comme il donne lieu à de nombreuses controverses dans un sens et dans l'autre, remettons-le à un autre examen.

XX. Celui donc qui était alors empereur, tenant cachée la nature particulière de l'acte en jeu, laisse dans le vague la question qu'il leur pose, ajoutant seulement cette demande si les astres ne seraient pas contraires à quelqu'un qui a osé de grandes choses. Et eux, après avoir fait leurs observations et examiné au moment opportun toute la phase critique des aspects planétaires, voyant que tout était plein de sang et de désolation, interdisent à l'empereur son entreprise ; les plus habiles d'entre eux remettent l'affaire à un autre moment. Mais lui, se répandant contre eux en un large rire, et se moquant de leur science comme mensongère : « Au diable ! vous autres, dit-il ; moi, avec une audace plus grande, je dépasserai l'exactitude de votre science. »

XXI. Sur-le-champ donc, le voilà à l'œuvre et tout de suite il éclate. Inventant certains méchants bruits contre sa mère qui, pourtant, n'avait rien tramé contre lui, ce très misérable enfant condamne l'impératrice comme empoisonneuse, et elle, qui jusque-là ne savait rien de ses machinations audacieuses, il l'arrache de sa chambre, elle qui y était née, lui, un étranger ; elle, qui était de la plus haute naissance, lui, le plus vil roturier ; et, lançant contre elle de faux témoins, il la questionne sur des faits qu'elle ignorait ; il l'oblige à rendre des comptes et il la condamne comme auteur des crimes les

καὶ τὰ ἄλλα ὅσα τούτοις ἕπεται, οἰκοδεσπότας φημὶ καὶ σχημάτων τόπους καὶ ὅρια, καὶ ὁπόσα μὲν τούτων κρείττω, ὁπόσα δὲ χείρω, προὔλεγόν τι τοῖς πυθομένοις περὶ ὧν ἐπηρωτήκεσαν· καί γέ τινες αὐτῶν κατευστόχουν τῶν ἀποκρίσεων. Λέγω δὲ ταῦτα, τὴν μὲν ἐπιστήμην καὶ αὐτὸς εἰδώς, ἐκ πολλοῦ μελετήσας καὶ πολλοῖς ἐκείνων λυσιτελήσας εἰς τὰς τῶν σχημάτων κατανοήσεις, οὐ μέντοιγε πειθόμενος ὡς ἄγοιτο ταῖς τῶν ἄστρων κινήσεσι τὰ ἡμέτερα· ἀλλὰ τοῦτο μὲν ὡς πλείους τὰς ἀντιρρήσεις ἔχον ἐξ ἑκατέρου, ἀνακινείσθω εἰς ἕτερον ἔλεγχον.

XX. Ὁ γοῦν τηνικαῦτα βασιλεύων, τὸ τῆς πράξεως ἀποκρύψας εἶδος, ἀόριστον πρὸς αὐτῶν τὴν πεῦσιν ποιεῖται, τοῦτο μόνον προσθείς, εἰ τῷ μεγάλα τολμήσαντι οὐκ ἐμπόδιον τὰ οὐράνια καθεστήκοι σχήματα· οἱ δ' ἐποπτεύσαντες καὶ πᾶσαν πρὸς τὸν καιρὸν κρίσιν ἀκριβωσάμενοι, ὡς ἑωράκεσαν ἅπαντα αἵματος πλήρη καὶ κατηφείας, ἀπαγορεύουσι τὴν πρᾶξιν τῷ βασιλεῖ, καὶ οἵ γε δεινότεροι τούτων εἰς ἕτερον καιρὸν τὸ ἔργον ἀνατιθέασιν· ὁ δὲ πλατὺν αὐτῶν καταχέας τὸν γέλωτα καὶ τῆς ἐπιστήμης καταμωκώμενος ὡς ψευδοῦς· «Ἀλλ' ὑμεῖς μέν, φησί, ἔρρετε, ἐγὼ δὲ κρείττονι τόλμῃ τῆς ὑμετέρας ἐπιστήμης τὸ ἀκριβὲς ὑπερβήσομαι».

XXI. Αὐτίκα γοῦν ἐν ἔργοις ἦν, καὶ εὐθὺς ἀναρρήγνυται, καὶ λόγους τινὰς συμπλάσας ὁ ἀθλιώτατος παῖς κατὰ τῆς μηδὲν ἐπιβουλευσάσης μητρός, ὡς φαρμακίδα τὴν βασιλίδα καταδικάζει, καὶ μηδὲν τέως τῶν τολμωμένων εἰδυῖαν ἐξάγει τοῦ κοιτωνίσκου τὴν ἐγγενῆ ὁ ἀλλότριος καὶ τὴν εὐγενεστάτην ὁ δυσγενέστατος, καί τινας ἐπ' αὐτὴν λογοποιοὺς καθιεὶς ἀνακρίνει τε περὶ ὧν οὐκ ᾔδει, καὶ ὑπ' εὐθύνην ἄγει, καὶ τιμωρεῖται ὡς καταπραξαμένην τὰ ἀτοπώτατα. Εἰς ναῦν οὖν εὐθὺς ἐμβιβάζει καί τινας

8 οἰκοδεσπότας S : -ταις || 9 τόπους R : τύπους || 10 ὁπόσα δὲ S : ὁπῶσα δὲ || 10 προὔλεγόν τι K : προυλέγοντι || 14 μέντοιγε S : μέν τογε || 16 ἔχον S : ἔχων || 16-17 ἀνακινείσθω PK : -κινεῖσθαι.

XX 2 αὐτῶν S : -τὸν || 3 μεγάλα S : -λω || 10 ψευδοῦς S : -δοὺς.

plus abominables. Donc il l'embarque sur un navire et, lui adjoignant des gens auxquels avaient été permises contre elle toutes les audaces, il la chasse du palais et la dépose dans une de ces îles qui sont devant la capitale, celle qui se nomme Prinkipo[1].

XXII. M'étant trouvé dans la suite en relations avec quelques-uns de ceux qui l'emmenèrent, ils m'ont conté que, lorsque le navire eut appareillé pour prendre le large, l'impératrice, levant les yeux vers la demeure royale, adressa au palais une sorte d'apostrophe en forme de thrène. Évoquant la mémoire de son père et de ses ancêtres, car depuis la cinquième génération le patrimoine impérial se déroulait[2] pour elle, après avoir rappelé le souvenir de son oncle et empereur, j'ai nommé Basile, ce grand prince qui brilla par dessus tous les souverains, l'honneur et le bonheur de l'empire romain, les yeux baignés d'un torrent de larmes : « O mon oncle, dit-elle, toi, l'empereur, c'est toi qui me paras, à peine née, des langes impériaux, qui m'as aimée et honorée plus que mes sœurs, parce que je te ressemblais, comme je l'ai souvent entendu dire à ceux qui m'avaient vue. C'est toi qui, tout en m'embrassant et en me serrant sur ton cœur, me disais : « Puisses-tu vivre, enfant, puisses-
« tu avoir de longs jours, pour faire l'ornement radieux
« de notre race et la parure divine de l'empire ! » C'est toi encore qui, en m'élevant et me développant ainsi, prévoyais en moi pour l'empire de grandes destinées. Mais tu as été trompé dans tes espoirs. Car me voici déchue de mes honneurs, et toute notre race est déchue en moi, qui suis condamnée sur d'odieuses accusations, chassée du palais impérial, et entraînée en je ne sais quel lieu d'exil, jugée coupable ! Car je crains qu'on ne me livre en proie aux bêtes fauves, ou qu'on ne me fasse disparaître dans les flots de la mer. Mais toi, veille sur moi d'en haut, et de toute ta puissance sauve ta nièce ! » Mais, quand elle eut mis le pied dans l'île qui devait l'encercler de sa limite[3], elle respira, quelque peu remise de ses

---

1. Cf. Schlumberger, *Les Iles*, etc., 179; Diehl, *Fig. byz.*, Zoé, 264.
2. Expression analogique de πατάγειν λόγον, dérouler un discours.
3. *Litt.* Dans la limite qui l'encerclait, l'île.

συμβιβάσας αὐτῇ οἷς προῦτέτραπτο τὰ ἐπ' ἐκείνῃ τολμηθησόμενα ἀπελαύνει τῶν βασιλείων καὶ εἰς μίαν τούτων δὴ τῶν πρὸ τῆς Πόλεως νήσων καθίζει, ᾗ δὴ Πρίγκιπος ὄνομα.

XXII. Ὡς δ' ἐγώ τισιν ὕστερον τῶν ἀπαγαγόντων αὐτὴν συνωμίλησα, φασίν, ὡς ἤδη πρὸς τὸν ἀπόπλουν τῆς νεὼς ἀναχθείσης, ἡ βασιλὶς πρὸς τὰς βασιλείους αὐλὰς ἀναβλέψασα ὥσπερ τινὰ προσλαλιὰν θρηνώδη πρὸς τὰ ἀνάκτορα ἐποιήσατο, καὶ τοῦ γε πατρὸς μνησθεῖσα καὶ τῶν ἄνω τοῦ 5 γένους, ἐκ γὰρ πενταγονίας ὁ βασίλειος αὐτῇ κλῆρος κατήγετο, ἐπειδὴ τοῦ θείου ἐπεμνήσθη καὶ βασιλέως, λέγω δὲ Βασίλειον ἐκεῖνον τὸν ὑπὲρ πάντας αὐτοκράτορας λάμψαντα, τὸ πολυτελὲς ἀγαθὸν χρῆμα τῇ Ῥωμαίων ἀρχῇ, ἀθρόον δάκρυσι τοὺς ὀφθαλμοὺς ἐπιτέγξασα· «Σὺ μέν, ἔφη, ὦ θεῖε 10 καὶ βασιλεῦ, βασιλικοῖς γεννηθεῖσαν εὐθὺς σπαργάνοις ἐκόσμησας, καὶ τῶν ἀδελφῶν μᾶλλον ἔστερξας καὶ ἐτίμησας, ὅτι σοι καὶ τὴν θέαν εἶχον παρόμοιον, ὡς τῶν ἑωρακότων ἠκηκόειν πολλάκις· ἀλλὰ καὶ σύ με ὡς ἤδη γε καταφιλῶν καὶ ἀγκαλιζόμενος, σῴζοιο, ἔλεγες, παιδίον, καὶ ἐπὶ μήκι- 15 στον ζήσαις τοῦ τε ἡμετέρου γένους ζώπυρον καὶ τῇ βασιλείᾳ θεοπρεπέστατον ἄγαλμα. Ἀλλὰ σὺ μὲν οὕτως ἔτρεφες καὶ ἀνέτρεφες, καὶ μεγάλας ἐπ' ἐμοὶ τὰς τῶν πραγμάτων ἐκβάσεις ἐκέκτησο, ἐψεύσθης δὲ τῶν ἐλπίδων· αὐτή τε γὰρ ἠτίμωμαι καὶ τὸ σύμπαν μου γένος ἠτίμωκα, ἐπὶ τοῖς αἰσχί- 20 στοις κατακριθεῖσα καὶ τῶν βασιλείων ἀπελαθεῖσα, καὶ οὐκ οἶδ' εἰς ἥντινα γῆν ἀπαγομένη κατάκριτος· δέδοικα γὰρ μὴ καὶ θηρσὶ βρῶμα προθήσουσιν, ἢ κύματι θαλασ|σίῳ καλύψουσιν· ἀλλ' ἐφορῴης ἄνωθεν, καὶ παντὶ σθένει τὴν σὴν σῴζοις ἀνεψιάν». Ἀλλ', ἐπειδή περ τὸ περιγράψον αὐτὴν 25 ὅριον τὴν νῆσον κατέλαβεν, βραχύ τι τῶν πονηρῶν ἀνεπε-

XXI 21 συμβιβάσας S : συμβη.

XXII 2 νεὼς R : νηὸς ‖ 3 βασιλείους S : -λεῖς ‖ 4 προσλαλιὰν S : προλ. ‖ 6 πεντχγονίας S : -γωνίας ‖ 14 ἤδη S : ἤδι ‖ 15-16 μήχιστον S : μήχις. ‖ 19 ἐψεύσθης S : ἐψεύθης ‖ 23 κύματι θαλασσίῳ K : κύματα -σσίων ‖ 25 σῴζοις S : σόζ.

funestes appréhensions[1] ; elle rendit grâces à Dieu de ce qu'elle était encore en vie et elle se répandit en sacrifices et prières à la divinité, qui l'avait sauvée.

XXIII. Donc, elle ne devait intriguer en rien ; comment cela eût-il été possible à une femme qui passait sa vie en exil avec une seule servante ? Mais cet homme terrible[2] machine contre l'impératrice des actes plus graves encore et accumule malheurs sur malheurs. Enfin, il envoie des gens pour lui raser les cheveux, ou plutôt, pour parler plus exactement, pour la tuer et l'offrir en holocauste au Seigneur peut-être, mais sûrement à la fureur de l'empereur qui donnait ces ordres. Cette pensée mise à exécution, il laisse là l'impératrice, la considérant déjà comme morte ; mais il dramatise l'affaire et l'introduit, pour ainsi dire, sur la scène : aux membres du sénat il révèle les complots que soi-disant elle formait contre lui ; il dit que depuis longtemps il la soupçonnait, ou plutôt qu'il l'a prise souvent en flagrant délit, mais qu'il cachait son forfait par respect pour eux. Après avoir fabriqué de telles histoires et débité ce tissu de sornettes et gagné leurs langues qui, à l'occasion diraient un mot en sa faveur, une fois sa cause suffisamment plaidée devant le sénat, sur la masse du peuple aussi il fait une tentative : ayant rendu quelques-uns d'entre eux comme des instruments très dociles pour ce qu'il voulait, tantôt il parlait, tantôt il les écoutait, et, les trouvant favorablement disposés pour son action, il congédie cette assemblée. Alors, comme s'il avait soutenu quelque lutte des plus prodigieuses, il respira de cette grande fatigue et se laissa aller à une joie d'enfant, en venant presque à danser et à bondir au-dessus du sol. Mais il allait, non pas dans un temps éloigné, mais sans tarder, dans un avenir très prochain, subir le châtiment de son tyrannique[3] orgueil.

1. Ces lamentations rythmées (cf. mon *Étude*, etc., *de Psellos*, p. 538 sq.) étaient et sont encore en usage en Orient au cours des grandes douleurs. Voyez par ex. celle de Psellos sur la tombe de sa sœur (Diehl, *Fig. byz.*, *Une famille de bourgeoisie*, etc., p. 307).

2. Cf. *supra*, chap. XV, l. 1, la même expression. Nous dirions volontiers : cet homme infernal.

3. Entendez : de son orgueil d'usurpateur.

πνεύκει προσδοκιῶν, καὶ ὅτι ζῴη ἀνθωμολογεῖτο Θεῷ, καὶ θυσίας εὐθὺς καὶ εὐχὰς ἀπεδίδου τῷ σώσαντι.

XXIII. Ἡ μὲν οὖν οὐδέν τι πολυπραγμονήσειν ἔμελλε, καὶ πῶς γὰρ ἐνῆν σὺν μιᾷ θεραπαινίδι εἰς ὑπερορίαν διάγουσα; ὁ δὲ δεινὸς ἐκεῖνος ἀνὴρ ἔτι μᾶλλον ἐπιβουλεύει τῇ βασιλίδι, καὶ ἄλλας ἐπ' ἄλλαις προστίθησι συμφοράς· τέλος δὲ πέμπει τοὺς ἀποκεροῦντας ἐκείνην, ἢ ἀποκτενοῦντας εἰπεῖν οἰκειότερον, καὶ ὁλοκάρπωμα, οὐκ οἶδα μὲν εἰ τῷ Κυρίῳ, τῷ δὲ θυμῷ τοῦ ἐπιτάττοντος βασιλέως ποιήσοντας. Ἐπεὶ δὲ αὐτῷ καὶ τοῦτο ἐτετέλεστο τὸ ἐνθύμημα, ἐκείνην μὲν ὡς ἤδη κατεργασθεῖσαν ἀφίησι, προσωποποιεῖται δὲ τὴν πρᾶξιν καὶ εἰσάγει σκηνήν, καὶ τῇ συγκλήτῳ βουλῇ ἀνακαλύπτει δῆθεν τὰ παρ' ἐκείνης κατ' αὐτοῦ μελετώμενα, καὶ ὡς ὑπώπτευε μὲν καὶ πόρρωθεν, μᾶλλον δ' ἐπεφωράκει πολλάκις, ἐπεκάλυπτε δὲ τὸ δεινὸν αἰδοῦς τῆς πρὸς αὐτοὺς ἕνεκα· καὶ τοιαῦτά τινα συμπλάσας καὶ φλυαρήσας, καὶ τὰς ἐκείνων γλώσσας κερδήσας πρὸς τὸν καιρὸν παραφθεγξαμένας, ἐπειδὴ τούτοις ἀπολελόγητο ἱκανῶς, καὶ τοῦ δημοτικοῦ πλήθους ἀποπειρᾶται, καί τινας ἐκ τούτων εὐηχέστατα πρὸς ἃ ἐβούλετο κατεσκευακὼς ὄργανα, τὰ μὲν εἰρήκει, τὰ δὲ παρ' αὐτῶν ἠκηκόει· καὶ εὐνοϊκῶς καὶ τούτους πρὸς τὴν πρᾶξιν ὑπειληφὼς ἔχοντας διέλυσέ τε καὶ τοῦτον τὸν σύλλογον καὶ, ὥς τινα ἆθλον τῶν ὑπερφυεστάτων τετελεκώς, τοῦ τε πολλοῦ καμάτου ἀναπεπνεύκει καὶ πρὸς ἱλαρὰς παιδιὰς ἑαυτὸν ἐπαφῆκε, μόνον οὐκ ἐπορχούμενος, οὐδὲ τοῦ ἐδάφους ὑπεραλλόμενος. Ἔμελλε δὲ ἄρα οὐκ εἰς μακρόν τινα χρόνον, ἀλλ' εὐθὺς καὶ ἐξ ὑπογυίου δίκας τοῦ τυραννικοῦ δώσειν φρονήματος.

27 ἀνθωμολογεῖτο S : ἀνθομ.

XXIII 2 θεραπαινίδι S : -παίνιδι ‖ 8 ἐτετέλεστο S : ἐτέλ. ‖ 8 τὸ S : τῶ ‖ 9 προσωποποιεῖται R : προσωποι. ‖ 11 ἀνακαλύπτει S : -τη ‖ 12 δ' ἐπεφωράκει S : δὲ πεφωράκει ‖ 13 αἰδοῦς τῆς S : αἰδοὺς τὲ τῆς ‖ 18 κατεσκευακὼς S : κατασκευάκὼς ‖ 20 ἔχοντας S : -τα ‖ 22 τετελεκὼς S : -λευκὼς; ‖ 23 ἱλαρὰς πκιδιὰς S : ἱλαρὰς παιδείας ‖ 25 ὑπογυίου S : -γύου.

XXIV. Pour les faits qui suivent, la parole est impuissante à en faire le récit et l'esprit humain ne comprend pas la mesure de la Providence[1]. Or, ce disant, je juge des autres par moi-même. Car ni un poète à l'âme inspirée d'un souffle divin et à la langue même animée de Dieu, ni un orateur qui aurait atteint le sommet des qualités de l'âme et du talent oratoire et qui aurait orné par l'art ses dispositions naturelles, ni un philosophe qui aurait pénétré dans le secret de la Providence et des causes ou qui aurait appris par la puissance de sa sagesse quelque chose de supérieur à l'humanité, ne serait capable de parler dignement de ce qui arriva à cette époque : le poète, dans un dramatique récit des faits animé de couleurs variées ; l'orateur, dans un discours élevé, de composition harmonieuse et en accord avec la grandeur des événements ; le philosophe, dans une relation rejetant la spontanéité des faits et les expliquant par des causes raisonnables, à la suite desquelles s'est accompli aux yeux de tous ce mystère — car c'est là le terme vraiment propre. Aussi garderais-je le silence relativement à ce grand mouvement et à ce bouleversement, si je ne savais pas que je tairais l'événement capital de ma chronographie : ainsi ai-je osé, dans un petit esquif, me transporter sur un vaste océan. Je raconterai donc, comme j'en serai capable, toutes les choses imprévues qu'après l'exil de l'impératrice la justice divine a apportées dans la circonstance présente et dans les affaires [de l'État].

XXV. Jusque-là, en effet, l'empereur vivait dans les délices et son cœur débordait d'orgueil. Mais la capitale tout entière, je dis les gens de tout sexe, de toute condition, de tout âge, comme si son harmonie naturelle était rompue, commençait par petits groupes à se mettre en mouvement et à s'agiter ; et il n'y avait personne qui, tout d'abord, ne laissât sa langue murmurer et n'ourdît dans le fond de son cœur de terribles desseins au sujet de cet événement[2] et qui, ensuite, ne donnât à sa langue toute liberté de parler. Car lorsque de tous côtés se fut

---

1. Voyez à ce sujet Schlumberger, *L'épopée byz.*, III, p. 355 sqq., et cf. mon *Introduction*, p. LV.
2 La déposition de l'impératrice et sa déportation.

XXIV. Τὰ δὲ ἐντεῦθεν καὶ ὁ λόγος ἐλάττων πρὸς τὴν τῶν πεπραγμένων διήγησιν, ὅ τε νοῦς οὐ χωρεῖ τῆς Προνοίας τὸ μέτρον· λέγω δὲ τοῖς ἐμοῖς καὶ τὰ τῶν ἄλλων κρίνων· οὔτε γὰρ ἂν ποιητὴς θεόπνουν τὴν ψυχὴν ἔχων καὶ τὴν γλῶτταν αὐτὴν θεοφόρητον, οὔτε τις ῥήτωρ ἄκραν εὐτυχήσας ψυχῆς τε εὐφυίαν καὶ εὐγλωττίαν, πρὸς δὲ καὶ τέχνῃ κατακοσμήσας τὴν ἔμφυτον δύναμιν, οὔτε μὴν φιλόσοφος Προνοίας καὶ λόγους ἠκριβωκώς, ἢ εἴ τι ἄλλο τῶν ὑπὲρ ἡμῶν μεμαθηκὼς διὰ πλῆθος συνέσεως, εἰπεῖν τι μετρίως τῶν τηνικαῦτα πραχθέντων ἰσχύσειαν, ὁ μὲν | οἷον σκηνοβατῶν τὴν ἀφήγησιν καὶ ποικίλως μεταμορφούμενος, ὁ δὲ μεγαλοφυέστερον τοὺς λόγους πράττων καὶ ἁρμονικῶς συντιθείς, καὶ παρισάζων τῷ μεγέθει τῆς πράξεως, ὁ δ' οὐκ αὐτοματίζων τὸ γεγονός, ἀλλ' αἰτίας τινὰς προθεὶς ἔμφρονας, ἀφ' ὧν τὸ μέγα ἐκεῖνο καὶ δημοσιώτατον ἀπετελέσθη μυστήριον (οὕτω γὰρ εἰπεῖν οἰκειότερον)· ὅθεν κἂν ἀπεσιώπησα τὴν μεγάλην ἐκείνην φορὰν καὶ συγκίνησιν, εἰ μή γε ᾔδειν τὸ καιριώτατον τῆς χρονογραφίας κατασιγάσας· ὅθεν ἐπὶ μικρᾶς σχεδίας μέγα περαιώσασθαι τετόλμηκα πέλαγος. Λέξω γοῦν, ὡς ἂν οἷός τε ὦ, ὁπόσα μετὰ τὴν τῆς βασιλίδος ὑπερορίαν ἡ θεία δίκη τῷ τε καιρῷ καὶ τοῖς πράγμασιν ἐκαινοτόμησεν.

XXV. Ὁ μὲν γὰρ βασιλεὺς τέως ἐτρύφα καὶ πλήρης καθειστήκει φρονήματος, ἡ δέ γε ξύμπασα Πόλις, λέγω δὲ πᾶν γένος καὶ τύχην καὶ ἡλικίαν, ὥσπερ λυθείσης αὐτῇ τῆς συμφυοῦς ἁρμονίας, κατὰ μέρη τινὰ συγκινεῖσθαι καὶ διαταράττεσθαι ἤρχετο, καὶ οὐκ ἦν τῶν πάντων οὐδεὶς ὃς οὐχὶ τὰ πρῶτα μὲν ὑπετονθόρυζε τῇ γλώττῃ καὶ δεινότερον τῇ καρδίᾳ περὶ τοῦ πράγματος ἐβυσσοδόμευεν, καὶ τῇ γλώττῃ τοῦ λέγειν ἐδίδου ἐλευθερίαν. Ὡς γὰρ ἡ φήμη ἁπανταχοῦ

XXIV 3 καὶ τὰ τῶν S : κατὰ τῶν || 13 παρισάζων P : περισ. || 13-14 δ' οὐκ αὐτοματίζων S : δ' ὁ χαυματίζων || 19 μιχρᾶς S : -ὰς || 21 ὑπερορίαν S : -ία.

XXV 3 πᾶν γένος S : πανγένος || 4 κατὰ S : καὶ τὰ

répandue la nouvelle du changement de condition de l'impératrice, on put voir la capitale entière dans le deuil. Comme, dans les grands bouleversements de l'univers, tout le monde a l'âme sombre et demeure impuissant à se ressaisir pour avoir enduré certains maux et s'attendre à en subir d'autres, de même alors aussi une morne tristesse s'était abattue, terrible, sur toutes les âmes, et, avec elle, un malheur inconsolable. Le second jour, cependant, personne ne contenait plus sa langue, non seulement les dignitaires, non seulement le clergé, mais même les parents de l'empereur et les gens de sa maison ; et conséquemment, les gens des ateliers se préparaient aussi à de grandes audaces, et pas même les étrangers et les alliés que les empereurs ont coutume d'entretenir à leurs côtés, j'ai nommé les Scythes du Taurus, ou d'autres encore, n'étaient capables de contenir leurs colères, mais tous voulaient, pour l'impératrice, faire le sacrifice de leur vie.

XXVI. Quant à la populace, déjà elle était déchaînée et violemment excitée à l'idée qu'elle allait exercer la souveraineté contre celui qui était devenu souverain. Et les femmes, comment raconter cela à ceux qui ne le savent pas? Pour ma part, j'en ai vu un grand nombre que personne jusque-là n'avait aperçues hors de leur gynécée, paraître en public, criant, se battant la poitrine et se lamentant d'une manière terrible sur le malheur de l'impératrice ; et les autres, telles des Ménades, se portaient en avant et constituaient contre le criminel une troupe non sans importance : « Où peut-elle être, criaient-elles, la seule noble d'âme et belle de figure? Où peut-elle être, la seule libre entre toutes les femmes, la souveraine de toute la famille, celle qui en toute légitimité avait le lot du pouvoir, celle dont le père était empereur, et empereur aussi le père de celui-ci, et empereur encore celui qui a engendré ce dernier? Comment donc le vilain a-t-il osé porter la main sur la femme noble et se montrer capable à son égard d'une pensée telle que pas une âme au monde n'eût pu la concevoir? » Ainsi disaient-elles, et ensemble elles couraient avec l'intention d'incendier le palais ; et comme il n'y avait rien pour les en empêcher parce que le peuple entier

⟨ἦν⟩ τῆς περὶ τὴν βασιλίδα καινοτομίας, πενθοῦσαν ἦν ὁρᾶν
τὴν Πόλιν ξύμπασαν· καὶ ὥσπερ ἐπὶ ταῖς μεγάλαις κινήσεσι
τοῦ παντὸς σκυθρωπάζουσιν ἅπαντες τὰς ψυχὰς καὶ οὐκ
ἔχουσιν ὅπως ἂν ἑαυτοὺς ἀνακτήσαιντο, τὰ μὲν τῶν δεινῶν
ὑπομεμενηκότες, τὰ δὲ ἐλπίζοντες, οὕτω δὴ καὶ τότε πᾶσαν
ψυχὴν κατήφειά τις κατειλήφει δεινή, καὶ ἀπαραμύθητος
συμφορά, καὶ εἰς δευτέραν ἡμέραν οὐδεὶς τέως ἐπεῖχε τὴν
γλῶτταν, οὐ τῶν ἐν τέλει, οὐ τῶν τοῦ βήματος, ἀλλ' οὐδ'
ὅσον ἐκείνου συγγενικὸν καὶ οἰκίδιον· οἱ δ' οὖν ἐπὶ τῶν
ἐργαστηρίων καὶ πρὸς μεγάλας τόλμας παρεσκευάζοντο·
ἀλλ' οὐδ' ὅσον ξενικόν τε καὶ συμμαχικὸν εἰώθασι παρατρέ-
φειν οἱ βασιλεῖς, λέγω δὲ τοὺς περὶ τὸν Ταῦρον Σκύθας, ἢ
ἕτεροί τινες, κατέχειν ἠδύναντο τὰς ὀργάς, ἀλλὰ πάντες
καταθύειν ὑπὲρ τῆς βασιλίδος ἐβούλοντο τὰς ψυχάς.

XXVI. Τὸ δ' ἀγοραῖον γένος καὶ ἄφετον ἤδη που καὶ
παρεκεκίνητο ὡς ἀντιτυραννῆσον τῷ τυραννεύσαντι· τὸ δὲ
θῆλυ γένος, ἀλλὰ πῶς ἂν τοῦτο τοῖς οὐκ εἰδόσιν ἀφηγησαί-
μην; ἐγὼ γοῦν πολλὰς ἑωράκειν, ἃς οὐδεὶς ἄχρι τότε τῆς
γυναικωνίτιδος ἔξω τεθέαται, δημοσίᾳ τε προϊούσας καὶ
βοώσας τε καὶ κοπτομένας καὶ δεινὸν ἀπολοφυρομένας ἐπὶ
τῷ πάθει τῆς βασιλίδος, αἱ δὲ λοιπαὶ Μαινάδων δίκην ἐφέ-
ροντο καὶ τάγμα οὔ τι | μικρὸν ἐπὶ τὸν ἀλιτήριον συνεστήκε-
σαν· « Ποῦ ποτε, βοῶσαι, ἡ μόνη καὶ τὴν ψυχὴν εὐγενής,
καὶ τὴν μορφὴν εὐειδής; ποῦ ποτε ἡ μόνη τῶν πασῶν ἐλευ-
θέρα, ἡ τοῦ ξύμπαντος γένους δεσπότις, ἡ τὸν κλῆρον τῆς
βασιλείας ἐννομώτατα ἔχουσα, ἧς καὶ ὁ πατὴρ βασιλεὺς καὶ
ὁ ἐκεῖνον φὺς καὶ ὁ τοῦτον αὖθις ἀποτεκών; πῶς δ' ἄρα καὶ
ὁ δυσγενὴς τῆς εὐγενοῦς κατετόλμησε καὶ τοσοῦτον ἐπ'
ἐκείνην ἐνθύμημα ὁπόσον οὐδεμία ψυχὴ τῶν πάντων
ἐχώρησε; » Ταῦτ' ἔλεγον καὶ συνέθεον ὡς ἐμπρήσουσαι τὰ

9 ἦν add. S ‖ 21 ἕτεροί S : ἕτερον.

XXVI 2 ἀντιτυραννῆσον R : ἄντι τυρ. ‖ 2 τυραννεύσαντι S : τυρανεύ. ‖
3 εἰδόσιν S : οἰδ' ὅσιν ‖ 8 τὸν ἀλιτήριον S : τὴν ἀλητ. ‖ 11 δεσπότις :
-πότης quod corr. in τις librar. ‖ 16 ἔλεγον S : λέγον

était déchaîné contre l'esprit tyrannique[1], d'abord elles prenaient position pour la guerre par petits groupes et comme systématiquement[2] ; ensuite c'est avec toute l'armée de la capitale qu'elles marchaient ensemble contre le tyran.

XXVII. Effectivement, chacun était armé; l'un serrait une hache dans ses bras ; l'autre brandissait une *rhomphaia*[3] au lourd tranchant ; un autre étreignait un arc et un autre une lance ; quant au populaire, les uns tenaient contre leur sein des pierres les plus grosses ; les autres en portaient dans leurs mains, et ils couraient en grand désordre. Pour ma part, j'étais alors à l'entrée des appartements impériaux ; depuis longtemps je servais de secrétaire à l'empereur et j'avais été récemment initié au service des entrées ; je me trouvais dans le vestibule intérieur, en train de dicter des lettres des plus confidentielles : tout d'un coup, un bruit sonore tel que celui de sabots de chevaux frappa nos oreilles, et le bruit ébranla l'âme de la plupart des personnes présentes ; ensuite il arriva quelqu'un qui nous annonça que le peuple entier était en mouvement contre l'empereur et que, comme sous une consigne commune, il était groupé pour l'exécution d'un même dessein. Pour la plupart des autres, ce qui se passait parut être une révolution insensée ; mais moi, je compris à la suite de ce qu'antérieurement j'avais vu ou entendu que l'étincelle avait mis feu au bûcher et qu'il était besoin, pour qu'il s'éteignît, de beaucoup de fleuves et d'un courant tombant droit ; aussitôt, montant à cheval, j'allai par le milieu de la capitale et je vis de mes propres yeux un spectacle que maintenant il m'arrive de mettre en doute.

XXVIII. Comme si tous ensemble eussent participé à une plus violente ardeur, on ne les voyait plus dans le même état d'âme qu'auparavant, mais leurs courses se précipitaient avec plus de furie, et leurs mains étaient

1. C'est-à-dire contre le tyran. Cf. p. 100, n. 3. L'idée de tyran est ensuite reprise sylleptiquement par κατ' αὐτοῦ.
2. C'est-à-dire, en une sorte de formation militaire.
3. La fameuse hache spéciale aux Tauroscythes ou Ross, à un seul tranchant, courte, et munie, à l'extrémité du manche recourbé, d'une poignée en forme d'anse. Cf. Schlumberger, *Un emper. byz.*, rééd. p. 39.

βασίλεια· ώς δ' ούκ ην έτι το κωλΰσον ουδέν, πάντων ήδη επί τήν τυραννικήν άναρραγέντων ψυχήν, τά μεν πρώτα κατά μέρος και ώσπερ κατά σύστημα επί τον πόλεμον κατεστρατοπεδεύοντο, έπειτα όλη της Πόλεως κατ' αύτοΰ συνεστρατήγουν τη φάλαγγι.

XXVII. Έκαστος γοΰν των πάντων καθώπλιστο, ό μεν πέλεκυν διηγκαλισμένος, ό δε ρομφαίαν τινά κραδαίνων τη χειρί βαρυσίδηρον, έτερος δε τόξον μετακεχείριστο και άλλος δόρυ, ό δε πολύς όχλος, των άδροτέρων λίθων τους μεν κολπωσάμενοι, τους δ' εν χεροΐν έχοντες, άτακτότερον έθεον. Έγώ γοΰν τηνικαΰτα προ των βασιλείων είστήκειν εισόδων, πόρρωθεν υπογραμματεύων τω βασιλεΐ και άρτι μεμυημένος τα προεισόδια· καί με είχεν ή έξω στοά γραφάς τινας των μυστικωτέρων ύπαγορεύοντα· άθρόον δέ βοή τις ήμΐν προσβάλλει ώσπερ ιππόκροτος καί διέσεισε τάς των πολλών ό ήχος ψυχάς· έπειτα τις ήκεν άγγέλλων, ώς ό δήμος άπας επί τον βασιλέα κεκίνηται και ώσπερ ύφ' ενί συνθήματι προς τήν αυτήν γνώμην συνείλεκται. Τοις μεν ούν πολλοίς καινοτομία τις άλογος το πραττόμενον έδοξεν, εγώ δέ συνείς εξ ών πρότερον τά μεν έωράκειν, τά δέ ήκηκόειν, ώς εις πυρκαϊάν ό σπινθήρ άνεφλέχθη και δει πολλών ποταμών καί επιφόρου τοΰ ρεύματος ώστε άποσβεσθηναι, αύτίκα τον ίππον άναβάς διά μέσης ηειν της Πόλεως καί γε τοις όφθαλμοΐς αύτοΐς έωράκειν περί ών νυν έπεισί μοι άμφισβητεΐν.

XXVIII. Ώσπερ γάρ τινος ξύμπαντες κρείττονος μετεσχηκότες πνεύματος, ούκ έτι επί των προτέρων έωρώντο της ψυχής καταστάσεων, άλλ' οί τε δρόμοι αυτών μανικώτε-

---

19-20 κατεστρατοπεδεύοντο S : -παιδεύοντο || 20 αύτοΰ S : αυτών.

XXVII 3 έτερος S : έτεροι || 3 μετακεχείριστο S : μετά και χείριστο super add. και prima manus || 4 άδροτέρων S : άνδρο. || 5 χεροΐν S : χερροΐν || 7-8 άρτι μεμνημένος S : άντι μεμνήμένος || 10 προσβάλλει K : προβ. || 10 ιππόκροτος S : -κρατος || 11 άγγέλλων S : άγγέλων || 15 συνείς R : συνεΐς || 16 σπινθήρ S : πινθήρ.

plus vigoureuses et l'éclat de leurs yeux était plein de feu et d'enthousiasme, et les forces de leurs corps étaient plus puissantes[1] ; et quant à les ramener à plus de décence ou à changer leurs décisions, il ne se trouvait absolument personne qui voulût le faire ou qui leur en donnât le conseil.

XXIX. Ils avaient décidé de marcher d'abord contre les parents de l'empereur et de renverser leurs magnifiques et fastueuses demeures. Attachés à cette œuvre, ensemble ils se lançaient à l'assaut et tout était violemment projeté sur le sol, et des bâtisses, les unes étaient couvertes et les autres découvertes : les toits qui tombaient par terre étaient couverts[2], tandis qu'étaient découverts les fondements qui, brisés, sortaient de terre comme si la terre se déchargeait de leurs poids et rejetait de son sein les assises de ces édifices. Et ce qui en abattait la plus grande part, c'étaient des mains non pas seulement de jeunes gens ou d'hommes faits, mais aussi de jeunes filles et de bambins des deux sexes[3] ; toute construction cédait immédiatement aux premières atteintes et le destructeur emportait indifféremment ce qu'il avait brisé ou abattu et le mettait en vente, sans chicaner sur le prix[4].

XXX. La capitale donc s'occupait à cette œuvre et ainsi son aspect ordinaire avait rapidement changé. Quant à l'empereur, il était assis dans son palais, tout d'abord sans être absolument troublé par cet événement ; aussi voulait-il faire cesser cette guerre civile sans effusion de sang. Mais quand déjà la révolte fut indéniable, que le peuple se fut constitué en bataillons et que la rencontre se produisit digne d'attention, alors il fut terriblement secoué dans son âme, et, comme un assiégé qu'il était, il ne savait que faire. En effet, il craignait d'entreprendre

---

1. Psellos nous a dit plus haut qu'il ne pouvait en croire ses yeux. Dans les révolutions, les femmes se montrent d'habitude plus acharnées et plus terribles que les hommes. Rappelons-nous les « pétroleuses » de la Commune, en 1871.

2. Entendez : de décombres. J'ai cru devoir corriger ἐ(πε)καλύπτοντο pour la symétrie de la phrase, qui est d'une allure toute sophistique.

3. *Litt.* tout ce qui des deux sexes n'avait pas encore atteint le terme de la croissance.

4. Ce tableau, comme ceux qui suivent, est remarquable de vie et de couleur.

ροι καί αί χείρες έρρωμενέστεραι, καί των οφθαλμών αί βολαί πυρώδεις τε καί ένθουσιώσαι, οί τε του σώματος τόνοι ρωμαλεώτεροι, μεταρρυθμίζεσθαι δε προς το εύσχημονέστερον ή μετατίθεσθαι των βουλευμάτων ουδείς των πάντων έβούλετό γε, ή | του συμβουλεύοντος ήν.

XXIX. Δόξαν δε αύτοίς τα πρώτα επί τό γένος εκείνου χωρείν καί τούς σεμνούς εκείνων οίκους καταστρέφειν καί υπερόγκους, έργου τε είχοντο, καί όμου προσέβαλλον, καί τό ξύμπαν είς έδαφος κατερρήγνυτο, καί των οικοδομημάτων τά μεν έπικεκάλυπτο, τά δ' άνακεκάλυπτο· ἐ⟨πε⟩καλύπτοντο μεν όροφαί είς γήν πίπτουσαι, άνεκαλύπτοντο δε κρηπίδες γήθεν άναρρηγνύμεναι, ώσπερ αυτών τής γής τό άχθος άποφορτιζομένης καί άπορριπτούσης τους θεμελίους· κατέστρεφον δε τα πλείω ού χείρες ήβώντων ή άκμαζόντων ανδρών, άλλά καί μείρακες καί εί τις ετέρα ατελής ηλικία έξ εκατέρου γένους, άπάσης κατασκευής αποδιδούσης ταίς πρώταις ευθύς έπαφαίς· τό δε διαρραγέν ή καταστραφέν ομαλώς ο καταστρέψας άπεφορτίζετο, καί εις άγοράν προύτίθη, μη διαμφιβάλλων περί του πλείονος.

XXX. Ή μεν ούν Πόλις εν τούτοις ήν, καί ούτω ταχύ το σύνηθες αύτη σχήμα μετήλλακτο· ο δε καθήστο εν τοίς βασιλείοις, τά μεν πρώτα ού πάντως τι προς τό συμβάν ταραττόμενος, όθεν εβούλετο άναιμωτί τον πολιτικόν καταλύσαι πόλεμον· έπεί δε ήδη λαμπρά ή αποστασία έγένετο, καί ο δήμος κατά λόχους συνήεσαν, καί αξιόλογος ή παρεμβολή έγεγόνει, τότε δη δεινώς τε εστρέφετο την ψυχήν καί άτε πολιορκούμενος ουκ είχεν δ τι καί δράσειεν· εδεδίει τε

XXVIII 5 ένθουσιώσαι S : ένθυσ. || 6 μεταρρυθμίζεσθαι S : μέτάριθ.

XXIX 5 άναχεκάλυπτο S : άναχάλ. || 5 έπεκάλυπτοντο R : έκαλ. || 7 άναρρηγνύμεναι S : άναρη. || 7 αυτών S : -τώ ||9 ήβώντων S : ήβό. || 9 άκμαζόντων S : έκμ. || 13-14 προύτίθη S : προυτίθει || 14 διαμφιβάλλων S : διάμφιβάλων.

XXX 2 μετήλλακτο S : -ήλακτο || 2 καθήστο S : καθήτο || 4-5 καταλύσαι S : -λύσαι || 6-7 παρεμβολή P : παραβ. || 8 άτε S : άπερ || 8 έδεδίει S : -δίε

une sortie et il ne redoutait pas moins un investissement ; il ne trouvait pas d'allié dans le palais et il ne pouvait pas en faire venir [d'ailleurs], et, parmi les mercenaires mêmes qui prenaient leurs repas dans le palais, les uns étaient incertains sur la décision à prendre et n'obéissaient aux ordres qu'à moitié ; les autres étaient manifestement hostiles, et, perdant tout sentiment de la discipline, ils se déchaînèrent avec la multitude.

XXXI. Dans son embarras complet, le nobilissime vint à son aide. En effet, il se trouvait à ce moment-là absent du palais. A l'annonce du danger, rempli de crainte au sujet des événements, tout d'abord il était resté chez lui sans sortir, redoutant surtout la foule qui était là à assiéger les portes de sa maison, convaincu qu'il périrait incontinent, s'il venait à sortir ; mais ensuite, après qu'il eut armé les gens de sa maison, sans que lui-même portât aucune arme défensive, ils poussèrent brusquement la porte, sortirent sans être vus et s'élancèrent comme l'éclair à travers la capitale, tenant des poignards à la main pour tuer ceux qui se présenteraient contre eux ; et ainsi, ayant rapidement traversé la ville, heurtant à la porte du palais, ils arrivent pour porter secours à l'empereur en danger. Celui-ci les reçoit avec joie et peu s'en fallut qu'il n'embrassât son oncle parce qu'il avait choisi de mourir avec lui[1]. Ils décident donc, d'une part, pour l'impératrice, de la rappeler sur-le-champ de l'exil, puisque c'était à cause d'elle que la multitude s'était soulevée et que l'émeute avait pris naissance ; d'autre part, pour eux, vu la nécessité urgente[2], de ranger les hommes qui étaient alors dans le palais, savoir les archers et les frondeurs, contre les audacieux qui faisaient irruption contre eux. Bien cachés, ces hommes, lançant du haut du palais des pierres et des traits, tuèrent beaucoup de monde et rompirent la masse compacte des assaillants ; mais ceux-ci, s'étant alors rendu compte de cette manœuvre, s'encouragèrent les uns les autres et se groupèrent avec plus de cohésion.

---

1. Avec ce récit, comparez ceux de Michel Attaleiates, p. 15, de Skylitzès, p. 750, et de Cédrénus, p. 878.
2. Expression de Xén., *Mém.*, 2, 1, 2.

γὰρ προϊέναι, καὶ τὴν προσεδρείαν οὐδὲν ἧττον ὑπώπτευε, συμμαχία τε αὐτῷ οὔτε ἐν τοῖς βασιλείοις ἦν, οὔτε ἐξῆν μεταπέμψασθαι· καὶ αὐτὸ γὰρ τὸ παρατρεφόμενον ἐν ταῖς αὐλαῖς ξενικὸν, οἱ μὲν ἀμφίβολοί πως ἦσαν ταῖς γνώμαις καὶ τοῖς κελεύσμασιν οὐ πάντως πειθόμενοι, οἱ δὲ ἀντεκάθηντό γε προδήλως καὶ ἀπερρωγότες τοῖς πλήθεσι συνερρώγεσαν.

XXXI. Παντάπασι γοῦν ἀπορουμένῳ σύμμαχος αὐτῷ ἐφεστήκει ὁ νωβελλίσιμος· ἔτυχε μὲν γὰρ τηνικαῦτα τῶν βασιλείων ἀφεστηκὼς, ἐπεὶ δὲ τὸ δεινὸν ἐμεμαθήκει, δείσας περὶ τὸ γενόμενον, τὰ μὲν πρῶτα ἀπροΐτος οἴκοι διέτριβεν, τὸν ἐφεστηκότα πρὸ θυρῶν ὄχλον οὐχ ἥκιστα δεδιὼς, ὡς αὐτίκα τεθνηξόμενος εἰ προΐοι· εἶτα δὴ ξύμπαν καθοπλίσας αὐτὸ τὸ οἰκίδιον καὶ αὐτὸς οὐδὲν φραξάμενος, ἀθρόον ὡσάμενοι καὶ λαθόντες τὴν ἔξοδον, πυρὸς δίκην διὰ τῆς Πόλεως ᾔεσαν, ἐγχειρίδια κατέχοντες ταῖς χερσίν, ὡς εἴ τις αὐτοῖς ἀπαντιάσοι εὐθὺς ἀναιρήσοντες· καὶ οὕτω διαδραμόντες, τάς τε βασιλείους προσαράξαντες πύλας | εἰσιᾶσι τῷ κινδυνεύοντι βασιλεῖ βοηθήσοντες· ὁ δὲ ἀσμένως τε τούτους εἰσδέχεται, καὶ μικροῦ δεῖν τὸν θεῖον καταφιλεῖ ὅτι συναπολωλέναι ἐκείνῳ προείλετο. Βουλεύονται γοῦν τὴν μὲν βασιλίδα εὐθὺς τῆς ὑπερορίας ἀνακαλέσασθαι, δι' ἣν ἀνερρώγει τὸ πλῆθος καὶ συνεστήκει ὁ πόλεμος, αὐτοὺς δὲ πρὸς τὸ κατεπεῖγον τὸν ἐν τοῖς βασιλείοις ὄχλον, ἀκοντιστὰς καὶ λιθοβόλους, ἐπιστῆσαι πρὸς τοὺς ἀναιδῶς αὐτοῖς παρεμβάλλοντας· οἳ δὴ καὶ κρύβδην ἀπὸ τῶν μετεώρων σφενδονῶντές τε καὶ τοξεύοντες οὐκ ὀλίγους τε ἀνῄρηκασι καὶ τὴν πεπηγυῖαν διέρρηξαν φάλαγγα· ἀλλὰ γνόντες ἀνεκάλεσαν τότε ἑαυτοὺς αὖθις καὶ ἀρραγέστερον συνειστήκεσαν.

11 αὐτὸ S : αὐτῷ ‖ 12 ἀμφίβολοί S : ἀμφοίβολοί.

XXXI 5 τὸν S : τῶν ‖ 5 δεδιὼς S : δεδειὼς ‖ 6 καθοπλίσας S : καθωπ. ‖ 9 ᾔεσαν Μy K : εἴεσαν ‖ 9 ἐγχειρίδια S : ἐνχ. ‖ 10 ἀπαντιάσοι S : -τήσοι ‖ 21 γνόντες S : γνῶντες..

XXXII. Durant ce temps, l'impératrice est amenée dans le palais. Elle éprouvait moins de joie de ce qui se faisait à son sujet suivant la volonté du Seigneur que de crainte d'avoir à subir de la perversité de l'empereur quelque traitement plus dur. C'est pourquoi, ni elle ne saisit le moment favorable[1], ni elle ne reproche au tyran ses mauvais traitements, ni elle ne prend à son égard une attitude hostile, mais elle va jusqu'à compatir à sa détresse et verser des larmes sur son infortune ; mais lui, alors qu'il devait lui changer son vêtement[2] et l'habiller du manteau de pourpre, il exige d'elle la promesse qu'elle ne vivra pas autrement, une fois la tempête apaisée, qu'avec son vêtement actuel, et qu'elle se tiendra satisfaite de ce qu'on a décidé à son sujet. Elle promet tout et ils contractent alliance en vue des dangers. Cela réglé, ils[3] font monter l'impératrice à un balcon du Grand Théâtre et ils la montrent au peuple révolté, ayant la prétention de faire cesser par ce spectacle le souffle de sa colère, puisque sa souveraine lui a été ramenée de l'exil ; mais le peuple ne se pressa pas de reconnaître celle qu'on lui montrait, et ceux qui la reconnurent n'en détestèrent que davantage l'ordre du tyran qui, pas même dans les malheurs, ne déposait sa férocité et sa méchanceté.

XXXIII. Tant il y a que la guerre allumée contre Michel s'attisa davantage encore. Alors, craignant que le tyran, réuni à l'impératrice, ne les mît en fuite, et que la plupart des gens, persuadés par les paroles de la souveraine, ne vinssent à céder, les révoltés se tournent vers un autre parti, qui, à lui seul, fît échec aux machinations tyranniques.

XXXIV. Mais auparavant je veux reprendre les choses d'un peu plus haut, pour que mon récit procède avec méthode, et il me faut rappeler les faits antérieurs et les relier à mon exposé. Constantin[4] avait non pas une fille, ainsi que je l'ai dit plus haut, mais trois ; l'aînée

---

1. Entendez : pour se venger.
2. Son vêtement monacal.
3. L'empereur et son oncle.
4. Cf. *supra*, Hist. de Constantin VIII, chap. V.

XXXII. Ἐν τοσούτῳ δὲ καὶ ἡ βασιλὶς ἐν τοῖς ἀνακτόροις κομίζεται, οὐ μᾶλλον χαίρουσα τοῖς ἐπ' αὐτῇ τελουμένοις παρὰ τοῦ Κρείττονος, ἢ περιδεῶς ἔχουσα μὴ πάθοι παρὰ τοῦ πονηροῦ βασιλέως δεινότερον. Ὅθεν οὐδὲ τοῦ καιροῦ γίνεται, οὐδὲ ὀνειδίζει τῷ τυράννῳ τὴν συμφοράν, οὐδὲ μεταλλάττει τὸ σχῆμα, ἀλλὰ καὶ συναλγεῖ καὶ ἀφίησι δάκρυον ἐπ' αὐτῷ· ὁ δέ, δέον αὐτῇ τὸ σχῆμα μεταβαλεῖν καὶ τὴν περιπόρφυρον ἐσθῆτα περιβαλεῖν, καὶ ἐγγύας αὐτὴν εἰσπράττεται, μὴ ἂν ἄλλως βιῶναι τῆς τρικυμίας κατευνασθείσης ἢ ὡς ἔχει σχήματος, καὶ ἀγαπῆσαι τοῖς ἐπ' αὐτῇ δόξασιν· ἡ δὲ πᾶν ὁτιοῦν ἐπαγγέλλεται, καὶ τὴν συμμαχίαν ἐπὶ τοῖς δεινοῖς τιθέασι. Καὶ οὕτως αὐτὴν ἐπὶ μετεώρου τοῦ μεγάλου θεάτρου ἀναγαγόντες τῷ στασιάσαντι δήμῳ δεικνύουσιν, ἀξιοῦντες λῆξαι τούτοις τὰ τοῦ θυμοῦ πνεύματα, ἀνακομισθείσης αὐτοῖς τῆς δεσποτίδος· οἳ δὲ οὐκ ἔφθασάν γε εἰδέναι τὴν δεικνυμένην, ὅσοι δὲ καὶ ἐγνώκεισαν ἔτι μᾶλλον τὴν τοῦ τυράννου γνώμην ἐμίσησαν μηδ' ἐν τοῖς δεινοῖς ἀποθεμένην τὸ ἄγριον καὶ κακόηθες.

XXXIII. Ἐξήφθη γοῦν αὐτῷ μᾶλλον ἐπὶ πλέον ὁ πόλεμος· εἶτα δὴ δείσαντες μὴ μετὰ τῆς βασιλίδος ὁ τυραννεύων τούτους κατατροπώσηται, καὶ ἔνδοθεν οἱ πλεῖστοι τοῖς ἐκείνης λόγοις πειθόμενοι, ἐφ' ἑτέραν βουλὴν τρέπονται, ἥτις δὴ καὶ μόνη πρὸς τὰς τυραννικὰς ἀντήρκεσε μηχανάς.

XXXIV. Βραχὺ δὲ τούτου προαφηγήσασθαι βούλομαι, ἵνα καθ' ὁδὸν ἡμῖν ὁ λόγος προίοι· καί μοι τῶν προτέρων ἀναμνηστέον καὶ συναπτέον ἐκείνοις τὸν λόγον. Οὐ μία τοῦ Κωνσταντίνου θυγάτηρ, ὥς μοι προλέλεκται, ἀλλὰ τρεῖς

XXXII 1-2 ἀνακτόροις S : -ώροις ‖ 6 μεταλλάττει S : μεταλά. ‖ 8 περιβαλεῖν S : -βαλλεῖν ‖ 10 ἢ S : ᾗ ‖ 10 ἀγαπῆσαι S : ἀγάπη ‖ 11 ἐπαγγέλλεται S : -αγγέλε. ‖ 15 ἀνακομισθείσης S : -κοσμιθ. ‖ 17 μηδ' ἐν S : μηδὲν.

XXXIII 4 ἐκείνης S : -νοις ‖ 5 ἀντήρκεσε S : -σαι.

XXXIV 3 τὸν S : τῶν ‖ 3 τοῦ S : τῶν.

était morte ; la plus jeune[1] partagea quelque temps la vie de la nouvelle impératrice sa sœur, et exerça avec elle le souverain pouvoir, mais d'une certaine manière seulement, car elle n'avait point de part avec elle aux acclamations et elle était honorée à un degré différent, et, dans le palais, c'est après sa sœur qu'elle participait à la splendeur impériale. Mais, comme ni la parenté ni même le fait d'être née du même sein ne suffisaient à écarter l'envie, celle qui était impératrice va jusqu'à envier à Théodora (tel était le nom de sa sœur) un honneur subalterne ; et comme, en même temps, quelques fabricateurs de mensonges avaient ouvert la bouche contre elle, elle persuade à l'empereur[2] de renvoyer du palais Théodora, de lui raser les cheveux et de lui donner comme prison soi-disant le plus convenable des appartements impériaux, ce qui fut fait immédiatement[3] ; et la jalousie qui avait divisé les deux sœurs maintint l'une dans une condition supérieure, l'autre à un rang inférieur, toutefois sous des dehors assez majestueux.

XXXV. Théodora donc se résignait à cette décision et ne s'indignait ni de ce changement de vêtement ni de sa mise à l'écart de sa sœur. Quant à l'empereur, il ne l'avait pas complètement privée de son respect antérieur, et même il la faisait participer à quelques honneurs impériaux. Quand il mourut et que Michel[4] eut pris le sceptre, celui-ci, après avoir attendu quelque temps, se montra, comme notre récit l'a fait savoir, oublieux de l'impératrice, et en même temps, il négligeait totalement sa sœur ; lorsqu'à son tour, après avoir accompli le temps fixé par le destin, il quitta ce monde et que son neveu eut reçu le pouvoir, celui-ci non seulement ne savait qui était Théodora, ni si elle était issue d'une souche impériale, mais même, en ce qui le concernait, ni si elle était vivante, ni si elle se trouvait là[5]. Et elle, quoique se

---

1. Théodora ; cf. *infra*. La seconde des sœurs était Zoé.
2. Romain III.
3. En fait, elle fut reléguée au couvent du Pétrion, dédié au Précurseur, sur la Corne d'Or. C'est là qu'ira la chercher la révolution qui la remettra sur le trône. Cf. Schlumberger, *Ép. byz.* III, pp. 103, 362 sqq.
4. Michel IV.
5. Fin de phrase obscure.

ἐγεγόνεισαν· τούτων οὖν ἐτεθνήκει μὲν ἡ πρεσβυτέρα, ἡ δέ
γε νεωτέρα βραχύν τινα μὲν χρόνον συνῆν βασιλευσάσῃ τῇ
ἀδελφῇ καὶ τρόπον τινὰ συμβεβασιλεύκει· τῆς μὲν γὰρ
εὐφημίας ἐκείνῃ οὐκ ἐκοινώνει, διαφερόντως δ' ἐτετίμητο,
καὶ τῆς ἐν τοῖς βασιλείοις μετά γε τὴν ἀδελφὴν μετεῖχε
| λαμπρότητος· ἐπεὶ δὲ οὐκ αὔταρκες ἡ συγγένεια οὐδὲ τὸ
ἐκ τῶν αὐτῶν προελθεῖν ὠδίνων εἰς βασκανίας ἀποτροπήν,
βασκαίνει καὶ τῆς ἐλάττονος τιμῆς τῇ Θεοδώρᾳ ἡ βασι-
λεύουσα (τοῦτο γὰρ ἦν τῇ ἀδελφῇ ὄνομα), ἅμα δὲ καί τινων
λογοποιῶν ἐπ' αὐτὴν διασχόντων τὸ στόμα, πείθει τὸν αὐτοκράτορα μεταστῆσαι τῶν βασιλείων τὴν Θεοδώραν, τάς τε
τρίχας κεῖραι, καὶ φυλακὴν ταύτῃ ὥσπερ εὐπρεπεστάτην
τῶν σεμνοτέρων καὶ βασιλείων οἴκων ποιήσασθαι· γίνεται
γοῦν εὐθὺς ταῦτα, καὶ φθόνος τὰς ἀδελφὰς διελών, τὴν μὲν
ἐν μείζονι, τὴν δ' ἐν ἐλάττονι μέν, σεμνοτέρῳ δ' ὅμως κατ-
έσχε προσχήματι.

XXXV. Ἔστεργεν οὖν ἡ Θεοδώρα τὰ δόξαντα καὶ οὔτε
τὴν μεταμφίασιν ἐδυσχέραινεν οὔτε τὸ πρὸς τὴν ἀδελφὴν
ἀκοινώνητον. Ὁ μέντοι γε αὐτοκράτωρ οὐ παντάπασι ταύτην τῆς προτέρας ἀπῆγεν αἰδοῦς, ἀλλὰ καί τινος αὐτὴν
βασιλικῆς μέτοχον ἐποιεῖτο χάριτος. Ἐπεὶ δὲ οὗτος μὲν
ἐτεθνήκει, ὁ δὲ Μιχαὴλ τῶν σκήπτρων ἐπείληπτο, τῆς τε
βασιλίδος, ὡς ὁ λόγος ἐγνώρισε, βραχύν τινα χρόνον ἀναμείνας ἐπιλέληστο, καὶ τῆς ἀδελφῆς παντάπασι κατ-
ολιγωρεῖ· ἐπεὶ δὲ καὶ οὗτος τὸν εἱμαρμένον αἰῶνα πληρώσας
ἀπῆλθεν, ὁ δὲ ἀνεψιὸς ἐλελόγχει τὸ κράτος, οὐδ' ἥτις ἐστὶν
ἡ Θεοδώρα ἐγνώκει, οὐδ' εἰ βασιλείου ῥίζης ἐβλάστησεν,
ἀλλὰ τό γε καθ' ἑαυτὸν οὐδ' εἰ ἐγεγόνει αὕτη, οὐδ' εἰ
ἐνταῦθα παρεληλύθει. Ἡ δὲ καὶ οὕτως ἔχουσα, μᾶλλον δὲ

8 εὐφημίας S : ἔφη. || 8 δ' ἐτετίμητο S : δὲ τετίμητο || 9 τῆς S : τοῖς ||
10 τὸ R : τῶν || 14 διασχόντων S : δι' αὐχόντων || 16 κεῖραι S : κείραι
|| 19 τὴν δ' ἐν My : τὴν δὲ.

XXXV 7 τινα S : τι || 9 εἱμαρμένον S : ἥμαρ. || 10 ἐλελόγχει R : ἐλε-
λήχει || 11 εἰ S : ἡ || 13 οὕτως ἔχουσα S : αὖθις ἔχ.

trouvant ainsi, ou plutôt, quoique les empereurs se comportassent ainsi à son égard, ne faisait rien de contraire à leurs opinions, moins par contrainte que de plein gré. Tel est donc l'exposé préliminaire de mon récit.

La foule se porte vers l'augusta Théodora.

XXXVI. Donc le peuple s'était, comme je l'ai dit, révolté contre le tyran. Craignant que les choses ne prennent un autre tour, que la troupe du tyran ne soit victorieuse et qu'il n'arrive rien de plus que du tumulte, dans son impuissance à s'assurer de la première impératrice[1] parce que le tyran avait préalablement mis la main sur elle et la gardait comme un navire au port, le peuple se tourne vers sa sœur en tant que deuxième rejeton[2] de la souche impériale, et cela, non pas avec tumulte et confusion, mais après avoir placé comme général à la tête de sa colonne un des serviteurs de son père[3]. Cet homme n'était pas de race grecque, mais son caractère était de la meilleure race ; il avait une stature de héros et il imposait le respect par l'antiquité de sa noblesse[4]. Donc en bataillons[5] complets, sous la conduite de ce chef vaillant, le peuple se porte vers Théodora[6].

XXXVII. Mais elle, frappée de stupeur à ce spectacle inattendu, ne céda pas à la première tentative. Réfugiée dans l'église, elle demeurait sourde à toute voix. Mais l'armée des citoyens, renonçant à la persuasion, usa de la force à son égard : quelques-uns, tirant leurs poignards, comme pour la tuer se jetèrent sur elle ; audacieusement ils l'arrachent du sanctuaire, la font sortir en plein air, la revêtent d'une robe des plus somptueuses, la font asseoir sur un cheval, et, faisant cercle autour d'elle, se mettent en route et l'emmènent dans

---

1. Zoé.
2. *Litt.* deuxième sang impérial.
3. Constantin Kabasîlas. Cf. Schlumberger, *Op. laud.*, III, 364.
4. *Litt.* de son antique bonheur, c'est-à-dire l'heureuse condition d'un homme noble et riche.
5. *Litt.* phalanges.
6. Au couvent du Pétrion, où elle était enfermée.

ούτως εχόντων αύτη των αυτοκρατόρων, ουδέν τι προς τάς
εκείνων άντεκίνει γνώμας, ου τυραννουμένη μάλλον ή εκούσα.
Ή μεν ούν προαφήγησις της υποθέσεως αύτη.

Περί της του όχλου απαγωγής προς την
αύγούσταν Θεοδώραν.

XXXVI. Ό τοίνυν δήμος, ως μοι λέλεκται, κατά του
τυραννεύσαντος στασιάσας και δεδιώς μή τε άλλως τα
πράγματα έξουσι, και ή τυραννική αύτου κατισχύσει χειρ,
και ουδέν τι πλέον του θορύβου γενήσεται, επειδή την
πρώτην βασιλίδα έλεΐν ούχ οίος τε ήν, του τυράννου ταύτην
προκατασχόντος και οίον ελλιμενίσαντος, επί την άδελφήν
τρέπεται, ως δεύτερον αίμα βασίλειον, ου ταραχωδώς ουδέ
συγκεχυμένως, άλλ' ένα των πατρώων αυτή θεραπόντων
ώσπερ τινά στρατηγόν της εαυτού προστήσας τάξεως,
άνδρα το μεν γένος ούχ Έλληνα, το δε ήθος του καλλίστου
γένους, ηρωικόν δε το είδος, και το σεβάσμιον εξ αρχαίας
ευτυχίας κεκτημένον, φάλαγξιν όλαις σύν φαλαγγάρχη
γενναίω επί την Θεοδώραν άπήει.

XXXVII. Ή δε τω άπροσδοκήτω καταπλαγείσα, την
τε πρώτην πειράν άνένδοτος διαμεμενήκει, και εν τοις άδύτοις εαυτήν κατασχούσα άνήκοος προς πάσαν διαμεμενήκει
φωνήν· άλλα το πολιτικόν | στράτευμα, άπογνόντες προς την
πειθώ, την βίαν επήξεν αυτή, και τίνες σπασάμενοι έγχει-
ρίδια ως άναιρήσοντες ταύτην ώρμησαν, είτα δη και τολμή-
σαντες άποσπώσι μεν του άδύτου, έξάγουσι δε εις το ύπαι-
θρον, και τινα των λαμπροτέρων στολών έπενδύσαντες εφ'
ίππου τε καθίζουσι και προς τον μέγαν ναόν της του Θεού

XXXVI 2 αύγούσταν S : -γούσταν || 4 δεδιώς S : -δειώς || 4 άλλως S :
άλλω || 6 θορύβου γ. S : θορί γ. || 9 ταραχωδώς S : ταραχόδως || 14 φαλαγ-
γάρχη S : φάλαγξας όλη || 15 άπήει S : άπίει.

XXXVII 4 άπογνόντες S : -ώντες || 7 άποσπώσι S : -πώση

la grande église de la Divine Sagesse[1]. Dès lors, ce ne fut plus seulement une fraction du peuple, mais toute l'élite de la population qui rendit un commun hommage à Théodora, et tout le monde, dans un absolu mépris du tyran, avec des acclamations, proclama Théodora impératrice.

*De la fuite de l'empereur et de son oncle,
et de l'ablation de leurs yeux.*

XXXVIII. A cette nouvelle, le tyran, craignant que les révoltés ne l'attaquent à l'improviste et ne le massacrent dans son palais même, monte dans un des navires impériaux et, accompagné de son oncle, il aborde au saint monastère de Stoudion[2]. Là, déposant son vêtement [impérial], il prend l'habit du suppliant et du réfugié. Quand cette nouvelle fut connue de la capitale, aussitôt tous les cœurs, jusque-là remplis de peur et de frisson, reprennent courage ; les uns présentaient des offrandes à Dieu, les autres acclamaient l'impératrice, et tout le populaire de la ville et du marché constituait des chœurs de danse et composait sur les événements des *tragoudia*[3], dont les vers étaient tirés des faits mêmes. Mais la plupart s'élançaient ensemble d'une course effrénée contre le tyran même, avec l'intention de le tuer, de l'égorger.

XXXIX. Eux donc se comportaient ainsi. Pour ceux qui entouraient l'impératrice Théodora, ils envoient, pour garder à vue le tyran, un corps de troupes sous la conduite d'un capitaine des gardes, personnage noble entre tous, que je suivais de près, car j'étais son ami et j'avais été admis à lui prêter mon concours tout ensemble dans la conception et dans l'exécution de ses résolutions. Arrivés près des portes du couvent, nous voyons une autre garde, composée de volontaires : c'était une colonne[4]

---

1. Sainte-Sophie.
2. Le plus fameux des couvents de Byzance, dont l'emplacement est aujourd'hui marqué par la mosquée de l'Écuyer, dans le quartier de Psamatia (dans l'angle sud-ouest de la ville).
3. Chansons historiques, analogues aux bylines russes. Cf. Rambaud, *Michel Psellos*, rééd., 133.
4. *Litt.* une phalange.

Σοφίας κύκλωσε συγκινούμενοι άγουσιν. Εντεύθεν ούχ ή το του δήμου μόνη μερίς, άλλα και ή έκκριτος ξύμπασα συνεπινενεύκει τη Θεοδώρα, και πάντες του τυράννου πάντη κατολιγωρήσαντες βασιλίδα την Θεοδώραν εύφήμω στόματι κατωνόμασαν.

Περί της του βασιλέως και του θείου αύτου άποφυγης, καί περί της αύτῶν εκτυφλώσεως.

XXXVIII. Ώς δέ τοΰτο έγνώκει ο τύραννος, δείσας μή άθρόον έπεληλυθότες αύτου που έν τοῖς άνακτόροις διαχειρίσονται, εις ναόν τινα τῶν βασιλικῶν έαυτόν έμβιβάσας και τόν θεῖον παραλαβών πρός τήν ίεράν τῶν Δίου καταίρει μονήν, τό τε σχήμα μεταβαλών, ίκέτου σχήμα μεταλαμβάνει και πρόσφυγος. Ώς δέ δήλον έγεγόνει τοῦτο τη Πόλει, εύθύς αίρεται πάσα ψυχή μέχρι τούτου πεφοβημένη και φρίττουσα· καί οί μέν σώστρα Θεῷ άνετίθουν, οί δέ άνευφήμουν τήν βασιλίδα, τό δ' όσον δημώδες καί άγοραῖον χορούς τε συνίστασαν καί έπετραγῴδουν τοῖς γεγονόσιν, αύτόθεν τά μέλη ποιούμενοι· οί δέ γε πλείους έπ' αυτόν δή τόν τύραννον άκαθέκτῳ δρόμῳ συνέθεον, ώς κατακόψοντες, ώς σφάξοντες.

XXXIX. Καί οί μέν ούτως· οί δέ περί τήν βασιλίδα Θεοδώραν φρουράν τινα έπ' αύτον άφιᾶσι καί φρούραρχόν τινα τῶν γενναίων, ῷ κάγώ συνειπόμην έγγύθεν, φίλος τε ών έκείνῳ, καί εις βουλήν άμα καί πρᾶξιν τῶν έγνωσμένων παραληφθείς· έπεί δέ πρός ταῖς πύλαις τοῦ νεώ έγεγόνειμεν, έτέραν αύτοκέλευστον όρῶμεν φρουράν, δημώδη φάλαγγα

---

13 κατολιγωρήσαντες S : κατωληγορ.

XXXVIII 5 ναῦν S : ναῦ ‖ 9 ψυχή S : ψυχῆ ‖ 10 άνευφήμ*ν S : άνεφήμου ‖ 13 ποιούμενοι S : -νος ‖ 14 κατακόψοντες S : -ψαντες ‖ 14-15 σφάξοντες S : -ξαντες.

XXXIX 3 γενναίων S : -γεννέων ‖ 5-6 έγεγόνειμεν S : έγεγόνει μέν

de gens du peuple, qui avait entouré le saint édifice et voulait presque le détruire ; aussi ne fût-ce pas sans peine que se fit notre entrée dans l'église[1] ; en même temps que nous, une foule nombreuse s'y précipita, vociférant contre le scélérat et lançant contre lui toute sorte de vocables injurieux.

XL. Jusqu'alors, ce n'était pas précisément avec des sentiments de modération que moi aussi j'allais à lui. Car je n'étais pas sans douleur au sujet de l'impératrice, et en outre un léger sentiment de colère m'animait contre lui[2]. Mais quand je fus près de l'autel où il se tenait, et que je vis les deux proscrits, le basileus cramponné à la table sainte même du Verbe et le nobilissime debout à la droite de l'autel[3], tous deux changés d'habit et de sentiments et couverts du rouge de la honte, alors je ne conservai plus dans mon cœur la moindre trace de ressentiment, mais, comme frappé de la foudre, je demeurai pétrifié et bouche béante, tout changé devant la nouveauté du spectacle ; puis, ayant recueilli mes esprits, je maudis notre vie humaine, au cours de laquelle ont coutume d'arriver ces événements imprévus et extraordinaires, et alors, comme si une source s'était ouverte au dedans de mon être, un courant incoercible de larmes jaillit de mes yeux, et, pour finir, ma compassion aboutit à des gémissements.

XLI. Donc la foule qui était entrée dans l'église avait fait cercle et se tenait debout autour des deux hommes ; telle une bande de fauves, elle voulait les dévorer ; et moi, debout contre la grille de droite de l'autel, je me lamentais. Quand les deux proscrits me virent en proie à une violente douleur et que je ne leur étais pas tout à fait hostile, mais que je montrais une attitude modérée,

---

1. Dans la grande église du couvent, dédiée au Précurseur, asile très saint, inviolable, où s'étaient réfugiés les proscrits.
2. Psellos n'aimait pas Michel V à cause de sa dureté de cœur et de son ingratitude envers sa bienfaitrice, et il ne cache pas son antipathie. Aussi, dès le début de la révolution s'était-il parfaitement fait à l'idée d'abandonner le basileus dont il prévoyait le sort. Cf. Bury, 255.
3. Sur les mots βῆρα, τράπεζα. κίγκλις et autres termes liturgiques du passage, cf. Clugnet, *Diction. grec-français des noms liturgiques en usage dans l'Église grecque*, Paris, 1895.

κύκλωσε τὸν ἱερὸν περιειληφότας οἶκον καὶ μονονοὺ διορύξαι
τοῦτον ἐθέλοντας· ὅθεν οὐδ' ἀπράγμων ἡμῖν ἡ πρὸς τὸν
ναὸν ἐγένετο εἴσοδος· ὁμοῦ δὲ καὶ πολύ τι πλῆθος συνερ-
ρύησαν, τοῦ ἀλιτηρίου καταβοῶντες καὶ πᾶσαν κατ' αὐτοῦ
φωνὴν ἀφιέντες ἀσχήμονα.

XL. Τέως δὲ καὶ αὐτὸς οὐ πάνυ τι συνεληλύθειν ἐπιεικῶς, οὐ γὰρ ἦν ἐπὶ τῇ βασιλίδι ἀνάλγητος, ἀλλὰ κἀμὲ βρα-
χύς τις ἐπ' ἐκεῖνον ὑπεκίνει θυμός· ἐπεὶ δὲ πρὸς τῷ ἱερῷ
βήματι γεγονώς, οὗ ἐκεῖνος ἐτύγχανεν ὤν, ἐθεασάμην ἄμφω
τὼ πρόσφυγε, τὸν μὲν βασιλεύσαντα αὐτῆς ἐπειλημμένον
τῆς ἱερᾶς τοῦ Λόγου τραπέζης, τὸν δέ γε νωβελλίσιμον ἐπὶ
τοῦ δεξιοῦ ἑστηκότα | μέρους, μεταβεβλημένῳ καὶ τὸ σχῆμα
καὶ τὴν ψυχὴν καὶ κατῃσχυμμένῳ παντάπασι, θυμοῦ δὲ οὐδ'
ὁτιοῦν ἴχνος ἐφύλαξα τῇ ψυχῇ, ὥσπερ δὲ τυφῶνι βληθεὶς
αὖος εἱστήκειν καὶ ἄχανής, πρὸς τὴν καινοτομίαν μεταβεβλημένος τοῦ πράγματος· εἶτα δὴ συλλεξάμενος τὴν ψυχήν·
ἐπηρασάμην τῆς ἡμετέρας ζωῆς, δι' ἣν εἴωθε συμβαίνειν
τὰ καινὰ ταῦτα καὶ ἄτοπα· εἶτα δὴ ὥσπερ τινὸς ἔνδοθεν
ἀναρρυείσης πηγῆς, δακρύων ῥοῦς ἀκατάσχετος προεχεῖτο
τῶν ὀφθαλμῶν, τελευτῶντι δέ μοι καὶ εἰς στεναγμοὺς τὸ
πάθος ἀπετελεύτησε.

XLI. Τὸ μὲν οὖν εἰσεληλυθὸς πλῆθος κύκλωσε περιστάντες τὼ ἄνδρε ὥσπερ δή τινες θῆρες καταδαίσασθαι
τούτους ἐβούλοντο· ἐγὼ δὲ πρὸς τῇ δεξιᾷ τοῦ βήματος
κιγκλίδι ἑστὼς ἐποιούμην τὸν θρῆνον. Ὡς δέ με εἶδον ἄμφω
περιπαθῶς ἔχοντα καὶ οὐ πάντη ἐκπεπολεμωμένον ἐκείνοις,
ἀλλὰ δεικνύντα τι τοῦ ἐπιεικοῦς σχήματος, πρός με ἄμφω

7 διορύξαι S : διωρ. ‖ 10 ἀλιτηρίου S : ἀλητ.

XL 1-2 ἐπιεικῶς S : ἐπιεἰκος ‖ 5 τὼ S : τὸ ‖ 6 νωβελλίσιμον S : νωβελί. ‖ 8 κατῃσχυμμένῳ B My : κατησχυ. ‖ 10 αὖος S : αὖθης ‖ 10-11 μεταβεβλημένος S : -ημμένος ‖ 14 ἀναρρυείσης S : -υήσης.

XLI 2 τὼ S : τῶ ‖ 4 κιγκλίδι R : κυκλ. ‖ 4 ἑστὼς S : ἐστῶς ‖ 5 ἐκπεπολεμωμένον S : -μένων ‖ 5 ἐκείνοις : ἐκεῖνοις quod corr. librarius ex ἐκεῖνος

tous les deux ensemble vinrent à moi. Et moi, changeant quelque peu d'attitude, tout d'abord je fis doucement des reproches au nobilissime pour diverses raisons et en particulier pour avoir voulu faire cause commune avec l'empereur à propos du mauvais traitement à infliger à l'impératrice ; puis, m'adressant à celui qui avait revêtu le pouvoir, je lui demandai ce qu'il avait bien pu souffrir de la part de sa mère et de sa souveraine pour machiner contre elle une telle action tragique. Et tous les deux me répondirent, le nobilissime, qu'il n'avait pas participé au projet de son neveu contre l'impératrice et qu'il ne l'y avait poussé en aucune manière : « Le retenir, dit-il, si je l'avais voulu, je n'aurais retiré de mon intervention que du désagrément, tant cet homme (ce disant, il se tourna vers l'empereur) était difficile à refréner pour ce qu'une fois il avait résolu et pour ce qu'il avait entrepris. Car si j'avais été capable d'arrêter son élan, toute ma famille ne serait pas aujourd'hui mutilée, et elle ne serait pas la proie du feu et du fer. »

XLII. Ce mot « mutiler », que peut-il bien signifier? Je veux le dire, en interrompant quelque peu mon récit. Quand l'empereur eut exilé l'orphanotrophe[1], comme s'il avait abattu le pilier de la famille, il s'empressa de raser tout le reste de sa parenté. A tous ses proches, qui, pour la plupart, avaient atteint le terme de leur croissance et pris toute leur barbe, qui étaient devenus pères de famille et qui avaient été élevés aux dignités les plus augustes, il fit subir la castration[2], et il les rendit à la vie à moitié morts ; car, hésitant à leur infliger une mort manifeste, il préférait, ce qui avait un air plus indulgent, les faire périr en les mutilant.

XLIII. Donc le nobilissime me répondit par de telles paroles. Pour le tyran, secouant légèrement la tête, et laissant avec quelque peine les larmes couler de ses yeux : « Mais Dieu n'est pas injuste, dit-il — c'est ainsi qu'il s'exprima — et c'est la justice qui me punit de ce que j'ai fait ! » Ce disant, il saisit de nouveau la table

---

1. Cf. *supra*, chap. XIV.
2. Traitement en grande faveur auprès des basileis, à l'égard de ceux dont on craignait les prétentions possibles au pouvoir.

συνεληλυθέτην· κἀγώ, βραχύ τι μεταβαλών, πρῶτα μὲν κατητιώμην ἠρέμα τὸν νωβελλίσιμον ἐπ' ἄλλοις τε δὴ καὶ ὅτι συγκοινωνεῖν τῷ βασιλεῖ εἵλετο ἐπὶ τῇ τῆς βασιλίδος κακώσει, ἔπειτα καὶ αὐτὸν δὴ τὸν εἰληφότα τὸ κράτος ἠρώτησα ὅ τι δήποτε πεπονθὼς παρὰ τῆς μητρὸς καὶ δεσπότιδος τοιοῦτον ἐκείνη πάθος ἐπετραγῴδησε. Καὶ ἄμφω δή μοι ἀπεκρινάσθην· ὁ μὲν νωβελλίσιμος, ὡς οὔτε τῆς ἐπὶ ταύτῃ βουλῆς τῷ ἀνεψιῷ ἐκοινώνησεν οὔτ' ἄλλως προὐτρέψατο· « Ἐπισχεῖν δέ, φησίν, εἴ γε βουληθείην, κακοῦ τινος παραπολελαύκειν· οὕτω γὰρ ἦν ἀκατάσχετος οὗτος (πρὸς ἐκεῖνον ἐπιστραφείς) πρὸς ὃ βουληθείη καὶ ἐφ' ὅπερ ὁρμήσειεν· εἰ γὰρ οἷός τε ἦν ὁρμὴν αὐτοῦ ἀνακόψαι, οὐκ ἂν δή μοι τὸ γένος ξύμπαν ἐκέκοπτο καὶ πυρὸς καὶ σιδήρου ἔργον ἐγένετο ».

XLII. Τοῦτο δὲ τί ποτέ ἐστι, βραχὺ διακόψας τὸν λόγον ἐρεῖν βούλομαι. Ἐπειδὴ τὸν ὀρφανοτρόφον ὁ βασιλεύων ἀπήλασεν, ὥσπερ δὴ τὸν τοῦ γένους στῦλον κατενεγκών, τὸ ξύμπαν ἐκθεμελιοῦν ἠπείγετο, καὶ τὸ συγγενὲς ἅπαν, τοὺς ⟨τὰ⟩ πλείω εἰς ἡλικίας ἐληλυθότας ἀκμὴν καὶ ἀκριβῶς γενειάσαντας, πατέρας τε γεγονότας καὶ τάξεις ἐμπιστευθέντας τῶν σεμνοτέρων ἀρχῶν, τῶν παιδογόνων μορίων ἀποτεμὼν ἡμιθανεῖς ἀφῆκε τῷ βίῳ· τὸν γὰρ πρόοπτον ἐπ' αὐτοὺς αἰδούμενος θάνατον, ἐπιεικεστέρᾳ τομῇ ἐβούλετο ἀνελεῖν.

XLIII. Ὁ μὲν οὖν νωβελλίσιμος τοιούτῳ με λόγῳ ἠμείψατο· ὁ δὲ τυραννεύσας ἠρέμα τὴν κεφαλὴν ἐπισείσας καὶ μόγις που καὶ δάκρυον τῶν ὀφθαλμῶν ἐπαφείς· « Ἀλλ' οὐκ ἄδικος ὁ Θεός,'οὕτως εἰπών, καί με ἡ δίκη | τῶν πεπραγμένων ποινὰς εἰσπράττεται ». Καὶ εἰπὼν αὖθις τῆς θείας τραπέζης

9-10 ἐπὶ τῇ τῆς βασιλίδος κακώσει K : ἐπὶ τῇ βασιλίδι -σεως ‖ 14 ταύτῃ R : τούτῳ.

XLII 5 τὰ add. R ‖ 9 τομῇ S : τὸ μὴ.

XLIII 3 μόγις που PR : μόγισμου ‖ 4 ἄδικος S : ἠδίκη

sainte ; puis, il déclare que c'est conformément à la justice divine que ce changement d'habit lui est imposé. Tous deux alors exécutent la cérémonie¹ du changement d'habit ; mais tous deux néanmoins étaient remplis de consternation et d'épouvante, redoutant l'irruption du peuple. Pour moi, je croyais que le désordre s'arrêterait là, et j'admirais la scène, et j'étais frappé d'étonnement devant l'évolution des malheurs ; mais cela n'était qu'un court prélude de tragédies plus terribles, que je raconterai point par point.

XLIV. Déjà le jour baissait, quand tout à coup survient un des nouveaux officiers du palais[2] ; il déclare que Théodora lui a donné l'ordre de transférer ailleurs les fugitifs. Une foule nombreuse de civils et de militaires le suivait. S'approchant de l'autel où ils s'étaient réfugiés, il les invitait d'une voix impérieuse à sortir. Mais eux, s'apercevant que la multitude parlait de bourreau, et remarquant que son chef montrait que c'était le moment[3], et que, changeant de caractère, il devenait plus insolent, ils déclarèrent qu'ils ne sortiraient pas, et s'accrochèrent avec plus de force aux colonnes qui soutiennent la table sainte. L'autre alors, déposant son insolence, se mit à leur parler avec plus de douceur, jurant sur les reliques et faisant valoir toutes sortes de raisons qu'ils n'éprouveront aucun mal et que le messager ne se montrera pas plus dur que ne l'exigent les circonstances ; mais eux, dominés par la peur[4] et s'attendant, d'après ce qui se passait, à subir toute sorte de malheurs, demeuraient là, hébétés, préférant être immolés dans le saint temple que d'être, à ciel ouvert, l'objet de tout mauvais traitement[5].

XLV. Renonçant dès lors à les persuader par des

---

1. *Litt.* le mystère. Ils revêtent la robe de bure des moines.
2. *Litt.* un de ceux qui venaient d'obtenir le lot des commandements. Comme à l'ordinaire, Psellos évite de désigner les gens par leur nom. Il s'agit du nouveau Préfet de la ville, Kampanaros, que Théodora venait de nommer en place de l'incapable Anastase. Cf. Schlumberger, *Op. laud.*, III, 375.
3. Ici encore, le texte manque de clarté.
4. *Litt.* une fois ayant peur ; apeurés.
5. La leçon ἐπιεικείας « clémence » est en contradiction avec tout le reste. De là ma correction, très problématique d'ailleurs.

έδράξατο· έπειτα δή και την τοϋ σχήματος έννόμως μεταμφίασιν έπ' αύτω γενέσθαι καταξιοϊ. Και τελούνται άμφω της μεταμφιάσεως τό μυστήριον· και ήστην ομού συντετριμμένω και δειλιώντε και την τοϋ δήμου πεφοβημένω φοράν. Έγώ μεν ούν ώμην άχρι τούτου τα ταραχώδη προβήσεσθαι, και τήν γε σκηνήν άπεθαύμαζον, και την των παθημάτων χορείαν έξεπληττόμην· το δε ήν άρα βραχύ τι προοίμιον χειρόνων τραγωδιών· είρήσεται δε κατά μέρος ταύτα.

XLIV. Ήδη γαρ κλινούσης ημέρας έφίσταταί τις άθρόον τῶν ἄρτι τας αρχάς κληρουμένων, ώς από τής Θεοδώρας προστεταγμένον αύτω έφ' ετερόν τινα τόπον μεταστήσαι τους πρόσφυγας, είπετο δε αύτω και πληθύς πολιτική τε και στρατιωτική· και προσπελάσας τω βήματι ού εκείνοι καταπεφεύγασιν, ίταμωτέρα φωνή την εξοδον αύτοις προύτρεπεν· οί δε, ώς τό τε πλήθος έωράκεισαν δημίων λόγους έπέχοντας και τον άγοντα τεθέανται παραδεικνύντα τι τοϋ καιρού και παρά τό ήθος μεταβαλόντα προς το θρασύτερον, ούκ έφασαν έξελεύσεσθαι, και τῶν ανεχόντων την ίεράν τράπεζαν κιόνων έδράξαντο εύσθενέστερον· ό δε τοϋ θράσους άφέμενος έπιεικέστερον αύτοις προσωμίλει, καθ' ιερών τε όμνύς, και πάντα λόγον κινών, ώς ούτε κακού τινός πειραθήσονται ούτε βαρύτερος αύτοις ό πεμφθείς γενήσεται τοϋ καιρού· οί δ' άπαξ άποδειλιάσαντες και πάσαν έκ των παρόντων συμφοράν ύποπτεύσαντες, έξεκεκώφεισαν, έν τοις άδύτοις τυθήσεσθαι μάλλον ελόμενοι, ή ύπαίθριοι γεγονότες πάσης αικίας τυχείν.

XLV. Εντεύθεν έκεινος της δια τών λόγων πειθούς

9 δειλιώντε S : -ώνται || 10 τὰ R : τὸν || 12 χορείαν S : -ηάν.

XLIV 2 ἀρχὰς S : εὐχὰς || 4 εἴπετο S : εἶπε || 4 πληθὺς S : -θοὶς || 8 τεθέανται S : -αντα || 9 μεταβαλόντα S : -βαλλόντα || 10 οὐκ S : οὔτ' || 13 οὔτε S : οὔται || 17 ὕπαιθροι S : ὕπεθροι || 18 αἰκίας R : ἐπιεικείας.

XLV 1 τῶν λόγων S : τὸν λόγον

paroles, cet homme en vint à la violence. Comme à son ordre[1], la foule abattit les mains sur les proscrits, et, sans plus tarder, se mettant en devoir de transgresser la loi, telle une bande de fauves, les arrache du sanctuaire. Et eux de pousser des cris lamentables, levant les yeux vers l'Agneau divin, le suppliant de ne pas être déchus de leurs espérances, de ne pas être durement arrachés à Dieu, eux qui s'étaient réfugiés auprès de lui. La plupart de ceux qui étaient présents[2] furent, devant leur malheur, remplis de honte ; s'opposer à la force[3] des choses, ils ne l'osèrent en aucune façon ; mais, étant entrés en arrangement avec la multitude et se fiant aux serments de son chef, comme s'ils concluaient un traité, ils remirent les proscrits entre ses mains et eux-mêmes ils les accompagnèrent, pour ainsi dire, dans l'intention de porter secours à ces malheureux, ainsi chassés de l'église. Mais rien ne pouvait leur venir en aide, tant les circonstances leur étaient contraires, tant elles excitaient tous les esprits contre eux.

XLVI. En effet, ceux qui entouraient Théodora, connaissant la jalousie de sa sœur et sachant qu'elle préférerait joyeusement voir sur le trône impérial un valet d'écurie plutôt que d'admettre sa sœur à participer avec elle au pouvoir, font ce calcul vraisemblable qu'elle pourrait bien, en raison de ce fait, dédaigner complètement l'une et rappeler subrepticement l'autre[4] à l'empire ; tous donc d'un commun accord décident de supprimer le proscrit. Décréter la mort contre lui ne plaisait pas précisément aux plus modérés : ils imaginent et combinent une autre manière d'éteindre les espérances des fugitifs[5], et ils envoient au plus vite des hommes hardis et résolus avec l'ordre, quand ils les verront hors de l'enceinte sacrée, de leur crever les yeux avec le fer.

XLVII. Donc, à peine les proscrits sortaient-ils de

---

1. *Litt.* comme lui (*suppl.* αὐτοῦ) l'ayant ordonné.
2. Entendez : la compagnie des gardes et le Préfet, que Psellos avait accompagné au Stoudion.
3. *Litt.* le courant.
4. Théodora d'une part ; Michel, de l'autre.
5. *Litt.* leurs espérances. Le récit parle tantôt d'un πεφυγότα, l'empereur, tantôt de deux πεφυγότες, l'empereur et le nobilissime.

ἀπογνοὺς ἐπὶ τὴν βίαν ἐλήλυθεν· ὡς δὲ προστάξαντος χεῖρας ἐπ' αὐτοὺς τὸ πλῆθος ἀνέτειναν, καὶ ἤδη καὶ παρανομεῖν ἐπεχείρησαν, ὡς θῆρες αὐτοὺς τῶν ἱερῶν ἀπελαύνοντες, ἐντεῦθεν ἐκεῖνοι πᾶσαν γοηρὰν ἀφιέντες φωνὴν πρὸς τὴν ἱερὰν Ποίμνην ἀπέβλεψαν, προσλιπαροῦντες μὴ ἐκπεσεῖν τῶν ἐλπίδων, μηδὲ προσπεφευγότας Θεῷ ἐκεῖθεν ἀπελαθῆναι πικρῶς· καὶ οἵ γε πλείους πρὸς τὸ ἐκείνων πάθος ἐδυσωπήθησαν, καὶ ἐναντιωθήσεσθαι μὲν τῇ τοῦ καιροῦ φορᾷ παντάπασιν οὐκ ἐτόλμησαν, ὁμολογίας δὲ παρὰ τοῦ πλήθους προσειληφότες καὶ τοῖς τοῦ ἄγοντος ὅρκοις πιστεύσαντες, ὥσπερεὶ συνθήκας ποιούμενοι, ἐκείνους τε τούτῳ παρέθεσαν καὶ αὐτοὶ συνείποντο τούτοις, ἵν' οὕτως | εἴπω, ἀπεληλαμένοις ἐπικουρήσοντες· ἀλλ' ἦν ἄρα οὐδὲν τὸ βοηθῆσον ἐκείνοις, οὕτω τῶν πραγμάτων ἀντιπεριστάντων καὶ πᾶσαν ψυχὴν ἐπ' ἐκείνους ἐρεθισάντων.

XLVI. Οἱ γὰρ περὶ τὴν Θεοδώραν τὸ τῆς ἀδελφῆς εἰδότες ζηλότυπον, καὶ ὡς βούλοιτ' ἂν ἀσμένως τῶν περὶ τὸν ἱππῶνά τινα ἐπὶ τοῦ βασιλείου θρόνου θεάσασθαι ἢ τὴν ἀδελφὴν κοινωνήσουσαν αὐτῇ τῆς ἀρχῆς, καὶ λογισμὸν εἰκότα λαβόντες μὴ διὰ ταῦτα τῆς μὲν κατολιγωρήσοι, ἐκεῖνον δὲ λαθραίως εἰς τὴν βασιλείαν αὖθις ἀναβιβάσοι, μίαν ἅπαντες ψῆφον τιθέασιν, ἐκ μέσου τὸν πεφευγότα ποιήσασθαι. Τὸ μὲν οὖν θάνατον τούτου καταψηφίσασθαι οὐ πάνυ τοῖς ἐπιεικεστέροις ἤρεσκε, τὸ δ' ἄλλως πως ἀποσβέσειν αὐτοῖς τὰς ἐλπίδας μελετῶσί τε καὶ συντίθενται· καὶ ἀποστέλλουσιν ὅτι τάχιστα ἄνδρας ἰταμοὺς καὶ θρασεῖς, ἐγκεκελευσμένους, ἐπειδὰν τούτους θεάσονται ἔξω τοῦ θείου γεγονότας σηκοῦ, σιδήρῳ τοὺς ὀφθαλμοὺς ἐξελεῖν.

XLVII. Οἱ μὲν οὖν ἤδη ἐξῄεσαν τοῦ νεώ, πομπὴ δὲ

5 γοηρὰν S : γοἱρὰν || 7 προσπεφευγότας S : -γέτας || 13 τούτοις S : τοῖς || 16 ἐρεθισάντων S : αἴρε.

XLVI 5 κατολιγωρήσοι S : κατωληγο. || 9 πάνυ S : πάνοι || 12 ἐπειδὰν R : ἐπειδ' ἂν || 12 τούτους S : -τοις.

XLVII 1 ἤδη S : ᾔδει || 1 ἐξῄεσαν S : ἐξείεσαν || 1 πομπὴ S : πομπὴ

l'église qu'ils sont accueillis par un cortège infâme. La populace, en effet, faisant d'eux son jouet, comme il était naturel dans la circonstance, tantôt les insulte en ricanant, tantôt, la colère l'animant, les emmène pour les promener à travers la ville. Ils n'avaient pas encore fait beaucoup de chemin que se présentèrent à leur rencontre ceux qui avaient mission de crever les yeux aux proscrits[1]. Ayant produit les ordres qu'ils avaient, ces gens commencèrent à se préparer à l'exécution et ils aiguisèrent le fer. Pour les proscrits, lorsque l'annonce de ce malheur frappa leurs oreilles et qu'ils ne virent plus d'espoir de salut (car les uns approuvaient les ordres donnés et les autres ne faisaient rien pour en empêcher l'exécution), la voix leur manqua tout d'un coup et ils seraient tombés morts, ou peu s'en faut, s'il ne se fût trouvé auprès d'eux un sénateur qui, leur prêtant assistance, les soutenait dans leur malheur et rendait peu à peu le courage à leur âme défaillante.

XLVIII. Mais l'empereur, complètement abattu par les circonstances et par ses malheurs, manifesta d'un bout à l'autre de son épreuve la même faiblesse[2] d'âme, tantôt en gémissant, tantôt en sanglotant, suppliant quiconque l'approchait, invoquant Dieu avec des accents pathétiques[3], levant ses mains suppliantes vers le ciel, vers l'église, vers n'importe qui . Pour son oncle, tout d'abord il usa, lui aussi des mêmes façons de faire ; mais quand il désespéra tout à fait du salut — il avait le caractère plus digne et plus énergique et il luttait contre le courant de sa vie[4] —, raffermissant ses esprits et se cuirassant, pour ainsi dire, contre la violence du malheur, il tint bon fort courageusement contre les souffrances. Quand il vit que les bourreaux étaient suffisamment prêts pour leur besogne, de lui-même il va au devant du supplice et il s'approche tranquillement des mains

---

1. L'exécution eut lieu (24 août 1042) dans l'endroit appelé Sigma (cf. Cédrénus II, 537) au-dessus du couvent de Périblepte.
2. *Litt.* la même disposition.
3. *Litt.* convenablement.
4. Sens fréquent de ψυχή.
5. Ce supplice s'opérait par perforation, brûlaison ou arrachement des yeux.

αὐτοὺς ὑποδέχεται ἄτιμος· ἡ γὰρ πληθὺς προσπαίξαντες τούτοις ὁπόσα εἰκὸς τῷ καιρῷ, καὶ τὰ μὲν σὺν γέλωτι τούτοις ἐπισκιρτῶντες, τὰ δὲ ὑποκινοῦντος αὐτοὺς τοῦ θυμοῦ, ὡς διὰ μέσης τῆς Πόλεως ἐξάγουσιν ἄξοντες· οὔπω δὲ πολλὴν προϊοῦσιν ὁδὸν ὑπαντιάζουσιν αὐτοῖς οἷς ἐντέταλτο ἐναποσβέσαι τούτοις τὰ ὄμματα. Καὶ δήλην τὴν ψῆφον πεποιηκότες, οἳ μὲν ἐπὶ τούτῳ παρεσκευάζοντο καὶ τὸ σιδήριον ἔθηγον· τοῖς δὲ, ἐπειδὴ τὸ κακὸν εἰς ὦτα ἐλήλυθε καὶ οὐδεμία τις καταφυγὴ ἤλπιστο, τῶν μὲν ἀνευφημησάντων ἐπὶ τοῖς δόξασι, τῶν δὲ μὴ ἀντεπιχειρούντων τοῖς ψηφισθεῖσιν, ἐπεσχέθη τε εὐθὺς ἡ φωνὴ καὶ μικροῦ δεῖν ἐτεθνήκεσαν, εἰ μή τις ἀνὴρ αὐτοῖς ἐκ τῆς γερουσίας ἐγγύθεν συμπαραστὰς παρεμυθεῖτο τὴν συμφορὰν καὶ ἀνεκαλεῖτο κατὰ βραχὺ ἀπαγορεύσασαν τὴν ψυχήν.

XLVIII. Ἀλλ' ὁ μὲν βασιλεὺς, ἥττων καὶ τοῦ καιροῦ καὶ τῶν συμφορῶν γεγονὼς, τὴν αὐτὴν διὰ παντὸς τοῦ κακοῦ ἐδείκνυ διάθεσιν τῆς ψυχῆς, τὰ μὲν οἰμώζων, τὰ δ' ἐπικοπτόμενος τὴν φωνὴν, καὶ προσλιπαρῶν εἴ πού τις αὐτῷ προσέλθοι, ἐπιεικῶς θεοκλυτῶν, χεῖρας ἱκέτιδας αἴρων πρὸς οὐρανὸν, πρὸς νεὼν, πρὸς ὁντιναοῦν. Ὁ δέ γε θεῖος τοῖς αὐτοῖς μὲν καὶ οὗτος ἐχρῆτο πρότερον, ἐπεὶ δὲ παντάπασιν ἀπέγνω τὴν σωτηρίαν, ἦν δὲ καὶ τὸ ἦθος ἐμβριθέστερός τε καὶ εὐσταθέστερος καὶ πρὸς τὸ ῥεῦμα τῆς ψυχῆς ἀντιφερόμενος, ἐπιρρωσάμενος ἑαυτὸν καὶ οἷον πρὸς τὴν τῆς συμφορᾶς ἀνθοπλίσας φορὰν γενναιότερον ἐφεστήκει τοῖς πάθεσι· καὶ ἐπειδὴ τοὺς δημίους τεθέαται ἱκανῶς ἐπὶ τοὖργον | παρασκευασθέντας, πρῶτον ἑαυτὸν τῇ τιμωρίᾳ ἐπιρρίπτει καὶ ταῖς φονώσαις πρόσεισι χερσὶν ὁμαλῶς· ἐπεὶ δὲ οὐκ ἦν ὅλως μεταίχμιον τῆς πολιτικῆς ἐκείνης φάλαγγος, ἀλλ'

3 ὁπόσα S : ὁπῶσα || 6 ἐντέταλτο Κ : ἐτέ. || 9 ὦτα S : ὥτα || 10 οὐδεμία R : οὐδὲ μία || 10 καταφυγὴ S : -γῆ || 10-11 ἀνευφημησάντων S : ἀνεφ. || 13 αὐτοῖς S : -τῆς.

XLVIII 2 γεγονὼς S:-νὸς || 4 προσλιπαρῶν S : πρὸς λιπαρῶν || 6 νεὼν S : νέων || 15 μεταίχμιον S : μετάγχμι

meurtrières. Comme il n'y avait pas d'espace libre entre lui et l'armée des citoyens, mais que chacun des assistants voulait être le premier spectateur du châtiment[1], le nobilissime, sans même un tremblement, regarde s'il ne voit pas quelque part celui qui était chargé de l'exécution et lui dit : « Allons, toi, fais-moi reculer la troupe, pour que tu voies avec quel courage je supporte le malheur ! »

XLIX. Et comme aussi le bourreau entreprenait de l'enchaîner pour qu'il ne remuât pas quand on lui crèverait les yeux : « Toi, dit-il, si tu vois que je bouge, cloue-moi aussi contre le poteau ! » Ayant ainsi parlé, il se couche par terre à la renverse, sans changer de couleur, sans pousser un cri, sans laisser échapper un gémissement, donnant à croire qu'il ne vivait plus. Pour lui donc, ses yeux furent tour à tour crevés. Quant à l'empereur, se représentant à l'avance son propre malheur par le spectacle des souffrances d'un autre, il complétait en lui-même l'infortune de son compagnon en battant des mains, ou plutôt en frappant son visage de ses mains et en hurlant lamentablement.

L. Donc le nobilissime les yeux crevés se leva de terre ; appuyé sur l'un de ses tout proches parents, il se comportait avec un grand courage à l'égard de ceux qui l'approchaient, et, dans la pensée qu'il n'avait plus qu'à mourir, il se montre supérieur aux circonstances. Quant à l'empereur, voyant qu'il avait peur et qu'il s'abaissait aux supplications, le bourreau le lie d'une façon plus étroite et le maintient plus solidement, pour qu'il ne fasse pas d'efforts convulsifs au moment du supplice. Mais quand ses yeux eurent été crevés[2], voici que chez la foule prend fin cette grande audace et cet emportement contre les deux infortunés. Elle les laisse là quelque part se reposer[3] et de nouveau elle se précipite vers Théodora. Or, des deux impératrices, le palais en avait une, et l'autre était dans la vaste enceinte de Sainte-Sophie.

1. *Litt.* des châtiés.
2. *Litt.* se furent écoulés.
3. Suivant Skylitzès, le basileus et le nobilissime furent, après leur supplice, déportés chacun dans un couvent différent. Sur le jugement à porter sur Michel V, cf. Bury, *Op. laud.*, 256 ; Schlumb., *Op. laud.*, III, 381.

ἕκαστος τῶν παραγενομένων πρῶτος ἐβούλετο θεωρὸς τῶν τιμωρουμένων γενέσθαι, ὁ νωβελλίσιμος ἀτρέμα τοὺς ὀφθαλμοὺς ἐπιστρέψας εἴ που ἴδοι τὸν ἐπιτετραμμένον τὴν τραγῳδίαν· « Ἀλλὰ σύ γε, φησί, τὴν φάλαγγά μοι διάστησον, ὅπως ἄν σοι γενναιότερον φανείην τὴν συμφορὰν ὑφιστάμενος ».

XLIX. Ἐπεὶ δὲ καὶ ὁ δήμιος καταδεσμήσειν αὐτὸν ἐπεχείρει, ὅπως ἂν μὴ κινοῖτο τυφλούμενος· « Σὺ δέ, φησίν, ἀλλ' ἢν ἴδῃς οὕτω ποιοῦντα, καὶ προσπαττάλευσον ». Καὶ εἰπὼν ὑπτιάζει τῇ γῇ, μήτε τι τοῦ χρώματος ἀλλοιώσας μήτε φωνὴν ἀφιεὶς μήτε στεναγμὸν ἀποπέμψας, ἀλλὰ μηδ' ὅτι ζῇ πιστευόμενος. Τῷ μὲν οὖν κατὰ μέρος οἱ ὀφθαλμοὶ διεκόπτοντο· ὁ δὲ βασιλεύς, ἐφ' ἑτέρῳ πάσχοντι τὴν οἰκείαν προτυπούμενος συμφοράν, τὸ ἐκείνου πάθος ἐπλήρου ἐν ἑαυτῷ, τὼ χεῖρε κροτῶν, μᾶλλον δὲ ταῖς χερσὶ τύπτων τὸ πρόσωπον καὶ μυκώμενος γοερῶς.

L. Ὁ μὲν οὖν τοὺς ὀφθαλμοὺς ἐκκοπεὶς ἀνέστη τε τοῦ ἐδάφους καί τινι τῶν οἰκειοτάτων ἐπερεισθείς, τοῖς τε προσιοῦσιν ὡμίλει θαρραλεώτερον, καὶ ὡς οὐδὲν ἦν αὐτῷ εἰ καὶ τεθνήξοιτο, τοῦ καιροῦ γίνεται δυνατώτερος. Τὸν δὲ βασιλεύσαντα, ἐπεὶ ἀποδειλιάσαντα ὁ τιμωρὸς ἐθεάσατο καὶ πρὸς λιπαρήσεις ἀποκλιθέντα, δεσμεῖ ἀσφαλέστερον καὶ κατέχει ῥωμαλεώτερον, ὅπως ἂν μὴ σπαράττοιτο τιμωρούμενος· ἐπεὶ δὲ τούτῳ οἱ ὀφθαλμοὶ ἐξερρυήκεσαν, λήγει τοῖς πολλοῖς τὸ πολὺ θράσος ἐκεῖνο καὶ ἡ ἐπ' ἐκείνους ὁρμή. Καὶ τοὺς μὲν αὐτοῦ που προσαναπαύουσιν, αὐτοὶ δὲ πρὸς τὴν Θεοδώραν καὶ αὖθις συνώρμησαν· καὶ δυοῖν βασιλίδαιν τὴν μὲν ἡ βασίλειος εἶχεν αὐλή, τὴν δὲ ὁ μέγας τῆς θείας Σοφίας περίβολος.

|| 18 ἴδοι S : εἴδοι || 18 ἐπιτετραμμένον S : -μένων.

XLIX 1 δήμιος S : δῆμος || 6 τῷ S : τὸ || 10 μυκώμενος S : -κόμενος.

L 3 θαρραλεώτερον S : θαρα. || 4 τεθνήξοιτο Κ : -ξαιτο || 4 δυνατώτερος Μy : -τότερος || 7 ῥωμαλεώτερον S : ῥωμαλαιώτερον || 10 προσαναπαύουσιν S : προανα.

LI. Quant aux sénateurs, ils ne savaient que faire. Celle qui était dans le palais, ils la respectaient parce qu'elle était l'aînée, et celle qui était dans l'église, parce que c'était grâce à elle que la tyrannie avait pris fin et qu'eux-mêmes n'avaient pas perdu leurs espérances de salut. Le pouvoir était donc pour les deux princesses un sujet de contestation ; mais la sœur aînée met fin à l'incertitude de leur pensée : alors, pour la première fois, elle embrasse sa sœur et la presse sur son cœur avec bienveillance, et elle partage avec elle l'héritage de l'empire. Et après s'être mise d'accord avec elle relativement au pouvoir, elle la fait venir auprès d'elle au milieu d'une procession splendide et l'associe à l'empire. Et voilà pour elle. Pour Théodora, elle ne dépose pas tout à fait le respect à l'égard de sa sœur ; elle ne la prive pas non plus des prérogatives de sa dignité, mais elle lui cède l'appareil le plus auguste, afin de régner en même temps que son aînée, et, tout ensemble, de lui être soumise.

LI. Οἱ δὲ τῆς πρώτης βουλῆς οὐκ εἶχον ὅπῃ μᾶλλον προσνεύσειαν· τὴν μὲν γὰρ ἐπὶ τῶν βασιλείων διὰ τὴν πρεσβυγένειαν κατεσέβοντο, τὴν δ' ἐπὶ τοῦ νεώ, ὅτι δι' αὐτῆς ἡ τυραννὶς καταλέλυτο καὶ αὐτοὶ τὰς τῆς σωτηρίας ἐλπίδας οὐκ ἀπεγνώκεισαν. Ἀμφήριστον οὖν αὐταῖς ἐγεγόνει τὸ κράτος· ἀλλ' ἡ τὴν ἡλικίαν πρεσβεύουσα ἀδελφὴ λύει τούτοις τὸ τῆς γνώμης ἀμφίβολον, καὶ τὴν ἀδελφὴν τότε πρῶτον ἀσπάζεται καὶ ἀγκαλίζεται εὐμενῶς, καὶ τὸν τῆς βασιλείας κλῆρον ἑαυτῇ τε κἀκείνῃ συνδιαιρεῖ· καὶ οὕτως αὐτῇ συνομολογήσασα τὰ πρὸς τὴν ἀρχὴν, σὺν λαμπροτάτῃ πομπῇ ἐφ' ἑαυτὴν προσκαλεῖται καὶ κοινωνὸν | τοῦ κράτους ποιεῖται. Καὶ ἡ μὲν οὕτως· ἡ δέ γε Θεοδώρα οὐ πάντη τὴν πρὸς τὴν ἀδελφὴν αἰδῶ ἀποτίθησιν, οὐδὲ τὸ πρεσβεῖον ἀφαιρεῖται τοῦ ἀξιώματος, ἀλλὰ τοῦ σεμνοτέρου ταύτῃ παραχωρεῖ σχήματος, ἵν' ὁμοῦ καὶ συμβασιλεύει καὶ ὑπόκειται τῇ ἀδελφῇ.

LI 2 προσνεύσειαν S : προν. ǁ 5 ἀμφήριστον S : ἀμφίρ. ǁ 8 ἀγκαλίζεται S : ἐγκαταλ.

TOME SIXIÈME

ZOÉ ET THÉODORA (1042). — CONSTANTIN IX (1042-1055).

I. Donc l'empire passe aux mains des deux sœurs[1], et alors pour la première fois notre époque a vu le gynécée transformé en salle de conseil impérial. L'élément civil et le militaire étaient d'accord pour se soumettre à des femmes, leurs souveraines, et ils leur obéissaient mieux que si un prince hautain eût siégé devant eux et leur eût donné des ordres d'une manière plus arrogante. Je ne sais, en effet, si une autre famille fut aimée de Dieu comme la leur, et, en y réfléchissant, j'admire que, bien que leur racine ait été fixée et plantée non point par des moyens légitimes mais dans le meurtre et le sang, le plant en ait si bien fleuri et ait poussé de tels rejetons, chacun avec un fruit impérial, qu'il n'y en eut point d'autres à comparer avec elles ni en beauté ni en grandeur. Mais ceci est comme une digression intercalée dans mon histoire.

II. Les deux sœurs donc, voulant pour le moment exercer seules le pouvoir, ne constituèrent pas l'administration avec des ministres nouveaux et elles n'entreprirent pas de changer d'une façon soudaine l'état de choses existant ; mais, après avoir éloigné ceux-là seulement qui étaient de la famille du tyran, les autres, personnages très sûrs, qui leur gardaient un attachement héréditaire, elles les employèrent pour les charges publiques. Et ceux-ci, craignant d'être un jour accusés soit d'une

---

1. Zoé et Théodora. Sur leur règne en commun, cf. Schlumberger, *L'ép. byz.*, III, p. 385 sqq. Rappelons que (cf. Hist. de Michel V, chap. XXXIV) la troisième fille que Constantin VIII avait eue avec la basilissa Hélène, l'aînée de toutes, Eudocie, était morte au couvent avant cette année 1042.

ΤΟΜΟΣ ΕΚΤΟΣ

ΖΩΗ ΚΑΙ ΘΕΟΔΩΡΑ (1042). — ΚΩΝΣΤΑΝΤΙΝΟΣ Θ' (1042-1055).

I. Περιίσταται οὖν ἡ βασιλεία ταῖς δυσὶν ἀδελφαῖς, καὶ τότε πρῶτον ὁ καθ' ἡμᾶς χρόνος τεθέαται γυναικωνῖτιν μετασχηματισθεῖσαν εἰς βασιλικὸν βουλευτήριον, καὶ τό τε πολιτικὸν πλῆθος τό τε στρατιωτικὸν συμφωνοῦντας ὑπὸ δεσπότισι καὶ μᾶλλον αὐταῖς πειθομένους, ἢ εἴ τις βλοσυρὸς αὐτοῖς προεκάθητο καὶ ἐπέταττε σοβαρώτερον. Οὐ γὰρ οἶδα εἴ τι ἕτερον γένος ὡς τὸ περὶ ἐκείνας ἠγάπηται τῷ Θεῷ, καὶ θαυμάζω κατανοῶν, ὅτι, μὴ ἐννόμως αὐταῖς τῆς ῥίζης παγείσης καὶ φυτευθείσης, ἀλλὰ φόνοις καὶ αἵμασιν, οὕτω τὸ φυτευθὲν ἐξηνθήκει καὶ τοσαύτας προὐβάλλετο βλάστας, καὶ ἑκάστην μετὰ τοῦ βασιλείου καρποῦ, ὡς μὴ ἔχειν ἑτέρας ἀντισυγκρῖναι ταύταις, οὔτε πρὸς κάλλος οὔτε πρὸς μέγεθος· ἀλλὰ τοῦτο μὲν ὡς λόγος ἕτερος παρεμβέβληται τῷ συγγράμματι.

II. Αἱ γοῦν ἀδελφαὶ μόναι τέως βασιλεύειν ἑλόμεναι, οὔτε διὰ νέων προστατῶν καθίστασαν τὰ βασίλεια οὔτε καινοτομεῖν ἀθρόον τὰ ὑπάρξαντα ἐπεχείρησαν, ἀλλὰ μόνους τοὺς ἀπὸ τοῦ τυραννικοῦ γένους μεταστησάμεναι, τοῖς ἄλλοις, ὡς πιστοτάτοις καὶ πατρῴαν αὐταῖς τηροῦσιν εὔνοιαν, ἐχρῶντο πρὸς τὰς ἀρχάς· οἳ δεδιότες μή τινα ἑαυτοῖς ἐς τὸν μέλλοντα χρόνον προενεχθείη ἐγκλήματα, ἢ

I 1 δυσὶν S : δυσὶ || 2 γυναικωνῖτιν S : -νίτην || 5-6 εἴ τις βλοσυρὸς S : εἴσις βλωσ. || 6 προεκάθητο S : προσεκάθιτο.

II 5 αὐταῖς S : -τοῖς || 6 οἳ δεδιότες S : οἱ δὲ διότες

révolution politique, soit de décisions étourdies, soit d'actions illégales, étaient très attentifs à toutes les affaires, tant civiles que militaires, et autant que possible ils rendaient à l'une et à l'autre[1] les devoirs qui leur convenaient.

III. L'appareil du pouvoir pour les deux sœurs, ils le réglaient conformément à celui qui était en usage pour les empereurs antérieurs : elles siégeaient toutes deux en avant de la tribune impériale, comme sur une même ligne légèrement infléchie du côté de Théodora[2] ; près d'elles se tenaient ceux qui portent les verges et ceux qui portent l'épée, et ceux qui brandissent la hache de leur bras droit[3] ; plus au fond que ceux-ci se tenaient les personnages les plus en faveur et ceux qui ont en main les affaires ; tout autour d'elles, comme une couronne extérieure, était une autre garde, qui avait le second rang de la garde la plus sûre ; respectueusement tout ce monde tenait les yeux baissés vers la terre ; après eux, venait le sénat et la classe privilégiée, et ensuite la seconde classe, et puis c'étaient les tribus, tous en rangs et répartis par intervalles égaux. Sur ce, on s'occupait des affaires : solution de procès, contestations d'intérêts publics, ou contributions, réceptions d'ambassadeurs, controverses ou accords, tout ce qui d'ordinaire remplit la charge du pouvoir. La plupart des discours se faisaient par ceux qui disposaient de l'autorité ; si besoin était, les impératrices aussi donnaient des ordres d'une voix tranquille, ou bien elles répondaient, tantôt instruites par des hommes compétents et prenant conseil de leur expérience, tantôt se contentant de leur propre jugement[4].

IV. Pour instruire ceux qui l'ignorent du caractère des deux impératrices, l'aînée, Zoé, avait l'âme plus prompte à la conception, mais la langue plus lente à l'exposition ; Théodora était le contraire d'un côté comme de l'autre : elle ne montrait pas vite la pensée de son âme ; mais,

---

1. Entendez : des deux sœurs. Cf. Zonaras, III, 613, 17 sqq.
2. La place de Théodora était légèrement en retrait.
3. Il s'agit des Ross ou Tauroscythes, et des Phargans ou Varangiens, qui, armés de la fameuse *romphaia*, constituaient les corps étrangers de la garde impériale.
4. *Litt.* de leurs propres réflexions.

της των καθηκόντων καινοτομίας, ή βουλευμάτων άλογίστων, ή πράξεων αθεμίτων, περί πάντων ήκρίβουν στρατιωτικών τε όμου και πολιτικών πραγμάτων, και ώς ένδν ἀμφοτέραις το καθήκον ἀπένεμον.

III. Σχήμα δε βασιλείας ταις άδελφαις εποιούντο οποίον και τοις φθάσασιν εΐθιστο αύτοκράτορσι· προύκάθηντο γάρ άμφω του βασιλικού βήματος επί μιας ώσπερ γραμμής βραχύ τι προς την Θεοδώραν παρεγκλινούσης, και άγχου μεν οι ραβδούχοι και ξιφηφόροι και το γένος όσοι τον πέλεκυν από του δεξιού ώμου κραδαίνουσι· τούτων δε ενδοτέρω μεν το άγαν εύνούστατον και οι διαχειριζόμενοι τα καθήκοντα· περιεστεφάνου δε αύτάς έξωθεν ετέρα τις δορυφορία δευτέραν έχουσα τάξιν της πιστοτέρας, σύν αίδοι ξύμπαντες και βλέμματι άπερειδομένω πρός ⟨την⟩ γην· μεθ' ους ή πρώτη βουλή και ή τάξις ή έκκριτος, και έφεξης οι τα δευτερεία λαχόντες και αι τριττύες, στιχηδόν πάντες | και συνηρμοσμένοι εκ διαστήματος. Και επί τούτοις τάλλα εγίνετο, δικών διαλύσεις, δημοσίων άμφισβητήσεις, ή συνεισφοραί, χρηματισμοί πρέσβεων, άντιλογίαι, ή συνομολογίαι, και τάλλα όπόσα την βασιλείαν οίδε πληρούν. Και ο μεν πλείων λόγος παρά των την άρχήν διατιθεμένων έγίνετο, δεήσαν δέ ποτε και αι βασιλίδες ήρεμαία φωνή προσέταττον, ή άπεκρίνοντο, το μέν τοι και διδασκόμεναι και παρά ξυνιέντων λαμβάνουσαι, το δέ τοι και τοις οίκείοις λογισμοίς άποχρώμεναι.

IV. Ίνα δέ τι και περί των ηθών ταιν βασιλίδαιν άναδιδάξω τους ούκ είδότας, ή μεν πρεσβυτέρα την ήλικίαν Ζωή ετοιμοτέρα ήν την ψυχήν προς ένθύμημα, βραδυτέρα δε την γλώτταν προς όμιλίαν· τη δέ γε Θεοδώρα άμφω αντίστροφα;

8 καθηκόντων S : καθ' ήκότων ‖ 11 άμφοτέραις S : -ροις.

III 2 φθάσασιν S : -σι ‖ 10 την add. S ‖ 12 τριττύες S : τριτύαις.‖ 13 τάλλα R : τάλλα ‖ 14 ή S : ή ‖ 16 τάλλα R : τάλλα ‖ 18 ή S : ή ‖ 20 τοι S : τι ‖ 20 οίκείοις S : -κίοις.

IV 1 ταιν S : των

une fois lancée dans le discours, elle bavardait d'une voix experte et vive. Et Zoé se portait impatiemment vers l'objet de ses désirs et elle avait la main prête à deux choses avec la même promptitude, je veux dire la mort et la vie, semblable en cela aux vagues de la mer, qui soulèvent le navire et le jettent de nouveau dans les profondeurs. Mais de tels traits n'appartenaient certes pas à Théodora, dont l'esprit était égal à lui-même et, pour ainsi dire, émoussé d'un côté. Et l'une avait la main prodigue et capable d'épuiser le jour même une mer épaisse de poudre d'or ; l'autre comptait bien l'argent quand elle en donnait, parce qu'elle n'avait pas de ressources où puiser sans ménagement et qu'elle avait reçu de la nature une âme plus maîtresse d'elle-même sur ce point[1].

V. Et, pour parler sans rien cacher, parce que je m'applique présentement non pas à composer un éloge, mais à établir une histoire vraie, ni l'une ni l'autre n'avait la vigueur de pensée nécessaire au pouvoir. Elles ne savaient ni administrer, ni raisonner avec solidité sur les affaires de l'État ; la plupart du temps, elles mêlaient les bagatelles du gynécée aux choses sérieuses de la royauté. Et ce trait de l'aînée des deux sœurs, que beaucoup de gens exaltent aujourd'hui, à savoir qu'elle a pu, pendant longtemps, suffire à donner sans compter à une foule de personnes, cela fut la raison de l'éloge que firent d'elle tous ceux qui en avaient reçu des bienfaits ; mais ce qui a tout perdu, ce qui a ruiné jusqu'à la dernière extrémité la fortune des Romains, rien autre que cela n'en fut la cause première. Certes, elle est très caractéristique de la royauté, la vertu de la bienfaisance ; mais si elle s'exerce avec discernement, en tenant bien compte de

---

1. J'ai signalé, dans l'*Introduction* du présent volume, l'art magistral avec lequel Psellos compose ses portraits de personnages. Lorsque deux portraits présentent suffisamment de points de ressemblance et, en même temps, de différence pour être rapprochés l'un de l'autre, notre auteur aime à les opposer en un parallèle. Ce genre de composition oratoire, qui unit dans une application commune les procédés stylistiques de la comparaison et de l'antithèse, fournit à l'écrivain une avantageuse occasion de faire valoir à la fois sa finesse d'observation et son ingéniosité d'esprit et de plume. Et cette fois, il faut bien le reconnaître, le parallèle n'est pas un simple ornement stylistique destiné à introduire dans la narration un agréable mais peu utile élément de relief et de

ούτε γαρ ταχύ έπεδείκνυ τό βούλευμα τής ψυχής, και
άπαξ εις όμιλίαν έαυτήν άφιεΐσα έστωμύλλετο δοκίμω και
διεγηγερμένη φωνή· και ή μεν Ζωή έπιρρεπής ήν προς δ τι
και βουληθείη, και την χείρα προς άμφω ήτοίμαστο κατά
το ίσον όξύτατα, θάνατον φημί και ζωήν, και έωκει κατά
τούτο το μέρος κύμασι θαλαττίοις και άπαιωρούσι την ναύν
και αύθις βαπτίζουσιν· ού μέντοι γε έκ τοιούτων ή Θεοδώρα
κεχαρακτήριστο, άλλ' όμαλόν είχε το φρόνημα και καθ'
έτερον μέρος, ίν' ούτως είπω, άμβλύ· και ή μεν άφειδής
ήν την χείρα και οία θάλατταν αύθημερόν έξαντλήσαι
ψηγμάτων χρυσών περιπλήθουσαν, ή δε ήρίθμει τούς στα-
τήρας διδούσα, τό μέν τοι ούδ' έχουσα τών πηγών άπαντλείν
άφθόνως, τό δε και έγκρατεστέραν πως περί τούτω κληρω-
σαμένη ψυχήν.

V. Και ίνα γε μηδέν περικαλυψάμενος είπω, ού γαρ
έγκωμιάζειν νύν έπιβέβλημαι, άλλ' ιστορίαν άκριβή ξυντι-
θέναι, ούδεμιά τό φρόνημα προς άρχήν αύταρκες· ούτε γαρ
οίκονομεΐν ήδεσαν ούτε στερροτέροις λογισμοΐς χρήσθαι περί
τα πράγματα, τα πλείστα δε τα τής γυναικωνίτιδος παίγνια
τοΐς βασιλικοΐς κατεκίρνων σπουδάσμασι· και αύτό δε το
τής πρεσβυτέρας τών άδελφών παρά πολλοΐς τήμερον εύφη-
μούμενον, ότι δή πολλοΐς και έπί πολλοΐς χρόνοις άφθόνως
διδούσα έξήρκεσε, τοΐς μεν είληφόσιν ήδη έξ ών εύ πεπόν-
θεσαν εις έπαινον καθέστηκεν άφορμή, τό δε τα πάντα δια-
λυμηνάμενον και την 'Ρωμαίων τύχην εις το ύστατον
καθελόν, ούδεν άλλο ή τούτο πρωταίτιον γέγονεν· χαρακτη-
ριστικωτάτη μεν γαρ τό εύεργετεΐν τοΐς βασιλεύουσιν άρετή,
άλλ' εί μεν συγκρίσει τό πράγμα γίνοιτο και παραλαμβάνοιτο

6 όμιλίαν S : όμολία || 6 έστωμύλλετο My : -μύλετο || 10 ναύν S : ναύ
|| 15 ψηγμάτων S : ψιγ. || 15 ήρίθμει S : ή ρίθμη || 16 τοι S : τι.

V 2 νύν S : ύν || 3 ούδεμιά R : ούδε μιά || 4 ήδεσαν K ήδεσαν || 6 αύτό
S : άτό || 8 άφθόνως S : -νοις || 9 |έξήρκεσε S : -σαι || 9 είληφόσιν S :
-φώσιν || 9-10 εύ πεπόνθεσαν S : εύπεπόθεσαν || 12 καθελόν S : -λών ||
12 πρωταίτιον S : προτ. || 13 εύεργετεΐν S : εύεργετήν quod corr. libr.
in τεΐν.

l'occasion, de la condition et de la différence des personnes, l'acte est digne de louange ; par contre, si tout cela n'est pas soigneusement pesé, la dépense est chose vaine.

VI. Ainsi les deux sœurs étaient différentes de caractère. Elles l'étaient encore plus de figure. L'aînée était plus grassouillette de nature que sa sœur, mais pas très grande de taille ; elle avait l'œil bien fendu sous un sourcil imposant ; son nez tombait aquilin, mais sans exagération de courbure ; elle avait les cheveux blonds, et tout son corps éclatait de blancheur. Peu d'indices révélaient son âge ; qui eût observé exactement l'harmonie de ses membres sans savoir qui elle était, eût juré une jeune fille, car aucune partie de son corps ne portait de rides, mais toute sa chair était lisse, ferme et tendue, et nulle part un pli ne s'y creusait. Quant à Théodora, elle était plus grande de taille et plus maigre de corps, avec un visage peu symétrique comparativement au reste du corps ; mais elle était plus prompte que sa sœur à la parole et au mouvement ; elle n'avait pas le regard dur, mais aimable, et elle était rieuse et cherchait les occasions de parler.

VII. Telles étaient les deux princesses et pour le moral et pour le physique. Quant à la dignité impériale, elle se montrait alors plus magnifique et grandissait en considération. En effet, la plupart des gens, comme dans les rôles de théâtre, voyaient soudain leur condition se changer en une plus brillante, et l'étendue des largesses était plus considérable que jamais, car l'impératrice Zoé surtout non seulement ouvrait les sources des trésors impériaux, mais encore, si quelque goutte y était cachée, elle la répandait aussi au dehors :

---

couleur ; envisagé du point de vue historique, il apparaît bien ici comme un élément nécessaire au récit, je pourrais dire une illustration obligatoire, qui donne au lecteur le moyen de mieux comprendre le jeu des événements qui vont suivre. Sur l'habileté de composition de ce parallèle des deux sœurs, si opposées par le physique et par le moral, sur le talent tout pictural avec lequel Psellos, comparant ou opposant les uns aux autres les différents traits, sait, d'une façon à la fois frappante et vraie sans prolixité, précise et sobre sans sécheresse, mettre en lumière ses personnages et leur donner du caractère et de la vie, cf. mon *Étude*, etc., de *Psellos*, p. 513 sqq. Plus loin, l'auteur reviendra sur ces portraits ; voyez en particulier, chap. LXIV-LXVI et chap. CLVII-CLX, les compléments relatifs à Zoé.

καιρός τε καὶ τύχη καὶ ἡ τῶν προσώπων διαφορά, ἡ πρᾶξις
ἀξιοζήλωτος, τούτων δὲ μὴ διακρινομένων, | ἡ δαπάνη κενόσπουδον.

VI. Τοῖς τε ἤθεσιν οὕτως αἱ ἀδελφαὶ διῃροῦντο, καὶ τὴν μορφὴν ἐπὶ πλέον παρήλλαττον· ἡ μὲν γὰρ τῷ χρόνῳ πρεσβεύουσα περιπληθεστέρα τὴν φύσιν ἐτύγχανεν οὖσα, καὶ τὴν ἡλικίαν οὐ πάνυ ἀναδεδράμηκεν, ὀφθαλμός τε αὐτῇ μέγας ὑπὸ βλοσυρᾷ τῇ ὀφρύι διέσχιστο, καὶ ἡ ῥὶς ἀπεκρέματο βραχύ τι καμπτομένη καὶ ὅσον μὴ κάμπτεσθαι, τήν τε κόμην εἶχε ξανθὴν καὶ τὸ σῶμα δι' ὅλου λάμπον λευκότητι· αἱ δὲ τῶν χρόνων αὐτῇ περίοδοι ἐν ὀλίγοις τισὶ συμβόλοις ἀπεσημαίνοντο· εἰ δέ τις αὐτῇ τὴν εὐρυθμίαν τῶν μελῶν διαθρήσειε, μήπω εἰδὼς ὅτι ὀρῴη, ἡβῶσαν ἄρτι προσεῖπεν· ἐρρυσσοῦτο γὰρ οὐδὲν αὐτῇ μέρος τοῦ σώματος, ἀλλὰ λεῖον τὸ ξύμπαν καὶ ἀποτεταμένον, καὶ ῥυτὶς οὐδαμοῦ χαλαρά. Ἡ δέ γε Θεοδώρα ἐπιμηκεστέρα τε τὴν ἡλικίαν ἐτύγχανεν οὖσα, καὶ περιεπτισμένη τὸ σῶμα, τό τε πρόσωπον ἐνδεῶς ἔχουσα καὶ πρὸς τὸ λοιπὸν σῶμα ἀσύμμετρον, ἑτοιμοτέρα δὲ καὶ τὴν φωνήν, ὥς μοι εἴρηται, καὶ τὴν κίνησιν· καὶ γοργὸν μὲν οὐχ ὁρῶσα, ἐπιχαρὲς δὲ καὶ σὺν γέλωτι καὶ πρὸς πᾶσαν φωνὴν ἐπιτρέχουσα.

VII. Τοιαῦτα μὲν ἀμφοῖν καὶ τὰ φρονήματα καὶ τὰ σώματα· τὸ δὲ τῆς ἀρχῆς ἀξίωμα ἐδόκει μὲν τηνικαῦτα σεμνότερον ἀποδεικνύεσθαι καὶ πρὸς ἀξίωσιν αἴρεσθαι, τῶν πλειόνων ἀθρόως ὥσπερ ἐν σκηνικοῖς σχήμασι μεταμορφουμένων πρὸς τὸ λαμπρότερον, τό τε τῶν ἐπιδόσεων μέγεθος οἷον οὐδέποτε, τῆς βασιλίδος μάλιστα Ζωῆς οὐ τὰς πηγὰς μόνον ἀναστομούσης τῶν βασιλικῶν θησαυρῶν, ἀλλὰ καὶ εἴ τις λιβὰς ἐν αὐτοῖς κατεκέκρυπτο καὶ ταύτην προχεούσης

VI 2 παρήλλαττον S : -ήλατον || 5 βλοσυρᾷ τῇ ὀφρύϊ S : -ρῷ τῇ ὀφρύϊδι || 5-6 ἀπεκρέματο R : -έμματο || 7 λάμπον S : -πων || 9 μελῶν S : μελλῶν || 14 καὶ περιεπτισμένη P : καὶ περοπτισμένη || 17 ἐπιχαρὲς Κ : ἐπίχαρες.

VII 6 μάλιστα S : μάλλι.

ce n'était pas même des dons volontaires, mais des pillages ou des dévastations. Donc cette dilapidation totale[1] et cette élévation excessive furent le commencement de la décadence des affaires [de l'État][2] et de leur abaissement. Mais cela était comme dans des oracles[3] et dans les opinions des sages[4].

VIII. Les récompenses, en tout cas, destinées aux soldats et les revenus du trésor militaire étaient sans nécessité attribués à d'autres (j'ai nommé la foule des flatteurs et la garde d'alors des deux impératrices), comme si c'était pour de telles gens que l'empereur Basile avait rempli d'or les trésors impériaux.

IX. La majorité des hommes croit que c'est aujourd'hui que pour la première fois les nations qui nous entourent se sont répandues soudain et ont fait, contre toute attente, irruption[5] sur les frontières romaines; mais pour moi, il me paraît bien que c'en est fini de la maison dès l'heure où se désagrègent les liens qui l'enserrent. Et si cette majorité ne s'est pas rendu compte des débuts du mal, il n'en reste pas moins que ce mal a crû et s'est développé sous l'effet de cette cause première, et que le concours des nuages en ce temps-là a préparé le grand cataclysme d'aujourd'hui. Mais ce n'est pas encore le moment de parler de cela.

L'augusta Zoé se demande qui elle introduira au palais.

X. La suite des événements sera contée avec autant de vérité que de clarté[6]. Les affaires de l'État avaient un besoin immédiat d'une administration vigoureuse et de la surveillance d'un homme à la poigne solide et très expert dans les affaires, qui n'eût pas seulement l'œil sur le présent, mais qui fût capable aussi de voir

---

1. *Litt.* le tout entier et l'élévation jusqu'au trop fort. Il s'agit des nouveaux riches de l'époque, côté fortune et côté honneurs.
2. *Litt.* de la descente des affaires dans le sens opposé.
3. C'est-à-dire quelque chose d'obscur, que les sages étaient seuls à comprendre.
4. Le grec emploie le comparatif, en sous-entendant l'idée : plus que les autres ; le français use du positif.
5. *Litt.* ont fait irruption comme des libertins en débauche.
6. Συνετός signifie ici « intelligible », d'où : « clair ».

ἐκτός· τὰ δὲ οὐδὲ παρείχετο, ἀλλ' ἐσυλᾶτο ἢ διηρπάζετο·
ἦν δ' ἄρα τὸ ξύμπαν καὶ ὁ ἐς τὸ ἄγαν μετεωρισμὸς ἀρχὴ
τῆς τῶν πραγμάτων ἐς τὸ ἀντίθετον καταγωγῆς τε καὶ
ταπεινώσεως· ἀλλὰ τοῦτο μὲν οἷον ἐν μαντείαις καὶ τῶν
συνετωτέρων ταῖς ὑπολήψεσι.

VIII. Τὰ μέντοι γε τῶν στρατιωτῶν ἆθλα καὶ οἱ τῆς
στρατηγίας πόροι ἐφ' ἑτέρους οὐδὲν δέον μετεκινοῦντο καὶ
μετετίθεντο (πλῆθος οὗτοι κολάκων καὶ ἡ τηνικαῦθ τῶν
βασιλίδων δορυφορία), ὥσπερ ἐπὶ τούτοις τοῦ αὐτοκράτορος
Βασιλείου τοὺς βασιλείους θησαυροὺς χρημάτων ἐμπεπλη-
κότος.

IX. Τοῖς μὲν οὖν πολλοῖς δοκεῖ νῦν πρῶτον τὰ πέριξ
ἡμῶν ἔθνη ἐπὶ τὰ Ῥωμαίων κεχύσθαι ὅρια ἀθρόον καὶ
παρ' ἐλπίδα ἐπεισκωμάσαντα, ἐμοὶ δὲ τότε τὸ δωμάτιον
καταλέλυται, ὁπηνίκα καὶ οἱ περισφίγγοντες τοῦτο δεσμοὶ
διαλύονται· εἰ δὲ οἱ πολλοὶ μὴ ᾐσθάνοντο τὴν ἀρχὴν τοῦ
κακοῦ, ἀλλ' ἐκεῖνό γε ἐκ τῆς πρώτης ἐκείνης ὑποθέσεως
ἐπεφύετο | καὶ συνίστατο, καὶ ἡ τηνικαῦτα τῶν νεφῶν συν-
δρομὴ τὸν μέγαν νῦν προκατεσκεύακεν ὑετόν· ἀλλ' οὔπω
περὶ τούτων.

Περὶ τῆς βουλῆς τῆς αὐγούστης Ζωῆς τοῦ τίνα
ἀναγάγοι εἰς τὰ βασίλεια.

X. Εἰρήσεται δὲ ἐν τοῖς ἑξῆς ἀληθέστερόν τε καὶ συνε-
τώτερον. Ἔδει μὲν γὰρ εὐθὺς τοῖς πράγμασι γενναίας καὶ
ἔμφρονος διοικήσεως καὶ ἐπιστασίας ἀνδρός, καὶ κατὰ
χεῖρα γενναίου καὶ δοκιμωτάτου τοῖς πράγμασιν, μὴ τὸ
ἐνεστὼς μόνον ὁρῶντος, ἀλλὰ καὶ εἴ τι ἀλόγιστον παρελή-

12 μαντείαις S : -τίαις.

IX 2 κεχύσθαι S : κέχυ. ‖ 3 ἐλπίδα S : -δας ‖ 3 ἐπεισκωμάσαντα S :
ἐπισκ. ‖ 5 εἰ δὲ S : οἱ δὲ ‖ 5 ᾐσθάνοντο S : ᾐσθάνατον τὸ.

X 2 ἀναγάγοι R : ἂν ἀγάρι

si quelque faux calcul avait été fait et ce qui pouvait en résulter, un homme, enfin, capable de prévoir l'avenir et de se dresser de loin contre toutes les attaques et invasions ; mais l'amour du pouvoir, ou le manque de pouvoir, et la fausse liberté, et le fait de n'être pas soumis aux comptes, et le désir de toujours avoir davantage ont fait de l'appartement de l'empereur un gynécée[1].

XI. Mais pas même ainsi les sentiments du peuple n'étaient fixés. Comme des bruits divers se répandaient l'un après l'autre, l'un favorable, l'autre contraire (d'aucuns, en effet, estimaient que le pouvoir revenait à Théodora parce qu'elle était la cause du salut du peuple et qu'elle n'avait pas encore fait l'expérience du mariage, et les autres pensaient que la sœur aînée convenait mieux pour l'empire, parce que déjà elle était en possession de la majesté impériale et qu'elle aimait extraordinairement les honneurs), comme donc dans le peuple les opinions étaient partagées, l'aînée des deux sœurs, devançant les pensées du peuple, rattache tout le pouvoir à sa personne ; ensuite, on se mit à examiner et à décider quel était le personnage le plus illustre par la naissance et le plus distingué par la condition, soit qu'il siégeât au sénat, soit qu'il figurât sur les contrôles militaires.

XII. Il y avait alors entre autres un homme d'une beauté incomparable ; il était né à Dalassa, localité célèbre, et avait nom Constantin. Il était comme préparé par la nature pour le fardeau du pouvoir ; il n'avait pas encore atteint l'âge de dix ans que la rumeur publique l'élevait aux plus hautes destinées. Toujours est-il que ceux qui étaient empereurs craignirent ce personnage et lui fermèrent l'accès du palais ; pour sa part, le Paphlagonien Michel le tenait emprisonné, par crainte moins de l'homme que de la sympathie qu'avait pour lui le peuple, car la capitale était en

---

1. Phrase difficile. On n'en saisit pas bien l'enchaînement grammatical : εἴ τι ἀλόγιστον et ὅ τι ἐκεῖθεν ἀνα. dépendent de ὁρῶντος. Quant aux infinitifs προσεπιχειρεῖν et ἵστασθαι, j'en fais des infinitifs marquant le terme du mouvement, en sous-entendant ὡς devant le premier καί.

λύθεν καὶ ὅ τι ἐκεῖθεν ἀναφυήσεται, καὶ προσεπιχειρεῖν τοῦ μέλλοντος καὶ πόρρωθεν ἵστασθαι καὶ πρὸς πᾶσαν ἐμβολήν τε καὶ ἔφοδον· ἀλλὰ τὸ φίλαρχον ἢ τὸ ἄναρχον, καὶ ἡ δοκοῦσα ἐλευθερία καὶ τὸ μὴ ὑπὸ λογισμοῖς εἶναι καὶ ἡ τοῦ πλείονος ἔφεσις τὸν βασιλικὸν ἀνδρῶνα γυναικωνῖτιν πεποίηκεν.

XI. Ἀλλ' οὐδὲ οὕτω τοῖς πολλοῖς ἥδραστο τὰ βουλεύματα· ἀλλ' ἐπειδὴ ἄλλη τις ἐπ' ἄλλη φήμη διεθρυλλεῖτο, ἢ συμβαίνουσα ἢ ἐναντίως ἔχουσα (οἳ μὲν γὰρ τῇ Θεοδώρᾳ τὴν ἀρχὴν προσήκειν ἐνόμιζον, ἅτε καὶ αἰτίῳ τῆς τῶν πολλῶν σωτηρίας καὶ οὔπω εἰς πεῖραν ἐλθούσῃ ἀνδρός, τοῖς δὲ ἡ ἑτέρα τῶν ἀδελφῶν καταλληλοτέρα ἐδόκει τῷ κράτει, ὡς καὶ τὸ σεμνότερον ἤδη προειληφυῖα καὶ τὸ φιλότιμον ἀνυπέρβλητον ἔχουσα), ἐπεὶ τοιγαροῦν οὕτω τοῖς πολλοῖς αἱ φῆμαι διεμερίζοντο, προλαμβάνει τὰς τῶν πολλῶν δόξας ἡ πρεσβεύουσα ἀδελφὴ καὶ εἰς αὑτὴν αὖθις ὅλην ἀναρτᾷ τὴν ἀρχήν· εἶτα δὴ ἐσκοπεῖτο καὶ ἐκρίνετο ὁ καὶ τῷ γένει λαμπρότερος καὶ τὴν τύχην ἐπισημότερος, εἴτε ἐκ τῶν συγκλητικῶν θρόνων οὗτος εἴη, εἴτε τῶν στρατιωτικῶν καταλόγων.

XII. Ἦν δέ τις ἀνὴρ τὸ τηνικαῦτα μετὰ τῶν ἄλλων, καὶ τὸ εἶδος οἷος οὐκ ἄλλος, ᾧ πατρὶς μὲν ἡ Δάλασσα, χωρίον ἐπισημότατον, Κωνσταντῖνος δὲ τοὔνομα, ὥσπερ εἰς ἀρχικὸν ὄγκον παρεσκευασμένος παρὰ τῆς φύσεως· οὔπω γὰρ δεκαέτης ἐγεγόνει καὶ ἡ φήμη τοῦτον εἰς τὴν κρείττω ἦρεν ὑπόληψιν· ἐδεδοίκεσαν γοῦν τὸν ἄνδρα οἱ βασιλεύοντες καὶ πάντες αὐτῷ τὴν εἰς τὰ βασίλεια πορείαν ἀπέφραττον, ὁ δέ γε Παφλαγὼν Μιχαὴλ καὶ κατακλείσας εἶχεν, οὐ μᾶλλον ἐκεῖνον δεδιὼς ἢ τοὺς πολλοὺς ἐπ' αὐτῷ· ὀρθὴ γὰρ

11 ὑπὸ λογισμοῖς S : ὑπολογισμοῖς || 12 γυναικωνῖτιν S : -ίτην.

XI 1 ἥδραστο S : ἤδρ. || 2 διεθρυλλεῖτο S : -θρηλλ. || 3 συμβαίνουσα S : -βένουσα || 6 καταλληλοτέρα S : -λωτέρα.

XII 2 Δάλασσα R : θαλ. || 4 παρεσκευασμένος S : παρασχ. || 8 Παφλαγὼν S : παμφλάγων || 9 ἢ S : ἦ

effervescence quand elle le voyait et elle était toute prête à faire aussitôt quelque chose de grave en sa faveur. Donc Michel le gardait enfermé dans un château-fort. Quant à son neveu qui lui succéda à l'empire, à peine fut-il assis sur le trône, qu'il éteint en Constantin toute velléité de régner : il lui change, en effet, son habit, et le met avec ceux qui portent la robe noire, non en ami, pour le rapprocher de Dieu, mais en ennemi, pour l'écarter de son but présumé. Mais Constantin se résignait dans son âme[1]. Les circonstances, pourtant, l'appelaient au pouvoir, et il avait sous les yeux l'exemple du changement d'habit, car l'impératrice, après avoir subi la première de ces conditions, se trouvait dans la seconde[2]. Il fut présenté à l'impératrice, qui l'avait convoqué pour quelque autre affaire. Mais il usa de paroles trop tranchantes, et, étant venu à parler de l'empire, il le fit sans modération ; comme il ne voulait en rien se départir de son intransigeance, il parut à tout le monde un homme d'humeur trop difficile et de caractère trop rude, il éveilla la défiance et fut frustré de ses espérances.

XIII. Donc les suffrages se retournèrent[3] d'un autre côté. Le personnage en question[4] n'était pas précisément de condition illustre, mais il était plein de dignité et superbe de figure. Secrétaire de l'empereur Romain, non seulement il était regardé par le prince comme un homme apte aux affaires, mais encore il paraissait charmant à l'impératrice qui, de ce fait, fut accusée d'avoir en secret commerce avec lui. Romain donc, qui n'était pas précisément jaloux, demeura sourd aussi à un tel bruit ; Michel, par contre, éloigne le personnage du palais, et, sous le prétexte de lui confier une charge importante, l'envoie loin de la capitale. L'impératrice donc inclinait vers lui ; rappelé, il entra en relation avec elle en composant son caractère d'après ses désirs, et déjà en quelque sorte tout le monde pen-

---

1. Sur ce personnage, cf. Schlumberger, *Op. laud.*, III, 166, 184, 394.
2. *Litt.* après avoir souffert la première chose (la réclusion dans un couvent), faisait la seconde (le métier d'impératrice).
3. *Litt.* furent de nouveau risqués.
4. Constantin Artoklinès. Cf. Schlumberger, *Op. laud.*, III, 395.

ἡ Πόλις ἐγεγόνει ἰδοῦσα τὸν ἄνδρα καὶ μετεώριστο ὡς
αὐτίκα τι ὑπὲρ αὐτοῦ διαπράξουσα· ἀλλ' ὁ μὲν ἐν φρουρίῳ
καθείρξας ἐφύλαττεν· ὁ δέ γε μετ' ἐκεῖνον βασιλεύσας
ἀνεψιὸς, ὁμοῦ τε τοῖς βασιλικοῖς θρόνοις ἐγκαθιδρύθη καὶ
σβεννύει τούτῳ τὴν τῆς βασιλείας ὑπόληψιν· μετασχημα-
τίζει | γὰρ αὐτῷ τὴν περιβολὴν καὶ μετὰ τῶν μελαμφο-
ρούντων ἱστᾷ, οὐχ ὡς εὔνους συμβιβάζων Θεῷ, ἀλλ' ὡς
δύσνους ἀπάγων τοῦ ὑπονοουμένου σκοποῦ· ἀλλ' ὁ μὲν
ἔστεργε τὴν ψυχὴν, ὁ δὲ καιρὸς τοῦτον ἐκάλει πρὸς τὴν
ἀρχὴν, καὶ εἶχε τοῦ τὸ σχῆμα μεταβαλεῖν ἐγγὺς τὸ παρά-
δειγμα· ἡ γὰρ βασιλὶς τὸ πρῶτον παθοῦσα ἐπεποιήκει τὸ
δεύτερον· καὶ προήχθη ταύτῃ ἐπ' ἄλλο τι μετακεκλημένος·
ἀποτομώτερον δὲ τοῖς λόγοις χρησάμενος καὶ γενναιοτέρων
ἐνθυμημάτων περὶ τῆς βασιλείας ἁψάμενος, καὶ μηδέν τι
τοῦ γενναίου καθυφεὶς λήματος, δυσχερέστερος τοῖς πολλοῖς
ἔδοξε καὶ τὸ ἦθος βαρύτερος, καὶ τῶν προσδοκιῶν ἀπώσθη
ὑποπτευθείς.

XIII. Αὖθις οὖν αἱ ψῆφοι μετεκυβεύθησαν· ἀνὴρ οὗτος
τὴν μὲν τύχην οὐ πάνυ διάσημος, τὸ δὲ εἶδος ἀξιωματικὸς
καὶ λαμπρός· ὑπογραμματεύων δὲ τῷ βασιλεῖ Ῥωμανῷ, οὐκ
ἐκείνῳ μόνῳ προσήκων ὦπτο τοῖς πράγμασιν, ἀλλὰ καὶ τῇ
βασιλίδι ἐρασμιώτατος ἔδοξεν, ἔνθεν τοι καὶ αἰτίαν ἔσχεν,
ὡς λεληθότως τῷ ἀνδρὶ πλησιάζοι. Ὁ μὲν οὖν Ῥωμανὸς,
οὐ πάνυ ζηλότυπος ὢν, καὶ πρὸς τὴν τοιαύτην φήμην λασιό-
κωφος γέγονεν· ὁ δέ γε Μιχαὴλ μεθιστᾷ τοῦτον τῶν βασιλείων, καὶ σχήματι σεμνοτέρας ἀρχῆς ἀπάγει τῆς Πόλεως·
ἐνενεύκει γοῦν πρὸς τοῦτον ἡ βασιλὶς, καὶ μετάκλητος
γεγονὼς ὡμίλησε τῇ βασιλίδι, πρὸς τὸ ἐκείνῃ ἀρέσκον τὸ
ἦθος μεταμορφώσας· καὶ ἤδη που πρὸς αὐτὸν πάντες ἐπιρ-

11 πράξουσα Κ : -ξασα ‖ 16 ἱστᾷ S : ἱστὰ ‖ 19 μεταβαλεῖν S : μετα-
βαλλεῖν ‖ 19 τὸ S : τω ‖ 21 μετακεκλημένος Κ : μετάκ. ‖ 24 λήματος
Κ : λήμματος ‖ 24 δυσχερέστερος S : δυστυχές.

XIII 4 προσήκων S : -ήκον ‖ 7 ὢν S : ὦν ‖ 8 μεθιστᾷ S : μέθ'ιστὰ

chait pour lui, quand subitement une maladie l'emporta, l'éloignant de ses espérances.

XIV. Celui donc qui devait être le maître du sceptre, c'est Constantin, fils de Théodose, le dernier rejeton, dans l'ordre de filiation, de la souche antique des Monomaques[1]. Nous en parlerons longuement quand nous nous lancerons dans l'océan de son règne, car il fut empereur beaucoup plus longtemps que tous les autres princes qui exercèrent le pouvoir après Basile, et il a fait plus de choses que les autres, les unes meilleures, les autres pires de beaucoup. Car pourquoi faut-il que je ne dise pas la vérité? Moi qui, dès les débuts du règne de ce prince, ai servi dans toutes les affaires, qui fus porté au rang supérieur, à qui furent confiées les choses les plus importantes, au point que je n'ai rien ignoré ni de ce qu'il a accompli au grand jour ni de ce qu'il a fait dans le secret, je dépasserai, et avec raison, la mesure du récit consacré aux autres empereurs.

Comment et par quels moyens le basileus Constantin fut introduit au palais par l'augusta[2].

XV. Mais le moment n'est pas encore venu de parler de cela. Disons de quelle manière, pour quelles causes et par quels moyens, il parvint à l'empire. Cet homme, en effet, était, par sa naissance, tout près de la royauté[3]. Fier d'une grande richesse et remarquable par sa beauté[4], il paraissait incontestablement propre à une union avec les familles les plus considérables. Tout d'abord allié avec le premier des personnages en vue, quand il eut perdu sa femme, emportée par une maladie, il fut de nouveau choisi avec empressement[5] pour un second mariage. En effet, l'empereur Romain,

1. Sur ce prince, cf. Schlumberger, *Op. laud.*, 395 sqq. Voyez aussi les *Éloges* que Psellos a composés à son sujet (Sathas, *B. G.*, V, 106-141), et, dans l'*Oraison funèbre de Michel Cérulaire* (Sathas, *B. G.*, IV, 324 sq.), une autre description de l'entrée de Constantin dans Byzance.
2. Un des titres officiels des impératrices byzantines.
3. *Litt.* obtenait le premier rang de la royauté.
4. Psellos reviendra sur ce point. Cf. chap. CXXV sqq.
5. *Litt.* enlevé.

ρεπεῖς ἐγεγόνεισαν, ἀλλ' ἀφαρπάζει νόσος ἀθρόον καὶ τῶν ἐλπίδων ἀπάγει.

XIV. Ἔμελλε δ' ἄρα τῶν σκήπτρων ἐγκρατὴς ἔσεσθαι ὁ τοῦ Θεοδοσίου παῖς Κωνσταντῖνος, ῥίζης ἀρχαίων τῶν Μονομάχων τελευταῖος κατὰ τὴν οἰκείαν τάξιν βλαστός, περὶ οὗ δὴ πολὺς ἡμῖν ἐπιρρεύσει λόγος, ἐπειδὰν εἰς τὸ τῆς ἡγεμονίας ἐκείνου πέλαγος ἀφῶμεν αὑτούς· χρόνον τε γὰρ πλείω τῶν μετὰ τὸν Βασίλειον ἀρξάντων βεβασιλεύκει, καὶ πλεῖστα τῶν ἄλλων ἐπεπράχει, τὰ μὲν ἐκείνων κρείττονα, τὰ δὲ καὶ χείρω κατὰ πολύ· τί γὰρ δεῖ μὴ τἀληθῆ λέγειν; ἐγώ τε εὐθὺς ἐκείνῳ βεβασιλευκότι ὑπηρετηκὼς διὰ πάντων καὶ εἰς τὴν κρείττω τάξιν ταχθείς, πιστευθείς τε τὰ τιμιώτατα, ὥστε μηδὲν ἀγνοεῖν μήθ' ὧν εἰς προὖπτον ἐτετελέκει, μήθ' ὧν ἀφανῶς πεποιήκει, τὸ μέτρον εἰκότως τῶν εἰς τοὺς ἄλλους βασιλέας λόγων ὑπερβήσομαι.

Περὶ τοῦ πῶς καὶ τίνι τρόπῳ ὁ βασιλεὺς Κωνσταντῖνος ἀνήχθη παρὰ τῆς αὐγούστης εἰς τὰ βασίλεια.

XV. Ἀλλ' οὔπω μὲν περὶ τούτων· | εἰρήσθω δὲ ὅπως κἀκ τίνων αἰτιῶν, τίσι τε χρησάμενος τύχαις ἐπὶ τὸ βασιλεύειν ἐλήλυθεν. Οὗτος γὰρ γένους ἕνεκεν τὰ πρῶτα τῆς βασιλείας φερόμενος, πολλῷ τε πλούτῳ κομῶν, καὶ κάλλει διαπρεπὴς ὤν, ἀμφήριστος εἰς κηδείαν ταῖς ὑπερτίμοις ἔδοξε γενεαῖς, καὶ κηδευθεὶς τὰ πρῶτα τῷ πρώτῳ τῶν ἐπισήμων ἀνδρῶν, ἐπειδὴ νόσῳ τὴν γυναῖκα ἀπέβαλεν, εἰς δεύτερον κῆδος αὖθις ἁρπάζεται· ὁ γὰρ αὐτοκράτωρ Ῥωμανός, εἰς τὸν

13 ἀλλ' ἀφαρπάζει S : ἀλλαφαρπάζειν ‖ 13 νόσος S : ὅσος ‖ 14 ἀπάγει S : ἐπ.

XIV 5 αὐτούς S : αὐτοὺς ‖ 6 μετὰ τὸν S : μετὰ τῶν ‖ 9 ὑπηρετηκὼς S :-τικῶς ‖ 10 κρείττω S : κρίττω ‖ 11 ἀγνοεῖν S : ἀγνω εἶν ‖ 11-12 μήθ' — μήθ' P K : μεθ' — μεθ'.

qui alors menait encore la vie d'un simple particulier, mais qui déjà jouissait d'une très grande considération auprès du peuple à cause de sa condition éminente et des espérances de hautes destinées dont il était l'objet, avait pris cet homme en affection à cause de sa jeunesse florissante et de la splendeur de sa naissance ; il le greffe sur sa famille, tel un rejeton de la plus belle venue sur un olivier d'une heureuse fécondité : c'était la fille de sa sœur Pulchérie qui, jadis mariée à Basile Skléros, celui que plus tard la destinée priva de la vue, s'était trouvée mère d'une fille unique. Marié à cette jeune fille, Constantin brillait, par sa famille, au-dessus des autres ; mais il n'avait pas encore obtenu les charges les plus marquantes ; en effet, ceux qui entouraient l'empereur Basile étaient remplis de fureur contre lui, en haine pour son père, car celui-ci, surpris à conspirer contre le prince, avait comme laissé en héritage à son fils l'animosité impériale ; aussi, ni l'empereur Basile ni Constantin ne lui avaient donné accès aux fonctions politiques, mais ils le tenaient à l'écart[1], sans lui faire aucun mal, à la vérité, mais aussi sans même le juger digne d'une destinée supérieure.

XVI. Quand Romain fut empereur, lui non plus ne fit rien de magnifique pour Constantin, tant[2] il s'était trompé dans ses jugements sur son compte ; néanmoins il le gardait dans le palais impérial, et, sinon pour une autre raison, du moins à cause de sa parenté avec Romain, le personnage était très en vue. Comme il avait le visage florissant de jeunesse et qu'il était[3], pour notre époque, comme un fruit de printemps ; comme il était plein de grâce dans le discours et qu'il parlait avec une élégance supérieure à tous les autres, l'impératrice l'aimait et souvent elle voulait avoir commerce avec lui. Et lui, se faisant tout à elle et mettant adroitement en œuvre ce qu'il voyait lui être agréable, il se l'appropria tout entière : ainsi jouissait-il des faveurs impériales qu'elle lui prodiguait ; mais aussi le monde

---

1. *Litt.* ils le privaient de considération.
2. Je vois en οἷος un adjectif exclamatif.
3. Le v. χρηματίζω a ici le sens de « être considéré comme ; être ».

ίδιωτικόν βίον έτι τελών, επισημότατος δε παρά πάσιν ών αξιώματος ένεκα και της κρείττονος υπολήψεως, ήγαπήκει τον άνδρα τοΰ τε άνθους της ηλικίας και της τοΰ γένους μεγαλοπρεπείας, και εγκεντρίζει τούτον τω γένει νεόφυτον κάλλιστον εις πιότατον καλλιέλαιον· τό δέ ήν ή της αδελφής εκείνου Πουλχερίας θυγάτηρ, ήτις πάλαι Βασιλείω τω Σκληρώ συζευχθείσα, δν ύστερον ή τύχη των οφθαλμών απεστέρησε, μονογενούς θυγατρός έγεγόνει μήτηρ. Έπει δε συνήφθη ταύτη ό Κωνσταντίνος, τω μεν γένει υπέρ τους άλλους διέλαμπεν, ούπω δε των υπερηφάνων τετυχήκει αρχών· οί γαρ περί τον αυτοκράτορα Βασίλειον έμεμήνεσαν τούτω, μίσους ένεκα πατρικού· ό γάρ τοι πατήρ, επί τυραννικαΐς αίτίαις άλούς, μίσος παρά των βασιλέων ώσπερ κληροδοτεΐ τω παιδί· δια ταύτα ούθ' ό ⸌υτοκράτωρ Βασίλειος ούθ' ό Κωνσταντίνος ταις πολιτικαΐς τούτον προήγον άρχαΐς, αλλ' άφωσιοΰντο, δεινόν μέν ούδέν τούτω επάγοντες, αλλ' ουδέ της κρείττονος άξιοΰντες μοίρας.

XVI. Έπει δε ό 'Ρωμανός βεβασιλεύκει, ούδ' ούτος μέν μεγαλοπρεπές τι επ' αυτόν έπεπράχει, οίος εκείνος διημαρτημένος περί τάς κρίσεις, αλλ' ούν έν τε ταΐς βασιλείοις είχεν αύλαις, και εί δι' άλλο μηδέν διά γε τήν πρός τον 'Ρωμανόν άγχιστείαν επισημότατος ήν. Έπει δε άνθοΰν είχε τό πρόσωπον και οίον εαρινή τις οπώρα τω καθ' ημάς βίω έχρημάτιζε, χάριτος τε έμπλεω την όμιλίαν εκέκτητο, έστωμύλλετό τε υπέρ τους άλλους, ήγαπήκει τοΰτον ή βασιλίς και πολλάκις έβούλετο όμιλεΐν· και ός, παντοδαπός εις αυτήν γινόμενος και οίς έκείνην χαίρουσαν ίδοι χρώμενος δεξιώς, όλην είσποιεΐται, και διά ταΰτα βασιλικών χαρίτων των παρ' εκείνης άπήλαυεν· τοις δέ γε πολλοίς

XV 13 κρείττονος S : κρίττ. || 16 πιότατον S : πιστό. || 19 έγεγόνει S : -νε || 22 έμεμήνεσαν S : -μίν. || 27 άφωσιοΰντο S : άφοσ.

XVI 1 ούτος S : ούτως; || 8 έστωμύλλετο My : -ύλετο. || 12 εκείνης S : -νοις || 12 άπήλαυεν S : -λαβεν

lançait contre eux les traits de l'injure et leurs entretiens parfois secrets n'étaient pas précisément faits pour lui plaire.

XVII. Toujours est-il qu'il paraissait être un compétiteur possible au trône et il était suspect à Michel, celui-là précisément qui parvint au pouvoir après Romain. Aussi, quand ce prince fut empereur, pas même sous la pourpre il n'abandonna sa jalousie contre lui. Bien au contraire. Certes, tout d'abord il le vit d'un bon œil ; mais plus tard, ayant imaginé contre lui certaines accusations et ayant improvisé des faux témoins, il l'éloigna de la capitale et le tint enfermé dans des frontières bien circonscrites ; l'île de Mytilène était cette frontière : Constantin y supporta une disgrâce de sept ans, mesure même de la royauté de Michel, et la haine dont il était l'objet, le second Michel aussi la reçut en héritage.

XVIII. Quand le pouvoir revint à la noble impératrice, tout d'abord, comme je l'ai dit, prenant ses précautions contre la précarité des circonstances, elle chercha pour elle-même non pas au loin mais dans son entourage, par le moyen d'un mariage, à s'assurer la force. Mais, comme l'un se trouvait avoir perdu sa dignité sous le coup du sort, qu'un autre était tenu en mépris à cause de l'obscurité de sa naissance, qu'un troisième était soupçonné comme redoutable ; comme prétexte sur prétexte était imaginé, écartant tous les autres [candidats], l'impératrice revient à Constantin dans ses calculs ; elle en parle à cœur ouvert à ses gardes et à sa maison, et, voyant que tout le monde, comme à un mot d'ordre, porte par ses suffrages cet homme à l'empire, elle déclare au sénat aussi ce qu'elle a décidé. Et cette décision ayant paru aux sénateurs eux-mêmes une inspiration divine, Constantin est rappelé d'exil, encore sans grand apparat au départ[1].

XIX. Mais lorsqu'il fut près de la ville, un pied-à-terre superbe lui est préparé ; on lui dresse une tente impériale autour de laquelle se tient debout la garde

---

1. La phrase ἐκεῖθεν—λαμπρῶς est en l'air. Pantazidis propose la séduisante correction : ὁ Κωνσταντῖνος. Ἐκεῖθεν μὲν — λαμπρῶς · ἐπεὶ δὲ…

καὶ λοιδορίας κατ' αὐτῶν βέλος ἐπέμπετο, καὶ οὐ πάνυ τι τούτοις ἡ κρύφιος ἔστιν οὗ προσλαλιὰ ἤρεσκεν.

XVII. Ἐντεῦθεν γοῦν καὶ πρὸς τὸ κράτος ἐπίδοξος ἔδοξε, καὶ ὑπώπτευε τοῦτον ὁ Μιχαὴλ, ὃς δὴ μετὰ Ῥωμανὸν εἰς τὸ κράτος ἀναβεβήκει· ἔνθεν τοι καὶ βασιλεύσας οὐδ' οὕτω τὸ κατ' ἐκείνου ἀφῆκε ζηλότυπον, ἀλλὰ τὰ μὲν πρῶτα εὐμενῶς εἶδεν, εἶθ' ὕστερον αἰτίας τινὰς ἐπ' ἐκεῖνον πλασάμενος | καί τινας σχεδιάσας λογοποιούς, ἀπελαύνει τῆς Πόλεως καὶ περιγράπτοις τοῦτον ὁρίοις κολάζει· ἡ νῆσος δὲ Μυτιλήνη τὸ ὅριον, ἔνθα δὴ ἑπταετῆ διήθλησε συμφορὰν, τὸ μέτρον τῆς τοῦ Μιχαὴλ βασιλείας διηνυκώς· κληρονομεῖ δὲ τὸ κατ' αὐτοῦ μῖσος καὶ ὁ δεύτερος Μιχαήλ.

XVIII. Ἐπεὶ δὲ εἰς τὴν εὐγενῆ βασιλίδα τὸ κράτος ἀπονενεύκει, πρῶτα μὲν ἤδ', ὥς μοι προείρηται, τὴν τοῦ καιροῦ εὐλαβουμένη ὀξύτητα οὐ πόρρωθεν, ἀλλ' ἐγγύθεν τὴν ἰσχὺν ἑαυτῇ ἐμνηστεύετο· ἐπεὶ δὲ ὁ μὲν διὰ τύχην ἠτίμαστο, ὁ δὲ διὰ γένος καταπεφρόνητο ἀκλεές, ὁ δὲ ὡς δεινὸς ὑπωπτεύετο, καὶ ἄλλος ἐπ' ἄλλῳ λόγος ἐπλάττετο, ἀπογνοῦσα πάντων ἡ βασιλὶς ἀνατυποῖ τὸν Κωνσταντῖνον τοῖς λογισμοῖς, ἀνακαλύπτει δὲ καὶ τῇ γλώττῃ πρὸς τὸ περὶ ἑαυτὴν δορυφορικὸν καὶ οἰκίδιον, καὶ ἐπειδὴ πάντας ὥσπερ ἀπὸ συνθήματος εἶδεν εἰς τὸ κράτος τὸν ἄνδρα ψηφιζομένους, καταγγέλλει καὶ τῇ ἐκκρίτῳ τὸ δόξαν βουλῇ· φανέντος δὲ καὶ παρ' αὐτοῖς θεοκινήτου τοῦ δόγματος, μετακαλεῖται τῆς ὑπερορίας ὁ Κωνσταντῖνος, ἐκεῖθεν μὲν οὔπω λαμπρῶς.

XIX. Ἐπεὶ δὲ ἐγγὺς ἐγεγόνει τῆς Πόλεως πολυτελεστέρα τε αὐτῷ καταγωγὴ εὐτρεπίζεται, καὶ βασιλικὴ μὲν

13 βέλος S : βέλλος ‖ 14 τούτοις S : -τους ‖ 14 προσλαλιὰ S : πρὸς λαλιά.

XVII 2 ὑπώπτευε S : ὑπόπ. ‖ 7 περιγράπτοις R : -απτοῖς ‖ 8 Μυτιλήνη S : μιτυλ. ‖ 9 βασιλείας S : -λέως ‖ 9-10 κληρονομεῖ S : τὸ κλ.

XVIII 4-5 ἠτίμαστο S : ἠτοίμ. ‖ 11 καταγγέλλει S : -αγγέλει ‖ 11 τῇ ἐκκρίτῳ S : τὴν ἐκκρίτω ‖ 12 θεοκινήτου S : -νήτω ‖ 13 οὔπω P : οὕτω

impériale, et une splendeur magnifique attend, devant le palais, le personnage ; gens de tout âge et de toute condition, les uns sur les autres se pressant à flots à sa rencontre, l'acclamaient par des cris d'heureux augure. Et la capitale paraissait célébrer une fête populaire ; ou plutôt, à côté de la Grande Ville, la Ville impériale, il s'en était improvisé aussi une deuxième ; en effet, le peuple de la cité s'était répandu jusqu'aux murailles, et c'étaient des fêtes et des marchés[1]. Lors donc que tout fut prêt et que furent achevés comme ils le devaient les préparatifs de réception, on lui donna le signal d'entrée, et, au milieu d'une pompe superbe, il pénétra dans le Palais Sacré.

XX. Comme il fallait se soumettre aux lois communes du mariage[2], le patriarche Alexis les prit en considération ; mais, en même temps, il concède ce qu'il fallait aux circonstances, disons le mot, à la volonté de Dieu[3] : il n'impose pas lui-même les mains aux deux époux pendant le couronnement ; mais, quand ils sont mariés et couronnés, il les embrasse. Cette conduite-là, je ne sais si elle est d'un prélat ou d'un flatteur et conforme aux circonstances.

XXI. Ce couronnement marqua, pour les impératrices, la fin de la possibilité d'agir de leur propre autorité et de tenir la direction suprême des affaires, et, pour Constantin Monomaque, le premier établissement de la souveraineté. Elles donc quittent le pouvoir après l'avoir exercé en commun pendant trois mois ; quant à Constantin... Mais ne parlons pas encore de lui : j'ai quelques points à établir pour les oreilles qui aiment écouter.

XXII. Beaucoup de personnes m'ont souvent incité à écrire la présente histoire, non seulement de celles qui sont revêtues des hautes charges de l'État et qui occupent les premiers rangs du sénat, mais encore de celles qui sont initiées aux mystères du Verbe et qui ont une âme plus divine et supérieure. En effet,

---

1. Fin de phrase obscure.
2. L'Église interdisait les troisièmes noces.
3. Phrase obscure. En particulier, le membre εἰπεῖν — βούλοιτο est d'une construction anormale.

σκηνὴ πήγνυται, βασιλικὴ δὲ περιίσταται δορυφορία, καὶ μεγαλοπρεπὴς λαμπρότης πρὸ τῶν βασιλείων ὑπαντᾷ τῷ ἀνδρί, πάσης ἡλικίας καὶ τύχης, ἄλλων ἐπ' ἄλλοις ἐπιρρεόντων αὐτῷ καὶ φωναῖς ἀνακηρυττόντων εὐφήμοις· ἐῴκει δὲ ἡ Πόλις δημοτελῆ ἐπιτελοῦσα πανήγυριν, μᾶλλον δὲ πρὸς τῇ πρώτῃ καὶ βασιλίδι καὶ δευτέρα τις ἐσχεδίαστο· καὶ γὰρ ἐξεκέχυτο τῶν τειχῶν ἄχρι πλῆθός τε ἀστικὸν, καὶ πανηγύρεις καὶ ἀγοραί· ἐπεὶ δὲ πάντα προκαθειστήκει καὶ ἡτοίμαστο ὡς ἔδει τὰ προεισόδια, ἐγκελεύεται τούτῳ τὸ σύνθημα τῆς εἰσόδου, καὶ σὺν λαμπρᾷ τῇ πομπῇ εἰς τὰ βασίλεια εἴσεισιν ἄδυτα.

XX. Ἐπεὶ δὲ τοῖς κοινοῖς ἔδει περὶ τὴν συνάφειαν ἀποχρήσασθαι νόμοις, εὐλαβεῖται τούτους ὁ πατριάρχης Ἀλέξιος, καὶ συγχωρεῖ μὲν τῷ καιρῷ, εἰπεῖν δὲ καὶ τῷ Θεῷ ὁπόσα βούλοιτο, αὐτὸς δὲ τὴν χεῖρα τοῖς στεφανουμένοις οὐκ ἐπιτίθησι, συζυγέντας δὲ καὶ στεφανωθέντας ἀσπάζεται· τοῦτο δὲ οὐκ οἶδα εἴθ' ἱερατικὸν, εἴτε κολακικὸν καὶ πρὸς τὸν καιρόν.

XXI. Καὶ γίνεται ταῦτα ταῖς μὲν βασιλίσσαις τέλος τοῦ δι' ἑαυτῶν τι ποιεῖν καὶ αὐτοκρατεῖν ἐν τοῖς πράγμασιν, ἀρχὴ δὲ τῷ Μονομάχῳ Κωνσταντίνῳ καὶ πρώτη τῆς βασιλείας κατάστασις. Αἱ μὲν οὖν τρίτον μῆνα συνάρξασαι παύονται τῆς ἀρχῆς, ὁ δέ γε Κωνσταντῖνος, ἀλλὰ μήπω περὶ αὐτοῦ, βραχέα δέ τινα καθίσταμαι πρὸς τὴν φιλήκοον ἀκοήν.

XXII. Πολλοί με πολλάκις πρὸς τήνδε τὴν ξυγγραφὴν κατηνάγκασαν, οὐ τῶν ἐν τέλει μόνον καὶ τῶν πρώτων τῆς γερουσίας, ἀλλὰ καὶ τῶν ἄλλων εἰς τὰ τοῦ Λόγου | τελούντων μυστήρια, καὶ τῶν ὅσοι θειότεροι καὶ ὑπερτελεῖς τὴν ψυχήν·

8 καὶ γὰρ S : τὸ γὰρ.
XIX 9 ἐξεκέχυτο S : ἐξεκείνου.
XX 1 τοῖς κοινοῖς S : τῆς -νῆς.
XXI 2 ἑαυτῶν : ἑαυτον quod corr. in -των librar.
XXII 3 Λόγου R : λόγου

comme déjà, à cause du temps, le recueil des matériaux de l'histoire s'est trouvé manquer à mon récit, au point que les événements courent le risque, après un long temps, d'être engloutis dans l'oubli, et les temps passés, celui de manquer, sous ce rapport, de fondement solide ; pour cette raison, ces personnes estimaient que je devais venir en aide à la nature du sujet et veiller à ce que, tandis que les événements antérieurs à notre époque seraient jugés dignes de mémoire par la postérité, les faits contemporains ne fussent pas engloutis dans les profondeurs de l'oubli. Ces personnes donc me pressaient ainsi et par de tels raisonnements d'écrire l'histoire ; mais moi, je n'acceptais pas précisément la charge d'un tel travail, non que je renonçasse à l'entreprise par esprit de paresse, mais j'avais peur de donner dans l'un ou l'autre de ces deux écueils : en effet, ou bien si, pour les raisons que je dirai, je taisais ce que certains hommes ont fait, ou si je changeais les faits en les rapportant d'une autre manière, j'estimais que je serais convaincu non pas d'écrire une histoire, mais d'arranger les événements comme sur une scène de théâtre ; ou bien, si je poursuivais de toute manière la vérité, j'estimais que je donnerais aux critiques occasion de sarcasme, et que l'on me considérerait non pas comme un ami de l'histoire, mais comme un ami de l'injure.

XXIII. Pour cette raison, je n'étais pas précisément porté à écrire l'histoire de notre temps, d'autant que je savais bien que, sur de nombreux points, j'aurais des reproches à adresser à l'empereur Constantin, à qui je rougirais de n'apporter point le tribut d'éloges qu'il mérite. Je serais, en effet, un ingrat et un être totalement dépourvu de raison, si je ne lui rendais pas une minime partie des bienfaits que j'ai reçus de lui tant en actes matériels qu'en moyens d'augmenter ma fortune encore, en lui payant, par mes écrits, ma dette de reconnaissance. Donc, à cause de ce prince, je me refusais toujours à écrire l'histoire, ne voulant en aucune façon lui infliger de blâme, révéler certaines de ses actions qui ne sont pas à son honneur et qu'il est bon de tenir cachées, confier aux oreilles de la foule

ἐπειδὴ γὰρ χρόνῳ ἤδη τὸν λόγον ἡ τῆς ἱστορίας συναγωγὴ
ἐπιλέλοιπεν, ὡς κινδυνεύειν τε μακρῷ τῷ χρόνῳ καλυφθῆναι
τὰ πράγματα, καὶ ὅσον ἐπὶ τούτῳ τῷ μέρει τοὺς ἄνω χρόνους
μὴ ἐσχηκέναι ὑπόστασιν, διὰ ταῦτά με βοηθῆσαι ἠξίουν τῇ
φύσει τοῦ πράγματος, καὶ μὴ τὰ μὲν ἄνω που πρὸ ἡμῶν
ἀναγραφῆς παρὰ τῶν μεταγενεστέρων ἠξιῶσθαι, τὰ δὲ ἐφ᾽
ἡμῶν πεπραγμένα λήθης καλυφθῆναι βυθοῖς· οἱ μὲν οὖν
οὕτως καὶ μετὰ τοιούτων λογισμῶν πρὸς τὸ πρᾶγμα ὑπῆγον,
ἐγὼ δὲ οὐ πάνυ τι τὴν τοιαύτην πραγματείαν ὑπεδεχόμην, οὐ
καθυφεὶς τὴν ὑπόθεσιν ῥᾳθυμίᾳ, ἀλλὰ δυοῖν θατέρῳ δεδιὼς
διακινδυνεῦσαι· ἢ γὰρ ὑπερβὰς δι᾽ ἃς αἰτίας ἐρῶ τὰ πεπραγμένα τισίν, ἢ μεταβάλλων ἑτέρως, οὐχ ἱστορίαν ποιῶν, ἀλλὰ
πλάττων ὥσπερ ἐπὶ σκηνῆς πράγματα ᾤμην ἁλώσεσθαι, ἢ
τὸ ἀληθὲς ἐκ παντὸς τρόπου θηρώμενος ἀφορμὴ σκώμματος
τοῖς φιλαιτίοις γενήσεσθαι, καὶ οὐ φιλίστωρ, ἀλλὰ φιλολοί-
δορος νομισθήσεσθαι.

XXIII. Ἔνθεν τοι οὐ πάνυ τι περὶ τὰς καθ᾽ ἡμᾶς
ὑποθέσεις ἐσπούδασα, καὶ μάλισθ᾽ ὅτι περ ἐν πολλοῖς τοῦ
αὐτοκράτορος Κωνσταντίνου καθάψεσθαι ᾔδειν, ὑπὲρ οὗ
αἰσχυνοίμην ἂν, εἰ μὴ πᾶσαν εὐφημίαν τούτῳ συνεισενέγ-
καιμι· ἀγνώμων γὰρ ἂν εἴην καὶ πάντη ἀλόγιστος, εἰ μὴ ὧν
ἐκεῖθεν τὰ μὲν ἐν αὐτοῖς ἔργοις, τὰ δὲ εἰς ἀφορμὴν κρειττόνων ἔσχηκα, πολλοστὸν ἀντιδοίην μέρος, τὴν διὰ τῶν
λόγων εὐγνωμοσύνην· διὰ τοῦτον γοῦν ἐγὼ τὸν ἄνδρα τὴν
ἱστορίαν ἀπεπεμπόμην ἀεί, ἥκιστα βουλόμενος προστρί-
ψασθαί τινα μῶμον αὐτῷ, καί τινα τῶν οὐ καλῶς αὐτῷ
πεπραγμένων καὶ ἃ λανθάνειν καλὸν ἀνακαλύψαι τῷ λόγῳ,
καὶ ταῖς τῶν πολλῶν ἀκοαῖς διεφθορυῖαν πιστεῦσαι διήγησιν, καὶ ὃν ὑπόθεσιν εἰς λόγους ἔσχηκα κρείττονας, τοῦτον
εἰς χείρονας κτήσασθαι ἀφορμὴν, καὶ ἣν ἐκάθηρα γλῶτταν

6 τε S : τὰ || 11 λήθης S : -θοις || 13 πραγματείαν S : -τίαν || 15 ἢ S :
ἡ || 17 πλάττων S : πρά. || 18 ἀφορμὴ S : -μῇ.

XXIII 4 αἰσχυνοίμην S : -νήμην || 5 εἴην S : εἴη || 7 ἀντιδοίην S :
-οίη || 12 πιστεῦσαι S : -τεύσαι.

un récit déshonnête, faire de celui que j'ai eu pour sujet des discours les plus élogieux l'objet des paroles les plus infamantes, et cette langue, que j'ai épurée à la suite de ses encouragements à cet effet, l'aiguiser contre lui.

XXIV. Si, en effet, pour le philosophe est objet de mépris tout ce qui sur cette terre est vain et excessif, et si, pour lui, le but de la vie est la compréhension des choses nécessaires par nature, tandis que le reste dépend extérieurement d'une telle vie, cela n'est pas, à mes yeux, une raison pour que je fasse montre d'ingratitude envers un homme qui m'a comblé d'honneurs et m'a élevé au-dessus des autres. Donc, ce que je veux, c'est, ou bien faire mention de cet homme en des écrits élogieux, ou bien taire ses actions quand elles ne partent pas du meilleur principe. Mais si, me proposant de faire l'éloge de sa vie, laissant après cela de côté les paroles les plus avantageuses, je paraissais n'avoir recueilli que les sujets des paroles les plus défavorables, je serais un homme de la plus noire méchanceté, tout comme le fils de Lyxès [Hérodote], qui a recueilli dans ses histoires les pires actes des Grecs.

XXV. Mais si, d'une part, je ne fais pas cela maintenant, et si, de l'autre, je me suis chargé d'écrire les vies des empereurs, comment, passant sous silence les faits qui sont du domaine de l'histoire, mettrais-je en œuvre ceux qui relèvent de l'éloge, comme si j'oubliais mon entreprise ou comme si je faisais litière de l'art, en n'apportant point de distinction entre les sujets, mais en conduisant vers le même but des choses dont les fins sont différentes? Car, avant cet ouvrage, j'ai composé en faveur de Constantin beaucoup de discours élogieux, et le monde a admiré l'excellence de la louange, et je n'ai pas écrit des éloges faux ; mais les autres hommes ne se sont pas aperçus que je procédais ainsi. Les autres hommes, en effet, parce que les actions des princes sont un mélange combiné de bien et de mal, ne savent ni blâmer purement ni louer sincèrement, mais ils sont trompés par le voisinage des choses contraires. Mais moi, je passe rapidement sur le blâme, excepté lorsqu'il s'agit de fictions ;

ἀφ' ὧν ἐκεῖνός με πρὸς τοῦτο παρώρμησε, ταύτην ἐπ' αὐτῷ θήξασθαι.

XXIV. Εἰ γὰρ καὶ φιλοσόφῳ ἀνδρὶ καταπεφρόνηται πᾶν τὸ ἐνταῦθα περιττὸν καὶ περίεργον, καὶ ὅρος αὐτῷ τῆς ζωῆς ἡ τῶν ἀναγκαίων τῇ φύσει περίληψις, τὰ δ' ἄλλα προσήρτηται ἔξωθεν τῇ τοιαύτῃ ζωῇ, ἀλλ' ἐμοὶ οὐ διὰ ταῦτα ἀγνωμονητέον τῷ ὑπερβαλλόντως τετιμηκότι καὶ ὑπὲρ τοὺς ἄλλους ὑψώσαντι· τὸ μὲν οὖν βουλόμενόν μοι ἦ ἐν τοῖς κρείττοσι λόγοις ἐκείνου μεμνῆσθαι, ἢ σεσιγῆσθαι τὰ ἐκείνου εἰ μὴ ἀπὸ τῆς κρείττονος ὥρμηνται ὑποθέσεως· ἀλλ' εἰ μὲν προθέμενος τὸν ἐκείνου βίον ἐγκωμιάζειν, εἶτα τὰς τῶν κρειττόνων ἀφεὶς ἀφορμάς, τὰς τῶν χειρόνων ὑποθέσεις ἐφαινόμην | συνειλοχώς, κακοηθέστατος ἂν εἴην, ὥσπερ δὴ ὁ τοῦ Λύξου τὰ χείριστα τῶν Ἑλλήνων ἐν ταῖς ἱστορίαις παραλαμβάνων.

XXV. Εἰ δὲ τοῦτο μὲν οὐκ ἐργάζομαι νῦν, ἱστορεῖν δὲ τοὺς τῶν αὐτοκρατόρων ἐπιβέβλημαι βίους, πῶς ἃ τῶν ἱστοριῶν ἐστιν ὑπερβαίνων, ἃ τῶν ἐγκωμίων ἐστὶν ἐργάσωμαι, ὥσπερ ἐπιλαθόμενος τῆς ἐπιχειρήσεως, ἢ διαγράφων τὴν τέχνην, μὴ διακρίνων τὰς ὑποθέσεις, ἀλλ' εἰς ταὐτὸ τέλος συνελαύνων, ὧν διάφοροι οἱ σκοποί; ἐπεὶ τοί γε πρὸ τῆσδε τῆς πραγματείας πολλοὺς ἐκείνῳ καὶ καλοὺς λόγους πεποίημαι, καὶ τάς γε ὑπερβολὰς τῶν ἐγκωμίων ἐθαύμασαν οἱ πολλοί, καὶ οὐκ ἐψευσάμην τὸν ἔπαινον, ἀλλὰ τοὺς ἄλλους ἔλαθον οὕτω ποιῶν. Οἱ μὲν γὰρ, ἀναμὶξ ἐχόντων τῶν πραγμάτων τοῖς βασιλεῦσι καὶ διαπεπλεγμένων αὐτοῖς χειρόνων τε καὶ κρειττόνων πράξεων, οὔτε ψέγειν καθαρῶς ἴσασιν, οὔτε εἰλικρινῶς ἐπαινεῖν, ἀλλ' ἐξαπατᾷ τούτους ἡ τῶν ἐναντίων γειτνίασις· ἐγὼ δὲ ψέγειν μὲν ἀφωσιωσάμην, εἰ μὴ ὅσον ἐν

XXIV 5 τετιμηκότι S : -κότως || 8 κρείττονος S : κρίττ. || 9 προθέμενος S : πρὸς θέμ. || 11 συνειλοχὼς R : -ληχὼς || 11 εἴην S : εἴη.

XXV 2 ἐπιβέβλημαι P : ἐμβέ. || 7 καλοὺς S : κακοὺς || 10 ἀναμὶξ R : ἀνάμιξον || 14-15 ἐν πλάσμασιν S : ἐμπλάσμασι

et, pour l'éloge, quand j'en compose, je n'ai pas l'habitude de prendre tout indifféremment ; mais, rejetant le mauvais, mettant à part le meilleur, j'arrange les choses dans l'ordre convenable, je les ajuste l'une à l'autre, et de la meilleure qualité possible, je tisse mon éloge.

XXVI. Donc, d'une part, dans les éloges à lui adressés, j'ai ainsi établi le récit qui le concerne ; mais, d'autre part, dans l'histoire que j'ai entreprise d'écrire de sa personne, je ne saurais procéder de cette façon. Je ne saurais, en effet, sur les méchants propos de la foule, trahir l'histoire, dont l'objet suprême est la vérité, dans la crainte que quelque langue injurieuse ne m'accuse de faire des reproches là où il faudrait apporter des louanges. Mais le présent récit n'est pas une accusation, ni un procès, mais véritablement une histoire. Ensuite, si je voyais que les autres empereurs ont conduit jusqu'au bout toutes leurs actions avec les meilleures dispositions et qu'en toutes choses ils se sont rendus estimables, alors que seul le règne de Constantin serait caractérisé par des traits opposés à ceux-là, je laisserais de côté le récit qui le concerne ; mais comme il n'est personne absolument qui ne donne prise à la critique, et comme chacun est caractérisé par ce qui domine en lui, comment aurais-je honte de faire connaître ce qui, de sa part aussi, n'a pas été fait justement et convenablement?

XXVII. Donc, la plupart de ceux qui se sont occupés d'écrire l'histoire des empereurs s'étonnent de ce qu'aucun d'eux n'a eu jusqu'à la fin une bonne renommée : chez l'un, ce sont les années de début qui sont les plus belles ; chez l'autre, c'est la vie de la fin qui est la meilleure ; les uns ont préféré la vie de jouissance ; les autres se sont d'abord appliqués en quelque manière à agir en philosophes, et puis, confondant leurs principes, sans ordre aucun, ont passé leur vie dans l'incohérence. Pour moi, je ne saurais m'étonner de cela ; c'est le contraire qui m'étonnerait, si jamais il se produisait chez quelqu'un. En effet, on trouverait peut-être une vie de particulier qui du commencement jusqu'à la fin a suivi une seule et même ligne, et encore en est-il peu d'exem-

πλάσμασιν, ἐπαίνους ⟨δὲ⟩ ξυντιθείς, οὐκ ἐξ ἁπάντων ἅπαντα
συλλαμβάνειν εἴωθα, ἀλλ' ἀφεὶς μὲν τὰ χείρονα, ἀφαιρούμενος δὲ τὰ κρείττονα, ξυναρμόζω ταῦτα κατὰ τὴν οἰκείαν
τάξιν καὶ ξυγκολλῶ καὶ διὰ μιᾶς τῆς ἀρίστης ποιότητος
ἐξυφαίνω τὴν εὐφημίαν.

XXVI. Ἐν μὲν οὖν τοῖς πρὸς ἐκεῖνον ἐγκωμίοις οὕτω
τοὺς ὑπὲρ αὐτοῦ λόγους ξυντέθεικα, ἱστορεῖν δὲ ἐπιβεβλημένος ἐκεῖνον, οὐκ ἂν δυναίμην οὕτω ποιεῖν· οὐ γὰρ ἂν
ψευσαίμην τὴν ἱστορίαν, ἧς τὸ κράτιστον ἡ ἀλήθεια, τῆς
τῶν πολλῶν ἕνεκα δυσφημίας, εὐλαβούμενος μή με λοίδορος
γλῶσσα αἰτιάσαιτο, ὅτι εὐφημεῖν δέον κατηγορῶ· ἀλλ' οὐ
κατηγορία τοῦτο, οὐδὲ γραφή, ἀλλ' ἀληθῶς ἱστορία. Ἔπειτα
εἰ μὲν ἑώρων ὅτι τῶν ἄλλων αὐτοκρατόρων ἀπὸ τῆς κρατίστης ἕξεως πάντα διαπεπραχότων καὶ ἐν πᾶσιν εὐδοκιμηκότων, τούτῳ μόνῳ ἡ βασιλεία ἀπὸ τῶν ἐναντίων κεχαρακτήρισται, ὑπερέβην ἂν τὸν ὑπὲρ ἐκείνου λόγον· ἐπεὶ δὲ
οὐδείς ἐστι τῶν πάντων ἀνάλωτος, ἀλλ' ὁ χαρακτὴρ ἑκάστῳ
ἀπὸ τοῦ πλείονος, πῶς ἂν ἐξειπεῖν αἰσχυνθείην εἴ τι μὴ
καὶ τούτῳ δικαίως καὶ προσηκόντως εἴργασται;

XXVII. Οἱ μὲν οὖν πολλοὶ ταῖς τῶν βασιλέων προσεσχηκότες ἀναγραφαῖς, θαυμάζουσιν ὅτι μηδεὶς αὐτῶν διὰ
τέλους εὐδόκιμος, ἀλλὰ τῷ μὲν οἱ ἄνω χρόνοι καλλίους, τῷ
δὲ ἡ πρὸς τῷ τέλει βελτίων ζωή· καὶ οἱ μὲν τὸν ἀπολαυστικὸν εἵλοντο βίον, οἱ δέ τι καὶ φιλοσοφεῖν ἐπεβάλοντο,
ἔπειτα συνέχεον τὰς αἱρέσεις σὺν οὐδενὶ κόσμῳ καὶ τοὺς
βίους ἀκαταλλήλως ἀπέδοσαν· ἐγὼ δὲ τοῦτο μὲν οὐκ ἂν
ἀγασθείην, τὸ δ' ἐναντίον εἴ τῳ συμβέβηκεν· ἰδιώτην μὲν
γὰρ βίον ἴσως εὕροι τις ἐκ πρώτης τῆς ἀρχῆς | εἰς ἔσχατον
τέλος διὰ μιᾶς καὶ τῆς αὐτῆς ἀπευθυνθέντα γραμμῆς, καὶ

15 ἐπαίνους P : -νου ‖ 15 δὲ add. P.

XXVI 1 ἐν P K : εἰ ‖ 2 τοὺς — λόγους S : τοῦ — λόγου ‖ 2 ξυντέθεικα
R : -θηκα ‖ 4 τὴν S : τὸν ‖ 4 τῆς S : τοῖς ‖ 11 τὸν ὑπὲρ S : τῶν ὑ.

XXVII 1 προσεσχηκότες S : προσσ. ‖ 2 μηδεὶς S : μὴ δεὶς ‖ 4 ζωή S :
ζωῆς ‖ 9 ἴσως : ἴσος quod quoque legi potest -σως

ples ; mais un homme qui a reçu du Seigneur une condition royale, et qui, après cela, a vécu un bon nombre d'années, ne saurait conduire jusqu'au bout son pouvoir à travers les plus belles actions. Car, pour un particulier, sont peut-être une condition suffisante pour la vertu les dispositions naturelles de l'âme et le bon commencement de la vie, parce que les obstacles extérieurs ne s'accumulent pas nombreux devant lui et que les événements ne modifient pas son âme ; mais, pour un empereur, comment admettre cela, lui qui pas même un petit moment de sa vie n'est privé de troubles et de tempêtes? Comme une mer qui, pour quelque temps, se nivèle et s'apaise, et, le reste du temps, est dans son flux, se soulève avec des vagues, parce qu'elle est agitée tantôt par le borée, tantôt par l'aparktias, tantôt par un autre des vents qui éveillent le mouvement des flots, chose que j'ai vue moi-même bien souvent ; suivant cela donc, l'âme des princes éprouve-t-elle le besoin[1] de se montrer accessible à la douceur? cette disposition donne sur-le-champ matière à reproche ; s'abandonnent-ils à des sentiments humains? on proclame leur ignorance ; s'éveillent-ils à la sollicitude? on crie qu'ils se mêlent de tout ; font-ils effort pour se défendre? en viennent-ils à la sévérité? tout est colère, irritation, raillerie amère ; et, s'ils veulent faire quelque chose en secret, plus facilement le mont Athos resterait caché aux regards que leurs actions. Donc, il n'y a rien d'étonnant si la vie d'aucun empereur n'est exempte de reproche.

XXVIII. Pour moi, j'aurais voulu que, sinon pour quelqu'un d'entre tous, au moins pour mon [cher] empereur, fût attribué ce lot [d'être exempt de reproche] ; mais ce n'est pas conformément à nos propres désirs que procède la succession des événements. C'est pourquoi, sois-moi miséricordieuse[2], ô âme toute divine ! Et, s'il m'arrive de parler des temps avec peu de modération, mais sans rien cacher et en toute vérité, pardonne-moi aussi sur ce point ! De même que je ne cacherai rien de tes nobles

---

1. Texte sans doute altéré. La lecture de Sathas δεῆσαν est inintelligible. J'ai adopté δεηθεῖσιν comme pis-aller.
2. *Litt.* que ce qui me vient de toi me soit propice.

τοῦτο ἐν ὀλίγοις τοῖς παραδείγμασιν, ἀνὴρ δὲ ἡγεμονικὴν τάξιν παρὰ τοῦ Κρείττονος εἰληχώς, εἶτα δὴ καὶ πλείους χρόνους ἐπιβιούς, οὐκ ἄν ποτε δυνηθείη διὰ τῶν καλλίστων ἁπάντων τὴν ἀρχὴν τελεώσασθαι· τῷ μὲν γὰρ ἰδιώτῃ αὔταρκες ἴσως εἰς ἀρετὴν ἥ τε τῆς ψυχῆς φύσις καὶ ἡ πρώτη τοῦ βίου ἔνστασις, ὅτι μὴ πολλὰ τούτῳ τὰ ἀντιπίπτοντα ἔξωθεν, μηδ' ἀλλοιοῖ τὴν ψυχὴν τὰ συμβαίνοντα, βασιλεῖ δὲ τοῦτο πῶς δώσομεν, ᾧ μηδὲ τὸ βραχύτατον μέρος τῆς οἰκείας ζωῆς τῶν ὀχλούντων ἐστέρηται; ἀλλ' ὥσπερ θάλασσα βραχὺ μὲν κατεστόρεσται καὶ γαληνιᾷ, τὰ δ' ἄλλα τοῦτο μὲν πλημμυρεῖ, τοῦτο δὲ καὶ τινάσσεται κύμασι, νῦν μὲν βορέου διαταράττοντος, νῦν δ' ἀπαρκτίου, νῦν δ' ἄλλου τινὸς τῶν ἐγειρόντων κλυδώνιον, ὅπερ αὐτὸς ἐπὶ πολλοῖς ἑωράκειν· διὰ ταῦτα γοῦν, ἢ γλυκυθυμίας αὐτοῖς δεηθεῖσιν, εὐθὺς ἐπιλήψιμον τουτὶ τὸ μέρος αὐτοῖς, ἢ φιλανθρωπίᾳ τι καθυφεῖσιν ἀνεπιστημοσύνη προστρίβεται, ἢ διεγερθεῖσι πρὸς ἐπιμέλειαν ἡ φιλοπραγμοσύνη προσάπτεται, ἢ κινηθεῖσι πρὸς ἄμυναν καί τι τῶν αὐθεκάστων πεποιηκόσιν, ὀργὴ τὸ σύμπαν καὶ θυμὸς τὸ λοιδόρημα, κἂν εἴ τι τῶν κρυφιωτέρων ἐπιχειρήσωσι διαπράξασθαι, μᾶλλον ἂν λάθοι τοὺς πολλοὺς ὁ Ἄθως ἢ τὸ πεπραγμένον ἐκείνοις. Οὐδὲν οὖν θαυμαστὸν εἰ μηδενὶ τῶν βασιλέων ὁ βίος ἀνέγκλητος.

XXVIII. Ἐγὼ μὲν γὰρ ἐβουλόμην, εἰ καὶ μηδέ τῳ τῶν πάντων, ἀλλὰ τῷ γε ἐμῷ αὐτοκράτορι τοῦτο προσεῖναι τὸ μέρος, ἀλλ' οὐχὶ κατὰ τὰς ἡμεδαπὰς αἱρέσεις αἱ τῶν πραγμάτων ἀκολουθίαι· διὰ ταῦτα ἵλεά μοι τὰ παρὰ σοῦ εἴη, θειοτάτη ψυχή· κἂν μὴ μετρίως περὶ τῶν χρόνων εἴποιμι, ἀλλ' ἀνεπικαλύπτως καὶ ἀληθῶς, σύγγνωθί μοι καὶ τοῦτο. Ὥσπερ γὰρ οὐδέν σοι τῶν κρειττόνων συνεπικρύψομαι, ἀλλ' εἰς τοὐμφανὲς ἄξω, οὕτως εἴ τί ͺσοι μὴ ἀπὸ τῆς αὐτῆς

12 Κρείττονος S : κρίττ. ‖ 12 εἰληχὼς S : -χῶς ‖ 20 κατεστόρεσται S : -όρισται ‖ 22 βορέου R : -ρείου ‖ 24 ἢ S : ᾖ ‖ 24 δεηθεῖσιν (?) R : δὲ ἦσαν ‖ 28 πεπόιηκόσιν S . -κόσι.

XXVIII 6 σύγγνωθί S : συγγνώθι ‖ 7 κρείττονων S : κριττ. ‖ 8 τί S: τις.

et belles actions, mais je les produirai en pleine lumière, de même, s'il en est qui n'ont pas ce caractère[1], celles-là aussi, je les montrerai dans mon récit. Et voilà pour lui.

XXIX. Investi du pouvoir, cet homme ne mania les affaires de l'État ni avec vigueur ni avec prudence ; mais se forgeant, semble-t-il, dès avant son arrivée au trône un bonheur nouveau et non ordinaire à la vie, et rêvant d'un brusque changement des affaires sans aucun ordre ni raison, à peine eut-il obtenu le pouvoir, qu'il entreprit sans délai de réaliser ses imaginations. Alors que deux choses assurent la suprématie de l'empire romain, je veux dire les dignités et les richesses, auxquelles il s'en ajoute une troisième en dehors d'elles, le contrôle prudent qu'on y apporte et l'utilisation de la réflexion dans les distributions, pour les trésors, il s'est appliqué à les vider de leur contenu jusqu'à ne pas laisser une obole au fond de la caisse, et, pour les honneurs, la plupart en ont joui sur-le-champ d'une manière illégitime, en particulier ceux qui, par les moyens les plus vulgaires, parvenaient à émouvoir le prince et ceux qui opportunément disaient leur mot pour provoquer son hilarité. Oui, alors qu'il y avait une échelle des honneurs de l'État et qu'une règle invariable s'imposait à tout avancement, ce prince a démoli cette échelle et abrogé cette règle, et c'est presque à toute la tourbe du marché et des vagabonds qu'il ouvrit l'accès du sénat ; et cette faveur, ce n'est pas à deux ou trois ou un peu plus qu'il l'a accordée, mais tout de suite, d'un seul coup, tous sans exception furent élevés aux dignités les plus hautes. Et cette promotion provoqua à son heure des fêtes et des cérémonies solennelles, et la capitale tout entière fut en l'air à la pensée qu'un prince si libéral était à la tête des affaires, et le présent semblait hors de pair avec le passé, car la faculté de comprendre les choses de l'État est faible pour un peuple qui vit dans les délices de la capitale, et ceux qui précisément ont cette compréhension négligent leur devoir quand ils obtiennent ce qu'ils aiment.

XXX. C'est peu à peu que fut prouvée l'erreur d'une

---

1. *Litt.* si quelque chose n'a pas été dit par toi avec le même caractère. Euphémisme.

εἴρηται ἕξεως καὶ τοῦτο δὴ τῷ λόγῳ δῆλον ποιήσομαι. Καὶ
τὰ μὲν πρὸς ἐκεῖνον ὧσι ταῦτα.

XXIX. Παραλαβὼν δὲ ὁ ἀνὴρ οὗτος τὸ κράτος, οὔτε
ἐγκρατῶς οὔτε εὐλαβῶς εἶχε περὶ τὰ πράγματα, ἀλλ', ὡς
ἔοικεν, εὐδαιμονίαν καινήν τινα καὶ ἀσυνήθη τῷ βίῳ ἀναπλαττόμενος πρότερον καὶ πραγμάτων ἀθρόαν μετάθεσιν καὶ
μεταποίησιν σὺν οὐδενὶ λόγῳ καὶ τάξει, ἐπειδὴ βασιλεύειν
ἔλαχεν, ἔργῳ τὰς ἀναπλάσεις ποιεῖν εὐθὺς ἐπεχείρησε. Δύο
τοίνυν τούτων τὴν Ῥωμαίων συντηρούντων ἡγεμονίαν,
ἀξιωμάτων φημὶ καὶ χρημάτων, καί τινος ἔξω τρίτου, ἔμφρονος περὶ ταῦτα ἐπιστασίας καὶ τοῦ λογισμῷ χρῆσθαι περὶ
τὰς διανεμήσεις, οὗτος τοὺς μὲν τῶν χρημάτων θησαυροὺς
αὐτόθεν ἐκχεῖν ἐπιβέβλητο, ὡς μηδὲ τοῖς πυθμέσι καταλιπεῖν τι· τιμῶν δὲ | καὶ πλεῖστοι μὲν ἀλόγως εὐθὺς παραπήλαυον, μάλιστα δὲ οἵ τε φορτικώτερον καταδυσωποῦντες τὸν
ἄνδρα, καὶ οἱ πρὸς τὸν καιρόν τι παραφθεγξάμενοι ὥστε
ἐκεῖνον κινῆσαι πρὸς γέλωτα· ἀμέλει τοι τάξιν ἐχούσης
τῆς τιμῆς ἐν τῷ πολιτικῷ δήμῳ, καὶ ὅρου τινὸς ἐπικειμένου
ἀμεταθέτου τῆς ἀναβάσεως, οὗτος ἐκείνην μὲν συγχέας,
τοῦτον δὲ ἀφελὼν, μικροῦ δεῖν τὸν ἀγοραῖον καὶ ἀγύρτην
δῆμον ξύμπαντα κοινωνοὺς τῆς γερουσίας πεποίηκε, καὶ
τοῦτο οὔ τισιν ἢ πλείοσι χαρισάμενος, ἀλλ' εὐθὺς ἀπὸ μιᾶς
φωνῆς ἅπαντας εἰς τὰς ὑπερηφάνους μετενεγκὼν ἀρχάς·
τοῦτο μὲν οὖν τηνικαῦτα τελετὰς καὶ πανηγύρεις ἀπέτεκε,
καὶ ἡ Πόλις ξύμπασα μετεώριστο, ὡς φιλοτιμοτάτου βασιλέως ἐπιστάντος τοῖς πράγμασι, καὶ ἀσύγκριτα τὰ παρόντα
ἐδόκει τοῖς πρότερον· τὸ γὰρ αἰσθανόμενον τῆς τῶν ὅλων
συνέσεως ἐν Πόλει τρυφῶσι βραχὺ, καὶ οἱ τὴν σύνεσιν δὴ
ἔχοντες ἀμελοῦσι τῶν καθηκόντων ἐν οἷς ἂν ἐρῶσιν ἐπιτυγχάνουσι.

XXX. Κατὰ βραχὺ δὲ διηλέγχθη τὸ πρᾶγμα, ὁπηνίκα

XXIX 3 ἀσυνήθη S : συνήθη ‖ 8 χρημάτων K : πραγμάτων ‖ 11 μηδὲ
R : -δὲν ‖ 13 φορτικώτερον S : -ροι ‖ 17 ἐκείνην K : ἐκεῖνον ‖ 26 δὴ R : δὲ.

telle conduite, lorsque, les choses jadis dignes d'envie s'étant répandues indéfiniment, la majesté eut été enlevée à ceux qui la possédaient[1]. Mais alors, cela n'était pas encore parvenu à la connaissance du public. Donc, tout se gaspillait et se tout dépensait mal à propos. Je n'ignore pas que, pour certains historiens qui viendront après nous, cela sera pour l'empereur matière à éloge ; mais pour moi, c'est une habitude prise en tout, parmi les choses qui ont l'apparence du bien comme pour celles qui semblent avoir été mal faites, non seulement d'examiner chacune d'elles en elle-même, mais encore de rechercher les causes et le résultat de chacune, surtout si le personnage qui fournit le sujet [de l'histoire] s'arrête à de tels raisonnements ; et que cela a été établi par moi beaucoup mieux qu'il ne sera probablement conté par lesdits historiens, l'expérience l'a démontré.

XXXI. Donc, ce premier acte de l'empereur fut, si je puis ainsi parler, un acte de jeune homme. Mais il en est un second que je sais avoir loué moi-même à cette époque et qu'aujourd'hui encore je ne compte pas moins parmi les choses bonnes, c'est que jamais on ne l'a vu ni vantard, ni orgueilleux, ni parlant d'une manière emphatique et hautaine. De rancune, il n'en a point conservé contre ceux par qui auparavant il avait été traité avec peu d'amabilité, et dont même il n'avait rien obtenu de modéré pour sa prise de possession du pouvoir ; mais à tous il a pardonné les accusations portées contre sa personne, et c'est surtout avec ceux contre qui il semblait devoir éprouver en toutes choses le plus de ressentiment, qu'il a fait la paix.

XXXII. Très heureusement doué, si jamais quelqu'un le fut, pour se concilier ses sujets, il s'emparait du cœur de chacun d'eux en le captivant par des moyens personnels de lui connus, et il savait agir avec art, sans user ni de tromperie ni de dissimulation à l'égard de celui qu'il prenait, mais ayant à cœur de se rendre maître de chacun sans porter atteinte à la vérité, grâce aux choses qu'il s'appliquait à lui accorder aimablement.

XXXIII. Il avait la parole pleine de charme, et il était porté à sourire, et il avait le visage riant non

1. Phrase obscure. L'idée me paraît être celle-ci : Pour avoir prodigué

τῶν πάλαι ζηλωτῶν ἀδιορίστως ὑπερχυθέντων, ἡ σεμνότης ἀφῃρέθη τοῖς κτησαμένοις · ἀλλὰ τοῦτο οὔπω τηνικαῦτα εἰς γνῶσιν ἐγίνετο τοῖς πολλοῖς · διὰ ταῦτα πάντ' ἐσπαθᾶτο καὶ ἀνηλίσκετο εἰς οὐδὲν δέον · καὶ οὐκ ἀγνοῶ, ὅτι τισὶν ὕστερον συγγραφεῦσιν ἀφορμὴ τοῦτο ἐγκωμίου γενήσεται τῷ ἀνδρί · ἀλλ' ἔμοιγε ἐν πᾶσιν εἴθισται οὔτε τι τῶν δόκησιν ἐχόντων καλοῦ οὔτε ⟨τι⟩ τῶν κακῶς οἰομένων πεπρᾶχθαι, ἕκαστον ἐφ' ἑαυτοῦ μόνον σκοπεῖν, ἀλλὰ καὶ τὰς αἰτίας ζητεῖν καὶ πρὸς ὅ τι τὸ γινόμενον ἀποτελευτήσοι, καὶ μάλιστα εἰ καὶ ὁ τὰς ὑποθέσεις χορηγῶν ἐπὶ τοιούτων λογισμῶν ἵσταται · ὅτι δὲ ἐμοὶ κάλλιον τοῦτο ἠκρίβωται, ἢ ἐκείνοις ἴσως λελέξεται, ἡ πεῖρα παρέστησε.

XXXI. Τοῦτο μὲν οὖν πρῶτον ἐκείνου, ἵν' οὕτως εἴποιμι νεανίευμα, δεύτερον δέ, ὃ καὶ αὐτὸς καὶ τότε ἐπαινῶν οἶδα καὶ νῦν δὲ οὐδὲν ἧττον ἐν καλοῖς τίθεμαι, οὔτε ἀλαζὼν ὤφθη τισίν, οὔτε βαρὺς τὴν ὀφρὺν, ἀλλ' οὐδ' ὑπέρογκόν τι σεμνολογούμενος, οὐδὲ μνησικακήσας ἐκείνοις παρ' ὧν οὔτε τι πρότερον πραότερον ἔσχηκεν, ἀλλὰ καὶ πρὸς τὸ κράτος οὐ τῶν μετρίων τετύχηκεν, ἀλλὰ πᾶσι τὰ πρὸς αὐτὸν ἐγκλήματα παρεικώς, ἐκείνοις μάλιστα σπένδεται οἷς καὶ μᾶλλον ἐδόκει ἐν ἅπασι μηνιεῖν.

XXXII. Εὐφυέστατος δὲ εἴπερ τις ἄλλος εἰς ἑαυτὸν μεταθεῖναι τὸ ὑπήκοον γεγονώς, οἰκείως ἕκαστον ᾕρει οἷς ᾔδει θηρώμενον, καὶ ῥᾷστα μετεποικίλλετο, οὔτε κατασοφιζόμενος, οὔτε μὴν εἰρωνευόμενος πρὸς τὸν ἁλισκόμενον, ἀλλὰ φιλαλήθως σπεύδων ἑλεῖν ἕκαστον ἀφ' ὧν χαριεῖσθαι ἐκείνῳ ἠσπάσατο.

XXXIII. Εἶχε δὲ καὶ τὴν γλῶτταν χαρίτων μεστήν, εὐκίνητός τε ἦν | πρὸς μειδίαμα, καὶ ἱλαρὸν εἶχε τὸ πρό-

XXX 5 τισὶν S : -σὶ || 8 τι add. R || 8 κακῶς P : καλῶς || 9 ἐφ' P : ἀφ' || 12 ἢ S : ἦ.

XXXI 2 νεανίευμα S : νεάνευμα.

XXXII 3 μετεποικίλλετο R : -κίλετο.

seulement dans ses amusements, quand il en était besoin, mais aussi dans les affaires sérieuses[1]. En fait de caractères, il se liait avec ceux où se faisait remarquer la simplicité et chez qui la crainte n'était pas profondément ancrée[2]. Si quelqu'un venait à lui en montrant une âme soucieuse, comme quelqu'un qui, voyant plus loin que les autres, viendrait pour se préoccuper des intérêts de l'État[3] et pour en discuter avec lui, celui-là, il le considérait comme un homme d'un caractère exécrable et façonné d'une manière tout à fait contraire au sien. Par suite, ceux qui vivaient avec lui se conformèrent à la même façon de penser, et si quelqu'un voulait proposer quelque chose de sérieux, ce n'est pas tout de suite qu'il le faisait, mais il commençait par avancer quelques plaisanteries, ou bien il en mêlait à la question, procédant comme avec un estomac délicat, à qui l'on présente, mêlé à des douceurs, un breuvage purificateur.

XXXIV. Il lui semblait, en effet, que c'était au sortir de l'agitation des flots et de la tempête — je parle de ses malheurs dans l'exil — qu'il avait abordé au port du palais, et, pour cette raison, il réclamait tout repos et toute tranquillité ; et celui-là était pour lui le bienvenu qui avait le front détendu, qui était toujours prêt à dire quelque chose d'agréable[4] et à annoncer d'avance au sujet des choses à venir ce qui était le plus capable de faire plaisir.

XXXV. En fait de lettres, il n'était pas précisément connaisseur, et, comme qualités d'éloquence, il n'en possédait aucune ; toutefois, il admirait cette partie là et il rassembla de toutes parts dans le palais impérial les hommes les plus éloquents, dont on voyait la plupart dans une vieillesse avancée.

XXXVI. J'étais alors dans ma vingt-cinquième année, et je m'occupais des études sérieuses. Car je poursuivais ces deux objets : façonner ma langue au beau langage

---

sans discernement les dignités qui jadis étaient vraiment dignes d'envie, l'empereur les a avilies.

1. *Litt.* dans les circonstances où il était montré qu'il agissait sérieusement.
2. *Litt.* empilée.
3. Τὰ συνοίσοντα, *litt.* les choses utiles. Cf. *infra*, LII, 10.
4 *Litt.* quelqu'une des choses qui charment l'âme.

σωπον, ούκ έν παιδιαΐς μόνον όπότε αύτω καί τούτου
έδέησεν, άλλά καί έν οις σπουδάζων έδείκνυτο, καί των
ηθών δ' έκείνοις συνανεκίρνατο όπόσοις ή άπλότης συν-
έπρεπε καί τό δεινόν κατεστοιβασμένον ούκ ήν· εί δέ τις
αύτω προσήει, σύννουν έπιδεικνύς την ψυχήν, ώς δή τι
πλέον των άλλων όρων καί ώς ήκοι φροντίσων έκείνω καί
συνδιασκεψόμενος περί των συνοισόντων, τούτον δή κακοη-
θέστατόν τε ώετο καί έναντιώτατα πρός τό ήθος αύτοϋ
διαπεπλασμένον· ένθεν τοι είς τήν αύτήν της γνώμης ίδέαν
οί όμιλούντες έκείνω μετεποιήθησαν· κάν εί τις σπούδασμά
τι γενναίον έβούλετο παρεισενεγκείν, ούκ εύθύς τούτο
προύτίθει, άλλ' ή τινας παιδιάς προλαμβάνων, ή ταύταις
τούτο συναναπλέκων, ώσπερ τινί κακοσίτω ήδύσμασί τισι
καταμεμιγμένον τό καθάρσιον πόμα έπώρεγεν.

XXXIV. Έδόκει γάρ έκ κυμάτων πολλών καί κλύδωνος,
φημί δή των έν τη ύπερορία δεινών, εις τούς λιμένας των
βασιλείων καταραι, καί διά τούτο πάσης μέν άναπαύλης,
πάσης δέ έδειτο άναψυχής, καί κεχαρισμένος αύτω ό τάς
όφρύς διαλελυμένος καί ειπείν μέν τι των καθηδυνόντων
ψυχήν πρόχειρος, περί δέ των μελλόντων πραγμάτων τά
χαριέστερα προμαντεύσασθαι.

XXXV. Λόγοις δέ ού πάνυ καθωμιληκώς, ούδέ τινα
έξιν κτησάμενος λογιότητος, άλλ' όμως έζήλου τούτο τό
μέρος, καί τούς έλλογιμωτέρους πανταχόθεν συνήνεγκεν είς
τάς βασιλείους αύλάς, ών οί πλείους έν έσχάτη είδοντο
πολιά.

XXXVI. Έγώ δέ τηνικαύτα είκοστόν πέμπτον έτος
άγων της ηλικίας τοις σπουδαιοτέροις προσανείχον μαθή-

XXXIII 3 παιδιαΐς μόνον S : -δειαΐς μόνων || 5 δ' έκείνοις S: δι' έκ.
|| 7 δή τι Κ : δ' ήτι || 9 συνοισόντων R ένόντων P : συνόντων || 12 εί
τις S : εί τι || 14 ή τινας R : ή τινάς || 14 παιδιάς S : -δειάς || 15 τινί S :
τινα.

XXXIV 5 τι S : τοι.

XXXV 2 λογιότητος S : -ότατος.

par la rhétorique et épurer mon esprit par la philosophie. Au bout de peu de temps, ayant assez approfondi la rhétorique pour être en état de discerner le point fondamental du sujet et d'y rapporter les points principaux et secondaires, et de ne pas redouter la théorie ni la science en tout comme un écolier, mais d'y apporter quelque chose de plus dans le détail, [alors] je m'attachai à la philosophie, étant suffisamment maître de l'art de raisonner, soit en descendant des causes à leurs conséquences immédiates, soit en remontant de diverses manières des effets aux causes. Je m'appliquai aussi aux questions naturelles et, au moyen de la science intermédiaire[1], je m'élevai jusqu'aux principes de la philosophie.

XXXVII. Si quelqu'un, loin de me trouver insupportable, veut bien me permettre de le dire, j'ajouterai encore ceci en ce qui me concerne, et cela me vaudra les éloges des hommes sérieux, et vous m'approuverez, vous qui lisez aujourd'hui mon ouvrage. Ayant trouvé la philosophie expirante au moins du côté de ceux qui font profession de philosophes[2], je l'ai moi-même ranimée et vivifiée sans avoir rencontré le secours d'aucun professeur éminent et sans avoir trouvé, malgré mes recherches en tous lieux, un germe philosophique soit en Grèce, soit chez les barbares. Mais lorsque j'eus appris, pour l'entendre dire, qu'il y avait en Grèce relativement à la philosophie quelque chose de grand, exprimé en des termes et des propositions très simples — et c'était là, pour ainsi dire, les colonnes et l'achèvement de la science —, rejetant tous ces discuteurs pointilleux, je cherchai à connaître quelque chose de plus. Alors je lus plusieurs de ceux qui furent versés dans la philosophie : ils m'enseignaient la voie de la connaissance ; l'un me renvoyait à l'autre, l'inférieur au supérieur, celui-ci à un autre, et cet autre à Aristote et à Platon, dont les prédécesseurs se contentaient d'avoir obtenu immédiatement après eux le second rang[3].

---

1. La mathématique.
2. *Litt.* en tant que par rapport à ceux qui y participent.
3. Sur ce développement, si intéressant pour la connaissance de la formation intellectuelle de Psellos, cf. *Introduction*, p. xiii.

μασι· περί δύο γάρ ταύτα έσπουδακώς, ρητορικοΐς μεν λόγοις την γλώτταν πλάσασθαι πρός εύπρέπειαν, και φιλοσοφία καθάραι τον νοΰν, τούς μεν ρητορικούς λόγους οΰ πάλαι ήκριβωκώς, ώστε και διελεΐν δύνασθαι το άρθρον της υποθέσεως και τούς πρώτους και δευτέρους λόγους εις τοΰτο συνενεγκεΐν, και μη πάντα την τέχνην δεδιέναι, μηδ' έπεσθαι ταύτη ώσπερ τι θρέμμα εν άπασιν, άλλα και πλέον τι συνεισενεγκεΐν έν τοΐς μέρεσι, φιλοσοφίας είχόμην, και τοΰ συλλογίζεσθαι ίκανώς έχων, ή άνωθεν και άμέσως, ή έκ τών μετέπειτα και παντοδαπώς, τών τε φυσικών λόγων ήψάμην και προς την πρώτην φιλοσοφίαν διά της μέσης άνεπτερούμην γνώσεως.

XXXVII. Και εί μή μέ τις φορτικόν έντεΰθεν νομίζοι, άλλα συγχωρεΐ δη τώ λόγω, και τοΰτο δη τών έμών προσθήσω, ô δη και μόνον μάλιστα εις εύφημίαν τούς σπουδαιοτέρους κινήσει· καί μοι συμμαρτυρήσετε οί τήμερον τον λόγον άναγινώσκοντες, ότι έκπνεύσασαν την σοφίαν | καταλαβών όσον έπι τοΐς μετέχουσιν, αύτός άνεζωπύρησα οίκοθεν, ούτε διδασκάλοις άξιολόγοις περιτυχών, ούτε σπέρμα σοφίας έν τη Έλλάδι ή τη βαρβάρω το ξύμπαν διερευνησάμενος εύρηκώς· άλλ' έπειδή μέγα τι περί φιλοσοφίας έν τη Έλλάδι άκούων, έν φωναΐς τισιν άπλαΐς και προτάσεσι κατεμάνθανον, και ήν ταΰτα ώσανεί στήλαι και όρια, καταγνούς τών περί ταΰτα σμικρολογουμένων έζήτησά τι πλέον εύρεΐν· ώς δέ τισι τών έξηγησαμένων την έπιστήμην ένέτυχον, την όδον παρ' αύτών έδιδασκόμην της γνώσεως, και με άλλος εις άλλον παρέπεμπον, ό χείρων πρός τον κρείττονα, κάκεΐνος αΰθις εις έτερον, και ούτος εις Άριστοτέλην και Πλάτωνα, ών δη και οί πρό έκείνων ήγάπησαν εί εύθύς τά δευτερεΐα μετ' έκείνους είλήχασιν.

XXXVI 6 άρθρον S : άθρον || 11 ή — ή S : ή — ή.

XXXVII 2 δη S : δέ || 2-3 προσθήσω S : προθ. || 4 συμμαρτυρήσετε S : -ήσεται || 17 Πλάτωνα S : πλάττωνα.

XXXVIII. Donc, partant de là, comme pour accomplir un périple, je descendis aux Plotin, aux Porphyre et aux Jamblique, à la suite desquels, avançant dans ma route, j'arrivai à l'admirable Proclos, où je m'arrêtai comme dans un vaste port, et là je puisai avidement toute la science et la connaissance exacte des conceptions. Après quoi, voulant m'élever à la philosophie supérieure et m'initier à la science pure, je pris d'abord la connaissance des choses incorporelles dans ce qu'on appelle la mathématique, qui tient un rang intermédiaire entre, d'une part, [la science de] la nature des corps et l'entendement qui est en dehors d'eux, et, d'autre part, les essences elles-mêmes auxquelles s'applique la connaissance pure, afin d'en retirer, si je pouvais, quelque chose de supérieur à l'esprit, de supérieur à la substance[1].

XXXIX. Voilà pourquoi je me suis appliqué aux méthodes arithmétiques et aux démonstrations géométriques que quelques-uns nomment nécessités; et puis, je m'adonnai à la musique et à l'astronomie, et les autres disciplines qui en dépendent, je n'en ai négligé aucune. D'abord, je m'attachai à chacune en particulier, puis je les rassemblai toutes, sachant qu'elles tendent les unes par les autres à une fin unique, ainsi que le veut l'*Epinomis*[2]. Ainsi, grâce à ces sciences, je m'élançai vers les connaissances plus élevées.

XL. J'avais entendu dire par les philosophes les plus accomplis qu'il y a une science supérieure à toute démonstration et accessible seulement à une intelligence sagement enthousiaste. Loin de négliger de m'en occuper également, ayant lu quelques ouvrages mystiques, je me suis pénétré de cette science autant, cela va de soi, que mes forces me le permirent. Car, pour ce qui est de posséder à fond et exactement ces choses-là, je ne saurais moi-même me vanter d'y être parvenu, et, si quelque autre s'en vantait, je ne le croirais pas. Faire d'une science élue entre toutes comme son foyer aimé ; de là, comme pour une recherche, se porter vers les autres et en faire

---

1. La clef de tout ce développement se trouve chez Proclos (cf. l'*Introduction au commentaire d'Euclide*), dont Psellos s'inspire visiblement.
2. Œuvre de Philippe d'Oponte, disciple de Platon qui édita les *Lois*.

XXXVIII. Ἐντεῦθεν οὖν ὁρμηθεὶς αὖθις ὥσπερ περίοδον ἐκπληρῶν ἐς Πλωτίνους καὶ Πορφυρίους καὶ Ἰαμβλίχους κατῄειν, μεθ' οὓς ὁδῷ προβαίνων εἰς τὸν θαυμασιώτατον Πρόκλον ὡς ἐπὶ λιμένα μέγιστον κατασχὼν, πᾶσαν ἐκεῖθεν ἐπιστήμην τε καὶ νοήσεων ἀκρίβειαν ἔσπασα· μέλλων δὲ μετὰ ταῦτα ἐπὶ τὴν πρώτην ἀναβαίνειν φιλοσοφίαν καὶ τὴν καθαρὰν ἐπιστήμην μυεῖσθαι, τὴν περὶ τῶν ἀσωμάτων θεωρίαν προὔλαβον ἐν τοῖς λεγομένοις μαθήμασιν, ἃ δὴ μέσην τινὰ τάξιν τετάχαται, τῆς τε περὶ τὰ σώματα φύσεως καὶ τῆς ἀσχέτου πρὸς ταῦτα νοήσεως, καὶ αὐτῶν δὴ τῶν οὐσιῶν, αἷς ἡ καθαρὰ συμβαίνει νόησις, ἵν' ἐντεῦθεν εἴ τι καὶ ὑπὲρ ταῦτα ὑπέρνουν ἢ ὑπερούσιον καταλήψομαι.

XXXIX. Διὰ ταῦτα ἀριθμῶν τε μεθόδοις ἑαυτὸν ἐντείνας καὶ γεωμετρικὰς ἀποδείξεις ἀναλαμβάνων, ἃς ἀνάγκας τινὲς ὀνομάζουσιν, ἔτι τε μουσικοῖς καὶ ἀστρονομικοῖς ἐνδιδοὺς λόγοις καὶ εἴ τινες ἄλλαι μαθήσεις ταύταις ὑπόκεινται, οὐδὲ τούτων οὐδεμίαν ἀπολείπων, καὶ πρῶτα μὲν κατὰ μίαν ἑκάστην διεξιὼν, εἶθ' ἁπάσας συνάψας, ὡς δι' ἀλλήλων ἠκούσας εἰς ἕν, ὡς ἡ Ἐπινομὶς βούλεται, οὕτω διὰ τούτων τοῖς ὑψηλοτέροις ἐπέβαλλον.

XL. Ἐπεὶ δὲ τῶν τελεωτέρων ἠκηκόειν φιλοσόφων, ὅτι ἔστι τις καὶ ὑπὲρ τὴν ἀπόδειξιν σοφία, ἣν μόνος εἶδεν ὁ σωφρόνως ἐνθουσιάζων νοῦς, οὐδὲ ταύτην παρέδραμον, ἀλλά τισι βιβλίοις ἀρρήτοις ἐντετυχηκὼς, ὁπόσον εἰκὸς καὶ ἡ φύσις μοι ἔρρωτο, καὶ ταῦτ' εἰσεδεξάμην. Τὸ γὰρ δι' ἀκριβείας ταῦτα εἰδέναι, οὔτ' ἂν αὐτὸς περὶ ἑαυτοῦ σεμνολογήσαιμι, οὔτ' ἄλλῳ πιστεύσαιμι λέγοντι, τὸ δὲ μίαν τῶν πασῶν ἐπιστήμην ὥσπερ ἑστίαν φίλην ἑαυτῷ πεποιηκότα τινὰ, ἐντεῦθεν οἱονεὶ καθ' ἱστορίαν ἐξιόντα καὶ τῶν ἄλλων

XXXVIII 3 κατῄειν S : κατίειν || 5 ἔσπασα Κο : ἔσπευσα || 8 μαθήμασιν S : -σι || 9 τετάχαται S : -χεται || 11 αἷς S : οἷς || 12 ὑπέρνουν R : ὑπὲρ νοῦν.

XXXIX 4-5 ὑπόκεινται S : ὑπήχ || 5 οὐδεμίαν R : οὐδὲ μίαν.

XL 2 ἣν S : ὃν || 7 ἄλλῳ S : ἄλλα.

le tour pour revenir à celle d'où l'on est parti, voilà une méthode qui ne surpasse pas précisément les facultés que nous avons reçues de la nature.

XLI. Les belles-lettres se divisent en deux groupes. L'un est rempli par la rhétorique, l'autre est occupé par la philosophie. La première, sans rien savoir des choses les plus augustes, ne fait que se répandre avec bruit en un grand courant de paroles bouillonnantes ; elle s'occupe de l'arrangement des parties du discours ; elle se propose aussi les règles du développement des sujets politiques et de leurs divisions, et elle orne la langue et elle jette tout son éclat dans les discours politiques. La seconde fait moins de cas des ornements de la parole ; elle recherche la nature des êtres et nous en explique les théories mystérieuses ; elle ne monte pas jusqu'au ciel en un langage emphatique ; mais, le monde qui existe là-haut, elle le célèbre avec variété. Sachant cela, je n'ai pas cru, comme l'ont fait, comme l'ont éprouvé la plupart des hommes, qu'il fallût embrasser seulement l'art de la rhétorique et mépriser la philosophie, ou étudier seulement la philosophie, s'enrichir de doctes connaissances et négliger les fleurs du discours, l'art de la division et de la disposition selon les règles[1]. Aussi, et beaucoup me l'ont reproché, quand je compose un discours de rhétorique, parfois j'y introduis non sans élégance quelque démonstration scientifique, et, quand je démontre une proposition philosophique, je l'embellis des grâces de l'art, et cela pour éviter que l'âme du lecteur, en présence d'une pensée trop haute, ne l'admette avec difficulté, et, par conséquent, ne soit privée du raisonnement philosophique.

XLII. Et comme il y a une autre philosophie supérieure à celle-là et qui repose sur le mystère de notre religion (et ce mystère est double, divisé selon la nature et selon le temps, sans parler de son autre caractère double, qui repose à la fois sur des preuves ainsi que sur l'imagination et sur des connaissances inspirées de Dieu à quelques personnes), j'ai étudié cette philosophie plutôt que la profane, d'une part en suivant la doctrine des

---

1. Psellos revient souvent dans ses œuvres sur cette idée que s'il fut grand orateur, c'est parce qu'il était grand philosophe.

ἐν περινοίᾳ γίγνεσθαι, καὶ αὖθις ἐπαναστρέφειν ἀφ' ἧς κεκίνηται, τοῦτο δὴ οὐ πάνυ τι τὴν φύσιν ἡμῶν ὑπερβάλλεται.

XLI. Ἑωρακὼς δὲ | ὅτι δύο μερίδες τῶν λόγων εἰσί, καὶ τὴν μὲν ἡ ῥητορικὴ συμπληροῖ, τὴν δὲ φιλοσοφία ἀπέτεμε, καὶ ἡ μὲν οὐδέν τι τῶν σεμνοτέρων εἰδυῖα καχλάζει μόνον τῷ μεγάλῳ τῶν λέξεων ῥεύματι, καὶ περὶ τὴν συνθήκην τῶν τοῦ λόγου μορίων στρέφεται, καί τινας λόγους ἀναπτύξεων τῶν πολιτικῶν ὑποθέσεων καὶ διαιρέσεων προβέβληται, καὶ κοσμεῖ τὴν γλῶτταν, καὶ ὅλως διαπρεπής ἐστιν ἐν τοῖς πολιτικοῖς λόγοις, ἡ δὲ φιλοσοφία τοῦ περιπτυσσομένου τὸν λόγον κάλλους ἧττον φροντίζουσα, τάς τε φύσεις ἀνιχνεύει τῶν ὄντων καὶ τὰς ἀρρήτους θεωρίας παρίστησι, καὶ οὐδὲ μέχρις οὐρανοῦ ὑψηλολογουμένη προβαίνει, ἀλλὰ καὶ εἴ τις ἐκεῖθεν κόσμος, καὶ τοῦτον ἐξυμνεῖ ποικιλώτερον, οὐκ ᾠήθην δεῖν, ὥσπερ δὴ οἱ πλεῖστοι πεποιήκασιν ἢ πεπόνθασιν, ἢ τὴν τέχνην ξυνειλοχότα τῆς ἐπιστήμης καταμελεῖν, ἢ ταύτην διαμελετῶντα καὶ ἐν θαυμασίοις πλουτοῦντα νοήμασι τῆς τῶν λέξεων κατολιγωρεῖν ἄνθης καὶ τῆς κατὰ τέχνην διαιρέσεώς τε καὶ τάξεως· διὰ ταῦτα, καὶ ὅπερ ἤδη μοι πολλοὶ προσωνείδισαν, καὶ ῥητορικὴν ὑπόθεσιν μελετῶν, ἔστιν οὗ καὶ ἀπόδειξίν τινα ἐπιστήμονα οὐκ ἀκόμψως εἰσάγω, καὶ αὖθις φιλόσοφόν τι ἀποδεικνύων θέμα, καθωραΐζω τοῦτο ταῖς τεχνικαῖς χάρισιν, ἵνα μὴ πρὸς τὸ μέγεθος τοῦ νοήματος ἡ τοῦ ἀναγινώσκοντος ψυχὴ δυσπαραδεκτήσασα τοῦ φιλοσοφουμένου λόγου στερίσκοιτο.

XLII. Ἐπειδὴ δὲ ἐστί τις καὶ ὑπὲρ ταύτην ἑτέρα φιλοσοφία, ἣν τὸ τοῦ καθ' ἡμᾶς λόγου μυστήριον συμπληροῖ, (καὶ τοῦτο δὲ διπλοῦν καὶ φύσει καὶ χρόνῳ μεμερισμένον, ἵνα μὴ τὴν ἑτέραν λέγω διπλόην τήν τε ἐν ἀποδείξεσιν καὶ ὅση ἐξ ἐπινοίας καὶ τεθειασμένης ἐγγίνεταί τισι γνώσεως), περὶ ταύτην μᾶλλον ἢ περὶ τὴν ἑτέραν ἐσπούδασα, τὰ μὲν

XLI 7 διαπρεκής S : -πείς || 12 οὐκ ᾠήθην S : οὐκοήθειν || 14 ἐπιστήμης S : ἐπιστήστης || 20 θέμα Κ : θέλημα.

grands Pères de l'Église, d'autre part en contribuant de mon propre fonds à compléter la science divine. Si donc quelqu'un, je le dis simplement et sans vanité, voulait me louer pour mes ouvrages, qu'il ne me loue pas à cause de ceci, non, qu'il ne me loue pas parce que j'ai lu beaucoup de livres ! En effet, je ne me laisse pas tromper par mon amour-propre, et je n'ignore pas ma mesure ; je sais qu'elle est peu de chose en comparaison de ceux qui sont au-dessus de moi dans l'éloquence et dans la philosophie. Mais qu'il me loue, si j'ai recueilli quelque partie de la sagesse, de l'avoir puisée non à une source courante, mais à des fontaines que j'ai trouvées bouchées, que j'ai dû ouvrir et purifier, et qui ne m'ont laissé tirer leur eau, cachée dans leurs profondeurs, qu'au prix d'un long essoufflement.

XLIII. En effet, aujourd'hui ni Athènes, ni Nicomédie, ni Alexandrie d'Égypte, ni la Phénicie, ni les deux Romes, la première, qui est aussi la plus petite, et la seconde, qui est aussi la plus grande, ni une autre ville ne se glorifie maintenant de ses lettres. Mais toutes les sources, les sources d'or et les sources d'argent de prix moindre, et les autres sources de matière moins précieuse encore, toutes, nous les voyons bouchées. Aussi, ne pouvant rencontrer les sources vives elles-mêmes, j'accordai mon attention à leurs images ; celles-ci, secondaires elles-mêmes, je les ai amassées dans mon âme, et, après les avoir réunies, je ne m'en suis montré avare à l'égard de personne ; mais ce que j'avais recueilli avec beaucoup de peine, j'en ai fait part à tous sans vendre mes leçons à prix d'argent, mais y ajoutant encore pour ceux qui voulaient les recevoir[1]. Mais de tout cela nous parlerons plus tard.

XLIV. Dès ma plus tendre jeunesse, avant que le fruit ne fût mûr, la fleur annonçait l'avenir. J'étais encore inconnu à l'empereur, mais tout son entourage me connaissait, et l'un lui contait une de mes qualités, l'autre

---

1. Non content de donner ses leçons gratuitement, Psellos allait jusqu'à aider de sa bourse ses auditeurs pauvres. Il avait pour ses élèves une affection toute paternelle et s'efforçait de se les attacher par la douceur. Cf. dans Boissonade, *Psellos*, p. 266, l'opuscule πρὸς τοὺς μαθητάς.

τὰ ἐκπεφασμένα περὶ ταύτης τοῖς μεγάλοις Πατράσιν ἑπόμενος, τὰ δὲ καὶ αὐτός τι τῷ θείῳ συνεισφέρων πληρώματι· καὶ εἴ μέ τις, λέγω δὲ ἁπλῶς καὶ οὐ κομψευόμενος, ἐπαινεῖν ἐπὶ τοῖς λόγοις βούλοιτο, μή με ἐντεῦθεν, μηδ' ὅτι πολλοῖς βιβλίοις ὡμίλησα, οὐ γὰρ ἐκ φιλαυτίας ἠπάτημαι, οὐδὲ τὸ ἐμὸν μέτρον ἠγνόηκα, ὅτι πολλοστόν ἐστι τῶν ὑπὲρ ἐμὲ σοφιστευσάντων ἢ φιλοσοφησάντων, ἀλλ' ὅτι μὴ ἐκ ῥεούσης πηγῆς εἴ τί μοι σοφίας μέρος συνείλεκται ἠρανισάμην, ἀλλ' ἐμπεφραγμένας εὑρηκὼς ἀνεστόμωσά τε καὶ ἀνεκάθηρα, καὶ ἐν βάθει που τὸ νᾶμα κείμενον σὺν πολλῷ ἀνείλκυσα πνεύματι.

XLIII. Νῦν γὰρ οὔτε Ἀθῆναι, οὔτε ἡ Νικομήδεια, οὔτε ἡ πρὸς Αἰγύπτῳ Ἀλεξάνδρεια, οὔτε Φοινίκη, οὔτε μὴν ἑκατέρα Ῥώμη, ἥ τε πρώτη καὶ ἥττων καὶ ἡ μετ' ἐκείνην καὶ κρείττων, οὔτ' ἄλλη τις πόλεων ἐπί τινι τῶν λόγων σεμνύνεται τανῦν, ἀλλὰ καὶ αἱ χρυσίτιδες φλέβες καὶ αἱ μετ' ἐκείνας καὶ ἀργυρίτιδες, καὶ εἴ τινες ἄλλαι τῆς ἀτιμοτέρας τούτων ὕλης, ἐμπεφραγμέναι ξύμπασαι πᾶσι τεθέανται· | ὅθεν μὴ αὐτοῖς δὴ τοῖς ζῶσι νάμασιν ἐντυχεῖν ἔχων, ταῖς εἰκόσιν ἐκείνων προσεσχηκώς, εἴδωλα ἄττα καὶ αὐτὰ δεύτερα τῇ ἐμῇ συνεσπασάμην ψυχῇ, καὶ συλλαβὼν οὐδενὶ τούτων ἐβάσκηνα, ἀλλ' ἃ δὴ πόνῳ συνειλόχειν πολλῷ, τούτων πᾶσι μετέδωκα, οὐ μισθοῦ τοὺς λόγους πωλῶν, ἀλλὰ καὶ προσεπιδιδοὺς εἴ τις λαμβάνειν ἐβούλετο· ἀλλὰ ταῦτα μὲν ὕστερον.

XLIV. Ἐμοὶ δὲ καὶ πρὸ τοῦ τελείου καρποῦ ἡ ἄνθη τὸ μέλλον προεμαντεύετο· καὶ ὁ μὲν βασιλεὺς οὔπω ἐγνώκει, ἡ δὲ περὶ ἐκεῖνον δορυφορία ξύμπασά με ᾔδει, καὶ ἄλλος ἄλλο

XLII 8-9 πληρώματι S : -σι ‖ 14 πηγῆς S : πιγῆς ‖ 16 που S : ποῦ ‖ 16 τὸ νᾶμα S : τὴν ἄμα.

XLIII 6-7 ἀτιμοτέρας S : ἄτιμω. ‖ 7-8 τεθέανται S : -αται ‖ 8 ζῶσι νάμασιν S : ζῶσιν ἄμασιν ‖ 11 συνειλόχειν R : -λήχειν ‖ 12 τοὺς λόγους πωλῶν S : τοῖς λόγοις πολῶν ‖ 13 προσεπιδιδοὺς S : πρὸς ἐπιδιδοὺς ‖ 13 εἴ τις S : εἴ τε.

XLIV 3-4 ἄλλος ἄλλο τι S : ἄλλως ἀλλ' ὅτι

lui en vantait une autre, ajoutant que la grâce aussi voltigeait sur mes lèvres. Je dirai un mot aussi sur ce point. Avec notre naissance, nous sont données certaines vertus naturelles, ou le contraire. Ce que j'appelle vertu, ce n'est ni la vertu morale, ni la vertu politique, ni celle qui, les dépassant, atteint au modèle ou à la perfection créatrice. Mais comme, parmi les corps, dès leur naissance même, les uns viennent au monde avec la beauté, tandis qu'à d'autres la nature met dès le premier moment certaines taches et des rides ; de même, parmi les âmes, les unes apparaissent aussitôt pleines de grâces et de sincérité ; mais les autres sont sombres et traînent avec elles un épais brouillard ; avec le temps, on voit dans les premières se développer ces grâces innées ; mais, dans les secondes, tout avorte, et pas même le raisonnement n'y est bien organisé.

XLV. Il m'a été certifié que ma langue se couvre de fleurs même[1] dans les paroles les plus simples ; sans que je m'y applique, des douceurs naturelles en découlent. Je ne le saurais pas, si beaucoup de personnes qui se sont entretenues avec moi ne me l'avaient dit et si elles ne demeuraient comme épanouies en écoutant certains de mes discours. Ce fut là la première chose qui me donna accès auprès de l'empereur, et la grâce qui court devant ma parole fut pour lui la cérémonie liminaire et l'aspersion d'entrée dans le sanctuaire de mon génie[2].

XLVI. Quand je fus entré, je m'exprimai tout d'abord sans élégance ni recherche ; mais je lui exposai quelle était ma famille et comment j'avais été préparé à la culture des lettres. Et lui, de même que les gens saisis d'un transport divin sont enthousiasmés sans que les autres s'en aperçoivent, de même, lui aussi fut saisi d'une joie sans bornes[3], et peu s'en fallut qu'il ne m'embrassât, tant il fut dès l'abord suspendu à ma langue. Aux autres hommes était fixé et mesuré l'accès auprès de sa personne ; mais, pour moi, les portes de son âme

---

1. La modestie n'était pas précisément la qualité maîtresse de Psellos. Cf. mon *Étude... de Psellos*, p. 432 sqq.
2. Expression bien alambiquée pour dire que le charme de sa parole lui ouvrit le cœur du prince. Cf. mon *Étude*, p. 483.
3. *Litt.* pour lui aussi le plaisir fut sans cause. Expression obscure.

τι τῶν ἐμῶν διηρίθμει τῷ βασιλεῖ, προστιθέντες ὅτι μοι καὶ χάρις διαπρέπει τοῖς χείλεσιν. Ἐρῶ δὲ καὶ περὶ τούτου τοῦ μέρους· φυσικαί τινες ἀρεταί, ἢ τοὐναντίον, τῇ γενέσει ἡμῶν συνεκδίδονται· λέγω δὲ ἀρετὴν ἐνταῦθα, οὔτε τὴν ἠθικὴν, οὔτε τὴν πολιτικὴν, οὔθ' ἥ τις ὑπὲρ ταύτας καὶ ἄχρι τοῦ παραδείγματος, ἢ τῆς δημιουργικῆς τελειότητος· ἀλλ' ὥσπερ τὰ τῶν γενομένων σώματα, ἃ μὲν μεθ' ὥρας εὐθὺς ἀποτίκτεται, τοῖς δὲ ἡ φύσις σπίλους τινὰς ἐξ ἀρχῆς καὶ ῥυτίδας ἐντέθεικεν, οὕτω δὴ καὶ τῶν ψυχῶν ἡ μέν τις εὐθὺς χαριεστάτη καὶ ἱλαρωτάτη διέγνωσται, ἡ δὲ συννεφὴς καὶ πολλήν τινα τὴν ἀχλὺν ἐπισύρουσα· καὶ τοῦ χρόνου δὲ προϊόντος ταῖς μὲν χάριτες συνεκφαίνονται, ταῖς δὲ τά τε ἄλλα ἐξήμβλωται καὶ οὐδὲ τὰ περὶ τὸν λόγον αὐταῖς εὖ διωργάνωται.

XLV. Ἐπιμαρτύρεται γοῦν ἐμοὶ ὅτι μοι ἡ γλῶττα κἂν ταῖς ἁπλαῖς διήνθισται προφοραῖς, καὶ οὐδὲν ἐπιτηδευομένῳ φυσικαί τινες ἐκεῖθεν ἡδύτητες ἀποστάζουσιν· ἐγὼ γοῦν οὐκ ἂν τοῦτο εἰδείην, εἰ μή με πολλοὶ προσεῖπον διαλεγόμενον, καὶ διακέχυντο εἴ τινες τῶν ἐμῶν λόγων ἀκούσειαν. Τοῦτό με τοίνυν πρῶτον εἰς βασιλέα συνίστησι, καὶ ἡ πρόδρομος χάρις τῆς γλώττης προτέλεια ἐκείνῳ καὶ περιρραντία τῶν ἐμῶν ἀδύτων ἐγένετο.

XLVI. Καὶ εἰρήκειν μὲν εἰσιὼν τὴν πρώτην οὔτε στωμύλον οὔτε κομψὸν, ἀλλ' ἐγὼ μὲν τὸ γένος κατέλεγον καὶ οἵαις ἐχρησάμην περὶ τοὺς λόγους παρασκευαῖς, ὁ δὲ, ὥσπερ οἱ θεοφορούμενοι ἀδήλως τοῖς ἄλλοις ἐνθουσιῶσιν, οὕτω δὴ κἀκείνῳ αἰτίαν οὐκ εἶχεν ἡ ἡδονὴ, καὶ μικροῦ με δεῖν κατεφίλησεν, οὕτω μου τῆς γλώττης εὐθὺς ἀπῃώρητο. Τοῖς μὲν οὖν ἄλλοις καιρὸν εἶχε καὶ μέτρον ἡ πρὸς αὐτὸν εἴσοδος,

13 συννεφὴς S : συνε. || 14 πολλήν S : πολήν || 16 αὐταῖς S : -τοῖς.

XLV 1 κἂν R : κἂν || 4 τοῦτο S : τούτῳ || 4 εἰδείην S : εἰδήειν || 5 εἴ τινες S : οἴ τινες || 5-6 ἀκούσειαν. Τοῦτό S : -σιαν. τούτῳ.

XLVI 1 εἰρήκειν S : -κει || 3 ἐχρησάμην S : ἔχρι.

étaient largement ouvertes et, peu à peu progressant dans son intimité, tous ses secrets m'étaient révélés. Et qu'on ne vienne pas me blâmer de m'être quelque peu écarté du but de mon livre, et qu'on ne voie pas dans cette digression un étalage d'orgueil ! Car si j'ai dit quelque chose de tel, eh bien, tout cela converge vers mon but. Il ne m'était pas possible de parler de cela[1] sans en avoir préalablement indiqué la cause, et, voulant indiquer cette cause, il était nécessaire que je rappelasse aussi quelques-uns des points qui me concernent. C'est pourquoi j'ai fourni tous ces détails préliminaires, afin que mon récit progresse avec art, alors que je remonte à la source, que j'établis d'avance des principes et que je tire des conclusions. Donc, puisque dans cette partie de mon histoire je me suis montré témoin exact[2], je ne dirai rien qui ne soit vrai ; ce que je ne dirai pas restera caché[3] ; mais de ce qui sera dit, il n'y aura rien qui soit contestable relativement à la vérité.

XLVII. Cet empereur n'a pas précisément compris la nature de la royauté, ni qu'elle est une sorte de fonction utile aux sujets, ni qu'elle nécessite une âme toujours en éveil pour la bonne[4] administration des affaires ; mais il a considéré le pouvoir comme un repos des fatigues, une satisfaction des désirs et un relâchement de la contention d'esprit, comme s'il était entré dans le port de la royauté pour ne plus s'occuper des choses de la manœuvre, mais bien pour jouir des avantages de la tranquillité[5]. Quant à ce qui a trait à l'administration des affaires publiques et quant à l'honneur d'exercer la justice et de veiller aux rôles de l'armée, il s'est empressé de s'en décharger sur d'autres personnes, ne conservant pour lui-même qu'une petite tranche de ces soins. Mais la vie des plaisirs et des jouissances, comme si c'était là

---

1. C.-à-d. de mon entrée au palais et de mon succès auprès du prince.
2. *Litt.* je me suis produit comme témoin exactement.
3. *Litt.* ce que je ne dirai pas a été caché (et le restera).
4. *Litt.* la meilleure ; comparatif employé au sens du positif.
5. Psellos revient à plusieurs reprises sur cette comparaison du prince avec un navigateur qui, sauvé des périls de la mer, ne pense plus qu'à jouir du repos. Cf. chap. XXXIV, LXXII, LXXXVI, CLXXVIII, CLXXIX, CCII.

ἐμοὶ δὲ καὶ αἱ τῆς καρδίας αὐτῷ πύλαι ἀνεπετάννυντο, καὶ κατὰ βραχὺ προϊόντι ξύμπαντα ἐπεδείκνυτο. Καὶ μή μέ τις αἰτιάσαιτο, εἴ τι βραχὺ τὸν τοῦ λόγου σκοπὸν παρεκβέβηκα, μηδὲ περιαυτολογίαν οἰηθείη τὴν παρέκβασιν· εἰ γάρ τι καὶ τοιοῦτον εἴρηται, ἀλλὰ πρὸς τὸν εἱρμὸν τοῦ λόγου πάντα ξυμβέβληται· τοῦτο δὲ οὐκ ἦν ἄλλως ἐνδείξασθαι μὴ τὴν αἰτίαν προειρηκότι, ταύτην δὲ βουλόμενος προειπεῖν, ἀναγκαῖον καὶ τῶν κατ' ἐμὲ μνημονεῦσαί τινα· διὰ ταῦτά μοι τὰ πολλὰ ἐκεῖνα προείρηται, ἵνα μοι προχωροίη κατὰ τέχνην ὁ λόγος εἰς ἀρχήν τε ἀναβαίνοντι καὶ προκαθιστῶντι καὶ τὰ ἑξῆς συμπεραίνοντι. Ἐπειδὴ οὖν ἐμαυτὸν τούτῳ δὴ τῷ μέρει τῆς ἱστορίας ἀκριβῶς ἀνεβίβασα, ἐρῶ οὐδέν τι διαψευδόμενος· ἀλλ' εἴ τι μὲν οὐ λεχθήσεται, ἀποκέκρυπται, τῶν δὲ ῥηθησομένων οὐδέν τι εἴη ἀμφισβητή|σιμον πρὸς ἀλήθειαν.

XLVII. Οὐ πάνυ τι τὴν φύσιν τῆς βασιλείας ὁ αὐτοκράτωρ οὗτος κατείληφεν, οὔθ' ὅτι λειτουργία τίς ἐστι λυσιτελὴς εἰς τὸ ὑπήκοον, οὔθ' ὅτι ἐγρηγορυίας δεῖται ἀεὶ ψυχῆς πρὸς τὴν βελτίονα τῶν πραγμάτων διοίκησιν, ἀλλὰ κόπων ἀνάπαυσιν καὶ ἐφετοῦ ἀποπλήρωσιν καὶ συντονίας ἀνάπαυσιν τὴν ἀρχὴν ἡγησάμενος, καὶ ὥσπερ ἐπὶ τούτῳ καταπλεύσας ἵνα μηκέτι τὰ τῆς κυβερνήσεως ἐνεργοίη, ἀλλ' ἀπολαύοι τῶν ἡσυχίας καλῶν, τὸ μὲν ὅσον ἐπὶ τὴν τοῦ δημοσίου ὁρᾷ ἐπιμέλειαν, τό τε τοῦ δικάζειν ἀξίωμα καὶ τὸ τῶν καταλόγων ἐπιμελεῖσθαι, ἑτέροις φέρων ἀνέθετο, βραχεῖάν τινα τούτων μερίδα ἀποτεμόμενος ἑαυτῷ· τὸν δὲ φιλήδονον καὶ ἀπολαυστικὸν βίον ὥσπερ τινὰ οἰκειότατον κλῆρον ἀπεμερίσατο ἑαυτῷ· ἔτυχε μὲν γὰρ καὶ τοιοῦτον

8 ἀνεπετάννυντο S : ἀντεπετ. ‖ 10 αἰτιάσαιτο S : -άσετο ‖ 10 παρεκβέβηκα S : παραβ. ‖ 11 περιαυτολογίαν S : περ αὐτολ. ‖ 12 εἱρμὸν S : ἡρμὸν ‖ 14 βουλόμενος S : -μενον ‖ 16 μοι S : μὴ ‖ 17 προκαθιστῶντι S : -καθεστῶν ‖ 18 συμπεραίνοντι S : -τα ‖ 18 τούτῳ S : τοῦτο ‖ 21 ἀμφισβητήσιμον S : -τίσιμον.

XLVII 3 ἐγρηγορυίας S : ἀγρηγορίας ‖ 4 βελτίονα S : -ίωνα ‖ 5 ἐφετοῦ S : ἀφετοῦ ‖ 8 ἐπὶ Κ : ἐστὶ ‖ 9 ὁρᾷ S : ὁρᾷ ‖ 11 ἀποτεμόμενος S : -μενον.

son lot propre, il se l'est assignée à lui-même. Car il se trouvait tenir de la nature un tel caractère, et ce caractère, il n'a fait que le développer lorsqu'il eut obtenu l'empire, matière bien suffisante pour cela.

XLVIII. Comme un animal vigoureux et robuste dans tout son être n'est pas tout d'un coup altéré par les premières manifestations des maladies qui l'attendent, ainsi, sous ce prince aussi, comme l'empire ne se trouvait pas précisément alors à l'agonie, mais qu'il avait encore du souffle et de l'énergie, l'abandon à vau-l'eau ne se faisait que médiocrement sentir, jusqu'au moment où le mal, progressant peu à peu et atteignant à son comble, a tout bouleversé et confondu. Mais ce n'est pas encore le moment de parler de cela. L'empereur donc prenait part à peu de soucis, mais à beaucoup de divertissements et de jouissances, nombreuses causes de maladies qui, d'avance, s'emparaient du corps alors sain de l'empire.

XLIX. Ce qui d'ailleurs fut pour le prince une cause importante[1] d'un tel défaut de mesure, ce fut la faiblesse de caractère des deux impératrices et le désir de se laisser aller, à leur exemple, aux plaisirs et aux rires. Tant il y a que l'empereur appelait un hommage le fait de participer à ses plaisirs, et sa volonté était non seulement de ne contrarier en rien les impératrices, mais encore de leur apporter toute sorte d'agréments. Toutefois, certaine affaire étant survenue, il se serait incontinent brouillé avec elles si sa femme elle-même ne s'était accommodée de la chose[2], soit qu'elle ait dissimulé sa jalousie, soit qu'elle n'en ait plus éprouvé à cause de son âge.

*Comment et par quels moyens
la sébaste Sklérène fut introduite auprès de l'impératrice.*

L. Voici, en effet, ce qui arriva. La seconde femme de l'empereur était morte, celle qu'il avait tirée de la très illustre famille des Skléros. Encore simple particulier, il avait honte, comme d'une chose interdite par les lois

---

1. *Litt.* non mesurée. Psellos joue sur les mots οὐ μετρία et ἀμετρίαν.
2. *Litt.* s'il n'avait pas paru ainsi aussi à sa femme.

ἔθος κεκληρωμένος παρὰ τῆς φύσεως, μᾶλλόν γε μὴν τοῦτο ἐπέτεινεν, ἀποχρῶσαν ὕλην πρὸς τοῦτο τὴν ἡγεμονίαν λαχών.

XLVIII. Ὥσπερ δὲ ἐρρωμένον ζῷον καὶ τοῖς πᾶσιν ἰσχυρῶς ἔχον οὐκ ἀθρόον ἀλλοιοῦσιν αἱ τῶν μελλόντων παθημάτων ἀρχαί, οὕτω δὴ καὶ τούτῳ, οὐ πάνυ τι δυσθανατούσης τῆς βασιλείας, ἀλλ' ἔτι πνεῦμα καὶ τόνον ἐχούσης, βραχύ τι τὸ κατολιγωρεῖν διεφαίνετο, ἕως ἂν κατὰ βραχὺ τὸ κακὸν αὐξηθὲν καὶ κορυφωθὲν τὸ πᾶν ἀνέτρεψε καὶ συνέχεεν· ἀλλ' οὔπω τοῦτο· καὶ ὁ βασιλεὺς φροντίδων μὲν ὀλίγων μεταλαγχάνων, πλειόνων δ' ἐρασμίων τε καὶ ἀπολαύσεων, πολλὰ δὴ νοσοποιὰ αἴτια τῷ τότε ὑγιεῖ τῆς βασιλείας προκατεβάλλετο σώματι.

XLIX. Γεγόνασι δὲ τούτῳ μερὶς οὐ μετρία πρὸς τὴν τοιαύτην ἀμετρίαν τὰ ῥάθυμα τῶν βασιλίδων ἤθη, καὶ τὸ κατ' ἐκείνας ἐθέλειν εἰς τρυφὰς ἀνεῖσθαι καὶ γέλωτας· τὴν γοῦν κοινωνίαν τῶν ἀπολαύσεων θεραπείαν ἐκεῖνος ὠνόμαζε, καὶ ἐβούλετο μὲν οὐδὲν ἐκείναις ἐναντιώσασθαι, ἀλλὰ πᾶσαν ταύταις εἰσάγειν γλυκυθυμίαν, ἀφορμῆς δέ τινος προηγησαμένης, προσκεκρούκει ταύταις εὐθύς, εἰ μὴ καὶ οὕτω τῇ ὁμευνέτιδι ἔδοξεν, εἴτε ἀποκρυψαμένη τὸ ζηλότυπον, εἴτε διὰ τὴν ἡλικίαν τοῦτο ἀφαιρεθείσῃ.

Πῶς καὶ τίνι τρόπῳ ἡ σεβαστὴ Σκλήραινα εἰσήχθη εἰς τὴν βασιλεύουσαν.

L. Ἐγεγόνει γὰρ τοιοῦτον· τῆς δευτέρας τετελευτηκυίας τῷ βασιλεῖ γαμετῆς ἣν ἐκ τοῦ τῶν Σκληρῶν ἐπιφανεστάτου γένους ἠγάγετο, εἰς τρίτους μὲν ἀποκλῖναι γάμους

XLVIII 1 πᾶσιν S : πᾶσι ‖ 2 ἔχον S : ἔχων ‖ 2 ἀλλοιοῦσιν S : ἀλοι. ‖ 3 τούτῳ S : τοῦτο ‖ 5 κατολιγωρεῖν S : -εῖ quod corr. in -ειν superaddito ν altera manus ‖ 5 διεφαίνετο S : δι' εφαίνετο ‖ 8 πλειόνων δ' ἐρασμίων S : πλείων δὲ ραμῶν.

XLIX 7 προσκεκρούκει S : προχεχ. ‖ 8 ἔδοξεν S : -ξε.

des Romains[1], d'incliner vers un troisième mariage. Mais il opta pour une condition pire, celle dont se contente quelqu'un qui voudrait passer inaperçu. La nièce de sa femme défunte[2], personne belle et sage d'ailleurs, il se la donna, en effet, pour compagne très illégitime, soit qu'il l'eût persuadée par des cadeaux, soit qu'il l'eût charmée par des paroles amoureuses, soit qu'il eût fait servir à ses fins quelque autre moyen.

LI. Ils étaient unis l'un à l'autre d'un amour si étroit, qu'aucun des deux ne voulait être privé de l'autre, pas même dans les circonstances où ils paraissaient victimes du malheur. Et quand l'empereur fut exilé, comme l'a raconté le récit qui précède[3], son amante fut à ses côtés, le comblant de soins et de prévenances, mettant à sa disposition tout ce qu'elle possédait, le réconfortant de toutes les manières et le soulageant de la plus grande part de son malheur. C'est que des espérances de royauté la réchauffaient, elle aussi, et elle faisait passer tout le reste après le fait de régner avec son époux, car elle croyait alors que leur mariage aussi se ferait un jour et que toutes choses marcheraient au gré de leurs désirs, la volonté impériale ayant fait plier les lois. Mais lorsque l'un de leurs deux espoirs eut été réalisé, je veux dire l'accession de Constantin au trône, les circonstances ne permirent pas la réalisation du second ; bien au contraire, l'impératrice Zoé retint tout le pouvoir et l'amante désespéra non seulement de ses plus chères espérances, mais même de son salut, car elle craignait l'impératrice et la croyait animée contre elle d'un grave ressentiment.

LII. Mais l'empereur, pas même après son arrivée au pouvoir, n'avait oublié son amante ; bien au contraire : il voyait l'impératrice avec les yeux du corps, mais il évoquait et recueillait avec les yeux de l'esprit les traits de l'amante ; il serrait l'une dans ses bras, mais l'autre, il la gardait enlacée dans son âme. Sans craindre ni les circonstances, ni la jalousie de l'impératrice, sans prendre

---

1. *Litt.* parce que pas même aux lois des Romains cela ne semblait bon. Cf. Diehl, *Fig. byz.*, *Zoé la Porphyrogénète*, 273.
2. Sklérène, sœur de Romain Skléros et petite-fille de Bardas Skléros. Cf. Schlumberger, *Op. laud.*, III, 416.
3. Cf. *supra*, chap. XVII sq.

οὕτως ἰδιωτεύων ἔτι ᾐσχύνετο, ἅτε μηδὲ τοῖς Ῥωμαίων νόμοις δοκοῦν, χείρονι δὲ πράγματι, τῷ συγκεχωρημένῳ εἰ λαθεῖν τις αἴροιτο, ἠλλάξατο· τὴν γάρ τοι τῆς μετηλλαχυίας ἀνεψιὰν, ὡραίαν τε οὖσαν καὶ τἄλλα σώφρονα, εἰς παρανομωτάτην ἑαυτῷ μετῆξε συμβίωσιν, ἢ δώροις πείσας, ἢ λόγοις θέλξας ἐρωτικοῖς, ἤ τισιν ἑτέραις δυνάμεσι πρὸς τοῦτο χρησάμενος.

LI. Εἰς τοσοῦτον δὲ ἔρωτος ἀλλήλοις ἀνεκεράσθησαν, ὡς μηδένα θατέρου μέρους ἐστερῆσθαι βούλεσθαι, μηδὲ ἐν οἷς κακοδαιμονεῖν ἐδόκουν | καιροῖς· καὶ ὑπερορίῳ γὰρ γεγονότι τῷδε τῷ βασιλεῖ, ὡς ὁ λόγος φθάσας ἱστόρησε, συμπαρῆν ἡ γυνὴ, τά τε ἄλλα ὑπερθεραπεύουσα καὶ τὰ ἑαυτῆς προτιθεῖσα ἐκείνῳ, καὶ πάντα τρόπον παραμυθουμένη τοῦτον καὶ τῆς συμφορᾶς τὸ πλεῖστον ἀποφορτίζουσα· ὑπέθαλπον γὰρ κἀκείνην ἐλπίδες ἡγεμονίας, καὶ τοῦ συμβασιλεύειν ὕστερον τῷ ἀνδρὶ τἄλλα ἐτίθετο δεύτερα· τηνικαῦτα γὰρ ᾤετο καὶ τὸν γάμον αὐτοῖς ἐπιτελῆ ἔσεσθαι καὶ τἄλλα γενήσεσθαι ὁπόσα βούλοιντο, τυραννήσαντος τοὺς νόμους τοῦ βασιλείου σκοποῦ. Ἐπεὶ δὲ θάτερον μὲν ἐγεγόνει τῶν ἠλπισμένων, φημὶ δὲ τὸ βασιλεῦσαι τὸν Κωνσταντῖνον, θάτερον δὲ οὐκ ἔῳκεν ὁ καιρὸς, ἀλλ' ἡ βασιλὶς Ζωὴ τὴν ἐξουσίαν πᾶσαν συνείληφεν, ἡ μὲν παντάπασιν ἀπεγνώκει οὐ τὰς χρηστοτέρας μόνον ἐλπίδας, ἀλλὰ δὴ καὶ τὴν σωτηρίαν, ἐδείμαινε γὰρ τὴν βασιλίδα καὶ βαρυμηνιεῖν ἐπ' αὐτῇ ᾤετο.

LII. Ἀλλ' ὅ γε αὐτοκράτωρ οὐδ' ἐν αὐτῇ τῇ πρὸς τὴν βασιλείαν εἰσόδῳ τῆς γυναικὸς ἐπιλέληστο, ἀλλὰ τοῖς μὲν αἰσθητοῖς ὄμμασι τὴν βασιλίδα τεθέαται, τὴν δὲ ἐκείνης μορφὴν τοῖς ἀπὸ τῆς ψυχῆς συνήθρει καὶ συνελάμβανε, καὶ τὴν μὲν ἠγκάλιστο, τὴν δὲ ἐγκόλπιον εἶχεν ἐν τῇ ψυχῇ. Καὶ οὔτε τὸν καιρὸν δείσας, οὔτε τὸ τῆς βασιλίδος ζηλότυπον,

L 6 ᾐσχύνετο S : ἰσχ. || 12 χρησάμενος S : -νοι.

LI 2 μηδὲ S : μήτε || 3 ὑπερορίῳ S : -ωρίῳ || 13 τὸ S : τὸν || 17 ἐδείμαινε S : ἐδείμενε.

LII 6 τὸ S : τόν

aucun avis en considération, mais faisant passer tous les conseils après sa décision, bien que sa sœur Euprépie surtout, une des femmes les plus intelligentes de notre temps, se montrât contraire à ses desseins et lui donnât pour l'avenir d'utiles conseils, méprisant tout, le voilà qui tout de suite, dès sa première rencontre[1] avec l'impératrice, lui parle de cette femme, non certes comme d'une épouse ni comme d'une future maîtresse, mais comme d'une femme qui a éprouvé beaucoup de malheurs à cause de la famille impériale, beaucoup à cause de lui-même, et il estimait à propos de la rappeler d'exil et de lui conférer des honneurs moyens[1].

LIII. Toujours est-il que l'impératrice est persuadée sur-le-champ, car elle n'était pas jalouse, accablée qu'elle avait été par beaucoup de malheurs, et surtout, parvenue, avec le temps, à un âge qui ne comportait plus un tel sentiment. L'autre donc s'attendait à éprouver les pires calamités : soudain paraissent devant elle ceux qui étaient chargés de la ramener d'exil à Byzance avec une garde impériale, et ils lui remettent des lettres, l'une de l'empereur, l'autre de l'impératrice, l'assurant de dispositions bienveillantes à son égard et l'encourageant à venir. Et c'est ainsi qu'elle arrive dans la reine des villes.

LIV. D'abord, on jugea bon de ne lui accorder qu'une demeure assez simple et une garde du corps qui n'était pas précisément brillante. Pour avoir un prétexte d'aller souvent de ce côté, l'empereur fait de cette tente sa maison particulière, et, pour lui donner grand air et la rendre digne de son impériale visite, il en étend les fondations[2] et l'apprête en vue de bâtisses plus somptueuses[3].

LV. Ainsi donc il prétextait chaque fois une affaire de construction[4], et il s'absentait plusieurs fois par mois, alléguant qu'il allait voir ce qui se passait, en réalité

---

1. Ce terme est expliqué par ce qui suit, chap. LIV.
2. *Litt.* il jette en dehors des fondements plus grands.
3. La maison dite du Kynégion, près de laquelle il va commencer pour les mêmes raisons (cf. Zonaras III, 646 ; Cédrénos, II, 608, 13) la construction du célèbre monastère de Saint-Georges-de Manganes. Cf. Schlumberger, *Op. laud.*, III, 418.
4. Cf. Zonaras III, 620, 1 τῶν δομουμένων.

ούτε τινός παραινέσεως έντρεπόμενος, άλλά πάσαν συμβουλήν έν δευτέροις τιθέμενος του βουλεύματος, της αδελφής μάλιστα Εύπρεπείας, συνετωτάτης τών καθ' ήμάς γυναικών, αντιπραττούσης αύτω και τά συνοίσοντα βουλευομένης, πάντων οδν κατολιγωρήσας, ευθύς εκ πρώτης συνοδίας τη βασιλίδι περί της γυναικός διαλέγεται, ούχ ώς περί γαμετής, ούδ' άλλως παλλακευθησομένης αύτω, άλλ' ώς χρησαμένης πολλαις μέν ταις εκ του γένους συμφοραις, πολλαις δέ ταις έφ' έαυτου, καί ήξίου άνακλήσεώς τε ταύτην άξιουσθαι καί τών μετρίων τυχειν.

LIII. Πείθεται γουν αύτίκα ή βασιλίς· ουκ έτι γάρ αύτη έτρέφετο τό ζηλότυπον, πολλοις ήδη καταπονηθείση κακοις, καί δή καί τήν άπό του χρόνου ήλικίαν έχούση ούκ έτι τά τοιαυτα πάθη προσδεχομένην. Ή μέν ουν προσεδόκα τά δεινότατα πείσεσθαι· άθρόον δέ οί μετακαλέσοντες ταύτην εις τό Βυζάντιον μετά βασιλικης δορυφορίας έφίστανται, γράμματα ταύτη διδόντες τά μέν εκ του αύτοκράτορος, τά δ' εξ αυτής της βασιλίδος, ευμενή τε αύτή ψυχήν ύπισχνούμενα καί παραθαρρύνοντα πρός τήν εΐσοδον. Καί ούτως ήδε πρός τήν βασιλίδα τών πόλεων άφικνειται.

LIV. Τά μέν ουν πρώτα ευτελέστερας άξιουται καταγωγής, καί δορυφορίας ού πάνυ λαμπράς. Ίνα δέ πρόφασις είη τω βασιλει έκεισε φοιτάν, οικον έαυτου πεποίηται τήν σκηνήν, καί ίνα δή μεγαλοπρεπής γένοιτο καί πρός βασιλικήν ύποδοχήν έπιτήδειος, θεμελίους τε έξωθεν μείζονας καταβάλλεται καί πρός λαμπροτέρας ετοιμάζει τουτον οικοδομίας.

LV. | Προσεποιειτο γουν έκάστοτε ό τι δήποτε τών οικοδομουμένων, καί του μηνός πολλάκις άπήει, πρόφασιν

11 συνοδίας R : -πίας.
LIII 2 ήδε S : ήδι.
LIV 2 λαμπράς S : -ώς ‖ 4 γένοιτο R : γένοιτο quod corr. librar. in -τε ‖ 5 θεμελίους S : -λείους.
LV 2 οικοδομουμένων M: οικονο. ‖ 2 του S : τοις, ut videtur, quod deinde corr. librar.

pour être avec cette femme. Comme il était accompagné de gens qui étaient de l'autre parti[1], pour qu'ils ne fussent pas trop indiscrets, il leur faisait préparer dehors une table richement servie et les honorait d'un banquet, et quelle que fût la chose que chacun avait réclamée auparavant, il l'obtenait alors[2]. Et ces gens savaient bien la vraie cause[3] de ce qui se passait, mais ils s'indignaient moins au sujet de l'impératrice qu'ils ne se réjouissaient pour eux-mêmes d'obtenir ce qu'ils désiraient. Et quand ils voyaient que l'empereur était impatient d'aller par là, mais qu'il hésitait à sortir et qu'il avait honte la plupart du temps, ils trouvaient l'un un prétexte et l'autre un autre pour lui aplanir le chemin vers son amante, et c'est de cette manière surtout qu'ils se conciliaient la faveur du prince.

LVI. Donc, dans les débuts, l'empereur dissimulait ainsi sa passion pour cette femme et jusque-là son amour n'allait pas sans honte ; mais peu à peu il dépose toute pudeur, dévoile tout ce qu'il avait préparé, et, supprimant la tente[4], c'est publiquement, chaque fois qu'il le voulait, qu'il accompagnait son amante et vivait avec elle. Et, pour dire d'avance tout ce qui est relatif à cette femme, c'était là une chose incroyable pour ceux qui en étaient témoins ou qui en entendaient parler, car l'empereur ne la fréquentait plus comme une concubine, mais absolument comme une épouse.

LVII. Et, pour elle, il épuisait le trésor impérial de tout ce qu'elle voulait. Ainsi, ayant trouvé dans le palais un coffre de bronze orné extérieurement de figures en relief et de ciselures[5], il le remplit d'argent et l'envoya comme cadeau à cette femme. Et il procédait ainsi non pas à de longs intervalles, mais d'une façon ininterrompue objets sur objets étaient portés à son amante.

---

1. Celui de l'impératrice. La phrase est troublée ; le génitif τῶν qui suit ἐπεὶ δὲ καὶ ne se rapporte à rien.
2. *Litt.* quoi que ce fût qui était réclamé par eux auparavant était alors obtenu.
3. *Litt.* savaient le but de ce qui était exécuté.
4. Il s'agit de la tente qui abritait les amours impériales (cf. *supra*, LIV), par opposition à εἰς ὕπαιθρον.
5. Sans doute quelque coffret émaillé, merveille d'art byzantin.

μὲν ὀψόμενός τι τῶν γιγνομένων, τὸ δ' ἀληθὲς τῇ γυναικὶ συνεσόμενος. Ἐπεὶ δὲ καὶ τῶν ἐκ τῆς ἑτέρας μερίδος τούτῳ παρείποντο, οἷς, ἵνα μὴ περιεργότεροι εἶεν, τράπεζάν τε ἐτίθει πολυτελῆ ἔξωθεν καὶ συμποσιάζειν ἠξίου, καὶ ὅ τι δήποτε πρότερον ἀξιούμενον τούτοις ἦν, τηνικαῦτα τέλος ἐλάμβανεν· καὶ οὗτοι τὸν σκοπὸν τῶν τελουμένων ἐπιστάμενοι, οὐ μᾶλλόν τι περὶ τῇ δεσπότιδι ἐδυσχέραινον ἢ περὶ ἑαυτοῖς ἠγαλλίων ἐπιτυγχάνουσιν ὧν ἐσπούδαζον· καὶ ὁπηνίκα γνοῖεν σφαδάζοντα μὲν ἐκεῖσε ἀπιέναι τὸν αὐτοκράτορα, ἀποκνοῦντα δὲ τὴν πρόοδον καὶ δὴ αἰσχυνόμενον τὰ πολλά, ἄλλος ἄλλο τι πλαττόμενοι ἐξωμάλιζον τούτῳ τὴν πρὸς τὴν ἐρωμένην ὁδόν, καὶ τούτῳ τῷ τρόπῳ μάλιστα ἑαυτοῖς ᾠκειοῦντο τὸν βασιλέα.

LVI. Τὰ μὲν οὖν πρῶτα οὕτως τὰ πρὸς τὴν γυναῖκα ἐπλάττετο, καὶ ἦν τέως οὐκ ἀνερυθρίαστος ὁ ἔρως αὐτῷ· κατὰ βραχὺ δὲ προϊὼν ἀφαιρεῖται τὴν αἰδῶ καὶ τὸ διεσχηματισμένον ἀνακαλύπτει, καὶ τὴν σκηνὴν καταστρέψας, εἰς ὕπαιθρον αὐτῇ, ὁσάκις βούλοιτο, παρεγίγνετό τε καὶ συνεγίγνετο· καὶ ἵνα δὴ πάντα τὸν περὶ ταύτης προλάβω λόγον, τῶν ἀπίστων ἐδόκει τὸ πρᾶγμα ὁρώμενόν τε καὶ ἀκουόμενον· οὐκ ἔτι γὰρ αὐτῇ ὡς παλλακῇ προσεφοίτα, ἀλλ' ὡς καθαρῶς ὁμευνέτιδι.

LVII. Ἐξήντλει δὲ αὐτῇ τῶν βασιλικῶν θησαυρῶν ὁπόσα καὶ βούλοιτο· πίθον οὖν χαλκὸν ἐν τοῖς βασιλείοις ἐφευρηκώς, ἔξωθεν καταπεποικιλμένον τύποις δή τισι καὶ γλύμμασι, τοῦτον χρημάτων πεπληρωκὼς δῶρον ἀποστέλλει τῇ γυναικί· ἐποίει δὲ ταῦτα οὐκ ἐκ διαστημάτων μακρῶν, ἀλλὰ συνεχῶς ἄλλα ἐπ' ἄλλοις τῇ ἐρωμένῃ ἀπεκομίζοντο.

---

5 περιεργότεροι S : περιεργότερον ‖ 6 πολυτελῆ S : -λεῖ ‖ 8-9 ἐπιστάμενοι S : -αμένοι ‖ 12 δὴ αἰσχυνόμενον S : δι' ἐσχ. ‖ 14 ἐρωμένην S : ερρω. ‖ 14 τούτῳ S : τοῦτο.

LVI 2 ἔρως S : ἔρος.

LVII 3 καταπεποικιλμένον S : καταπεποικιλμένοις.

Comment la sébaste fut introduite au palais.

LVIII. Donc jusque-là ce commerce amoureux s'opérait d'une façon à moitié visible ; mais comme le temps, poursuivant sa marche, découvrait peu à peu ce qui était caché, l'empereur rend son amour manifeste, et, ayant parlé fort habilement de la chose à l'impératrice, il lui persuade de choisir la vie en commun avec cette femme. Son assentiment obtenu, il n'arrête pas là le dessein de son âme ; il dresse aussi des contrats d'amitié et il dispose à cet effet une tente impériale. Et eux[1] siégeaient en avant ; les sénateurs se réunirent au sujet de cet écrit d'un nouveau genre, rougissant et murmurant pour la plupart, louant toutefois le contrat comme un document descendu des cieux, l'appelant une coupe d'amitié et lui prodiguant tous les autres agréables qualificatifs qui d'habitude flattent et trompent une âme légère et frivole.

LIX. Quand le traité eut été établi et les serments prêtés, celle qui jusqu'alors n'était qu'une amante, est introduite à l'intérieur du palais impérial, appelée désormais non plus de ce nom d'amante, mais de celui de souveraine et de basilissa, officiellement. Et ce qu'il y a de plus étonnant, c'est que la plupart des gens avaient l'âme indignée de voir l'impératrice trompée, et négligée, et méprisée ; mais elle, elle n'était en rien changée et se montrait à tous souriante et heureuse de la situation. Tant il y a qu'elle embrassait souvent avec effusion celle qui partageait l'empire avec elle, et toutes deux assistaient l'empereur et s'entretenaient avec lui des mêmes affaires. Quant à lui, tenant la balance égale entre les deux femmes, il pesait leurs avis, et parfois donnait l'avantage à la seconde impératrice[2].

1. L'empereur, l'impératrice et la sébaste.
2. Le portrait de la sébaste, que Psellos esquisse dans le chapitre LX, présente quelques difficultés. J'ai mis entre parenthèses les mots τοῦτο δὲ — φερομέναις, traduisant γλώσσας par « paroles » (on peut aussi entendre : que toutes les langues se portaient vers elle). La suite est plus obscure : *litt.* du fait de parler entre ses dents elle faisait un discours, et elle assimilait ce qui était murmuré à l'œuvre du respect. Le sens de « soupçon », attribué à ὑπολήψεως, signifierait que la princesse devinait dans le murmure la confirmation de ce qu'elle soupçonnait.

Περί του πώς άνήχθη ή σεβαστή επί τά βασίλεια.

LVIII. Τέως μὲν οὖν ἡμιφανῶς ἡ ἐρωτικὴ αὕτη ὁμιλία ἐπράττετο· ἐπεὶ δὲ προϊὼν ὁ χρόνος τὸ κεκρυμμένον κατὰ βραχὺ ἀνεκάλυπτε, δημοσιεύει εἰς προῦπτον τὸν ἔρωτα, καὶ ποικιλώτερον ὁμιλήσας τῇ βασιλίδι, τὴν μετ' αὐτῆς αἱρεῖσθαι πείθει συμβίωσιν· καὶ ἐπεὶ κατανεύσασαν ἔσχεν, οὐ μέχρι τούτου τὸ τῆς ψυχῆς ἱστᾷ βούλημα, ἀλλὰ καὶ συγγραφὰς φιλίας ποιεῖται, καὶ σκηνὴν ἐπὶ τούτῳ βασιλικὴν διατίθεται· καὶ οἱ μὲν προὐκάθηντο, ἡ δὲ σύγκλητος ἐπὶ τῷ καινῷ εἰσῄεσαν γράμματι, ἐρυθριῶντες μὲν καὶ τὰ πολλὰ ὑποτονθορύζοντες, ἐπαινοῦντες δὲ ὅμως τὴν συγγραφὴν ὡς ἐξ οὐρανίων καταχθεῖσαν δέλτον, κρατῆρά τε φιλίας ταύτην κατονομάζοντες καὶ τἆλλα τῶν ἡδίστων ὀνομάτων ὁπόσα δὴ κολακεύειν ἢ ἐξαπατᾶν εἴωθεν ἐλαφρὰν καὶ κούφην ψυχήν.

LIX. Ἐπεὶ δὲ ἡ σπονδὴ ἐγεγόνει καὶ ἀπετελέσθη τὰ ὅρκια, ἐντὸς τῶν βασιλικῶν ἀδύτων ἡ τέως ἐρωμένη εἰσάγεται, οὐ τοῦτο μετὰ ταῦτα καλουμένη τὸ ὄνομα, ἀλλὰ δεσπότις καὶ βασιλὶς ἄντικρυς, καὶ τό γε θαυμασιώτατον, ὅτι οἱ μὲν πλείους πεπληγότες ἐτύγχανον τὰς ψυχὰς ἐφ' οἷς ἡ βασιλὶς ἐξαπατηθεῖσα | παρῶπτό τε καὶ κατεπεφρόνητο, ἡ δὲ οὐδέν τι μᾶλλον ἠλλοίωτο, ἢ μειδιῶσα πᾶσι καθωρᾶτο καὶ ἐπαγαλλομένη τῷ πράγματι· κατεφίλησε γοῦν πολλάκις προσφῦσα τὴν συμμερῖτιν τοῦ κράτους, καὶ ἄμφω δὴ παρεγενέσθην τῷ βασιλεῖ καὶ περὶ τῶν αὐτῶν διελεγέσθην πραγμάτων. Ὁ δὲ νῦν μὲν ἐπίσης ἀμφοῖν ἐζυγοστάτει τοὺς λόγους, ἔστι δ' οὗ τὸ πλέον τῇ δευτέρᾳ βασιλίδι ἀπένεμε.

LVIII 5 αἱρεῖσθαι S : αἰρ. ‖ 10-11 ὑποτονθορύζοντες S : ὑπὸ τὸν θορύζ.

LIX 5 οἱ μὲν S : ὁ μὲν ‖ 9 προσφῦσα S : πρὸς φύσα ‖ 9 συμμερῖτιν S : -ίτην ‖ 10 παρεγενέσθην S : πιρχγ. ‖ 11 διελεγέσθην S : διἐλεγέθην.

LX. Sa beauté n'était pas précisément digne d'admiration, mais elle était loin d'offrir une cible à la médisance et à l'injure. Quant à son caractère et quant à sa largeur d'esprit, elle était capable de charmer des pierres et remarquablement douée pour l'intelligence des affaires. Et sa parole n'avait point de pareille, car elle était déliée, fleurie, avec une perfection sophistique dans les rythmes ; de lui-même un doux parler se présentait à sa langue, et, quand elle contait quelque chose, des grâces inexprimables voltigeaient tout autour. Toujours est-il qu'elle me fascinait en m'interrogeant souvent sur des mythes helléniques et elle ajoutait d'elle-même à la conversation si elle avait appris quelque chose de ceux qui connaissent bien ces questions. Elle était fine d'oreille plus que toute autre femme (elle tenait cela non pas, je pense, de la nature, mais du fait qu'elle savait que toutes les paroles se rapportaient à elle) ; un mot chuchoté entre les dents était pour elle une parole claire, et un simple murmure, elle l'égalait à une marque expressive de considération.

LXI. Ainsi, un jour que nous autres secrétaires, nous nous trouvions réunis, l'impératrice et son entourage faisaient une procession. Et défilaient et l'impératrice, et sa sœur, et, après elles, la sébaste (car les impératrices l'avaient, conformément à la volonté de l'empereur, honorée de cette dignité nouvelle). Comme donc elles défilaient — la procession les conduisait au théâtre —, alors pour la première fois la foule la vit marchant avec les impératrices, et quelqu'un de ceux qui sont experts en l'art de flatter, émit à voix assez basse ce mot du poète « οὐ νέμεσις », sans pousser plus loin le vers. Et elle alors ne manifesta rien en entendant cette parole ; mais, quand la procession fut terminée, elle découvrit celui qui l'avait formulée et l'interrogea à propos de son mot sans faire aucune faute de langage, mais en prononçant le mot avec exactitude. Et lorsque celui qui avait parlé eut exactement raconté l'histoire [d'Hélène] à ceux qui désiraient des détails précis et que la plupart des personnes présentes eurent approuvé avec le mot son interprétation, remplie de fierté, la princesse aussitôt, en échange de l'éloge, donna à celui qui l'avait ainsi louée non pas quelques présents en petit nombre ou sans impor-

LX. Τὸ μὲν οὖν εἶδος αὐτῇ οὐ πάνυ θαυμάσιον, ἀλλ' οὐδὲ πρόχειρον εἰς κακήγορον γλῶτταν καὶ λοίδορον, τὸ δέ γε ἦθος καὶ τὸ τῆς ψυχῆς φρόνημα, τὸ μὲν καὶ θέλξαι λίθους δυνάμενον, τὸ δὲ πρὸς πᾶσαν ἐπιβολὴν πραγμάτων ἀξιολογώτατον, τὸ δὲ φθέγμα οἷον οὐκ ἄλλο· λεπτὸν γὰρ αὐτῇ τοῦτο καὶ διηνθισμένον καὶ σοφιστικὴν ἀρετὴν ἔχον ἐν τοῖς ῥυθμοῖς· ἐπέτρεχε δέ τις τῇ γλώττῃ καὶ γλυκεῖα λέξις αὐτόματος, διηγουμένῃ δὲ ἀδιήγητοι χάριτες περιέθεον. Ἐμὲ γοῦν ᾕρει ἐπανερωτῶσα πολλάκις μύθους ἑλληνικοὺς, καὶ αὐτὴ προστιθεῖσα εἴ τινος τῶν ἀκριβούντων περὶ ταῦτα ἀκήκοεν· εὐήκοος δὲ εἰ καί τις ἄλλη γυναικῶν ἐγεγόνει (τοῦτο δὲ, οἶμαι, αὐτῇ οὐ παρὰ τῆς φύσεως προσεκτήθη, ἀλλ' ἐπειδὴ πάσας ᾔδει γλώσσας ἐπ' αὐτὴν φερομένας), καὶ τὸ ὑπ' ὀδόντα τινὰ γρῦξαι λαλιὰν ἐκείνη ἐποίει, καὶ εἴκαζε τὸ τονθορυζόμενον εἰς τὸ ἔργον τῆς ὑπολήψεως.

LXI. Ἀμέλει τοι συνειλεγμένων ποτὲ τῶν ὑπογραμματευομένων ἡμῶν, πομπὴν αἱ περὶ τὴν βασιλίδα ἐποιοῦντο· προῄεσαν δὲ αὐτή τε καὶ ἡ ἀδελφὴ Θεοδώρα, καὶ μετ' ἐκείνην ἡ σεβαστὴ (τούτῳ γὰρ αὐτὴν τῷ καινῷ ἀξιώματι αἱ βασιλίδες, δόξαν οὕτω τῷ αὐτοκράτορι, τετιμήκεσαν)· ὡς δ' οὖν προῄεσαν, ἦγε δὲ αὐτὰς ἡ πομπὴ ἐπὶ θέατρον, καὶ τότε ταύτην οἱ πολλοὶ πρώτως ἐθεάσαντο συμπαριοῦσαν ταῖς βασιλίσι, τῶν τις περὶ τὴν κολακείαν πολὺς τοῦτο δὴ τὸ ποιητικὸν ἠρέμα πως ἀπεφθέγξατο, τὸ· « Οὐ νέμεσις », περαιτέρω μὴ συντείνας τὸ ἔπος· ἡ δὲ τότε μὲν οὐδὲν πρὸς τὸν λόγον ἐπεσημήνατο, ἐπεὶ δὲ ἡ πομπὴ ἐτελέσθη, διέκρινέ τε τὸν εἰρηκότα, καὶ τὸν λόγον ἀνέκρινε, μηδὲν ὑποσολοικίσασα τὴν φωνήν, ἀλλ' ὀρθοεπήσασα τὸ ὄνομα ἀκριβῶς· ὡς δ' ὁ εἰρηκὼς τὴν ἱστορίαν τῷ ἀκριβοῦντι κατέλεξε, καὶ οἱ πολλοὶ ἅμα τῷ λόγῳ πρὸς τὴν ἑρμηνείαν κατένευσαν, φρο-

LX 3 θέλξαι S : -ξε || 10 αὐτὴ S : αὐτῆ || 14 ἐκείνη R: -νη || 15 τονθορυζόμενον S : τὸν θορυζόμ.

LXI 6 ᾖγε S : ἦγε || 9 ἠρέμα πως ἀπεφθέγξατο S : ἠρέμα πῶς, ἀπεφθέξατο

tance, mais tels qu'elle avait l'habitude d'en recevoir et d'en donner[1]. Et, pour que les autres et en particulier les impératrices fussent, à son égard, animés[1] des meilleurs sentiments, l'empereur lui donnait son bien propre à distribuer à chacun ou à chacune.

LXII. Comme, des deux sœurs, l'une avait la passion de l'or, non pour en avoir ou pour en mettre en réserve, mais pour en dériver le courant vers autrui ; comme aussi elle raffolait de tous les aromates de pure origine indienne, en particulier de ces bois qui n'ont pas encore perdu leur larme naturelle, d'oliviers nains et de lauriers très blancs ; comme, d'autre part, l'autre sœur, la cadette, chaque jour se complaisait en ses milliers de dariques pour lesquelles elle avait fait fabriquer des coffres à bronze, la sébaste mettait congrûment à la disposition de chacune d'elles ce qu'elle désirait le plus. En effet, la première impératrice qui, déjà, en raison du déclin de l'âge, avait déposé sa jalousie, n'éprouvait plus de ressentiment contre sa rivale et, minée par le temps, ne ressentait plus avec emportement la passion de la haine ; et sa sœur, qui jouissait de ce qu'elle voulait, se souciait moins de son aînée.

LXIII. En conséquence, tout ce qu'à force de sueurs et de peines l'empereur Basile[2] avait mis en réserve dans les offres impériaux, tout cela était pour ces femmes une joyeuse bagatelle, car richesses sur richesses étaient par elles données en échange ou en retour ; les unes allaient aux uns et les autres aux autres, et en peu de temps tout fut dépensé et consumé. Mais mon histoire n'en est pas encore arrivée à cette question, et il me faut terminer mon sujet. Quant ils eurent fait la répartition des appartements impériaux, l'empereur eut celui qui était au milieu des trois ; les impératrices habitaient les ailes ; l'*adyton* était occupé par la sébaste. Et l'impératrice ne rendait point visite à l'empereur avant de s'être préalablement informée s'il se trouvait seul chez lui et loin de son amante ; autrement, elle s'occupait de ses propres affaires. Or, quelle pouvait bien être cette occupation ?

---

1. Cf. Homère, Γ, 156.
2. Cf. *supra*, Hist. de Basile II, chap. XXXI.

νήματος αὐτίκα ἐκείνη πλησθεῖσα, ἀμείβεται τοῦ ἐγκωμίου τὸν ἐπαινέτην οὐκ ὀλίγοις τισίν, οὐδὲ φαύλοις, ἀλλ' οἷς ἐκείνη κεχρῆσθαι καὶ ἀμείβεσθαι εἴωθεν. Καὶ ἵνα γε αὐτῇ οἵ τε ἄλλοι καὶ αἱ βασιλίδες συμπνέωσι μάλιστα, τὸ ἑκάστῳ ἢ ἑκάστῃ οἰκεῖον ἐδίδου παρέχειν ὁ αὐτοκράτωρ.

LXII. Ἐπεὶ δὲ τῶν δυοῖν ἀδελφῶν, ἡ μὲν χρυσίου πολλοῦ ἥττητο, οὐχ ἵνα ἔχοι ἢ θησαυρίζοι, ἀλλ' ἵνα εἰς ἄλλους μετοχετεύοι τὸ ῥεῦμα, καὶ τούτων δὴ τῶν ἰνδικωτάτων ἀρωμάτων τῶν τε ἄλλων καὶ μάλιστα τῶν ἔτι τὴν φυσικὴν λιβάδα μὴ ἀπολιπόντων ξύλων, ἐλαῶν τέ τινων σμικροτάτων καὶ δαφνείων καρπῶν λευκοτάτων, ἡ δ' ἑτέρα καὶ νεωτέρα δαρεικῶν ὁσημέραι μυρίων, ὧν δὴ καὶ θήκας χαλκᾶς ἐπεποίητο, ἑκάστη τούτων κατάλληλος ἔδοξε τὰ ἐρασμιώτερα διανέμουσα. Ἡ μὲν γὰρ πρώτη | βασιλὶς τὸ ζηλότυπον ἤδη διὰ τὴν τῆς ἡλικίας παρακμὴν καταλύσασα, οὐκ ἔτι πρὸς αὐτὴν ἐμηνία, οὐδὲ δυσόργως εἶχε τὸ πάθος τῆς βασκανίας, ὑποσυληθεῖσα τῷ χρόνῳ· καὶ ἡ ἀδελφὴ δὲ, ἀπολαύουσα ὧν ἐβούλετο, τῆς ἀδελφῆς ἐφρόντιζεν ἔλαττον.

LXIII. Ἔνθεν τοι ἃ πολλοῖς ἱδρῶσι καὶ πόνοις ὁ βασιλεὺς Βασίλειος ἐν τοῖς βασιλείοις ἀπεθησαύρισε, ταῦτα εἰς ἱλαρὰν ἐκείναις προέκειτο παιδιάν· ἄλλα γὰρ ἐπ' ἄλλοις ἠμείβετό τε καὶ ἀντεδίδοτο, τὰ δὲ καὶ εἰς ἑτέρους μετωχετεύετο, καὶ ὀλίγου χρόνου ἀνηλώθη πάντα καὶ διεφθάρη· ἀλλ' οὔπω νῦν ὁ λόγος εἰς τοῦτο κατέληξε, συμπληρούτω δὲ τὴν ὑπόθεσιν. Διανειμάμενοι δὲ τὰς οἰκήσεις, ὁ μὲν βασιλεὺς τὸ μέσον ἔλαχε τῶν τριῶν, αἱ δὲ πέριξ ἐσκήνουν, τὸ δὲ ἄδυτον εἶχεν ἡ σεβαστή· καὶ ἡ βασιλὶς οὐκ ἄλλως προσεφοίτα τῷ αὐτοκράτορι, εἰ μὴ μεμαθήκοι πρότερον ὡς ἐφ' ἑαυτοῦ σκηνοῖτο καὶ πόρρω που καθῆστο τῆς ἐρωμένης, εἰ δ' οὔ, τὸ ἑαυτῆς ἔπραττε· τί ποτε τοῦτο;

19 συμπνέωσι R : -πνίωσι.

LXII 2 ἢ S : ἦ || 4 ἔτι τὴν M : ἐστὶ (vel potius ἐπὶ) τὴν quod corr. altera manus in ἐστί τὴν || 12 ὑποσυληθεῖσα S : ὑπὸσυληθῆσα.

LXIII 3 παιδιάν S : -δίαν.

LXIV. L'impératrice s'abstenait complètement des travaux de femme ; jamais, en effet, elle n'occupa ses mains au fuseau, jamais elle ne se mit à tisser ni ne s'appliqua à quelque autre ouvrage. D'autre part, elle négligeait entièrement les parures impériales. Le faisait-elle aussi quand elle était dans la fleur de l'âge? je l'ignore ; toujours est-il que, dans son âge avancé, elle déposa tout désir de plaire. Elle ne s'occupait qu'à ceci, et elle y mettait toute son application : transformer les natures des plantes aromatiques et confectionner des parfums, composer et façonner les uns et transformer les autres ; et la chambre réservée à son lit[1] n'avait pas plus de magnificence que les boutiques du marché, où se tiennent les artisans et les ouvriers qui travaillent au feu. Ainsi il y avait de nombreux brasiers allumés tout autour de sa chambre, et, parmi ses suivantes, l'une partageait le tas des parfums, une autre les pétrissait, une autre faisait quelque office de ce genre. En hiver, ces services semblaient en quelque façon rendus à sa personne, et le grand feu changeait pour elle l'air froid en air chaud ; mais quand on était dans la saison de l'été, pour les autres personnes il paraissait pénible de paraître aussi auprès de ces brasiers ; mais elle, comme insensible à la chaleur ardente, elle était entourée d'une nombreuse garde de feux. C'est que, tant à elle qu'à sa sœur, la nature paraissait faite à rebours ; elles tenaient à mépris et l'air agréable à respirer, et l'habitation un peu somptueuse, et les prairies, et les jardins ; rien de tout cela ne les charmait ; et, quand elles restaient à l'intérieur de leurs appartements privés, si l'une scellait de son sceau l'arrivée d'un ruisseau d'or, et si l'autre en curait le lit pour en favoriser l'échappement, cela leur tenait lieu de toute jouissance.

LXV. Quant aux autres traits caractéristiques de la première impératrice, (parlons d'elle un peu plus longuement tandis que l'empereur est avec la sébaste), n'ayant pas trop à louer, en voici un que je ne laisse pas

1. Cf. *supra*, LXIII. Τὸ ἄδυτον désigne dans le palais impérial les appartements les plus intérieurs, la partie qui correspondrait à l'autel d'une église ; τὸ πέριξ répond aux deux branches de la croix, τὸ μέσον à la nef.

LXIV. Ἐκείνη γυναικείων μὲν παντάπασιν ἔργων ἀπείχετο, οὔτε γὰρ ἀτράκτῳ ποτὲ τὰς χεῖρας ἠσχόλησεν, οὔτε ἱστουργεῖν ἐπεβάλλετο, οὔτε ἄλλου τινὸς ἐπεβάλλετο· κατωλιγώρει δὲ καὶ βασιλείων καλλωπισμῶν, εἰ μὲν καὶ ἐν ὥρᾳ τῆς ἀκμῆς οὐκ οἶδα, παρηκμακυῖα δ' οὖν τὸ φιλότιμον ἅπαν κατέλυσεν· περὶ τοῦτο δὲ μόνον ἐπόνει καὶ τὴν πᾶσαν πραγματείαν συνέτεινεν, τὰς τῶν ἀρωμάτων φύσεις μεταβάλλειν, καὶ μυρεψεῖν, τὰ δὲ πλάττειν τε καὶ τυποῦν, τὰ δ' ἄλλως ἐργάζεσθαι, καὶ ὁ ἀποτετμημένος αὐτῇ οἶκος εἰς εὐνὴν οὐδέν τι σεμνότερος ἦν τῶν ἐπὶ τῆς ἀγορᾶς ἐργαστηρίων, ἐφ' ὧν αἱ βάναυσοι τῶν τεχνῶν καὶ ἐμπύριοι τὴν ξυντέλειαν ἔχουσι· πυρὰ γοῦν πολλὰ πέριξ τοῦ δωματίου αὐτῆς ὑπανήπτετο, καὶ τῶν ἀμφιπόλων ἑκάστη ἡ μὲν τὰ μεγέθη τῶν ἀρωμάτων διῄρει, ἡ δὲ ταῦτα συνέπλαττεν, ἡ δ' ἄλλο τι τοιοῦτον εἰργάζετο· τοῦ μὲν οὖν χειμῶνος ἐδόκει τι πρὸς ἐκείνης εἶναι τὰ ὑπουργούμενα, καὶ τὸ πολὺ πῦρ τὸν ψυχρὸν ἐκείνη ἀέρα διήμειβε, θερείας δὲ οὔσης τῆς ὥρας, τοῖς μὲν ἄλλοις βαρύ τι καὶ ἀγχοῦ παριέναι ἐκεῖσε ἐδόκει, ἡ δὲ ὥσπερ ἀναισθήτως τοῦ καύματος ἔχουσα ὑπὸ πολλοῖς ἐδορυφορεῖτο πυρσοῖς· ἀλλόκοτος γὰρ αὐτῇ τε καὶ τῇ ἀδελφῇ ἡ φύσις ἐδόκει· ὀλιγώρως εἶχον καὶ εὐπνουστέρου ἀέρος, καὶ οἰκήματος λαμπροτέρου, καὶ λειμώνων, καὶ παραδείσων, καὶ οὐδὲν αὐτὰς τῶν τοιούτων ἔθελγεν, εἰ δὲ ἔνδον εἶεν τῶν ἀποτετμημένων αὐταῖς οἰκημάτων, καὶ ἡ μὲν τὸ χρυσοῦν ῥεῦμα ἐπισφραγίζοι, ἡ δὲ τὴν ὁδὸν διακαθαίροι τῷ ῥεύματι, τοῦτο αὐταῖς ἀντὶ πάσης ἀπολαύσεως ἦν.

LXV. Τὰ μὲν οὖν ἄλλα τῆς πρώτης βασιλίδος (λεγέσθω γάρ τι πλέον περὶ αὐτῆς, ἕως ἂν τῇ σεβαστῇ αὐτοκράτωρ συναναπαύηται), οὐ λίαν ἐπαινεῖν ἔχων, ἓν τοῦτο

LXIV 3 ἱστουργεῖν S : ἰσουργεῖν ‖ 5 παρηκμακυῖα S : -μαχυα ‖ 9 ἀποτετμήμενος S : ἀπότεμνήμενος ‖ 10 σεμνότερος : -ρον quod deinde corr. librar. ‖ 11 βάναυσοι S : βάσανοι ‖ 12 ξυντέλειαν S : -λείαν ‖ 12 πολλὰ P : -λαί ‖ 13 ὑπανήπτετο S : ὑπεν. ‖ 18 βαρύ P : βραχύ ‖ 21 ὀλιγώρως S : -γόρως ‖ 22 λειμώνων S : λιμ. ‖ 22 παραδείσων S : -δείσσων ‖ 24 ἀποτετμημένων S : -τεττημένων ‖ 25 διακαθαίροι P : -ρει.

d'admirer, c'est qu'elle a surpassé en dévotion toutes les femmes et tous les hommes. En effet, comme tous ceux qui se sont unis à Dieu par la contemplation, ou plutôt comme ceux qui, mieux encore, devenus à la lettre animés de l'esprit de Dieu, s'attachent uniquement à l'objet de leur parfait désir et y demeurent suspendus, ainsi son ardente vénération à l'égard de la divinité l'avait, pour ainsi dire, pénétrée[1] exactement de la première et très pure lumière, car sans cesse elle n'avait sur les lèvres que le nom de Dieu[2].

De l'Antiphonète.

LXVI. C'est qu'en effet, s'étant fabriqué un Jésus à elle[3], si je puis m'exprimer ainsi, d'une façon aussi exacte que possible, et l'ayant embelli d'une matière de l'éclat le plus brillant, elle en avait fait une image presque vivante. Par ses couleurs, cette icône faisait connaître ce qu'on lui demandait, et la teinte qu'elle prenait annonçait l'avenir. Donc l'impératrice conjecturait de là beaucoup de choses futures. Lui arrivait-il quelque chose d'agréable? Tombait-elle sur quelque chose de fâcheux? Tout de suite elle allait à son icône et lui disait sa reconnaissance ou lui demandait sa faveur. Pour ma part, je l'ai vue souvent dans des circonstances très malheureuses tantôt embrassant la sainte image et la contemplant, lui parlant comme à une personne vivante et l'appelant de toute une litanie de noms les plus doux, tantôt se jetant sur le sol et arrosant[4] la terre de ses larmes, et se déchirant la poitrine de grands coups répétés. Si elle voyait l'icône prendre une teinte pâle, elle s'en allait pleine de tristesse sombre ; si elle la voyait rouge comme le feu et auréolée d'un éclat splendide, sur-le-champ elle annonçait le fait à l'empereur et lui prédisait l'avenir.

LXVII. Je sais, pour l'avoir lu dans des livres grecs[5], que la vapeur des parfums qui monte dans l'air chasse

---

1. *Litt.* l'avait mêlée à.
2. *Litt.* rien, si ce n'est le nom de Dieu, ne se trouvait sans cesse sur sa langue.
3. Curieux emploi de ἐκεῖνος pour renvoyer au sujet. Cf. LXXXIII, 11.
4. *Litt.* engraissant.
5. C'est-à-dire païens.

θαυμάζων διατελῶ, ὅτι δὴ φιλοθεΐᾳ πάσας μὲν γυναῖκας, πᾶσαν δὲ φύσιν ὑπερεβάλλετο ἄρρενα· ὥσπερ γὰρ οἱ ἀνακραθέντες διὰ | θεωρίας Θεῷ, μᾶλλον δὲ οἱ καὶ ὑπὲρ τοῦτο γεγονότες καὶ ἀκριβῶς ἐνθεάσαντες, τοῦ τελείου μόνον ἐφετοῦ ἔχονται, κἀκεῖθεν ᾑρηνται, οὕτω δὴ καὶ ταύτην τὸ περὶ τὸ θεῖον θερμότατον σέβας τῷ πρώτῳ καὶ ἀκραιφνεστάτῳ φωτὶ ἀκριβῶς, ἵν' οὕτως εἴπω, συνεκέρασεν· οὐδὲν γὰρ ὅτι μὴ τὸ τοῦ Θεοῦ ὄνομα διὰ παντὸς ἐπὶ γλώττης ἐκείνῃ.

Περὶ τοῦ Ἀντιφωνητοῦ.

LXVI. Ἀμέλει τοι καὶ τὸν ἐκείνης, ἵν' οὕτως εἴποιμι, Ἰησοῦν διαμορφώσασα ἀκριβέστερον, καὶ λαμπροτέρᾳ ὕλῃ ποικίλασα, μικροῦ δεῖν ἔμπνουν εἰργάσατο τὸ εἰκόνισμα· ἐπεσημαίνετο γὰρ τοῖς χρώμασι τὰ αἰτούμενα, καὶ ἐδήλου τὰ μέλλοντα ἡ χροιά· πολλὰ γοῦν ἐκείνη ἐντεῦθεν τῶν ἐσομένων κατεμαντεύετο· εἴ τε γοῦν τι θυμῆρες προσεγεγόνει αὐτῇ, εἴ τε δυσχερές τι προσεπεπτώκει, εὐθὺς ἀφικνεῖτο πρὸς τὴν εἰκόνα, τὰ μὲν ἀνθομολογουμένη, τὰ δὲ ἐξιλεουμένη. Ἐγὼ γοῦν ἐθεασάμην αὐτὴν πολλάκις ἐπὶ δυσχερεστέρων καιρῶν, νῦν μὲν τὴν θείαν ἀγκαλιζομένην εἰκόνα καὶ καταθεωροῦσαν ταύτην, καὶ ὡς ἐμψύχῳ διαλεγομένην καὶ ⟨τὰ⟩ κάλλιστα τῶν ὀνομάτων συνείρουσαν, νῦν δὲ ἐπ' ἐδάφους κειμένην καὶ δάκρυσι μὲν τὴν γῆν πιαίνουσαν, τυπετοῖς δὲ τὰ στέρνα διασπαράττουσαν· καὶ ἦν μὲν ὠχριακότα ἴδοι, ἀπῄει στυγνάζουσα, εἰ δὲ πυρράζοντα καὶ φανοτάτῃ αἴγλῃ καταλαμπόμενον, διήγγελλέ τε αὐτίκα τῷ βασιλεῖ τὸ πρᾶγμα καὶ προκατήγγειλε τὸ ἐσόμενον.

LXVII. Οἶδα μὲν ἀναγνοὺς λόγους ἑλληνικούς, ὡς δ

LXV 4 διατελῶ S : διὰ τελῶς.

LXVI || 1 Ἀντιφωνητοῦ S : ἀντιφωνιτοῦ || 4 μικροῦ S : μὴ κροῦ || 4 δεῖν S : δὴν || 13 τὰ add. S || 15 τυπετοῖς M : τυπερὶς || 15 ἦν S : ἢν || 16 ἀπῄει S : ἀπίει || 16 πυρράζοντα K : πυρά.

les esprits pernicieux et fait ressortir dans les matières
qui leur sont soumises la présence des esprits meilleurs,
ce qui fait qu'en d'autres cas les pierres [précieuses]
et les herbes et les cérémonies magiques[1] provoquent les
théophanies[2]. D'abord, ma lecture faite, je n'ai pas ajouté
foi aux paroles[3], ensuite, je n'ai pas cru aux faits, et je
les ai rejetés à coups de pierres. Eh bien, ce n'est ni à
la grecque, ni par un autre procédé qu'elle rendait à la
divinité son culte minutieux ; c'était en mettant à nu
le désir de son âme et en consacrant à Dieu les plus
précieuses et les plus augustes de ce que nous regardons
comme les biens.

LXVIII. Ayant conduit jusqu'à ce point notre récit
relatif à l'impératrice, revenons de nouveau à la sébaste
et à l'empereur, et, si cela paraît bon, faisons-les revivre
et parlons-en séparément ; réservant l'un pour un peu
plus tard, achevons de raconter la vie de l'autre dans le
présent récit.

De la mort de la sébaste.

LXIX. Peut-être l'empereur, et l'on en parlait fort,
préparait-il pour elle un futur empire. Je ne sais pas comment la chose se fût réalisée, mais cependant il se repaissait délicieusement de tels pensers. Mais quelque chose
brisa les desseins de l'un et les espérances de l'autre ;
soudain, voilà la sébaste emportée par une maladie
contraire à tout art et à tout traitement. La malade, en
effet, était rebelle à toute application de remèdes ; sa
poitrine était douloureusement atteinte et elle souffrait
d'une difficulté de respiration terrible ; ainsi fut prématurément arrachée à ses espérances celle qui, jusque-là,
s'était figuré les suprêmes grandeurs.

LXX. Tous les faits et gestes de l'empereur à l'occasion de sa mort, les lamentations funèbres où il se répandit,
les actions qu'il exécuta et toutes les plaintes auxquelles,
dominé par sa douleur, il se livra comme un enfant, il

---

1. Sur ces opérations magiques, cf. Psellos lui-même dans Sathas,
B. G., V, 57, 5 sqq. ; 326, 29 sqq. ; 474, 30 sqq.
2. C'est-à-dire les apparitions de la divinité.
3. C'est-à-dire à ce que je lisais.

ἀναπεμπόμενος εἰς ἀέρα τῶν ἀρωμάτων ἀτμὸς ἀπελαύνει μὲν τὰ πονηρὰ πνεύματα, ἐπεισκρίνει δὲ ταῖς ὑποκειμέναις ὕλαις τὰς τῶν κρειττόνων παρουσίας, ὅπερ δὴ ἐπ' ἄλλοις καὶ λίθοι καὶ πόαι καὶ τελεταὶ τὰς θεοφανίας ἐνδείκνυνται· οὔτε δὲ πρῶτον ἀναγνοὺς προσηκάμην τὸν λόγον, καὶ μετὰ ταῦτα οὐκ ἔργοις πιστεύσας, ἀλλὰ βαλὼν λίθοις ἀπήλασα· ἐκείνη δὲ οὔτε ἑλληνικώτερον, οὔτ' ἄλλως περιεργότερον τὴν περὶ τὸ θεῖον ἐποίει τιμήν, ἀλλὰ τὸν τῆς ψυχῆς πόθον ἐπιδεικνυμένη, καὶ καθοσιοῦσα Θεῷ τῶν παρ' ἡμῖν δοκούντων ἀγαθῶν τὰ τιμιώτερα καὶ σεμνότερα.

LXVIII. Ἐς τοσοῦτον γοῦν τῇ βασιλίδι ἀγαγόντες τὸν λόγον, ἐπανακαλέσωμεν αὖθις εἰς τὴν σεβαστὴν καὶ τὸν αὐτοκράτορα, καί, εἰ δοκεῖ, διεγείρωμέν τε καὶ διέλωμεν, καὶ τὸν μὲν ἐς τὸν μέλλοντα λόγον ταμιευσώμεθα, τῇ δὲ διὰ τοῦ παρόντος συνέλωμεν τὴν ζωήν.

Περὶ τῆς τελευτῆς τῆς σεβαστῆς.

LXIX. Ὁ μὲν γὰρ αὐτοκράτωρ ἴσως, καὶ λόγος περὶ τούτου διέρρει πολύς, μέλλουσαν αὐτῇ βασιλείαν προεμνηστεύετο, οὐκ οἶδ' ὅπως γενησομένην, ἀλλ' ὅμως ἐτρύφα τοῖς λογισμοῖς· τὸ δὲ ἐκείνῳ τε τὰς ἐνθυμήσεις κἀκείνῃ τὰς ἐλπίδας διέτεμε, καὶ νόσος ἀθρόον αἴρει πρὸς πᾶσαν παρασκευὴν καὶ τέχνην ἀντίθετος· πρὸς γὰρ πᾶσαν παραγωγὴν θεραπείας ἀνένδοτος ἦν, ἀλγεινῶς τε εἶχε τοῦ θώρακος, καὶ τὸ ἆσθμα ἐνόσει δεινῶς, καὶ προαναρπάζεται τῶν ἐλπίδων ἡ τέως φαντασθεῖσα τὰ μείζονα.

LXX. Ὁπόσα μὲν οὖν ἐπὶ τῷ ἐκείνης θανάτῳ ἐπεποιήκει | ὁ αὐτοκράτωρ, τούς τε θρήνους οὓς ἀπωδύρατο καὶ τὰς πράξεις ἃς κατεπράξατο, ὅσα τε τῷ πάθει νικώμενος

LXVIII 2 ἐπανακαλέσωμεν S : ┤σομεν ‖ 4 ταμιευσώμεθα M : τὰ μιεύσώμεθα.

LXIX 2 ἴσως S : ἴσος ‖ 8 ἀλγεινῶς S : -γηνῶς.

serait superflu de les insérer dans le tissu de mon histoire. En effet, s'étendre minutieusement sur chacune des choses qui se font ou qui se disent, et, pour ainsi dire, discuter sur des riens, est moins le fait des historiens que de ceux qui critiquent, si les plus menus détails sont de peu d'importance, ou qui louent, s'ils ont place pour un éloge[1]. Si moi-même j'ai quelquefois usé de ce procédé dont je détourne les historiens de se servir, il ne faut pas qu'on s'en étonne. Car le style historique n'est pas défini de telle sorte qu'il soit poli absolument dans toutes ses parties ; il est des cas où il est loisible de se livrer à certains vagabondages et digressions ; toutefois, il faut que l'historien rappelle au plus vite la partie vagabonde[2], considère le reste comme un hors-d'œuvre, et mène tout à terme conformément à son sujet.

LXXI. Donc, je crois devoir laisser là tout le reste. Du moins, la principale de ses passions, le travail[3] exécuté sur la tombe de son amante[4], pour le moment je diffère d'en parler ; je le ferai en temps et lieu, après avoir tout d'abord raconté tout ce qui est arrivé avant cela. Car mon récit ayant touché à l'affaire de la sébaste et s'étant piqué d'honneur de faire connaître tout au long son histoire, a laissé de côté beaucoup d'événements antérieurs dignes d'être rapportés, pour ne pas être obligé de parler d'elle à toute occasion et de rompre le fil des idées. Donc le récit qui la concerne se termine au point même où finit sa vie. Revenons donc maintenant à l'empereur, celui-là même dont nous faisons le sujet de la présente partie de notre histoire.

LXXII. Donc l'empereur voulait, comme je l'ai dit souvent, après avoir, au sortir d'une violente tempête abordé aux rivages sans tristesses et aux ports sans tempêtes[5] de l'empire, ne pas se lancer de nouveau vers la haute mer. Cela veut dire que c'est au sein de la paix

---

1. Psellos s'inspire ici visiblement des idées de Lucien, *Hist. conscr.*
2. C'est-à-dire la digression.
3. Interprétation douteuse du mot πραγματεία.
4. Elle fut ensevelie au beau couvent de Manganes, à côté de la sépulture que l'empereur s'était réservée pour lui-même. Cf. Schlumberger, *Op. laud.*, III, 427.
5. Cf. *supra*, p. 140, n. 6.

μειρακιωδῶς ἀνωλοφύρατο, παρέλκον ἂν εἴη εἰς τὴν τῆς
ἱστορίας καταλέγειν ὑφήν· τὸ γὰρ ἐφ' ἑκάστῳ τῶν πραττομένων ἢ λεγομένων σμικρολογεῖσθαι καὶ οἷον λεπτολογεῖν,
οὐχ ἱστορούντων ἐστὶν ἀλλ' ἢ καταιτιωμένων εἰ φαῦλα τὰ
σμικρολογούμενα εἴη, ἢ ἐγκωμιαζόντων εἰ τόπους ἐγκωμίων
ἐπέχοιεν· εἰ δ' αὐτὸς ἐνιαχοῦ τοιούτοις ἐχρησάμην οἷς
ἀποτρέπομαι μὴ κεχρῆσθαι τοὺς ἱστοροῦντας, θαυμάζειν οὐ
χρή· ὁ γὰρ τῆς ἱστορίας λόγος οὐχ οὕτως ὥρισται, ὡς
ἀπεξέσθαι πέριξ παντάπασιν, ἀλλ' ὅπῃ παρείκοι καὶ διεκδρομάς τινας ἔχειν καὶ παρεκβάσεις· δεῖ δὲ τὸν ἱστοροῦντα
ταχὺ αὖθις ἐπανακαλεῖν ⟨τὸ⟩ διαδραμὸν μέρος, καὶ τοῖς μὲν
ἄλλοις ἐν παρέργοις χρᾶσθαι, πάντα δὲ πρὸς τὴν ὑπόθεσιν
συμπεραίνειν.

LXXI. Τὰ μὲν οὖν ἄλλα ἐάσειν μοι δοκῶ, τὸ δέ γε
κεφάλαιον τῶν ἐκείνου παθῶν, ἣν δὴ πραγματείαν ἐπὶ τῷ
ἐκείνης τάφῳ πεποίηται, νῦν μὲν ἀναβάλλομαι, ποιήσομαι δὲ
ἐν καιρῷ, προϊστορήσας ὁπόσα τῆς ὑποθέσεως ταύτης προγέγονεν· ὁ γάρ τοι λόγος τοῦ περὶ τὴν σεβαστὴν ἁψάμενος
πράγματος, καὶ φιλοτιμηθεὶς δι' ὅλου τὴν περὶ ταύτης
ἱστορίαν ἐμφανηθῆναι, πολλὰ τῶν ἄνω ταύτης ἀξιολογουμένων παρῆκεν, ἵνα μὴ καθ' ἕκαστον τῶν πεπραγμένων
μνημονεύειν ἐκείνης ἐπαναγκάζωμαι καὶ τὸ συνεχὲς διακόπτειν τῶν ὑποθέσεων· ὁ μὲν οὖν περὶ ἐκείνης λόγος εἰς
αὐτὸ δὴ τὸ μέρος τῆς ἐκείνης κατέληξε λήξεως· ἐπανίωμεν
οὖν αὖθις ἐπὶ τὸν αὐτοκράτορα, ὃν δὴ καὶ ὑπόθεσιν τοῦ
παρόντος μέρους τῆς ἱστορίας ποιούμεθα.

LXXII. Ἐβούλετο μὲν οὖν οὗτος, ὥσπερ δὴ πολλάκις
μοι εἴρηται, ἐκ πολλοῦ κλύδωνος εἰς ἀλύπους ἀκτὰς καὶ
λιμένας ἀκλύστους τῆς βασιλείας καθορμισάμενος, μὴ πάλιν
ἀφεῖναι πρὸς πέλαγος· τοῦτο δέ ἐστιν εἰρηνικῶς, ἀλλ' οὐ

LXX 8 ἦ S : ἢ || 12 ἀπεξέσθαι S : -ξέσται || 14 τὸ add. R || 14 διαδραμὸν S διὰ δραμῶν.
LXXI 2 τῷ S : τὰ || 4 ὁπόσα S : ὁπώσα || 5 ἁψάμενος S : ἀψά. || 9 ἐπαναγκάζωμαι S : -ζομχι || 11 κατέληξε S : κατάλ.
LXXII 4 ἀφεῖναι S : ᾴφῆναι

et non de la guerre qu'il entendait régner, chose que précisément la plupart des empereurs antérieurs avaient compté faire. Mais comme ce n'est pas d'après nos préférences que les événements ont coutume de se produire, et comme il y a, suspendu sur nos têtes, un principe plus fort qui meut cette vie à sa volonté, tantôt régulièrement, tantôt selon des révolutions irrégulières, pas même pour ce prince les événements n'arrivèrent conformément à ses désirs ; mais les uns sur les autres ils déferlèrent comme les flots de la mer ; tantôt des guerres intestines ont profondément troublé l'empire ; tantôt des incursions de barbares ont ravagé la plupart de nos provinces, et ces gens, après avoir pillé toute sorte de choses utiles et s'être chargés de tout le butin qu'ils ont voulu, s'en sont retournés dans leur pays.

LXXIII. Quant à raconter dans le détail toute la suite de ces événements, examiner chaque chose à fond, dire comment elle a commencé et à quel résultat elle a abouti, énumérer par le menu les armées et les camps, les escarmouches et les engagements et tous les autres détails que les historiens exacts ont coutume de rapporter, toutes choses qui exigent beaucoup de temps et de paroles, je diffère, pour le moment, d'en parler. Car tu m'as demandé, ô toi le plus cher de tous les hommes[1], non pas un écrit prétentieusement ambitieux, mais bien plutôt une relation assez sommaire ; c'est pourquoi, j'ai, moi aussi, laissé de côté beaucoup de choses qui étaient dignes d'être rapportées ; je n'ai pas distribué mon histoire d'après les olympiades des années et je ne l'ai pas divisée, comme a fait l'historien[2], d'après les saisons de l'année ; mais simplement j'ai relaté ce qui était le plus important et tout ce que j'avais recueilli dans ma mémoire quand j'écrivais cette histoire. Donc, comme je l'ai dit, la prétention de parler en détail de tous les faits, je la laisse de côté maintenant, et je préfère me tenir dans un juste milieu entre ceux qui jadis ont écrit sur les règnes et les actes de l'ancienne Rome[3], et ceux qui, de nos jours, ont

---

1. Constantin Likhoudis. Cf. *Introduction*, XLIX.
2. Thucydide. Psellos le préfère à Hérodote. Cf. *supra*, chap. XXIV.
3. Allusion à Denys d'Halicarnasse, d'une part, à Skylitzès, d'autre part.

πολεμικώς την αρχήν διεξάγειν, όπερ δή και των άνωθεν
αυτοκρατόρων οι πλείστοι διενοήθησαν· αλλ' επειδή μη
κατά τάς ημεδαπάς αιρέσεις τα πράγματα απαντάν είωθεν,
αλλ' εφειστήκει τις έξωθεν κραταιοτέρα αρχή κινούσα τον
βίον όπως αν εθέλοι, τα μεν ομαλώς, τα δε και προς ανω-
μάλους ανακυκλήσεις, ουδ' εκείνω κατά σκοπόν συμβεβήκει
τα πεπραγμένα, αλλ' επ' άλλοις άλλα διεκυμάνθησαν· νύν
μεν γαρ εμφύλιοι πόλεμοι την αρχήν διετάραξαν, αύθις δε
βαρβαρικαί τινες επιδρομαί τα πλείστα των ημετέρων
ληϊσάμεναι, παντοδαπάς ωφελείας και λείαν όσην εβού-
λοντο περιβαλλόμεναι απήλασαν εις τα σφέτερα.

LXXIII. Τα μεν ούν εφεξής πάντα διεξιέναι, έκαστόν
τε εξακριβούσθαι αφ' οίων αρχών εις οία τέλη κατήντησε,
συντάξεις τε καταλέγειν και στρατοπεδείας, ακροβολισμούς
τε και αψιμαχίας και τάλλα οπόσα είθισται λέγειν τοις
ακριβέσι των συγγραφέων, ώς μακρού καιρού και λόγου
δεόμενα εις το παρόν αναβάλλομαι· ου γάρ με την | συγγρα-
φήν, φίλτατε πάντων ανδρών, φιλοτιμοτέραν, αλλά κεφα-
λαιωδεστέραν απήτησας· διά τούτό σοι κάγώ πολλά των
αξίων ειρήσθαι παρήκα τη ιστορία, μήτε προς ολυμπιάδο
ετών ταύτην αναμετρήσας, μήθ' ως ο συγγραφεύς πεποίηκεν
εις τας του έτους ώρας αυτήν διελόμενος, αλλ' απλώς
ούτωσί τα επικαιρότατα ταύτης υπαγορεύσας και οπόσα μοι
ιστορούντι κατά μνήμην συνήθροισται· αλλ' όπερ είρηκα, τό
μεν πάσαν πράξιν λεπτολογείν αφίημι νύν, μέσην δε οδόν
βαδίζειν προήρημαι των τε αρχαιολογησάντων τας της
πρεσβυτέρας Ρώμης ηγεμονίας τε και πράξεις και των

---

6 αυτοκρατόρων S : -τόρων || 8 κραταιοτέρα S : -ωτέρα || 10 συμβε-
βήκει S : -κοι || 15 σφέτερα S : σφαί.

LXXIII 3 στρατοπεδείας S : -παιδείας || 3 ακροβολισμούς S : ακριβ.
|| 4 αψιμαχίας S : αψι. || 5 συγγραφέων S : σύν γραφέων || 6 με την S :
μετήν || 6-7 συγγραφήν S : συνγρ. || 7 φιλοτιμοτέραν S : φιλιτι. || 7-8 κεφα-
λαιωδεστέραν S : και σαλαιωδεςτέραν || 9 παρήκα τη S : παρήκάστη ||
10 συγγραφεύς S : σύν γραφεύς

accoutumé de composer des chroniques. Ainsi n'ai-je cherché ni à égaler la prolixité des premiers dans leurs écrits, ni à reproduire la concision des derniers, afin que ma relation ne fût pas indigeste et qu'elle n'omît rien de ce qui est essentiel.

LXXXIV. C'est assez sur ce sujet. Mon récit, s'attachant à la suite des événements, parlera d'abord de la première guerre engagée contre l'empereur ; mais je reprendrai les faits d'un peu plus haut, comme si je mettais une tête au corps que je confectionne. « Difficiles sont les belles choses », disent ceux qui parlent par dictons[1]. S'il en est ainsi, la jalousie rampe même contre ceux qui détiennent le pouvoir, et si quelque part a poussé (je parle de ce qui arrive généralement dans toutes les circonstances) une fleur ou d'une nature féconde, ou d'une intelligence accomplie, ou d'une grande noblesse de sentiments, ou d'une âme ferme et virile, ou de quelque autre qualité, sur-le-champ arrive le destructeur[2], et voilà coupée cette partie de la plante, et il pousse à côté des rejets qui ne donnent que du bois sans fruit aucun, et l'épine grandit, pullulant de plus en plus. Et il n'y a rien de suprenant si quelqu'un d'inférieur aux natures admirables a coutume ensuite de les regarder d'un mauvais œil. Mais je vois que cette passion s'attaque même aux empereurs ; il ne leur suffit pas d'avoir le diadème et la pourpre ; mais s'ils n'étaient pas plus sages que les sages et plus habiles que les habiles, pour tout dire d'un mot, s'ils n'étaient pas les sommets dominants dans toutes les vertus, ils considèreraient cela comme une chose indigne, et, s'ils ne nous étaient pas préposés comme des dieux, ils ne voudraient pas régner autrement. J'en ai vu moi-même quelques-uns qui eussent préféré mourir sans avoir le secours de quelques personnes que de devenir forts par elles ; et, alors qu'ils devraient s'enorgueillir de ce qu'une main secourable leur a été préparée par Dieu, eux, ils préfèrent la retrancher, parce que c'est d'elle que leur est venu ce secours.

---

1. Cf. Zenob. *Parœm.*, 6, 38.
2. *Litt.* le castreur. Celui qui, par jalousie, pour rendre la plante stérile, coupe les belles qualités dont il vient d'être question.

εἰωθότων ἐν τοῖς καθ' ἡμᾶς χρόνοις χρονογραφίας συντίθεσθαι, οὔτε τὸ περιρρέον ἐκείνων ἐν τοῖς λόγοις ζηλώσας οὔτε τὸ συντετμημένον τῶν λοιπῶν μιμησάμενος, ἵνα μήτε κόρον ἔχοι τὸ σύγγραμμα μήτε παραλίποι τὰ καίρια.

LXXIV. Καὶ τοῦτο μὲν ἐς τοσοῦτον εἰρήσθω· ὁ δὲ λόγος τῆς ἀκολουθίας τῶν πεπραγμένων ἐχόμενος τὸν πρώτως συστάντα τῷ αὐτοκράτορι πόλεμον πρῶτον τῆς ἱστορίας τῶν ἄλλων ποιήσεται· μικρὸν δὲ καὶ τούτου ἄνωθεν ἀναδραμοῦμαι, κεφαλὴν ὥσπερ τῷ ὑφαινομένῳ παρεχόμενος σώματι. Χαλεπὰ τὰ καλά, φασὶν οἱ παροιμιαζόμενοι, ἀλλὰ καὶ οὕτως ἐχόντων ἕρπει καὶ κατὰ τῶν ὀλίγων ὁ φθόνος, καὶ εἴ πού τις ἄνθη, λέγω δὴ ἐν πᾶσι τὸ πλεῖστον καιροῖς, ἢ γονίμου ἀναβλαστήσειε φύσεως, ἢ φρονήσεως ἀκριβοῦς, ἢ μεγαλοφυίας, ἢ ψυχῆς καρτερᾶς καὶ ἀνδρείας, ἢ ἀγαθοῦ τινος ἄλλου, εὐθὺς ἐφέστηκεν ὁ τομεύς, καὶ τοῦτο μὲν τὸ μέρος τῆς βλάστης ἐκκέκοπται, παραβλαστάνουσι δὲ τὰ ὑλώδη καὶ ἄκαρπα, καὶ ὑλομανεῖ ἐπὶ πλέον ἡ ἄκαθνα· καὶ οὐ τοῦτο δεινόν, εἴ τις ἔλαττον ἔχων τῶν θαυμασίων φύσεων, ἔπειτα τούτοις βασκαίνειν εἴωθεν. Ἀλλ' ὁρῶ τὸ πάθος καὶ βασιλέων ἁπτόμενον· οὐ γὰρ ἀρκεῖ τούτοις ἡ ταινία καὶ ἁλουργίς, ἀλλ' ἢν μὴ τῶν σοφῶν σοφώτεροι εἶεν καὶ τῶν ἀκριβούντων δεινότεροι, καὶ ἁπλῶς εἰπεῖν ὑπερτελεῖς κορυφαὶ τῶν ἁπασῶν ἀρετῶν, ἐν δεινῷ ποιοῦνται τὸ πρᾶγμα· καὶ εἰ μὴ ὡς θεοὶ ἡμῖν ἐφεστήκοιεν, οὐκ ἂν ἄλλως ἄρχειν ἐθέλωσιν· ἐνίους δὲ αὐτὸς καθεώρακα ὡς ἐθέλουσιν ἥδιστ' ἂν ἀποθανεῖν, μὴ συμμαχούντων ἐνίων αὐτοῖς, ἢ δι' ἐκείνους κρατύνεσθαι· καὶ δέον σεμνύνεσθαι ὅτι χεὶρ αὐτοῖς βοηθὸς παρὰ Θεοῦ πέπλασται, οἱ δ' ἀποτέμνειν ταύτην αἱροῦνται, ὅτι παρ' αὐτῆς βεβοήθηται.

---

18 περιρρέον S : -έων ‖ 20 κόρον S : κόρο ‖ 20 ἔχοι S : ἔχει.

LXXIV 1 εἰρήσθω S : ἐρήσθω ‖ 3 πρώτως S : πρῶτως ‖ 10 καρτερᾶς S : -ρὰς ‖ 10 ἀνδρείας S : -ρίας ‖ 17 ταινία S : τενία ‖ 20 τὸ S : τῷ ‖ 24 χεὶρ P : χείρων ‖ 24 βοηθὸς P : βοήθειάς ‖ 24-25 ἀποτέμνειν S : -τέμνην.

LXXV. J'ai fait ce préambule en pensant surtout à un homme qui a fleuri de notre temps et qui a montré tout ce que peut l'art d'un général et qui, autant par ses audaces militaires que par son expérience, a entravé l'élan des barbares et recherché pour les Romains une liberté exempte de dangers.

———

LXXV. Πεπροοιμίασται δέ μοι ταυτί τὰ πολλὰ ἀφορῶντι πρὸς τὸν ἐν τοῖς καθ' ἡμᾶς χρόνοις ἀνθήσαντα καὶ δείξαντα ὁπόσα μὲν ἡ στρατηγία δεδύνηται, οὐδὲν δὲ ἧττον καὶ στρατιωτικαῖς τόλμαις καὶ ἐμπειρίαις τὰς μὲν τῶν βαρβάρων ὁρμὰς] πεδήσαντα, τοῖς δέ γε Ῥωμαίοις ἐλευθερίαν ἀκίνδυνον μνηστευσάμενον.

LXXV 1 ταυτὶ ex ταυτῇ a librar. factum ‖ 3 ὁπόσα S : -ση ‖ 5 ὁρμὰς S : ὁρμᾶς.

ADDENDA ET CORRIGENDA

P. 2, note 1. *Pro* « Romain III », *leg.* « Romain II ».

27, CXIX, 3, trad. *Pro* « ils ont vite descendu », *leg.* « ils ont vite pris ».

45, XIX, 9 texte. *Pro* φοινικίον, *leg.* φοινίκιον.

118, III, 10, texte. *Del.* ⟨τὴν⟩.

131, XXVII, 24, texte. *Pro* δεηθεῖσιν, *leg.* δεῆσαν. Appar. *Pro* δεηθεῖσιν (?) R, *leg.* δεῆσαν S.

143, LII, texte. *Pro* Εὐπρεπείας, *leg.* Εὐπρεπίας.

144, LV, 4-5 texte. *Pro* Ἐπεὶ δὲ καὶ τῶν..., οἷς, ἵνα..., *malim* Ἐπεὶ δὲ καὶ ⟨τινες⟩ τῶν..., αὐτοῖς, ἵνα...

153, trad. *Pro* LXXXIV, *leg.* LXXIV.

TRADUCTION

Je dois à quelques-uns de mes lecteurs, en particulier à M. le Colonel Courtin[1], à M. H. Grégoire[2] et à

---

1. Critiques orales.
2. Dans *Byzantion*, II, 1927, pp. 550-567.

M. J. Sykoutres [1] un certain nombre de remarques critiques sur ma traduction de la *Chronographie*, tome Ier. Vu leurs observations, j'apporterai à ma version les modifications suivantes :

Pp. 4, IV, 18. *Pro* « ayant attaqué (*vel* s'en prenant à) ceux de ses proches », on peut entendre aussi : « ayant succédé à ceux de ses proches[2] ».

6, VIII, 8. *Pro* « tant qu'il put », *leg.* incontinent.

7, X, 5-7. *Pro* « Voilà donc la première rebellion — de beaucoup de maux », *leg.* « Voilà donc la première rebellion terminée, et l'empereur Basile parut délivré de soucis ; mais cette paix apparente fut l'origine de beaucoup de maux. »

9, XIII, 9. *Pro* « et ils formèrent — faction puissante », *leg.* « et il se forma dans les rangs des vaincus, contre Phocas lui-même[3], une faction puissante ».

11, XVII, 7. Supprimer la virgule après διαμελίζουσι. *Pro* « ils dispersent son corps d'Ibériens, le mettent en pièces — et, tranchant la tête de Phocas, l'apportent à Basile », *leg.* « les Ibériens ayant été dispersés, ils le mettent en pièces — et, tranchant sa tête, l'apportent à Basile ».

13, XX, 15. *Pro* « la plus grande partie des choses suffisantes à l'existence », *leg.* « plus que le nécessaire ».

13, XX, 19. « Les pierres harmonieusement ajustées ». *Adde not.* : *Id est* les mosaïques.

14, XXII, 15. Mettre la virgule après κατασκευῆς, la supprimer après εὐκόλως, et lire : « Et dépouillé de tout l'appareil fastueux du pouvoir souverain, il comprimait facilement son frère aussi ».

15, XXV, 6. *Pro* « et, vis-à-vis de l'empereur, aucun d'eux ne pouvait cacher sa condition de déserteur », *leg.* « et aucun ne déserta en cachette du côté de l'empereur ».

---

1. Dans *Byzantinische Zeitschrift*, XXVII, 1927, pp. 99-105.
2. Les proches en question sont Nicéphore Phocas et Jean Tzimiscès, qui avaient épousé l'un après l'autre Théophano, mère de Basile et de Constantin. Ἀνεψιαδεῖς (V, 1) désigne à la fois les cousins et les neveux : Bardas Phocas et Bardas Skléros étaient en effet les neveux de Nicéphore Phocas et les cousins de Jean Tzimiscès, neveu lui-même dudit Nicéphore par sa mère.
3. Réaction toute naturelle des soldats contre Phocas, leur chef, qui venait de subir une défaite inglorieuse.

17, XXVII, 12. *Pro* « Pour Skléros, soit dans sa hâte, soit d'ailleurs aussi par mépris », *leg.* « Pour Skl., soit intentionnellement, soit au contraire par négligence. »

18, XXIX, 25. *Pro* « Mais trêve à ces considérations », *leg.* « Mais qu'ils aillent se promener ! »

20, XXXII, 9. Corriger avec S. πλήθει en πλήθη, et lire : « Connaissant ce qui concerne les armées par le détail, je ne dis pas les masses d'un ordre de bataille, l'ajustement — de l'arrangement, mais aussi les attributions. »

21, XXXIII, 5. *Pro* « il savait dresser le schéma du combat, mais il préférait ne pas s'engager à fond », *leg.* « il savait prendre un dispositif de combat, mais il ne passait pas vite à l'action ».

21, XXXIII, 25. *Pro* « Autrement nous ne saurions cesser d'être en guerre », *leg.* « Ce n'est pourtant pas autrement que nous cesserions de faire la guerre ».

23, XXXVI, 7. *Pro* « Abandonnait-il — et dans la descente », *leg.*[1] « Rendant la main à son cheval et le portant en avant, il s'élançait droit et ferme en selle aussi bien sur une pente que sur un à pic ; d'autres fois, arrêtant et rassemblant sa monture, il exécutait le saut en hauteur comme s'il était ailé, conservant toujours la même assiette en tout terrain, soit escarpé, soit en pente ».

25, I, 9. *Post* « penchant », *add.* « jusqu'à l'excès ».

33, III, 9. *Pro* « c'était à la fois la continence et la conception, la virginité et l'accouchement », *leg.* « c'était la coexistence de la chasteté et de la conception, de la virginité et de la parturition ».

34, V, 10. *Pro* « il s'y attachait plus fortement que tous les raisonnements », *leg.* « il s'y obstinait de plus en plus fort par la pensée ».

35, VI, 6. M. Courtin me suggère la corr. πνεῦσαν au ms. πνεύσας. La phrase devient alors très claire : « vite le vent de telles largesses lui fit défaut et, après avoir soufflé fort, rapidement s'évanouit. «

Ibid., 15. *Pro* « n'eurent pas même le temps », *leg.* « ne prirent pas même le temps ».

---

1. Je dois à M. Courtin cette traduction très précise des termes techniques du texte. En particulier ὑψοῦ ἅλλομαι signifie « effectuer le saut en hauteur », opération qui, d'ordinaire, déplace le cavalier.

37, IX, 2. *Pro* « tous avec leur équipement particulier sur leurs chevaux à poil, et pleins d'audace », *leg.* « tous équipés en partisans, armés à la légère[1] sur leurs chevaux; et pleins d'audace ».

38, IX, 19. *Pro* « dans les préparatifs de la guerre et dans les arrangements des troupes », *leg.* « par leurs préparation à la guerre et par leur tactique ».

39, XI, 8. *Pro* « se remplit d'assurance », *leg.* « reprit de l'assurance ».

40, XII, 5 sq. *Pro* « réclamant âprement — profit personnel », *leg.* « réclamant âprement des comptes à des enfants de pères déjà complètement oubliés, ne faisant pas office de juge entre les parties en conflit[2], mais donnant son appui à l'une seulement[3], et rendant ses arrêts moins pour d'autres que pour lui ».

40, XII, 10. *Pro* « les uns, — l'empereur », *leg.* « les uns, les gens modérés s'acquéraient la réputation de naïfs, malhabiles à servir l'État et l'empereur ».

41, XIV, 14. *Pro* « était rangée même du côté de la philosophie », *leg.* « prenait rang avant même la philosophie ».

42, XV, 13. *Pro* « ne s'approcherait en aucune façon d'édifices somptueux », *leg.* « ne pourrait nullement agréer, non plus, des édifices somptueux ».

43, XV, 30. *Pro* « pour que son église lui parût », *leg.* « pour que son église à lui parût ».

Ibid., 40. *Pro* « bien que la Péribleptos soit vraiment par son nom περίβλεπτος », *leg.* « bien que la Périblepte soit vraiment par son nom la belle qui attire les regards ».

43, XVI, 4. *Pro* « L'empereur n'était pas même assez versé dans l'arithmétique et la géométrie, etc. », *leg.* « L'empereur n'avait pas même assez profité des enseignements de l'arithmétique et de la géométrie, etc. »

Add. ad. not. 3 : « En fait, il y a un double jeu de mots : « comme il y eut dans la grandeur de l'édifice la multitude des moines, il y eut dans la multitude des citoyens la grandeur des contributions ».

44, XVI, 20. *Pro* « si la mesure de la vie ne fût venue lui apporter sa limite », *leg.* « si la mesure de sa vie n'avait été bornée ».

---

1. En donnant à γυμνοί le sens de ψιλοί (M. Courtin).
2. Le fisc, et celui à qui l'empereur réclame des comptes.
3. Le fisc.

45, XVIII, 15. *Pro* « il avait les joues vermeilles, véritablement », *leg.* « et les joues de vermillon, en vérité. *Add. not.* 2 : Allusion à Homère, B 637 et c 125.

46, XIX, 19. *Pro* « elle s'appesantissait », *leg.* « elle insistait ».

47, XXI, 10. *Pro* « il lui ordonnait de toucher à ses pieds et de les frictionner », *leg.* « il lui ordonnait de palper et de frictionner les pieds de l'impératrice ».

48, XXII, 17. *Pro* « outre son caractère », *leg.* « fort à propos ».

50, XXIV, 22. *Pro* « il se retournait difficilement », *leg.* « avec difficulté il revenait de ces solennités ».

51, XXVI, 8. *Pro* « mais il appert que », *leg.* « mais sur le fait que ».

56, VII, 4. *Pro* « et aussi le grief d'avoir exilé des gens sur de simples soupçons », *leg.* « si l'on excepte aussi, peut-être, ce dont il s'était rendu coupable pour échapper au soupçon[1] ».

57, IX, 4. *Pro* « tantôt en remettant les choses au temps et en escomptant une issue attendue », *leg.* « tantôt en s'en remettant au temps et à une issue inattendue des événements ».

57, X, 7. *Pro* « comme si son règne eût daté de la veille ou de l'avant-veille », *leg.* « comme si son règne eût daté de toujours ».

58, X, 18. *Pro* « si le groupe de ses frères n'avait pas crû sur une souche mauvaise », *leg.* « si la mauvaise fortune n'eût pas fait naître [dans sa famille] en plus de lui, cette bande de frères ».

58, XI, 17. *Pro* « mais il n'arrivait à rien de plus », *leg.* « il n'aboutissait à rien ».

60, XIII, 17. *Pro* « et, malgré tout, n'adoucissait son regard de bête fauve et la ride de son front en aucune manière », *leg.* « toutefois, son regard de bête fauve se détendait et son orgueil n'était plus ».

61, XV, 5. *Pro* « matière à rapprochement et il était lui-même, si bien que... », *leg.* « matière à rapprochement, si bien que... »

61, XVI, 4. *Pro* « son foyer même », *leg.* « son passé même ».

---

1. Allusion à son parjure ; cf. *supra*, pp. 47-48.

65, XX, 3. *Pro* « ne vînt à l'oublier », *leg.* « ne lui échappât ».

65, XX, 18. M. Grégoire corrige προσέχω en προέχω et traduit « que sur toute notre famille j'ai bien quelque supériorité — pour m'exprimer avec modestie — par la raison, les vues politiques et les services rendus ».

66, XXI, 18-20. Mettre une virgule au lieu d'un point et virgule après ἐπίσχωμεν, et un point et virgule au lieu d'un point après προθυμίας. Le sens est alors : « Et quel est le moyen de prévoir cela? Comment contenir non seulement les langues du peuple, mais aussi, pour trancher le mot, ses velléités révolutionnaires? »

71, XXX, 7. *Pro* « puisque la divinité », *leg.* « par lequel la divinité ».

78, XLIII, 7. *Pro* « devant les barbares », *leg.* « avant les barbares ».

89, VII, 10. *Pro* « gens ennemis de la modération », *leg.* « gens qui ne se contentaient pas d'honneurs modestes ».

99, XXII, 13. *Pro* « ceux qui m'avaient vue », *leg.* « ceux qui l'avaient vu ».

100, XXIII, 15. *Pro* « qui, à l'occasion, diraient un mot en sa faveur », *leg.* « qui le secondent d'acclamations opportunes ».

102, XXVI, 2. *Pro* « à l'idée qu'elle allait exercer la souveraineté contre celui qui était devenu tyran », *leg.* « à l'idée qu'elle allait répondre par la révolte à la révolte [de Michel]. »

103, XXVI, 3. *Pro* « et comme systématiquement », *leg.* « et comme en troupeau ».

103, XXVII, 8. *Pro* « service des entrées », *leg.* « service des introductions ».

105, XXX, 14. *Pro* « perdant tout sentiment de discipline », *leg.* « brisant tout lien de discipline ».

106, XXXII, 5. *Pro* « ni elle ne prend à son égard une attitude hostile », *leg.* « ni elle ne change d'attitude à son égard ».

107, XXXIV, 16. *Leg.* εὐπρεπεστάτην ⟨τινὰ⟩ (M. Grégoire). *Pro* « le plus convenable des appartements impériaux », *leg.* « la plus convenable, une des demeures augustes et royales[1] ».

113, XLV, 6. *Scrib.* ποίμνην. *Pro* « levant les yeux vers l'Agneau divin », *leg.* « tournant leurs regards vers le divin troupeau ».

Ibid., Not. 2. *Pro.* « Entendez : la compagnie, etc. », *leg.* « Entendez : le divin troupeau des moines, qui n'osent s'opposer ni au mouvement populaire ni à la force armée ».

115, L, 3. *Pro* « dans la pensée qu'il n'avait qu'à mourir », on peut entendre aussi « comme rien n'était plus susceptible de l'émouvoir, même la mort ».

124, XV, 8. *Pro* « il paraissait incontestablement propre à une union avec les familles les plus considérables », *leg.* « il paraissait aux familles les plus considérables l'objet d'une vive dispute en vue d'une alliance ».

125, XVI, 2. *Pro* « tant il s'était trompé », *leg.* « en homme qui se trompait ».

127, XX, 3. *Pro* « aux circonstances, disons le mot, à la volonté de Dieu », *leg.* « aux circonstances et aussi, disons le mot, à la volonté de Dieu[2] ».

129, XXIV, 1. *Pro* « Si, en effet, pour le philosophe est objet de mépris tout ce qui sur cette terre est vain et excessif, et si, pour lui, le but de la vie est la compréhension des choses nécessaires par nature, tandis que le reste dépend extérieurement d'une telle vie, cela n'est pas... », *leg.* « En effet, bien que, pour le philosophe, soit objet de mépris tout ce qui sur cette terre est vain et superflu ; bien que, pour lui, la définition de la vie [matérielle] n'embrasse que les choses nécessaires à la nature, tout le reste n'étant qu'un accessoire purement extérieur de la vie ainsi comprise, eh bien ! cela n'est pas ».

139, XLVI, 5. *Pro* « fut saisi d'une joie sans bornes », *leg.* « fut saisi d'une joie sans cause apparente ».

---

1. Périphrase légèrement sarcastique. Entendez un de ces confortables couvents où les princes déchus trouvaient un asile forcé.
2. L'habile patriarche ne couronne pas de sa main les époux ; de cette façon, il ne se rend pas complice du scandale des troisièmes noces ; il se contente de les embrasser après la cérémonie : ainsi il se plie aux exigences de l'opportunité.

140, XLVI, 19. *Pro* « témoin exact », *leg.* « témoin scrupuleux ».

146, LXI, 14. *Del.* à ceux qui désiraient des détails précis.

147, LXI, 19-20. *Pro* « lui donnait son bien propre à distribuer à chacun et à chacune », *leg.* « la mettait en mesure de faire des présents appropriés au goût de chacun ou de chacune ».

150, LXVII, 3. M. Grégoire corr. ὥσπερ *pro* ὅπερ et trad. : « de même qu'en d'autres cas ».

Ibid., post verb. pierres, *del.* [précieuses]. *Add. ad not.* 2 : « On utilisait dans la magie certaines pierres, précieuses ou non, entre autres les pierres de lune, dont la première lettre, associée avec la première lettre d'une plante ou d'un animal, produisait des effets merveilleux, paraît-il. Cf. l'éd. des *Cyramides* de Mlle M. Delcourt, dans le t. I du *Corpus astrologorum graecorum*.

153, LXXIV, 14. *Pro* « Et il n'y a rien de surprenant si quelqu'un d'inférieur aux natures admirables a coutume ensuite de les regarder d'un mauvais œil », *leg.* « Que quelqu'un d'inférieur aux natures admirables se plaise à leur porter envie, cela n'a rien d'extraordinaire ».

TABLE DES MATIÈRES

	Pages.
Préface..	i
Introduction :	
1. Psellos. Sa vie............................	viii
2. Son œuvre.................................	xviii
3. La langue et le style de Psellos.............	xxii
4. La *Chronographie*.........................	xlviii
5. Le texte de la *Chronographie*...............	lxi
Sigles..	lxv
Sommaires....................................	lxvii
Livre I. Basile II......................................	1
Livre II. Constantin VIII...............................	25
Livre III. Romain III..................................	32
Livre IV. Michel IV....................................	53
Livre V. Michel V. Théodora...........................	86
Livre VI. Zoé et Théodora. Constantin IX...............	117
Addenda et Corrigenda.................................	155

*Ce volume
de la Collection byzantine,
publié aux Éditions Les Belles Lettres,
a été achevé d'imprimer
en octobre 2006
sur presse rotative numérique
de Jouve
11, bd de Sébastopol, 75001 Paris*

N° d'édition : 6493. N° d'impression : 412939A
Dépôt légal : novembre 2006.

Imprimé en France